Jeanne Meijs

**Liebe und Sexualität
im Kindes- und Jugendalter**

Jeanne Meijs

LIEBE
und SEXUALITÄT
im Kindes- und Jugendalter

Das große Aufklärungsbuch

Urachhaus

Übersetzung aus dem Niederländischen und deutsche Bearbeitung:
IMF Text-Dienste, Lohr

Die niederländische Originalausgabe erschien 2006 unter dem Titel
Liefde en seksualiteit. Eros en Fabel. Seksuele voorlichting
bei Uitgeverij Christofoor in Zeist.

ISBN 978-3-8251-7608-2

Erschienen im Verlag Urachhaus
www.urachhaus.com

Inhalt

Anhang

Vorwort

Die Notwendigkeit eines umfassenden Buches über Sexualaufklärung und Sexualität zeigte sich während meiner vielen Begegnungen mit Eltern und Lehrkräften im Umkreis der Vorträge und Workshops, die ich in den neunziger Jahren hielt. Einen ersten Ansatz dazu machte ich im Jahre 2001. Krankheitsbedingt verschwand alles wieder tief unten in meiner Schublade. Dass es noch einmal zum Vorschein kam, verdanke ich meinem Partner und Arbeitskollegen Henk Stolk, der mit mir in den vergangenen Jahren jedes Kapitel und jeden Satz kritisch unter die Lupe genommen hat. Immer wieder sorgte er für neue Impulse, wodurch ich weiterarbeiten konnte. Ich verdanke ihm auch den Mut und die Kraft, die ich brauchte, um dieses Buch schreiben zu können, trotz aller häufig sehr persönlichen Schwierigkeiten. Wer mit diesem Buch zufrieden ist, darf, wie ich selbst, Henk zutiefst dankbar sein. Seine Liebe zu dem Dichter Novalis brachte mich auf die Spur des Märchens von *Eros und Fabel* (aus dem Romanfragment *Heinrich von Ofterdingen*), das mir bis dahin völlig unbekannt gewesen war. Wir beide hoffen, dass wir durch dieses Buch die Intentionen des Novalis ein wenig weitertragen können, denn seine Werte können äußerst inspirierend sein im Prozess der Befreiung aus den Fesseln der heutigen rein materiellen Anschauungsweisen auf dem Gebiet des gesamten menschlichen Lebens. Das Märchen beschreibt den Entwicklungsweg der Liebe in einer sehr exakten Weise. Dadurch ist es von unschätzbarem Wert für uns alle.

Mein jahrelanger Kampf für einen klaren und bewussten Umgang mit Bildern, mit dem Ziel, dass das Denken eine ›warmherzige‹ Qualität hinzugewinnt und die unbewussten Schätze innerer und äußerer Bilder klar-bewusst aufblühen können, fand ich in folgenden Worten Novalis' wieder:

Wenn nicht mehr Zahlen und Figuren
Sind Schlüssel aller Kreaturen [...]
Und man in Märchen und Gedichten
Erkennt die (alten) wahren Weltgeschichten,

Dann fliegt vor Einem geheimen Wort
Das ganze verkehrte Wesen fort.[1]

Es ist meine tiefste Überzeugung, dass Kinder nach einer Art von Sexualaufklärung suchen, die ihnen nicht nur Informationen bietet, sondern sie auch in ihrer Entwicklung zu liebevollen und liebefähigen Erwachsenen stärkt und schützt. Eine solche Aufklärung erfordert Erzieher, die bereit sind, sich inhaltlich mit der Frage nach dem Zusammenhang und der Bedeutung von Beziehungen, Liebe und Sexualität auseinanderzusetzen, sodass sie dies für die neue Generation fruchtbar machen können.

Dieses Buch enthält eine Fülle von Gesichtspunkten, die, wenn sie aufgenommen, erarbeitet und besprochen werden, dazu dienen können. Mit den Geschichten im ersten Teil des Buches möchte ich Eltern und Erziehern Hilfestellungen geben, in jeweils altersentsprechender, bildhafter Form aufklärende Inhalte zu vermitteln. Mein Leben lang haben mir unzählige Menschen vieles anvertraut, was sie selbst und ihre Kinder betrifft. Zahlreiche Eltern, Lehrer, Kinder, Jugendliche und junge Erwachsene teilten mir ihre Erfahrungen mit. Aus dieser Schatzkiste und dem, was ich selbst in meinem Leben lernen durfte, ist dieses Buch entstanden.

Ich hoffe, dass es viele Schleier zu heben vermag, viele Türen öffnet und viele Schatten zum Verschwinden bringt. Dann wird die Liebe wieder zum roten Faden in den zwischenmenschlichen Beziehungen, in der Sexualität und nicht zuletzt in der Aufklärung darüber, die wir vermitteln.

Jeanne Meijs

TEIL I
Sexualaufklärung in der Praxis

Ein Kind ist eine sichtbar gewordene Liebe.[2]

Einleitung

Kinder aufzuklären, ist eine echte Elternaufgabe. Ich behaupte nicht, dass Pädagogen oder Dritte keine Aufklärung betreiben können, doch wenn sie es tun, nehmen sie damit eine echte Elternaufgabe auf sich, mit allen Konsequenzen, die dazugehören. Was erzählen wir über Sexualität, wann und wie? Fragen, die sehr kompliziert sein können, obwohl das Aufklären von Kindern doch sehr wertvolle und intime Begegnungen zwischen Eltern bzw. Erziehern und Kindern herbeiführen kann. Wenn erst in der Pubertät damit begonnen oder ein falscher Ton angeschlagen wird, kann es sein, dass viele Chancen verpasst werden. Darum ist es wichtig, über Aufklärung nachzudenken und miteinander darüber zu reden, wann und wie man sie angeht.

Als ich mein drittes Kind erwartete, waren meine ältesten beiden Kinder fünf und sieben Jahre alt. Sie lebten wie alle Kinder sehr intensiv und erwartungsvoll auf die Geburt des Neuankömmlings zu. Die Fragen, die sie stellten, brachten mich dazu, ihnen bildhaft zu erzählen, was sich abspielte. Es war ein Fest, sie auf diese Weise in das Wachstum und die Geburt des Babys einzubeziehen.

Wenn ich anderen davon berichtete, fiel mir immer wieder auf, wie wenig Erwachsene geneigt sind, die Bildersprache des Kindes zu sprechen. Viele wählen die intellektuelle Herangehensweise des Erwachsenen mit ihrer Betonung von Informations- und Faktenübermittlung als Ausgangspunkt. Diese wird dann häufig vereinfacht, und damit hält man die Anpassung an die kindliche Verständnisebene für vollzogen.

Diese Form eines verkindlichten Intellektualismus herrscht im Aufklärungssektor vor. Alles, was mit der Sexualität zusammenhängt, wird in einen Topf geworfen mit den körperlichen Tatsachen von Ei- und Samenzellen, Gebärmutter und Geburtskanal usw. und wird in vereinfachten Zeichnungen, Worten und Filmen ›spielerisch‹ und in scheinbar kindlicher Art wiedergegeben. Das bildhafte Element wird auf diese Art intellektuell missbraucht, in der Illusion, es handle sich um eine Angleichung an die Lebenswelt des Kindes.

Junge Kinder verlangen nach einem bildhaften Wissen, das auf einer Bilder-Weisheit aufbaut – man könnte hier auch von einem ›schönen Wissen‹ sprechen. Wird ihnen dieses Wissen nicht geboten, passen sie sich an und unternehmen verzweifelte Versuche, die Sprache der simplifizierenden Verstandesinformation zu verstehen. Doch selbst wenn dies gelingt, bleiben sie innerlich unerfüllt und unbefriedigt und damit verletzlich; verletzlich in Bezug auf das ›hässliche Wissen‹, das mit Pornografie und Sensationen, Einseitigkeiten oder Übertreibungen des Stellenwertes der Sexualität zu tun hat.

Gute Aufklärung, die von liebevollen Eltern in ›warmen‹ Bildern und voller Ehrfurcht vermittelt wird, bildet eine Basis für das spätere verstandesmäßige Verstehen und zugleich einen Schutz gegen sensationelle Reize.

━━━ Aufklärung und Vorbereitung durch die Eltern

Wenn Kinder älter werden, hängt viel davon ab, ob Eltern und Erzieher fähig sind, ein offenes und ehrliches Gespräch mit ihnen zu führen. Darum ist es gut, sich selbst einmal weitergehende Gedanken über die Rolle der Sexualität in Beziehungen, über die Liebe und das Bilden und Lösen von Verbindungen zwischen Menschen zu machen. Themen wie Verführung, Schönheit und Durchschnittlichkeit, Ehrfurcht und Zärtlichkeit, Verliebtheit und Liebe werden in diesem Buch noch wiederholt behandelt werden. Das Durcharbeiten und gemeinsame Durchsprechen der Kapitel dieses Buches mit dem Partner oder anderen Eltern kann ein solides Fundament dafür bilden, mit den Jugendlichen ins Gespräch zu kommen bzw. im Gespräch zu bleiben. Die Mühe und Zeit, die dies kostet, werden sich in ein zunehmendes Bewusstsein in Bezug auf die eigene Beziehung und den Weg umsetzen, den ein Mensch im Leben zurücklegt. Dadurch kann ein so starkes Gefühl der Vertrautheit mit dem Thema entstehen, dass man in der Lage ist, mit den Fragen und Problemen, die die Kinder mitbringen, fertig zu werden. Denn es ist zwischen Eltern und Kindern noch lange nicht selbstverständlich, dass man sich traut, miteinander über die intimeren Seiten von Beziehungen und Sexualität zu sprechen. Die Ausrede, die hier immer wieder bemüht wird, ist, die Jugendlichen wünschten dies selbst ebenfalls nicht. Dies deutet auf verpasste Chancen in der vorhergehenden Entwicklungsphase hin bzw. auf die Unfähigkeit, den rechten Zeitpunkt und den richtigen Ton zu finden – und unter Umständen ist es sogar eine willkommene Ausrede, da man im Grunde selbst froh ist, das Thema zu umgehen.

Dieses Buch behandelt nach einigen einleitenden Kapiteln im zweiten Teil sieben Planetenqualitäten, die sich in den sieben Kräftefeldern widerspiegeln, welche im Alter von 13 bzw. 14 bis 20 bzw. 21 Jahren wirksam sind. Allein schon die Bewusstwerdung dieser Planetenkräfte kann ein Mittel sein, das uns befähigt, den Seelenbewegungen der jungen Menschen zu folgen und sie in all ihren Eigenheiten und Empfindlichkeiten verstehen zu können.

Indem wir uns in die Bildersprache des Märchens von *Eros und Fabel* von Novalis, einem Märchen für Erwachsene, vertiefen, können wir aus einer wahren Schatzkiste schöpfen. In diesem Märchen liegt die Möglichkeit, ein bildhaftes Denken zu entwickeln und die Bildersprache ernst nehmen zu lernen. Und zugleich liegt darin auch eine Chance, eine tiefere Verbindung zu den geistigen Hintergründen des Menschen aufzubauen, Hintergründe, die sowohl die Entstehung als auch die Emanzipation der Sexualität bewirken.

Schließlich kann aus dieser Schatzkiste eine tiefe Ehrfurcht und Dankbarkeit gegenüber Novalis gewonnen werden, einem Menschen, der durch den Abgrund von Leben und Tod hindurchging und durch Liebe und Liebeskummer den Schlüssel zur Sinnerfüllung menschlicher Beziehungen fand. Novalis kann dadurch die solide inhaltliche Grundlage für eine Antwort auf die heutigen (vermeintlich so normalen) Verrücktheiten auf dem Gebiet von Erotik und Sexualität und deren Überschätzung sein. Novalis spricht keinerlei Ge- oder Verbote aus, sondern er bietet weit reichende Erkenntnisausblicke in Bezug auf die Zukunft der Menschheit. Wenn wir uns diese ernsthaft erarbeiten, befreien sie uns aus den heute herrschenden Dogmen und zugleich aus der grassierenden Wertelosigkeit.

Wenn Eltern sich auf eine solche Weise geistig und gefühlsmäßig vorbereiten, werden sie die Willenskraft entwickeln, derer es bedarf, um

Kinder mit liebevollen Inhalten zu erziehen und sie auf dem verwirrenden Terrain von Liebe, Beziehungen und Sexualität zu begleiten.

Wir haben es vielfach selbst erfahren, dass die Schulung, derer wir bedurften, mühsam – und zum Teil auch schmerzhaft – durch das Leben selbst erfolgte. Selbstverständlich versuchen wir unseren Kindern Lesen und Schreiben beizubringen; doch es ist genauso notwendig, dass wir ihnen helfen, »miteinander Lesen und Schreiben« zu lernen. Wenn wir dort versagen, wird manches Kind auf dem Gebiet der menschlichen Beziehungen dazu neigen, sich seine Vor- und Nachteile auszurechnen.

Etwas zu vermitteln, was man nicht selbst empfangen hat, kann eine echte Herausforderung für Eltern sein. Eine gute Sexualaufklärung, die in eine Vorbereitung auf liebevolle Beziehungen eingebettet ist, stellt häufig eine solche Herausforderung dar. Doch wenn sie uns gelingt, verändern wir an dieser Stelle auch ein wenig die Welt.

▬ Lehrer, Schule und Sexualaufklärung

Sexualaufklärung sollte also am ehesten im Gespräch zwischen Eltern und Kindern stattfinden. Doch lange nicht alle Eltern sind dazu fähig. Gehemmt durch eigene Blockaden in diesem Bereich, sind sie häufig tatsächlich nicht in der Lage, diese Aufgabe zu erfüllen. Es kann sein, dass Dogmen, die auf religiösen oder sozialen Regeln beruhen, sie daran hindern, auf dem Gebiet der Sexualität entspannt zu leben, sich darüber Gedanken zu machen und letztlich auch andere zu erziehen.

Zudem haben viele Erwachsene schmerzhafte Erfahrungen mit der Sexualität gemacht. Hierzu gehören nicht nur Inzest oder sonstige sexuelle Gewalt, sondern auch eine Erziehung voller sexueller Verbote und Heimlichtuereien, die tiefe, schmerzliche Narben in der Seele eines Menschen hinterlassen. Sobald das Thema Sexualität dann zur Sprache kommt, kommt es zu Verhärtungen und der Betreffende kann nicht anders als verkrampft reagieren. Es gibt auch Erwachsene, die in der Pubertät von Freunden missbraucht wurden oder beim ersten Mal erzwungenen Geschlechtsverkehr hatten. Wenn solche schmerzhaften Erfahrungen vollständig verarbeitet worden sind, gibt es keine Probleme, dennoch können solche Eltern sich, bis es so weit ist, sehr ohnmächtig fühlen, wenn sie ihre Kinder sexuell aufklären wollen und in ihren Beziehungen begleiten möchten. Das Übertragen von Angst, Schmerz und Misstrauen anderen gegenüber führt dazu, dass Aufklärung häufig eher zu einer Art Vertuschung degeneriert.

Darum ist es sehr berechtigt und nachvollziehbar, wenn Eltern, solange sie selbst noch nicht in der Lage sind, eine gute Aufklärung zu vermitteln, diese Dritten überlassen. Dass es für ihre Kinder dennoch wichtig ist, dass sie sich bemühen, auch selbst mit ihrer eigenen Sexualität, mit Liebe und Beziehungen ins Reine zu kommen, mag deutlich sein. Bis es so weit ist, werden die Straße, das Internet und die Schule die Aufgabe der Aufklärung erfüllen, neben den entsprechenden Büchern aus der Bibliothek. Lektüre und Internet können zwar wertvolle Ergänzungen an Informationen beisteuern, aber sie stellen keine Alternative zu dem Gespräch mit den Erziehenden dar, das jedoch auch von anderen Erwachsenen übernommen werden kann, wenn die Eltern tatsächlich überfordert sind.

Für Kinder, die zu Hause gut aufgeklärt wurden, kann es bereichernd sein, auch mit ihren Altersgenossen oder Lehrern über alles, was mit der Sexualität zusammenhängt, ins Gespräch zu kommen, falls sie bereits etwas älter sind. Dabei ist eine gute Abstimmung mit der Schule wichtig. Bei Elternabenden ist ab dem Alter von 10 bis 12 Jahren die Frage berechtigt, ob die Schule sich dem Thema der sexuellen Aufklärung widmen soll, und falls ja, auf welche Weise. Nicht wenige Schulen beginnen mit diesem Unterricht auch schon in der zweiten oder dritten Klasse, in diesem Alter können die Kinder die Inhalte allerdings noch nicht auf eine vernünftige Weise aufnehmen.

Ab dem 10. Lebensjahr sollte eine Abstimmung zwischen Lehrkräften und Eltern stattfinden. Wer seine Kinder selbst aufklären möchte, steht manchmal dumm da, wenn das Kind schon von einer Lehrkraft aufgeklärt worden ist.

Auch in den darauf folgenden Klassen stellt sich die Frage, ob und wann über Sexualität gesprochen werden soll. Vielleicht ist dann im Anschluss daran ein Gespräch zu Hause wünschenswert, oder die Eltern entscheiden sich dafür, auch dann im Voraus selbst die inhaltliche Aufklärung zu leisten. Die Biologiestunde hat es schon seit Jahrzehnten mit sich gebracht, dass Pädagogen sexuelle Aufklärung betreiben, sei dies erwünscht oder unerwünscht. Weil es immer Eltern gibt, die selbst keine Aufklärung leisten wollen oder können, ist es immer noch notwendig, dass dies in der Schule betrieben wird. Eine gute Abstimmung ermöglicht das Vermeiden solcher Missverständnisse und Enttäuschungen.

▬ Die Vorbereitung des Lehrers

Wenn Sexualaufklärung in der Schule vermittelt wird, sieht sich die Schule vor die Aufgabe gestellt, tiefergehende Inhalte zu vermitteln. Diese Aufgabe besteht darin, die Jugendlichen auf ein Leben vorzubereiten, in dem der Umgang mit anderen in den verschiedenen Formen von Beziehungen von entscheidender Bedeutung für dessen Gelingen sein wird. Denn was der erwachsene Mensch auf dem Gebiet der zwischenmenschlichen Beziehungen an Können entwickelt, bildet die Basis seiner Gesundheit im persönlichen Leben wie auch seiner Eingliederung in die Arbeitswelt und andere Zusammenhänge.

Der Individualismus ist heute so stark ausgeprägt, dass im Bereich der zwischenmenschlichen Begegnung Wachheit und somit auch Verletzbarkeit besonders entwickelt sind. Eine scharfe Bemerkung, aber auch ein ungeniertes Lächeln können tiefe Furchen in die Seele des anderen Menschen eingraben. Die Zeit, als wir noch, halbbewusst und häufig auf der Grundlage einer bestimmten Rolle oder Position, viel von anderen einstecken konnten, liegt hinter uns. Was mein Chef sagt, ist genauso verletzend oder schmeichelhaft, als spräche ein Kollege dasselbe aus. Wir fühlen uns häufig schon beleidigt, wenn ein Vorgesetzter uns heftig tadelt, und wir sind genauso stark verantwortlich für unsere Haltung gegenüber Menschen, die in einer niedereren Position als wir selbst stehen. Jedes Individuum erlebt sich selbst als wertvoll und gleichwertig, auch wenn niemand uns gleich ist. Dies stellt hohe Anforderungen an die Fähigkeit des zwischenmenschlichen Umgangs und erfordert eine Menge Geschick, das nicht von selbst entsteht.

In unserer Gesellschaft wäre eigentlich die Einführung des Schulfachs ›Beziehungskunde‹ notwendig – leider steht dieses Fach aber noch nicht auf den Lehrplänen der Schulen und Ausbildungsstätten. Dennoch ist es vorhersagbar, dass es vom Erlernen eines reifen und vernünftigen Umgangs miteinander abhängen wird, wie die künftigen Erwachsenen die Prüfungen des Lebens bestehen werden. Schulen und Lehrkräften, die auf solche Zukunftsaufgaben einzugehen bereit sind, wird die Notwendigkeit eines solchen neuen Faches, der Beziehungskunde, rasch deutlich sein – eines Fachs, das inmitten aller sonstigen Fächer einen gleichrangigen Stellenwert einnehmen müsste!

Wenn eine Lehrkraft sich weitergebildet hat, um Beziehungskunde-Unterricht zu erteilen, wird sie auch die angebrachte Person sein, Sexualaufklärung zu unterrichten. Solange es solche Fachkräfte aber noch nicht gibt, kann eine der Lehrkräfte, die eine Affinität dazu hat, diese Aufgabe und die Koordination mit den anderen Unterrichtsfächern übernehmen. Diese Lehrkraft führt dies ausschließlich in Abstimmung mit den Eltern durch. Gute Abstimmung beugt späteren Problemen vor. Außerdem verhindert sie, dass die Erwachsenen sich wiederholen, andernfalls verlieren die Kinder rasch das Interesse – und reagieren naturgemäß negativ.

Die Basis für alles, was eine Lehrkraft vermitteln will, ist immer folgende: Was habe ich mir selbst so angeeignet und verinnerlicht, dass ich den Schülern, die ich vor mir sehe, auch tatsächlich etwas darüber zu sagen habe? Sexualaufklärung fällt selbstverständlich auch unter diese Voraussetzung. Die Frage, was sich unter jungen Menschen auf diesem Gebiet abspielt, muss ständig unsere Aufmerksamkeit besitzen. Die entsprechenden Meldungen der Tagespresse darüber, was im Internet und im Fernsehen, insbesondere in Sendungen für Jugendliche, und sonstigen Informationsquellen »abgeht«, darüber darf sich eine Lehrkraft nicht hinwegsetzen. Wie sieht die Welt der jungen Menschen aus, was begegnet ihnen an Bildern und Verführungen, an Reizen und Informationen? Wenn man mit Jugendlichen zu tun hat, ist es immens wichtig, sich in ihren Alltag in einer Art und Weise einzuleben, dass man selbst spüren lernt, was sie bewegt und lähmt.

Gerade wenn ein so intimes Thema wie die Sexualität besprochen wird, ist dieses Engagement unabdingbar. Jugendliche bilden sich nun einmal vorab keine Vorstellungen davon, was in den Köpfen der Erwachsenen vorgeht, sie erleben dies erst an den Reaktionen dieser Erwachsenen auf ihre eigene Seelenwelt. Wenn wir uns tiefgehend mit einer völlig anderen Welt als unserer eigenen verbinden wollen, so müssen wir dafür seelisch zunächst selbst ›erwachsen‹ geworden sein. Wenn dieses Erwachsenenstadium noch nicht erreicht wurde, bleibt uns alles, was wir uns nicht zueigen gemacht haben, fremd. Dies ist etwas, bei dem sich viele Erwachsene auch dann noch schulen und entwickeln können, wenn sie bereits eine Aufgabe mit Jugendlichen haben. Denn nur zu häufig gelingt es ihnen nicht, sich in die ihnen fremde Welt der Jugendlichen einzuleben. Das Umgekehrte wäre eine Illusion.

Lehrkräfte können sich auf dem Gebiet der Aufklärung kundig machen, indem sie alles, was in den späteren Kapiteln dieses Buches besprochen wird, gut durcharbeiten, zusammen mit der Literatur, auf die hingewiesen wird. Es ist meine große Hoffnung, dass gerade Pädagogen sich in die unterschiedlichen Planetenqualitäten mit ihren Kräften und den dazugehörigen Metallen einleben, weil es diese siebenfachen Qualitäten sind, die dem Innenleben der Jugendlichen zugrunde liegen.

Im Alter von ungefähr 14 bis 21 Jahren ist die Verständnisfähigkeit für das Verhalten und die Gefühle und Impulse der Jugendlichen davon abhängig, wie stark der Erzieher diese Siebenheit durchdringt. Durch die Beschäftigung mit den Planeten, den dazugehörigen Metallen und den damit zusammenhängenden Themen entsteht eine erhöhte Sensibilität dafür. Wenn ein Lehrer erkennt, in welchem Kind und in welcher Klasse bestimmte Kräfte stark bzw. schwach ausgeprägt sind, schafft er sich die Möglichkeit, diese förmlich ›maßgerecht‹ zu begleiten.

Ein Beispiel: Eine Klasse mit starken Jupiterqualitäten kann einen Pädagogen zur Weißglut bringen, weil sie von Einzelheiten ausgehend ständig Fragen nach dem größeren Zusammenhang stellt. Dies hält den Unterricht auf und verlangt in Bezug auf das eigene Verständnis und die eigenen Fachkenntnisse das Äußerste. Außerdem werden die Kinder, in denen die Merkurkräfte stark ausgeprägt sind, diese übergreifenden Gesichtspunkte kaum aushalten, sich langweilen und dementsprechend stören. Wer Jupiterfragen mit einer Merkurqualität zu beantworten weiß, ist ein echter Meister. So gibt es viele Situationen, die – im Licht der siebenfachen Qualitäten – Probleme transparent machen und damit zu gangbaren Lösungen führen können.

In der Grundschulzeit spielen die vier Temperamente[3] noch eine dominierende Rolle. Jeder, der in dieser Altersstufe unterrichtet, ist gerettet, wenn er die Kräfte von Feuer, Erde, Wasser und Luft in den individuellen Schülern und der Klasse als Ganzer wiedererkennt. Dann wird er nicht versuchen, Feuer mit Luft zu löschen oder Luft in Erde aufzufangen. Wer lernt, mit diesen von Rudolf Steiner herausgearbeiteten Qualitäten der Kinder zu arbeiten, hat einen goldenen Schlüssel in der Hand. Wenn die Kinder in die Pubertät kommen, werden die Qualitäten der vier Elemente mehr in den Hintergrund treten, jetzt zeigen sich insbesondere die siebenfachen Planetenqualitäten. Nach dem 20. Lebensjahr treten auch diese wiederum in den Hintergrund, um Platz zu machen für die Zwölfheit der Tierkreisqualitäten.

In der Mittelstufe lassen sich viele Anknüpfungspunkte für die Arbeit mit Planetenqualitäten finden. Wer im Physikunterricht die Qualitäten des Kupfers behandelt, arbeitet mit Venuskräften, sei es bewusst oder unbewusst. Wenn eine Lehrkraft, die Beziehungskunde und Aufklärung unterrichtet, die Themen, die mit der Venusqualität zusammenhängen in guter Abstimmung mit der Lehrkraft für die naturwissenschaftlichen Fächer in einer Mentorenstunde oder einem anderen Unterrichtsfach bespricht, ist es selbstverständlich, dass sowohl die Aufklärung als auch die naturkundlichen Tatsachen die Seele des Schülers viel besser erreichen. Werden der Magnetismus und das Eisen behandelt, dann bietet dies einen Anknüpfungspunkt für die Aufklärung, insoweit sie mit den Themen zusammenhängt, die wir bei der Darstellung der Marsqualität besprechen werden. Sternkunde-Epochen und Stereometrie eignen sich dafür, anhand der Weltbilder von Ptolemäus, Kopernikus und der lemniskatischen Planetenbewegungen[4] die sich entwickelnde Beziehung zwischen Mensch und Kosmos aufzuzeigen.

Hier handelt es sich im Grunde um dieselbe Art von Beziehungen, wie sie zwischen Menschen untereinander wirksam sind, wie wir anhand der sieben Planetenqualitäten noch aufzeigen. Werden diese Fächer dann auch noch mehr oder weniger gleichzeitig unterrichtet, entsteht eine Unterrichtsform, die den jungen Menschen in seiner ganzen Seele anspricht, weil die einzelnen Bereiche des Themas als Ganzes behandelt werden. Dies ist wirklich spannender Unterricht. Die Kräfte, die im Inneren wirken, die Lernfächer und die Lebensaufklärung bilden dadurch ein Ganzes.

Saturneinflüsse im Juni zu besprechen, hat wenig Sinn, es sei denn, es besteht ein konkreter Anlass, sich mit Tod und Abschied zu beschäftigen. Saturn passt aufgrund seines strengen, zusammenziehenden Wesens viel besser in den Herbst und den Winter.

Weil die Sexualaufklärung sich nicht nur auf das rein Sexuelle beschränken darf, sondern mit allen Aspekten menschlicher Beziehungen zusammenhängt, fordert sie viel Zeit und Aufmerksamkeit. Der Lehrplan kann mit den Inhalten dieses Buches angereichert werden. Dieselben Themen werden in den unterschiedlichen Altersstufen wieder auftreten, häufig im Zusammenhang mit konkreten Ereignissen im Leben und in den Beziehungen der Jugendlichen. Oder aber im Zusammenhang mit Vorgängen in der Gesellschaft oder damit, wie sie in den Medien gezeigt werden. Natürlich erfordert es eine hohe Flexibilität, die Stunden auf die Schüler, die übrigen Unterrichtsfächer und das, was sich in der Außenwelt abspielt, abzustimmen. Es verlangt einen kreativen Unterrichtsstil, in welchem der Lehrer wieder zum Künstler wird, der in der Lage ist, denjenigen, die da vor ihm sitzen, das Leben wahrhaft nahe zu bringen. Die Schüler können sich mit dem Thema auch dadurch verbinden, dass sie selbsttätig Aufträge bearbeiten. Eigene Ausarbeitungen, eigenes Studium und eigene Tätigkeit eines Schülers auf den sieben Seelengebieten geben die Möglichkeit, die inneren Qualitäten und somit ein Innenleben herauszuarbeiten, das bis dahin häufig noch versteckt wird, weil es so unbegreiflich und verwirrend ist.

Das Märchen von Novalis passt als das Werk eines großen deutschen Romantikers in die Fächer Geschichte, Philosophie, Gesellschaftskunde und Deutsch. Unsere Analyse der dort dargestellten Bilder nach sieben Hauptlinien ist als Studienmaterial für den Lehrer gedacht. Dieser kann etwas davon im Unterricht mit den Kindern besprechen. Sie kennen das Märchen dann bereits aus anderen Stunden. Wenn die Figuren von Saturn, Fabel oder Ginnistan für sie lebendig werden, während gleichzeitig in der Chemie- oder Physikstunde Blei, Quecksilber oder Silber besprochen werden, dann bewahren sie den tieferen Gehalt des Gelernten ihr Leben lang in der Seele. Denn reines Wissen wird häufig vergessen, lebendig gewordene Figuren jedoch hinterlassen tiefe Spuren in der Seele. Ihr Bild steht dem Heranwachsenden ständig vor dem inneren Auge.

Die Oberstufen der Waldorfschulen bieten außerdem häufig auch in den künstlerischen Fächern starke Anknüpfungsmöglichkeiten. Die Fächer Kupfertreiben und Schmieden sind, wie geschildert, leicht mit der Behandlung derjenigen Aufklärungsfragen zu kombinieren, die zu Venus und Mars gehören. Lehrer und Eltern erreichen viel, wenn gleichzeitig die eigenen entsprechenden Qualitäten angeregt, verstärkt und aufs Neue geschult werden. Die Behandlung von Persönlichkeiten, in welchen eine bestimmte Planetenqualität deutlich sichtbar wird, bietet weitere Möglichkeiten der Anknüpfung.[5] Nicht nur Persönlichkeiten aus der Vergangenheit, sondern auch Beispiele aus Politik, Sport oder den Medien können diese Parallelen verdeutlichen.

Ein Lehrer wird, indem er aus so vielen reichen Quellen schöpft, immer wieder selbst entscheiden müssen, wie und wann ein bestimmter Bereich davon besprochen werden kann. Dies ist eine sehr individuelle Aufgabe, die den Pädagogen viel abverlangt. Doch sie ist notwendig vor dem Hintergrund, dass es darum geht, seelisch reich entwickelte und individuelle Persönlichkeiten in die Gesellschaft zu entlassen. Jugendliche, die solche Pädagogen als Vorbild hatten, können leichter ihren Weg im Labyrinth der menschlichen Beziehungen und der Sexualität finden. Sie haben gewissermaßen den Ariadnefaden mitbekommen, der sie vor Verirrungen und einem Verfall ihrer menschlichen Liebesfähigkeit bewahren kann.

Die Allerkleinsten

Kleine Kinder von ein oder zwei Jahren haben noch einen offenen Geist, eine unmittelbare Verbindung mit der Welt, in der sie vor ihrer Geburt lebten. Sie fragen nicht danach, woher die Kinder kommen, weil sie es selbst noch ganz genau wissen.

Wenn in der Familie ein Baby erwartet wird, bedürfen sie einer Vorbereitung auf das Ereignis. Das Herrichten des Kinderzimmers und der Babykleidchen kann am besten mit ihnen zusammen erledigt werden. Dieses vorbereitende Tun ist eine Sprache, die sie verstehen. Es vermittelt ihnen, weil sie alles nachahmen, die Information und die seelische Stimmung, die sie brauchen. Man kann während der letzten Wochen der Schwangerschaft oft mit ihnen zusammen nachschauen, ob schon ein Baby in der Wiege liegt, und dabei die Vorfreude bzw. die Enttäuschung zeigen, weil die Wiege noch leer ist. Dann wird es ein Fest, wenn man später zusammen zur Wiege geht und tatsächlich ein Kindchen darin findet!

Eine andere Vorbereitung, die sich für ganz kleine Kinder eignet, ist es, wenn man Menschen besucht, die gerade ein Kind bekommen haben. Kurz, das ganz konkrete Äußern der Sehnsucht nach dem neuen Kind und später das Feiern seiner Ankunft, anschließend das liebevolle Versorgen des Neugeborenen – das ist die Sprache, mit der wir den ganz Kleinen helfen, sich mit dem Neuankömmling und den Veränderungen, die dieser in ihrem Leben bewirkt, zu verbinden. Aufklärung heißt in diesem Alter: das Vorleben und Willkommenheißen eines neuen Lebens.

Die erste Veränderung in diesem Bereich hängt mit dem Augenblick zusammen, in dem sich das Kind als ein eigener, selbstständiger Mensch zu erleben beginnt. Dann fängt es von selbst an, sich mit »ich« zu bezeichnen statt in der dritten Person oder mit dem eigenen Namen über sich zu sprechen. Dem »Ich will« ist eine Magie eigen, die es voller Freude erobert, meistens wird dies begleitet von dem magischen »Ich will nicht!«.

Wenn der kleine Erdenbürger sich selbst als ein eigenes Ich erfährt, so ist dies nur dadurch möglich, dass zugleich auch eine Distanzierung eingetreten ist. Die Welt vor der Geburt, die Welt vor dem »Ich will« und dem »Ich will nicht« zieht sich bereits etwas zurück. Das Kind wächst in seine irdische Haut und sein irdisches Haus hinein, das kosmische Zuhause tritt Schritt für Schritt in den Hintergrund. Je weiter sich ein Kind auf diese Weise von seinem himmlischen Zuhause entfernt, desto stärker wird sein ›Heimatland‹ vergessen. Die Tür zur vorgeburtlichen Welt, in welcher alles noch offen und miteinander verbunden war, schließt sich allmählich. Das Kind hat zunehmend Fragen, und es äußert diese auch. Wenn es noch völlig in einer geistigen Welt zu Hause ist, fragt es nicht danach, wer unsere Welt geschaffen hat. Denn das weiß ein Kind in dieser Phase noch, das lebt noch in seinem Innern. Die großen, häufig sehr tief schürfenden, spirituellen Fragen, die ein Kind stellt, deuten darauf hin, dass sie eben nicht mehr dort leben, sondern hier. Dass sie sich die Augen reiben und uns fragen, wie es eigentlich hier auf der Welt zugeht.

Ganz grundlegende Fragen stellen diese neuen Erdenbürger, wodurch wir mit unseren eigenen Wissensgrenzen konfrontiert werden können. Kinder stellen oft viel weitergehende Fragen, als ihre Eltern sie je hatten, und eine Antwort kann dann nicht immer sofort gefunden werden. Durch die Art, wie Kinder geboren werden und aufwachsen, werden sie heute immer schneller wach für das Hier und Jetzt. Immer schneller verschwindet ihre träumende Unschuld. Je eher dies geschieht, umso mehr werden die Kinder ›reif‹ für Kindersendungen im Fernsehen, die altkluge, frühreife Kleinkinder vorführen.

Jede Reifung geht jedoch mit dem Ende eines Wachstumsprozesses einher, der sich davor vollzog. Darum ist es wichtig, Kinder so wenig wie möglich verfrüht reifen zu lassen. Wenn Kinder zu früh aus ihrer träumenden Kleinkindzeit heraus erwachen, verlieren sie ›Wachstumszeit‹ und müssen in unvollständiger Weise reifen. Dann sehen wir Kinder, die einen umfangreichen Erwachsenen-Wortschatz haben und diesen auch in lustiger Weise anwenden, doch gleichzeitig verschwindet ihre Fähigkeit, fantasievoll zu spielen. Dann treten auch die Fragen nach ihrer Herkunft und dem vorgeburtlichen Dasein viel früher in ihnen auf, als es uns lieb ist.

Wenn das Kind »ich« zu sich sagt und sich damit selbst meint, wenn die Trotzphase angebrochen oder bereits durchlaufen ist, kann es die Frage stellen: »Woher kommt denn das neue Kind?« Oder: »Wie kommt es hierher?« Oder: »Wie weiß denn unser Baby, dass es zu uns gehört?« Wer dann mit einer Geschichte über Ei- und Samenzellen aufwartet, verhält sich wie jemand, der die Aufgabe hat, einem Kind das Rechnen beizubringen und sogleich mit der höheren Mathematik loslegt. Wir wissen alle, dass ein Kind noch nicht rechnen lernen kann, solange die Bewegungsentwicklung durch Rollen, Kriechen, Laufen usw. als Basis fehlt und dadurch das Gefühl für Verhältnisse noch nicht entwickelt ist. Sexuelle Aufklärung ist darum erst dann verständlich und fruchtbar, wenn sie sich wie ein roter Faden durch die gesamte Erziehung zieht, durch den allmählich die Fähigkeit heranreift, Zusammenhänge zu sehen und ein Verhältnis zu diesem Lebensbereich zu finden.

Die Bilder, die in diesem Zusammenhang verwendet werden sollten, klingen zunächst vielleicht ein wenig seltsam für die Ohren der Erwachsenen, dennoch ist es eine ›lohnende Investition‹, sich einmal wirklich in die Bildsprache der Kinder zu versetzen und zu lernen, sich so auszudrücken. Es macht Eltern kreativer und bietet einem Kind ein fruchtbares Fundament für das spätere Verstandeswissen und -denken. Jede Übung auf diesem Gebiet macht den Erziehern und Kindern Freude, weil es sich dabei um eine echte Kommunikation mit den Kindern handelt.

Die erste Aufklärung besteht aus einer Engelgeschichte. Manche Menschen können sich unter einem Engel noch nichts bzw. nichts mehr vorstellen, und dann ist es schwierig, über jemanden zu sprechen, den man nicht kennt. Man lernt jemanden kennen, indem man mit ihm Umgang pflegt, das gilt auch für Engel. Es gibt helfende Hinweise, wie jemand, der dies will, ein Verhältnis zum Engel des Kindes und dem Engel, der das eigene Leben und Schicksal begleitet, finden kann.[6] Bleibt dieser Weg zunächst noch verschlossen, so kann der Engel auch durch ein passendes Bild umschrieben werden, zum Beispiel als ein Sonnenstrahl am frühen Morgen, als der große weiße Vogel aus alten Zeiten, der das Kind zu seinen Eltern bringt, als der Morgenstern oder eine Himmelsfee. All diese Bilder können gute Dienste leisten. Was sie darstellen, ist eine Wirklichkeit, die das Kind selbst gerade im Begriff ist zu verlassen, die es jedoch noch sehr gut (wieder-)erkennt. Ein Kind in diesem Alter weiß, dass es geistgetragen zu den Eltern gelangt ist und dass es mit dem heranwachsenden, neuen Körper in der Mutter verbunden ist.

Durch die Engelbilder kann der positive Aspekt des Sich-Inkarnierens, des Strebens nach dem Geborenwerden sowie der Sexualität zwischen Menschen in Bilder gefasst werden. Das ist ›Sexualaufklärung‹ für kleine Kinder. Sie führt noch nicht über die körperliche Seite der Sache, denn darin sind sie überhaupt noch nicht zu Hause und dafür sind sie auch noch nicht reif. Sexualität wird auf diese Weise noch immer als reine Liebesfähigkeit thematisiert, die einem neuen Leben dient.

Natürlich existieren auf dem Gebiet der Sexualität auch alle denkbaren Varianten des Negativen und Unangenehmen, wie wir Erwachsenen nur allzu gut wissen. Doch das kleine Kind lebt nicht aus der Erfahrung des Bösen, es ist im Grunde überhaupt noch nicht in der Lage, selbstständig etwas Böses zu tun. Darum kann es dieses Böse noch nicht verstehen und verlangt von uns, indem es sich uns anvertraut, dass wir es in all seiner Unschuld und seinem selbstverständlichem Vertrauen dagegen beschützen. Dieses Beschützen gilt in Bezug auf sexuellen Missbrauch, aber auch im Hinblick auf verfrühte sexuell aufreizende Geschichten und Bilder sowie auf entsprechende intellektuelle Informationen. Bei der sexuellen Aufklärung junger Kinder handelt es sich darum, dass das Kind ein warmes und positives Bild der menschlichen liebegetragenen Möglichkeiten des Sich-Liebens und des Leben-Schenkens aufnimmt.

Wenn ein Kind von dieser Wahrheit durchzogen ist, hat es später einen inneren Bezugspunkt. Es kann neue Worte, Bilder und Informationen daran messen, weil es sich in seiner Kleinkindzeit ein Bild gemacht hat von dem, was gut, schön und wahr ist auf diesem Gebiet. Erst wenn es älter wird, kann ein Kind es ertragen, so viel von den menschlichen Entgleisungsmöglichkeiten mitzubekommen, wie es braucht. Der Rest ist reine Sensation und bildet unnötigen Ballast. Einen Ballast, mit dem selbst wir Erwachsene unsere liebe Not haben, wenn die Medien über immer wieder neue Formen sexueller Grausamkeit und Abarten berichten. Die Auffassung, dass die extrem frühe Aufklärung von Kindern über die unangenehmen und schlechten Seiten der Sexualität sie angeblich beschützt bzw. gut darauf vorbereitet, ist in meinen Augen blanker Unsinn. *Ängstliche Kinder sind keineswegs stärker.*

▬ ›Schönheitgetragenes Wissen‹ – Erzählbeispiele für die Allerkleinsten

Wenn wir über die Zeit sprechen, bevor das Kind in die Familie kam, ist es wichtig, immer über die Zeit zu sprechen,»als du noch nicht *bei uns* warst ...«, was ganz anders klingt als:»Als du noch nicht *da* warst ...«. Bereits in dieser kleinen Nuance liegt eine Grundlage für das, was wir später erzählen. Ein Kind kann bereits hieran erfahren, dass die Eltern wissen, dass das Kind mehr ist als nur eine Ansammlung vererbter Gene.

Wo war denn das Kind, bevor es *bei uns* war? Hierzu passen folgende Antworten:»Davor warst du bei den Engeln« und, noch weiter zurückgehend:»Davor warst du beim lieben Gott« oder »Davor warst du in der Welt des Lichtes und der Liebe« oder »Davor warst du noch bei den strahlenden Sternen«. Weil es so wichtig ist, dass alles, was wir sagen, auch für uns selbst wahr ist, muss jeder Elternteil danach suchen, was er wirklich als eigene Wahrheit aussprechen kann. Denn Kinder hören viel tiefer zu, als wir zunächst vermuten. Wir haben nicht die entfernteste Ahnung, wie intensiv sie durch unsere Worte hindurchhören. Wenn diese Worte oberflächlich sind oder im tiefsten Grunde unwahr, dann wissen sie das und die Antwort befriedigt sie nicht. Sie verstehen sie nicht, weil sie Widersprüchlichkeiten wahrnehmen. Die Laute und Bilder, die sie von außen aufnehmen, beißen sich mit dem, was sie im Inneren erleben. Besser ist es, mit völliger Überzeugung von einer ›Lichtwelt‹ zu sprechen, als zu einem Viertel überzeugt und mit drei Vierteln großen Zweifeln von einer göttlichen Welt.

Vielleicht kann ein anderer, zum Beispiel der Partner, die Großeltern oder die Kindergärtnerin, diese Wirklichkeit aus tiefster Seele als wahr erfahren. Überlassen Sie in diesem Fall (vorläufig) diese Art des Erzählens den Personen, die völlig davon überzeugt sind. Vergessen Sie dann jedoch nicht, den kleinen Bereich, den Sie sich selbst erobert haben, auch selbst auszusprechen, denn Ihr Kind nimmt diesen Bereich wahr und spürt Ihr Suchen nach Erkenntnis und Wahrheit.

Das kleine Kind stellt uns also vor eine schwierige Aufgabe. Um gerade ihm die ihm gemäßen Bilder zu geben, brauchen wir eigentlich eine Weltorientierung, ein Verbundensein mit Himmel und Erde, mit einer Sinngebung und Zusammenhängen, die wir häufig selbst noch suchen. Dennoch brauchen wir davor nicht zurückzuschrecken. Ein Kind weiß selbst noch so viel, dass es, wenn wir ihm in Bezug auf die kosmischen Tatsachen den kleinen Finger reichen, die ganze Hand fühlen kann.

Die Aufklärung über die körperlichen Aspekte der Sexualität ist in dieser Altersstufe, wie gesagt, noch nicht angebracht, aber wenn Kinder dennoch Sexualität als solche in ihrer Umgebung mitbekommen und Fragen stellen, kann dieser Bereich ganz einfach als »Liebe zwischen großen Leuten« beschrieben werden.

Dann sagen wir zum Beispiel: »Wenn Väter und Mütter sich mögen, dann möchten sie sich sehr gerne festhalten und spüren, streicheln und küssen.« Das versteht jedes Kind, weil es zur eigenen Gefühlswelt passt. Mehr braucht es als Dreijähriges eigentlich gar nicht zu wissen. Es ist dann noch zu jung dafür, mit der Kraft der Begierde konfrontiert zu werden, die in der Sexualität immer mitspielt.

Liebe und Vereinigung haben auch eine kosmische Realität, das gilt auch innerhalb der Sexualität, und gerade diese Seite gehört zum kleinen Kind. Wird in der eigenen Familie oder im Umkreis ein Baby erwartet, kann man diese Realität folgendermaßen in Worte fassen: »Papa und Mama (oder dieser Vater und diese Mutter) hatten sich so lieb, dass die Engel ein kleines Kind von den Sternen gebracht haben.« Weil noch über diesen geistigen Teil, die helle Seite der Inkarnation, gesprochen wird, kann man dies auch dann sagen, wenn es sich um ein ›Unglück‹ oder Schlimmeres handelt. Denn letztendlich liegt jeder Geburt ein Liebesimpuls zugrunde, auch wenn die Erwachsenen ihn nach der Zeugung noch verwirklichen müssen. Dass ein Kind sich inkarniert, ist an sich bereits eine Verdichtung und ein Zunehmen aus der Sphäre der geistigen Liebe in die der menschlichen. Jedes neue Kind stellt eine Liebesfrage, selbst wenn es uns schwerfällt, sie zu beantworten. Selbst wenn Eltern sich erst noch daran gewöhnen müssen und nicht sofort eine Antwort auf diese Frage kennen. Für ein Kind bleibt es dennoch eine erkennbare Wahrheit, dass es sich so und nicht anders für das Leben entschieden hat.

Diese Wahrheit bestätigen wir mit folgenden einfachen Sätzen.

»Wir hatten uns so lieb, dass wir uns danach sehnten, ein Kind zu bekommen, das in dieser Liebe leben würde. Da wurdest du da oben wach und wolltest gern zu uns kommen, um bei uns zu wohnen. So kamen die Kinderengel und nahmen dich in ihre Arme. Einer von ihnen war der Engel, der schon früher mit dir mitgereist war. Der kannte dich und flog mit dir zu den strahlenden Sternen, die dir der Reihe nach ihr Licht in dein Herz hinein mitgaben. Dann flog der Engel mit dir zum Mond, wo ein Schatzkästlein steht für jedes Kind, das geboren wird. Der Engel erbat den Schlüssel des Schatzkästleins von den Schatzwächtern und öffnete deines, und so bekamst du deine eigene Sammlung von Steinen wieder. Da gibt es kleine und große Steine darunter, funkelnde Diamanten und rote und grüne, gelbe und rosafarbene, violette, aber auch durchsichtige Edelsteine. Ganz unten liegen auch noch ganz andere Steine, die sind dunkel und trübe und überhaupt nicht so schön. In diesem Schatzkästlein liegt auch ein Seidentuch mit lauter goldenen Fäden, das wurde von allen Menschen, die dich lieb haben, gewebt. Es gibt da auch heraushängende, graue und schwarze Fäden, von denen man schmutzige Hände bekommen kann. Dein Engel wird auch die in dein Seidentuch hineinweben und dann kannst du sie später in Goldfäden verwandeln. Wenn du mit diesem schönen Seidentuch, das ganz dir allein gehört, jeden Tag und jede Nacht zusammen mit deinem Engel die dunklen und stumpfen Steine reibst und putzt und zum Glänzen bringst, dann werden daraus, wenn du alt geworden bist, neue Edelsteine in deiner Schatzkiste. Als du das Schatzkästlein erblickt und dir alles gut angeschaut hattest, bist du in Schlaf gefallen und dein Engel hat dich in dein Seidentuch gewickelt und deine Steine für dich mitgenommen. Dann trug der Engel dich durch das große Tor der Geburt. Aber noch kurz bevor deine Augen zufielen, hast du die strahlende Himmelskönigin mit ihrem Sternenkranz um die Stirn gesehen, die mit ihren Füßen auf dem Mond steht. Sie hat für dich und deinen Engel das Tor geöffnet, und jetzt flog der Engel ganz, ganz vorsichtig zu unserem Haus, bis hierher, wo wir in der dunklen Nacht unser Licht brennen ließen. Dadurch erkannte der Engel unser Haus und fühlte unsere Sehnsucht nach dir. Ganz sachte legte dein Engel dich in dein Bettchen, wo du nach der langen Reise sofort eingeschlafen bist.

Und wir träumten, dass ein Engel uns mitnahm zu der Wiege und uns zeigte, wer da so herrlich drin schlief. Der Engel lachte uns zu und erzählte uns, dass er uns und auch dir weiterhin beistehen würde. Und dass wir zusammen für dich sorgen würden. Und dann wurden wir ganz langsam wach und sahen, dass du tatsächlich gekommen warst. Darüber waren wir so froh, dass wir allen Menschen eine Karte schickten, um ihnen zu sagen, wie du heißt. Und alle kamen zu Besuch, um dich zu sehen, und brachten Geschenke und Blumen und Karten mit. Denn jeder wollte doch wissen, wer du bist, und jeder wollte sich über dich freuen.«

Man kann diese Grundstruktur mit warmen und kostbaren Einzelheiten ergänzen, die mit der Geburt zusammenhängen. Zum Beispiel blühten damals vielleicht gerade die ersten Krokusse oder vielleicht bekam das Kind die liebe Kuschelpuppe, die es immer noch besitzt. Jedes Mal, wenn diese Geschichte erzählt wird, wird ein Kind eigentlich aufs Neue geboren. Erzählen und Schildern bedeutet hier tatsächlich ein Wiedererschaffen.

Die rauen Seiten des Lebens können einfach weggelassen werden, sie dürfen in dieser Geschichte im Unbestimmten bleiben. Dadurch hilft diese Geburtsgeschichte häufig auch den Eltern selbst. Wenn die schwierigen Seiten einer schmerzhaften Geburt, eine kompliziert verlaufene Schwangerschaft, eine nicht geplante oder ungewünschte Schwangerschaft noch nicht verarbeitet worden sind, hilft es den Eltern und dem Kind, die Lichtseite des Vorgangs zu suchen. Weil immer wahrhaftig erzählt werden muss, fordert dies von den Erziehern, dass sie selbst trotz aller Probleme, die vorhanden waren, zum Kern des Geschehens vordringen. Dann lernen sie den Vorgang auch selbst festlich zu feiern und sie beginnen zu sehen, wo die ›wahren‹ Gesichtspunkte zu finden sind. Diese gibt es immer, überall und bei jedem und bei jeder Geburt, wenn man sie nur sucht. So bedeutet das Aufklären eines kleinen Kindes zugleich eine ›Aufhellung‹ der eigenen Erfahrungen. Man arbeitet sie durch, und dadurch erscheinen sie buchstäblich in einem anderen Licht.

In dem Bild der Sternenreise ist ein Urbild der Reise der Seele durch die Welt der Seelenkräfte gegeben, die jedem Menschen ganz persönlich mitgegeben sind. Ein Teil dieser Reise besteht im Weg durch die Kräfte der Planeten, wie sie im zweiten Teil dieses Buches noch ausführlich dargestellt werden. In dem »Schatzkästlein« auf dem Mond werden die alten Beziehungen und die früheren Errungenschaften bzw. Störungen als eine Art Arbeitsfeld für das kommende Leben wieder aufgegriffen. Mit einfachen Worten ist in diesem Bild der Kern von Reinkarnation, Karma und Lebensschicksal zum Ausdruck gebracht. Die Himmelskönigin ist die Sophia, die Weisheit selbst, die jedem Menschen die Gelegenheit schenkt, den wahren Lebensweg zu erkennen.

In meiner therapeutischen Praxis habe ich Eltern häufig den Auftrag gegeben, ihrem Kind die helle Seite der Schwangerschaft und der Geburt zu erzählen. Vielleicht begleitet von Fotos, die das Kind in der Wiege zeigen, den Karten, die verschickt wurden, oder einem selbst gestrickten Pullover und so weiter. Es handelte sich hier häufig um etwas ältere Kinder, die eine gewisse Beunruhigung empfanden, ob sie wirklich ›erwünscht‹ waren, die also nicht genügend Vertrauen in Bezug auf ihr ›Daseinsrecht‹ ausgebildet hatten. Wenn ein Elternteil dann mit dem Kind diese einzigartige Daseinsgeschichte aufs Neue aufleben ließ, verfehlte es niemals seine Wirkung. Es ist ganz einfach, allerdings erfordert es als Vorbereitung, dass man in der Lage ist, die Schatten wegsinken zu lassen, sie zu verarbeiten und dann freudig die helle Seite des Eintritts in unsere Welt und in die Familie aufleben zu lassen. Es verstärkt das Band, das das Kind zu sich selbst hat, zu seinem Ort in der Familie und zu den Eltern. Bis zur Pubertät funktioniert dies. Danach vorübergehend nicht mehr, weil das Kind sich in dieser Phase dann gerade von Eltern und Familie löst.

Es gibt eine weitere Geschichte, die erzählt werden kann.

»Wir waren schon eine ganze Weile zusammen, wir aßen zusammen, schliefen zusammen, machten Spaziergänge und Ferien zusammen. Da, plötzlich, als wir einen Moment lang ganz still waren, hörten wir ein Stimmchen. ›Wem gehört dieses Stimmchen wohl?‹, fragten wir uns. Wir suchten unter dem Bett und im Zimmer und in der Küche, aber nirgends war jemand zu sehen. Doch wir hörten das kleine Stimmchen immer öfter. Erst dachte ich, dass es Papa war, und Papa dachte, dass es Mama war. Aber schließlich entdeckten wir, dass es ein kleines Kind war! Ein ganz hohes Stimmchen rief uns von weit weg! Wir konnten das Kind nicht sehen und wir wussten nicht, wer das Kind war, aber ganz oft sang es ein Sternenlied. Und manchmal sahen wir plötzlich ein Licht an einer dunklen Stelle, als ob ein Strahl durch das Fenster hereinfiel.

Wir fanden das Stimmchen und die Lieder so schön und so lieb, dass wir immer öfter zuhörten, und eines Tages sang das Kind ein Lied über uns. Über eine Wiege bei uns. Da gingen wir in einen Laden und kauften alles für dieses Kind, eine Wiege, Kleider und eine kleine Badewanne, und wir bereiteten ihm einen Platz im Haus. Denn wir spürten, dass das Kind, das so schön sang, zu uns kommen wollte. Und dann, eines Tages, erstrahlte die Sonne am Morgen ganz besonders, mit einem goldglänzenden Lächeln, und da kamst du zu uns. Du sahst selber wie eine kleine Sonne aus, ein goldener Strahl, denn du hast uns und alle anderen ganz froh gemacht.

Und manchmal, wenn du schläfst, hören wir dein schönes Sternenlied immer noch in unserem Traum ...«

Glauben Sie nicht, dass Sie die Unwahrheit sagen, wenn es damals schüttete oder wenn Sie niemals Sternenlieder gehört haben. Diese Worte sind *Bilder,* sie drücken die Wirklichkeit innerer Erfahrungen bildhaft aus. Dass Sie als Eltern sensibel wurden für den Kinderwunsch, das hört man am Bild des Sternenliedes. Dass der einzigartige Moment der Geburt als besonders sonnig und goldglänzend geschildert wird, beschreibt die schaffende Kraft, die in jeder Geburt aufscheint.

Diese Geburtsgeschichten sind als Beispiele gemeint, Sie können sie nach Herzenslust ergänzen oder abwandeln. Wichtig ist, dass sie *erzählt* werden. Dass sie nicht vorgelesen werden, sondern dass man sich die Mühe macht, sie sich so anzueignen, dass das kleine Kind an den Lippen dessen hängt, der sie erzählt. Es ist also besser zu versuchen, sie zu erzählen, als sie perfekt vorzulesen. Denn dann erzählen Sie dem Kind, was in Ihnen selbst lebt und wer Sie selbst sind, und dann hört ein Kind dies in den Tiefen des eigenen Herzens. Dadurch können Kinder wachsen, es ist wie eine Art Vitaminkur für das ganze Leben. Geburtsgeschichten für so kleine Kinder gehen von Herz zu Herz, der Verstand kommt erst später ins Spiel. Und auf diese Weise entsteht ein ›schönheitsgetragenes Wissen‹.

Was tun bei zu frühem Wissen?

Es ist durchaus gesund, dass in unserer Gesellschaft viele Tabus in Bezug auf die Sexualität verschwunden sind. Es ist auch gut, dass öffentlich darüber gesprochen werden kann und dass es reichlich Aufklärungsmaterial gibt. Die Kehrseite dieser Medaille ist, dass Kinder häufig viel zu früh und zu viel aus dem Bereich der Sexualität zu hören und zu sehen bekommen. Das raubt ihnen die Zeit, in Bildern zu leben. Zeit, die eine gesunde und stabile Grundlage in ihrem Inneren bilden soll. Wenn Kinder plötzlich zu Hause oder während einer Übernachtung bei Freunden zum Beispiel einen Pornofilm sehen oder sich im Internet verlieren, wenn sie vorzeitig ein Aufklärungsbuch oder -video anschauen, dann erfolgt die Konfrontation mit körperlichen, sexuellen Begierden und den dazugehörigen Handlungen sehr abrupt. Dann verlieren sie ihre Unschuld im Bereich ihrer Vorstellungen. Dies kann sie ängstlich und wütend machen, weil sie zu früh und häufig auch auf sehr grobe Weise von körperlichen Bildern überfallen werden. Dann erfahren sie Sex als schmutzig und bedrohlich.

Dies alles tut ihnen weh und den Eltern ebenfalls. Was diese als gut, schön und wahr vermitteln wollten, wurde plötzlich geraubt, so scheint es. Manche Kinder vergessen all das rasch wieder, und das ist dann bei Weitem das Beste. Denn das Wiederheraufholen der beunruhigenden Bilder verstärkt nur den Eindruck, den diese hinterlassen haben. Es ist für ein Kind besser, ihm in Bildern zu erzählen, was sich ereignet hat, und durch Bilder das ›Einschlafen‹ des vorzeitig geweckten Bewusstseins zu fördern. Wer in solchen Situationen heilende Bilder voller Zärtlichkeit und Wärme an das Kind heranbringt, tröstet es und verstärkt die Tendenz des Kindes, wieder in die frühere Unschuld und Offenheit zurückzukehren.

Hier folgen zwei Geschichten, die mit dieser Intention geschrieben wurden. Sie können wie ein Zaubermittel wirken, weil ein Kind sich danach sehnt, einen Wegweiser zu erhalten, der es wieder zum kindlichen Wissen zurückführt. Eltern, die diese Geschichten vorlesen oder erzählen wollen, sollten den Text zuerst in aller Ruhe in sich aufnehmen und wirken lassen. Dann erfahren sie selbst ebenfalls die Ruhe, die von ihm ausgeht. Wenn Sie selbst dasjenige, was nun einmal geschehen ist, loslassen und in Harmonie sind, so vermitteln Sie die Botschaft der Harmonie, die die Geschichten enthalten, auch durch Ihre eigene Stimme und Haltung.

Die Narzissen

Es war einmal ein schöner sonniger Tag mitten im Winter. Eiskalt war es noch, doch an einem geschützten Ort erwärmte die Sonne die Erde. Einige kleine Narzissen unter dem Boden erwachten plötzlich aus ihrem Winterschlaf. Sie fühlten die Wärme und wollten nach oben und nach draußen, um sich umzuschauen in der großen weiten Welt.

Die kleinen Wurzelzwerge sahen das und versuchten, die fröhlichen Narzissen davon abzuhalten: »Es ist noch viel zu früh zum Aufwachen! Ihr werdet da oben erfrieren, bleibt noch bei uns in der Erde!« Aber die Narzissen hatten bereits ihre Stängel und Knospen nach oben geschoben und in der Sonne sprangen die Knospen rasch auf. Sie sahen, dass die Erde leer und kalt war und ohne Frühlingsfarben, ja sogar ohne Schmetterlinge. Darüber erschraken sie sehr. Als es dunkel wurde, begann es auch noch stark zu frieren, so sehr, dass sie beinahe erfroren. Aber zum Glück kamen da dicke Wolken herbei, voll frischem Schnee. Drei Tage lang fielen große, weiche Flocken auf den Boden und auch auf die Narzissen, sodass man sie gar nicht mehr sehen konnte. Der Schnee machte es ihnen wieder warm und legte sich um sie herum wie ein weißer Handschuh.

Es wurde still, ganz still im Schnee, und die Narzissen fielen wieder in ihren Winterschlaf. Sie dösten und träumten von allen Frühlingsblumen, sicher eingehüllt von der reinen weißen Winterdecke aus daunenweichen Schneeflocken, bis es wirklich Frühling wurde.

Der kleine Schmetterling

Ein fröhlicher, flinker Schmetterling flog über eine Weide und setzte sich ab und zu auf die schönen, farbigen Blumen, die dort blühten. Da konnte er kurz ausruhen oder ein kleines bisschen Blumennektar naschen. Der Schmetterling war klein und zartblau mit rosa und hatte goldene Ränder an seinen Flügeln. Die Sonne schien mit warmen Strahlen, und alles war so schön, wie es nur im Frühling sein kann.

Als der kleine Schmetterling müde war, sah er einen kleinen Erdhügel. Ob er sich einmal daraufsetzen sollte, um auszuruhen? Er hatte noch nie den Boden berührt, aber es war ein kleiner Berg, auf dem er sich schön niederlassen und sich umschauen konnte. So setzte er sich hin, aber merkte nicht, dass der Berg ein Wespennest war. Die Wespen, die schon früher um ihn herumgeflogen waren, hatten ihm niemals Böses getan, aber jetzt, da er auf dem Wespenhaus saß, flogen sie heraus und stachen ihn wütend. Das tat weh wie Feuer, und als der Schmetterling wegfliegen wollte, fühlte er sich schwer und alles schmerzte ihn. Es war, als ob in ihm kleine Feuer brannten, und er sah, wie sich seine Flügel verfärbten und feuerrot mit schwarzem Rand wurden, als ob das Wespengift sie verbrannt hätte. Das Fliegen fiel ihm jetzt schwer, und es hatte den Anschein, dass alle Blumen weniger schön blühten und dass die Sonne nicht mehr strahlte. Er verkroch sich unter dem Blatt einer Rose und versuchte seine Flügel sauber zu machen, doch das gelang ihm nicht.

Da öffnete sich die Blüte der Rose, auf der er saß, ganz und gar. Es war eine rosafarbene Rose, und im Herzen der Rose lag ein goldglänzender Tautropfen. Die Rose gab den Tropfen dem Schmetterling, damit er sich darin baden konnte, und als er sich hineinlegte, schloss die Rose ihre Blätter liebevoll über ihm. Die Schmetterlingsrose ließ sich vom Wind wiegen und trug den Schmetterling sicher in ihrem Herzen, bis zwölf Tage und Nächte vorüber waren. Dann öffnete sich die Rose von Neuem. Aus ihrem liebevollen Herzen stieg der Schmetterling empor. Seine Flügel waren nun rosafarben und sein ganzer Körper glänzte golden. Niemand hatte jemals einen so schönen Schmetterling erblickt.

Wenn er müde war oder wenn es zu regnen begann, kehrte er zur Rose zurück, und dann versank er in Träume zwischen den herrlich duftenden Rosenblättern.

Kinder im Alter von acht bis neun Jahren

In diesem Alter kommt die ›Geburtsgeschichte‹ immer stärker auf den Boden der Tatsachen, doch sie bleibt immer noch bildhaft. Kinder nehmen die Schwangerschaft bei ihrer eigenen Mutter oder anderen Müttern jetzt häufiger wahr und beginnen, Fragen danach zu stellen. Es ist wichtig, ihnen die spätere informative Darstellung in warmen Bildern mitzugeben. Vermeiden Sie deswegen stets Geschichten über »der Mann« und »die Frau«, denn für derlei Verallgemeinerungen kann ein Kind keinen Respekt und keine Wärme empfinden. »Ein Vater« und »eine Mutter« ist schon besser, aber am besten ist es, einfach über uns selbst zu sprechen. Wenn wir zu einem Kind in der Form »dein Vater und deine Mutter« sprechen, können wir in diese Formulierung eine erkennbare Vertrautheit legen, die durchaus Wärme und Respekt hervorruft. Damit wird einmal mehr deutlich, dass Aufklären im Prinzip eine Aufgabe der Eltern ist.

Während meiner Vorträge habe ich erfahren, dass sexuelle Tabus nur scheinbar überall gefallen sind. Viele Eltern schweigen still, wenn dieses Thema mit einem persönlichen Bezug zur Sprache kommt. Ganz allgemein über Sexualität zu reden, ist offenbar noch etwas anderes als über Sexualität in Beziehung auf das eigene Kind und sich selbst. Wer in bildhafter Form damit beginnt, wird allmählich dahin gelangen, ein Kind später auch über die körperlichen Seiten der Sexualität in persönlicher, glaubwürdiger und engagierter Weise aufklären zu können. Häufig führt die Scheu der Eltern aber zum beherzten Überreichen eines Aufklärungsbuches, das keinerlei Scheu kennt.

Wenn die Erwachsenen über dieses Thema nicht normal sprechen können, ist es dann ein Wunder, wenn Kinder darüber kichern und im Internet heimlich nach Pornoseiten suchen? Im Grunde wird die Unbeholfenheit im Umgang mit diesem Gebiet einfach anerzogen, genau wie auch das etwas verlegene und heimliche Getue darum. Die Verschleierung dieses unbehaglichen Verhältnisses zur Sexualität in Form grober Anspielungen und sexistischer Witze wird gleichermaßen ungefiltert weitergegeben. Dies kann heute ebenfalls als überholt gelten und verschwinden, wenn eine normale Gesprächsform im Umkreis des Themas Sexualität entstanden ist. Wir sollten uns bemühen, mit den Kindern mitzuwachsen und dieses Thema von Anfang an mit ihnen zu besprechen – dann allerdings auf eine Art und Weise, die zu ihnen passt, und in dem Moment, in dem sie selbst Fragen danach stellen.

›Häuschen‹

Für Kinder in diesem Alter werden Schwangerschaft und Geburt in Bilder gefasst. Wenn das Kind in der Gebärmutter heranwächst, erzählen wir, dass die Mutter ein ganz kleines Babyhäuschen in sich trägt und dass, wenn sie schwanger ist, ein wirkliches Kind in diesem Haus wohnt und heranwächst. Ein Häuschen, das mitwachsen kann, wo es weich und warm ist und das herrlich schaukelt. Wenn die Kinder sehen, dass ihre Mutter oder eine andere Mutter hochschwanger ist, so schlussfolgern sie von selbst, dass das Häuschen jetzt bereits sehr groß geworden ist und somit auch das Baby. Aus dem einen Bild fließen eine Menge anderer Erkenntnisse logisch hervor. Wenn das Kind danach fragt, wann das Baby denn geboren wird, können Sie sagen:»Das passiert, wenn das Häuschen zu klein wird und die Mutter das spürt, denn dann wird das Baby ›an die Tür klopfen‹.« So übersetzen wir bildlich die Wehen, die ja tatsächlich in erster Linie den Muttermund öffnen.»Klopft das Baby schon an?«, fragen die Kleinen dann manchmal, und unsere Antwort kann dann deutlich Nein oder am Ende Ja lauten. Wenn die Niederkunft zur Sprache kommt, stellen Sie dar, dass das Häuschen zwar aufgehen muss, dass die Tür jedoch sehr lange zu gewesen ist und dass es eine große Arbeit für das Kind und die Mutter darstellt, dies zuwege zu bringen. Natürlich kommen dann auch Erwachsene hinzu, um mitzuhelfen: Der Papa hilft und der Arzt oder die Hebamme. Muss Mama plötzlich ins Krankenhaus, weil alles mühsamer verläuft, dann können Sie dem kleinen Kind erklären, dass die Tür nicht richtig aufgehen wollte. Wenn die Mutter viel liegen oder noch länger das Wochenbett hüten muss, dann sagen Sie, dass das Türchen wieder langsam zugehen muss.

Schon früh kann man erzählen, dass das Häuschen von Zeit zu Zeit saubergemacht werden muss. Dieses Saubermachen ist nichts anderes als die Menstruation, eine buchstäbliche Reinigung der Gebärmutter. Diese Logik, dieser selbstverständliche Aufbau der Bilder im Hinblick auf die spätere physische, konkrete Darstellung, ist für uns Erwachsene zunächst vielleicht etwas gewöhnungsbedürftig. Kinder, die mit ihr aufwachsen, brauchen sich nicht daran zu gewöhnen, für sie gilt, dass sie ihrem Lebensalter gemäß verstanden und ernährt werden. Für uns selbst bedeutet das ein Wiederbeleben häufig vergessener Qualitäten im Bereich des Kreativen, des Bildhaften und der Ehrfurcht. Kinder sind kreativ und ergänzen ein Bild wie das des Schwangerschaftshauses nach Herzenslust selbst weiter. Das ist gut und gesund und zeugt von einem freudigen Mitleben.

Hier eine beispielhafte Geschichte, die das soeben Ausgeführte illustriert.

Als dein Vater und ich (deine Mutter und ich) uns einmal sehr lieb hatten und wir ganz nah zusammen waren und uns ganz arg festhielten, da begann plötzlich in dem Häuschen in Mamas Bauch ein kleines Licht aufzustrahlen. Da wussten du und dein Engel, dass du dort wohnen konntest. Die Tür stand offen und dein Herz sehnte sich nach dem Licht da drinnen. Als dein Herz das spürte, brachte dein Engel dich zu uns und die Tür schloss sich leise. Da drinnen war es weich und warm.

Diese Häuschen sind keine normalen Häuschen, sondern sie wachsen. Jedes Mal, wenn das kleine Kind wächst, wächst das Häuschen mit. Das können die Mütter gut spüren und darüber werden sie dann ganz froh. Auch die Papas merken das sehr gut. Und als Papa das sah, half er mit, weil das Häuschen schwer wurde. Wir haben viel mit dir gesprochen, während das Häuschen sanft hin und her schaukelte. Ohne wachsendes Häuschen können Kinder am Anfang nicht leben. Sonst haben sie es viel zu kalt oder sie bekommen Angst. In dem Häuschen ist es niemals kalt, und du bist immer nahe bei deiner Mama. Du durftest immer mit, mit mir zur Arbeit, zur Oma, in die Stadt, in den Wald und auch in die Ferien. Du warst auch dabei, als ... (hier können andere Begegnungen, die während der Schwangerschaft stattfanden, ergänzt werden).

Als das Häuschen nicht mehr weiterwachsen konnte und du schon groß genug warst, da wurdest du ganz neugierig auf uns und alles hier. (Hier kann wiederum ergänzt werden: Brüder und Schwestern, Oma, Opa, Freunde, Lieblingstiere, das Haus usw.) Du sehntest dich so danach, uns zu sehen, und dein Herz spürte, dass wir uns danach sehnten, dich zu sehen und festzuhalten. Eines Tages fühlte Mama, dass du an die Tür des wachsenden Häuschen klopftest. Du schlugst sogar richtig dagegen, und zusammen öffneten wir das Türchen, und da bist du herausgeschlüpft. Du warst ganz rosa mit kleinen zarten Härchen, und wir wollten dich am liebsten den ganzen Tag über festhalten, so lieb fanden wir dich. Aber du wolltest auch weiterwachsen, jetzt, nachdem du aus dem Häuschen heraus warst. Zum Glück haben Mamas noch weitere Stellen, wo man wachsen kann. Mamas Brüste waren auch gewachsen und da strömte herrliche Babymilch heraus, und die hast du damals ganz aufgetrunken. Und da bist du noch viel schneller gewachsen. Wir gaben dir deinen Namen und schrieben allen Menschen, dass du aus dem Mama-Häuschen herausgekommen warst und dass jetzt jeder kommen konnte, um dich anzuschauen. Und sie kamen alle, Brüder und Schwestern, Omas und Opas, die Nachbarn und die Tanten und Onkel und Kinder und so weiter. (Nennen Sie hier die Namen all dieser Menschen.) Und alle brachten Geschenke mit. Es gab schöne Blumen und schöne Kleider für dich, Kuscheltiere und auch Süßigkeiten für die Gäste.

Als du alle sahst, fühltest du dich völlig zu Hause bei uns in unserem großen Haus, und Mamas wachsendes Häuschen wurde danach wieder ganz klein.

Diese Geschichte ist also eine Grundstruktur, in welche selbstverständlich die persönlichen Details hineingearbeitet werden können. Dass »das Klopfen an die Tür so heftig wurde, dass die Tür sofort aufsprang und Papa oder der Arzt gerade noch rechtzeitig da waren, um dich aufzufangen, denn da warst du schon hervorgeschlüpft«, ist zum Beispiel eine bildhafte Wiedergabe einer Sturzgeburt. Genauso gut können wir von einem Kind sprechen, »das müde wurde von all dem Klopfen und darum einen Moment lang in Schlaf fiel, sodass es ganz lange dauerte, bis das Türchen endlich aufging«. Nicht alles braucht man in dieser Geschichte auszusprechen, aber etwas Charakteristisches, das mit dieser besonderen Geburt und diesem einen Kind zusammenhängt, ist wichtig. Selbstverständlich werden viele Kinder nicht mit schöner rosafarbener, sondern mit einer ganz anderen Hautfarbe geboren, und nicht überall bekommen die Gäste Süßigkeiten angeboten. Deswegen: Diese Grundstruktur kann völlig den eigenen Gewohnheiten und der eigenen Geburtsgeschichte angeglichen werden.

Die Grundstruktur bleibt eine Wahrheit, auch wenn es sich um einen Kaiserschnitt oder eine Zangengeburt gehandelt hat. Wenn Sie diese Erfahrung verarbeitet haben, dann können Sie ihr auch bildhaft einen Ort zuweisen, weil Sie, trotz dieser vielleicht schwierigen und schmerzhaften Erfahrung, doch Ihr kostbares Kind empfangen haben. Ein Kaiserschnitt ist nichts Anderes als:»Das Türchen war nicht groß genug, und da haben wir für dich ein schönes großes Tor gemacht, und als das aufging, warst du dann schnell bei uns.« Der Eingriff durch einen Gynäkologen durch verschiedene Hilfsmittel ist, wenn die schmerzhafte Seite der Erfahrung sich verloren hat, nichts anderes als eine Geburtshilfe.

So wird die Geburtserfahrung, welche die Eltern und die Kinder machen, auf die schöne Ebene ihrer eigentlichen Essenz emporgehoben, die Ebene der tieferen Wirklichkeit, die sich dem offenbart, der sie sucht. Die Liebe, die dafür sorgt, dass wir unsere Angst, unseren Schmerz und unseren Kummer verarbeiten, dieselbe Liebe lässt aus unseren Erfahrungen und Erlebnissen einen Lebensquell für das Kind hervorgehen. Und dann hat und bekommt jedes Kind seine eigene Geschichte – denn wer könnte leben ohne seine eigene Geschichte?

Eine andere Geschichte, die sich ab dem Kindergartenalter erzählen lässt, ist neben der soeben behandelten vom»Haus« der Gebärmutter die des Gebärmuttersees. Im Fruchtwasser lebt das ungeborene Kind noch in einer einzigartigen Situation, die zurückführt in den Urzustand der Erde, als noch»der Geist über dem Wasser schwebte«. Dieser Ausdruck stammt aus der Bibel, doch auch das finnische Kalevala-Epos kennt eine Himmelstochter, die über den Wassern schwebt. Die Erde war einst eine Welt, in welcher die Elemente noch nicht voneinander geschieden waren. Jeder Embryo erlebt diesen Urzustand in der Schwangerschaft, und wenn man sich in die Ergebnisse der Forschung vertieft, die sich mit den Parallelen zwischen der Schöpfungsgeschichte des Menschen und der Embryonalentwicklung bis zur Geburt befasst, kann die Überraschung groß sein. Wir verweisen auf die Bücher von Frits Wilmar: *Vorgeburtliche Menschwerdung*, und Bart Maris: *Schwangerschaftssprechstunde*, sowie auf die Internetseite von Jaap van de Wal zu diesem Thema: www.embryo.nl (auch deutsch).

Hier folgt eine kurze Geschichte für kleine Kinder über das Leben im Fruchtwasser der Gebärmutter.

Die Seefrau

Als die Erde, die Luft und das Wasser noch ganz zusammen waren, konnten die Menschenkinder nicht leben. Die Erde musste trockener, das Wasser nasser und die Luft leichter werden. Eine wunderbare Götterfrau lebte damals in allem, und sie sah, dass die Menschen geboren werden wollten, dass sie auf der festen Erde stehen, im Wasser schwimmen und in der Luft singen wollten. Die Göttin hatte lange helle Flügel, und die gab sie den Engeln zurück. Da befreite sich die Luft, und jetzt konnten die Vögel fliegen und die Sonne zu scheinen beginnen. Die Göttin hatte eine strahlende kräftige Gestalt, und die gab sie der Erde. Da befreiten sich Erde und Wasser voneinander und die Menschen wurden in mondenhellen Nächten geboren. Das Einzige, was die Göttin noch übrig behalten hatte, war ihr wunderschönes Gesicht mit den liebevollen, alles sehenden Augen. Damit schwebte sie unsichtbar über das Wasser hinweg, weit weg, in den Norden, dorthin, wo das Land Wasser ist und das Wasser kleine Stückchen Land. Sie sorgte dafür, dass alle Menschen vom Wasser getragen und in kleinen Wellen gewiegt wurden. Sie fühlte die Menschen schwimmen und mit Schiffen fahren und fischen, und sie schenkte ihnen Essen, Trinken und viel Freude.

Weil niemand sie sah, wusste auch niemand, was sie sonst noch alles tat. Jedem Kind, das von Engelflügeln gebracht wurde, schenkte sie etwas Wunderschönes, lange bevor jemand das Kind erblicken konnte und lange bevor das Kind eigene Arme und Beine bekam. Sie webt schon seit diesen Ururzeiten in jedem Mutter-Menschen einen kleinen runden See, in welchem ein Kind schweben und schwimmen kann, schon lange bevor es auf die Erde kommt. Auch du bist in ihrem Wasser gewesen und hast warm darin heranwachsen können. Erst als du nach langer Zeit auf die Erde kommen wolltest, ist der See leergeströmt, sodass du in unserer Luft lachen und singen und auf unserer Erde stehen und springen kannst. Doch damals, als du noch in dem Muttersee lebtest, träumtest du zart von der wunderschönen Seefrau, die alles hingegeben hat, damit sie den Menschen helfen konnte, auf die Erde zu kommen ...

▬ Inzest und Pädophilie in der Bildersprache

Bei jedem neuen Schritt der Kinder in die Selbstständigkeit müssen die Eltern in sich eine gewisse Angst überwinden. Wird ihrem Kind auch nichts Schlimmes zustoßen, wenn sie nicht dabei sind? Die Frage taucht zum Beispiel auf, wenn sie zum ersten Mal allein im Freien spielen, wenn sie zum ersten Mal allein unterwegs sind, wenn sie zum ersten Mal ausgehen oder ohne die Eltern Urlaub machen. Jedes Mal muss ein Stückchen Angst überwunden und durch Vertrauen ersetzt werden – auch wenn wir uns immer wieder fragen, ob das eigentlich geht, weil es doch so viele Risiken gibt.

Alle Eltern wissen, dass Angst ein schlechter Ratgeber ist. Vertrauen ist angesagt, trotz allem, was das Kind bedroht. Es gibt eben Verkehrsunfälle, und es gibt eben Menschen, die Kindern Böses zufügen wollen. Obwohl wir das wissen, sind wir nicht machtlos, denn wir können die Kinder gut auf solche Dinge vorbereiten. Das gilt auch im Fall von Pädophilie oder Inzest. Obwohl eine Vorbereitung keine Garantie für Sicherheit darstellt, gilt auch hier, dass ein gut aufgeklärtes Kind besser gewappnet ist. Die entsprechende Aufklärung beginnt schon bei den kleinen Kindern im Kindergartenalter und sie wächst dann mit, genau wie die Aufklärung über die Sexualität im Allgemeinen.

Die erste Aufklärung in diesem Bereich geschieht wiederum in Bildern, die ein Kind tief aufnehmen und sich merken kann. Den Kleinsten können folgende Beispielgeschichten mehrere Male erzählt werden. Für ein Kleinkind gilt, dass Wiederholung keineswegs langweilig, sondern angenehm ist, weil die Bilder dann einen Wiedererkennungswert haben und die Reaktionen der Figuren der Geschichte vorhersagbar sind.

Die Schneckenhäuser

Es war einmal ein Wald, in dem gab es viele junge, grüne Bäume und ganz viele Blumen. In diesem Wald lebten allerlei große und kleine Tiere. Bienen und Vögel und Schmetterlinge, aber auch Hirsche und Hasen, Eichhörnchen und sogar große Bären.

Es lebten auch viele Schnecken in dem Wald. Sie hatten alle schöne Häuschen auf ihrem Rücken, mit fröhlichen Windungen und in verschiedenen Farben. Die trugen sie immer bei sich. Wenn eine Schnecke Angst hatte oder es ihr kalt war oder wenn sie müde wurde, dann kroch sie ganz in ihr Häuschen hinein und rollte sich darin zusammen, bis alles wieder gut war.

Wenn du eine Schnecke besuchen wolltest, musstest du ein Lied singen oder mit einem Glöckchen klingen und dann ruhig abwarten, ob die kleine Schnecke Lust hatte, aus ihrem Häuschen zu kommen. Wenn das nicht der Fall war, dann musstest du abwarten, bis die Schnecke von selbst zum Vorschein kam. Das wussten alle. Und bei den Bienen und den Bären war es genauso. Wenn du da einfach ungefragt in ihr Nest oder in ihre Höhle kamst, dann konntest du aber was erleben! Dann summten die Bienen um dich herum und dann machtest du, dass du wegkamst. Oder der große Bär wurde wütend, brummte laut und schob dich mit seiner großen Vordertatze in einem Rutsch zehn Bäume weiter! Wenn du aber wartetest, bis die Bienen von selbst herauskamen, und wenn du sie lieb fragtest, dann bekamst du manchmal leckeren Bienenhonig geschenkt. Und wenn du den großen Bären riefst und er auch selber Lust hatte, sich zu unterhalten, dann kam er heraus und kitzelte dich mit seinem Fell an den Zehen, sodass du fürchterlich lachen musstest. Manchmal durftest du dann auch ein wenig auf ihm reiten, und das war dann ganz was Besonderes.

Die Schnecken hatten nichts, womit sie stechen oder beißen oder stoßen konnten. Sie hatten nur ihre Häuser auf dem Rücken, um sich in ihnen zu verkriechen. Das war nicht genug, als eines Tages ein paar große dicke Nacktschnecken aus dem Wald herauskamen. Die haben kein Häuschen auf dem Rücken. Sie suchen kleine Waldschnecken, und die können sie auch finden, denn Schnecken hinterlassen immer eine glänzende Spur, wenn sie sich besuchen, um miteinander zu spielen. Das sahen die Nacktschnecken, und da versteckten sie sich ganz in der Nähe der Stellen, an denen ganz besonders viele glänzende Spuren zu finden waren.

Wenn eine dicke dunkle Nacktschnecke eine kleine Schnecke vorbeikriechen sah, kam sie zum Vorschein, und dann kroch sie in das Häuschen der kleinen Schnecke. Das tat sehr weh, und die kleine Schnecke wurde dann ängstlich, wütend und traurig. Doch Schnecken sind nicht so schnell und können nicht so rasch wegrennen wie wir und sie können auch nicht stechen oder beißen oder schlagen. So verlor die kleine Schnecke dann ihr Häuschen und es wurde ihr ganz kalt und sie fühlte sich eklig. Die große Nacktschnecke passte nicht einmal in das kleine Häuschen, sodass es zerbrach. Und dann ging die Nacktschnecke weg und legte sich irgendwo anders auf die Lauer.

Aber die kleinen Schnecken erzählten das alles der Mutter Bär und die hörte gut zu. Sie sorgte dafür, dass die kleinen Schnecken bei ihr in Sicherheit blieben, bis ein neues Häuschen auf ihrem Rücken gewachsen war. Erst dann durften sie wieder in den Wald hinein. Unterdessen machte sich der große Bär auf und suchte die Nacktschnecken, die das alles getan hatten. Wenn er eine fand, hob der große Bär die Nacktschnecke hoch und trug sie zum Rand des Waldes, wo die Hausbauer wohnten. Dann war der Bär ganz streng zu ihnen und sagte, dass sie dort bleiben müssten, bis sie gelernt hatten, eigene Häuser zu bauen. Denn jeder weiß, dass sie erst dann, wenn sie gut gelernt haben, eigene Häuser zu bauen, die Häuschen der kleinen farbigen Schnecken nicht mehr wegzunehmen und kaputtzumachen brauchten.

Die Verirrer

Überall, wo man hinkommt, sind Schilder und Wegweiser, auf denen steht, wo man hinfahren oder -radeln oder -laufen muss, um dorthin zu kommen, wo man hin will, und auch wie man wieder richtig nach Hause kommt. Jede Straße hat einen Namen, genau wie unsere Straße. Jedes Dorf und jede Stadt hat einen Namen, genau wie bei uns, und überall stehen Schilder, die uns zeigen, wie man dorthin kommen kann.

Es gibt ganz eigenartige Menschen, das sind Verirrer. Sie verirren sich immer und sorgen dafür, dass auch andere, denen sie begegnen, sich verirren. Sie lesen keine Schilder, auf denen steht, wie man zu jemandem kommt oder wie man zu seinem eigenen Haus findet. Nein, sie lesen in ihrem Kopf Schilder, die wir nicht sehen können. Das sind Verirr-Schilder. Dadurch machen sie ganz komische Sachen und dadurch sind sie immer an der falschen Stelle. Sie wollen immer, dass man mit ihnen mitgeht, und dann sagen sie, dass sie dich nach Hause oder in die Schule bringen oder dass du etwas Süßes bekommst. Aber das ist nicht wahr. Wenn du mit ihnen mitgehst, dann führen sie dich in die Irre wegen der Verirr-Schilder in ihren Köpfen, und dann findest du selbst den Weg nicht mehr zu uns zurück oder zu Oma oder zur Schule. Die Verirr-Geschichten dieser Leute führen dich niemals nach Hause, sie lassen dich immer in die Irre gehen.

Nun kannst du dich nicht einfach so verlaufen, wenn du zu uns gehörst. Das kommt daher, weil Mütter und Väter in ihrem Herzen eine Zauberblume tragen. Sobald irgendetwas mit dir nicht in Ordnung ist, dann lässt die Blume den Kopf hängen und verdorrt, wenn aber mit dir alles gut ist, dann blüht die Zauberblume wunderbar. Wenn du den Weg verloren hast, dann musst du dir merken, dass wir in unserem Inneren spüren, was mit deiner Zauberblume geschieht. Dann gehen wir dich suchen, überall werden wir dich suchen. Aber die Verirrer wollen nicht, dass wir dich finden, und dann wollen sie, dass du mit ihnen mitgehst, und sie denken nicht daran, dass unsere Blumen dann ganz den Kopf hängen lassen. Wenn du ihnen begegnest und sie benehmen sich wieder komisch und sie wollen, dass du mitgehst oder dass du ihnen den Weg zeigst, dann gerade musst du zu uns oder zur Schule gehen, denn dann blühen unsere Herzblumen besonders schön. Wir wissen genau, was wir mit diesen Verirrern machen müssen, wir bringen sie zu den Menschen, die ihnen dabei helfen, all diese Verirr-Schilder in ihren Köpfen zu vergessen, und die ihnen beibringen, wie man die richtigen Schilder liest.

Darum erzählen Kinder, ob sie irgendwelchen Verirr-Menschen begegnet sind, sodass wir dafür sorgen können, dass die Menschen es besser lernen und dass dann keine Kinder mehr verschwinden und dass alle Zauberblumen immer weiter wachsen und blühen können in den Herzen der Väter und der Mütter.

Die folgenden Geschichten bringen gleichfalls die entgleiste Sexualität ins Bild, zusammen mit dem Bild der Sexualität und ihrer Aufgabe innerhalb der menschlichen Entwicklung. Obwohl sie im Kontext dieses Kapitels stehen, sollten sie Kindern, die jünger als neun Jahre sind, nicht erzählt werden.

Die Schlangenhaut

Es war einmal eine sehr große, graue Schlange mit schwarzen Zeichen auf ihrer Haut. Es war keine Giftschlange, aber sie war so groß, dass Menschen sehr rasch Angst vor ihr bekamen. Dennoch wollte die Schlange gerne Freunde haben, aber sie hatte keine Füße, um zu ihnen hinzulaufen, keine Arme, um sie zu umarmen, und außerdem war sie schrecklich kalt. So blieb die Schlange allein. Jedes Jahr wurde die Schlange unruhig und begann sich dann an einem harten Stein zu reiben, bis die ganze Farbe von ihr abfiel. Darunter trug die Schlange dann eine neue graue Haut mit schwarzen Zeichen darauf, und immer noch fror sie und blieb allein. Die abgelegte Haut ließ sie liegen, weil die Schlange nicht wusste, was sie mit zwei Häuten anfangen sollte.

Eines Tages kam ein Mann, der eine solche leere Haut fand. Es war ein Mann, der wenige Freunde hatte und keine Frau, weil er immer nur das tat, was er wollte. Er hatte kein warmes Herz, und häufig versuchte er dann eben die Wärme eines anderen Herzens zu stehlen. Als er die leere Schlangenhaut fand, spürte er, dass diese Haut zu ihm passte. Er zog sie an und sie passte exakt, außer dass er Arme und Beine jetzt nur noch dafür benutzen konnte, um listig zu schleichen und sich nicht mehr wie ein Mensch zu bewegen. Niemand durchschaute das, denn man konnte die Schlangenhaut nicht sehen, sie war unsichtbar, wenn der Mann sie trug. Dadurch fiel es nicht auf, dass er sich manchmal an Orten versteckte, an denen er nichts zu suchen hatte.

Wenn jemand in seine Nähe kam, der eine dünne Haut hatte, streckte der Schlangenmann seine Arme aus, um diese Haut anzuziehen. Aber das gelang nicht, weil ihn die Schlangenhaut steif und dick einengte. Da ersann er eine List und sägte einen Ast von einem Baum und strich ihn von oben bis unten mit sehr starkem Klebstoff ein. Wenn nun jemand in seine Nähe kam, schob er den Ast vor, und so blieb der andere daran kleben und kam nicht mehr los. Dann nahm der Mann ihm alles weg, sogar die Haut – je dünner sie war, umso mehr Freude hatte er daran. Das kam daher, weil er durch die Schlangenhaut ein immer kälteres Herz bekam. Und Menschen mit dünner Haut sind meistens noch Kinder und klein und zart. Ihnen kannst du leicht etwas wegnehmen. Der Mann nahm den Kindern also auch noch ihre Wärme, sodass es ihm weniger kalt war, auch wenn es nur für einen Moment war. Niemand sah es, wenn ein Kind auf diese Weise seine Haut verlor, weil der Mann zu jedem Kind sagte, dass es geheim bleiben müsse.

Die Schlange selbst sucht immer noch, über die Erde dahinkriechend, nach Freunden, die keine Angst haben. Immer häufiger finden sich Menschen, die sich trauen, mit der einsamen, suchenden Schlange Freundschaft zu schließen. Wenn dies gelingt, schenkt die Schlange jedes Jahr ihre alte Haut dem, der ihr Freund ist, und der kann daraus schöne Sachen machen. Wunderbare Schuhe und Taschen und Ledergürtel kann man daraus anfertigen. Dann sind alle froh, auch die Schlange. Wenn die Schlange genügend Freunde hat, werden alle zusammen mit ihr auf die Suche gehen nach dem kalten Mann, der die dünnen Häute aus seiner unsichtbaren Schlangenhaut heraus stiehlt. Dann werden sie alle zusammen diesem Menschen die geraubten Häute wegnehmen und sie den Kindern zurückgeben, die sie verloren haben. Sie werden dem Mann die Schlangenhaut abziehen und Schuhsohlen daraus machen, auf denen der Mann so lange herumlaufen muss, bis sie völlig verschlissen sind.

Das dauert viele Jahre, aber durch all das Laufen und Leben wird sein Herz immer kräftiger schlagen, bis es ganz warm und gut geworden ist. Dann werden die Schlange und ihre Freunde, der Mann und die Kinder in Frieden miteinander leben können.

Wenn man Kindern gegenüber präzise darstellt, was Menschen wie der belgische Kinderschänder Dutroux verbrochen haben, oder wenn eine andere Situation entsteht, in der ein junges Kind unvermutet mit Sadismus oder Sadomasochismus konfrontiert wird, kann dies einen tiefen Schock erzeugen. Einen Schock, der ein Kind mit Gefühlen und

Angstvorstellungen zurücklässt, denen gegenüber es keinen Rat weiß und die unverarbeitet in ihm ihr Unwesen treiben. Kinder haben ein Recht auf gesunde, zu ihrem Alter passende Informationen, und sie dürfen in ihrer Seele nicht vergewaltigt werden durch Informationen über Entgleisungen, die sie noch nicht einordnen können. Nochmals: Das ›schöne Wissen‹ gehört zum Kind, das ›hässliche Wissen‹ dagegen gehört in ein späteres Lebensalter. Die Kinder werden nicht stärker, weiser, wehrhafter oder besser dadurch.

Leider kann es dennoch vorkommen, dass eine zu frühe Konfrontation mit physischer sexueller Gewalt entsteht, und in solchen Fällen kann Kindern ab dem neunten Jahr folgende Geschichte erzählt werden.

Licht und Schatten

Was du gehört (oder gesehen) hast, ist ein hässlicher Schatten. Der scheint dich immer zu verfolgen, und er macht, dass du dich unbehaglich, ängstlich und traurig fühlst. Aber es ist ein Schatten, der nicht zu dir gehört und auch nicht zu mir.

Ganz vereinzelt gibt es einen Menschen, der einen solchen Schatten mit sich trägt, und daher kommen dann auch die dunklen, ekligen Geschichten. Dennoch kann es nur Schatten geben, wenn auch Licht da ist. Das große Licht ist die Liebe, die die Menschen füreinander empfinden und die sie einander geben wollen. Dieses Licht umstrahlt alle Menschen in der ganzen Welt. Alle Menschen können darin leben und arbeiten, und dann werden sie miteinander gut und liebevoll zusammenleben und sich liebkosen und schmusen, und dazu gehört auch, dass man miteinander ins Bett geht.

Menschen haben manchmal eine Abneigung gegen Licht, weil sie etwas zu verbergen haben. Tief, tief in ihnen ist etwas zerbrochen. Sie können nicht richtig leben, nicht mit einem warmen und hellen Herzen leben. Das wollen sie verbergen, und dann wenden sie dem großen Licht den Rücken zu. Das ist ganz falsch, denn dann werden sie nicht gesund, dann wird es in ihnen immer dunkler und kälter und dann bleiben sie auch gebrochen. Ohne das Licht, das uns alle überstrahlt, können wir nicht heil werden. Wenn es in ihnen selbst dunkel ist, lassen sie die Schatten in die Welt scheinen, Schatten, die dort nicht hingehören. Ein solcher Schatten trifft manchmal ein liebes und helles Kind, und dann erschrickt es von all dem Dunklen, und das tut dann weh und bringt tiefen Kummer.

Aber wenn der Schatten jemanden trifft, kann er nichts zerbrechen. Schatten haben keine wirkliche Kraft, sie können einen im Inneren nicht kaputtmachen, sie können dich wirklich ganz im Innersten nicht zerbrechen. Das finden die Schattenmenschen sehr schlimm, denn wenn in einem anderen das Licht weiterstrahlt, dann sehen sie, wie dunkel es um sie selbst herum ist. Und dadurch werden sie dann so böse und hässlich.

Jeder Schatten hat seinen Meister. Jeder Mensch, der im Innern gebrochen ist und seinem Schatten folgen muss, wird irgendwann einmal dem Licht begegnen, das größer ist als sein dunkler, finsterer Schatten. Wenn dieses Licht aus einem ganz liebevollen Menschen oder aus einem Engel oder aus Christus in sein Herz fällt, dann kann alles heilen und dann kann der Schatten verschwinden und sich auflösen. Wenn der Schattenmensch das selber will.

In der Welt gibt es viel Licht und Liebe, aber manche Menschen sind noch nicht geheilt und machen einen dunklen Schatten. Das hast du gemerkt an der Geschichte von ... (*hier wird eingesetzt, was sich abgespielt hat*).

Du kannst also wieder ruhig und froh werden und brauchst keine Angst mehr zu haben, denn du weißt selbst, dass es nur Schatten gibt, wenn auch Licht da ist. Überall um dich herum kann Licht scheinen, wenn wir dafür sorgen, dass wir das liebe Licht hoch über uns halten.

Alles, was du gehört hast, ist wie stinkender, fauler Mist, vor dem du dir die Nase zuhältst. Aber wenn der Bauer den Mist über seine Äcker verstreut, dann verschwindet der üble Geruch allmählich und der Acker wird nur fruchtbarer dadurch. Und so machen wir es auch. Du darfst restlos alles wegschicken und verstreuen, und dann verschwindet es langsam. So machst du es auch, wenn du aufs Klo gehst, alles Schmutzige, was du da hinterlässt, lasst du los und spülst es einfach hinunter!

Jetzt weißt du, dass es außer dem Licht auch Schatten gibt, und dadurch kannst du umso mehr all das lieben, was sonniges und strahlendes Licht ist. Wir werden gut aufpassen, an welchen Tagen und bei wem dieses Licht ganz stark scheint.

In den beiden letzten Geschichten ist immer wieder sichtbar, dass es unzulässige Grenzüberschreitungen gibt. Nacktschnecken, die in das »Häuschen« kommen und es kaputtmachen, ein Mann in einer Schlangenhaut, der dem Kind seine Haut rauben will, sind deutliche Warnungsbilder. Sie handeln von extremen Schatten, die über die helle, liebevolle Jugend fallen können, die wir unseren Kindern mitgeben wollen. Aber diese Schatten dürfen nicht dominieren und überwältigen, genauso wenig wie dies im Leben unserer Kinder geschehen darf. Auch alle Sittlichkeitsverbrecher müssen selbst lernen, Häuser zu bauen, dafür sorgen, dass sie ihr inneres Labyrinth verlieren, und solche Lebenswege gehen, auf denen sie die zuvor begangenen Fehltritte korrigieren können.

▬▬ Verliebtheit ab der dritten Klasse

In Schulklassen entstehen immer wieder neue ›Moden‹. Da geht es um neue Sticker oder Spiele. Manchmal ist es auch gerade in Mode, verliebt zu sein. Dann ist es völlig *in*, dass man den anderen fragt, ob er mit einem gehen will, dass man SMS hin und her schickt und Herzen auf die Gegenstände des anderen malt. Meistens vergeht die Sache genauso schnell wieder, wie sie gekommen ist. Doch ab und zu wuchert sie immer weiter und die Kinder schenken ihr zu viel Zeit und Aufmerksamkeit. Dann kann die folgende Geschichte, wenn sie von einem Lehrer oder Elternteil erzählt wird, die Ruhe wieder einkehren lassen.

»Wenn du im Zoo bist, musst du mal ausprobieren, ob die Affen dich nachahmen wollen, wenn nicht zu viel los ist. Du machst manchmal eine lustige Bewegung oder streckst die Zunge heraus, und dann wirst du sehen, dass sie dich tatsächlich nachmachen! Ich habe es selber ausprobiert. Die Affen machen ein ganz unschuldiges Gesicht dabei. Das bedeutet: ›Oh, ich achte überhaupt nicht auf dich, ich schaue irgendwo ganz anders hin!‹ Währenddessen schielen sie aber doch heimlich nach dir. Im Zoo sind die nachäffenden Affen an der richtigen Stelle, aber was ist, wenn ihr selber nachäffende Affen werdet? Ganz kleine Kinder ahmen auch alles Mögliche nach. Und das machen sie, um so schnell wie möglich so viel wie möglich zu lernen.
Wenn du älter bist, dann fällt es dir auch noch leicht, einen anderen nachzuahmen. Du äffst einen anderen nach und dann tust du etwas oder du sagst etwas einfach so, ohne Grund. Manchmal ist die Klasse voll von solchen Affen, die ganz unschuldig dreinschauen und ständig alles voneinander nachäffen!

Nun ja, jetzt ist es gerade bei euch in, verliebt zu sein. Einander Küsschen zu geben oder vielleicht sich nackt zu spüren. Das machen alle, denkst du dann, also ich auch. Nun, wenn du das so machst, dann ähnelst du sprechend einem nachäffenden Affen! Das hast du dir dann gar nicht selbst überlegt, das willst du auch gar nicht selbst! Du hast einfach gespickt, was all die anderen machen. Manchmal machst du das, weil du Angst hast, dass du dich blamierst, wenn du sagst, dass du dich nicht traust oder dass du etwas nicht willst. Aber Affen, die stehen eigentlich fast nie aufrecht. Sie hangeln herum und sitzen oder laufen auf vier Beinen. Menschen dagegen können ganz gerade stehen. Und wenn du merkst, dass du jemand anderen nachäffen willst, dann musst du dich mal kurz gerade hinstellen und still sein und dabei gut nachdenken. Sodass du spürst und weißt: ›Ich würde das selber nicht tun oder sagen, wenn die anderen das auch nicht täten.‹ – ›Ich tue das, weil ich sehe und höre, dass die anderen es auch so machen.‹ – ›Und vielleicht denke ich nur, dass sie es alle tun, aber eigentlich ist das gar nicht wahr.‹ – ›Vielleicht will ich ja nur, dass sie mich nett finden.‹ Plötzlich siehst du dich dann selber wie einen solchen kleinen Affen herumhangeln und herumspähen, während du versuchst, die anderen nachzumachen. Und dann musst du sicher darüber lachen, denn Menschen sind keine Tiere! Und Kinder sind keine Affen. Dann wirst du vielleicht etwas eigensinnig und sagst einfach: ›Ich will nicht küssen und ich will auch keinen Freund.‹ Und wenn sie dich dann fragen: ›Warum?‹, sagst du einfach: ›Darum!‹ Dann hast du keine Angst, anders zu sein. Dann traust du dich zu sagen, dass du nicht wie ein Affe alle möglichen Kunststücke vorführen möchtest, sondern dass du geradestehen und laufen kannst, auch wenn jemand dich auslacht oder dich irgendwie komisch findet. Das macht nichts, denn das tun Kinder immer, die jeden nachäffen. Und alles, was ein solcher Nachäffer macht, ist wirklich einfach nur Schwindel.«

Kinder von neun bis zehn Jahren

Kinder bekommen in diesem Alter einen anderen Körperrhythmus, bedingt durch Veränderungen im Herzschlag und der Atmung. Die Frequenz gleicht sich der des Erwachsenen an. Dadurch sind sie in der Lage, tiefer durchzuatmen und sich noch intensiver und im wahrsten Sinne aus vollem Herzen mit dem Leben und der Erde zu verbinden. Dann muss dieses Leben sich auch lohnen, und deswegen fordern Kinder in diesem Alter die Menschen ihrer Umgebung heraus, dass sie dies auch zeigen. Sie erforschen und testen in dieser Lebensphase ihre Erzieher, weil sie selbst noch nicht bestimmen können, was die eigentlichen Werte des Lebens sind. Aus ihrem Verhalten lassen sich verschiedene Fragen ablesen:

Sind die Erwachsenen wirklich die Mühe wert, oder braucht man sich nicht um sie zu kümmern? Zeigen sie, dass sie wirklich für bestimmte Werte einstehen? Dass sie für dich einstehen? Und dass sie respektiert werden können?

Darauf wollen sie Antworten finden in der Krise, und das probieren sie aus, nicht bewusst, sondern getrieben von der Einsamkeit, Verwirrung und Unsicherheit, die dieser Übergang mit sich bringt. Denn das bloße Nachfolgen und die unbegrenzte Treue gehörten in die Kindheitsphase vor dem neunten Jahr. Nach dem neunten bzw. zehnten Jahr wird ein Kind in dieser Hinsicht seine Schlussfolgerungen gezogen haben und im Innern wissen, ob der andere es wirklich wert ist, dass man ihm folgt und treu bleibt. Wer ihnen in all dieser Unruhe und all dem Ausprobieren eine altersgemäße Aufklärung zukommen lässt, der wird in dieser Hinsicht als nachfolgenswert betrachtet.

Menstruation

Sexuelle Aufklärung in diesem Alter bedeutet zu allererst, auf die körperlichen Veränderungen einzugehen, die sich ankündigen, insbesondere bei den Mädchen.

Das ›Häuschen‹, von dem wir bisher gesprochen haben, erhält jetzt einen ›erwachsenen‹ Namen und heißt von nun an die Gebärmutter. Und auch Ihre Tochter besitzt so ein Häuschen bzw. eine Gebärmutter. Vorher haben Sie erzählt, dass sie jeden Monat sauber gemacht wird, jetzt legen Sie ganz konkret und logisch dar, wie das vonstatten geht. Denn im Körper gibt es keine Seifenlauge, also wird die Gebärmutter durch das eigene Blut sauber gespült. So erzählt die Mutter ihrer Tochter beispielsweise:»Wenn du zu bluten beginnst, dann ist dein Gebärmutterhaus zum ersten Mal bereit, dann ist es ganz fertig, genau wie meines. Du trägst dann eine Monatsbinde, um das Blut aufzufangen und dich selber sauber zu halten. Wenn du das erste Blut siehst, dann ist es also so weit, und dann feiern wir zusammen ein ›Mama-Fest‹. Als ich zum ersten Mal geblutet habe, war ich … Jahre alt und ich war gerade zu Hause / übernachtete bei einer Freundin / war ich unterwegs … *(Erzählen Sie hier Ihre eigene Geschichte)*.« So wird die Menstruation zu einem Bereich zwischen Mutter und Tochter, in dem Vertraulichkeit herrscht. Jahrelang gibt es dieses Zwinkern zwischen beiden, bis es so weit ist. Und dann feiern sie diese ›Geburt‹, denn genau wie beim Zahnwechsel bricht jetzt eine neue Phase an. Wenn es keine Mutter gibt oder diese nicht in der Lage dazu ist, kann ein anderer liebevoller und vertrauter Erzieher diese Aufgabe übernehmen. Selbstverständlich ist es für einen männlichen Erzieher viel schwieriger als für eine Tante, eine Oma, Lehrerin und so weiter.

Auch die Jungen sollten wissen, was die Menstruation ist und dass das frühere ›Häuschen‹ Gebärmutter heißt und monatlich gereinigt wird durch die Regelblutung. Reden Sie ganz normal mit ihnen darüber. Deponieren Sie den Monatsbinden-Vorrat im Badezimmer und sagen Sie als Mutter ganz beiläufig gelegentlich so etwas wie:»Ich habe meine Tage und muss mal kurz Monatsbinden kaufen.« Oder:»Jetzt fallen meine Tage mitten in unsere Ferienreise, das ist unangenehm, wenn ich so oft die Binden wechseln muss.« Je normaler diese Dinge in der Familie klingen, umso besser. Dies verhindert, dass das Ganze in einer geheimnisvollen Kicher-Atmosphäre landet.

Mädchen sind im Zeitraum um die erste Menstruation sehr empfindlich, begehen Sie also nicht den Fehler vieler ›moderner Familien‹ und schenken der ersten Blutung eine ›übertriebene‹ Beachtung. Mädchen wollen zwar »etwas mit Mama besprechen«, aber ihre Brüder und Schwestern sollen sich nicht einmischen, und Papa, in seinem modernen Elternstolz, geht auch rasch zu weit. Als Vater streichen Sie Ihrer Tochter einfach einmal mehr als gewöhnlich über den Kopf, doch einem Mädchen in ihrem elften, zwölften, dreizehnten oder vierzehnten Lebensjahr ausgiebig zu gratulieren zu ihrem »Zur-erwachsenen-Frau-geworden-Sein«, ist, wie sich leicht voraussagen lässt, unerwünscht, vor allem dann, wenn Dritte anwesend sind. Stellen Sie sich einmal vor, wie Sie sich gefühlt hätten, wenn Ihre Mutter Sie damals beim ersten Samenerguss so offen darauf angesprochen hätte. Wir haben es hier mit dem anderen Extrem der in früheren Zeiten üblichen Gewohnheit zu tun, diese Dinge weitgehend zu vermeiden oder sie gar totzuschweigen. Dieses andere Extrem ist keineswegs besser. Halten Sie den Ball flach.

Einsamkeit

Außer der Vorbereitung auf die erste Menstruation ist auch die Vorbereitung auf die Einsamkeit ein wichtiges Thema. Jetzt, wenn die Kinder am eigenen Leib Einsamkeit erfahren, weil der Rhythmus von Herz und Lungen sich vorübergehend chaotisiert, ist ein guter Moment, die Sehnsuchtsseite der Sexualität in Worte zu kleiden. Wer einsam ist, hat Sehnsüchte. Erzählen Sie, dass ein Erwachsener, wenn er einen anderen Menschen gefunden hat, den er lieb hat, gerne mit diesem anderen zusammen essen, arbeiten, schlafen, in Urlaub gehen, kurzum: zusammenleben möchte. Dass man als Erwachsener gerne in seiner Nähe sein will, um zu spüren, dass man nicht allein ist und in der Kälte steht, sondern dass man zusammen ist und gemeinsame Wärme empfindet. Dass man sich danach sehnt, immer näher beim anderen zu sein, so weit, dass man am liebsten ganz in den anderen eintauchen möchte. Und um einander dies spüren zu lassen, dafür ist die Sexualität da. Sexualität entsteht, wenn zwei Menschen ganz und gar ineinander aufgehen wollen, ein Ganzes sein wollen und nicht mehr zwei voneinander getrennt existierende Menschen. Dann schlagen die Herzen kurz im selben Rhythmus, dann atmen sie zusammen ein und aus. Diese Sehnsucht lebt in allen Erwachsenen, zwischen allen Menschen, die sich nach der Liebe der Erwachsenen sehnen. Dies ist möglich zwischen Erwachsenen aller Geschlechter, also zwischen einem Mann und einer Frau, genauso aber auch zwischen zwei Männern oder zwei Frauen. Diese Sehnsucht, ganz zusammen zu sein, dieses Beieinandersein und Ganz-ineinander-Aufgehen, das ist Sexualität. Es ist etwas völlig Normales, und alle Menschen auf der ganzen Welt kennen es.

Diese einfache, ganz normale Wiedergabe der Fundamente der Sexualität begreift das Kind in diesem Alter hervorragend. Die Sehnsucht ist die Konsequenz der menschlichen Einsamkeit, die durch die Entwicklung des Individuums entsteht. Das versteht ein Kind in diesem Alter zum ersten Mal. Dass Sehnsucht auch zu unfrei machenden, heftigen Begierden führen kann, ist für ein Kind in diesem Alter noch nicht ganz nachvollziehbar. Darum benutzen wir auch lediglich den Begriff »Sehnsucht«.

Allein dastehen

Wer alleinstehend ist, kann über diese Dinge auf der Basis früherer positiver Erfahrungen auf dem Gebiet der Sexualität sprechen, ohne dabei zu konkret zu werden. Wenn positive Erfahrungen nicht vorhanden sind, kann notfalls auf der Basis gesunder Erfahrungen von Menschen aus der Umgebung gesprochen werden. Wer noch unverarbeitete, tiefe Traumata auf diesem Gebiet in sich trägt, kann dies vielleicht noch nicht leisten. Es lassen sich jedoch immer irgendwelche Menschen finden, die hier helfen können und dem Kind diese Gesichtspunkte in einer unbelasteten Form vermitteln. Doch Sie sollten selbst ebenfalls eine Gesundung von dem inneren Chaos auf diesem Gebiet anstreben. Suchen Sie nach Heilung für sich selbst und – wenn notwenig – Vergebung für den anderen. Das ist heilsam für Eltern und Kind und verhindert, dass eine innere Ablehnung der Sexualität, des anderen Geschlechts oder Beziehungen überhaupt weitergegeben wird. So wie Sie auch nicht den Schmerz der Geburt auf das Neugeborene übertragen, sondern die Freude darüber, so übertragen Sie auch nicht die eigenen sexuellen Enttäuschungen oder die Vorwürfe anderer gegenüber, sondern die Hoffnung und die Möglichkeiten des Menschen auf dieser Ebene, auch wenn sie in Ihrer persönlichen Situation noch nicht verwirklicht werden konnten. Schließlich bringen wir unseren Kindern auch dann Lesen und Schreiben bei, wenn wir selbst keine Dichter oder Verfasser literarischer Kunstwerke sind!

▬▬ Übergang zur Vorpubertät – Widerstand gegen Sexualität und die eigene Geschlechtsreife

Manche Kinder blicken keineswegs voller Spannung auf die Lebensphase, die auf die Kinderjahre folgt. Wenn es in den letzten Jahren der Grundschulzeit überall um sie herum brodelt vor lauter Geschichten und vor Interesse für die Mittelstufe, für die nahe Pubertät und alles, was mit Jungen bzw. Mädchen zusammenhängt, dann nehmen sie daran keinen Anteil. Es sind Kinder, die große Schwierigkeiten damit haben, dass sich ihr Körper aufgrund ihrer biologischen, altersbedingten Entwicklung verändert. Oder Kinder, die alles, was mit Sexualität zusammenhängt, ›schmutzig‹ finden und überhaupt nicht reizvoll oder attraktiv. Es sind Kinder, die einfach spielen und herumtoben wollen und die angesichts all der Hausaufgaben und anderen Verpflichtungen stöhnen, die jetzt auf sie warten. Manche Kinder koppeln sich dann ab und flüchten in ein erneutes Kinderverhalten. Oder sie geraten in die Klauen der Anorexie, der Magersucht. Auch gibt es Kinder, die einfach gar nichts mehr von dem umsetzen wollen, was Schule oder Eltern von ihnen fordern. Hinter all diesen Ablehnungen kann sich Angst verbergen, eine innere Angst vor all den Kräften, die auf sie zukommen werden. Das, was schön, lieb und zart ist, erweist sich als etwas, das mit der kindlichen Unschuld zusammenhängt, die zunehmend hinter ihnen zu liegen beginnt.

Alles Schlechte, was ›schmutzig‹ und unsicher ist, scheint vor ihnen zu liegen. Sexualität und die eigene Geschlechtsreife werden dann zu Schwellen, die so ein Kind nicht überschreiten will. Nicht nur, dass es keine Brüste und Schamhaare möchte, es möchte auch nichts von all dem wissen, was mit der Sexualität zusammenhängt.

In die Pubertät zu kommen bedeutet, dass ein Kind den Schritt macht von den ätherischen Kinderjahren voller Lebenskraft zu den mehr seelisch geprägten, turbulenten Jugendjahren mit all ihrer Astralität. Astralität nennen wir die Gesamtheit der inneren Dynamik, die das ›Arbeitsfeld‹ eines Menschen ist. Sowohl im Denken als auch im Gefühl und im Willen. Diese Dynamik entsteht dadurch, dass der Mensch erst nach der Geschlechtsreife im vollen Sinne zum Erdenmenschen wird und die himmlischen Anteile in den Hintergrund rücken. Und in allem, was zu dieser Erde gehört, sind auch alle Kräfte wirksam, die einen Menschen von dem »wertvollen Pfad« abbringen wollen. Verlockungen und Begierden, egoistische und egozentrische Motive, Selbstverliebtheit und Verliebtheit in die eigenen Gedanken, blinde Urteilskraft und vor allem das Verurteilen erwachen jetzt allesamt als Kräfte im Inneren. Es ist gar nicht so schwer zu verstehen, dass gerade sensible Kinder instinktiv davor zurückscheuen.

Diese abwehrende Geste wird sich auch im Widerstand gegen Sexualität und sexuelle Aufklärung ausdrücken. Außerdem sieht man immer wieder, dass Mädchen plötzlich eine Art Opposition gegen ihren älteren Bruder oder ihren Vater entwickeln bzw. Jungen gegen ihre ältere Schwester und ihre Mutter. Kinder in diesem Alter betrachten die Menschen in ihrer Umgebung in erster Linie als Männer und Frauen statt als Vater und Mutter oder Bruder und Schwester. Manchmal finden sie den Elternteil, den das andere Geschlecht vertritt, dann aufdringlich und sie wollen nicht mehr von ihm bzw. ihr ins Bett gebracht oder angefasst werden. Dies kann für die betreffenden Eltern sehr schmerzhaft sein, wenn sie nicht verstehen, worum es sich hierbei handelt. Außerdem wird das Kind eher ganz andere Vorwürfe und andere Argumente äußern als die tatsächlichen Gründe. Diese begreift es jedoch selbst nicht. Wenn ein Junge in der Pubertät einen solchen Widerstand gegen seine Mutter zu empfinden beginnt, dann sagt er, dass sie sich immer so komisch benimmt oder dass sie ihn in Ruhe lassen soll. Er sagt allerdings nicht: »Ich habe Probleme mit dir als Person des anderen Geschlechts ...« Für ein Mädchen gilt dasselbe, wenn sich plötzlich zeigt, dass sie nicht mehr mit ihrem Vater allein sein oder mit ihm kuscheln oder rangeln möchte. Viele unberechtigte Inzestvorwürfe finden in diesem inneren Widerstand ihren eigentlichen Ursprung. Kinder können diesen Widerstand so stark erleben, dass sie jede Gebärde, jede Berührung als eine Art Übergriff oder Angriff erleben.

Um den Kindern zu helfen, den Übergang von der Kinderzeit in die Pubertät bzw. vom Kind zur Geschlechtsreife zu akzeptieren, habe ich die folgenden Geschichten geschrieben. Sie sind nicht spannend, nicht sensationell oder provozierend. Sie atmen die stille, friedliche Sphäre der vier Elemente, die auf den Menschen warten, der den Mut hat, sich mit ihnen ›vollmenschlich‹ zu verbinden. Dann werden sie in die Akzeptanz der ›tierischen Bereiche‹ einbezogen, wo wilde Tiere, Feuer und viel Unrat darauf warten, durch den Menschen gezähmt, gereinigt und somit erlöst zu werden. Im Kern handelt es sich nämlich genau darum. Das, was im Menschen nach dem Kindesalter ›tierisch‹ ist, flößt Angst ein, und dies wiederum erzeugt die Abwehr, die sich in der Zurückweisung alles dessen äußert, was damit zusammenhängt. Das Ausmaß, in dem sich dies darstellt, kann sehr unterschiedlich sein – das eine Kind taucht ab und zu noch einmal ein wenig in die zurückliegende Kinderzeit ein, das andere flüchtet sich in eine regelrechte Zurückweisung des anderen Geschlechts oder des eigenen Körpers.

Für all diese Kinder sind die jetzt folgenden Geschichten bestimmt, die Balsam für ihre Seele sein können.

Das Schwanenweiß

Im Meer leben große und kleine Fische. Große graue Wale und kleine bunte Fischchen. In den Flüssen leben lange Aale und kurze Barsche. Manche Fische können aus dem Wasser in die blaue Luft springen, wie Delfine oder Lachse. Lachse schwimmen immer wieder zurück zu ihrem Ursprung und springen dann über Wasserfälle und Stromschnellen hinweg. So schwimmen sie gegen den Strom.

Außer den Tieren, die im Wasser zu Hause sind, kennen wir die Enten, Gänse und Schwäne, die auf dem Wasser schwimmen. Diese sehen wir viel häufiger als die Fische, die nur ab und zu an die Oberfläche kommen. Solange Schwäne auf dem Wasser schwimmen oder durch die Luft fliegen, sind sie schnell und elegant, doch wenn sie auf dem festen Land laufen, watscheln sie und kommen nur langsam vorwärts. Dies liegt daran, dass sie sich schon sehr lange mit Wasser und Luft angefreundet haben, mit den Fischen und den Vögeln, aber noch nicht mit Sand und Steinen, den Füßen und dem Laufen.

Dennoch wollen sie das lernen. Sie sehen uns auch, genau wie wir sie. Sie sehen, dass die Menschen nicht fliegen können und gar nicht oder nur kurz schwimmen, doch dass wir sehr schnell und gut und problemlos laufen können. So würden sie es auch gerne können. Vor allem die großen Schwäne sehnen sich danach, so über die Erde laufen zu können wie die Menschen. Schon vor langer, langer Zeit fragten sie die Erde, ob sie es ihnen beibringen wolle. Die gute Mutter Erde war damals freundlich zu den Schwänen, doch sie warnte sie:»Niemand, der über den Rücken der Erde geht, kann so rein und weiß bleiben wie ihr jetzt. Meine Erde macht alles Weiße grau und staubig, lehmig und schwarz. Würdet ihr das aushalten, wenn dies mit euren schönen weißen Federn geschieht? Würdet ihr es aushalten, dass ihr euch schwer und träge bewegt und dabei müde und schmutzig werdet?«

Die Schwäne erschraken zwar über diese Worte. Das hatten sie nicht bedacht und daran mussten sie sich erst gewöhnen. Doch sie blieben dabei, sie wollten wirklich wie die Menschen laufen lernen. Da bekamen alle jungen Schwäne keine weißen Federn mehr, sondern graue, als sie aus dem Ei krochen. Dann schwammen sie nicht nur, sondern sie watschelten auch zum ersten Mal ans Ufer. Dort gingen sie in den Weiden grasen, als ob sie Kühe wären. So begann ihr Weg zum Laufenkönnen.

Auch die Gänse folgten dem Beispiel der Schwäne und auch sie verloren ihr strahlend weißes Kleid. Und allmählich lernten die Luft- und Wassertiere zu laufen. Das ging nicht so schön und so leicht wie bei den Menschen, aber sie liefen tatsächlich.

Viele Schwäne bilden, seit sie laufen und grasen, besonders sanfte Daunenfedern, die sie irgendwann den Menschen schenken. Diese füllen damit ihre Kopfkissen und Bettbezüge, damit sie nachts, wenn sie sich nicht selber warmlaufen können, dennoch bequem und warm schlafen. Den Menschen fehlen eben warme Federn. Weil die Schwäne sich so sehr bemüht haben, von uns das Laufen zu lernen, sind sie Menschenfreunde geworden. Seit sie ihre Daunenfedern wegschenken, ist etwas ganz Besonderes geschehen: Allmählich sind ihre Federn wieder weiß geworden. Nicht wenn sie jung sind, sondern erst nachdem sie jahrelang geübt haben, aus schwarzer Erde und grauem Stoff helle Daunenfedern zu machen. Manche sind noch schwarz, und allesamt haben sie noch eine dunkle Träne, die aus ihren Augen fällt. Doch die meisten älteren Schwäne strahlen wieder in lichtem Weiß. Ihr orangefarbener Schnabel und die schwarze Träne bewirken, dass das Weiß noch viel stärker strahlt als in früheren Zeiten, als sie noch ganz weiß waren. Wer unter Schwanendaunen schläft, kann träumen, dass die großen, starken Schwanenflügel ihn über Meere und durch die Luft zu den hellen, lieben Sternenstrahlen tragen.

Einst werden alle Schwäne und Gänse strahlend weiß herumlaufen, und dann bekommen alle Menschen Flügel. Bis dahin dauert es noch sehr lange. Doch jedes Mal, wenn ein Menschenkind ein dunkles Herz bekommt und damit weiterläuft, bis seine Füße federleicht werden, verändert sich die dunkle Erde selbst. All ihre Steine werden zu Edelsteinen und aller Dreck wird zu Gold und all ihre Pflanzen zu Diamanten. Dann erstrahlen all diese Edelsteine und Diamanten, und die Herzen werden zu Gold, und dann sind Erde und Mensch nicht mehr allein oder kalt.

Das Feuer und der Wolkenwächter

Vor langer, langer Zeit gab es noch kein Feuer. Nichts konnte brennen, verbrennen oder in Flammen stehen, und niemand verbrannte seine Haut, weder durch Sonnenstrahlen noch an heißen Öfen und Herden.

Alles war noch kalt. Die Sonne schien noch nicht, der Blitz blitzte noch nicht, die Vulkane waren verschlossen und still und Wärme war noch nirgendwo zu finden. In dieser Zeit waren die Menschen allein. Sie konnten einander nicht sehen, nicht fühlen und nicht finden.

Dann kam der neue Mensch, und der trug in seiner Brust ein warmes, schlagendes Herz und Blut, das ihn erwärmte. Der Mensch wollte und konnte nicht allein durch das Leben gehen, er sehnte sich nach anderen Menschen. Als er in die Nähe eines anderen kam, begann sein Herz schneller zu schlagen und sein Blut begann schneller zu strömen, und allmählich öffneten sich seine Augen und Hände. Da sah und fühlte er den anderen, und aus Angst, ihn wieder zu verlieren, schlossen sie sich zusammen und hielten einander gut fest.

In dieser Zeit brachte der Himmelsdrache das Feuer auf die Erde. Die Sonne begann zu brennen und der Blitz zu flammen, sodass das Himmelsfeuer die Erde traf. Tief im Innersten der Erde brodelte die feurige Sehnsucht nach diesem Feuer auf. Als diese Sehnsucht zu groß wurde, brach sie als Erdenfeuer aus den Vulkanen empor, und Himmel und Erde wärmten sich gegenseitig.

Aber der Himmelsdrache hatte das Feuer mit Drachenblut durchsetzt, sodass es heißer und röter und heftiger brannte, als es beabsichtigt war. Die Menschen spürten in ihren Herzen feuriges Verlangen und wie ihr Blut brennend in ihnen strömte. Sie wurden drachenhaft davon und begannen aufeinander loszugehen, und ihre Worte spieen Rauch und Feuer. Sie versuchten einander zu beherrschen und wollten stets das Beste und Schönste für sich und nicht für den anderen. Dadurch wurden sie kalt und einsam, auch wenn sie zusammen waren.

Da setzte der Wolkenwächter dem Himmelsdrachen nach und schenkte das süße Wasser. Der Blitz bekam seinen Regenguss verliehen, die Sonne den Regenbogen und die Vulkane ihre Meere.

Die Menschen empfingen die Liebe in ihren Herzen und sie durchdrangen alles mit flüssigem, gezähmtem Feuer, und darin lernten sie, einander das Leben zu schenken. Das gesamte Feuer machte sich auf, Wärme zu werden, in Öfen und Herden und in Herzen und Häuptern. Noch immer gewinnt der Himmelsdrache regelmäßig die Oberhand und der Wolkenwächter muss dort eingreifen, wo die Menschen das Feuer nicht beherrschen können.

So lernen sie, Tag für Tag füreinander einen Regenbogen aus Glück zu weben. Wenn die dunklen Wolken und die strahlende Sonne diesen Farbenbogen an den Himmel malen, sehen die Menschen, wie der Wolkenwächter auf sie zukommt, der ihre Herzen hört und ihnen hilft.

Der wartende Wald

In einem tiefen, undurchdringlichen Wald lebten einmal viele Tiere. Sie fraßen, was sie fanden, oder sie fraßen einander auf. Sie schliefen, wenn sie müde waren, und spielten, wenn sie Lust dazu hatten. Sie arbeiteten niemals und wollten auch nichts von Arbeit hören. Wenn Bäume umfielen, ließen sie sie einfach liegen, wo sie lagen, und alles, was kaputt oder alt war, ließen sie hinter sich zurück.

So war ihr Leben faul und lausig.

Eines Tages kam ein Mann in den Wald und sah, dass der Wald auf Arbeiter wartete. Er legte Wege durch den wartenden Wald an, sodass man in ihm spazieren gehen konnte. Er baute Hütten, um darin wohnen zu können. Er machte den Boden da, wo es Lichtungen gab, fruchtbar und säte Gras und Getreide. Schließlich verreiste er eine Weile lang, um sich eine tüchtige Frau zu suchen, denn es ist nicht schön, so allein zu sein.

Nach einiger Zeit kehrte er mit einer lieben, starken Frau zurück. Die brachte ihre Kühe, Ziegen und Schafe mit und außerdem zwei große Ackerpferde. Sie zog mit dem Mann in eines der Waldhäuser und stellte die Tiere in den Stall. Sie molk die Ziegen und Kühe und bereitete Käse, Sahne und leckere Nachspeisen. Sie schor die Schafe und machte aus der Wolle warme Pullover.

Die Ackerpferde halfen dem Mann im Wald, wenn er das Holz umgefallener Bäume sammelte. Sie halfen ihm auch auf dem Feld beim Pflügen, sodass er ein richtiger Bauer wurde und seine Frau eine Bäuerin und das Waldhaus ein Bauernhof. Dann wurden Kinder geboren. Die spielten und tollten nach

Herzenslust im Bauernhof und im Wald herum, und schon bald begannen sie, ihren Eltern zu helfen.

So verlief alles gut und alles wuchs tüchtig heran. Aber die Tiere des Waldes, die ihr faules Leben weiterlebten, ärgerten sich darüber. Sie hatten eine Abneigung gegenüber den Tieren des Bauernhofes, die den Menschen halfen und mit ihnen zusammenlebten. Sie fanden, dass Tiere ungebunden und wild sein mussten. Arbeit war ihnen ebenso ein Dorn im Auge wie die Freundschaft mit Menschen. Sie wussten nicht, worauf der Wald wartete, und rückten gemeinsam an, um alles zu verwüsten. Wütende Bären zertrampelten die Felder, Hasen, Hirsche und Kaninchen fraßen das gesamte Gemüse auf und Wölfe fielen die Schafe an. Es gab Löwen und Tiger, die es auf die Ziegen und Kühe abgesehen hatten, doch zum Glück waren die Türen des Stalls gut verriegelt. Wespen und Stechfliegen piesackten die Ackerpferde, stachen sie überall und setzten sich in ihre Augen.

Nur die Ameisen und die Bienen nahmen nicht daran teil. Sie arbeiteten ja selbst auch die ganze Zeit voller Eifer in ihren eigenen Bauten und Höhlen, und darum störte sie die Arbeit der Menschen und der Tiere auf dem Bauernhof nicht im Geringsten.

Die Kinder saßen im Bauernhaus und sahen durch die Fenster, wie die wilden Tiere die ganze Arbeit verwüsteten. Zum Glück waren es tapfere Kinder. Sie beschlossen, die Tiere zu zähmen und sie zur Arbeit zu erziehen.

Dafür mussten sie sich zuerst auf die Suche nach Menschenmut begeben. Der wird vom Sternenkämpfer gehütet. Dieser Kämpfer trägt das Sternenschwert, das aus Licht und Eisen geschmiedet ist. Er hat einen Schild, in welchem der gesamte Menschenmut aufbewahrt wird, der noch nicht angefordert wurde. Dieser Schild ist riesig groß und aus sieben dicken Schichten von Eichenholz gefertigt. Er ist mit schönen Holzschnitzereien verziert, in welchen man die Lebensbäume der Menschen erkennen kann.

Die Kinder verstanden, dass sie bei dem Sternenkämpfer die Kraft finden mussten, die sie brauchten. Wo Mut notwendig ist, werden Kinder stark, und so gingen sie miteinander auf die Suche nach dem echten Menschenmut. Sie nahmen Abschied von ihren Eltern und suchten überall nach dem Sternenkämpfer. Sie suchten ihn Tag und Nacht, im Meer und auf der Erde.

Aber sie fanden ihn nicht.

Denn sie wussten nicht, dass er immer denen folgt, die ihn suchen, und somit hinter ihnen war. Der Sternenkämpfer dient denen, die ihn suchen, obwohl die meisten niemals lernen, dass sie sich umschauen müssen.

Eines Abends schliefen die Kinder ein. Sie vermissten ihre Eltern, ihr Zuhause und den wartenden Wald, in dem sie so fröhlich gespielt hatten. Sie drehten sich um in die Richtung, aus der sie kamen, und da erst sahen sie den, den sie suchten. Groß und mächtig ragte der Sternenkämpfer vor ihnen auf. Er berührte den Himmel mit seinem Kopf und das Herz der Erde mit seinen Füßen. Sein eisernes Schwert leuchtete wie ein Blitz auf und er schnitt damit in seinen Schild. Obwohl der Schild heil blieb, schnitt er doch eichene Lebensbäume für die Kinder heraus und gab jedem von ihnen einen. »Pflanzt diese Lebensbäume in den wartenden Wald, und ihr werdet die wilden Tiere von ihrer wüsten Raserei erlösen können«, sagte der Streiter. »Lasst sie euch folgen auf dieselbe Art und Weise, wie ich euch gefolgt bin.« Und dann verschwand er.

Die Kinder kehrten in den wartenden Wald zurück, und als sie ihn endlich wiedergefunden hatten, pflanzten sie ihre Lebensbäume in zwei Reihen quer durch den Wald. Es wurde eine breite Straße, und alle dornigen, wilden Sträucher dazwischen verschwanden wie Schnee in der Sonne. Jeder, der durch diese Allee lief, spürte die ruhige Kraft des echten Menschenmuts, der den Sternen dienen kann.

Die Kinder gingen durch die breite Eichenallee zum Herzen des Waldes. Dort fanden sie einen Schmied. Er war groß und stark und schürte ein mächtiges Feuer. Für jedes von ihnen schmiedete er die Geräte, die zu ihnen gehörten und die sie brauchen würden.

Doch Waffen erhielten sie nicht.

Mit ihren Gaben kehrten sie wieder in den Wald zurück. Während sie heranwuchsen und erwachsen wurden, lehrte der eine die Hasen und Hirsche, wo sie Gras und Kräuter fressen durften und wo die Gewächse wuchsen, die für die Menschen bestimmt waren. Ein anderer lehrte die Bären, auf dem rechten Weg zu bleiben, sodass sie fest und verlässlich wurden und die Äcker offen und locker und die Weiden grün und frisch.

Wieder ein anderer lehrte die Löwen und Tiger Arbeiten und Wachen. So wurde der Wald befriedet und er erhielt das, worauf er schon so unendlich lange gewartet hatte. Die Allee der Lebensbäume wuchs und wuchs und Vögel nisteten sich in den Kronen der Bäume ein. Tiere und Menschen gingen zusammen hindurch und alle Wildheit hatte sich in Arbeitslust verwandelt. Gemeinsam schmiedeten Menschen und Tiere dort an einer neuen Zukunft voller Sternenlicht auf Erden.

Vorpubertät – zehn bis dreizehn Jahre

Sexualaufklärung in dieser Altersstufe geht noch einen Schritt weiter. Mädchen und Jungen beginnen sich nun unterschiedlich zu entwickeln. Am Ende der Grundschulzeit sind die meisten Mädchen keine Kinder mehr, sondern echte junge ›Mädels‹, während die meisten Jungen noch echte Kinder sind.

Alle Eltern können ihr eigenes Kind sexuell aufklären, passend zum Reifestadium und dem Lebensalter. Darum ist der zeitliche Spielraum zwischen zehn und dreizehn Jahren so weit bemessen. Das eine Kind braucht diese Aufklärung mit zehn Jahren wirklich dringend, ein anderes erst mit dreizehn. Im Allgemeinen sind die Jungen deutlich später dran als die Mädchen – ein Unterschied, der sich jetzt klar abzeichnet und erst im Zugehen auf das zwanzigste Jahr voll überwunden sein wird.

Es ist nun an der Zeit, darzustellen, wie ein neuer Mensch entsteht. Inzwischen haben viele Kinder hier und da schon Einzelheiten in ganz anderer Sprache gehört als der der schönen Bilder. Dennoch ist es wichtig, den Ausgangspunkt nicht aufzugeben. Es wird sich später auszahlen, wenn man jetzt beharrlich ist und durchhält in der Betonung des Guten, Schönen und Wahren. Man könnte diese Vorgehensweise für weltfremd halten – letzten Endes ist aber das Gegenteil der Fall, denn die dem Alter entsprechende Sprache macht die Welt im Gegenteil sogar weniger fremd. Wichtig ist hier immer noch, dass das Entstehen des Menschen in seiner Ganzheit besprochen wird. Wir erzählen deshalb, dass jedes neue Leben aus drei Welten entsteht: der des Vaters, der Mutter und der des Göttlichen. Statt von Gott können wir auch vom Licht oder den Sternen sprechen, wenn uns dies näher liegt. Erst das Zusammenkommen dieser drei Welten führt zur Menschwerdung.

Die Aufklärung über Vater, Mutter, Kind und den Ursprung

Hier folgt ein Beispiel eines Gespräches, wie es der Vater führen kann, doch auch die Mutter kann dies tun, indem sie den Inhalt an den betreffenden Stellen anpasst.

»In meinem Körper wächst ständig Samen für neues Leben heran. Sehr viel Samen, der sehr sorgfältig behütet werden muss, denn er ist empfindlich gegen Hitze und Kälte. Außer einem Penis habe ich auch Hoden, in denen der Samen gebildet wird. Es gibt auch spezielle Samenstränge zum Penis hin, wodurch sie ausströmen können. Aus diesem Samen allein kann nichts entstehen. In Mamas Körper, ganz tief verborgen, gibt es einen Vorrat winzig kleiner Eizellen, und jeden Monat wird eine davon reif und wird aus ihrer Umhüllung freigesetzt. Sie ruht in der Nähe des Eierstocks, in dem sie gebildet wurde, und wartet auf einen Samen. Wenn dieser nicht kommt, dann geht die Zeit für die Eizelle vorbei, denn sie kann nur ein paar Stunden warten. Dann stirbt sie ab und löst sich auf. Etwa zwei Wochen später wird das Gebärmutterhaus gereinigt durch eine Blutung, und die weiche Wand der Gebärmutter wird erneuert. Dann kann also eine neue Eizelle kommen. Ich kann den Samen zu deiner Mutter bringen, indem er durch meinen Penis in sie hineingleitet, und dort öffnet sich das Tor der Geburt, und dieses nennen wir den Muttermund. Er schließt sich, nachdem ein Samen eine Eizelle gefunden hat. Wenn dies geschehen ist, gibt es keine Blutung, denn die Eizelle ist dann, wie man sagt, befruchtet und kann sich entwickeln. Sie wandert dann in die Gebärmutter und kann in deren weicher Wand heranwachsen. Ganz erstaunlich, denn die befruchtete Eizelle ist winzig klein, und dennoch wächst daraus recht schnell ein ganz kleiner Menschenkörper heran. Mama ernährt diesen kleinen Körper dann in sich selber, durch das, was sie isst und trinkt. Sie ist dann schwanger. Das Kind erhält alles, was es braucht, durch eine Art dicke, verbindende Schnur zwischen Mutter und Kind, sie heißt Nabelschnur.

Nach der Geburt wird die Nabelschnur durchschnitten, weil das Baby sie nicht mehr braucht. An dieser Stelle sitzt dann dein Nabel, der dich immer an die Verbindung mit deiner Mutter erinnert. Wenn ein Kind bei Gott ist und gerne geboren werden will, dann sehnt es sich nach seinen Eltern. Das Kind weiß schon lange, wer seine Eltern sein werden, und es hofft sehr, dass sie einander finden und einander lieben werden. Die Engel deiner Eltern und dein eigener Engel wissen das alles ganz genau und sie sorgen dafür, dass es möglich ist, dass alle einander finden. Das ist gar nicht so einfach, weil es so viele Menschen gibt und Väter und Mütter manchmal auch sehr weit weg voneinander wohnen, ja, sich vielleicht noch gar nicht kennen. Dennoch ist es so, dass ein Kind zu einer bestimmten Zeit und an einem bestimmten Ort bei genau den Eltern geboren werden soll, die zu ihm gehören. Dann kann es sich ganz zu Hause fühlen. Es wartet, bis die zwei einander gefunden haben und die Zeit reif ist. Wenn sie dann einander ihren Samen und eine Eizelle geschenkt haben, dann kann der neue Körper entstehen. Dann kann das Kind darin wohnen, genau wie ich in meinem Körper und du in deinem. So haben wir alle drei einander etwas geschenkt, als du kamst: Mama die Eizelle, ich den Samen, und Gott und die Engel haben uns dich geschenkt. Von allen bekamst du Liebe, und wir sehnten uns danach, dass du gut und gesund hier ankommen würdest.

Ein guter Vater liebt seine Kinder auch, bevor sie geboren sind, und sorgt deswegen gut für seinen Samen. Eine gute Mutter liebt ihre Kinder auch, wenn sie noch nicht da sind, und sie sorgt gut für ihre Eizellen und ihr Gebärmutterhaus. Und auch Gott selbst liebt alle Menschen, und darum sorgt er für jedes Kind, sei es nun geboren oder noch ungeboren.

Du weißt nicht sicher, ob du ein Kind bekommst, das ist ganz spannend. Manchmal stimmt etwas nicht mit dem Samen oder den Eizellen. Und manchmal ist gar kein Kind bei Gott, das an diesem Ort bei diesen Menschen geboren werden will.

Wenn Menschen ihren Samen und ihre Eizellen zusammenfügen, dann spricht man davon, dass sie zärtlich sind miteinander, miteinander schlafen, miteinander ins Bett gehen, sich lieben oder dass sie Sex miteinander haben. Wenn sie sich wirklich lieben, dann ist das etwas sehr Schönes, was man tun und spüren kann, dann ist es ganz warm und freudig. Natürlich muss man das lernen, denn am Anfang weiß man noch gar nicht, was schön ist und was der andere schön findet. Wenn man es zusammen genießen kann und sich damit gegenseitig glücklich macht, dann schläft man so oft miteinander, wie man es möchte. Aber wenn es noch zu früh ist, um Kinder zu versorgen, oder wenn man schon alle seine Kinder hat, dann achtet man darauf, dass, wenn man miteinander ins Bett geht, die Samen nicht zu den Eizellen kommen können. Dafür verwenden wir Verhütungsmittel, wie zum Beispiel das Kondom. Es kann aber auch sein, dass Mama eine Pille nimmt, wodurch keine reifen Eizellen in der Gebärmutter heranwachsen können.

Du selbst hast noch einen anderen Körper. Bei Kindern schlafen die Eizellen und Samen noch, sozusagen. Zunächst wächst du selbst noch ziemlich stark, und erst, wenn du fast ausgewachsen bist, ist die erste Eizelle reif bzw. sind die ersten Samen fertig. Die Samen und das Ei sind so klein, dass du sie nur unter dem Mikroskop sehen kannst. Nachdem die erste Eizelle reif geworden und aus seiner Hülle freigekommen ist, bekommt ein Mädchen seine Tage. Es bekommt Blutungen, wir nennen das auch die Menstruation. Wenn ein Junge zum ersten Mal reifen Samen produziert hat, bekommt er einen so genannten Samenerguss. Denn auch die Samen bleiben nur eine kurze Weile lang stark und gut. Danach werden sie weggespült, sodass wieder frischer Samen gebildet werden kann. Ein Samenerguss ist Samen in einer klebrigen Flüssigkeit. Es ist jedes Mal nur wenig Flüssigkeit, das nennt man Sperma. Manchmal passiert es beim ersten Mal einfach so beim Schlafen oder wenn du mit deinem Penis spielst. Wenn ein erwachsener Mann seinen Samen ausströmen lassen hat, weil er mit seiner Frau geschlafen hat, dann werden von selbst wieder neue Samen gebildet. Als ich ... Jahre alt war, hatte ich das zum ersten Mal.«

Es ist wichtig, dass auch die Jungen rechtzeitig vor dem ersten Samenerguss aufgeklärt werden. Haben wir es hier mit einem letzten Tabu zu tun, worüber häufig nicht gesprochen wird, ganz im Gegensatz zur Tatsache der ersten Menstruation? Nicht nur über den künftigen Bart kann man sprechen, sondern auch über den Samenerguss! Väter und Söhne schieben dieses Thema, weil es »altmodisch« zu sein scheint, häufig auf die lange Bank. In welchem Alter die Mädchen im statistischen Durchschnitt zum ersten Mal menstruieren, darüber gibt es genaue Zahlen. Doch wann haben Jungen ihren ersten Samenerguss? Auf Nachfrage zeigt sich, dass die meisten Väter und Mütter tatsächlich nicht wissen, wann dies geschah. Jungen sind sehr sensibel in Bezug auf die Dinge, bei denen wir uns genieren. Das, was wir schwierig finden, was uns verlegen werden lässt, davon werden auch sie verlegen! Warum sollte es kein ›Männerfest‹ zwischen Vater und Sohn geben können?

Natürlich gilt, dass gerade Jungen nicht darauf erpicht sind, diese Dinge in der ganzen Familie herumzuposaunen. Aber warum sollte hier nicht ein Augenzwinkern als Zeichen des Verstehens zwischen Vater und Sohn möglich sein? Wenn in den der Geschlechtsreife vorangehenden Jahren die vertraulichen Gespräche zwischen Eltern und Kindern geführt wurden, ist auch hier ein großes Maß an Diskretion möglich. Es ist doch auch eine erfreuliche Tatsache, dass der Körper des Jungen diese Reifung erreicht hat. Auch Jungen müssen lernen, gut auf ihren Körper zu achten und auf ihn stolz zu sein, auf ihren Samen, auf ihren Anteil an der Fortpflanzung. Und zwar nicht im Sinne von Angeberei und Großspurigkeit, sondern als eine achtungsvolle, schöne und gereifte Möglichkeit .

Mancher Junge macht sich während der Pubertät Gedanken darüber, dass ›es‹ noch nicht passiert ist. Er grübelt eventuell darüber nach, dass sein Penis zu klein ausgefallen ist, oder über ähnliche Dinge. Sexualität – wird er dazu überhaupt in der Lage sein? Und wenn es nicht klappt, dann steht man doch dumm da. Mädchen können einen Orgasmus vorspielen, aber ein Junge blamiert sich, wenn sein Penis im Ruhezustand bleibt.

In einer Welt, in der insbesondere durch die Medien häufiger, früher und leidenschaftlicher Sex propagiert wird, herrscht insgeheim viel Angst bei vielen Jungen. In diesem Fall haben sie überhaupt nicht den Drang, jedes Mädchen zu verführen, im Gegenteil, sie haben eine Heidenangst davor, mit einem Mädchen allein zu sein und dass ›es‹ dann geschehen muss. Im Allgemeinen reifen Jungen später als Mädchen, das heißt, ein Junge von fünfzehn oder sechzehn Jahren ist häufig noch lange nicht so weit wie ein gleichaltriges Mädchen. Wir müssen deshalb dafür sorgen, dass sich auch ein Junge nicht ›vergewaltigt‹ fühlt, was tatsächlich der Fall ist, wenn er aus Unsicherheit oder Angst früher sexuell aktiv wird, als er selbst es will oder verarbeiten kann. Auch für Jungen ist Aufklärung also besonders wichtig, und sie sollte ungezwungen, locker, normal und offen sein.

Wenn während meiner Vorträge über die Pubertät dieses Thema an die Reihe kommt, tritt meistens eine verlegene Stille ein, die Zuhörer ziehen sich spürbar zurück. Es erfordert Mut, ganz direkt auszusprechen, was wir hier soeben ausgeführt haben. Manchmal kann dann nach dem Behandeln dieses Themas ein spürbares Aufatmen wahrgenommen werden. Es zeigt sich, dass sich viele nicht klarmachen, dass die Jungen oft ›übergangen‹ werden. Vielen Vätern wird in solchen Momenten zum ersten Mal bewusst, dass hier für sie auch Chancen liegen. Wir sollten den Mut haben, auch die Jungen ehrlich und normal und offen über den Reichtum ihres Körpers und seine Entwicklungsmöglichkeiten zu informieren. Dann sind sie besser vorbereitet und gewappnet gegen aufdringliche Mädchen, Freunde und Gewohnheiten, für die sie sich nicht selbst entscheiden. Dann werden sie auch nicht ohne Weiteres mitmachen und mitreden in einer Weise, die nicht die ihre ist. Schließlich sind Jungen im Alter von dreizehn, vierzehn und fünfzehn Jahren, am Beginn der Pubertät, schon einsam genug. Wenn die Sexualität dann zusätzlich auch noch ein schlecht vorbereitetes Gebiet ist, dann ist die Gefahr, dass sie auch hier vereinsamen oder sich über ihre eigentlichen Bedürfnisse laut hinwegsetzen, noch größer.

Manche Eltern sagen auch: »Aber dann läuft mein Sohn weg, davon möchte er nichts hören, er sagt, das sei Unsinn, und behauptet, alles schon zu wissen.«

Sicher ist, dass wir selbst Angst davor haben, dass sie dies tun, aber sonst? Ein anderer Moment oder ein anderer Anlass bietet wieder neue Chancen. Natürlich sagen wir zu einem Dreizehnjährigen nicht: »So, setz dich mal hierhin, ich werde dir jetzt mal haargenau alles über Sex erzählen.« Jungen müssen die Möglichkeit haben, sich ein wenig aus der Schusslinie zu ziehen, während wir mit ihnen reden. Vielleicht ist es möglich während einer Wanderung oder auf einer Fahrradtour.

Vielleicht während einer gemeinsamen Arbeit, so nebenbei, oder kurz am Bettrand, wenn das Licht schon aus ist. Kurz, in Situationen, die es auch für viele Väter leichter machen, sich auszusprechen. Wichtig ist hier, vor allem nicht auf das berühmte Argument »Ich weiß das alles doch schon längst!« einzugehen. Es ist immer sinnvoll und möglich, in aller Ruhe die einfachen Themen, die mit der Sexualität zusammenhängen, anzusprechen. Es gibt immer eine Möglichkeit, mit ihnen über etwas zu reden, das in Filmen oder der Werbung gezeigt wird, oder das mit Menschen in der Umgebung der Kinder geschehen ist. Es werden Kinder geboren, es bilden sich Beziehungen, und Menschen gehen auch wieder auseinander. Überall lässt sich ein Anlass finden, wenn jemand wirklich eine Gelegenheit sucht, über die Sexualität zu sprechen. Wenn dies mit einer gewissen Regelmäßigkeit und in aller Ruhe stattfindet, wird es eine entspannte Gesprächsgrundlage schaffen.

Wenn ein Kind in die Mittelstufe kommt, steht die Lehrkraft des Fachs Biologie häufig vor dem nicht selbst gewählten Auftrag, die Kinder sexuell aufzuklären und dies aus dem Lehrstoff zu entwickeln. Hier ist es wichtig, dass die Eltern vor diesem Moment aktiv werden und auf alle Fälle vor dieser ungewollten ›Gruppenaufklärung‹ selbst mit ihrem Kind gesprochen haben.

Wenn die Kinder genauso viel oder sogar mehr wissen als ihre Eltern, ist ein Gespräch über die Entscheidungsmöglichkeiten und Empfindungen auf dem sexuellen Gebiet noch genauso sinnvoll. Nicht das Maß an Wissen, sondern die Erfahrung einer guten Begegnung im Umkreis dieses Themas ist hier das Wichtigste. Selten haben das Internet, irgendwelche Freunde oder Bücher ihnen ein Bewusstsein davon vermittelt, was wirkliche Liebe in Beziehungen eigentlich ist, sondern meistens eher eine Überschätzung des rein Sexuellen und der äußeren Schönheit.

▬ Veränderungen des Körpers

In diesem Alter ist es für Kinder häufig sehr verwirrend, dass sich ihr Körper so schnell verändert. Zuerst beginnt das rasche Wachstum bei den Mädchen. Sie schießen in die Höhe – noch schnell ein wenig wachsen, bevor die Hormone das Wachstum stoppen und die Menstruation einsetzt. Die Jungen fangen mit dreizehn, vierzehn Jahren ebenfalls an, in die Höhe zu schießen, und wohin dann bloß mit den schlenkernden Armen und Beinen? Es geht so schnell, dass ihr natürliches Gefühl für Verhältnisse nicht mithalten kann, also werden sie tollpatschig, werfen alles Mögliche um, fallen hin und erkennen bei Rangeleien nicht immer die Grenzen ihrer Kräfte. Manche Kinder wachsen schneller als andere oder aber bleiben klein, jedenfalls werden sie sich dessen in zunehmendem Maße bewusst – und manchmal unsanft darauf hingewiesen durch nicht immer liebevolle Bemerkungen ihrer Altersgenossen und -genossinnen.

Während der hormonellen Veränderungen geraten die Kinder auch innerlich aus dem Gleichgewicht. Hormone stehen in einem engen Zusammenhang mit Stimmungswechseln – nicht nur mit den Stimmungen der Mädchen in der Zeit um die Menstruation, sondern auch mit den Stimmungen der Jungen. Der Umschlag auf diesem Gebiet zu Beginn der Pubertät beruht in hohem Maße auf den männlichen und weiblichen Hormonen, die im bislang noch kindlichen Körper ihre Wirkung entfalten. Dabei sind sie nicht die eigentliche Ursache des Ungleichgewichtes, sondern die Folge. Hormone reagieren auf die Entwicklung eines Individuums und übertragen deren Impulse auf den Körper. Ein Kind, das den Schritt hin zum Erwachsensein ablehnt, kann darum auch eine Verzögerung in der körperlichen Reifung aufweisen. Der Körper reagiert auf denjenigen, der in ihm wohnt.

Nach dem ersten Schock durch das rasche Wachstum folgen weitere Veränderungen: die der wachsenden Brüste bei den Mädchen, des viel zu großen Adamsapfels bei den Jungen, das Größerwerden der Schamlippen bei den Mädchen und der Stimmbruch bei den Jungen. Und schließlich all die seltsamen Haare unter den Armen und zwischen den Beinen. Auch kommen häufig die leidigen Pickel dazu, kurzum, eine ganze Skala von Veränderungen. Obwohl sie an sich keinerlei Probleme darstellen müssten, ist dies häufig doch der Fall.

Weil wir Erwachsenen diese Phase längst hinter uns haben, erscheint uns vieles häufig als recht komisch und kann uns dazu verleiten, mehr oder weniger taktvolle Späße darüber zu machen. Ein guter Rat lautet deswegen: *Mache dein Kind niemals lächerlich.*

Spotten Sie nicht über Unbeholfenheiten, Pickel oder zu kleine Brüste. Wenn Sie den Unterschied zwischen feinem Humor und Spott nicht genau einschätzen können, vermeiden Sie am besten jeglichen Spaß. Wie süß, nett oder spannend Sie die körperliche Reifung Ihres Kindes auch finden – verhalten Sie sich normal und strahlen Sie bei allem, was Sie tun, die Botschaft aus, dass Sie all diese Veränderungen normal finden. Wenn die Brüste zu wachsen beginnen, können Sie durchaus sagen, dass dem Kind das T-Shirt jetzt noch besser steht. Schlagen Sie als Mutter Ihrer Tochter vor, mit in die Stadt zu fahren, und fragen Sie sie dort, ob sie einen BH kaufen möchte, oder ob sie dazu noch keine Lust hat. Die Antwort wird oft damit zusammenhängen, in welchem Maße Ihre Tochter das Bedürfnis hat, zu den anderen Mädchen zu gehören: Wenn (noch) niemand in ihrem Umkreis einen BH trägt, will sie es gewiss auch noch nicht. Wenn die anderen es schon tun, wird sie auch einen BH haben wollen, selbst wenn ihre Brüste noch eher klein sind.

Sie können als Vater durchaus Witze darüber machen, dass »wir Männer uns eben die Wangen statt den Achseln rasieren«, doch dann sprechen Sie über sich selbst. Wenn bei Ihrem Sohn der erste Flaum über den Lippen sprießt, ist es am besten, gar nicht viel zu sagen. Als Vater legen Sie einfach den Rasierer beiläufig bereit und sagen dann: »Probier doch mal, ob es damit geht, dann können wir für dich auch einen kaufen.« Kinder sind noch verlegen und unsicher auf diesen Gebieten, sie müssen sich noch an ihren sich verändernden Körper gewöhnen, genau wie wir selbst früher. Bringen Sie ihnen die Grundlagen der Körperpflege bei, doch machen Sie sich auch die Klippen des Gruppenverhaltens in der Vorpubertät klar: Lieber stinken als der Einzige sein, der ein Deodorant benutzt.

Unsicherheit in Bezug auf das Aussehen lässt sich nicht vermeiden und auch nicht dadurch bekämpfen, dass wir sagen, dass der Betreffende schlank und großartig aussieht. Manchmal kann man einfach etwas ganz Konkretes tun, zum Beispiel einen Hautarzt konsultieren, wenn die Pickel gar zu heftig werden, Kontaktlinsen statt der verpönten Brille oder manchmal etwas Ausgefallenes an Kleidung kaufen. Jegliches Verwöhnen macht einen schwach und unsicher, es ist also auch in dieser Hinsicht sehr wichtig, aus einer Ausnahme keine Regel werden zu lassen.

Besonders relativierend wirkt es auch, die eigenen Fotos aus dieser Altersstufe zu betrachten und dann zusammen mit den Jugendlichen herzhaft darüber zu lachen, wenn man das erforderliche Gefühl für Humor aufbringt. Im Grunde geht es darum, dass sie all diese unangenehmen Erscheinungen zwar haben, sich aber nicht darauf fixieren. Wenn sie in diesem Alter einfach viel Sport treiben, Freunde und Freundinnen treffen und aktiv sind, dann vergessen sie sie bald wieder. Kinder zwischen zehn und dreizehn Jahren sollten sich noch aktiv mit allem Möglichen beschäftigen, nur nicht mit ihrem Äußeren.

Jetzt, wenn die Kinder in die Pubertät kommen und Vater und Mutter meistens schon etwas älter sind, nimmt die Welt der Teenager für die Eltern häufig einen etwas unwirklichen Charakter an. Wer zwischen zwanzig und dreißig Jahren Kinder bekommt, wird zwischen dreißig und Anfang vierzig sein, wenn bei den Kindern die Pubertät einsetzt. Ist man schon dreißig bis vierzig Jahre alt, wenn die Kinder geboren werden, so fällt die Pubertät in das Alter zwischen vierzig und Anfang fünfzig. Dass die Erinnerung an die eigene Pubertät jenseits der fünfzig schon in weite Ferne gerückt ist, ist selbstverständlich. Außerdem hat sich seitdem sehr viel verändert. Dies alles bringt es mit sich, dass zusätzliche Anstrengungen unternommen werden müssen, um sich auf die Situation einzustellen, in der sich das Kind jetzt befindet.

▬ Stimulieren der eigenen Geschlechtsorgane

Es gibt Kinder, die in einer Art und Weise in eine sexuelle Stimulation ihrer Geschlechtsteile hineingeraten, die über die reine Selbstentdeckung stark hinausgeht. Sie können richtig süchtig werden nach einer solchen Stimulation, sei es mit oder ohne Selbstbefriedigung. Häufig handelt es sich um Kinder, die introvertiert oder isoliert sind oder zu wenig Aufmerksamkeit erhalten. Jedenfalls zeugt der Vorgang von einem gestörten Gleichgewicht im Umgang mit der Außenwelt, wodurch die unfreien Erfahrungen am eigenen Körper an Wichtigkeit gewinnen.

Es kann für Eltern durchaus ein gewisser Schock sein, wenn sie dies bemerken. Das normale Entdecken und Herumspielen am eigenen

Körper gehört dazu, wenn Kinder in Bezug auf ihre eigene Körperlichkeit erwachen. Darum braucht man sich nicht sehr zu kümmern, es geht von selbst vorüber oder wird schnell zu einer Nebensache. Erst wenn eine Fixierung, eine Unfreiheit, eine Sucht danach entsteht, den eigenen Körper zu erfahren, sollte eingegriffen werden. Wut und Kritik bewirken allerdings, dass das Kind sich nur noch stärker in sein Schneckenhaus verkriecht, darum sind sie hier fehl am Platz.

Zeigen Sie Ihrem Kind aber deutlich, dass Sie das Problem bemerkt haben und helfen möchten. Erzählen Sie ihm, dass es Dinge gibt, die erst später von Wert sind, wie zum Beispiel Motorradfahren, Geldverdienen oder anderweitige Dinge, die ebenfalls noch in der Zukunft liegen. Auf diese Weise können Eltern ihrem Kind helfen, die Momente des Durchhängens, Sich-Absonderns und der Einsamkeit durch eine aufmerksame Verbindung mit dem Leben des Kindes zu überwinden. Vielleicht wird es von seinen Altersgenossen nicht akzeptiert und gemobbt. Vielleicht ist es zu stark belastet aufgrund von Schwierigkeiten innerhalb der Familie, oder weil die Schule zu hohe Anforderungen stellt. Wenn diese Probleme angegangen werden, verschwindet häufig die Ursache des Problems und die Sucht nach Körpererfahrung kann mit gewisser Hilfe überwunden werden. Denn wer keinen Kummer mehr hat, braucht sich auch nicht durch das Hervorrufen angenehmer Erfahrungen am eigenen Körper zu trösten.

Die körperliche Integrität

Ein besonders wichtiger Bereich der Sexualaufklärung ist die Vermittlung des Begriffs der Integrität des menschlichen Körpers. Darunter verstehe ich, dass ein Kind ein tiefgehendes Verständnis dessen entwickelt, dass jeder seinen Körper als sein eigenes Terrain respektieren muss. Und dass jeder Mensch den Körper eines anderen ebenfalls als ein solches zu respektieren hat. Denn dieser Körper ist das einzigartige Instrument des anderen, das allerpersönlichste Privatterrain auf dieser Erde. Alles, was wir im Inneren bewegen, wird vom Körper miterlebt, und alles, was unser Körper erfährt, wird von unserem Inneren verarbeitet werden müssen. Wenn bei jedem Kind das richtige Integritäts-

verständnis veranlagt wäre, würden viel weniger Traumata entstehen.
Denn ob es nun um sinnlose Gewalt, um Vergewaltigung oder Inzest,
um Entführung oder Kindesmisshandlung geht – überall haben wir es
mit dem Fehlen der Erkenntnis zu tun, dass der Körper eines anderen
Menschen mit Respekt behandelt werden muss.

Jeder Mensch, der diese
Erkenntnis stark in seiner eigenen Seele und in seinem Körper mit sich
trägt, hat eine natürliche Fähigkeit, sich zu wehren, die dafür sorgen
kann, dass im richtigen Zeitpunkt ein deutliches »Nein« erklingt, sowohl anderen gegenüber als auch gegenüber den im Kind selbst auf-
steigenden falschen Neigungen. Gleichzeitig kann auch das Ja-Sagen
einem anderen gegenüber einen umfassenderen Charakter annehmen,
ohne jegliche Angst oder Minderwertigkeitsgefühle. Diese Fähigkeit
wünschen wir jedem Menschen.

In der Altersstufe von zehn bis dreizehn besteht die Aufklärung auf
der körperlichen Ebene also nicht nur im Sprechen über Menstruation
und Samenerguss. Es muss auch eine etwas indirektere Aufgabe erfüllt
werden. Diese besteht beispielsweise im Hinblick auf Mobbing und Aggression. Im Schulbereich und auf der Straße, überall können wir gegen
provozierendes Verhalten, gegen das Beschädigen der Besitztümer des
anderen und auch das Verletzen des Körpers eines anderen auftreten.
Denn diese Verhaltensweisen greifen tief in die Privatsphäre und das
Selbstwertgefühl ein. Auch das abschätzige Reden und das Verspotten
bestimmter Körpermerkmale eines anderen Menschen können Atta-
cken auf dessen Integrität darstellen. Dies wird von demjenigen, der
diese Worte ausspricht, häufig bagatellisiert, doch für denjenigen, auf
den sie gemünzt sind, bedeuten sie keineswegs eine Kleinigkeit. Augen
und Worte können sich ebenfalls an einem anderen vergreifen.

Ein anderes Thema, das jetzt eine größere Bedeutung erhält, ist die
Körperpflege. Bringen Sie Ihren Kindern bei, ihren Körper rein zu halten und sich rechtzeitig zu waschen. Saubere Betten, saubere Toiletten
und saubere Nägel sind allesamt Beiträge zu einem gesunden Selbstwertgefühl. Gewöhnen Sie sie an gesunde und schön zubereitete Mahlzeiten. All diese Dinge sind in der Erziehung von Anfang an wichtig,
doch wenn die Pubertät beginnt, übergeben Sie die Verantwortung für
die Pflege des Körpers zunehmend den Kindern selbst. Es nützt eben

nichts, ein Deodorant zu benutzen, wenn die Achselhöhlen zuvor nicht gewaschen wurden!

All die klassischen Familienthemen sind nun einmal alles andere als freilassend, sie bilden durch das Verhalten und auch durch die Reinlichkeitssphäre ein Grundwertgefühl im Bereich des Physisch-Körperlichen aus. In dieser Hinsicht ist das Wissen darum, was man tut und warum man es tut, eine Vorsorgemaßnahme, die genauso stark vor Unannehmlichkeiten schützt wie eine tiefgreifende inhaltliche Erziehung. Pflegen Sie sich auch als Eltern gut, denn noch immer ist es so, dass das Vorbild stark wirkt.

Spätestens zu Beginn der Pubertät werden die Jugendlichen sich absetzen, das ›verantwortungsbewusste‹ Essen regelmäßig gegen Fastfood eintauschen und auch viele andere Gewohnheiten plötzlich beiseite werfen. Doch im Alter zwischen zehn und dreizehn Jahren können Sie diese Gewohnheiten noch einmal besonders betonen. Dann haben die Jugendlichen etwas, von dem sie sich später distanzieren können, und sie haben dennoch eine Grundeinsicht, die in kritischen Momenten wieder auftauchen kann und auf die sie jederzeit zurückgreifen können.

▬ Respekt vor der Privatsphäre

Noch immer ist der Respekt vor der Privatsphäre des anderen in vielen Familien noch keine Selbstverständlichkeit. Alle Eltern können sich selbst verpflichten, die nachfolgenden ›Grundregeln‹ zu beherzigen:

- Lesen Sie die Briefe an den anderen nur, wenn er sie dazu auffordert.
- Kramen Sie nicht in den Taschen, Portemonnaies oder Tagebüchern des anderen.
- Hören Sie nicht die Telefongespräche des anderen mit.
- Öffnen Sie nie die E-Mails des anderen.
- Lesen Sie die SMS im Handy des anderen nicht.
- Wer die Badezimmertür von innen verriegeln will, hat das Recht dazu.
- Klopfen Sie kurz an, bevor Sie in das Zimmer eines anderen eintreten.
- Machen Sie sich über das Äußere Ihres Kindes nicht lustig.

- Fragen Sie vorher, ob Sie den Tesafilm, die Schere, einen Stift, eine CD oder eine DVD vom anderen leihen dürfen, und bringen Sie sie auch zurück.
- Machen Sie sich nicht unaufgefordert am Schreibtisch oder dem Schrank des anderen zu schaffen.
- Reden Sie nicht mit allen möglichen Leuten über die intimen Dinge Ihrer Kinder.

Die Aufzählung ist bei Weitem nicht vollständig, doch sie gibt eine gute Übersicht über die Gebiete, auf denen wir uns möglicherweise korrigieren müssen. Denn all diese persönlichen Gebiete, Gegenstände und Verhaltensweisen sind quasi ›Verlängerungen‹ des menschlichen Körpers. Sie sind etwas Eigenes, genauso wie der Körper auch. Alles, was auf dieser Ebene geschieht, stärkt oder schwächt das Gebiet der körperlichen Integrität.

Eltern haben in diesem Bereich häufig ein nur geringes Bewusstsein, weil sie ihre Kinder noch vor kurzem faktisch als zu ihrem eigenen Körper zugehörig betrachteten. Alles, was ›zu einem gehört‹, fällt in den Bereich des Privaten, und es bedarf einer bewussten Entscheidung, dies als Eltern anders aufzufassen. Viele Irritationen in Bezug auf das Verhalten von Eltern oder Schwiegereltern beruhen auf der Tatsache, dass diese die geschilderte Umorientierung nicht oder nur ungenügend vollzogen haben.

Eltern sollten sich klarmachen, dass es für sie noch nicht lange her zu sein scheint, dass sie ihre Kinder in die Badewanne steckten, sie wuschen und ihnen die Nägel schnitten, doch dass sich dies für ein Kind von zwölf oder dreizehn Jahren anfühlt, als sei es schon ein Jahrhundert her, ein fast vergessenes Jahrhundert obendrein. Auch das echte Aushorchen von Kindern, was sie außerhalb der Wohnung genau gesagt haben und was andere alles ihnen gegenüber geäußert haben, zeugt von einem mangelnden Gefühl für die Privatsphäre. Geschiedene Eltern haben häufig die Neigung, ihre Neugier hinsichtlich des neuen Lebens des früheren Partners mittels ihrer Kinder zu befriedigen, indem sie ihr Kind aushorchen. Es ist deutlich, dass dies nicht von Respekt gegenüber der eigenen Persönlichkeit des Kindes zeugt, das aus eigenem Antrieb sagen darf, was es will, doch niemals dazu verführt werden darf, seine eigenen Grenzen zu überschreiten. Klatsch, Neugierde, Sensationslust und elterliche Ausfragungstaktiken greifen genauso stark die Integrität der Kinder an, wie es körperliche Ausschreitungen tun. Was ihnen auf diese Weise schlau aus der Nase gezogen wurde, häufig durch scheinbares Interesse, höhlt ihre Wehrhaftigkeit aus. Wundern Sie sich dann nicht, wenn später andere Menschen dem Kind ein Verhalten entlocken, für welches es noch lange nicht reif ist. Die Grundregeln des Privaten werden nicht einmal zwischen Erwachsenen konsequent beachtet – und noch viel weniger sind sie zwischen Eltern und Kindern eine Selbstverständlichkeit. Was Inzest und Kindesmisshandlung anrichten, wissen wir genau. Doch auch subtilere Formen sind keineswegs harmlos. Kinder mit einem gesunden Selbstwertgefühl reagieren häufig wütend, wenn diese Grenzen überschritten werden, während die Eltern oft noch in der Erfahrung leben, dass diese Dinge nach wie vor zu den natürlichen Einflussgebieten von Vater und Mutter gehören. Es ist besser, wenn Kinder bei solchen Grenzüberschreitungen wütend reagieren, als dass sie ihnen gar nicht auffallen. Ihre Reaktion zeugt von einem gesunden Bewusstsein der eigenen Grenzen, und das ist wiederum eine Basis für die Wehrhaftigkeit, die sie später in Partnerschaft und Sexualität brauchen, um sich gegen unerwünschte Intimitäten zu schützen.

Ein Kind, das kurz davor steht, sich auf dem Gebiet der Sexualität behaupten zu müssen, bedarf eines gut entwickelten Gefühls für die Würde des eigenen Körpers und der anderer. Darin besteht der beste Schutz gegen Grobheiten und Angriffe auf die Integrität, weil sich eine gesunde Wehrhaftigkeit auf Selbstvertrauen und Selbstrespekt gründet. Wenn man sich selbst als einen Menschen mit einem schönen, guten, wertvollen und absolut einmaligen Körper zu sehen gelernt hat, ist dies ein lebenslanger Schutz. Es ist auch ein lebenslanges Geschenk in Bezug auf die Sphäre der sexuellen Annäherung an einen anderen Menschen, weil diese auf würdigen, menschlichen Verhältnissen gründen wird. Wenn jemand gelernt hat, die körperliche Integrität zu respektieren und sie auch für sich selbst zu fordern, wird der Umgang mit den inneren Qualitäten ebenfalls eine gute Basis bekommen. Innerhalb der Familie müssen wir uns in Bezug auf Körper und Seele vollkommen sicher fühlen können. Darum gelten die genannten Regeln für die Kinder in ihrem Verhalten gegenüber den Eltern, aber genauso auch umgekehrt.

Die Pubertät ab dem vierzehnten Lebensjahr und danach

Die Sexualaufklärung am Anfang der Pubertät zerfällt in verschiedene Facetten. In diesem Alter werden die Unterschiede zwischen den Kindern immer größer. Manche reifen sehr früh und die Sexualität erwacht dann schneller und kann zu verfrühten sexuellen Erfahrungen und Bindungen führen.[7] Außerdem ist es in unserer Kultur nichts Außergewöhnliches, mit fünfzehn Jahren bereits einen festen Freund oder eine feste Beziehung zu haben. Innerhalb einer solchen festen Beziehung wird Sexualität eher ein Thema sein als dann, wenn Jungen und Mädchen miteinander in einer ganzen Gruppe bzw. im Vereinszusammenhang umgehen und ausgehen oder miteinander Sport betreiben. Untersuchungen zufolge ist heute ein Großteil der Mädchen mit achtzehn noch Jungfrau – auch wenn in Zeitschriften und Fernsehprogrammen häufig ein anderes Bild vermittelt wird. Das ist etwas, das jedes Mädchen wissen sollte, damit es keine Angst bekommt, es sei eine Ausnahme. Zuverlässige Informationen darüber, wie es mit der Jungfräulichkeit bei Jungen steht, lassen sich schwerer beschaffen, doch ich habe die stille Vermutung, dass der Prozentsatz der Jungen, die mit achtzehn noch nicht mit einem Mädchen im Bett gewesen sind, noch höher liegt als der bei den Mädchen.

Jedenfalls wird die Aufklärung in jedem Fall an die individuelle Lebenswelt des Kindes anknüpfen müssen. Das naive, gespielt coole Gerede der Jungen über die (weiblichen) Sexualorgane deutet noch lange nicht auf ein echtes Interesse daran. Die ausführliche Besprechung der unterschiedlichen Verhütungsmittel, während sich am weiten Horizont noch keinerlei Aktivität auf sexuellem Gebiet abzeichnet, ist sinnlos, sie geht zum einen Ohr hinein und zum anderen wieder hinaus. Dass es der Verhütungsmittel bedarf, wenn die Jugendlichen sexuell aktiv werden, reicht in diesem Stadium als Information vollständig aus. Ab dem Alter von dreizehn bis vierzehn Jahren und danach ist es wichtig, wach wahrzunehmen und selbst einzuschätzen, wo die Jugendlichen stehen. Aus Angst vor einer verfrühten Schwangerschaft Kinder ständig zu warnen, ist eigentlich mehr eine Beruhigung der eigenen (Erzieher-)Nerven.

Gleichzeitig ist es naiv zu denken, dass das eigene Kind keinen frühen Sex haben wird und dass es von sich aus auf Sie zukommen wird. Aufklärung ist und bleibt also *Maßarbeit*, und zwar vom Anfang bis zum Ende. Die Frage, was wann und wie besprochen werden sollte, muss bei jedem Kind aufs Neue gestellt werden. Außerdem bedarf es, wenn sich die Situation verändert hat, der Wiederholung früher erfolgter Aufklärungsschritte: Was man einem Dreizehnjährigen erzählt hat, hat der Sechzehnjährige, der die Information braucht, längst vergessen. In der Praxis können folgende Schritte unternommen werden.

Woher kommen die Kinder?

Diese Frage ist schon von der Kleinkinderzeit an beantwortet worden und die Antwort ist mit dem Kind mitgewachsen. Jetzt werden die Kinder mit der physischen Wirklichkeit konfrontiert. Bringen Sie sie zunächst einmal in Berührung mit Babys, denn damit sind sie meistens nicht vertraut. Viele Jugendliche reden beim Thema Abtreibung mit, aber sie haben noch niemals ein Neugeborenes im Arm gehabt. Manchmal ergibt es sich, dass sie zu einem Wochenbettbesuch, auf die Babystation eines Krankenhauses oder zu einer Kinderkrippe mitkommen können. Dort begegnen sie einer Realität. Auch Babysitten führt häufig zu Entdeckungen, weil die Jugendlichen dann die Verantwortung für und den Kontakt mit kleinen Kindern erleben. Vor allem Mädchen können ein sehr romantisches Bild davon haben, wie es ist, ein Kind zu haben. Wenn sie während des Babysittens bemerken, wie viel Aufopferung nötig ist, um richtig und ausgewogen mit dem kleinen Kind umzugehen, dann wird dieses Bild korrigiert. Ein Kind zu haben ist dann nicht mehr der attraktive Fluchtweg in Richtung Erwachsensein, den es für manche Mädchen leider immer noch darstellt.

Jugendliche lieben Tatsachen – und ein Baby ist eine nicht weg zu diskutierende Tatsache. Aus dieser Realität heraus wird aufgeklärt, man greift zurück und spricht erneut über die Entstehung neuen Lebens und neuer Liebe. Erzählen Sie zuerst, wie eine Geburt genau verläuft, am besten sprechen Sie über die Geburt des Kindes selbst. Wurde es zu Hause geboren oder anderswo?

Besuchen Sie den Ort oder das Krankenhaus, wo die Geburt stattfand, noch einmal. Wie verlief die Entbindung, wie lange dauerte sie? Wer war dabei? War sie schwer oder leicht? Bereiten Sie die Geschichte innerlich vor, sodass das ›Drama der Entbindung‹ nicht mehr durchlebt werden muss. Sie können Kindern dieses Alters ruhig berichten, dass es unter Umständen eine schwierige Geburt gewesen ist und manches schiefging oder dass Sie einsam waren. Wenn Sie allerdings eine halbe Stunde lang weinen, während Sie diese Erinnerungen heraufholen, ist dies ein Zeichen, dass Sie selbst erst noch etwas zu verarbeiten haben. Jugendliche in der Pubertät sind sehr emotionale Wesen. Aber sie hassen solche Emotionen, wenn sie bei ihren Eltern auftreten.

Berichten Sie vom Beginn der Wehen, der Öffnung des Muttermunds, den Weg durch den Geburtskanal und von dem Wunder der offenen Fontanelle, die sich später schließt und durch die der Schädel während der Geburt so ›flexibel‹ ist. Sie können über die Nabelschnur sprechen, die Mutter und Kind über den Mutterkuchen verbindet, über die Plazenta und darüber, wie durch die Nabelschnur das Blut mit den Nahrungsstoffen zum Kind hinströmt und wie sie nach der Geburt überflüssig wird. Deshalb werden auch die Plazenta und die Nabelschnur durch den Geburtskanal ausgestoßen. Wenn das Kind selbst atmet und der eigene Blutkreislauf geschlossen ist, wird die Nabelschnur durchgeschnitten, was völlig schmerzlos ist. Erst dann ist die Geburt beendet. »Dein eigener Nabel ist eine Erinnerung an das Geschenk deiner Mutter.« Schließlich berichten Sie von den ersten Reaktionen des Kindes selbst. Hier ist Humor am Platze. Etwa in der Art, dass Sie sagen: »Jeder war so froh, als du den Mund weit aufgesperrt hast.« Oder: »Alle waren so müde, dass sie nur noch schlafen wollten, du selbst warst der Erste, der einschlief.«

Auch ganz rührende und zarte Momente können beschrieben werden, alles stark abhängig von den eigenen Erfahrungen mit dem Kind.

Suchen Sie schöne Fotos aus der Zeit des Wochenbetts heraus. Sich selbst in der Wiege zu sehen, holt das ganze Geschehen nah heran. Eventuelle Fotos von der Geburt selbst sollten besser eine intime Erinnerung der Eltern bleiben. Vielleicht gibt es Fotos von der Schwangerschaft, die den immer weiter wachsenden Bauch der Mutter zeigen. Diese Informationen dürfen alle noch ›leicht‹ sein und bedürfen keiner

Vollständigkeit. Die Jugendlichen müssen schließlich kein Examen ablegen. Doch sie sollten wissen, dass ihr Körper in einer ganz wunderbaren Weise aufgebaut ist und ebenso wunderbar ›arbeitet‹. Für Sie selbst
als Eltern ist es gut, noch einmal etwas mehr bzw. aufs Neue etwas über
dieses Wunder zu lesen als Vorbereitung auf solche Gespräche.[8]

Die Vorbereitung auf eigene sexuelle Erfahrungen

Es ist wichtig, den Mut aufzubringen, die Kinder offen darüber zu informieren, was sie in einer Beziehung auf sexuellem Gebiet erwartet.
Sprechen Sie mit ihnen beispielsweise so darüber:

»Wenn du dich verliebst, dann bist du sehr gerne bei deinem
Freund oder deiner Freundin. Du möchtest dann so viel wie möglich und so nah wie möglich mit ihm oder ihr zusammen sein und
ihr wollt einander berühren und küssen. Wenn diese Verliebtheit
wieder vorübergeht, dann könnt ihr wütend werden oder traurig,
und dann wollt ihr am liebsten euren Freund oder eure Freundin
auf den Mond schießen, ihr wollt den anderen am liebsten gar nicht
mehr sehen.
Wenn man sich gerade verliebt hat, ist es besser, noch nicht gleich
miteinander ins Bett zu gehen, weil man sich da noch nicht so
gut kennt. Wenn die Verliebtheit vorüber ist und du wieder allein
bist, dann dauert es viel länger, bis du dich wieder ›normal‹ fühlst,
wenn du Sex gehabt hast. Man vermisst sich dann viel länger und
viel stärker, obwohl man sich eigentlich überhaupt nicht mehr nett
findet. Es ist, als würde euch ein doppelseitiges Klebeband zusam-
menhalten, und so eine Beziehung fängt oft immer wieder an und
hört dann doch wieder auf. Ihr bekommt eine Art »Blinklicht-Be-
ziehung«.
Du weißt auch, dass, wenn man miteinander Sex hat, du dann auch
für deine ungeborenen Kinder mitdenken musst, weil du sie nicht
einlädst, bei euch geboren zu werden, solange ihr bzw. du noch
nicht als Vater und Mutter für sie sorgen könnt und wollt. Es ist also
besser, noch nicht miteinander ins Bett zu gehen, wenn man frisch

verliebt ist, sondern zu warten, bis man einander viel länger kennt und vor allem, bis man auch sich selbst gut kennt. Dafür sollte man etwas älter sein. Wir können abmachen, dass du, wenn du denkst, dass du jetzt dafür reif bist, erst einmal gut über Verhütungsmittel nachdenkst. Es gibt verschiedene Verhütungsmittel. Ein Kondom brauchst du immer, weil es dafür sorgt, dass der Samen nicht zur Gebärmutter gelangen kann. Hast du schon mal eines in echt gesehen? *(Zeigen Sie einfach ein Kondom und erzählen Sie, wie es funktioniert.)* Ein Kondom ist auch deswegen sehr wichtig, weil damit Aids und andere Geschlechtskrankheiten keine Chance haben. Es ist möglich, dass es dennoch zu einer Schwangerschaft kommt, wenn etwas mit dem Kondom nicht stimmt. Mädchen benutzen häufig die Pille, die bewirkt, dass sie unfruchtbar sind. Feine Stoffe im Körper, die Hormone, sorgen dafür, dass ein Mädchen schwanger werden kann, und die Pille stört diese Hormonwirkungen. Das bedeutet, dass in deinem Körper alles etwas anders verläuft, als es natürlich und normal wäre. Deswegen verträgt nicht jedes Mädchen oder jede Frau die Pille. Die Pille ist zuverlässig und verhütet fast jede Schwangerschaft, doch manchmal kommt es vor, dass ein Mädchen dennoch schwanger wird. Die Pille muss man jeden Tag einnehmen, aber einmal im Monat muss man einige Tage aussetzen, damit die Blutung stattfinden kann. Hormone sorgen auch dafür, dass man wächst, und darum ist die Pille am sichersten, wenn man ausgewachsen ist. Es gibt auch Kupferspiralen, die in der Gebärmutter angebracht werden können und dort sehr lange bleiben und ihre Funktion ausüben können. Dadurch wird ein Mädchen ebenfalls nicht schwanger, während aber alle Hormone ganz normal arbeiten. Für dieses Mittel gilt dasselbe wie für die Pille: Es ist immer möglich, dass trotzdem ein Kind durch den Türspalt hereinkommt, damit musst du immer rechnen. Besser ist es darum, zusätzlich immer auch noch ein Kondom zu verwenden.

Es wird viel über Geschlechtsverkehr während der Tage geredet, in denen ein Mädchen nicht fruchtbar ist, sowie über das Zurückziehen des Penis, bevor der Junge einen Samenerguss hat. Das soll angeblich auch dafür sorgen, dass es nicht zu einer Schwangerschaft kommt, doch diese Methoden sind keine Garantie dafür, eine Schwangerschaft zu vermeiden.

Es gibt auch noch eine andere Methode, um herauszufinden, ob ein Mädchen oder eine Frau fruchtbar ist – die Temperaturmethode. Die Körpertemperatur einer Frau ist während des Zyklus jeweils anders, wenn sie einen Eisprung hat, wenn sie fruchtbar ist oder wenn sie nicht fruchtbar ist. Wenn eine Frau ihre Temperatur selbst jeden Tag gewissenhaft kontrolliert und aufschreibt und die Partner tatsächlich nicht miteinander schlafen, während die Temperatur darauf hindeutet, dass es nicht sicher ist, kann manche Schwangerschaft tatsächlich vermieden werden. Diese Methode eignet sich für Erwachsene, die mit ihr sehr sorgfältig und exakt umgehen können und im Prinzip nichts dagegen haben, wenn sich doch ein Kind ankündigt. Man muss nämlich damit rechnen, dass manche Samen drei bis vier Tage lebendig bleiben und ein Ei befruchten können, das erst später reif wird. Außerdem ist die Körpertemperatur bei Krankheiten oder Stress bei Weitem nicht immer zuverlässig.

Weil du jetzt erst dreizehn (vierzehn ...) Jahre alt bist, bist du noch viel zu jung für Sex, du solltest damit noch warten. Das ist ganz normal. Viele Kinder in deinem Alter reden zwar über Sex, aber sie tun es selbst noch lange nicht, und außerdem fühlt sich das Ganze auch noch gar nicht schön, gut und liebevoll an, wenn man noch so jung ist. Es ist da viel Angeberei und Kraftmeierei dabei. Die meisten Jungen und auch Mädchen warten, bis sie ungefähr achtzehn sind und eine schöne, gut funktionierende Beziehung haben. Das Wichtigste ist, dass du gut auf dich achtest und weißt, dass dein Körper mit deinem Samen bzw. deinen Eizellen kostbar und etwas ganz Besonderes ist. Und kostbare und besondere Dinge hebt man für ganz besondere Menschen und ganz besondere Situationen auf. Wenn man lernt, jemanden wirklich zu lieben, nachdem die erste Verliebtheit wieder abgeebbt ist, kann man erst wirklich fühlen und wissen, wie wertvoll ein Freund oder eine Freundin ist. Dann ist man jemand, der das Besondere des Partners sehen und es auch lieben kann. Wenn bei der Sexualität auch Liebe im Spiel ist, können deren Folgen auch getragen werden, denn Liebe hat immer den Drang, den anderen als etwas ganz Besonderes zu sehen und sich auch entsprechend zu kümmern. Auch wenn ein neues Leben entsteht. Wenn die Sexualität und alles, was mit ihr zusammenhängt, aus Liebe geboren wird, könnt ihr die Folgen tragen und auch ein eventuelles Kind glücklich machen. Du verstehst sicher, dass es eine ganze Weile dauert, bis du an dem Punkt bist, an dem du das sagen kannst.

Du weißt, dass das Leben beginnt zwischen Mann, Frau und Gott. Ich habe dir schon gesagt, dass ein Mann und eine Frau, wenn sie miteinander zärtlich sind und ins Bett gehen, tief in den Körper des anderen gelangen. Das ist eine schöne Erfahrung, aber es kann auch unangenehm sein. Es ist nicht schön, wenn man dumm und grob miteinander umgeht, und auch nicht, wenn einer der beiden das nicht will und der andere es dennoch tut. Das darfst du niemals gut finden, denn niemand darf dies tun. Es kann sein, dass du als Junge denkst, dass das Mädchen nur so tut, als wolle es nicht, aber das sind im Grunde Ausreden, damit du deinen Willen durchsetzen kannst. Erst wenn du sie gefragt hast und sicher weißt, dass ihr beide es wollt, dürft ihr miteinander weitergehen. Und Mädchen denken manchmal, dass ihr Freund bei ihnen bleiben wird, wenn sie es gut finden, obwohl sie es eigentlich nicht wollen, aber das ist völliger Unsinn. Einen solchen Freund sollte man gar nicht wollen, und außerdem sind gerade diese Typen schnell wieder weg.

Wenn ein Junge Sex hat, strömt sein Samen beim Höhepunkt aus. Das ist ein Glücksgefühl, das tiefe Befriedigung mit sich bringt. Man nennt das ›fertig werden‹ oder ›einen Orgasmus bekommen‹. Mädchen haben eine Klitoris, einen kleinen, sehr sensiblen Knubbel vor dem Scheideneingang. Sie ist äußerst reizempfindlich, genau wie die Spitze des Penis bei den Jungen. Wenn ein Mädchen das Zusammensein sehr genießt, wird auch sie ›kommen‹ und sich befriedigt fühlen. Wenn du dieses schöne Gefühl alleine haben möchtest, indem du zu dir selbst zärtlich bist, bezeichnet man das als Selbstbefriedigung ...

▬▬ Zum Thema Geschlechtskrankheiten

Sex kann auch gefährlich sein. Denn manchmal ist ein Junge krank, manchmal ist sein Penis krank oder er hat eine andere Geschlechtskrankheit, und das kann man nicht immer erkennen. Und manchmal ist auch ein Mädchen krank. Dann kann er oder sie den Partner damit anstecken, und man steckt sich sehr leicht an, weil man völlig im Körper des anderen ist. Die schlimmste Krankheit ist Aids, eine Krankheit, die in den meisten Fällen zum Tod führt.

Dann endet das Leben also durch die Sexualität, und dafür ist diese doch eigentlich nicht gedacht. Sexualität ist für das neue Leben da, in dir selbst, im anderen, und manchmal für ein Kind. Aber Leben und Tod liegen ganz eng beieinander, das ist immer so. Früher starben manchmal auch die Mütter, wenn ein Kind geboren wurde, aber heute ist das bei uns zum Glück nur noch selten der Fall. Bei armen Menschen in der Welt, in der es keine Ärzte, keine Medikamente oder gesunde Nahrung gibt, verlieren Frauen noch heute oft ihr Leben, wenn sie einem Kind das Leben schenken.

Weil du nicht wissen kannst, ob der andere krank ist, solltest du immer ein Kondom benutzen, wenn du mit jemandem ins Bett gehst. Sonst nimmst du ein zu hohes Risiko auf dich. Wenn ihr erst miteinander schlaft, nachdem ihr euch schon recht lange kennt und wirklich zueinander gehört, wie zum Beispiel Papa und Mama, dann wisst ihr voneinander, ob ihr krank seid oder nicht. Man kann sich auch untersuchen lassen, ob man eine sexuell übertragbare Krankheit hat oder nicht.

Jungen und Mädchen, die mit dem Sex nicht warten wollen, müssen also immer ein Kondom benutzen. Wenn Kinder Alkohol getrunken oder Drogen genommen haben, dann wissen sie nicht mehr genau, ob sie wirklich mit jemandem schlafen wollen. Du brauchst, wenn du dich selbst gut fühlst, eigentlich nichts, um Spaß zu haben. Jemand, der gerne mit dir Sex haben will, gebraucht manchmal Alkohol und Drogen, um dich so weit zu kriegen, dass du nachgibst. Pass darum gut auf, wenn du zu einer Party gehst oder ausgehst, und nimm nicht alles an, was dir angeboten wird.

Gut für dich selbst zu sorgen in sexueller Hinsicht bedeutet auch, dass du auch gut für dich sorgst, wenn du ausgehst. Wenn man dich betrunken macht oder du völlig bekifft bist, weißt du wirklich nicht mehr, was mit dir geschieht.«

▬ Gefühle

Um das fünfzehnte bis sechzehnte Jahr kommen die Jugendlichen in die so genannte Gefühlspubertät.[9] Dann kann man mit ihnen über die Genuss- und Begierdenaspekte der Sexualität sprechen, vorher haben sie eigentlich noch kein rechtes ›Gefühl‹ dafür. Die frühe Sexualität ist daher im Allgemeinen gefühlsarm, mit allen daraus resultierenden Folgen. Der warme Gefühlsstrom gelangt erst in dieser Phase zu seiner Eigenheit und Reife und der Jugendliche kann erst danach eine wirkliche Verbindung mit dem anderen herstellen und sich entscheiden, ob diese Verbindung bis in die sexuelle Sphäre hineinreichen soll. Zunächst wächst die Fähigkeit, Sympathie zu empfinden, dann die Fähigkeit zur echten Verliebtheit, danach die Fähigkeit zum Verständnis und erst dann die Liebesfähigkeit. Jeder Schritt, der übersprungen wird, macht eine Beziehung ärmer und problematischer. In der Sexualität kommen die Konsequenzen einer unvollständigen bzw. mangelhaften Beziehungsbildung meistens besonders deutlich ans Tageslicht, wie es sicher viele von uns irgendwann einmal auch am eigenen Leib erfahren haben.

Das Thema Sex tritt meistens wie nebenbei in das Familienleben. Durch einen Film, ein Foto oder irgendein Ereignis entsteht der Anlass zu einem kleinen Gespräch. Dann kann man die Jugendlichen auf die Genuss- und Begierdenaspekte der Sexualität ansprechen, aber man muss das noch nicht tun. Anders steht die Sache, wenn die Jugendlichen tatsächlich sexuell aktiv werden.

Erzählen Sie ihnen dann, dass es einen großen Unterschied gibt zwischen Liebe und dem, was vulgär als *Vögeln, Bumsen* oder *Ficken* bezeichnet wird – ordinäre Vokabeln, die sie alle kennen und die genau ausdrücken, wie groß der Unterschied zum eigentlichen Geschehen ist. Erzählen Sie ihnen ruhig, dass Vögeln keine Kunst ist, dass fast jeder das kann. Dafür braucht man kein Mensch zu sein, denn das können die Tiere auch! Man handelt dabei aus reinem Instinkt und egoistischer Begierde, und das Resultat ist eine dumme und mechanische Aktion, auch wenn man meint, eine Menge daran zu erleben. In Wirklichkeit ist es langweilig und der Mensch bekommt hinterher einen Kater.

Erzählen Sie den Jugendlichen auch, dass die eigentliche Kunst darin besteht, so mit den eigenen Begierden umzugehen, dass beide Partner spüren, dass der andere ihm wichtig ist und es möglichst schön haben soll. Dass Leidenschaft sich nicht mit Zärtlichkeit zu beißen braucht. Das Entdecken des Körpers des anderen und die Freude des leidenschaftlichen Genießens der eigenen Sexualität und der des anderen ist etwas ganz Menschliches. Dieser Genuss braucht einen nicht erschöpft und ausgelaugt zurückzulassen, sondern er kann just neue Energie und Lebensfreude erzeugen. Auch hier liegen Abtötung und Lebenslust nahe beieinander, zwei Seiten derselben Fähigkeit.

Wenn es gelingt, mit den Jugendlichen in aller Ruhe über diese »Kunst des Liebens« zu sprechen, bildet das ein Gegengewicht zu aller Oberflächlichkeit. Dass man den anderen dadurch bereichert, dass man einander spüren lassen kann, dass man für den anderen alles ist, und dass man, auch wenn es nur kurz ist, spüren kann, dass der eigene Körper, die eigenen Begierden und die eigene Liebe ein Ganzes bilden können. Ein Kunstwerk, das man gemeinsam genießen kann, doch man muss dafür reif sein und es lernen. Wenn der Körper noch nicht erwachsen ist, aber auch wenn man nicht zu genießen wagt und es nicht kann, oder wenn man im Innern noch nicht erwachsen genug ist, den anderen wirklich zu lieben, bleibt es Stückwerk.

Erzählen Sie den Jugendlichen, dass erst dann, wenn man diese Kunst beherrscht, ständig neues Leben im anderen und in ihnen geschaffen wird. Es kann Lebensfreude, Kreativität, Liebe und auch neues Leben entstehen. Physisch gesehen handelt es sich um das neue Leben eines Kindes, das gezeugt werden kann. Solange Begierden grob und rau gebraucht werden, auf Kosten des anderen, also aus Egoismus, solange erzeugt man mehr Tod als Leben, und dadurch werden wir weniger Mensch. Dies lässt sich so zusammenfassen: »Langweilige und dumme Menschen vögeln, lebendige und liebesfähige Menschen lieben.«

Vergewaltigung, Prahlerei, wie viele man »flachgelegt hat«, und so weiter – alle diese Vokabeln drücken aus, dass ein Mensch noch nicht in der Lage ist, einen anderen aus tiefster Seele zu lieben. Wenn man den anderen liebt, ist man selbst liebevoll und wird geliebt, und dann empfindet man die Geschlechtsgemeinschaft als sicher. Wir müssen uns bewusst machen, dass unsere heutigen Bildschirm-Jugendlichen wissen, wie sich Löwen in Afrika paaren, aber nicht den Unterschied zwischen einer Biene und einer Wespe kennen. So können sie viele Geschichten über Sexualität erzählen, doch im Grunde handelt es sich um eine exotische Sache, die noch keine echte Realität hat. Sie wissen noch kaum, wie sie ihre Verletzbarkeit und Zärtlichkeit äußern sollen und wie sie mit der Zärtlichkeit und Verletzbarkeit der anderen umgehen müssen.

Es ist besonders wichtig, mit den Jungen über ihre Begierden zu sprechen und darüber, wie sie damit umgehen müssen. Sie sind all den neuen Kräften in ihrer Seele noch ausgeliefert und suchen noch das rechte Verhältnis zu ihnen. Praktische Tipps, die ihnen helfen können, wenn sie von ihren Begierden überfallen werden, haben immer einen Bezug zum Öffnen des Raumes und der Zeit. Begierde ›beschleunigt‹ und ›verengt‹ einen Menschen so, dass er nicht mehr frei ist, sich zu entscheiden. Darum ist es gerade so notwendig, dass den Jugendlichen klargemacht wird, dass ihre Freiheit zurückkehrt, wenn sie wieder Raum und Zeit in den Begierdenzwang hineintragen, von dem sie so stark bestimmt werden. Von altersher sagen wir, dass man erst eine Nacht über etwas schlafen soll oder erst einmal ums Karree laufen, bevor man etwas tut oder sagt. Diese einfache Binsenweisheit ist die Maxime, die den Jugendlichen vermittelt werden kann. Kurz auf die Toilette gehen in der Disco, kurz einmal rausgehen, sich einen Moment lang die Zeit und den Raum nehmen, das eigene Ich in den Begierdenstrudel hineinzustellen. Erst dann kann eine freie und verantwortungsbewusste Entscheidung getroffen werden, die einen respektvollen Umgang mit dem anderen und sich selbst erzeugt.

Jugendliche in der Pubertät kennen noch einige weitere Bereiche außer der Sexualität, in denen sie es mit Begierden und Verführungen zu tun haben. Essen und Trinken, Abmagerungskuren und Kaufen, Tratschen und Schwätzen, Schwänzen und Fernsehen, Internet und

Handys ... Es gibt zahlreiche Übungsfelder. Die Erziehung Jugendlicher in der Pubertät besteht wesentlich im Besprechen und im Bieten von Übungshilfen auf diesen Gebieten. Einfach Verbote auszusprechen oder ängstlich Scheuklappen anzulegen, damit die Konfrontation nicht eingegangen werden muss, war die Lösung früherer Generationen. Heutzutage setzen wir bewusste Grenzen, doch wir geben den Kindern einen ihrer Altersstufe gemäßen Übungsspielraum.

Wenn Jugendliche sich langweilen, weil ihre Lebensinteressen zu beschränkt sind, dann ist die Gefahr groß, dass sie sich auf ihren eigenen Körper fixieren – bereits in einem Vortrag aus dem Jahr 1922 warnt Rudolf Steiner hiervor.[10] Gute Angebote in den Bereichen von Sport und Naturerleben, vor allem das Wecken lebendigen Interesses für Menschen und Ereignisse sind, neben einem wirklich interessanten und lebendigen Unterricht, die angemessene Maßnahme, um einer einseitigen Fixierung auf das Körperliche und die Begierden, die daraus resultieren, vorzubeugen.

Die Adoleszenz im Alter von zwanzig Jahren und danach

Während der letzten Jahre der Pubertät leben viele Jugendlichen in einer festen Beziehung. Manche leben als Studenten zusammen oder sie arbeiten und teilen ihre Freizeit miteinander. Dass sie über einen eigenen gemeinsamen Wohnraum verfügen, ist dabei noch lange nicht immer der Fall. Häufig wohnen beide noch zu Hause bei den jeweiligen Eltern oder sie haben ein Zimmer gemietet. Die dritte Gruppe lebt zwar bereits zusammen, wobei allerdings noch nicht im Geringsten an Heirat oder eingetragene Lebensgemeinschaften gedacht wird.

Innerhalb von wenigen Generationen ist eine völlig neue Situation in dieser Altersstufe entstanden. Bevor in den Sechzigerjahren des vorigen Jahrhunderts die Rollenverteilung von Mann und Frau in die Diskussion geriet und bevor Verhütungsmittel frei verfügbar waren, war eine solche Situation völlig undenkbar. Sexualität vor der Ehe war tabu und das offene, trauscheinlose Zusammenleben unter einem Dach mit den Eltern erst recht. Ausbildung und die weitere Entfaltung einer Frau hörten meist auf, wenn sie einen Mann fand und ihn heiratete. Sie wurde quasi Haushälterin von Beruf, trotz ihrer Fähigkeiten und Interessen. Dieser Beruf wurde nach der meist bald erfolgenden Geburt von Kindern um die Mutterpflichten erweitert. Dabei spielte es genauso wenig eine Rolle, ob eine Frau sich dazu berufen fühlte.

Zum Glück ist das längst Vergangenheit. Mädchen und Jungen erhalten eine Ausbildung sowie die Zeit und die Möglichkeit, zu der Erwachsenheit heranzureifen, die zu ihnen passt. Frauen können im Leben sowohl Mutter sein wie auch einen Beruf ausüben, auch wenn sie in dieser Phase einige Jahre kürzer treten müssen.

Die Beziehungen unter Jüngeren bleiben im Allgemeinen kinderlos. Ab dem Ende der Pubertät bis häufig weit in die Dreißigerjahre hinein entstehen und lösen sich die kinderlosen Lebensgemeinschaften wieder. Manchmal dauern sie ein halbes Jahr, manchmal dauern sie viel länger. Beziehungen ohne Trauschein, die fünf oder zehn Jahre dauern, sind bei Zwanzigjährigen keine Ausnahme. Wenn eine solche Beziehung zerbricht, wird meistens gesagt:»Es ist aus zwischen ...«, als ob es sich um ein altmodisches Verhältnis handelte, bei dem man mit dem anderen »Schluss machte«. In Wirklichkeit geht es hier um nichteheliche Ehescheidungen. Es sind durch Jahre hindurch gewachsene, tiefe Bande, Jahre, in denen Liebe und Leid geteilt wurden, in denen miteinander das Bett geteilt wurde und alles von der Gegenwart des anderen durchzogen war. Es ist kein Richter im Spiel, es gibt keine Gütertrennung, man braucht keinen Rechtsanwalt oder muss Alimente regeln, doch das Zerbrechen einer jahrelangen Beziehung ist faktisch dennoch eine Ehescheidung. Meistens folgt darauf eine Periode der Unsicherheit, der Trauer und Wut sowie der Zweifel an sich selbst und an Beziehungen allgemein. Man kann hier von einem normalen Trauerprozess sprechen, in welchem das Zerbrechen der Bindung erst verarbeitet werden muss. Dann kann es sein, dass nach vielen Jahren die Eltern plötzlich wieder sehr wichtig werden. Nicht nur für die Betroffenen selbst, sondern auch für Brüder, Schwestern und Freunde bedeutet das eine große Veränderung. Alle Fragen rund um die Themen Beziehungen, Liebe und Sexualität tauchen auf und hinterlassen tiefe Spuren in den Seelen der jungen Menschen.

Die Verwirrung ist komplett, wenn eine schwierige Beziehung endlich beendet wurde, jedoch nach kurzer Zeit wieder aufgenommen wird. Wehe den Eltern, die zwischenzeitlich ihrem Sohn oder ihrer Tochter aus voller Überzeugung beigepflichtet haben, dass der ehemalige Partner tatsächlich ein »unmöglicher Mensch« gewesen ist. Die Gefahr ist groß, dass sich bei dessen Rückkehr beide von den Eltern zurückziehen. Die große Frage bleibt, was die Erwachsenen für die jungen Menschen auf den Gebieten noch bedeuten können, auf die sie durch Aufklärung über Sexualität und Beziehungen vorbereitet werden. Dies gilt während, aber auch nach der Beendigung der ersten Beziehungen, bei denen mit dem Partner zusammengelebt wird.

Im Allgemeinen ertragen jüngere Menschen es nicht gut, wenn andere sich in ihre Beziehung einmischen. Zu Beginn dürfen Sie noch Fragen dazu stellen. Offene Fragen zumindest, keine suggestiven oder negativen, denn in diesem Fall schließt sich die Tür rasch unwiderruflich. Wer sein heranwachsendes Kind wirklich liebt, sollte zuallererst seinen Partner akzeptieren. Dieser sollte willkommen sein, trotz der Tatsache, dass der Neuling ganz anders ist und die Familiengewohnheiten nicht einfach übernimmt und sich ihnen anpasst. Kleine Dinge können hierbei große Folgen nach sich ziehen. Das kann ein Grund dafür sein, das neu gebackene ›Familienmitglied‹, das neue Fragen, Gewohnheiten und Ansichten mitbringt, abzuweisen.

Wer klug ist, akzeptiert also die neue Beziehung als zur Familie gehörig, inklusive aller Eigenheiten des neuen Familienmitglieds. Das ist die einzige Grundlage, die tragfähig für die Zukunft ist.

Die Fragen, die in der ersten Zeit gestellt werden können, haben dann ihren Ursprung tatsächlich in der Akzeptanz der Partnerwahl der Tochter oder des Sohnes. Dann können offene Fragen nach dem Wohlergehen des Kindes folgen: »Geht es gut?«, »Passt ihr gut zusammen?«, »Was sind die Unterschiede und wo sind die Gemeinsamkeiten von euch?« Häufig können die jungen Menschen viel Unterstützung durch einen Elternteil erfahren, der ab und zu mit ihnen über Eifersucht, Anpassungsdruck oder die Eigenheiten des anderen sprechen kann oder der sich die Erfahrungen anhört, die sie machen. Jedenfalls kann jeder sehen, dass junge Menschen, die länger miteinander zusammenleben, ganz miteinander zusammenwachsen. Währenddessen kommt es zu den Lektionen und Korrekturen, die das Leben immer für Partner bereithält. Das gilt sowohl für gemischtgeschlechtliche als auch für gleichgeschlechtliche Beziehungen junger Menschen. Es ist von größter Wichtigkeit, dass Eltern die Beziehungen der Jüngeren als gleichwertig zu ihren eigenen betrachten.

Zerbricht eine solche Beziehung, dann entsteht durch den Respekt, den die Eltern ihr entgegengebracht haben, eine Basis, die es ermöglicht, den Kindern im intensiven Verarbeitungsprozess, der darauf folgt, zur Seite zu stehen. Junge Menschen können nach dem Auseinandergehen einer langen Beziehung vollständig entwurzelt sein, auch auf sexuellem Gebiet. Die Tatsache, dass sie wie Mann und Frau zusammengelebt haben, wird auch in der Sphäre der sexuellen Bedürfnisse ein Mangelerlebnis entstehen lassen. Das kann unter Umständen zu einer Reihe flüchtiger Abenteuer führen oder aber zu einer überstürzten neuen Beziehung. Solche Abenteuer missbrauchen häufig den neuen Partner. Oder es entsteht eine zwanghafte Eifersucht, weil der frühere Freund oder die frühere Freundin eine neue Beziehung eingegangen ist. Wer bereits früh mit diesem ›Seelenbrei‹ konfrontiert wird, der auch für manchen Erwachsenen nur schwer zu verdauen ist, kann sich tödlich einsam, depressiv, aggressiv und orientierungslos fühlen. Wenn das offene Gespräch über Sexualität, Verführung, Begierden, Beziehungen und Abschied während der gesamten vorangegangenen Erziehungszeit gepflegt wurde, steht man auch jetzt als Eltern nicht mit leeren Händen da. So kann ein freudiges, freundschaftliches Band zwischen Eltern und Kindern ganz neu entstehen.

Sexualaufklärung, die von Anfang an quasi mitwächst, kann jetzt den Eltern helfen, diese wichtigen Chancen und Aufgaben zu ergreifen. Die jungen Leute haben die Möglichkeit, ihre Eltern nun auch in dieser Erwachsenenrolle als Menschen wahrzunehmen, die ihnen einst vermittelten, dass sie mehr sind als das Produkt von Samen- und Eizelle und dass echtes neues Leben immer aus Liebe entsteht. Sie wurden von Menschen aufgezogen, die die Kräfte der Seele in ihrer siebenfältigen Wirkung (siehe Teil II) verstanden haben. Dadurch sind die späteren Erfahrungen in eine Lebensvorbereitung eingebettet, die durch eine Erziehung entstanden ist, die mehr als nur den Körper ernährte. Die Zwanzigjährigen, die selbst so aufgewachsen sind, können dann Freunde, Brüder und Schwestern anders auffangen, wenn diese es brauchen. Sie können akzeptieren, dass es sinnvoll sein kann, dass es »saturnische« Abschiede gibt und dass manchmal »merkuriale« Bewegungen zwischen Menschen entstehen. Sie können dann selbst »jupiterhaft« größere Zusammenhänge erkennen und diese durch die »Mondqualität« spiegeln. Dann stiften sie Frieden durch Venus in allen heftigen, durch Marskräfte aufgepeitschten Emotionen und sind dadurch wie eine goldene Sonne für ihre Mitmenschen.

Warmherzige, seelisch gut entwickelte Menschen verfügen über die Möglichkeit, sich über die Soap-Versionen des Lebens zu erheben und mit tiefem Respekt und tiefer Anteilnahme mit den Lebensfäden umzugehen, die sich in ihnen und um sie herum entfalten und verknüpfen. Sie spinnen wie Fabel im Märchen von Novalis goldene Fäden aus ihrer Brust. So wird aus jedem inneren kalten Winter ein neuer Frühling.

Die Summe deines Lebens wird gebildet
durch die Stunden, in denen du geliebt hast.

— TEIL II
Planeten und Metalle

Auch unsere Gedanken sind wirksame Faktoren
des Universums.

Novalis, Schriften III, 665 (603)[11]

Einleitung

Wenn man das Heranwachsen der Kinder aufmerksam verfolgt und wahrnimmt, fällt rasch der große Unterschied zwischen den einzelnen Altersgruppen ins Auge. Wir sind daran gewöhnt, diese Unterschiede in ›Schubladen‹ einzuteilen. Ein Säugling, ein Kleinkind oder Kindergartenkind, ein Grundschulkind, ein Teenager oder Adoleszent – was haben wir jeweils im Haus? Wer sich ein bisschen mit Kindern auskennt, kennt die Definitionen und Phänomene der unterschiedlichen Phasen, die die Kinder durchlaufen. Dann kann man sie in der entsprechenden Schublade unterbringen.

Viel spannender wird die Erziehung allerdings, wenn wir uns mit Kindern nicht nur auskennen, sondern auch für die *Kräfte* sensibel werden, die in den unterschiedlichen Altersstufen eine Rolle spielen. Wodurch sind die jeweiligen Veränderungen verursacht? Es ist völlig klar, dass in der Pubertät ganz andere Kräfte die Entwicklung der Kinder impulsieren als zum Beispiel im Kleinkindalter. Und Kleinkinder wiederum werden von anderen Impulsen bewegt und entwickelt als Säuglinge oder Teenager. Nicht nur der Körper des Kindes, nicht nur die erziehenden Personen ändern sich, sondern auch die strömenden, unsichtbaren Kraftfelder, die das Kind durchdringen, haben jeweils einen anderen Ursprung.

Betrachten Sie einmal, wie empfindlich ganz kleine Kinder auf das Wetter reagieren. Jeder Sturm, jedes Frühjahr oder jeder warme Tag beeinflusst sie stark, und zwar nicht nur dadurch, dass es ihnen warm oder kalt ist. Ihr ganzes Erleben, ihre ganze innere Erfahrungswelt ist stark durchzogen, ja bestimmt vom Wetter. Eine gewisse Sensibilität dafür bleibt uns allen erhalten, doch ein gesunder Mensch lässt sich später nicht mehr in so unmittelbarem Maße vom Wetter bestimmen.

In der Pubertät sind besonders stark die *Kräfte der sieben Planeten* wirksam. Die am Himmel sichtbaren Planeten sind nur *eine* Ausdrucksform des jeweiligen Kräftefelds. Im Grunde sind die Kräfte von Sonne und Mond, Mars, Venus, Merkur, Jupiter und Saturn überall im Menschen und auf unserer Erde wirksam. Wir alle sind für sie sensibel, genau wie für das Wetter, doch junge Menschen im Alter von etwa 14 bis 21 Jahren werden in ihrer Entwicklung von diesen Einflüssen besonders bestimmt. Wie ein siebenfarbiger Regenbogen stehen diese Kräfte alles überwölbend über dem dritten Lebensjahrsiebt des Menschen. Inzwischen existiert eine umfangreiche Literatur, die sich mit diesen Phänomenen befasst.

Die Planeten und ihre Wirkungen auf das innere und äußere Leben des Menschen werden in den folgenden Kapiteln vertieft. Zu den sieben Planeten gehören sieben Metalle. Zusammen liefern sie reichhaltiges »Bildmaterial«, anhand dessen wir unsere Kenntnis der Kräfte, denen junge Menschen in der Pubertät ausgesetzt sind, vertiefen können. Wie gesagt, im späteren Leben bestehen diese Einflüsse weiterhin fort. Im Allgemeinen ist dann nur noch von zwei Planeten die Rede, weil in der Pubertät insbesondere eine stark männliche, vom Mars her stammende Kraft und eine stärker weibliche, von der Venus geprägte, wirksam ist. Das führt dazu, dass jeder Erwachsene von beiden Kräften durchzogen ist, und dies bleibt das ganze weitere Leben hindurch wahrnehmbar. Im vorliegenden Buch werden alle sieben Planeteneinflüsse genauer betrachtet, und zwar in ihrer Beziehung zur Sexualität und in Bezug auf den liebevollen Umgang miteinander.

Bevor ein Mensch geboren wird, lebt er als geistig-seelisches Wesen in einer geistigen Welt. Dort, noch lange vor der Geburt in einem menschlichen Körper, werden diese einflussreichen Kräfte und Sphären der Planeten bereits durchlebt. Und je nach der persönlichen Affinität mit der einen oder anderen Planetensphäre bleibt deren Wirkung mehr oder weniger stark in der noch ungeborenen Seele präsent. Das ist unsere »Planeten-DNA-Struktur«, kosmischen Genen und Vererbung entsprungen. Nach der Geburt ruhen diese verborgenen Kräfte zunächst bis zur Geschlechtsreife in der Seele. Dann erwachen sie und beginnen ihren Einfluss auf alles auszuüben, was ein junger Mensch in seiner Innen- und Außenwelt erfährt. Ein Mensch ist also, so könnte man sagen, ein Kind des Himmels *und* der Erde.

Viele der späteren Fähigkeiten und Schwächen, Talente und Charakteristika werden in den Jugendjahren geweckt und aktiviert. Der innere Regenbogen, den ein Kind bei der Geburt mitbringt, wird in der

Pubertät durch die Planetenkräfte geweckt. Wenn die zwei Kräfte des Dunkeln und des Lichts das Innenleben des Jugendlichen zu durchströmen beginnen und wenn Gut und Böse, Sympathie und Antipathie den Horizont des Jugendlichen bestimmen, dann erst erscheint der Regenbogen in seinem gesamten Farbenspektrum. Dann, durch den Einfluss der sieben Planetenkräfte, die auf unsere Welt einwirken, wird der seelische Farbenbogen geweckt und sichtbar. Wir beginnen jetzt, völlig neue Erfahrungen an und mit unseren Kindern zu machen. Dabei kann es eine große Hilfe sein, ein tieferes Gefühl und Verständnis für die Eigenart der jeweiligen Planetenkräfte zu entwickeln. Denn erst was man kennt, kann man auch wiedererkennen. Erst was man versteht, kann man wahrnehmen, und erst das, was man durchlebt hat, wird letztlich zu einer Erziehungs-Kunst.

Die Bildersprache der sieben Metalle bringt die Kräfte jeder Planetensphäre in sehr exakter Weise zum Ausdruck. Darum wollen wir die Sexualität in der Pubertät auf der Basis der sieben Kraftfelder, die in den sieben Planetensphären leben, behandeln. Jeder Mensch kann selbst durch seine eigenen Erfahrungen wie auch durch das Studium der physikalischen und chemischen Phänomene diese sieben Metalle besser kennenlernen.

Zinn – Jupiter

Die Liebe ist der Endzweck der Weltgeschichte
– das Unum des Universums.

Novalis, Schriften III, 248

Der Planet Jupiter ist der größte Planet unseres Sonnensystems. Er dreht sich um seine eigene Achse, so schnell, dass die Pole abgeplattet sind. Die Masse des Planeten beträgt ungefähr ein Tausendstel der Sonnenmasse. Jupiter ist somit nicht nur groß, sondern auch sehr schwer: gut dreihundert Mal so schwer wie das Gewicht der Erde. Dieser enorme Planet strahlt sogar mehr Energie aus, als er von der Sonne empfängt. Jupiter ist von einem Magnetfeld umgeben, das sich über Millionen von Kilometern erstreckt und in dem viele Monde kreisen. Die Oberfläche des Planeten besteht aus stark konzentrierten Gasen, aber man vermutet, dass das Zentrum des Planeten von einem harten, felsigen Kern gebildet wird.

Häufig ist Jupiter mit bloßem Auge am Himmel zu erkennen, und es ist nicht schwierig, sich von diesem Planeten mit seiner starken Ausstrahlung angezogen zu fühlen. Die äußeren Merkmale Jupiters sind auch in den *geistigen* Wirkungen erfahrbar, die er auf Menschen ausübt. Im Menschen wird unter seinem Einfluss ein starkes Denken entwickelt, das zu erhöhtem Bewusstsein führt. Das Wissen, wer wir als Menschheit sind und was wir bewirken, wird dadurch geweckt und gestärkt.

Die Kombination des raschen Umlaufs um die eigene Achse und zu gleicher Zeit das starke Ausströmen von Energie und Anziehungskraft zeigen das Bild des selbstbewussten, klar denkenden Menschen. Dieser kennt sich selbst und findet in der eigenen inneren Linie seinen Halt. Wie stark die Dynamik, die Bewegung des Lebens, auch sein mag, ein solcher Mensch verliert sich nicht, er wird nicht aus der Bahn geworfen und vermag sogar andere zu halten, die dann aufgrund seiner starken Verbundenheit mit ihnen sicher sind. Genauso wie Jupiter seine Monde an sich bindet und ihnen durch sein Magnetfeld einen festen Kurs vermittelt.

Wenn Jupiterkräfte wirksam werden, erwecken sie vor allem das Denken in großen Linien und Entitäten. Dadurch ist es möglich, eine umfassende Übersicht über alles zu haben, was geschieht, beispielsweise über Gesamtorganisation oder über alles, was während einer Besprechung gesagt wird. Jupiterqualitäten benötigen wir überall, sei es da, wo es um Führungskraft geht oder um bewusstseinsvergrößernde Prozesse in einer Organisation; doch auch dann, wenn wir uns selbst aus einer bewussten Orientierung heraus ein Ziel setzen wollen. Auch in der Erziehung und im Sozialen brauchen wir diesen Einfluss, weil durch ihn alle kleinen, manchmal unverständlichen Ereignisse in ein größeres und deutlicheres Licht gestellt werden können. In einem Menschen oder in einer Situation, wo viel Jupiterkraft wirkt, wird das Denken jeden einzelnen Faktor jederzeit sinnvoll in das Ganze hineinzustellen wissen.

In der Pubertät erwacht diese Art von Denken und begibt sich auf die Suche nach Zusammenhängen, sei es im Lehrstoff, zwischen den Menschen oder ganz allgemein in der Welt. Die Folge ist, dass Zusammenhänge beispielsweise zwischen Mathematik, Physik und Chemie erst wirklich verstanden werden können, nachdem ein Jugendlicher eine gewisse Jupiterwirkung empfangen hat. Ist der junge Mensch auch noch so klug, es bleibt doch bei unverbundenen Inhalten und atomisiertem Wissen, wenn dieser Planet in der Seele noch nicht ›Fuß gefasst‹ hat.

In unserer Zeit und Kultur hat Jupiter viel bewirkt. Vieles, was in vergangenen Jahrhunderten dem Durchschnittsmenschen unbewusst und unzugänglich blieb, kann heute aufgenommen werden. Das Bewusstsein des Eigenwertes jedes Menschen führte zu manchen Manifesten, in denen die Rechte des Menschen festgelegt sind. Dies kommt daher, dass die Menschen immer stärker zu der Erkenntnis erwachen, gleichwertige Teile eines großen Ganzen zu sein, auch wenn wir vollkommen unterschiedlich sind. Diskriminierung auf der Grundlage von Rasse, Glaube, Geschlecht, sexueller Orientierung oder Herkunft gehört zu den Dingen, die wir ablehnen. Auch gelingt dies häufig noch nicht, dennoch wissen wir recht gut, dass »www.diemenschheit.com« beziehungsweise der Zusammenhang zwischen allen Menschen längst eine Tatsache ist. Dieses Bewusstsein ist aufgrund der starken Ausstrahlung des Jupiter-Herzens entstanden.

Die Aufgabe Jupiters, die Menschen zu vollem Bewusstsein zu wecken, bestand auch aus dem *Wecken des Bewusstseins für die Liebe.* Man kann durchaus sagen, dass dies sogar die wichtigste Aufgabe der Jupiterkraft ist. Ein Bewusstsein für die Liebe setzt voraus, dass jeder Mensch den eigenen, wahren Wert und den des anderen sehen und verstehen lernt. Dann kann sich das Denken mit dem allerwesentlichsten Quell der Liebe befassen: dem Wahrnehmen der tiefsten Eigenart des anderen und dem Bewusstseins, dass das eigene Dasein und die eigene Daseinsqualität völlig damit verbunden sind. Dann führen das häufig so scharfe Wahrnehmen und das tiefe gegenseitige Erfahren zu einer Einbettung vieler schwieriger Lebensmomente in ein größeres Ganzes. Es ist nicht schwer, auch darin die Jupiterqualität zu erkennen. Das konstante Wissen um die innere Achse in uns selbst bedeutet nichts anderes, als zu einem Erfassen der Liebe zu gelangen, die dort als Potenz anwesend ist. Jede Situation kann dann in einem wachen Ich-Bewusstsein festgehalten werden, aufgrund der Einsicht, dass in allem und allen ein Kern der Liebe anwesend ist. Dann ordnen wir alle zusammenhanglosen Lebensfragmente, ob sie nun angenehm oder unangenehm sein mögen, in ein sinnvolles Ganzes ein. Dies erfordert ein großes Bewusstsein, andernfalls verlieren wir uns in allerlei häufig schmerzliche Details.

Die Mission Jupiters ist bislang allerdings zunächst noch unter falschen Vorzeichen in unserer Kultur und uns selbst angekommen: Nicht das Bewusstsein der *Liebe* wurde geweckt, sondern das Bewusstsein der *Sexualität.* Liebe und Sexualität sind in unserer heutigen Welt zu ein und derselben Sache geworden. Wir sagen, dass wir »Liebe machen«, wenn wir mit jemandem ins Bett gehen. Doch handelt es sich dabei um bloße Sexualität! Im Idealfall ist die Sexualität in Liebe eingebettet, von Liebe durchzogen, doch das heißt noch lange nicht, dass Sexualität dasselbe ist wie Liebe! Sie ist nur ein bestimmtes Gebiet, auf dem die Liebe zum Herrn und Meister werden will, ähnlich wie im Gebiet der Erziehung, beim Umgang mit der Erde und der Natur und allen sonstigen Betätigungsfeldern menschlicher Aktivität. Dieser Rollentausch hat dazu geführt, dass wir heute ein verstärktes Bewusstsein für die An- oder Abwesenheit körperlicher Anziehungskraft haben. Wo der Körper äußerlich dem Schönheitsideal, der Erotik entspricht, da scheint Glück entstehen zu können. Wo Unattraktives ist, werden wir nicht geliebt

– so jedenfalls wollen es uns die Werbung und allerlei Zeitschriften vorgaukeln. Als Folge dessen erleben wir heute eine Überbewertung von allem, was sexy, attraktiv und jung ist. In den Soaps im Fernsehen und in vielen anderen Bildern wird diese Fixierung auf ein äußeres Ideal noch verstärkt. Dadurch sind wir für ein Bewusstsein des eigenen Körpers sensibilisiert und suchen dessen sexuelle Potenz und Sensibilität. Sexualerziehung befasst sich deswegen zumeist rein mit der äußeren Seite der Sexualität, nicht mit der Frage, wie Menschen zusammenleben, Beziehungen bilden oder gar von der Liebe. Kein Wunder, dass Partnerschaften häufig rein auf der Basis sexueller Anziehungskraft entstehen. Tief in jedem Menschen lebt das Bedürfnis nach Liebe, sowohl danach, sie zu empfangen als auch sie zu schenken. Dieses Bedürfnis will zum Bewusstsein kommen und, klar durchdacht, zur Richtschnur für die menschliche Zukunft werden. Doch in zahllosen Wellness-Anwendungen, Diäten, Sportschulen und Sonnenstudios sind wir im wahrsten Sinne schlafend damit beschäftigt, immer wieder die Liebe gegen sexuelle Ideale einzutauschen.

Zahlreiche Vorfälle illustrieren diese Verirrung der Jupiterwirkung in uns. So berichtete mir eine Frau an der Kasse eines Supermarkts, dass ihr Sohn sie am Tag zuvor vor dem Spiegel beobachtet hatte und sie fragte, was sie da tue. Sie antwortete, dass sie ihre grauen Haare herauszupfte ... So schlimm erlebte sie ihren Prozess des Älterwerdens. Ob sie wohl bemerkt hatte, dass diese Wahrnehmung eine unbewusste sexuelle Aufklärung darstellte? Dass sie ihrem Sohn damit ein Bewusstsein für das Äußere vermittelt statt für den inneren Kern?

In der Pubertät ist es häufig ein großes Problem, die Orientierung auf ein sinnvolles Lebensziel geregelt zu bekommen. Dabei handelt es sich eigentlich um eine flehentliche Bitte nach ›Jupiter-Erkenntnis‹. Denn sinnvolles Leben ist immer ein Leben, das sich voller Bewusstsein, in Liebe zu Mensch und Erde, zum Beruf und zu Idealen entfaltet.

Unentrinnbar wird in unserer Kultur das Bewusstsein für die Sexualität und alles, was damit verbunden ist, bei den meisten Kindern viel zu früh geweckt. Wird dieses Bewusstsein dann nicht in eine wachsende klare Erkenntnis des Stellenwerts der Liebe für die eigene Zukunft und die des anderen eingebettet, verdunkelt sich der Himmel. Dann können die Strahlen Jupiters ihre Aufgabe nicht mehr erfüllen. Das allumfassende Wissen und das tiefe und dankbare Durchdrungensein von den Wurzeln alles Daseins, das ist die Jupiterfacette der Liebe. Wir können die Strahlen Jupiters durchaus trotz aller Verirrungen unserer Kultur zur Geltung bringen.

Nachdem unsere Kultur nun einmal für alles Sexuelle erwacht ist, verlangt sie nicht nach einer Schlaftablette oder einem Gefängnis für alle Gedanken und Gefühle, die wir diesbezüglich hegen. Was einmal erwacht ist, schläft nicht ohne Weiteres wieder ein, und das ist auch gar nicht notwendig, auch wenn wir der ›Wecker‹ inzwischen überdrüssig sind. Was geweckt wurde, will jetzt auch aufstehen und zu Menschenwürde heranwachsen. Wenn wir das Phänomen verstehen, dass die Liebe noch ›schläft‹ und stattdessen die Sexualität übermäßig erwacht ist, dann besteht die nächste Herausforderung darin, nicht um einen Rückweg, sondern um einen Weg in die Zukunft zu kämpfen. Diesen finden wir, wenn wir noch einmal die charakteristischen Qualitäten Jupiters sprechen lassen.

Jupiter ist ein Tausendstel der Sonne. Ein Tausendstel der warmen Quelle jeglichen Lebens. Die Liebe selbst ist von der Sonne aus in unsere Erde eingezogen, und ein Bewusstsein dieser Tatsache ist jedem Menschen zugänglich. Damit stellen wir uns wiederum in ein großes Ganzes. Konkret bedeutet das, dass wir in jedem Gedanken, in jedem Gefühl und in jeder Handlung die *Liebeskomponente* suchen. Dass wir jenes Tausendstel darin suchen, das wie die Sonne strahlt. Dieses zeigt uns Jupiter. Selbstverständlich gelingt dies nur, wenn wir von der eigenen emotionalen Obsession Abstand nehmen können, auch auf dem Gebiet der Sexualität und Erotik. Es gelingt, wenn wir die eigenen Seelenbewegungen, die häufig so schwer wiegen und in die wir oft viele andere in unserem Umkreis mit hineinziehen, in der Nachfolge Jupiters auf eine solche Art in Bewegung bringen, dass sie nicht mehr ziellos weiterwuchern, sondern stark um eine Achse kreisen, die aus Menschenliebe statt aus Eigenliebe besteht. Dann kann alles, was uns zunächst zu schwer und unerträglich scheint, frei werden und wir können mehr schenken, als wir empfangen. Wenn wir dies bewusst anstreben, entsteht allmählich ein Kosmos der Liebe, der den unzähligen kleinen Momenten der Verdunklung abgerungen wurde. Die wache, wirksame Liebe zwischen Menschen, die den Wert des anderen kennt und seinem Interesse dient, ist die Zukunft. Menschlichkeit kennt keine andere Zukunft als das Anstreben von Liebe auf allen Lebensgebieten. Es ist von allergrößter Wichtigkeit, dass wir die Vorstellung, dass Sexualität und Liebe identisch sind, in die Erkenntnis verwandeln, dass Liebe Sexualität heilt und sie in den Dienst des Ausdrucks der Liebe stellt.

Der Schatten Jupiters

Große Gedankengänge, die in Idealismus aufblitzen, wurzeln in Jupiters Ausstrahlung. Aber auch sein Schatten ist eindrucksvoll. Er besteht aus einem vollkommenen Links-liegen-Lassen von Details bzw. dem völligen Negieren des individuellen Menschen. Alles wird unter dem Gesichtspunkt der Wichtigkeit des Ganzen betrachtet. So entsteht der Vielredner, der ungefragt loslegt und jeden mit seinen großartigen Gedankenflügen hinter sich lässt. Das ist die Gefahr, wenn die Jupiterqualität einseitig wirksam wird.

Das Denken kann durch einen Mangel an Jupiterkraft zum quälenden Grübeln werden. Dann verkehrt sich das große, klare Denken in sein Gegenteil. Dann fällt Jupiter in unzählige kleine Planeten auseinander, die allesamt um ihre eigene Achse kreisen. Das Denken ist dadurch in zahlreiche unzusammenhängende Fantastereien zerfallen. Diese tauchen unwillkürlich im Inneren auf und verselbstständigen sich dermaßen, dass sie buchstäblich nicht mehr wegzudenken sind. Hier degeneriert das eigentliche, freie Denken. Es ist von unfreien Emotionen durchdrungen, und von dieser Mischung lässt sich nichts Gutes erwarten.

Wenn wir zum Beispiel auf einen Partner warten, der sich verspätet hat, dann kann sich das Denken mit diesem befassen und wir können uns sein Leben klar vor das innere Auge stellen. So dient Jupiter der Liebe. Im klaren Gedankenlicht können wir die zusätzliche Zeit, die wir durch das Zuspätkommen erhalten haben, das großartige Panorama des Lebens und der Arbeit des anderen überschauen und uns umso mehr in Liebe damit verbinden. Gerade wenn wir nicht zusammen sind, kann ein solches Jupitergeschenk ›ausgepackt‹ werden. So bereiten wir dem anderen ein warmes Willkommen.

Wenn sich die kleinen, aber bösartigen emotionalen Zerstörungstendenzen unserer Gedanken bemächtigen, zerbröckelt das Bild des anderen. Dann schleicht sich Ärger über das Zuspätkommen in unsere Gedanken ein, Angst vor einem Autounfall oder Misstrauen, voller eifersüchtiger Mutmaßungen. Wenn der Zweifel Zugang zum Denken bekommt und aus allem ein umfassendes Problem macht, entstehen Kälte und Distanz. Diese führen zu Verkrampfungen und zum Sich-Abschnüren von dem Wärmequell, den die Sexualität darstellen kann. Schon im Voraus werden Möglichkeiten verpfuscht und die Partner ziehen sich jeweils auf ihren eigenen Planeten zurück. Abwehrende Kälte wird aufgebaut, um die Seelenhaut zu schließen.

Auch alles Denken im rein bürgerlichen Sinne des Wortes fällt unter die Regie dieser Kältewirkung im Denken. Denn dann tun oder unterlassen wir etwas, weil es »sich so gehört«, und nicht, weil wir auf die Stimme unseres Herzens hören.

▬ Zinn und das Sprechen über Sexualität

Das Metall, das zu diesem Planeten gehört, ist das Zinn. Zinn ist ein Metall, das bei normalen Temperaturen bereits weich wird. Wird es zu heiß, so zerfällt es. Wird Zinn zu kalt, oxidiert es und bekommt die so genannte Zinnpest.

Das Denken im Bereich der Sexualität geht häufig in die Richtung, dass man sich Gedanken macht, die randvoll mit Begierden sind. Man bildet große Bögen voller fantastischer Vorstellungen in Bezug auf einen sexuellen Kontakt mit einem anderen Menschen. Hier kann eine zu große Hitze entstehen, und dann zerplatzt die Begegnung genau wie das Zinn. Denn diesen enormen, ausgedachten Vorstellungen vermag kein Mensch, kein Körper und kein Sex gerecht zu werden. Aufgeblasene, groteske Formen können entstehen. Wenn kalte, egoistische Motive die Sexualität bestimmen, so wird das Zinn in uns zu kalt und wir bekommen die Zinnpest in Bezug auf den anderen.

Zinn muss plastisch sein. Dann kann es aufbauende Verbindungen eingehen. Die weiche, außergewöhnliche Metallqualität drückt sich im Jupiterdenken dann aus, wenn wir lernen, *über Sexualität zu sprechen*. Wenn die Gefühle und Erfahrungen auch in den Worten mitklingen, die wir einander anvertrauen, so ist das große Denken im konkreten Hier und Jetzt in Worte geronnen. Dann ergießt sich der große Gedankenbogen in den einzigartigen Augenblick, durch Worte, die die Frucht des denkenden Liebens in der Sexualität sind. Das ist etwas Herzerwärmendes. Wenn wir im Bereich der Sexualität so miteinander sprechen, handelt es sich nicht darum, endlos und grausam Erfahrungen und Empfindungen zu sezieren. Dann handelt es sich um analytisch-wissenschaftliches Denken und eine Art des Sprechens, wie sie für Laboratorien geeignet sind. Es geht auch nicht darum, ständig hinterher das Geschehene zu reflektieren, das wäre therapeutisches Sprechen. Falsche Anspielungen oder verletzende Scherze oder Beleidigungen sind tödliche Stiche im Lebensgebiet der Sexualität. Auch diese Art des Sprechens ist deplatziert.

Aber wie dann?

Die Zinnqualität lehrt uns, wie es möglich ist. In der Sexualität sehnt sich das Wort danach, dass im Jetzt, gleichsam an Ort und Stelle, ausgedrückt wird, dass das Bewusstsein sich genauso sehr mit dem anderen vereinigt wie der Körper. So wie sich Zinn mit anderen Stoffen vermischt, wodurch neue Möglichkeiten entstehen, die ohne das Zinn nicht gegeben wären, so verhält es sich auch mit dem sprechenden, bewussten, liebevollen Geliebten. Dieser nimmt den anderen in die Ganzheit seines eigenen Menschseins auf. Dann erhöht die Sexualität die Leidenschaft, statt sie zu dämpfen. Leidenschaft ist erhöht, wenn sie ein Bestandteil der gesamten Fähigkeit zur menschlichen, tiefgehenden Begegnung geworden ist.

Hierzu ist es allerdings notwendig, dass sich beide Partner nicht um die eigene Achse drehen, wie der Planet Jupiter dies tut. Denn sonst käme es nur zur reinen Befriedigung des eigenen Körpers mittels dessen des anderen. Und dafür hat die Liebe keine Worte. Wer lernt, die eigene Achse in den Freiraum zwischen sich selbst und dem anderen zu verschieben, der übt die *Liebe* in der Sexualität. Dabei kann die Kraft der Leidenschaft hilfreich sein, doch nun aus Liebe für das Wesen des anderen. Liebevolle Gedanken drücken sich in herzerwärmenden Worten aus, die den anderen befreiend verstehen und ihn mitnehmen in das Mittelgebiet zwischen zwei zuvor isolierten Menschen. Dort sind wir weich und modellierbar wie Zinn, und unsere unterschiedlichen Qualitäten verbinden sich zu einer schönen, neuen Gestalt, einem neuen Kraftquell.

▬▬ Zinn – Kupfer

Verbindet Zinn sich mit Kupfer, so entsteht Bronze. Viele wunderbare Skulpturen sind aus Bronze gegossen. Diese künstlerischen Formen entstehen auch in der Sexualität, wenn wir plastisch wie Zinn und erwärmend wie Kupfer werden. Wenn sich das durchdachte Wort mit der Wärme verbindet, so entstehen herzerwärmende Worte, durch die wir einander bereichern, durch die der andere bewundert und liebkost wird. Beim egoistischen Sex fehlen diese Worte. Schweigend und ohne innere Verbindung zueinander vollzieht sich dann die Geschlechtstat und beraubt die Menschen der Möglichkeit, sich tatsächlich zu lieben. Menschliche Armut und Kälte werden erfahren, wenn nach dem sexuellen Höhepunkt dem anderen nur der abweisende, schweigende Rücken zugewandt wird. Es entsteht kein Kunstwerk in der Liebe.

Ein wunderbares Kunstwerk dagegen kann entstehen, wenn wir einander in herzerwärmender Weise mitteilen, wie froh, befriedigt und ›ganz‹ wir uns fühlen, gerade aufgrund der sexuellen Begegnung mit diesem speziellen und einzigartigen menschlichen Partner. Dann wirken tiefe, wahrhaftige Gefühle nährend auf das Denken, und die Liebe kann gedanklich gefasst und artikuliert werden. Dann strahlt Jupiter am Himmel und auf Erden und die Liebe bleibt heil.

▬▬ Glocke und Klöppel

Wenn ein Glockengießer eine Glocke gießen will, wird er verhältnismäßig viel Zinn in sein Kupfer-Zinn-Gemisch mengen, das zu Bronze wird. Dadurch wird es zu einem ziemlich weichen und empfindlichen

Material. Dabei muss er dafür sorgen, dass Glocke und Klöppel dieselbe Härte besitzen, denn sonst würden sie einander beschädigen. Die *Glocke* in uns ist unser Verlangen. Wir verlangen danach, uns selbst zu verlieren und uns am und im anderen wiederzufinden. Sexualität ist eines der Gebiete, auf welchem dieses Verlangen sich ausdrückt. Der *Klöppel* in uns ist der Mut zum fragenden Artikulieren unseres Verlangens. Es bedarf des Mutes, sein Verlangen auch wirklich zu äußern. Denn unter dem Verlangen verbirgt sich immer Schmerz, Schmerz über das, was fehlt. Der Schmerz des individuellen Daseins, des auf sich Zurückverwiesen-Seins, ist die tiefere Basis des Verlangens nach dem anderen. Wenn wir nach einem anderen Menschen Verlangen haben, sind wir verwundbar, weil wir, auch wenn wir es selbst nicht bemerken, damit zeigen, dass wir einen Schmerz in uns tragen und Heilung suchen. Die Glocke des Verlangens wird dann erst durch den Klöppel des Mutes zum Klingen gebracht. Angst lässt uns verstummen und vergrößert immer die Isolation; Angst treibt Menschen auseinander und hält sie auf Abstand. Menschlicher Mut überbrückt den durch Angst geschaffenen Abstand. Auch Verlegenheit, Unsicherheit, Misstrauen und Zweifel sind Angstformen, die eine tödliche Stille verursachen, in der sich die Menschen unhörbar voneinander entfernen.

Herrscht Übermut oder übertönen wir uns selbst, so ist die Mischung des Klöppels zu hart. Grobheit, Wehleidigkeit und extremer Sensationsdrang sind ebenfalls Abweichungen, die die Glocke des Verlangens beschädigen. Es zeigt sich dann, dass all diese Gewalt letztendlich wenig einbringt. So entsteht eine Form physischer oder emotionaler Impotenz, die jede Nähe zum anderen Menschen verdirbt.

Auch die Glocke kann im Verhältnis zum Klöppel zu hart sein. Wenn das Verlangen zum blinden Begehren anschwillt, hören wir den anderen nicht mehr, dann fehlen die Worte, und der Geschlechtsakt vollzieht sich ohne Bewusstsein und ohne einander zu ›wecken‹. So betrieben, hat Sexualität einen mehr tierischen als menschlichen Charakter. Es ist für den Menschen eine ständige Übungsaufforderung, das Gleichgewicht zwischen Härte bzw. Weichheit von Glocke und Klöppel in Beziehung zueinander zu testen. Dann können das Verlangen und sein fragendes Artikulieren in die Form des gegenseitigen Respekts und der Liebe gegossen werden.

Wenn unsere innere Zinnqualität es uns ermöglicht, bewusst während und über Sexualität zu sprechen, so kann uns das Bild der Glocke noch mehr erzählen. Eine Glocke läutet immer dann, wenn wir für einen Übergang, eine Veränderung erwachen sollen. Damit ist sie ein wahres Jupiterinstrument. Ob es nun die Weihnachtsglocke oder ein Schneeglöckchen ist – immer ist eine Glocke ein Bewusstsein weckender Klang zwischen dem Alten und dem Neuen. Wir sagen nach einer wichtigen Begegnung manchmal: »Bei mir läuteten alle Glocken.« Damit drücken wir aus, dass uns eine wichtige Erkenntnis in Bezug auf den anderen zuteil wurde.

In der Sexualität überschreiten wir fortwährend die Grenze zwischen uns und dem anderen. Wir verlegen, jedenfalls wenn wir ihn lieben, unsere Achse, unsere Selbstliebe nach außen. Bei diesem Übergang muss die Zinnqualität in uns die Glocke gebildet haben, die dann und dort erklingt. So können wir diesen Übergang in uns selbst erleben. Und wenn alles gut verläuft, erkennen wir auch den Klang der Glocke des anderen. Wir werden uns dann dessen bewusst, dass der Partner ebenfalls seine Grenze durchbricht. Klingen die Glocken zusammen, dann wird es zur Musik. Dann verschwinden viele Missverständnisse, wenn es um die Frage geht, ob der andere wirklich mit uns schlafen möchte oder nicht. Wenn das Zinn in uns geweckt wird und zunimmt, dann beginnen wir in der Liebe zu ›klingen‹. Dann erwachen wir in dem, was uns durchströmt, und dann finden wir auch die Worte, das auszudrücken, was wir erfahren und was wir am anderen erfahren. Und dies nicht hinterher, sondern im Moment selbst. Sonst kommt es zu Bemerkungen wie: »Hast du denn nicht gesehen, dass ich dies und das von dir wollte?« Das zeugt von einem Sprung in der Glocke, damit können wir nichts anfangen. Bevor wir uns dessen bewusst sind, werden in solchen Fällen im Nu die Glocken zu Kanonen und Kugeln für die Kriegführung innerhalb der Beziehung umgegossen. Denn beide sind aus demselben Material hergestellt.

Das Zinn in uns zu erwecken bedeutet, dass wir in jedem Moment zu erlauschen versuchen, was zwischen uns und unserem Partner entstehen kann und will. Aus dem großlinigen, aus Jupiter stammenden Denken ist es möglich, beweglich und plastisch wie Zinn zu sein und in jedem Augenblick das zu finden, was für beide Partner das Richtige ist. Wenn wir nicht das Ganze des anderen und der Beziehung als kostbare Wirklichkeit sehen, verfallen wir rasch in starre Meinungen und Erwartungen, denen der andere zu entsprechen hat. Das atomisiert die Beziehung, und dann kommt es zur bereits erwähnten Zinnpest auf Gegenseitigkeit. Wenn der eine starr der Meinung ist, dass am Freitagabend selbstverständlich Sex stattzufinden hat und zudem auch, wie dieser zu sein hat, dann fehlt ihm das Zinn und damit die Möglichkeit, den Abgrund zu überbrücken.

Wer dagegen das Zinn in sich wahrzunehmen lernt und es im Zusammenhang mit dem warmen Kupfer anzuwenden weiß, der kann Glocken gießen, von großen bis zu kleinen. Dies führt dazu, dass jede Glocke einen ihr zugehörigen Klöppel hat, vom kleinsten sehnsüchtigen Glöckchen bis zur größten leidenschaftlichen Glocke. Dann erst werden wir echte Musiker.

Pubertierende Mädchen

Manchmal sehen wir junge Mädchen, die sich extrem schminken und herausfordernd kleiden, sodass ziemlich viele Glocken um sie herum gegossen werden. Doch ihnen fehlt seelisch noch stark das Gleichgewicht. Was sie als inneren Mut und Tatkraft entwickelt haben, steht noch in keinerlei Verhältnis zu ihrem verführerischen Reiz. Sie drehen sich am liebsten noch immer, sich selbst schmückend, um die eigene Achse.

Wer gut hinzuhören vermag, hört, dass die schönen Körper noch lange nicht ›klingen‹, und lässt sie darum in Ruhe. Die rechte Zeit ist noch nicht gekommen, denn sie verfügen noch nicht über die Möglichkeit, die eigene Mitte in gesunder Weise aus sich herauszusetzen. Diese ist meistens noch nicht einmal gefunden, geschweige denn, dass sie steuerbar wäre. Verliebtheit in das eigene Spiegelbild und Verliebtheit in das Idealbild des Körpers sind wortlose, um sich selbst kreisende Gefühle und Gedanken. Sie sind nicht zu liebevoller Sexualität in der Lage. Form und Inhalt sind bei diesen Mädchen noch weit davon entfernt, ein Ganzes zu bilden. Wer ein dreizehn-, vierzehn-, fünfzehnjähriges Mädchen im Haus hat und beobachtet, wie es wie eine wandelnde

Sexbombe herumläuft, hat rasch die Neigung, spottend, ängstlich oder verächtlich darauf zu reagieren. Dies schmälert das Eigenwertgefühl und damit die Selbstschutzkraft des Mädchens, wodurch just eine noch größere Verletzlichkeit entsteht. Säuerliche Bemerkungen verletzen die pubertierenden Mädchen nur noch mehr. Eine Bemerkung, die sowohl ihre Schönheit betont als auch die unerwünschte Verführungskraft auf ihre Umgebung, die davon ausgeht, ist viel effektiver.

Zinn ist, wie wir bereits sahen, ein glänzendes Metall, das zusammen mit Kupfer die prächtige Bronze bildet. Es ist sehr empfindlich gegen Säure. Durch saure Stoffe wird Bronze rasch in Mitleidenschaft gezogen. Wenn wir einen bronzenen Gegenstand, der nicht speziell behandelt wurde, immer an derselben Stelle berühren, entsteht einzig und allein durch den schwachen Säuregehalt der menschlichen Haut eine Trübung. Dagegen ist Zinn unglaublich beständig gegen Salz. Alle Wasserhähne und Leitungen auf Seeschiffen waren deshalb früher aus Bronze. Das viel härtere Eisen rostete viel rascher aufgrund des salzigen Meerwassers. Bronze, an sich ein recht weiches Material, verträgt die Wirkung des Salzes alles in allem erstaunlich gut im Gegensatz zur Wirkung von Säuren. Aus diesem Phänomen lässt sich viel lernen.

Wir wissen, dass das Zinn uns zum Klingen bringen kann, dass es uns Worte voller Ehrfurcht und Bewusstsein schenkt. Doch diese Kraft erträgt keine Säure. Die Säurequalität in unseren Worten ist zum Beispiel gegeben, wenn wir andere verspotten, auch in Sarkasmus und abwertenden, zynischen Bemerkungen. Dies sind ›saure‹ Produkte unserer Unfähigkeit, den anderen zu lieben und ihn so zu akzeptieren, wie er oder sie ist. Das gilt auch für schöne pubertierende Töchter, aber auch für jegliche sonstigen beziehungsmäßigen Begegnungen. Ein verheirateter Mann mittleren Alters sagte eines Abends im Beisein seiner Besucher zu seiner Frau:»Trink kein zweites Glas Wein, denn sonst wird es heute Abend wieder nichts.« Solche Säure in den Worten greift alle Zinn-Bronze-Fähigkeiten an. Durch diese Säure wird Sexualität buchstäblich zum Verstummen gebracht.

Zinn und Kupfer lieben die weiche, warme Verbindung und nicht die sauren Worte. Mit Salz dagegen sind sie die besten Freunde. Denn Salz macht bewusst und wirkt in guter, herzhafter Weise erweckend. Salz gehört zum Kern des Menschen. In der Sexualität vermittelt es die Möglichkeit, durch alle Leidenschaft und Verführung hindurch vom eigenen Ich aus das Ich des anderen zu erkennen und sich zu ihm zu bekennen. Darin erkennen wir ein Geschenk der Jupiterkräfte, die immer den gesamten Menschen und die Beziehung als Ganze umfassen. Wenn Zinn uns zum Sprechen bringt, so ist Salz diejenige Kraft in uns, die das Bewusstsein und die Gegenwart im Jetzt, im Augenblick selbst, bewirkt und kräftigt. Es entsteht die Möglichkeit, über sich selbst, den anderen und die Situation zu reflektieren. Salz macht wach, es läutet ebenfalls die Glocke, könnte man sagen, und darum gehört es zum Zinn und zu Jupiter.

In der Sexualität können Worte sehr viel bewirken, aber auch sehr viel zerstören, weil wir einander nackt und wehrlos begegnen. Nicht nur unser Körper ist nackt, sondern wir sind auch dann nackt, wenn wir ungeschützt unsere Leidenschaft und unser Verlangen zeigen. Auch die Sorge, die wir in Bezug auf das Wohlergehen unserer pubertierenden Kinder haben, ist etwas, das bloßgelegt wird, wenn wir versuchen, sie vor sich selbst zu schützen.

Zinn – Blei

Blei hat eine ganz andere Qualität als Kupfer. Blei isoliert, erhält und bewahrt. Bei der Gefahr atomarer Strahlung wird Blei als Schutz gegen die tödliche Wirkung eingesetzt. Aus dem Vorangegangenen geht hervor, dass Jupiter die großen Denkkräfte schenkt und Zinn die Fähigkeit vermittelt, diese durch Worte auszudrücken. Wenn Zinn sich mit Blei verbindet, entsteht eine ganz andere Qualität, eine, die *beschützt*, indem gesprochen wird. Dann erzählen wir einander beispielsweise bei einer Berührung, dass wir noch nicht so weit sind, dass wir noch etwas von uns oder dem anderen bewahren, beschützen wollen. Das Blei in uns bewirkt, dass wir uns zurückziehen und Nein zu sagen wagen. Jupiter bewirkt, dass wir uns dessen bewusst sind. Doch wir benötigen das Zinn in uns, um dies im richtigen Moment und in der richtigen Weise artikulieren zu können. Wer Blei um die Ausstrahlung der eigenen Leidenschaften herumlegen kann, der kann dem anderen die respektvollen Fragen stellen, die jeglicher Intimität vorangehen. Dies verhütet die Schändung des anderen (oder unser selbst), durch unser Verhalten, unsere Gedanken oder durch Worte, die inakzeptabel sind. Blei und Zinn gemeinsam sprechen von der Jupiter-Liebe als Begegnungschance in bewusster, umfassender Geborgenheit und in Respekt. Jupiter sorgt dafür, dass wir wissen, was wir tun, und begreifen, was wir sagen. Jupiter lässt uns mit derselben Bewusstheit auch schweigen, wenn wir überschauen, dass dies weiser ist.

Sonstige Zinn-Verbindungen

Zinnchlorid ist ein Stoff, der in der Farbenchemie eine Rolle spielt. Selbst farblos, verstärkt es die Wirkung bestimmter Farbstoffe, wenn es zugefügt wird. Diese chemische Wirkung ist auch in unserem Inneren vorhanden und sehr wichtig. Wie können wir uns so mit dem anderen verbinden, dass er in seiner eigenen Färbung zum Vorschein kommt? Sodass wir wirklich dafür sorgen, dass der andere immer stärker zu demjenigen wird, der er ist, und dadurch immer mehr zu seinem Recht kommt? Nicht ohne Grund sagen wir ab und zu von Menschen: »Sie können gut miteinander umgehen, denn ihre Chemie stimmt.« Zinn sorgt dafür, dass die Chemie zwischen Menschen stimmt. Wenn wir wissen wollen, ob wir in dieser Hinsicht in der Sexualität eine gute Zinnqualität erreicht haben, dann nehmen wir dies am besten wahr, wenn die sexuelle Begegnung bereits völlig vorüber ist. Der beste Moment dafür ist zum Beispiel der nächste Morgen. Wenn wir den Geliebten oder die Geliebte dann betrachten, können wir buchstäblich sehen, ob er oder sie schöner, froher, vor allem aber: mehr zu demjenigen geworden ist, der er/sie ist. Dies kommt daher, weil ein geliebter Mensch sich anders bewegt und spricht. Er hat mehr ›Eigenfarbe‹! Wenn wir also den Geliebten oder die Geliebte sehen und denken: »Ach, der sieht heute aber nicht besonders gut aus«, so nehmen wir eigentlich unser eigenes Unvermögen vom vorigen Tag wahr!

Menschen sind gar nicht so starr. Sie sind, genau wie das Zinn, sehr plastisch und zeigen in ihrem Äußeren und in ihrem Verhalten, was aus ihnen geworden ist. Ob wir den anderen gesteigert oder ihn erniedrigt haben, all das spiegelt sich später in Haltung und Gesichtsausdruck. Wer in Liebe sexuell befriedigt und in seinem Wesen angesprochen wird, der wird immer schöner, auch wenn er einen Körper hat, der alles andere als perfekt ist. Schönheit wird immer als eine Vorbedingung für erfüllte Sexualität betrachtet. In Wirklichkeit verhält es sich umgekehrt: Liebevolle Sexualität erzeugt Schönheit. Sogar der schönste Mann oder die schönste Frau ist nach Sex, der aus reiner Bedürfnisbefriedigung stattfand, alles andere als schön!

Wer in der Sexualität nur als wertlos betrachtet wird oder den anderen selbst so betrachtet, der wird buchstäblich hässlich, selbst wenn er über einen Körper verfügt, der so gut wie perfekt ist.

▬▬ Das Zinn in der Vergangenheit, Gegenwart und Zukunft

Zinn lässt glänzen. Es ist unter den sieben Metallen, die mit den Planeten zusammenhängen, das hellste. Das Wort Zinn stammt vom Wort Tin, Tina oder Tinia. Es ist der Name der wichtigsten etruskischen Gottheit. Die Etrusker waren es, die bereits vor den Römern die Aquädukte entwarfen und gestalteten und sie kannten bereits die Gleichstellung von Mann und Frau. Sie verfügten über hohe Kenntnisse in der Metallbearbeitung, unter anderem des Zinns. Die Römer übernahmen die Errungenschaften dieser Kultur, insoweit es ihnen passte und Vorteile brachte. Doch sie ließen auch Errungenschaften fallen, unter anderem auch den emanzipierten Umgang zwischen Männern und Frauen.

Auch den Gott Tin übernahmen sie. Dieser Gott ist in der griechischen Mythologie bekannt als Zeus, der große Gott des Olymp, der mit seinen Blitzstrahlen kämpfte. Bei den Römern heißt dieser Gott Jupiter, wie auch der Planet. Nicht nur der Name des Gottes änderte sich, sondern vor allem auch die Anschauung der mit ihm zusammenhängenden göttlichen Kräfte und Gewalten. Im Altertum wurden die irdischen Wirkungen als Ausdruck höherer Kräfte betrachtet und dadurch auch als mit ihnen zusammenhängend. Tin war für die Etrusker ein klingender Gott, der sich von den Zielen höherer Götter leiten ließ. Will man in Worten ausdrücken, wie die Etrusker diese Kraft wahrnahmen, so erklang er ihnen in Donner und Blitz und erweckte den Menschen dadurch wie folgt:

> *Behalte dich selbst, wenn du dich verlierst.*
> *Liebe enthüllt, was klingend im anderen lebt.*

Die Römer hatten ein anderes Jupiterbild. Der Gott hat bei ihnen nicht nur den Namen Tin abgelegt, sondern auch dessen Merkmale. Er thront selbst auf dem höchsten Thron, ohne den höheren Göttern weiter Rechenschaft abzulegen. In der Geschichte von Jupiter/Zeus, der die schöne Io begehrt und ihr dadurch unermessliches Leid zufügt, kann man beispielhaft ablesen, was geschieht, wenn eine Kraft sich zu ihrem eigenen Gott macht und dem Höheren nicht mehr verpflichtet ist. Diese römische Gottheit verliert ständig die Interessen des anderen aus dem Auge und damit das höhere Menschliche. Sie schont dann weder sich noch den anderen, wenn ihre Begierden aufflammen. Man könnte sagen: Im Gott Tin wird hörbar, dass die Kräfte des Zinns so auf den Menschen einwirken, dass sie in der Lage waren, die Achse der Selbstsucht zu verschieben. Dadurch wurde er fähig, nicht sich selbst als das bestimmende Zentrum des Kosmos zu sehen, sondern die Begegnung und die Beziehung mit dem anderen. Auf diese Weise entstand Beziehungs-Weisheit, Liebe und Glück. Jupiter/Zeus dagegen ist selbstsüchtig und just besonders stark auf das eigene Zentrum orientiert. Einfacher ausgedrückt: Er degeneriert zu einem schlauen Egoisten, der aufgrund von Begierden, die nichts und niemanden schonen, in beziehungsmäßiger Hinsicht viel Elend verursacht.

Kehren wir zurück zum Metall Zinn. Dieses Metall ist das materiell gewordene Kräftefeld des Gottes Tin. Man könnte auch von seinem ›Leichnam‹ sprechen. Kosmisch gesehen gibt es ein lebendiges Kräftefeld, ausgehend von der Planetensphäre des Jupiter. Hier, im irdischen Bereich, haben wir das Zinn. Wir nennen dieses Metall deshalb nicht Jupiter, sondern eben Zinn. Und Jupiterkräfte sprudeln in ihm. Das Metall trägt den Namen der Kraft, die in der Lage ist, das egoistische Kreisen um die eigene Achse zu vermeiden oder es zu durchbrechen. Dort ist Tin wiederum Herr der Begegnung und nicht Jupiter/Zeus. Dann wird unser größter Planet, Jupiter, in fernerer Zukunft vielleicht wieder Tinia heißen. Sichtbar wird dies bereits in der Kunst, wo das Zinn dazu beiträgt, dass in Bronze schöne Formen gegossen werden können. Sichtbar wird es auch, wenn das Zinn Glocken und andere Musikinstrumente zum Klingen bringt. Erfahrbar wird die Zinnqualität in uns, wenn wir die Sexualität als *Liebeskunst* ausüben und den anderen dadurch zum Klingen bringen. Dann lebt der alte Aufruf des Zinns wieder auf, dann lernt Jupiter/Zeus wieder zuzuhören. Und dann *leben* wir die Hoffnung des Zinns:

Behalte dich selbst, wenn du dich verlierst.
Liebe enthüllt, was klingend im anderen lebt.

Zurück in die Realität unserer Zeit. Zinn wird nicht hauptsächlich für Kunstformen und Glocken verwendet. Es dient auch als Lötmittel bei integrierten Schaltungen. All die dünnen Linien auf den Leiterplatten sind eine Kombination von Zinn und Blei. Die westliche Kultur mit ihrer Elektronik kann Zinn also nicht entbehren. Wir können nicht mehr ohne Zinn existieren. So sind zum Beispiel die Innenwandungen von Konservenbüchsen mit Zinn als Schutzmaterial versehen.

Zinnerz findet sich in siliziumreichem Granitgestein, ein weiterer Stoff, der für unsere Computer- und Informatikwelt unentbehrlich ist. *Silicon Valley* nennen die Amerikaner das Gebiet, wo die entsprechenden Fabriken stehen. »Tin Valley« könnten wir unsere westliche Zivilisation symbolisch auch nennen, obwohl das Zinn nur sehr unauffällig anwesend ist.

Die Frage, die an dieser Stelle gestellt werden muss, lautet: Steht diese Wirkung des Zinns unter der Ägide des Gottes Tin oder unter eher der Regie von Jupiter/Zeus? Es ist zugleich die Frage, ob die Ziele unserer Kultur einer Ethik unterworfen sind, die sich höheren Gesichtspunkten verschreibt oder vielmehr schlauen egoistischen Interessen. Auf welche Götter hört der westliche Mensch? Noch anders formuliert: Entlocken wir dem Zinn seine höheren Klänge, oder ist seine Wirkung zum Missklang degeneriert? Mit diesen entscheidenden Fragen im Hinterkopf kehren wir zurück zu den Jugendlichen, ihren Beziehungen und zur Sexualität.

▬ Techno-Beat

Zinn dient der Musik, und dies nicht nur in Gestalt bronzener Glocken. Auch Orgelpfeifen und Flöten brauchen Zinn. Zinn tragen wir auch körperlich in uns, wir sind buchstäblich Zinnmenschen. Der höchste Zinngehalt findet sich in der Zunge und der Zungenschleimhaut. Die Zunge lässt uns schmecken, und wir schmecken mit ihr auch unseren Partner in der intensivsten Form des Kusses. Die Zunge dient auch der Bildung von Klängen. Musikinstrumente brauchen Mundstücke aus Zinn. Im übertragenen Sinne brauchen wir diese Funktion ebenfalls im Kuss.

In der Musikwelt der Jugendlichen stehen immer weniger die Musiker selbst im Zentrum und immer mehr der Discjockey. Er macht selbst Musik, indem er Klänge auswählt und mischt, die auf CDs und Festplatten konserviert sind. Er produziert einen so genannten Soundmix und kann damit sehr berühmt werden. Es wird also der Klang verschiedener Aufnahmen verändert und vermischt, bis eine neue Art von Musik entsteht – die Kreation des DJs. Diese elektronische Musik wird im Allgemeinen sehr laut konsumiert und wurde in den letzten Jahren immer lauter. Die Ohren Jugendlicher weisen heute bereits starke Alterserscheinungen auf, weil die Grenze des Erträglichen immer wieder überschritten wurde. Es wurde ihnen Gewalt angetan, eine Gewalt, die auch in der Bezeichnung Techno-Beat (Techno-Schlag) zum Ausdruck kommt. Hier wird Schall in einer solchen Weise herausgesetzt, dass er nicht primär hörbar, sondern spürbar ist. Die dunklen Schallwellen durchdringen ungehindert unseren Körper und beeinflussen spürbar die Bewegungen von Herz, Lungen und den inneren Organen. Man kann einmal einen kleinen Test durchführen und sich eine Kunststoffflasche mit Wasser mitnehmen. Wenn man die Flasche fixiert, kann man feststellen, dass sich das Wasser dennoch aufgrund der Schallwellen heftig bewegt. So wie das Wasser in der Flasche, so wird auch alle Flüssigkeit, die in uns ist, durch die heftige Musik in Bewegung versetzt.

Erst durch die erzwungene Hingabe an das Tanzen und die Schallwellen hebt sich der Kampf zwischen unseren eigenen Rhythmen und denen der Musik, die auf uns eindringt, gewissermaßen wieder auf. Es ist wie mit dem Wind, der aufgrund von Druckunterschieden wehen *muss*: Man *muss* in Bewegung kommen. Der Tanz, der dabei entsteht, drückt aus, dass die Zinnqualität in und zwischen den Menschen ausgetilgt ist. Sie können selbst nicht mehr erklingen, denn jedes Gespräch ist unmöglich. Man kann einander nicht mehr verstehen. Die Menschen tanzen einzeln, und obwohl sie sexy aussehen und sich auch so bewegen, kommt oft keine Verbindung zwischen ihnen zustande. Es ist, als wiesen die Linien auf den Leiterplatten nirgends mehr einen verbindenden Lötzinntropfen auf. Man tanzt gewissermaßen ausschließlich um die eigene Achse. Man wird extrem aufgepeitscht durch eine künstliche Leidenschaft, bleibt jedoch in sich selbst gefangen. Man kann die ganze Nacht durchtanzen, ohne beziehungsmäßig etwas anderes zu erleben als den eigenen Körper in erhöhter Aktivität und Bewegung. Die Arme sind nach oben ausgestreckt, sie legen sich nicht um einen anderen Menschen.

Jugendliche, die massenhaft von solchen Festen fasziniert sind, sind häufig dieselben, die auch Probleme haben, wirkliche Beziehungen zu bilden und sich durch Worte in einem guten Gespräch zu artikulieren. Sie leiden unter einem Zinnmangel, könnte man sagen.

Viele Eltern sind froh darüber, dass ihre Sprösslinge während der Pubertät bei solchen Festen sexuell nicht besonders aktiv sind. In den Erwachsenen ist die Angst-Option in Bezug auf die Sexualität groß, wenn es sich um die eigenen Kinder handelt. Aus dem eben Dargestellten geht hervor, dass das Nicht-Eingehen von Beziehungen und die Zurückhaltung vor sexuellen Bindungen ebenfalls eine Gefahr unserer Kultur darstellt. Die Götter Tin und Jupiter sind auch die Götter des Unwetters und des Blitzes. Obwohl Unwetter furchterregend sein können, bringen sie auch neues Leben. Nach einem Gewitter ist alles erfrischt und die Luft von großer Reinheit erfüllt, alles riecht herrlich. Sexuell gesunde Beziehungen machen stark, fruchtbar und tatkräftig, alles leuchtet darin auf. Solche Beziehungen gehen bis in die Knochen. Wenn sich die dunklen Wolken unheilschwangerer Irritationen und Eifersüchteleien, von Langeweile und Desinteresse in einer Beziehung zusammenballen, dann bricht irgendwann, wenn alles seinen normalen Gang geht, das Unwetter los. Dann kommt es zum Eklat, mit der Gefahr, dass die Beziehung zerbricht.

Gesunde Sexualität schafft eine andere Art von Gewitter. Ein sich aufbauendes Verlangen, eine Spannung löst sich in einem sexuellen Akt, bei dem alles klingt und hell wird und wieder Sauerstoff in die Luft einzieht. Danach kann man wieder frei durchatmen. Natürlich, Sexualität allein löst keine Probleme. Sex ist immer ein Spiegel dessen, was ungelöst in der Atmosphäre zwischen den Partnern mitschwingt. Doch wenn die Sexualität eine Beziehung in gesunder Weise durchzieht, trägt sie die Fähigkeit in sich, eine Verbindung zwischen dem Problem und seiner Lösung zu ermöglichen. Nach dem Höhepunkt, nach dem Orgasmus kann eine befreiende Stille entstehen, oder es kann zu einem befreienden Gespräch kommen, in dem die Partner einander in neuer, sauerstoffreicher Beziehungsluft aufs Neue finden.

Dann hat sich die heilende Zinnqualität gezeigt, ihre ursprüngliche Mission wird sichtbar. Darum sind die Gewohnheiten in unserer Jugendkultur, die dazu führen, dass Beziehungen sexuell blutleer werden, genauso besorgniserregend zu sehen wie die, die dazu führen, dass die Jugendlichen zu häufig und zu früh Geschlechtsverkehr haben.

Zu diesen Gewohnheiten gehören also die ›heftigen‹ Musikgattungen, ebenso aber auch etwa die Neigung, übermäßig und unter Zeitdruck zu arbeiten. Stress ist auf Dauer reines Gift für die natürliche Verbindungskraft, die wir Sexualität nennen. Vielleicht sitzen wir irgendwann, als Lohn des Stresses, wie ein reicher römischer Kaiser auf einem Thron, doch dann werden wir blutrünstige Spiele und Sensationen benötigen, um noch einen Rest von Feuer in uns zu spüren. Dann wurde nicht die Achse in den Zwischenraum zwischen uns und dem anderen verlegt, sondern dann ist aus der Achse *Asche* entstanden, jedenfalls in Bezug auf die Beziehung. Es muss um jeden Preis vermieden werden, dass wir zu Zinnsoldaten werden, die die Verbindungen zerbrechen; stattdessen sollten wir uns lieber bemühen, zu *Zinnmenschen* zu werden, die in gegenseitiger Verbundenheit miteinander leben.

▬ Zusammenfassung

Wenn die Zinnqualität in gesunder Weise in uns angesprochen wird, dann wissen wir jederzeit, was wir sagen und mit wem wir sprechen.

Dann können wir mit Worten liebkosen. Dann können wir einander beim Namen nennen, die Partner bleiben nicht namenlos und auswechselbar. Im Mitgerissenwerden von der Erregung, in der Ekstase der sexuellen Begegnung bleiben wir doch wir selbst. Zugleich erfahren wir umso deutlicher, wer der andere eigentlich ist. Dann ist die Sexualität auf allen Ebenen ein ›fruchtbares Gespräch‹. Dieses Gespräch schenkt uns einen kreativen, künstlerischen und geschmeidigen Umgang miteinander, durch den wir in der Lage sind, das Sinn-Element im gemeinsamen Zusammenleben zu vernehmen. Wenn Jupiters Wirkungen uns die Wachheit verleihen, das ganze Leben zu überblicken, so gelangen wir in Liebe zu einem klaren Bewusstsein. Das krankhaft gesteigerte Bewusstsein des rein Sexuellen verschwindet.

Eisen – Mars

Mars ist, von der Sonne aus gesehen, der vierte Planet unseres Sonnensystems und zeigt ein ganz anderes Bild als Jupiter. Mars ist klein, ungefähr halb so groß wie die Erde, und hat eine sehr geringe Schwerkraft, sodass ein Mensch auf dem Mars nur ein Drittel seines irdischen Gewichts wöge. Der Planet besitzt darum auch nur zwei kleine Monde, die in einer Umlaufbahn um ihn kreisen. Die Oberfläche des Mars ist rötlich gefärbt und völlig ausgetrocknet. Es gibt große Vulkankrater, einer davon ist sogar 27 Kilometer hoch und damit der größte des Sonnensystems. Man könnte aufgrund der Farbe und der Vulkane schlussfolgern, dass es auf dem Mars sehr heiß sein muss, doch es ist dort meistens extrem kalt, und zwar mehr als 100 °C unter Null. Zugleich sind Rinnen sichtbar, die an ausgetrocknete Flussbetten erinnern. Weil Mars ungefähr genauso lange wie die Erde braucht, um sich einmal um die eigene Achse zu drehen, dauert ein Marstag 24,5 Stunden. Ein Marsjahr dagegen dauert ungefähr zweimal so lang wie ein Erdenjahr. Der Umlauf um die Sonne dauert so lange, weil Mars weiter von der Sonne entfernt ist als die Erde.

In diesem Zusammenhang fallen weitere scharfe Gegensätze auf. Was bei uns nah beieinander liegt, liegt auf dem Mars weit auseinander. So existieren dort extreme Kälte und zugleich Vulkane. Mars ist ein auffallend roter Himmelskörper, der dennoch nur klein ist und eine sehr dünne eigene Atmosphäre hat. Kurze Tage und lange Jahre – ein weiterer Gegensatz zur Erde. Zugleich ist Mars der Planet, bei dem viele immer wieder die Frage stellen, ob auf ihm wohl Leben möglich sei. Sind die Marsmännchen wirklich nur Science-Fiction-Produkte?

Der Gott Mars ist der Gott der Gegensätze, der Gott des Krieges und des Kampfes. Im Altertum wusste man offenbar sehr gut, welche Wirkungen mit dem Mars zusammenhingen, auch wenn es damals noch keine Raumsonden gab, die ihn erkundeten. Dennoch macht Mars in seinem ganzen Erscheinungsbild deutlich, dass der ›Kampf‹ dort bereits Vergangenheit ist; es hat sich vieles auf und um diesen Planeten abgespielt, damit seine Wirkung auf den Menschen eine positive sein kann.

Der Kampf des Mars wird jetzt auch auf Erden geführt, und die rote Substanz, die zu diesem Planeten gehört, ist heute in enormen Mengen auf der Erde anwesend. Dieser rote Mars-Stoff ist das Eisen. Wenn wir die Marskräfte begreifen wollen, müssen wir den Blick auf das Hier und Jetzt und die Wirkung des Eisens lenken. Auch im novalisschen Märchen gelangt das Eisen zur Erde und löst dort einen Kampf aus.

Überall, wo das Eisen wirksam ist, wird alles kämpferisch und damit wehrbar, ob es sich nun um unseren Körper oder um die Welt handelt. Blutarmut wird verursacht durch Eisenmangel, und Blutarmut ist häufig das erste Anzeichen von Krebs. Beim Krebs kann der Körper sich nicht mehr gegen das chaotisierende und wuchernde Wachstum wehren, das ihn bedroht. Es herrschen Wehrlosigkeit und Schwäche – Schwäche ist immer mit dem Eisenmangel verwandt und hängt mit den Marskräften zusammen, die wir nicht entbehren können.

In der Pubertät kommt das Rot des Mars zur Wirksamkeit, wenn die Jugendlichen eine Art von ›eigenem Motor‹ bekommen, wodurch sie selbst aktiv werden und sich durch die Berge von Hausaufgaben hindurchkämpfen. Oder wenn sie selbst Geld verdienen wollen und den einmal gefassten Entschluss auch in die Tat umsetzen. Solange ein Jugendlicher relativ ›blutlos‹ lebt und von Eltern und Lehrern motiviert und angestoßen werden muss, solange hat Mars das ›innere Eisen‹ noch nicht erweckt. Aktivität entsteht erst dann, wenn sich Vergnügen und Freude an einer Sache erleben lassen, oder wenn ein Jugendlicher erst aus Angst vor den Konsequenzen seiner Passivität in Aktion kommt. Dies führt zu vielen Gegensätzen und Auseinandersetzungen zwischen den Jugendlichen und ihren Erziehern, und manchmal lässt sich der Kriegsgott recht gut zwischen ihnen wahrnehmen! Eisen ist ein sehr vielsagendes Metall und kann uns vieles lehren. Wir versuchen einmal, einigen dieser Lektionen nachzugehen.

▬ Vom Dürfen und Nicht-Dürfen zum Wollen und Nicht-Wollen

Wir sahen im vorigen Kapitel, dass das Zinn uns sagen möchte, dass wir uns selbst behalten müssen, wenn wir uns verlieren. Die Bilder, die mit dem Eisen zusammenhängen, führen einen Schritt weiter. Denn sie lehren uns, was geschieht, wenn dies misslingt und wir uns selbst verloren haben. Wir können überall uns selbst, die Jugendlichen und die Sexualität darin erkennen. Eisen zeigt, dass es einen Rückweg gibt und wie dieser gefunden werden kann. Menschsein bedeutet eben ein ständiges Fallen und Wiederaufstehen; der ganze Prozess zeugt von menschlicher Kraft und Würde. Die Illusion, uns immer aufrecht halten zu können und die Trauer, wenn wir feststellen müssen, dass dies eben nicht der Fall ist, passen zum zutiefst menschlichen Entwicklungsprozess. Der Menschwerdung dienlich sind allein der Mut, sich fallen zu lassen, und der Glaube daran, dass man danach wieder aufstehen wird. *Eiserne Disziplin*, die größer ist, als wir (im Moment) sind, kettet uns an unmögliche Forderungen hinsichtlich Perfektion bzw. Vollendung. Eiserne Selbstdisziplin, durch die die Menschen trotz aller Rückschläge und Fortschritte nicht ablassen, ihr Werkzeug zu schmieden, mit dem sie weiterarbeiten können, das ist die Art und Weise, wie uns das Eisen dient. Wo gearbeitet wird, werden auch Fehler gemacht, die zur Entwicklung neuer Fähigkeiten führen können. Ein scheinbar fehlerloses, tadelloses Leben ist nur selten das eines hoch entwickelten Menschen. Einem Leben, das jedem Sturm aus dem Wege geht, liegt meistens Faulheit oder Feigheit zugrunde.

»Man muss das Eisen schmieden, solange es heiß ist«, sagt das Sprichwort. Was ist Eisen? Was bedeutet schmieden? Und warum muss das Eisen heiß sein, um geschmiedet zu werden?

Eisen gehört zum Mars, dem roten Planeten. Das Eisen ist mit dem gesamten Leben des Menschen auf Erden verwoben. Ohne ausreichenden Eisenanteil kann kein Kind geboren werden. Der Eisengehalt im Blut eines Neugeborenen ist deswegen extrem hoch. Ist der Eisengehalt in unserem Blut zu gering, werden wir blass, schwächlich und müde; wir sind nicht länger in der Lage, unsere Arbeit zu verrichten, es fällt uns schwer, wir selbst zu bleiben. Dies kommt daher, dass Eisen ein sehr ›irdisches‹ Metall ist. Wir brauchen in unserem Körper und in unserer Kultur sehr viel davon. Nicht nur als Spurenelement, sondern in deutlich messbaren, großen Mengen. An vielen Orten auf der Erde ist der Boden aufgrund seines Eisengehalts nicht schwarz, sondern rötlich.

Man könnte sagen, dass Eisen kein Edelmetall ist, weil es seinen Adel der physischen, irdischen Realität geopfert hat. Dadurch steht es nicht mehr unter der direkten Führung der höheren Götter. Wir Menschen bestimmen seinen Wert. Abhängig davon, wer mit ihm umgeht, dient das Eisen dem Licht oder der Finsternis. Wir können daraus die schönsten Brücken bauen. Wir können unsere Ideale damit gestalten und mit seiner Hilfe unsere Willenskraft stählen. Doch wir können auch Panzer daraus herstellen und Krieg führen. Und wir können unsere eigenen egoistischen Zielsetzungen damit realisieren, zumeist auf Kosten des anderen. In jedem Gespräch, in jeder Beziehung, wo die Selbstbehauptung des einen auf Kosten eines anderen geht, missbrauchen wir die Eisenkraft. Eisen kann einen undurchdringlichen Panzer um unser Inneres legen; dann sind wir unnahbar. In allen Ansprüchen, die wir anderen aufzwingen, überwiegt diese ›schlechte‹ Eisenwirkung. In aller Freiheit, die wir dem anderen *bewusst* schenken, erstrahlt das Eisen in seiner Lichtqualität. Dann bildet es den Raum, in dem der andere seinem Eigensein Gestalt verleihen kann. Dann dient es einem edlen Ziel und wird, aufgrund des Gebrauchs, den *wir* davon machen, zu einem Edelmetall. Aus Eisen können Brücken und Schiffe hergestellt werden, und dann dient es dazu, Verbindungen zwischen Gütern und Menschen zu schaffen. Doch es zerstört diese Verbindungen genauso leicht, wenn es zur Gewaltanwendung verwendet wird, die den niederen Beweggründen des Menschen dient. Wir selbst sind es, die das Eisen umschmieden, sei es zu Waffen oder zu Pflugscharen. Das finnische Epos *Kalewala* erzählt in der achten und neunten Rune vom Entstehen und dem Niedergang des Eisens.

Ohne Eisen kein Stahl und keine Industrie, keine Technik, keine westliche Zivilisation. Es ist auffällig, dass Eisen sich nicht kneten, gießen oder formen lässt, ohne dass dafür Gewalt aufgewendet werden muss. Man muss es extrem erhitzen und bearbeiten, um es unseren Zielen dienstbar zu machen. Wenn wir es mit Luft und Wasser umgeben, beginnt es einfach zu rosten, ja es kann sogar *ver*rosten; schließlich zerfällt es völlig. Damit ist es dem viel weicheren Zinn diametral entgegengesetzt, das ohne Mühe verarbeitet werden kann und gegen Wasser und Luft beständig ist. Eisen braucht einen Schmied. Der Schmied meistert sowohl das Feuer wie auch das Eisen selbst. Er gebraucht Gewalt, doch er tut es in einer durchdachten, gereinigten Form. Mit mächtigen Schlägen schlägt und hämmert er das glühende Metall in die gewünschte Form. Er ähnelt einem Arzt, der einen gebrochenen Knochen schienen muss. Wenn ein Knochen vollständig gebrochen ist, sind seine Teile getrennt. Der Arzt zieht sie mit Gewalt aus ihrer verkehrten Stellung und bringt sie wieder ins richtige Verhältnis, sodass sie aufs Neue miteinander verwachsen können. Dies ist keine sehr sanfte Prozedur, denn der Knochen widersetzt sich ihr. Eisen ist ebenfalls ein Material, das einen großen, bewussten Krafteinsatz erfordert, damit es geformt und in den richtigen Zusammenhang gebracht werden kann. Den Menschen schenkt das Eisen Konzentration und Formkraft. Dort ist das Eisen eine Kraft, die einen großen Auftrag in sich trägt.

▬▬ Wie wird Eisen zu Werkzeugen umgeschmiedet?

Wie wird Eisen zu Werkzeugen umgeschmiedet? Jedenfalls nicht durch einen Menschen, der nur weiß, was er begehrt, oder durch einen Menschen, der nur fühlt, was er wünscht! Darauf reagiert das Eisen nicht. Den Übergang vom Zinn zum Eisen könnte man auch folgendermaßen formulieren: »Nicht Worte, sondern Taten!« Damit kehren wir zu unserem Kerngebiet, der Sexualität, zurück.

Wenn das Blut schneller strömt, wenn Erregung und Begierde das Herz schneller schlagen lassen, wird unser ›Eisen‹ heiß. Wir spüren, wie unsere Leidenschaft in die Tat übergehen will. Wir sprechen auch von der »Geschlechtstat«, einem Begriff, den wir dem Mars-Aspekt der Sexualität verdanken. Das Verschmelzen von Mann und Frau in diesem Eisenfeuer ist weder *gut* noch *schlecht*. Es hängt davon ab, ob wir das Eisen in dieser Schmiede veredeln oder erniedrigen. Durch liebevolle, bewusste Willenskraft kann diese Tat wunderbare Formen annehmen, und nützliche Werkzeuge in der Hitze des Seelenfeuers schmieden. Werkzeuge, mit denen wir an unserer Beziehung arbeiten können. Wenn allerdings die Geschlechtstat keinem Schmied oder aber einem dekadenten bzw. ohnmächtigen Schmied untersteht, dann werden leicht gewissenlose und kriegssüchtige Formen gestaltet. Dann geht es darum, viele ›Punkte‹ zu sammeln (zu *scoren*), dann fragen Jugendliche einander zum Beispiel:»Wie viele hast du diesen Sommer flachgelegt?«

Vergewaltigung, Inzest, Nötigung, Masochismus und Sadismus – all dies entsteht, wenn Eisen und Feuer zusammentreffen, ohne dass ein Schmied über sie zu gebieten weiß. Dann wird das Eisen dekadent. Es wird zum Opfer der eigenen Fähigkeit, allen Zielen dienen zu können. Viel wird über die Sexualität gesprochen im konkreten Zusammenhang mit einem Übermaß an negativen Marskräften, wie zum Beispiel bei Sittendelikten. Eine Tat, die in einer erzwungenen, gewalttätigen Weise geschieht, manchmal sogar auf Kosten eines Kindes, eine solche Tat schockiert uns. Wir empfinden, wie das falsch eingesetzte Feuer die menschliche Freiheit und Menschenwürde buchstäblich verbrannt hat. Mit Recht wird dies an den Pranger gestellt, verurteilt und so stark wie möglich eingegrenzt. Das Eisen und die Geschlechtstat selbst sind in solchen Fällen vergewaltigt und gezwungen worden, das menschliche Recht auf Selbstbestimmung zu verraten.

Eine andere Facette verursacht ebenfalls menschenunwürdige Erfahrungen, die die Öffentlichkeit im Allgemeinen jedoch nicht schockieren. Deswegen hören wir so wenig davon. Wir meinen hier den Mangel an Tatkraft, den Mangel an Eisen und innerem Feuer. In vielen Beziehungen sind ›Eisenmangel‹ und ›Blutarmut‹ eine schmerzhaftere Tatsache als das Übermaß an sexuellem Tatendrang.

Wenn die erste Verliebtheit vorüber ist (und auch noch die etwas späteren Verliebtheiten), wenn Kinder geboren worden sind oder wenn Rückschläge oder Stress aufkommen, immer dann kann die Schmiede kalt und leer bleiben. Über einen kürzeren Zeitraum ist das kein Problem. Wenn beide Partner damit umgehen können, ist es ebenfalls kein Problem. Doch wenn dieser Zustand sich über längere Zeit fortsetzt oder einer der Partner daran leidet, wird er zum Problem. Das (manchmal mutwillige) Versandenlassen der Sexualität durch Desinteresse ist ein vergewaltigendes Machtmittel in den Händen desjenigen Partners, der das Feuer in der Schmiede ständig erstickt. Diese deplatzierte Kälte, die die menschliche Würde genauso stark antasten kann wie körperliche Gewalt, erscheint nicht in den Schlagzeilen, weil es sich dabei, wie gesagt, nicht um so schockierende Sensationen handelt, die sich zudem im privaten Rahmen abspielen. Außerdem herrscht häufig eine gewisse Scham, die dazu führt, dass dieser Mangel verschwiegen wird. Daneben finden wir, dass wir als emanzipierte Menschen die Freiheit haben müssen, auch einmal Nein zu sagen. Dass wir das Recht haben, kalt zu sein. Und das ist in der Tat wahr. Niemals mehr darf heutzutage eine Situation entstehen, in welcher den Jungen oder den Mädchen beigebracht wird, dass Sexualität eine pflichtmäßige Handlung ist, die man ausführen bzw. über sich ergehen lassen muss, wenn der Partner dies will. Es ist ganz deutlich, dass auf diesem Gebiet die Freiheit hochgehalten werden muss. Die Freiheit, Ja oder Nein zu sagen zu dem, was der andere will und wie oft er es will. Doch sind damit auch Unverbindlichkeit und Gleichgültigkeit legitimiert? Haben kalte Verweigerung und Blutleere einen gleichgültigen, unverbindlichen Charakter? Angesichts der Tatsache, dass ein Partner sich auch dann ›vergewaltigt‹ fühlen kann, wenn Feuer und Tatkraft *fehlen*, herrscht auf dieser Ebene möglicherweise zwar Freiheit, jedoch keineswegs Unverbindlichkeit.

Wenn beim einen Partner sehr viel Spannung aufgebaut worden ist und der andere sie negiert, ja sogar manipuliert, tritt rasch eine gewisse Abhängigkeit auf. Damit ist der Weg zur Macht und Machtausübung mittels der ›kalten‹ Seite der Sexualität geebnet.

Wenn die erstarrende Kälte ab und zu durch einen Beischlaf unterbrochen wird, ist die Gefahr groß, dass dieser schnell, heftig und ohne viel Bewusstsein verläuft. Wenn buchstäblich so viel »Druck im Kessel« ist, besteht die Gefahr, dass alle zuvor besprochenen Zinn-Qualitäten verschwinden. Gemeinsames Erklingen, Bewusstsein, liebevolle Worte, feine Abstimmung aufeinander – jeglicher Glanz des Zinns droht zu verschwinden, wenn eine so schnelle, ausnahmeartige geschlechtliche Vereinigung in einer unterkühlten Schmiede mit einem kurzen, schnell entfachten Feuer stattfindet. Wer sich in so etwas verstrickt, nimmt zwar am Schmieden des Eisens teil, weil »es heiß ist«, doch es fehlen die Zeit und die Kraft und der Schmied, der in diesen kurzen Augenblicken in der Lage wäre, schöne Formen daraus zu schmieden, von menschlichen Begegnungs-Kunstwerken ganz zu schweigen. Wirkliche Liebe pflegt das Terrain der Sexualität in einer solchen Weise, dass Leid, Macht und

Manipulation keine Rolle darin spielen. Ein offenes Gespräch darüber erfordert noch immer sehr viel Mut, doch wenn Bedürfnisse nicht besprechbar sind, während sie viel verborgenes Leid und Elend verursachen, nimmt die Beziehung Schaden.

━ Was lehrt uns das Eisen?

Eisen ist in seiner reinsten Form auf einer Insel vor der Küste Grönlands zu finden. Dort, im Polarkreis, wo die Temperatur das ganze Jahr über unter dem Gefrierpunkt bleibt, ist das allerreinste Eisen zu Hause. Diese Tatsache ist wie ein Bild für den Zusammenhang, dass im ›hohen Norden‹ unserer intellektuellen Gedanken‹ das Eisen sozusagen an seiner natürlichen Stelle ist. Das Eisen, das so viel Arbeitskraft schenkt und auch dem Kampf dient, gehört seinem *wahren* Wesen nach eng zu unserem Denken. Denn dieses wird dadurch in die Lage versetzt, konzentriert den Denklinien der Logik zu folgen. Ferner lässt sich sagen, dass ein Denken, das sich zur Meditationskraft verstärkt hat, durch das Eisen gestählt ist. Jedes Gebet bedarf – neben den Herzenskräften – des Eisens, damit wir uns klar auf den Inhalt der Worte konzentrieren können. Dies bildet Gegenwärtigkeit und Aufmerksamkeit in demjenigen, was gebetet wird. Jede Meditationsform bedarf der gleichen wachen Anwesenheit, sowohl um kräftig denken zu konnen als auch um die Gedanken energisch zur Ruhe zu bringen. Eisen dient dem allen. Wer unter einem ernsten Eisenmangel leidet, kann sich nicht konzentrieren oder logisch nachdenken. Die Kraft und die Kampflust des Eisens sind, in ihrer gediegensten, reinsten Form, notwendig für das gesamte klare Denken des Menschen. Eisen verhindert das Wuchern der Gedanken, Abgehobenheit und Selbstverlust aufgrund eines zusammenhanglosen Innenlebens. Mit dem Eisen behalten wir einen »kühlen Kopf«, um noch einmal den Vergleich mit dem Polarkreis zu bemühen.

An anderen Fundorten tritt Eisen immer mit anderen Substanzen vermischt auf, es ist dann Verbindungen mit weiteren Stoffen eingegangen, die dort im Erdboden vorhanden sind. Eisen tritt in vier Verbindungsgruppen auf: Schwefelverbindungen, Oxide, Hydrate und Karbonate. Etwas weniger chemisch ausgedrückt könnte man es so sagen: Eisen verbindet sich mit Feuer, Luft, Wasser und Erde. Es verbindet sich also mit den klassischen vier Elementen.

Wenn unsere Beziehung an Blutarmut leidet und blass wird, ist es Zeit, sich zu fragen, ob neues Eisen gefördert werden kann. In einer Beziehung sind die vier Elemente Feuer, Luft, Wasser und Erde ebenfalls gegenwärtig. Jede Beziehung hat eine charakteristische Färbung, ihr eigenes Temperament, so könnte man sagen, obwohl immer alle vier Elemente vorhanden sind. Können wir, wenn wir entdecken, dass es in unserer Beziehung chronische Mangelerscheinungen gibt, das Eisen in seinen unterschiedlichen Verbindungen aufspüren? Nicht weil wir dies müssen, nicht weil es sich so gehört, oder um irgendeiner Norm zu entsprechen, sondern ausschließlich deswegen, weil unser Herzensfeuer sich entzündet, wenn der andere ›unterkühlt‹ ist, wenn das Zusammensein sich blut- und farblos dahinschleppt?

Das *Erdenelement* in einer Beziehung ist die Arbeit, die wir in sie investieren. Wir arbeiten zusammen an Haus und Haushalt, an Kindern und Freunden. An Gedanken, Ideen und Erkenntnissen. Sich intensiv hier hineinzustellen, sich voll bewusst damit zu verbinden, darin besteht der erste Schritt. Danach sehen wir, wie der Partner in diesem Licht aufleuchtet, wie wir uns der Kraft und des Reichtums des anderen in dieser Hinsicht bewusst werden. Wir sind so häufig einfach an den anderen und an die Situation gewöhnt, dass wir ihren Reichtum nicht mehr wahrnehmen. Nur dort, wo dieser für eine bestimmte Zeit fehlt, werden wir wach und nörgeln dann am anderen herum. Aufs Neue sehen zu lernen, was vorhanden ist, dies erweckt das Erden-Eisen. Wenn das Erz gewonnen ist, hat die Schmiede wieder Nachschub bekommen. Unsere Sehnsüchte und unser Verlangen erhalten frisches Blut und wollen dem anderen begegnen. So kann das Eisen aus Liebe, aus Dankbarkeit, durch intensive Aufmerksamkeit und Toleranz aktiv werden und der Beziehung neues Leben zuführen.

Als *Luftelement* erkennen wir die kleinen, humoristischen Gewohnheiten und Gebärden, die jeder Beziehung so eigen sind und sie so einzigartig machen. Man kann sie aufs Neue suchen und sie genießen. Ihr Schatten sind die Irritationen und unangenehmen Eigenschaften. Schaffen wir es, sie ›verfliegen‹ zu lassen, wird auch aus dem luftigen Element Eisenkraft frei werden.

Im *Wasserelement* können wir neues Leben hervorbringen, indem wir neu auf die Gespräche blicken, die wir miteinander führen, sowohl im Innern in Form von Gedanken wie auch äußerlich im offenen Dialog. Dieses Gespräch entspringt dem Bedürfnis, dem anderen zu erzählen, was wir erleben. Dadurch entsteht das Wissen, dass der andere lebt und mitlebt, dass er sich unserer erinnert, dass man einander nicht vergisst. Eine Beziehung ist eigentlich ein großes, fortwährendes Gespräch. Dabei kann es sich zeigen, wie kostbar und herzerwärmend es ist, auch wenn man einander manchmal nicht versteht oder aufeinander hört. Denn wenn man einander ab und zu nicht begreift, lässt uns gerade der Schmerz über diese Tatsache spüren, wie intensiv die Sehnsucht nach gegenseitigem Verständnis eigentlich ist.

Im *Feuerelement* schließlich können wir die Eisenqualität aktivieren, indem wir uns klarmachen, was uns an Idealen, Entscheidungen und Zielen verbindet. Was streben wir an? Wodurch entflammt unser Kern und somit unsere Beziehung? Wenn wir es schaffen, wieder zu diesen Impulsen zurückzukehren und die Asche und die Schlacken des Feuers zu entfernen, dann kann es wieder fröhlich und herzerwärmend brennen. Wir haben uns so an die gemeinsamen Werte und Ziele gewöhnt, dass wir sie häufig gar nicht mehr als solche wahrnehmen. Erst wenn der andere nicht mehr da ist, begreift mancher, wie entscheidend es war, dass jener für dieselben Ziele kämpfte, wenngleich vielleicht auf seine eigene Weise.

Diese vier Arten, Eisenqualitäten für das Seelenfeuer zu mobilisieren, wurzeln in der Zärtlichkeit und in der Aufmerksamkeit, denn sie entfachen sowohl den inneren ›Schmied‹ als auch das Feuer selbst. Tiefe Zuwendung tastet gleichsam in Zärtlichkeit den anderen und die Beziehung ab. Durch diese vier Übungsgebiete werden dann auch neue Liebes-Chancen entstehen. Die üblichen, unechten Tricks, wie das künstliche Ankurbeln erotischer Sensationen durch Pornos und so weiter, bringen einen hier nicht weiter. Sie können zwar ein gewisses Feuerwerk abbrennen, in dem sich durchaus einiges erleben lässt, doch daraus entsteht kein neues Leben und keine neue Liebe. Es lässt sich beziehungsmäßig und menschlich nichts daraus schmieden, würde man es bildlich ausdrücken.

▬▬ Dogmen in der Sexualität

Es ist gut, hier noch einmal zu betonen, dass ein ganz bestimmtes, althergebrachtes Dogma heute endgültig überholt ist. Es ist das Dogma des Mannes, der immer zu viel will, und der Frau, die immer zu wenig will in Bezug auf Sexualität und Initiative. Männer sind in dieser Sicht vom Mars stammende Vertreter des aktiven Pols und die Frauen primär ›empfangende‹ Wesen, die von der Venus kommen. Wir haben uns als Menschen heute so weit entwickelt, dass wir uns innerlich frei fühlen können. Als gleichwertige Individuen dürfen und können wir sowohl aktiv wie auch empfangend sein, je nachdem, wie wir uns selbst empfinden. Ganz gleich, ob wir nun ein Mann oder eine Frau sind. Dann können wir sowohl sensible Männer als auch initiativkräftige Frauen sein. Natürlich kann es sein, dass sowohl der Mann als auch die Frau in Bezug auf den anderen in vielerlei Hinsicht versagt. Doch dies hat nichts mit Mars oder Venus zu tun, sondern einzig und allein mit unserer Erde!

Dies können wir nur dann wahrnehmen, wenn wir die Dogmen überwinden. Das Bekämpfen von Dogmen in der Sexualität ist deswegen eine echte Eisen-Aufgabe. Eisen kann solche Dogmen sowohl bilden als auch aufbrechen. Noch immer herrscht auf dem Gebiet von Mann und Frau unglaublich viel dogmatisches Denken, insbesondere auf dem Gebiet der Sexualität. Obwohl die Tabus auf dieser Ebene gebrochen zu sein scheinen, zeigt es sich, dass die zugrunde liegenden *Dogmen* noch immer quicklebendig sind. Das kommt daher, dass ein Tabu etwas ganz anderes ist als ein Dogma. Ein Dogma ist eine erstarrte Vorstellung, die wie ein Käfig wirkt, dessen Gitterstäbe aus Ge- und Verboten bestehen.

Tabus sind dann die Schlösser, die an diesem Käfig hängen. Deswegen *darf* über bestimmte Themen nicht gesprochen werden, sie *dürfen* eigentlich nicht existieren und man *darf* auch nichts von ihnen spüren oder in ihrem Sinne handeln, denn sonst wäre die Erkenntnis der Realität des Käfigs unausweichlich. Ob es sich nun um das Genießen, die Genüsse der Sexualität handelt, um Selbstbefriedigung, um Verliebtheit in Menschen des eigenen Geschlechts oder einen anderen Menschen als den eigenen Partner – es sind alles Tabus aus der Vergangenheit. Sie wurden unbesprechbar, galten als unehrenhaft und somit unhörbar und nicht auslebbar. Heute hat sich dieses Gebiet der Tabus (wenngleich nicht in jedem Menschen) gewandelt; es scheint nicht nur alles erlaubt zu sein, manchmal verfallen wir in das entgegengesetzte Extrem: Alles *muss* erlaubt sein. Damit scheint der eiserne Käfig der alten Dogmen aufgebrochen. Doch dies ist nicht so. Die Schlösser wurden zwar entfernt, somit scheint jetzt alles besprechbar und erlaubt, doch nichts wäre weniger wahr. Viele Menschen stecken immer noch im alten Gefängnis der Dogmen, auch wenn das Schloss – das Tabu – zerbrochen ist. Ob wir nun *im* Gefängnis eingeschlossen sind oder ob wir uns an den Gitterstäben festklammern – in beiden Fällen sind wir unfrei.

Der Weg vom Nichts-Dürfen zum Dürfen, ja zum Alles-Dürfen, ist kein Befreiungsweg. Es handelt sich nur um die Umkehrung eines Dogmas. Daher sehen wir, wie sich die Dogmen wie das Pendel einer Uhr hin und her bewegen. Dies ist bis ins Äußere zu beobachten: Früher heiratete man selbstverständlich »jungfräulich« und im weißen Brautkleid. In den Sechziger- und Siebzigerjahren des vorigen Jahrhunderts galt es als altmodisch, in weiß und als Jungfrau zu heiraten. Heute gibt es wieder einen florierenden Markt für weiße Brautkleider. Es lässt sich voraussagen, dass auch das Dogma der Jungfräulichkeit wieder auftauchen wird. Das Fernsehen fördert dies nach Kräften. Da gibt es Sendungen, in welchen der eine Partner vor laufender Kamera den anderen so weit bringt, dass er nochmals in alten Formen heiratet. Auch das jahrelange Sparen für das Brautkleid und alle anderen Äußerlichkeiten im Umkreis der Hochzeit ist ungebrochen wieder da. Das Pendel schlägt in die andere Richtung aus. Wir können wirklich die Uhr danach stellen.

Wenn die Befriedigung nicht mehr im Spannungsfeld zwischen Nicht-Dürfen und Dürfen liegt, wo liegt sie dann? Ein Dogma ist eine Regel, die eine Pflicht darstellt oder als Pflicht erfahren wird. Es stammt aus unserer Erziehung, aus der jeweiligen Kultur, aus dem Freundeskreis oder aus religiösen Überzeugungen. Dogmen sind notwendig, wenn ein Mensch noch über keine Gewissensfunktion verfügt, die ihm innere Orientierung verleiht. Der heutige Mensch muss und kann dieses freie Gewissen mit allen Chancen und Verirrungen, die damit verbunden sind, selbst entwickeln. Es ist deswegen an der Zeit, weil alle alten Institutionen nicht mehr über die Qualität verfügen, kollektiv echte Werte zu repräsentieren. Der Mensch ist ein Individuum, und die

Zusammenhänge von Familie, Kultur und Kirche dienen, jedenfalls im Idealfall, diesem Ziel. Dann tragen sie dazu bei, das individuelle Gewissen und die innere Moral zu entwickeln. Werden diese von oben herab und kollektiv auferlegt, erwecken sie Amoralität und Gewissensinfantilität. Damit wird das Gegenteil dessen erreicht, was frühere Zeiten damit beabsichtigten. In einem befreiten und vermenschlichten Gewissen kann jede Frage abgewogen werden. Es geht also nicht um die Frage, was erlaubt oder nicht erlaubt ist, sondern um die Frage, was ich als gewissenhafter Mensch selbst beschließe. Für diese Entscheidungen sind wir dann persönlich verantwortlich; wir können uns dann nicht hinter den Ge- und Verboten anderer verstecken. Die Bildung eines solchen tief menschlichen Gewissens und das Leben mit ihm ist keineswegs etwas Freilassendes oder Einfaches. Es braucht sehr viel Mut dazu.

In diesem *neuen Gewissen* leben Liebe und Weisheit gemeinsam als richtungsgebender Wille. Der Mensch wird nicht mehr von Egoismus und negativen Absichten bestimmt. Wir sind in der Lage, alle notwendigen, häufig schwierigen und schmerzhaften Entschlüsse, die auf dem Gebiet der Sexualität zu treffen sind, selbst zu fassen. Wir brauchen unser Verhalten und unsere Entscheidungen nicht länger an Dogmen und Tabus beziehungsweise an den umgekehrten Dogmen auszurichten. Wir können uns jedes Mal aufs Neue dem Test durch das eigene Gewissen unterwerfen, wenn dieses von Liebe und Weisheit regiert wird.

Dann wird in diesem Gewissen der ›kosmische Schmied‹ entwickelt. Dann entsteht hier die Kraft in uns selbst, die das Eisen schmieden kann, solange es heiß ist. Dort wird der Schmied geboren, der mit Eisen, mit Feuer und der Kunst des Schmiedens vertraut ist. Er kann für jedes Mal die rechte Form finden und das Eisen aus seiner irdischen Blindheit befreien. Dann dient das Eisen kraftvoll den menschlichen Beziehungen, es ist kein Käfig mehr, in dem wir angekettet leben. Es schmiedet unsere Herzen aneinander und wird damit zum *kosmischen* Eisen. Es verleiht menschlichen Beziehungen starke, belastbare Formen, die, weil sie selbstgewählt sind, auch intakt bleiben können. Denn erst dann sind sie zuverlässig.

So befreit der Mensch das innere Eisen, und so dient das Eisen dem Menschen. Wir leben nicht mehr im ehemaligen Dürfen beziehungsweise Nicht-Dürfen, sondern in einem gewissenhaft verantworteten *Wollen*. Hier ist die Liebe durch Weisheit gestählt. Natürlich ist dieser Kampf noch lange nicht gewonnen. Die Institutionen sind noch nicht ›umgepolt‹ vom Aufdrängen erzwungener Gewissensformen zum Ermöglichen individueller Gewissenskräfte. Die Menschen rufen noch immer nach dem Halt äußerer Regeln, die ihnen sagen, was gerade und was krumm ist. Wir sind in unserem Gewissen alle noch recht unvollkommen. Das innere Gewissen lässt sich ausbilden, doch dies ist ein längerer Kampf. Die Fähigkeit, *erwünschte* Normen und Werte auf der einen, und tief menschliche, wirkliche Werte und Normen auf der anderen Seite voneinander unterscheiden zu können, ist echte Lebenskunst. Und sie erfordert noch sehr viel Übung! In diesem Übergangsgebiet leben wir als Menschen, und die Folgen dieser Tatsache erfahren wir nur allzu häufig. Denn weil wir die neuen Gewissensfähigkeiten noch nicht geschmiedet haben, fallen wir immer wieder in die alten Formen zurück. Auf dieser Basis entstehen dann Urteile, Vorurteile und Verurteilungen, die die Vergangenheit in gespenstischer Weise wieder aufleben lassen. Manch einer hat bei eigenen Krisen oder solchen anderer Heimweh nach den bewährten ›festen Regeln‹. Dennoch gibt es auf diesem Weg der Emanzipation des Menschen kein Zurück mehr. Der Lebensweg geht immer weiter.

Risiken des Geschlechtsverkehrs in der Pubertät

Wenn man die Sexualität unter dem Aspekt der Eisenqualität betrachtet, wird alles sehr ernst. Eisen ist ein stark präsentes, mit den irdischen Realitäten verbundenes Material. So etwas passt nicht zu einer ›lockeren‹ Sexualaufklärung, es stehen vor allem Verantwortung, Gewissen und das Erwachsensein im Vordergrund. Das ergibt sich deutlich aus den geschilderten Wesenszügen des Eisens. Das Gebiet der Taten ist das Gebiet, in dem die reale Schwere der Tatsache, die zur Stufe des Erwachsenseins gehört, eine Rolle spielt. Die Unverbindlichkeit der letzten Kinderjahre wird abgelöst von der nicht mehr so unverbindlichen Qualität der späteren Jahre. Dasselbe geschieht mit Jugendlichen, wenn ihre Sexualität die Wendung von den Worten zu den Taten nimmt. Erst sind sie verliebt, verlegen oder aber stürmisch. Doch wenn sie sexuell aktiv werden und die Geschlechtlichkeit zum Leben zu gehören beginnt, kommt eine große, äußere Kraft ins Spiel, die ihr Inneres in Aufruhr versetzt. Dann verändern sie sich zusehends.

Plötzlich tritt dann die Frage der möglichen Schwangerschaft auf. Vom Verliebtsein wird man nicht schwanger, vom Geschlechtsverkehr dagegen schon! Auffallend ist, dass viele junge Mädchen und Jungen sich so etwas im Allgemeinen noch kaum real vorstellen können. Viele Teenager-Schwangerschaften entstehen, weil der Körper schon erwachsen ist, doch die Seelen der Jungen und Mädchen noch lange nicht. Darum können sie sich noch nicht voll bewusst, d. h. voller Eisenqualität, mit dem verbinden, was sie tun, und die Konsequenzen tragen. Was sie tun, stößt ihnen zugleich zu. Denn gewissenhafte, bewusste und geplante Handlungen sind noch unmöglich. Vieles wird dem Zufall überlassen, aus dem naiven Gefühl heraus, dass man als Mädchen oder Junge doch noch nicht Vater oder Mutter werden wird. Der Verstand weiß es zwar, aber die Vorstellungsfähigkeit versagt noch.

Die Anwendung von Verhütungsmitteln erfordert Wachheit, Gewissenhaftigkeit und vor allem Reife. Jugendliche zwischen 12 und 16 Jahren befinden sich noch in einer schutzlosen und verletzlichen Position, weil ihre sexuellen Taten Erwachsenen-Entscheidungen und -Verantwortungen mit sich bringen, sie jedoch innerlich noch nicht erwachsen sind.

Ältere Jugendliche schlagen häufig durchaus den Weg der bewussten Handlungen ein, sie wollen Verantwortung für ihre Taten, auch für die Geschlechtstat, übernehmen. Das gelingt allerdings nicht ohne Weiteres; um über die Möglichkeiten des Erwachsenen verfügen zu können, ziehen sie gleichsam das Erwachsenenstadium vor. Die Seele vollzieht beschleunigt ihre Reifung und überspringt dabei manchmal ganze Phasen bzw. durchläuft sie im Zeitraffer. Dies wäre eine hervorragende Lösung, wenn die Beschleunigung des Reifungsprozesses vom Kind zum Erwachsenen nicht ihre Konsequenzen hätte. Was nicht als Prozess, als Erfahrungsfolge in der Seele durchlebt wurde, das kann auch in kein Resultat münden. Ein solches gesundes Resultat äußert sich immer in innerer Dynamik und Lebendigkeit, sowohl im Erleben wie in den Vorstellungen. Es ist der ›innere Regenbogen‹ der Planetenstrahlen, den wir zwischen uns und dem anderen errichten können, zwischen den eigenen Gedanken und denen anderer wie auch zwischen der Welt in all ihren Facetten und uns selbst. Ein inneres Leben voller unbestimmter vager Farben mit schnell vergänglichem Regenbogen ist das Resultat früh abgeschlossener, schnell und flüchtig durchlaufener Jugendjahre. Eine frühzeitige Alterung lässt das Innenleben verkümmern. Erwachsenheit entsteht, wenn die Ich-Kräfte im Menschen das Innere zu bestimmen beginnen. Das Eisen zieht die Ich-Kräfte zusammen, die das Blut mit Wärme durchziehen. Diese magnetische Anziehungskraft des Eisens für das Ich ist eine wunderbare Facette der Eisenwirkung am Beginn des eigentlichen Erwachsenseins.

Man muss hier also zwei Risiken formulieren: die naive, unsichere Haltung des noch jungen Pubertierenden sowie die beschleunigte Entwicklung hin zum Erwachsensein beim älteren Jugendlichen.

▬ Magnetismus

Wer sich die genannten Tatsachen so recht klarmacht, wird vielleicht die Neigung haben, die Kinder sofort in Keuschheitsgürtel zu legen und den Schlüssel für lange Zeit zu verbergen. Das wäre natürlich Unsinn. Denn was wir Eltern aus Angst zu verbieten versuchen, wirkt auf Jugendliche in der Pubertät besonders anziehend. Und wenn etwas nicht oder noch nicht erlaubt ist, ist die Konsequenz häufig die, dass die Tat dann auch noch zu einer heimlichen wird. Eisen stiehlt gerne Kräfte aus seiner Umgebung. Es ruft auch gerne ›verstohlenes‹ oder heimliches Verhalten hervor.

Wenn die Jugendlichen sich mit ihren Verhaltensweisen in den Untergrund zurückziehen, können wir überhaupt nichts mehr schenken oder behüten. Es handelt sich vor allem darum, ob wir den Mut haben, dem, was sich da abspielt, ins Auge zu blicken. Ob wir die Kreativität und Flexibilität entwickeln, mit dem jeweiligen Jugendlichen individuell nach dem rechten Umgang mit diesem Thema gemeinsam zu suchen. Dogmatische Reaktionen bewirken nur das Gegenteil, nur aus wirklicher Erkenntnis werden die Kraft und die Wärme geboren, mit deren Hilfe wir erziehen können.

Es gibt noch ein weiteres wichtiges Bild in diesem Zusammenhang. Unsere Erde hat eine geografische und eine magnetische Achse. Das gesamte Eisen auf der Erde richtet sich nach der Magnetachse aus, wenn es damit in Berührung kommt. Magnetit ist ein Eisenerz, das von Natur aus magnetisch ist. Es wirkt wie eine Kraft, die gar nicht anders kann, als sich nach den beiden magnetischen Polen zu richten. Diese zwei Pole sind sowohl im Magneten als auch in der Erde insgesamt zu finden, die deshalb auch wie ein einziger großer Magnet wirkt. Besonders beeindruckend ist die Tatsache, dass die beiden Achsen nicht zusammenfallen. Der magnetische Nordpol ist ein anderer als der geografische Nordpol, dasselbe gilt für die beiden Südpole. Der magnetische Nordpol ist außerdem alles andere als stabil. Auch die schönen Kraftlinien, die durch den Erdmagnetismus entstehen, zeigen manche Störungen.

Schiffer, die ihre Position bestimmen wollen, müssen diese ständig korrigieren, weil die Magnetpole schwanken. Jedes Jahr hat sich ihre Position wieder ein wenig verändert. Man könnte sagen, dass der Kern der Erde eine andere Achse beinhaltet als ihr magnetisches Kraftfeld. Sie sind auseinandergedriftet. Dasselbe spielt sich in unserem Inneren ab. Wer wir wirklich sind und wie und was wir aus unserem Kern heraus bewegen – das stellt die eine Achse dar. Die andere Achse wird durch magnetische Kräfte und deren Anziehung und Abstoßung verursacht, durch Sympathie und Antipathie. Diese inneren Kräfte bewirken vielerlei Schwankungen, sie führen dazu, dass der Mensch bei Weitem nicht immer seinem Lebenskurs treu bleiben kann. In dieses Kräftespiel nun geraten die Jugendlichen. Erzieher können die magnetischen Kräfte in der Seele der Jugendlichen natürlich zum Schweigen verurteilen und sie dann mit schweren Tauen festbinden, die sie zu den eigentlichen Polen ihres Daseins hinziehen sollen. Dies sind zwar edle Zielsetzungen, doch wir werden sie nicht auf dem Wege dieser völlig überholten Methoden erreichen. Wir würden die Jugendlichen unter Schleiern und Gewändern begraben. Dann haben wir sie in zwingende Ge- und Verbote gepresst. Wir haben Schuldkomplexe erzeugt, die ein Leben lang abschnüren und ersticken können, was aus dem Inneren aufbrodelt.

Und dies alles wird getan, um die ›Ehre‹ des eigenen Sohnes oder der eigenen Tochter zu bewahren. Diese Form von Blindheit, die nicht einsehen will, dass wir genau wie auch Mutter Erde selbst eben mit der

Tatsache einer festen und einer schwankenden Achse umgehen lernen müssen, diese Blindheit ist eine wirkliche Katastrophe. Eine solche Haltung wurzelt häufig in einem ängstlich-bürgerlichen Egoismus. Es ist, als würden einem die Beine amputiert werden, um dem Risiko des Stürzens vorzubeugen.

Wir sind als Menschen niemals eindeutig. Wir sind nicht fertig. Wir befinden uns ringend auf dem Wege, wir sind unterwegs, und unsere Kinder können nur zu starken Menschen heranwachsen, wenn sie dieses Ringen durchmachen können: Zwischen zwei Polen hin und her geschleudert und zwischen vier Polen hin und her gezogen zu werden.

In der Pubertät herrschen als *die* große magnetische Polarität die Kräfte von Sympathie und Antipathie, häufig extrem vergrößert zu schwärmerischer Verliebtheit oder irrationalem Widerwillen und Widerstand. Sowohl die schwärmerische Verliebtheit als auch der irrationale Widerstand gründen auf gestörten magnetischen Strömen. Dem irrationalen Widerstand begegnen wir, wenn wir mit dem Phänomen konfrontiert werden, dass Jugendliche eine Abneigung gegen das zeigen, was von ihnen erwartet wird. Auch die Antipathie gegenüber anderen Menschen, gegenüber Kleidung oder bestimmten Ideen anderer führt sehr häufig zu irrationalen Widerständen. Schwärmerische Verliebtheit kann sich in Bezug auf einen anderen Menschen äußern, aber genauso gut auf dem Gebiet der Kleidung, des Sports oder bestimmter Ideen.

Ein Jugendlicher steht noch nicht unter der Regie des eigenen Erwachsenen-Ichs, seines Kerns. Dieser König hat noch lange nicht seinen Thron eingenommen, und darum kann er auch die Pole des Eisens nicht bändigen. So geraten sie aus dem Gleichgewicht, ähnlich wie das meiste Eisen auf der Erde auch nicht aus eigener Kraft magnetisch geordnet ist, sondern dazu eines starken Magnetfelds in seiner Umgebung bedarf. Mit einem Magneten können wir das Eisen magnetisch machen. Sind wir als Erzieher ein starker Magnet, so erwecken wir aus unserer eigenen Kern-Achse heraus diese polaren Kräfte *in geordneter Form* in unseren Kindern. Wenn wir dagegen selbst durch alle möglichen Anziehungs- und Abstoßungskräfte in Aufruhr gebracht werden, stimulieren wir die Wirkung der anderen, instabilen Achse, und dann entsteht Chaos. Können wir als Erwachsene unsere magnetischen Pole akzeptieren und wahrnehmen und zugleich unsere Lebensorientierung mit der Achse, der Lebenslinie, die aus unserem Kern, unserer Entelechie entspringt, verbinden?

Wie reagieren wir normalerweise auf die Sprache und die Kleidung der Jugendlichen? Ob diese uns sympathisch oder unsympathisch ist, dürfte für unsere Reaktionen keinen Unterschied machen. Was unrichtig und grob ist, kann auch in Ruhe und Gleichgewicht besprochen werden. Dann reden wir über die disharmonische Achse aus unserer eigenen, stabilen Kern-Achse heraus. Damit korrigieren wir nicht nur, sondern wir geben den Jugendlichen ein gutes Beispiel und weisen ihnen somit einen Rückweg. Können wir die Jugendlichen unbefangen betrachten und sie emotional freilassen? Können wir dann die Grenzen, die wir möglicherweise ziehen müssen, durch die richtige Achse bestimmen und definieren lassen, durch unsere innere Richtschnur, die erwachsen und beständig ist?

Der Jugendliche nimmt in allem die magnetische Wirkung von Verliebtheit und Abwehr wahr. So reagiert er auf das Essen, auf den Unterrichtsstoff in der Schule, und so reagiert er auf die Menschen, denen er begegnet. Ein Jugendlicher kann Menschen anhimmeln, zu denen er sich hingezogen fühlt. Wer ihm unsympathisch erscheint, den stößt er zur Seite. Diese Kräfte stören beide die menschlichen Beziehungen. Also wimmelt es in dieser Lebensphase von Auseinandersetzungen, Sich-verkannt-Fühlen, Unverständnis, Schwärmerei und Romantisierung. Die Qualität der Gefühlswahrnehmungen ist intensiv, jedoch noch unwirklich. Selbst wenn sie extrem verliebt sind, sehen die Jugendlichen noch kaum, wer der oder die Geliebte *eigentlich* ist.

Jetzt geht es darum, dass sie in dem Alter bis ungefähr 20/21 Jahre die Intensität aushalten, durchhalten. Denn durch sie dehnt sich der Seelenraum. Sie werden durch diese intensive Qualität von links nach rechts gezogen und vergrößern auf diese Weise den inneren Erfahrungsraum. Dies ist der Sinn des Ganzen. Durch die andere, unwirkliche Facette der Sache entfernen sie sich von der Hauptachse, der Zentralrichtung ihres Lebens. Sie tun die falschen Dinge mit den falschen Leuten in der falschen Weise. Die Reifung hin zum Erwachsensein bringt es mit sich, dass gerade aufgrund solcher Verirrungen eine Sehnsucht nach Neuorientierung entsteht. Wir brauchen erst dann einen Kompass, wenn wir nicht mehr wissen, wo wir sind. Die Sehnsucht nach unserer wahren Lebenslinie, nach unserer zentralen Achse, nach der Anziehungskraft der Wahrheit und dem Zurückweisen des Wahns, nach dem Weg zum Guten und dem Weg zum Bösen – diese Sehnsucht erfüllt sich, wenn der höhere Mensch in uns das innere Gewissen erweckt. Unser Kern-Ich weiß genau, wo wir stehen und woran wir uns orientieren müssen. Dieses innere Gewissen ist der Kompass in die Zukunft, und es richtet die sich verlagernde Achse nach der zuverlässigen, richtungsgebenden Achse aus.

Die Pubertät ist also eine sinnvolle, vorbereitende Periode. Allerdings besteht in dieser Zeit die Gefahr, dass die Neuorientierung aufgrund des Erlebens der Sexualität in ihrem vollen Umfang und der Fixierung darauf misslingt. Die Intensität der Gefühle entlädt sich in Sex, in jedem Orgasmus, *noch bevor der Seelenraum sich weiten konnte.* Nicht die Intensität des Gefühlslebens erwacht so, sondern die *Fixierung* auf diese Intensität. Das liegt daran, dass dieser Sex im Jugendalter wenig mit dem Gebiet der tiefer gehenden intensiven Seelenströme zu tun hat. Die Jugendlichen sind innerlich eben noch nicht erwachsen und demnach sind es auch ihre sexuellen Fähigkeiten nicht. Erst die wahre Liebe erweckt sie auf diesem Gebiet. Ihre natürliche Egozentrik bewirkt, dass sie jedes Begehren, jedes Verlangen so schnell wie möglich befriedigen möchten. Dies gelingt manchmal, aber manchmal auch nicht, und lange halten die Jugendlichen solche intensiven Sehnsüchte ohnehin nicht aus. Sie werden dann durch zwanghafte Vorstellungen und Gefühle ersetzt, die sie auf den begehrten Körper fixieren oder sich in Selbstbefriedigung entladen.

Latent wird die echte Sehnsucht nach der authentischen Lebenslinie, der zentralen Achse, häufig vergessen oder korrumpiert. Und dies ist das eigentliche Risiko, das Grund zur Sorge bietet. Nicht das Verbot von Sex in diesem jungen Alter ist also die Richtschnur, sondern das Verhindern der Fixierung auf die ›äußere Achse‹. Wenn man sich diese Zusammenhänge klarmacht, kann dies dazu führen, dass der Jugendliche uns ein gewisses Mitspracherecht zubilligt und auf unsere Orientierungshinweise hört.

▬▬ Macht

Mars ist der Kriegsgott der Römer. Und das Eisen ist das Material der Waffen, mit denen Kriege geführt wurden und noch immer werden. Warum führt ein Mensch eigentlich größere und kleinere Kriege? Überall wird gekämpft, zwischen Eltern und Kindern, zwischen Partnern, im Geschäftsleben und zwischen allen möglichen Menschen und Völkern. Immer geht es dabei um die Frage, wer die Macht hat, ergreift oder sie bekämpft. Ob es nun ein Glaubenskrieg ist, ein Krieg aus wirtschaftlichen Motiven oder aufgrund persönlicher Rivalität – immer liegt ihm das Machtprinzip zugrunde. Magnetisch angezogen von demjenigen, was begehrt wird, oder aber abgestoßen von demjenigen, was verachtet wird, entzündet sich ein aggressiver Strom zwischen den unterschiedlichen Polen. Wir sind *positiv geladen* aufgrund der Fixierung auf das, was der andere hat oder tut; Eifersucht kann die Folge sein. Wir sind *negativ geladen* aufgrund der Abweisung dessen, was der andere hat oder tut, und Aggression kann die Folge sein. Die Funken springen in beiden Fällen rasch über. Der Machtkampf entbrennt und kann durch jedes Wort, jede Geste, in einen Krieg ausarten.

Menschliche Beziehungen brauchen das Eisen, um Brücken zwischen Menschen, um Häuser für den anderen zu bauen. Die Liebe baut immer wieder auf, was zerstört ist. Das Eisen lässt sich dafür einsetzen und schmieden. Wenn die Liebe degeneriert, lässt sich das Eisen mit derselben Leichtigkeit missbrauchen, um Brücken und Häuser zu bombardieren oder dem Erdboden gleichzumachen. Mit enormer Kraft entartet es dann zu einer Missbrauch treibenden, gewalttätigen Macht. Macht ist wie verbogener Stahl, wie eine vernichtete Form. Macht ist im Bereich der persönlichen Beziehungen *immer* von Übel, denn sie führt unweigerlich zum Missbrauch und der Vernichtung des anderen und des Gemeinsamen. Macht ist im tiefsten Grunde nichts anderes als misslungene Liebe. Wer wissen will, wie die Liebe aussieht, wenn sie degeneriert und vergewaltigt wird, der muss die Macht, wie sie zwischen den Menschen spielt, kennenlernen.

Macht lässt sich an der Unfreiheit erkennen, die mit ihr einhergeht. Derjenige, der die Macht in Händen hält, übt eine unfrei machende Wirkung aus. Es gibt viele Möglichkeiten, Macht auszuüben. Die schlimmsten Formen sind die eisernen Bande, die den Kern des Menschen gefangen nehmen. Das wahre Eigenwesen, das tiefere Wesen des Menschen, kann sich dann nicht mehr manifestieren. Es dürfen keine eigenen Entscheidungen getroffen werden, es darf sich kein individuelles Gewissen entwickeln. Es gibt keine Freiheit des Denkens oder der geistigen Orientierung mehr. Jegliche Kreativität im Denken und Tun gerät in Verfall, und am Ende steht sogar das Verbot zu lieben. All dies sind Beispiele für die schlimmsten Formen der Unfreiheit. Diese Macht wird dann von einem Menschen in Bezug auf das Heiligste des anderen ausgeübt. Das eigene Gewissen wird durch den Zwang der Machthaber ersetzt. Am Ende stellt sich für den Verlierer die Frage: »Wird der *andere* gutheißen, was ich tue, bin, denke und lebe?«, anstatt zu fragen: »Kann ich das in Bezug auf mein *eigenes* Gewissen verantworten?«

Solche Beziehungen werden von einer ganzen Kette von Geboten und Verboten getragen. Es gibt vielerlei Zwänge und Vorschriften, es darf nicht widersprochen, ja nicht einmal anders gedacht werden. Geschweige denn, dass ein freies Handeln erlaubt wäre – dies alles unter Androhung äußerer oder innerer Gewalt. Äußere Gewalt in der Form von Schlägen oder anderweitigen Quälereien, Isolation und auch im erzwungenen Erleiden und Ausführen von Taten. Darunter fallen also Vergewaltigung und Inzest, doch auch der Zwang zu sexuellen Taten und Handlungen, die man nicht selbst wählt und selbst nicht will, doch zu denen man gezwungen wird, auch wenn der Zwang nicht bewusst reflektiert wird. Gewalt wird erst in ihrem vollen Umfang nach Beendigung des Krieges erfahren ...

Innere Gewalt besteht aus dem Totschweigen und Leugnen sowie aus Worten, die den anderen tief verletzen. Das Öffentlichmachen, das Lächerlichmachen von Intimitäten ist ebenfalls Machtmissbrauch. Vernachlässigung, negative Stimmungen und Emotionen und allerlei andere Formen emotionaler Erpressung haben einen starken Gewaltcharakter, auch wenn die inneren blauen Flecken nicht sichtbar sind. Ständiges Misstrauen ist ebenfalls eine Form innerer, gewaltsamer Machtausübung. Wenn sich Misstrauen regt und schließlich den Platz des Vertrauens einnimmt, dann wird die Liebe sich rasch zurückziehen. Misstrauen und Eifersucht wurzeln in Besitzdrang. Der andere ist dann ein Besitz, der als Eigentum betrachtet wird, der diese Gefühle vermeintlich rechtfertigt, sodass man meint, Kontrolle ausüben zu dürfen.

Auf diese Weise wird eine Beziehung sehr zielstrebig zum Sterben gebracht, denn Misstrauen ist ein Meuchelmörder im Dienst des Hanges zur Macht über den anderen. Zwar kommt man dadurch manchmal dem Verlust des anderen in der Form zuvor, doch der Inhalt der Beziehung zerfällt zu Staub und Asche, wodurch beide Betroffenen letztlich mit leeren Händen dastehen. Kritik, Eifersucht, üble Nachrede, Übellaunigkeit und Gereiztheit, die sich zu Abwendung und Hass steigern können, markieren die Wirkung des Macht-Wegs. Es sind allesamt Strafmaßregeln und Methoden, die dem Ziel dienen, Macht an sich zu ziehen und instand zu halten. Wer den Machtmitteln nicht gewachsen ist, wird kleiner und kleiner, ängstlicher und unsicherer. Dadurch wird der andere wiederum als größer und mächtiger, stärker und besser erlebt, mit der Folge, dass das Eigenwertgefühl und die Fähigkeit, sich zu wehren, abgebaut werden. Die eigene Lebensorientierung droht verloren zu gehen, denn der Wille des anderen wird als der eigene Wille erlebt.

Wie die Atome des Eisens durch einen (zu) starken Magnet bestimmt werden, so kann auch ein Mensch aus Macht einen anderen bestimmen und zerbrechen.

Sexualität ist per definitionem *das* Gebiet, auf dem Wehrlosigkeit herrscht. Nackt, intim, verletzlich, sehnsüchtig und offen sind wir auf diesem Terrain. Hat sich ein Ungleichgewicht der Macht herausgebildet, wird sich das rasch auf anderen Gebieten rächen, die indirekt mit dem sexuellen Leben zusammenhängen.

Vielleicht zwingt der eine Partner den anderen, sich in einer bestimmten Weise zu kleiden oder Geschlechtsverkehr zu haben. Diese Dinge können sehr subtil sein, sodass sie nicht einmal auffallen. Vielleicht handelt es sich um Verdächtigungen in Bezug auf das Verhalten des anderen, die aus Eifersucht und somit aus Besitzdrang hervorgehen. Vielleicht muss immer alles erzählt und begründet werden. Überall, wo solche Unfreiheiten auftauchen, ist ein latenter Machtkampf im Gange, der, ehe man sich versieht, eine Beziehung zu einer eisernen Zwangsjacke verformt, in der das Selbstgefühl und die Liebe erstickt werden.

Warum üben Menschen Macht aus? Warum benehmen sie sich so? Niemand benimmt sich schlecht aus Überfluss. Der Planet Mars ist klein und hat nur eine geringe magnetische Anziehungskraft, mit der er andere Himmelskörper an sich binden könnte. Mars ist nach vielen Vulkanausbrüchen gleichsam ausgetrocknet, er hat seine verbindende Wasserqualität verloren. Außerdem ist der Planet sehr kalt. Das ist ein unangenehmes und armseliges Bild. Er drückt genau die innere Armut und die Kälte aus, die tief verborgen in einem Menschen leben, wenn er an den Punkt kommt, wo er Macht ausleben will. Es ist im Grunde eine Kompensation für die geringe Anziehungskraft, die von einem solchen Menschen ausgeht. Große und erfüllte, reiche, herzerwärmende Menschenseelen haben kein Bedürfnis nach Macht oder Machtbeziehungen. Wer Macht über einen anderen ausübt, zeigt damit seine Unfähigkeit zu einem friedlichen, zusammenhängenden Leben. Dieser Mensch ist ›umgepolt‹, im Sinne eines kriegerischen Prinzips. Hinter jeder Machtausübung verbirgt sich also die Qualität der Armut. Es gibt viele Gründe, die zur Machtausübung führen: die Angst, den anderen zu verlieren, die Unfähigkeit, ihn wirklich in einer der Menschenwürde entsprechenden Form lieb zu haben, Abhängigkeit vom anderen und so weiter. All diese Gründe führen zwar zur Machtausübung, danach jedoch auch zwangsläufig zum Verlust der Liebe und der Beziehung selbst. Die tiefgreifende innere Unfähigkeit, dem Leben und dem anderen zu vertrauen, ist unverkennbar *eine* Ursache. Auch die Unfähigkeit, sich selbst zu vertrauen und Ruhe in der eigenen Persönlichkeit zu finden, erzeugt Machtgelüste. Dann ist es nur noch ein kleiner Schritt hin zur Flucht in Besitzanhäufung, denn unsere Kultur sagt: Was wir ›besitzen‹, ist unser Eigentum, und es vermittelt uns die Sicherheit, dass wir es nicht verlieren werden.

In der Liebe ist genau das Gegenteil Realität. Wen man hier besitzen will, wen man zum Eigentum erklärt, den wird man entweder im äußeren oder auch im inneren Sinne verlieren. Die Vermischung dieser beiden gegensätzlichen Eisen-Gesetzmäßigkeiten ist deshalb die Ursache vieler Beziehungskriege. Obwohl die Argumente beider Seiten vernünftig klingen, wird zumeist nicht recht gesehen, dass Besitz und Eigentumsrechte auf dem Gebiet des Materiellen gelten und sonst nirgends. Auf dem Gebiet des Menschlichen und der Liebe sind sie hinfällig, sie werden ersetzt durch die Notwendigkeit des Respekts, des Vertrauens und der Freiheit. Wenn die Gesetzmäßigkeiten des Materiellen auf das Gebiet menschlicher Beziehungen angewandt werden, dienen sie dem Egoismus und somit der Macht.

Junge Menschen sind häufig noch unsicher, erfahrungsarm und unstet in ihrem Innenleben. Ihre Individualisierung ist noch nicht sicher gegründet. Wenn sie schon früh einen festen Partner haben, kann daraus schnell eine unfreie Beziehung mit einem starken Machtgefälle beziehungsweise einseitiger Machtausübung entstehen. Jeder Junge und jedes Mädchen sollte für sich selbst prüfen, ob in den Beziehungen, die von ihnen gelebt werden, Freiheit – damit ist nicht Unverbindlichkeit gemeint! – und Gleichwertigkeit herrschen. Ist dies nicht der Fall, so gilt: *Nicht lange fackeln, warten und herumdoktern, sondern die Beziehung beenden, bevor man dies nicht mehr vermag.* Sonst degenerieren beide. Denn das Opfer wird sich nicht nur unterlegen fühlen, sondern sich auch unterlegen verhalten. Heimliches und lügenhaftes Verhalten entsteht durch solche ungleichen Machtverhältnisse. Dies dient dann wieder der Rechtfertigung weiterer, verstärkter Machtausübung: »Da sieht man es ja, dass man dir nicht vertrauen kann!« Die Macht erzeugt die Lügen und die Schwächen. Lügen und Schwächen dagegen rechtfertigen allerdings nie Macht. Sie sind vielmehr Ausdruck des Wunsches nach Kraft, nach Eisen *innerhalb* der eigenen Persönlichkeit, sie rufen nicht nach einer stählernen Käfigkonstruktion, die die noch schwache Persönlichkeit stützen soll. Diese bewirkt das Gegenteil.

Machtausübung kleidet sich anfangs in die Bitte um Anpassung. Anpassen muss man sich normalerweise in einer Beziehung durchaus und immer wieder – aber nicht aus Zwang oder weil einem keine andere Wahl gelassen wird. Anpassung vollzieht sich vielmehr in einem Freiraum, in dem sich *beide Partner* wechselseitig dem anderen und seinen Bedürfnissen anpassen. Es lassen sich keine Gründe anführen, mit denen sich die einseitige Anpassung des einen an den anderen rechtfertigen ließe. Auch wenn einer der Partner noch so sehr befürchtet, den Geliebten zu verlieren, muss er sich klarmachen, dass der Weg der einseitigen Anpassung *immer* zum Verlust der Liebe führen wird.

Eltern, Freunde und andere, die erleben, dass eine zu große Unfreiheit und Macht in der Beziehung eines Kindes oder Freundes bzw. einer

Freundin entsteht, sollten im Allgemeinen nicht zu direkt darauf hinweisen. Denn häufig kann es geschehen, dass dann die Beziehung mit *ihnen* abgebrochen wird. Und wer isoliert ist, der ist dem Machtmissbrauch noch stärker ausgeliefert als jemand, der von treuen Menschen umgeben ist. Denn Machtausübung ist eine gigantische Erscheinungsform der Untreue: Untreue gegenüber dem anderen und Untreue gegenüber sich selbst und dem entscheidenden Auftrag der Liebe. Dieser lautet:»Ich werde dir helfen, deine Form zu finden, und dich darin unterstützen; in mir regiert das wache Gewissen als Norm.«

Wir erkennen den Auftrag des Eisens darin, wie ein Mensch sich auf den anderen ausrichten kann. Auf dem sensiblen Gebiet der Bildung einer neuen Beziehung, insbesondere einer sexuellen Beziehung, müssen beide Partner einander fortwährend befragen:»Willst du, was ich will?« Liebe gründet auf dem Vertrauen, dass man beim anderen in Sicherheit ist. Diese Sicherheit entsteht durch Respekt und Zuhören: den Antworten auf die ständige, *wechselseitige* Frage zuhören:»Welche Form soll ich für dich schmieden?«

Dann werden die eisernen Absperrungen, die der andere errichtet, gewissermaßen galvanisiert und mit einer Schutzschicht überzogen. Dann sorgen wir dafür, dass sie nicht rosten. Wir melden uns nur an der Pforte mit unserem Anliegen und akzeptieren sowohl ein Ja als auch ein Nein. Die beiden beschriebenen Extreme sind die Garantie dafür, dass die freie, menschliche Energie zwischen Norden und Süden strömen kann, zwischen positiver und negativer Ladung, zwischen Geben und Empfangen, zwischen dem einen und dem anderen. Dann stellt sich nicht die Frage, ob es auf dem Mars Leben gibt, sondern *wie* dort Leben entstehen und fortbestehen kann, dort, wo wir die Kräfte und den Kampf des Mars in uns und im anderen erfahren.

Quecksilber – Merkur

Merkur ist einer der kleinsten der sieben in diesem Buch betrachteten Himmelskörper, und er ist von der Erde aus nur schwer zu erkennen, weil er so nahe bei der Sonne steht. Dieser Planet hat etwas Geheimnisvolles und seine Bewegungen sind ganz besondere. Der Planet bewegt sich rasch um die Sonne und relativ langsam um seine eigene Achse (gut 58 Tage braucht er für einen Umlauf), wodurch die Länge eines Merkurtages 176 Erdentage beträgt, also fast ein halbes Jahr nach irdischer Zeitrechnung. Während eines so langen Tages zeigen die Bewegungen der Sonne ein ganz anderes Muster als auf der Erde, es gibt steigende, sinkende und rückläufige Positionen. Die Temperaturen können sowohl extrem hoch wie extrem niedrig sein. Von Hunderten von Graden tagsüber zu mehr als 150 Minusgraden nachts – ein kaum vorstellbarer Unterschied. Der Planet pendelt zwischen versengender, kochender Hitze und kaum mehr vorstellbarer, schauerlicher Kälte.

Merkur hat ein fast zu vernachlässigendes Magnetfeld und, genau wie der Mond, so gut wie keine Atmosphäre. Auch seine Oberfläche ähnelt der des Mondes, man erkennt viele Meteoritenkrater. Es wird vermutet, dass der Planet von einem großen Eisenkern beherrscht wird, der etwa 50 Prozent seiner Masse ausmacht. Merkur selbst verfügt über keine Monde, was angesichts der geringen Gravitationskraft dieses Planeten und seiner großen Nähe zur Sonne mit ihrem enormen Magnetfeld nachvollziehbar ist.

Im letzten Kapitel sahen wir, dass ein Mensch, der ständig mit seinen Eisenimpulsen um die Macht kämpft, im Innern ganz armselig sein kann. Was beim Mars so armselig erscheint, findet eine Antwort in der sorglosen Kraft des Merkurs. Durch den enormen Eisenkern ist es möglich, dass Merkur keinerlei Nachteile durch das Fehlen einer Anziehungskraft erfährt. Merkur hat also keine Monde und braucht sie auch nicht. Der Planet zeigt, dass nichts festgehalten und in eine feste Bahn gebannt zu werden braucht, wenn man große Wendigkeit mit einer robusten, soliden, zusammenhängenden Kraft im eigenen Inneren zu verbinden weiß. Dann ist es möglich, immer die Sonne zu suchen und sich von ihr tragen zu lassen. Doch dann darf man sich auch nicht größer erscheinen lassen, als man ist. Man muss wie Merkur klein und wendig bleiben. Besitzt ein ›merkurialer‹ Mensch tatsächlich diese Eigenschaften, dann spielt er, wenngleich kaum sichtbar, doch eine entscheidende Rolle in allem, was geschehen muss.

Wenn die Merkurstrahlung noch nicht in Harmonie ist, fällt ein Mensch häufig von einem Extrem ins andere und wird dadurch völlig unberechenbar. Außerdem ist er dann zu heimlichen Taten fähig, die das Tageslicht nicht ertragen. Wenn er darauf angesprochen wird, wendet er sich rasch vom forschenden Blick des anderen ab.

In der Pubertät ist Merkur auf vielen Gebieten der Verursacher von Turbulenzen. Unnahbarkeit und heftige Gefühle, die sich rasch abwechseln, charakterisieren das Aufleuchten der Merkurkräfte in dieser Lebensphase. Doch auch all das Getratsche, Gequassel, die vielen SMS und MMS, die Reiselust, das Flirten, der Humor und zugleich das Piesacken – alles das trägt viel von Merkureinflüssen in sich. Wenn alles gut verläuft, lernt der Jugendliche, innerhalb dieser Einflüsse aus einem großen, starken, ›eisernen‹ Kern heraus zu handeln, der Halt und Richtung verleiht. Dann erlöst Merkur Mars, indem er das schwere Eisen zur Sonne bringt.

Dann haben sich die innere Armut des Mars und die launenhafte, sprunghafte Spontaneität des Merkur in Wehrhaftigkeit und Kraft verwandelt, die kreativ und beweglich, sprechend und denkend der goldenen Sonnenbahn folgen.

Merkureinflüsse sind in der Pubertät wie in der Sexualität an sich überall anzutreffen. Und dies mit Recht, denn diese Kräfte sind erfrischend, heilend und Leben spendend. Sie bringen alles ins Strömen und heben Schlaffheit, Bewegungslosigkeit und Langeweile auf. Sie bringen alles und alle in Bewegung. Wer während eines Abendspaziergangs beobachtet, was für eine große Rolle in unserer Kultur heute das Bild des zappenden Menschen auf der Fernsehcouch spielt, der begreift, wie groß das Bedürfnis nach beweglichen Seelenkräften ist.

Im Körper finden wir diese Bewegung in den Samenzellen wieder, die sich im Sperma ständig wie suchend und strebend bewegen. Diese Beweglichkeit ist notwendig, um im Körper der Frau die ruhende Eizelle zu finden und sich mit ihr zu verbinden. In Kinderfilmen über Sexualaufklärung werden sie häufig als fröhliche Fäden mit beweglichen Köpfen dargestellt. Da wird die merkuriale Kraft des Samens durch fröhliche, farbige und manchmal sogar miteinander schwatzende Fischchen bildlich umgesetzt, die zur Gebärmutter schwimmen!

Merkurkräfte haben jedoch auch ihre Schattenseite. Wenn sie zu stark wirken, zerbrechen sie Verbindungen, weil sie jede Form, jede Vereinbarung, jede treue Beziehung auflösen und aufheben. Dann haben wir das Bild des ewigen und ständigen Flirtens mit allem und jedem. Dann sehen wir den unbeständigen und unruhigen Menschen, der keine Beziehung länger als die Anfangsphase erträgt und nach der ersten Verliebtheit schon wieder auf der Suche nach der nächsten ist. Dieses Verhalten kann einen Menschen und seine Umgebung durch seine Leere, Untreue, Formlosigkeit und Unverbindlichkeit komplett vergiften – ein Gift, das sich von dem oberflächlichen Vergnügen treiben lässt, das nicht in freudiger Liebe, sondern in flüchtiger Ungebundenheit wurzelt. Das Metall, in dem wir diese Wirkungen als Bild wahrnehmen können und in dem die Merkurkräfte stark wirken, ist das Quecksilber.

▬▬ Quecksilber

Quecksilber ist ein flüssiges Metall. Diese beiden Begriffe scheinen sich auszuschließen: flüssig und doch zugleich ein Metall. Dennoch beschreiben sie genau das Quecksilber, das schwerer als Blei ist und dennoch flüssig. Außerdem ist es extrem giftig, was übrigens noch gar nicht so lange bekannt ist. Quecksilber ist dennoch ein sehr ›fröhliches‹ Spielmaterial. Werfen Sie einen Tropfen Quecksilber auf den Boden, und in kürzester Zeit rollen lauter kleine Quecksilbertröpfchen wie graue Perlen in alle Richtungen davon. Dann liegt es überall und lässt sich nur schwer wieder einsammeln. Wenn Sie versuchen, es zu ergreifen, verteilt es sich aufs Neue in noch viel kleinere Tröpfchen. Es hat sich herausgestellt, dass diese Tendenz zur Aufspaltung so weit geht, bis die kleinsten Tropfen unsichtbar von der Luft aufgenommen worden sind. Bevor wir es wissen, atmen wir also ›flüssiges‹ giftiges Metall ein. Ein fröhliches, aber gefährliches Spiel!

An sich ist jeder Tropfen, auch der kleinste in der Luft enthaltene, ein in sich abgerundetes Ganzes. Zudem ist es auch ein in sich *geschlossenes* Ganzes, denn durch die starke Zusammenhaltskraft, die Kohäsion, bleiben die Tropfen immer als solche intakt. In all diesen Eigenschaften zeigt das Quecksilber, wozu merkuriale Kräfte fähig sind bzw. was sie nicht vermögen. Sie sind überall und nirgends. Sie rollen über alles hinweg und hinterlassen dennoch keine Spuren. Sie begegnen allem und jedem und dennoch gehen sie nie eine wirkliche Beziehung ein. Denn diese Kräfte, eingebettet in das Ganze, ermöglichen Begegnungen, ohne selbst begegnungsfähig zu sein. Es sind heilende und befreiende Kräfte, wenn sie im Dienste der Begegnung stehen, doch giftig und süchtig machend, wenn sie zum Selbstzweck werden. So löst sich Gold in Quecksilber.

Während meiner Schulzeit war ich einmal Zeuge eines Experiments mit flüssigem Quecksilber. Die Lehrerin verlor durch die Berührung mit diesem Metall ihren goldenen Ring! Sie hatte vergessen, ihn abzulegen, und das Gold, das über einen hohen Karatgehalt verfügte, löste sich rasend schnell in Quecksilber auf. Man kann nie genug auf der Hut sein vor diesem Metall! Doch wenn das Quecksilber wieder verdampft, lässt es die aufgelösten Goldkörner zurück. Es eignet sich das Gold also nicht an, es löst lediglich die Form und den Zusammenhang des Goldes auf.

Was ist ein ›erquickender‹ Orgasmus?

Merkur muss sich dicht bei der Sonne halten. Dem Menschen, der zu stark von den merkurialen Quecksilberkräften bestimmt ist, fehlt die Goldqualität, und so kann er sich das Gold der Liebe und des geliebten Partners nicht aneignen. Das Bild des anderen wird nicht festgehalten, sondern aufgelöst, fruchtbare Bindungen werden aufgehoben. Nur Kinder sind von Natur aus berechtigt und vollkommen merkurialer Natur. Sie sind noch auf dem Weg zu einem festen Wohn- oder Aufenthaltsort; sie müssen erst noch eine stabile Individualität ausbilden. Sie sind ganz und gar Bewegung um der Bewegung willen, und sie kullern noch wie Quecksilbertropfen in alle Richtungen.

Die merkuriale Wirkung des Quecksilbers ähnelt von ihrer Formtendenz her sprechend der Zahl Null. Sie hat für sich genommen keinen Wert, dennoch ist sie in der Reihe der Zahlen unentbehrlich. Wie könnte man ohne die Null rechnen? Wie könnte man leben ohne den Tod, ohne Geburt? Auch sie sind gewissermaßen Nullpunkte. Wie kann man schaffend und kreativ leben, ohne durch den Nullpunkt zu gehen? Wie kann man schließlich einen Orgasmus erfahren, ohne durch den Nullpunkt zu gehen? Der Orgasmus entsteht durch ein Loslassen, durch die totale Hingabe seiner selbst. Dadurch ist er wie ein »kleiner Tod«. Beim Empfangen des Orgasmus des anderen tritt, aufgrund des Null-Durchgangs, durch dasselbe Tor die Liebe und Leben schaffende Sexualität des anderen in uns ein. In der gegenseitigen Bewegung aufeinander zu und durch diesen Nullpunkt wird liebevolle Sexualität zu einem Tor der Begegnung. Dieses Tor besteht aus zwei getrennten Hälften, die jeweils einen Halbbogen bilden und einander im Kreis finden, in einer Öffnung, in einer *Null*, die im Nichts alles ist. Wenn die Sexualität nicht liebevoll ist, wird auch der Orgasmus kein Leben schenkender sein, sondern nur eine Begegnung bleiben, die im Zeichen des Tors des Todes steht. Die Hingabe des eigenen Selbst degeneriert dann zu einem *Verlust* des Selbst und dessen des anderen. Dann treten innere Leere und Mattigkeit in Seele und Körper auf. Tief im Herzen spüren wir, dass eine verpasste Chance verarbeitet werden muss. Das Spiel der Sexualität erweist sich als keineswegs freilassend. Die beiden getrennten Hälften können sich nicht aneinanderfügen zu einem Bogen, zu einem Kreis, sondern es entsteht eine Kluft zwischen Menschen. Liebevolle Sexualität dagegen vermag das Gegenteil. Sie bewirkt den heilenden, heilen Kreis; sie hinterlässt nicht das Gefühl, eine *Null* zu sein, sondern vielmehr das innere Wissen, dass wir ganz, heil und heilend sind als liebevolle Menschen.

Das Geheimnis des Quecksilbers liegt in der positiven Zielsetzung seiner Bewegung. Diese besteht im Bestreben, jede Zweiheit zu einer Dreiheit emporzuheben. Es geht nicht darum, dass ich mich selbst oder den anderen befriedige, sondern darum, einander gegenseitig Be-Friedigung zu verschaffen. Dann entsteht *erquickendes* (dieses Wort ist ebenfalls vom Quecksilber abgeleitet) Leben im anderen, in der Beziehung, und manchmal auch das eines neuen Menschenkindes. Ob der Orgasmus dabei gleichzeitig stattfindet, ist in diesem Falle nicht entscheidend. Was wirklich zählt, ist die Frage, ob beide Partner bereit sind, während des erregenden und begehrlichen Spiels der Sexualität in ihrem eigenen Egoismus und Egozentrismus gewissermaßen zu ›sterben‹. Wenn man primär sich selbst sucht, äußert sich der ›Ego-Dienst‹. In der Bereitschaft, dem anderen liebend zu dienen, bildet sich die menschliche Alternative. Dann verwandelt sich die Zwei in die Drei, das zweimalige Ich hin zu einem Dritten, dem liebevollen Wir. Bringen die Partner diese Bereitschaft auf und sind sie in der Lage, diese sogar bis hin zum Orgasmus durchzutragen, dann erfrischt und erquickt uns die Sexualität. Bleibt es jedoch dabei, dass jeder in der Sexualität vor allem sich selbst sucht, ist jegliche Bewegung auf den eigenen Genuss hin orientiert, dann verbreiten sich ganz subtile giftige ›Quecksilberdämpfe‹. Und diese lösen das Gold der Liebe auf.

Die Liebesfähigkeit des Quecksilbers

Quecksilber bewirkt noch etwas ganz anderes. Durch seine Fähigkeit, Gold aufzulösen, kann es gerade zur Goldgewinnung beitragen. In Erzarten, die Spuren von Gold enthalten, vermag das Quecksilber dieses rasch aus den Steinschichten zu befreien, die es verbergen und einschließen. So kann ein in sich verschlossener Mensch, dessen Liebesfähigkeiten noch ungeformt und unbewusst in der Persönlichkeit ruhen, viele Vorteile durch die merkurialen Quecksilberkräfte eines anderen Menschen haben. Der bewegliche, fröhliche merkuriale Partner bringt die verborgenen Liebeskräfte ans Tageslicht. All dies ist Gold, das die ›Null‹ zu einem goldenen Tor verwandelt.

Dient die merkuriale Wirkung auf diese Weise der Liebe, so lebt die Liebe selbst als drittes Element zwischen den Menschen. Im Wesen der Liebe, im Wesenhaften, wird ihr wahres Gesicht sichtbar. Dann wird der Christus, der Bringer und das Vorbild der Menschenliebe, herbei gebeten. Christus ist der Wächter an der Pforte des Nullpunkts. Merkuriale Kräfte erfordern, dass wir dies wissen und dass sie diesem Wissen dienstbar gemacht werden dürfen. Auf diese Weise können das Höchste und das Niederste miteinander vereint werden. Dann gibt es kein Oben und Unten mehr, sondern nur noch die Begegnung von Herz zu Herz. So könnte man die Sehnsucht der beweglichen Merkurkraft im Menschen in folgende Worte fassen:

Umfassender Bogen durch Himmel und Erde,
empfangender Raum voller Menschenwerte,
in dem Er die Liebe vermehrte,
wodurch die Begegnungschancen
zwischen Mensch und Göttern hin und her tanzen.
Wenn Quecksilber in Tropfen zerstiebt,
sammelt es Gold, von allen geliebt.

Die Jugendlichen und das Erlebnis der Begegnung

Wenn wir jemandem begegnet sind, den wir sehr schön, sehr attraktiv und ganz außergewöhnlich finden, treten häufig wie von selbst die bekannten »Schmetterlinge im Bauch« auf, wir verlieben uns. Das kann ein Mensch sein, den wir zum ersten Mal treffen, es kann auch jemand sein, den wir bereits länger kennen und den wir plötzlich mit anderen Augen sehen, wodurch der Funke überspringt. Zum Quecksilber und den merkurialen Kräften gehört insbesondere die erstgenannte Begegnungsform. Die eine Frage ist dann, ob junge Menschen vielen unterschiedlichen Menschen begegnen; die andere Frage ist die, ob sie ihnen in einer gesunden Weise begegnen. Beim Techno-Beat (im Kapitel »Zinn – Jupiter«) sahen wir bereits, dass man durchaus eine ganze Nacht ›miteinander‹ tanzen kann, ohne einander wirklich zu begegnen. Darum ist es wichtig, dass man sich in der Pubertät und auch noch lange danach ständig im unvoreingenommenen Begegnen übt und immer wieder neu versucht, mit anderen Menschen und anderen Situationen Kontakt zu bekommen. Dies ist gar nicht leicht, denn die häufigen Unsicherheiten in Bezug auf das Äußere (am stärksten bei Mädchen) und die Hemmungen beim Umgang und im Gespräch mit dem anderen (das fällt Jungen am schwersten) machen die Begegnung zu einem durchaus schwierigen Thema.

Frühe, feste Beziehungen sind eine Art ›Lebensversicherung‹ gegen dieses Problem. Wer einmal einen festen Freund oder Freundin hat, muss nicht mehr allein ausgehen. Man hat immer jemanden, mit dem man sprechen, tanzen, bummeln und Feste feiern kann. Man braucht dann nicht mehr unbedingt Fremden zu begegnen oder sie anzusprechen – eine sehr bequeme Sache. Auch eine feste Freundesgruppe ist so eine Lebensversicherung. Die kleine, symbiotisch zusammenhängende Gruppe von Jugendlichen, die einander aus Schule, Sportverein und Nachbarschaft kennt, ist sowohl ein Segen wie auch eine Art Gefängnis. Auf der einen Seite bietet sie Gemütlichkeit, Begegnungsmöglichkeiten und Gemeinsamkeiten mit anderen. Auf der anderen Seite schließt eine solche Gruppe sich häufig jedoch auch hermetisch gegen Begegnungen und somit auch gegenüber Beziehungsbildungen *außerhalb* derselben Gruppe ab. Kommt es zu Begegnungen nur noch innerhalb dieses Zusammenhangs, so kann man gewissermaßen von einem ›Beziehungs-Inzest‹ sprechen. Wie in einer Vorabendserie wechseln die Beziehungen und Freundschaften, doch sie bleiben immer innerhalb derselben Gruppe von Beteiligten.

Warum ist es vor allem für Jugendliche so wichtig, trotz ihrer Unsicherheiten freie und neue Begegnungen zu leben? Weil in dieser offenen Lebenshaltung mittels eines ganzen Spektrums von Begegnungen die *Individualität* ausgebildet werden kann. Die Individualität kristallisiert unter dem Einfluss der unterschiedlichen sozialen Kontakte aus. Hingegen kommt es zu Individualitätsverlust durch Exklusivität in Beziehungen, und dies gilt besonders stark für junge Menschen, die ihre Eigenheit erst noch formen müssen. Anders ausgedrückt: *Man wird erst durch die Begegnungen mit vielen unterschiedlichen Menschen zu demjenigen, der man ist.*

Man verliert den Blick auf das innere Band zu sich selbst, wenn man sich isoliert. Man kann sich auch zu zweit ungeheuer isolieren. Und das, während doch jeder Mensch und jede Begegnung ein kleines Mosaiksteinchen darstellen, das es uns irgendwann einmal ermöglicht, unser eigenes großes Mosaik zu legen. Wenn wir zu wenigen Menschen oder zu vielen Menschen derselben Art begegnen, so fehlen sehr viele dieser Mosaiksteinchen, und die Chance, sich selbst wirklich kennenzulernen, tritt gewissermaßen auf der Stelle. Ein altes Sprichwort sagt: »Zeige mir deine Frau und ich sage dir, wer du bist.« In unserem Zusammenhang könnten wir Folgendes postulieren: Lerne so viele Menschen wie möglich kennen, und du wirst entdecken, wer du selbst bist.

Eine verborgene Quelle der Beziehungsbildung

Manchmal begegnen Menschen einander auf eine solche Art, dass man den Eindruck hat, plötzlich würde das Schicksal zuschlagen. Oder sie kennen einander bereits längere Zeit, und plötzlich schlägt der Blitz ein. Oder einem von ihnen (vielleicht auch beiden) wird klar, dass er vom anderen unglaublich tief berührt wird. Eine unentrinnbare Sicherheit in Bezug auf Liebe und den Drang, in der Nähe des anderen zu sein, überkommt die Seele. Dies ist verwirrend und macht die Betreffenden froh, manchmal aber auch ängstlich, weil plötzlich eine so große Bindung und Intensität im eigenen Gefühlsleben erfahren wird.

Handelt es sich hier wirklich um nichts anderes als nur überwältigende Verliebtheit? Oder ist es nur eine rein sexuelle Anziehungskraft durch den anderen? Solche und viele weitere Fragen und Zweifel stürmen auf einen Menschen ein, der durch ein so immenses Gefühl der Anziehungskraft und der Liebe zum anderen überfallen wird. Dass solche Gefühle großes inneres Chaos verursachen können, wird noch deutlicher, wenn man sich klarmacht, dass diese sich auch dann melden können, wenn man bereits einen Partner hat ...

In Bezug auf die Verliebtheit gilt, dass sie etwas Vorübergehendes ist. Wenn sich die genannten, überrumpelnden Gefühle lediglich auf eine Verliebtheit beziehen, sind sie genauso vorübergehender Natur wie die Jahreszeiten. Je nach der persönlichen Lebenssituation lautet die Devise: sie aushalten und/oder sie genießen.

Die rein sexuellen Begierden hören auf, wenn jederzeit ungehinderter Geschlechtsverkehr möglich ist, wenn die Kinder geboren sind, die geboren werden wollten, oder wenn ein Mensch fähig ist, seine Begierden zu transformieren. Etwas viel Weitergehendes ist jedoch gegeben, wenn man von der Liebe zu einem Menschen getroffen wird, der eindeutig in das eigene Leben und Schicksal hineinhört, einer Liebe, die in unserer Entelechie nach einem zutiefst erschütternden, sinnvollen ›Plan‹

auftaucht. Verliebtheit und sexuelle Anziehung können sich dann in solche Schicksalsverbindungen einmischen, wodurch das Chaos noch zunimmt. Diese Beziehungen werden intensiv gewollt und gesucht, und sie hängen direkt mit dem Lebens-Sinn-Erleben zusammen. Entwicklungsimpulse und biografische Wenden haben hierin ihre Quelle. Bewegliche, merkuriale Umschläge werden dadurch impulsiert. Sie stammen aus dem Vorgeburtlichen und tauchen jetzt im Erdenleben auf, bewirkt von der tiefen Weisheit unseres Lebensschicksals. Viele neue Fäden werden dadurch gewoben, und es werden Lebensläufe von Menschen miteinander verknüpft, die bis dahin häufig gar nichts voneinander wussten.

Wenn ein Mensch eine solche Begegnung mit einem Freund oder einer Freundin des eigenen Geschlechts, aber auch mit einem alten Menschen oder mit einem kleinen Kind erlebt, dann ist die Beziehung, die daraus entsteht, sehr umfassend und von allerhöchster Bedeutung, doch sie kann in den meisten Fällen in den Rahmen des bereits existierenden Beziehungslebens mit einem Partner eingegliedert werden. Allerdings entstehen manchmal Spannungen, weil dieser Partner oder die sonstige Familie Probleme mit dem Stellenwert des Neulings haben können.

Handelt es sich jedoch um eine Begegnung, aus der eine derartig tiefe schicksalsverbindende Beziehung entspringt, dass sie das Seelenleben bis in die letzten Poren durchdringt, und handelt es sich zudem um eine Beziehung zu einem Menschen des anderen Geschlechts, so ist dies ein großes Dilemma. Eifersucht und dogmatisches Denken bei den anderen Betroffenen werden häufig dazu führen, dass die neue Beziehung im vorhandenen Lebensrahmen nicht ausgelebt werden kann. Viele Menschen leiden an einem ›gebrochenen Herzen‹, weil sie eine solche neue, sich anbahnende Beziehung, die mit solcher Notwendigkeit und solcher Schicksalhaftigkeit einen Ort in ihrem Leben einforderte, unfreiwillig zur Seite schieben mussten. Mit dem ›Abtreiben‹ einer solchen Beziehung verschwinden häufig für lange Zeit auch der sinnvolle Faden und die Entwicklungschancen, die damit zusammenhingen.

Hinter mancher nur noch dahin plätschernden Beziehung, die in ruhigen Bahnen verläuft, verbirgt sich manchmal tiefer Schmerz aufgrund solcher verlorenen Verbindungen mit Dritten. Wer durch seinen

Beruf oder das Leben an den Biografien anderer Menschen teilhaben darf, ist häufig zutiefst berührt von all dem untröstlichen Leid. Ein solches Leid wird nicht nur deshalb als so schmerzend und unüberwindbar empfunden, weil ein geliebter Mensch verloren wurde, sondern auch wegen des Verlustes der gemeinsamen Wachstumsmöglichkeiten und Entwicklungschancen.

Der Mensch, der sich für neue Wege entscheidet, die vom Engel des Schicksals bewirkt wurden, ist in große Seelenpein und Seelennot verwickelt. Die Zeit wird zeigen, dass aus dem Durchleben und Durchleiden dieser notwendigen Lebensprüfungen dennoch neue Impulse hervorgehen werden. Mut und Respekt gegenüber den Wirkungen des Schicksals wie auch der Freiheit des anderen mildern den Schmerz, der mit dem veränderten Lebenskurs einhergeht. Alltagsurteile, Tratsch und Zurückweisung sind es, die in solchen Situationen meistens den eigentlichen Schaden anrichten. Was nicht ertragen wird, führt geradewegs dazu, dass man den anderen mit seinem einzigartigen Lebenslauf nicht mehr mitträgt, sondern ihn fallen lässt. Quecksilber ist eine bewegliche Substanz. Jedes Mal entsteht aufs Neue eine Verbindung mit der Umgebung. Dies ist möglich aufgrund des starken inneren Zusammenhangs des Quecksilbers. Ein Mensch, der in seinem Inneren über einen starken Zusammenhang verfügt, wird sich in Liebe mit jeder neuen Lebenssituation verbinden, die im eigenen Schicksal oder dem eines anderen auftaucht – auch dann, wenn sich diese manchmal mit dem normalen Verstand nicht begreifen lässt. Dass dies häufig für einen Menschen und seine gesamte Umgebung sehr schwierig ist, kommt daher, dass wir noch nicht die Augen und Ohren haben, mit denen wir unseren Engel und das wahre Wesen des anderen ständig wahrnehmen können.

Diese menschlichen, liebevollen Augen beschreibt Rudolf Steiner als Augen, mit denen der andere Mensch unterschiedlich angeschaut werden könne: Einmal in kurzen, vom Geist durchstrahlten, hellen Augen-Blicken, dann wieder in Zeiten, in denen der andere auch düster sein kann. Immer aber müsse es darum gehen, das Urbild des anderen zu suchen und zu erkennen. Dann könne man ihm treu und schützend wie ein Engel zur Seite stehen.[12]

In diesem wunderbaren Ratschlag werden keinerlei Vorbehalte geltend gemacht. Nirgendwo steht, wer in welchen Umständen recht hatte. Wir werden vielmehr aufgerufen, unter allen Umständen dem Menschen, der in unserer Nähe ist oder war, treu zu bleiben durch die Liebe zu dem, der er seinem eigentlichen Wesen nach ist. Dann wird uns die Tatsache, dass er neue Wege mit neuen Beziehungen geht, nicht verletzen oder zerstören. Dann bleiben wir dennoch miteinander vereint und immer in der Lage, liebevoll den Lebenslauf des anderen zu verfolgen. Dann werden keine Fäden zerschnitten und Fabel braucht keine losen Fäden aneinanderzuspinnen[13], weil die Menschen selbst die alten Fäden in das Gewebe ihres neuen Lebens aufnehmen.

Gewohnheiten, Muster und Unfreiheiten

Nach der ersten Begegnung, in der Verliebtheitsphase, werden Gewohnheiten gebildet. Es sind Gewohnheiten, die zu dieser bestimmten Beziehung gehören. Zwei Menschen bringen ihre charakteristischen Gewohnheiten zusammen und schaffen daraus eine Art ›dritte Persönlichkeit‹, nämlich die *dieser* Beziehung. Mathematisch könnte man es so ausdrücken: $1 + 1 > 2$. Im Idealfall wird in dieser ›dritten Persönlichkeit‹, voller Muster und Gewohnheitsbildungen, die Individualität der beiden Partner reicher sein, als sie es zuvor jeweils beim Einzelnen war. Im Idealfall wird dann auf der Basis dieser zwei reicheren Individualitäten eine gesunde Vereinigung, ein gesundes Zusammenleben erbaut, erfüllt von starken und gesunden Selbstverständlichkeiten.

Meistens, und insbesondere bei jungen Menschen, ist dies jedoch umgekehrt. In der neuen Beziehung mit deren Mustern beobachten wir just eine Schwächung der Individualitäten der beiden Beteiligten. Das wird dann gemeinhin als *Anpassung* bezeichnet, doch eigentlich wäre der Terminus des *Aufpassens* hier eher am Platze: Häufig ist nämlich die Angst, den anderen zu verlieren, der Grund, warum in der Beziehung Abstriche hinsichtlich der eigenen Individualität gemacht werden. Dahinter verbirgt sich die Angst, allein zu bleiben. Mathematisch ausgedrückt: $1 + 1 < 1$.

Wir können beobachten, wie sich unsere Freunde, Kinder, Familienmitglieder und Bekannten häufig durch eine neue Beziehung drastisch verändern. Äußerlich ändern sich die Kleidung, der Geschmack und die Lebensmuster, innerlich häufig die Ideen und Werte. Diese Dinge erkennt jeder – außer den Betroffenen selbst. Jeder könnte sich am Beginn der Beziehung zwei Fragen stellen. Und diese Fragen sollten auch dem anderen gestellt werden:

> • *Kann man von einer Stärkung der Individualität bei mir sprechen oder handelt es sich eher um eine Schwächung, eine Abnahme?*
> • *Kommt in unserer Beziehung der andere stärker zu seinem Recht als zuvor, oder geschieht genau das Umgekehrte?*

Charakteristisch ist, dass derjenige, der einen Menschen auf solche Veränderungen aufmerksam macht, häufig zurückgestoßen wird, weil dies als schmerzhaft erfahren und als Kritik verstanden wird. Dennoch ist es wichtig, dass wir insbesondere jungen Menschen immer wieder diese Fragen stellen. Junge Menschen, die ihre Individualität noch unvollkommen ausgebildet haben, sind besonders verletzbar. Wie wissen sie, ob sie Abstriche in Bezug auf ihre Individualität machen, wenn sie diese noch gar nicht kennen? Wenn in einer Beziehung diese Individualität ganz oder teilweise zurückgenommen wird, tickt zwischen den Beteiligten eine Zeitbombe. Früher oder später wird sie explodieren, die zurückgestaute Individualität bricht sich Bahn und zerbricht die Beziehung, die plötzlich als Entfaltungshindernis betrachtet wird.

Besonders schmerzhaft ist es, wenn durch die neue Beziehung zwischen Kindern, Freunden, ja sogar Eltern deren Individualität sogar stärker und klarer zum Ausdruck kommt und dies von der Umgebung dennoch als unerwünscht oder negativ beurteilt wird. Dadurch wird die soeben gewonnene Eigenheit zu einem einsamen Dasein verurteilt. Dass eine neue Beziehung auch neue, schöne und stärkere Seiten zu Tage fördert, ist etwas Positives. Es mag zwar gewöhnungsbedürftig sein, wenn alte Gewohnheiten einfach so verschwinden und neue erscheinen, wenn eine vertraute Figur in unserer Umgebung eine neue Liebesbeziehung eingegangen ist. Ob man dann von einer Zu- oder Abnahme der Individualität sprechen kann, das erfordert einen liebevollen Blick, der frei ist von der Drangsal des eigenen Ego, Besitzansprüchen oder Bequemlichkeiten. Erst dann zeigt sich der Unterschied. Auf keinen Fall sollte es zu einer Zurückweisung des Kindes oder Freundes bzw. der Freundinnen aufgrund solcher merkurialer Veränderungen kommen. Treue bedeutet, dass man all seine Beziehungen durchträgt, auch wenn sie zu einem neuen Verhalten und neuen Beteiligten führen.

Gerade in der Anfangsphase einer Beziehung werden Gewohnheiten gebildet, die manchmal ein Leben lang erhalten bleiben.

Zum Beispiel die Gewohnheit:

- dem anderen alles zu erzählen (oder aber nur sehr wenig);
- extrem den starken Mann oder die tolle Frau heraushängen zu lassen;
- respektvoll miteinander umzugehen (oder es gerade nicht zu tun);
- abzuwarten oder aber ständig die Initiative zu ergreifen;
- nicht mehr das anzuziehen, was man selbst nett findet, oder das zu kaufen, was einem selbst gefällt, sondern nur das, was der andere schön findet;
- oder umgekehrt: immer provozierend und rebellisch gerade die Kleidung zu tragen, die den anderen ärgert ...

Alle möglichen Verhaltensweisen, beginnend bei den kleinsten Gepflogenheiten im Zusammenhang mit dem Essen, dem Waschen und der Kleidung, bis hin zu den wichtigsten Dingen wie Gesprächsinhalten oder dem Schenken von Vertrauen, werden zu ausgeprägten Gewohnheiten. Deutlich ist, dass hier sowohl die Basis für eine gesunde als auch für eine unfreie, vereinnahmende Beziehung gelegt wird. Über das Problem der Macht sprachen wir bereits im Zusammenhang mit der Mars-Qualität (siehe S. 144 f.). Hier, bereits ganz zu Beginn, entstehen manchmal schon gewisse Machtmuster in Form von Gewohnheiten.

So können bereits sehr früh die fundamentalen Unfreiheiten und Ungleichwertigkeiten in einer Beziehung entstehen. Außerdem sind Menschen, deren Individualität noch unvollkommen ausgebildet ist, oder deren Individualität aufgeopfert oder gar ruiniert wurde, häufig rasend eifersüchtig. Und das aus gutem Grund, denn wie kann man jemandem vertrauen, wenn keine wirkliche Individualität vorhanden ist? Wenn in einer Persönlichkeit kein Fundament vorhanden ist, ist die Architektur einer Beziehung häufig sehr schwankend. Wer der Individualität des Partners Gewalt antut, beschädigt die Beziehung damit unwiderruflich.

Wir sahen bereits, dass ein beherrschender, Macht ausübender Partner mit dem Problem einer fundamentalen Armut in der eigenen Persönlichkeit zu kämpfen hat und dass dies nicht immer nur für die schwache Partei gilt. Deswegen können besitzergreifendes Verhalten und Eifersucht in derartigen Beziehungen bei beiden Partnern Wurzeln schlagen.

Wenn wir zu den Bildern zurückkehren, die uns das Quecksilber vermittelt, können wir beobachten, dass dieses Metall einen sehr engen Zusammenhalt in sich selbst zeigt, seine Kohäsion ist sehr groß. Ein Quecksilbertropfen ist eine Individualität, ein wunderbar abgerundetes Ganzes. Zugleich sahen wir, wie sich Quecksilber in zahllose, immer kleinere Tropfen aufspaltet. Dies scheinen einander entgegengesetzte Qualitäten zu sein. Das sind sie tatsächlich, doch sie können nicht ohne einander existieren. Nur *weil* Quecksilber eine starke Zusammenhalt bildende Kraft besitzt, kann es sich endlos aufspalten und im Raum verteilen, ohne dass es sich selbst ›verliert‹. Quecksilber verdampft nicht einfach so, es löst sich nicht in Nichts auf! Es bleibt, auch in den allerwinzigsten Tröpfchen, immer ganz einfach Quecksilber. Dies ist ein wunderbares Bild für die Aufgabe, vor die wir gestellt werden, wenn sich in unserem Leben eine neue Beziehung bildet. Die Gedanken, Gefühle und Sehnsüchte gehen ständig mit uns durch. Sie stürmen in rasender Geschwindigkeit von uns zum anderen hin und zu allen möglichen Zukunftsvorstellungen.

Wie oft stellt sich jemand, der verliebt ist, die nächste Begegnung vor, noch ehe sie stattfindet? Man verfällt in Träume, verliert sich und ist überall und nirgends, genau wie das Quecksilber. Gerade in dieser ›merkurialen Phase‹ werden die Gewohnheiten zwischen Menschen ausgebildet! Dann stellt sich die große Frage, ob der innere Zusammenhalt eines Menschen stark genug ist, um in diesem Ganzen die eigene Individualität zu erhalten. Um diese selbst (wieder) zu finden und ihr Gestalt zu verleihen in der Begegnung und der Beziehungsbildung mit einem neuen Menschen. Im tiefsten Sinne hängt es genau hiervon ab, ob sich die Verliebtheit in Liebe wird verwandeln können. Denn Liebe wurzelt in der Wahrnehmung der wesenhaften Individualität des anderen beziehungsweise dem tiefen Getroffensein durch die Begegnung mit ihr. Wenn Verliebte der Individualität des anderen nicht begegnen und sie nicht wirklich kennenlernen, kann die Verliebtheit niemals zur Liebe werden. Wer sich selbst vollkommen in der Verliebtheit verliert und gleichsam ›verdampfen‹ lässt, der gibt dadurch auch den einzigen Pass zurück, der ihm den Zugang zu einer tief menschlichen Liebesbeziehung geöffnet hätte.

Normalerweise verflüchtigen sich dann nach etwa drei Monaten (oder auch etwas früher oder etwas später) die Verliebtheit und die Beziehung, und die Beteiligten können sich selbst in aller Ruhe wiederfinden. Dies ist der gesündeste Verlauf. Doch wenn jemand schwach und innerlich noch ungeformt ist, wird er die Vorteile und den Nutzen einer Beziehung nicht so rasch aufgeben wollen und sich bemühen, sie aufrecht zu erhalten.

Je nach Charakter und Anlagen wird dann um den Weiterbestand einer chancenlosen Beziehung gekämpft. Ein Mensch, der viel Kraft aus dem Geltendmachen seiner Person zieht, wird dann versuchen, Macht auszuüben. Manchmal sehr subtil, jedoch effektiv und den anderen unfrei machend, sodass dieser nicht gehen kann oder nicht zu gehen wagt. Diese Kraft, mit der jemand sich geltend macht, kann häufig umgekehrt proportional zum Grad der inneren Schwäche sein. Ein Mensch dagegen, der sich zu schwach darstellt, bindet den anderen durch Überanpassung an sich: indem er so tut, als sei seine Individualität doch genau so, wie sie der andere gern sähe. Dieses Gebiet besteht naturgemäß aus reinem Treibsand und ist lebensgefährlich für die Bildung oder Instandhaltung des eigenen Kerns, des eigenen Ich und des eigenen roten Fadens im Leben. Individualitätsverlust tritt auf. Dann wird es immer schwieriger, die Beziehung zu beenden, während sie eigentlich von Beginn an ungesund war, weil Unechtheit im Spiel ist und der Eigenheit Gewalt angetan wird. Es gibt auch Menschen, die eine wechselseitige Machtausübung betreiben. Dann kommt es in einer Beziehung zu kriegerischen Verhältnissen: Schlachten, Waffenstillstände, Friedensverträge, Guerilla-Techniken und Spionagemethoden wechseln sich auf der Bühne der Beziehung ab, wobei die Marskräfte für heftigen Waffenlärm sorgen.

Manchmal sehen wir Menschen mit einer sehr zarten, schwachen und/oder beschädigten Individualität, die keinen Partner finden. Dann ist dies scheinbar Pech und unangenehm für die Betroffenen, genauer betrachtet kann es jedoch genauso gut ihre Rettung bedeuten. Denn wenn sie die Herausforderung, unterschiedliche soziale Kontakte zu gestalten, bestehen wollen, müssen sie selbst erst innerlich stärker werden. So kann vermeintliches Pech manchmal sogar sinnvoll sein!

Schließlich sind noch die rein materiellen Impulse zu betrachten, die eine Beziehung zustande bringen oder instand halten können. Der Besitz eines schönen oder reichen Partners ist häufig etwas äußerst Anziehendes. Allerlei Vorteile körperlicher Art sowie materielle Errungenschaften sind noch immer künstliche Bindemittel zwischen Menschen. Diese Bindemittel bilden Beziehungen und halten sie instand, um des irdischen Goldes willen. Echte Liebe kehrt sich davon ab, sie findet keinen Nährboden in Habsucht, Begehrlichkeiten und materiellen Interessen.

▬▬ Inzest

Über Inzest wurde schon viel gesagt und geschrieben. Wir wissen inzwischen, dass Kindern nur zu häufig inzestuöse Handlungen aufgezwungen werden. Wir wissen auch, dass dies fundamentale Verfehlungen sind, die große Schäden anrichten. Wir wollen dieses Thema noch einmal im Licht der merkurialen Kräfte betrachten.

Kinder sind ganz und gar Bewegung. In kürzester Zeit verändern sie sich vor unseren Augen, sowohl im äußeren wie im inneren Sinne. Voller Hingabe vertrauen sie den Erwachsenen in ihrem Umkreis ihren Körper, ihr Leben und ihr Schicksal an, und dies ist normal und notwendig. Kinder, die uns auf den Schoß kriechen, sich an uns schmiegen und herrlich zu Vater und Mutter ins Bett schlüpfen, sind etwas ganz Normales. Und Eltern, die darauf voller Rührung, Wärme und Zärtlichkeit reagieren, sind ebenfalls normal. Kindern wird Gewalt angetan, wenn wir ihnen Nähe, Hülle und Körperkontakt vorenthalten. Sie wollen anerkennend über den Kopf gestreichelt werden, sie wollen, wenn sie klein sind, getragen, umarmt und geküsst werden – auch von der Kindergärtnerin, wenn sie als Vierjährige hinfallen und sich wehtun. Gerade weil sie die Liebe der Erwachsenen körperlich zutiefst erfahren haben – als tröstend und zugleich rein und respektvoll –, sind sie geschützt.

In unserer Zeit drohen die Maßnahmen zur Verhinderung von Inzest manchmal groteske Formen anzunehmen. Nicht jede Intimität zwischen einem Erwachsenen und einem Kind fällt sofort unter den Generalnenner Inzest! Es werden Verhaltensregeln für Schulen formuliert mit der Absicht, Kinder gegen ungewünschte Übergriffe von Lehrkräften zu beschützen. Eine Lehrkraft darf dann ein Kind nicht mehr unter vier Augen sprechen, immer muss eine dritte Person dabei sein. Es wird ebenfalls in Regeln festgelegt, bis zu welchem Alter ein Kind auf den Schoß genommen werden darf. So wird versucht, den respektvollen Umgang mit dem Kind von außen durch ein System von Ge- und Verboten festzulegen und zu erzwingen. Die sich daran halten, sind nicht diejenigen, die Kinder bedrohen, sondern ohnehin bereits respektvolle Erwachsene, die jetzt in verkrampfter Weise mit Kindern umgehen sollen. Ein krankes Gehirn, das ein Kind zu missbrauchen versucht, wird durch diese Regeln nur gezwungen, mehr zu kaschieren und mehr Gewalt anzuwenden, um ein Kind zum Schweigen zu bringen. Wir haben es hier mit einer gesellschaftlichen Überreaktion zu tun, die genau das Gegenteil des Gewünschten erreicht. Wie kann ein Kind den Unterschied zwischen einer normalen Liebkosung und einer inzestuösen unterscheiden, wenn es nie ›normale‹ Liebkosungen erfahren hat? Insbesondere in Kontakt mit anderen Eltern wird die natürliche Nähe zwischen Erwachsenen und Kindern aus Angst negativ eingefärbt und häufig verboten. Angst ist jedoch immer ein schlechter Ratgeber.

Wenn ein Erwachsener eine sexuelle Beziehung mit einem Kind sucht, dann sucht dieser Mann oder diese Frau grundsätzlich eine *ungleichwertige* Beziehung. Dies wurzelt in dem Bedürfnis, der Individualität des anderen nicht zu begegnen, damit man nicht in den ›Spiegel‹ des anderen schauen muss. Kinder verfügen noch nicht über eine erwachsene Individualität, und so kann diese auch keine unangenehmen Konfrontationen beim Erwachsenen herbeiführen.

Selbstverständlich kann niemals von einer erwachsenen sexuellen Liebesbeziehung zwischen einem Erwachsenen und einem Kind gesprochen werden, es kann sich höchstens um Verliebtheit des Erwachsenen in Bezug auf den Kinderkörper handeln. Liebe bedarf nämlich der gestalteten Individualität als Basis, und diese ist bei einem Kind noch lange nicht herangereift. Der wahre Kern eines Kindes erwacht erst um das 20. Jahr herum. In einem Kind schläft dieser noch und lebt in Hingabe (oder aber in Rebellion) gegenüber der Individualität der Menschen in seiner Umgebung. Dieser noch schlafenden Individualität des Kindes dürfen keine Albträume bereitet werden durch egoistische inzestuöse Handlungen Erwachsener. Geschieht dies doch, besteht das Risiko, dass sich die schlafende Individualität tief in sich selbst zurückzieht und sich später weigert, zu erwachen.

Wenn eine Neigung zur Sexualität mit einem nicht erwachsenen Menschen besteht, deutet dies immer auf eine ängstliche und zu kleine oder gar ungeborene Individualität hin. Es ist ein Beleg für die Angst, Beziehungen auf einer gleichwertigen Basis zu bilden, und darüber hinaus auch ein Zeichen für eine gewisse Feigheit in Bezug auf die Überwindung dieser Angst. Wenn bei Jugendlichen die Individualität gekräftigt ist und sie den Mut finden, sie selbst zu werden, so verhindert dies zugleich, dass sie sich in ungleichgewichtige Beziehungen flüchten. Dies bietet die beste Garantie gegen Kindesmissbrauch. Gleichwertigkeit kann bereits in Freundschaften erübt werden, auch dort ist es wichtig, dass die wechselseitigen Kraft- bzw. Schwächeverhältnisse stimmen. Sexuelles Interesse an Kindern entsteht, weil die Neigung, Beziehungen auf ungleichwertiger Basis zu bilden, in extreme, ja krankhafte Formen entartet.

Nicht ohne Grund kam es in stark autoritär geführten Internaten und Familien zu so vielen Fällen von Inzest. Die Erwachsenen vergrößerten in solchen Milieus ihre normale Individualität in extremem Maße auf Kosten der Kinder. Diese konnten sich kaum wehren, weil sie keine normale körperliche Elternliebe erfahren und nie die Freiheit erhalten hatten, ihr Eigenwesen wirklich zur Individualität zu entfalten. So waren und sind noch immer Kinder und Jugendliche in solchen Macht-Institutionen eine leichte Beute. Denn Zwang und Machtmissbrauch vergewaltigen zuerst die Individualität und danach den Körper. Deswegen muss darauf geachtet werden, dass Kinder in der Ausbildung ihrer eigenen Kraft und Würde nicht geschwächt werden. Zugleich müssen wir darauf achten, dass sie nicht mit Menschen in Berührung kommen, die nicht in der Lage sind, normale, erwachsene Beziehungen einzugehen und zu pflegen. Dies funktioniert besser als alle Vorschriften, die verbieten, dass Kinder geliebt, getröstet und gehegt werden.

Warum regeln wir eigentlich innere Probleme und Nöte stets aufs Neue auf dem Wege über äußere Regeln und Vorschriften? Die Probleme und die Nöte werden dadurch weder gelöst noch erkannt. Was nicht inhaltlich verstanden und angegangen wird, kann auch nicht durch irgendeine äußere Form gelöst werden. Zuerst muss der inhaltliche Aspekt durchschaut werden, danach können sinnvolle Maßnahmen getroffen werden, die zum Beispiel Inzest verhindern. Inhalt und Form gehören zwar zusammen, doch immer ist es der Inhalt, der die Form verursacht. Die Form als solche bringt keinen Inhalt hervor, sie wird erst durch den Inhalt realisiert. So betrachtet ist auch Inzest ein Schrei danach, im Innern mit der kostbaren Frage nach einer gesunden sexuellen Beziehungsbildung und der inhaltlichen Auseinandersetzung mit dem Heranwachsen einer starken und wehrhaften Individualität ins Reine zu kommen. Die Beschäftigung mit diesen Inhalten wird, wenn sie ausgereift ist, die entsprechenden Verhaltensformen hervorbringen, die zu ihnen passen.

Der Gott Merkur war früher der Gott des Handels wie auch der Diebe. Inzest ist so etwas wie Einbruch und Diebstahl und somit eine Degeneration merkurialer Kräfte. Die Bildung ungleichwertiger Beziehungen zwischen einem dominierenden und einem sich unterordnenden Partner ist eine Form unehrlichen ›Handels‹. Unehrlicher Handel bedeutet hier, dass der eine Partner sich auf unrechtmäßige und ungerechte Weise auf Kosten des anderen bereichert. Partner müssen einander gewachsen sein, auch wenn sie einander ergänzen und widerstreitende Fähigkeiten haben. Sonst kommt es zwischen ihnen rasch zum ›illegalen Handel‹ mit illegalen Grenzüberschreitungen, wobei sich Individualitätsverlust, Machtmittel und Unwahrheiten zwischen die Menschen schieben. Auch das ist eine Degeneration merkurialer Kräfte. Dann entartet das goldene Liebestor zwischen Menschen zu einer zugemauerten Öffnung, in der ein schwarzes Loch klafft, in welchem alles, was gut und liebevoll ist, spurlos verschwindet. Gegen diesen Diebstahl und diesen Handel müssen wir uns und den anderen beschützen.

Zumeist offenbart sich erst während der ersten Auseinandersetzungen und Meinungsverschiedenheiten, wie die wahren Verhältnisse liegen. Wir streiten uns leider hauptsächlich erst *nach* der ersten Verliebtheit statt *während* dieser Phase, wodurch wir Gewohnheiten und Muster, die dann bereits gebildet sind, zurücknehmen müssen. Nach einem gesunden, ebenbürtigen Streit wächst häufig eine neue Verliebtheit zwischen Menschen heran, die bereits länger eine Beziehung hatten. Denn in diesem Aufeinanderprallen werden wir mit der Individualität des anderen konfrontiert; und wenn die Auseinandersetzung gut und gleichwertig verlaufen ist, werden sich nach dem Beziehungsgewitter aufs Neue Schmetterlinge im Bauch melden!

Ungleichwertige Beziehungen zwischen einem starken, autonomen Menschen und einem abhängigen Partner sind nur dann nicht schädlich, wenn der stärkere Partner integer ist und mit liebevollem Respekt den schwächeren Partner umhüllt und trägt. Es ist wohl deutlich, dass dies im Grunde Fürsorge-Beziehungen sind, die einer Eltern-Kind-Beziehung ähneln. Eigentlich handelt es sich hier um *Adoptivbeziehungen*, in denen die Fürsorge des einen Partners für den anderen im Mittelpunkt steht. Von einer vollwertigen Partner-Beziehung kann hier keine Rede sein, obwohl das Leben und das Schicksal solche Lebensformen mit sich bringen können. Mit wem wir und was wir leben, ist eben nicht irgendein zufälliger Lebensfaden, den wir bei unserer Geburt schon mitbrachten. In der Biografie entstehen die Situationen aufgrund dessen, wie wir uns entwickeln und wie wir den Menschen begegnen, mit denen wir einen gemeinsamen Weg zu gehen haben. Wie wir diesem Weg Gestalt verleihen, was wir daraus machen – das steht uns frei.

Beeinflussung – ›Injektion‹

In den letzten Jahrzehnten hat die Verwendung des Begriffs der ›Projektion‹ stark zugenommen. Wir behaupten, dass der andere etwas ist oder verursacht, was in Wirklichkeit aus uns selbst hervorgeht. Damit haben wir etwas von uns in den anderen *projiziert*. Wenn wir Angst davor haben, nicht akzeptiert zu werden, behaupten wir zum Beispiel, die anderen seien nicht freundlich genug zu uns. Solche Projektionen können wir ständig in uns wahrnehmen, und wir können versuchen sie zu vermeiden. Dies gelingt, wenn wir erkennen, wer der wirkliche *Absender* einer Wahrnehmung oder eines Gefühls ist. Dann kann die Botschaft – jedenfalls wenn es sich um eine Projektion handelt – zurück zu uns als *Eigentümern* gelangen, die Verwirrung hat ein Ende und eine Lösung kann beginnen.

Es gibt aber auch die umgekehrte Wirkung, die in intimen Beziehungen auftreten kann und die eng mit der Anknüpfung sexueller Beziehungen einhergeht. Wenn Menschen, wie es auf dem Gebiet der Sexualität der Fall ist, intimer als intim miteinander sind und sich Körper und Seele vereinen, dann vermischen sich auch ihre Gedanken, Gefühle und Ziele. Und genau das suchen wir auch, denn dadurch nehmen wir den anderen in uns auf und verbinden uns mit ihm. Weil dies eine so wundersame Nähe mit sich bringt, ist der Umgang damit auch so unglaublich wichtig. Wundervoll vertraut kann der eine Mensch dem anderen werden, sowohl in der Nähe des nackten Körpers, im leidenschaftlichen Begehren als auch in der Intimität der Gefühle und Gewohnheiten, Gedanken und Empfindungen.

Im entscheidenden Moment will sich die Seele in merkurialer Beweglichkeit verströmen, zugleich will sie sich aber auch in ihrer zusammenhängenden Kraft erfahren, wie es uns das Quecksilber vormacht. In zwei Richtungen können wir also unsere Individualität verlieren, ohne dies zu bemerken und ohne sie danach wiederzufinden: Die eine Gefahr ist die der bereits genannten Projektion. Alles, was uns selbst betrifft, können wir auf den anderen projizieren; dann liegt unser gesamtes Elend immer an unserer Beziehung, oder wir haben das Gefühl, dass wir nur dank unseres Partners etwas darstellen.

Verlieren wir unsere Individualität auf die zweite Weise, so lässt sich diese Gefahr mit dem Begriff der *Injektion* bezeichnen. In diesem Falle wird alles, was der andere kann und ist, beziehungsweise alles, was der andere nicht kann und nicht ist, in uns selbst injiziert. Dann ersetzen wir unsere Individualität durch die des anderen, und auf diese Weise verlieren wir die Verbindung mit uns selbst. Wir wissen nicht mehr, wer wir sind und wie wir sind. Was wir *in uns* wahrnehmen, stammt ausschließlich vom anderen, doch wir leben in der Unterstellung, dass es etwas von uns sei. Obwohl es eine soziale Begabung ist, den anderen in sich selbst wahrnehmen zu lernen, ist es eine soziale Katastrophe, wenn dies mit dem Austreiben dessen einhergeht, was wir selbst sind. Auf diese Weise kann kein echtes Verständnis des anderen entstehen, weil gar kein Selbst mehr da ist, das den anderen verstehen könnte. Nur Chaos und Verwirrung bleiben zurück.

Kleine Kinder nehmen die innere Verfassung ihrer Eltern in sich auf und werden dann so, wie auch die Eltern sind. Wenn diese gestresst und nervös sind, zeigen auch die Kinder ein gestresstes und nervöses Verhalten. Es kann einen ganz verrückt machen, wenn man die eigene negative innere Verfassung in so ungefilterter Form injiziert bei den Kindern wahrnimmt! Wir müssen dann doppelte Arbeit leisten ...

Zum Glück ist auch das Umgekehrte eine Realität, denn Fröhlichkeit und Ruhe injizieren sich genauso gut bei Kindern. Diese besondere Qualität der Kinder gehört zum kleineren Kind. Später bleibt diese Fähigkeit erhalten als die Begabung, einen anderen Menschen innerlich zu erfühlen und zu erleben. Jede Lehrkraft und jeder Therapeut, der verbindend wirken kann, arbeitet mit dieser ›erwachsenen Variante‹ der kindlichen Aufnahme-Fähigkeit. Beim Erwachsenen ist diese kräftige Injektion jedoch ein bewusster Vorgang, sie ist also kein Automatismus der Individualität. Als Pädagoge, Therapeut oder Arzt wissen wir, was auf uns selbst zurückgeht und was wir aufgrund der Begegnung mit einem anderen Menschen in uns selbst erfahren und wahrnehmen – jedenfalls *sollte* es so sein ...

Auf dem Gebiet der Sexualität zerfließen und verwischen sich die Grenzen. Das bedingt ja das Glück und die Befriedigung, die wir daran erleben. Das gibt unserem isolierten Dasein Befreiung und Luft. Die Partner gehen buchstäblich mit Leib und Seele ineinander auf. Wenn es danach zu einer ganz natürlichen Rückkehr in sich selbst kommt, nimmt dabei jeder etwas vom anderen mit. In stärkerem oder schwächerem Maße lebt der andere noch in uns. Und weil dies in einer so intimen Weise und so körperlich geschieht, besteht das Risiko, dass der Unterschied zwischen der *Eigenheit* und dem *Anderssein* verschwindet. Die Gefahr besteht, dass die eigene Individualität unbewusst sogar vollständig durch die injizierte Eigenheit des anderen ersetzt wird. Genau wie bei einem kleinen Kind zeigt dann der eine Partner nur noch die Charakteristika des anderen und begräbt unbewusst die eigenen. So kommt es zur Entfremdung von sich selbst und zum Aufgehen im anderen. Auf dem Gebiet der kleinen Eigenarten und Gewohnheiten ist dies ganz natürlich und immer wieder der Fall. Es ist nichts Schlimmes, es geht wie selbstverständlich aus dem gemeinsamen Lebensband hervor. Das nahtlose gegenseitige Hineinleben und Einfühlen in den Partner ist etwas, was auch nach einer gewissen Zeit des Zusammenlebens entsteht. Bis hierhin handelt es sich um einen gesunden Aspekt. In dem Moment allerdings, wenn im Inneren des einen lediglich der Inhalt des anderen spricht und das Individuelle verschwunden ist, sprechen wir von *Injektion*. Und weil das Eigene jetzt fehlt, *kann* diese kuckuckseiartige Wirkung gar nicht mehr wahrgenommen werden.

Eine gute Gewohnheit am Beginn einer Beziehung, insbesondere bei jungen Menschen, ist daher *Zurückhaltung*. Das eigene Leben sollte nicht mit dem des anderen verwechselt werden. Das Selbstgestalten bietet der noch zarten Individualität den notwendigen Halt.

Ein anderes gutes Gegenmittel gegen die Injektion fanden wir bereits bei Zinn/Jupiter. Wir können einander Fragen stellen, und dies ist sehr wichtig, um dem unbewussten Verlust der Individualität entgegenzutreten. Fragen wie: »Was willst du eigentlich wirklich? Bis wohin willst du gehen? Wie findest du dies?«, sollten wir einander, insbesondere als Sexualpartner, häufig stellen. Wichtig ist hierbei, dass wir immer wieder voneinander Abstand nehmen und *zu uns kommen* können, im übertragenen wie im konkreten Sinne. Wenn Partner immer alles zusammen tun und ständig alles voneinander wissen und wissen wollen, kreist das Individuum niemals mehr um sich selbst. Es lässt sich dann kaum mehr klar unterscheiden, was projiziert oder injiziert wird, bzw. was aus der eigenen Individualität stammt. Nicht ohne Grund ist es für ältere Menschen schwieriger, das Zusammenleben zu erlernen. Die Eigenheit, die Individualität, hat sich stark in unzähligen kleinen Verhaltensweisen und Ansichten auskristallisiert, gerade durch ein früheres Zusammenleben mit anderen Partnern. Bei diesen biografisch späten neuen Beziehungen ist darum die Gefahr, die Individualität zu verlieren, viel geringer.

Vielleicht beruhte früher der Sinn einer längeren vorbereitenden Zeit, in der sexuell noch nichts erlaubt war, auf solchen Tatsachen. Die Möglichkeit, den anderen kennenzulernen und dabei die eigene Zeit, das eigene Leben und den eigenen Körper noch nicht mit ihm zu teilen, bot viel mehr Chancen für den Erhalt der Individualität, als das Leben, das wir heute im Allgemeinen führen. Rasend schnell werden Beziehungen gebildet, es wird gelebt, geliebt und miteinander geschlafen, rasch zieht man zusammen. Es geht hier keineswegs um die Rückkehr zu einem Tabu oder einem Dogma, sondern darum, zu erkennen, welchen Sinn solche alten Gepflogenheiten hatten. Dadurch kann die Einsicht entstehen, dass derjenige, der sich *zurück*halten kann, das in sich *er*halten kann, was in ihm das Individuelle ist (und natürlich auch das, was das Individuelle des anderen ist).

Im Handy- und E-Mail-Zeitalter wissen wir sofort alles voneinander. Erreichbarkeit ist natürlich Gold wert. Aber man kann diesen Dingen auch verfallen und ständig um den anderen kreisen, anstatt in sich selbst zur Ruhe zu kommen. Dann geht man nicht mehr ›bei sich selbst zu Rate‹, dann können wir uns nicht mehr in Stille Selbstverlust oder Selbstübersteigerung bewusst machen. Freiheit ist eine ganz wichtige Vorbedingung für ein gesundes Zusammenleben. E-Mails und Handys unterstützen nur teilweise diese Freiheit. Sie ermöglichen auch die Kontrolle über jeden Schritt, den der andere macht, sie suggerieren ständige Verfügbarkeit und wirken deswegen auch unfrei machend. Ständig hören und sehen wollen, ob der andere unser Leben nicht vergessen hat, kaschiert die Erkenntnis, dass wir möglicherweise das eigene Leben ebenfalls nicht mehr so recht im Griff haben ...

Blei – Saturn

Saturn ist der zweitgrößte Planet mit mehr als zehn Trabanten, seine Masse beträgt 25 Prozent mehr als die der Erde. Dennoch ist die Schwerkraft etwas kleiner als die, die wir täglich auf der Erde erfahren. Seine Dichte, also sein spezifisches Gewicht, ist dagegen die Geringste aller Planeten. Saturn hat mit 29,5 Jahren eine sehr lange Umlaufzeit um die Sonne und eine Rotationsgeschwindigkeit um die eigene Achse von 10,2 Stunden. Von den in diesem Buch besprochenen Himmelskörpern ist er am weitesten von der Sonne entfernt, er empfängt weniger Energie von ihr, als er selbst ausstrahlt. Saturn ist also in Bezug auf den Abstand zur Sonne und die Eigenumdrehung das vollkommene Gegenteil des Merkur.

Das mit Saturn verwandte Metall ist das Blei. Blei ist extrem schwer, es hat eine enorme Dichte. Es ist sehr beständig und dennoch knetbar. Es wurde als Grundsubstanz für Gewichte, Münzen, als Silberersatz und zum Anfertigen von Wasserleitungen verwendet. Als die Schusswaffen erfunden worden waren, wurde Blei rasch dafür eingesetzt, Projektile und Kugeln herzustellen, denn es ist schwer und dennoch leicht zu schmelzen. Die USA fördern fast die Hälfte (40 Prozent) der Weltproduktion, die Sowjetunion liefert ebenso einen großen Anteil (30 Prozent). Blei wird in Minen gewonnen. Dort kommt es in Kombination mit anderen Metallen wie Zink, Silber und Kupfer vor.

Heute wird Blei noch für die Anfertigung von Glasfenstern, Batterien, im Telefonverkehr, bei Energie- und Elektrizitätswerken und für die Herstellung von Farben benutzt. In Krankenhäusern schützen Bleischürzen gegen Röntgenstrahlen, Blei ist ganz entscheidend für die Abwehr von radioaktiver Strahlung.

Es gibt zwischen diesem Planeten und dem zu ihm gehörigen Metall eine ganze Reihe merkwürdiger Gegensätze. Saturn ist groß, dennoch weist er nur eine geringe Dichte auf und strahlt mehr Energie aus, als von ihm empfangen wird. Blei wird nur in kleinen Mengen gleichzeitig angetroffen, es ist extrem schwer und dicht, wehrt Strahlung ab und isoliert.

Saturn ist von zahllosen Gesteinskörpern umringt, die von ihm angezogen werden und in Ringen um ihn kreisen. Blei fühlt sich sehr kalt an – wer würde sich angezogen fühlen von diesem matten, grauen, schweren Material? Es strahlt nichts aus, sondern es stößt Strahlung ab, wobei gerade darin sein Wert liegt. Mit Blei dichten wir ungewünschte Öffnungen. Wenn das Dach leckt, benötigen wir Blei, im Niederländischen wird der Klempner noch heute als Bleigießer bezeichnet. Er dichtet die undichten Leitungen ab.

In diesem Kontrast wird bildhaft sichtbar, dass Licht und Schatten, Schnelligkeit und Langsamkeit, treues Sich-Verbinden und abschirmende Isolation zu Saturn und Blei gehören; dieses Kapitel wird sich dieser Frage eingehend widmen. Man könnte sagen, dass Saturn in gewisser Hinsicht ein leuchtendes Beispiel ist: Saturn hat sich gleichsam von Schwere und egoistischer Aggression freigemacht. Diese sind um ihn herum sichtbar als Felsbrocken und Zersplitterung, jedoch umgeformt zu einem wunderbaren, zusammenhängenden, runden Licht-Kreis. Das Beispielhafte des Saturn liegt gewissermaßen als Auftrag überall in der Erde und in unserer Umgebung verborgen. In jeder Beziehung will die Bleischwere ausgegraben werden, um zum Leben beizutragen. Dies geschieht, wenn das Blei uns lehrt, keine Kugeln aus ihm zu gießen, sondern einen schützenden, freien Kreis liebevoller Aufmerksamkeit daraus entstehen zu lassen, der den anderen behütet und umgibt. So steht das strahlende Vorbild des Saturn am Himmel und so liegt die Aufgabe des Saturn als Blei in der Erde.

Wie viel Mühe es auch kosten mag, der Sonne zu folgen und in großer Entfernung von Wärme und Licht zu existieren – Saturn tut nichts anderes und schenkt darüber hinaus noch selbst Energie. Bleischwere Gedanken, Vorwürfe und Beschuldigungen isolieren uns sozusagen auf unserem ›eigenen Planeten‹. Der Sonne des anderen zu folgen bedeutet: in schenkender Liebe das Wesen des Partners zu erwärmen, selbst wenn dieser uns noch etwas schuldet. Saturn lehrt uns, immer mehr zu geben, als empfangen wurde, und das ist wahre Größe. Sie basiert nicht auf der Berechnung von Rechten, die uns zustehen mögen, sondern auf dem, was uns wirklich verbindet. Menschlichkeit drückt sich in der Möglichkeit aus, Schwere in das Element der Leichte zu heben, indem in Freiheit geschenkt wird, wozu niemand uns verpflichten kann.

Dieser rote Faden zieht sich durch alles, was mit Saturn und dem Blei zusammenhängt.

In der Pubertät ist die Saturnwirkung sichtbar, wenn der Jugendliche beginnt, sich mit MP3-Player und Kopfhörer in sein Zimmer zurückzuziehen. Die Isolationstendenz ist erwacht und es entstehen alle möglichen Widerstände und Antipathien, wodurch Eltern und Erzieher als »komisch« und »doof« abgestempelt werden. Das notwendige Zerbrechen des Zusammenhangs zwischen Eltern und Jugendlichen findet jetzt statt. Ist diese Wirkung zu stark, so werden die Bande zu schnell oder zu rigoros zerbrochen. Ist diese Wirkung zu schwach, bleibt der Jugendliche zu stark der häuslichen Situation verhaftet.

In einer Vortragsreihe mit dem Titel *Die Evolution vom Gesichtspunkte der Wahrhaftigkeit*[14] beschreibt Rudolf Steiner die Entstehung von Erde und Menschheit. Darin bezeichnet er die erste Evolutionsphase als die »Saturnphase«. Es ist die Periode des Ursprungs unseres Daseins. Alles beginnt mit Verdichtung, mit angesammelter Wärme, weil geistige Strömungen stagnieren. Es ist, als würde eine »Bleischürze« geschaffen, durch welche sich die warmen, liebevollen Ströme verdichten und zurückgeworfen werden. Infolge der Schaffung einer Trennung, des Zerbrechens eines vordem freien Strömens, entstanden die Menschheit und damit ihr Entwicklungsweg. Saturn ist daher der Vertreter jener Kraft, die Verbindungen zerbricht. Neue Verbindungen können dadurch entstehen, dennoch ist immer auch der Schmerz der Trennung dabei. Der Tod gehört deswegen ebenfalls zum Saturn, als der »Meister« der notwendigen Trennung dessen, was verbunden war.

Blei scheidet das Eine vom anderen. Ob diese Wirkung als todbringend oder als lebenschützend erfahren wird, hängt von dem Standpunkt ab, den wir einnehmen. Handelt es sich um eine stark radioaktive Strahlung, so ist Blei der Beschützer des Lebens, denn dieses Metall wehrt die tödliche Strahlung ab. Doch früher, als die Wasserleitungen in den Häusern noch aus Bleirohren bestanden, gelangten mit der Zeit feine Bleipartikel ins Trinkwasser, wodurch sich eine schleichende Bleivergiftung entwickeln konnte. Denn im Menschen wirkt Blei giftig und tödlich.

Was hat dies alles mit der Frage der Sexualität zu tun? Sexualität ist das Gebiet von Geburt und Tod, Saturn und Blei sind darin überall erfahrbar. Blei bewirkt die Trennung, die Scheidung von Jugend und Erwachsensein. Wenn eine Frau schwanger wird und ein Kind bekommt, gibt sie auch ein Stückchen Körper und Jugend dahin. Mann und Frau fühlen den Unterschied zwischen der Zeit vor und nach der Geburt des Kindes sehr stark. In ihren Gefühlen, in der Ruhe und dem Raum, den sie füreinander schaffen, vielleicht auch im Bereich ihrer sexuellen Bedürfnisse. Überall muss etwas ersterben, um Raum für Neues zu schaffen.

Die Saturnphase ist eine uralte Phase. Einen Blick für die Tatsachen, die mit Saturn, Leben und Tod und somit der Bleiwirkung zusammenhängen, erwerben wir uns erst, wenn wir sehr langsam und gründlich vorgehen. Denn meistens wird alles auf dieser Ebene erst dann klar und verständlich, wenn man in die fernere Vergangenheit zurückblickt.

Abtreibung

Eine besonders eindringliche und radikale Rolle spielt die ›Bleifrage‹, wenn es sich darum handelt, ob eine Abtreibung vorgenommen werden soll oder nicht: Leben und Tod, ein rosafarbenes Baby oder ein bleigrauer Leichnam? Eine im wahrsten Sinne bleischwere Entscheidung für jeden Menschen, der damit konfrontiert ist. Besonders wichtig ist es für Partner, Eltern und natürlich für Jugendliche, über diese Entscheidung miteinander zu sprechen, schon bevor eine Schwangerschaft eingetreten ist.

Wer ungewollt schwanger ist und unter dem Schock dieser Tatsache steht, der hat *wenig Zeit,* sich zu entscheiden. Saturnische Bleilast-Entscheidungen bedürfen jedoch gerade reichlicher Zeit. Ab dem Moment der Entdeckung der Schwangerschaft bis zum letzten Moment, in dem eine Abtreibung noch gesetzlich legal ist, handelt es sich nur um wenige Wochen, ja manchmal sogar nur um einige Tage. Die Entscheidung über Leben und Tod in einem so kurzen Zeitraum und unter dem Druck unerwarteter Umstände ist äußerst schwierig. Die Gefahr einer falschen Entscheidung, die später zutiefst bedauert wird, ist extrem gegenwärtig.

In unserer Kultur ist Sexualität zwischen Jugendlichen überall möglich. In zunehmendem Maße wird dies auch als »normal« erklärt. Im

Allgemeinen dreht sich heute niemand mehr um, wenn er zwei heftig miteinander turtelnde Fünfzehn- oder Sechzehnjährige erblickt. Wenn es sich dagegen ganz konkret um die eigene fünfzehn- oder sechzehnjährige Tochter oder den Sohn handelt, wird mancher Elternteil dies anders erleben. Dann wird meist eine berechtigte, bunte Mischung aus Widerständen gegen die Jugend-Sexualität erlebt.

Diese Widerstände entspringen manchmal egoistischen und niederen Motiven. Es kann zum Beispiel sein, dass wir als Eltern geradezu eifersüchtig werden auf diesen Jungen oder dieses Mädchen, die unser Kind ›kassieren‹ und sich bis in die intimsten Winkel seines Körpers bemächtigen. Es kann sein, dass wir unser Kind noch als Kind sehen und es beschützen wollen. Häufig entspringen solche Widerstände jedoch der völlig berechtigten Sorge um die Jugendlichen. Vielleicht sehen wir als Eltern, dass unser Kind noch nicht reif für sexuelle Handlungen ist oder dass es dazu gezwungen wird. Uns drückt dann die Unfreiheit, in die sich das Kind verstrickt hat, oder wir haben Probleme mit dem raschen Älterwerden, dem beschleunigten Erwachsenwerden unseres Kindes. Außerdem sind da auch noch die Sorgen in Bezug auf Infektionen durch Geschlechtskrankheiten oder eine ungewollte Schwangerschaft.

Mit der Erfindung der Pille schien es, als gehöre jegliches Risiko einer ungewollten Schwangerschaft ein für allemal der Vergangenheit an. Aber die Verhütungsmittel, die den höchsten Schutz bieten, wie die Pille und die Kupfer- oder Hormonspirale, bieten höchstens einen Schutz von 98 Prozent. Wenn die Pille nicht regelmäßig eingenommen oder bei Krankheiten vergessen wird, lässt ihre Zuverlässigkeit selbstverständlich extrem nach. Die abstrakte Tatsache der 98-prozentigen Sicherheit bedeutet im Klartext: zwei Prozent gezeugte Kinder. Sie laufen überall herum, diese Kinder. Gleichzeitig laufen auch viele dieser zwei Prozent von Kindern *nicht* herum, weil sie nicht geboren, sondern abgetrieben wurden.

Eltern, die verstehen, wie wesentlich eine gute Sexualaufklärung ist, können sich der Verantwortung nicht dadurch entziehen, dass sie lediglich irgendein Aufklärungsbuch kaufen und dies dem Kind geben. Es handelt sich nämlich nicht nur darum, zu wissen, wie ein Mädchen oder ein Junge anatomisch gebaut ist, oder um wissenschaftliche Tatsachen in Bezug auf Fortpflanzung, hormonale Veränderungen und so weiter. Das Besprechen der inhaltlichen und beziehungsmäßigen Seiten der Sexualität ist mindestens genauso wichtig wie die körperliche Seite des Ganzen. In diesem Zusammenhang muss auch über Abtreibung gesprochen werden. Es handelt sich darum, den Mut zu entwickeln, bei der Besprechung der Sexualität als Eltern mit den Kindern auch über Leben und Tod zu sprechen, *bevor* es unbedingt notwendig geworden ist, weil im Falle einer unerwarteten Schwangerschaft innerhalb weniger Wochen eine ›bleischwere‹ Entscheidung getroffen werden muss. Es ist besser, sich dessen bewusst zu sein, dass jede Tochter zu früh schwanger werden kann und jeder Sohn zu früh ein Kind zeugen kann. Wenn so etwas dann tatsächlich passiert, muss über dieses Thema nicht zum allerersten Mal nachgedacht und gesprochen werden, vor allem nicht unter dem Druck der Umstände.

Wenn ein Mann seine Frau zu einer Abtreibung zwingt, sei es direkt oder in manipulierender Weise, oder auf der anderen Seite eine Frau sich einseitig für eine Abtreibung entscheidet, dann kann dies eine extreme Belastung des Zusammenlebens und der Sexualität bedeuten. Besprechen Sie deswegen als Eltern miteinander, ob Sie bereit wären, ein ungeplantes Enkelkind aufzuziehen oder bei der Erziehung zu helfen, wenn sich die Situation bei Ihrem jugendlichen Kind ergeben sollte. In unserer Kultur ist es selbstverständlich, dass Kinder zur Ungezwungenheit in Bezug auf das Gebiet der Begegnungen mit dem anderen Geschlecht erzogen werden. Sexualität darf heutzutage existieren, sie spielt bereits vor dem Erwachsenenalter eine Rolle und auch bevor sich eine feste Beziehung herausgebildet hat. Die Konsequenz dieser freieren Haltung ist allerdings auch die, dass wir so erwachsen und bereit sein müssen, deren Konsequenzen in den Blick zu nehmen. Sprechen Sie also als Eltern miteinander darüber, was Sie im Falle einer ungeplanten Schwangerschaft tun würden. Das ist von allergrößter Wichtigkeit für die Beziehung zu Ihrem Kind, aber auch für die zu Ihrem Partner. Wenn Ihr Partner, einmal mit der Schwangerschaft des Jugendlichen konfrontiert, sich weigert, ein neues Kind in den Haushalt aufzunehmen, kann dies zum Anlass einer Abtreibung werden. Weil keine gute, gemeinsame Basis der Großelternschaft gegeben ist, verliert Ihr Kind dann ein Kind und Sie als Großeltern ein Enkelkind. Dass dies nicht ohne Folgen für Ihre Beziehung bleibt, ist wohl nachvollziehbar. Zwischen Eltern und Jugendlichen und zwischen den Eltern untereinander wird jede Entscheidung, die auf diesem Gebiet getroffen wird, tief und lange nachwirken.

Sagen Sie als Eltern gemeinsam aus vollem Herzen Ja zum Mit-Erziehen eines ›zu früh‹ geborenen Enkelkinds, so kann Ihr Kind in Bezug auf das Baby eine ausgeglichenere Entscheidung treffen. Sagen Sie als Eltern auf jeden Fall *zusammen* Ja oder Nein, so werden Sie sich jedenfalls nichts vorzuwerfen brauchen. Es kann höchstens sein, dass Ihr Kind Ihnen vorwirft, Ihr Einfluss sei daran schuld gewesen, dass die Schwangerschaft bis zum Ende durchgetragen oder aber abgebrochen wurde. In allen Fällen handelt es sich um eine einmalige Entscheidung, die niemals mehr rückgängig gemacht werden kann. Dies muss bereits vorher gut vorbereitet werden, solange noch Zeit und Raum dafür da ist. Ein Kind zu bekommen, ist eine lebenslange Realität. Aber nicht weniger auch das *Nicht-Bekommen* eines Kindes. Für alle Beteiligten wird eine Entscheidung, die hinterher bedauert wird, zu einer bleischweren Last werden.

Mit dem Zur-Verfügung-Stellen von Verhütungsmitteln ist dieses Thema also keineswegs vom Tisch. Noch immer bedeutet das sexuelle Aktivwerden eine potenzielle Elternschaft. Auch für Dreizehn- und Vierzehnjährige. Weil heute keine ständige Angst mehr vor einer Schwangerschaft zu bestehen braucht, ist der Schock, wenn diese doch eintritt, bei Jugendlichen und ihren Eltern umso größer. Reine Warnungen auszusprechen, ist nicht ausreichend, es bleiben kleinere oder größere ›Spalten‹ in der scheinbar so sicher verschlossenen Tür. Darum ist das in aller Offenheit geführte Gespräch so wichtig, damit nicht irgendwann zwei verängstigte jugendliche Mädchen wegen einer Abtreibung zum Arzt gehen, weil eins der beiden schwanger ist. Dies wollen Sie Ihren Kindern doch nicht antun? Pädagogen hämmern darauf, dass sich die Jugendlichen auf dem Gebiet der Sexualität ihrer Verantwortung bewusst werden. Eltern können ihnen darin helfend zur Seite stehen.

▬▬ Die Lektion des Kronos

Um eine gute Abwägung in Bezug auf eine mögliche Abtreibung vorzunehmen, ist es von größter Wichtigkeit, sich von Anfang an die Konsequenzen für alle Beteiligten klarzumachen, damit nicht im Rückblick entdeckt werden muss, dass jemand übersehen wurde, zum Beispiel der werdende Vater oder das ungeborene Kind selbst. Die Kräfte des Saturn wurden in den alten Kulturen durch Göttersagen dargestellt. Sie werfen auf diese Kräfte ein helles Licht, das uns auch heute noch helfen kann, ein gesundes Verhältnis zu einem so modernen Thema wie der Abtreibung zu finden.

Saturn ist ein Gott aus der römischen Mythologie. In den griechischen Mythen heißt er Kronos. Er ist einer der ersten Göttersöhne, und er lehnt sich auf Bitten von Gaia, seiner Mutter, gegen seinen grausamen Vater Uranos auf. So befreit er seine Brüder, doch der Preis, den er dafür bezahlen muss, ist hoch, denn fortan lebt er in der Angst, dass eine fürchterlichen Prophezeiung wahr werden wird: Eines seiner Kinder wird ihn vom Thron stoßen, wie er es selbst mit seinem Vater tat. Was tut Kronos daraufhin, von Angst getrieben? Er isst seine eigenen, unsterblichen Kinder auf, die Rhea ihm gebar. Aber es gelingt ihr, eines zu verstecken – Zeus. Dieser wächst auf und befreit die verschlungenen Brüder und Schwestern und besiegt in der Tat seinen Vater. Nach langen Götterkämpfen ist schließlich Zeus Herr und Meister auf dem griechischen Olymp. So weit der griechische Mythos.

Kronos zu besiegen – oder mit anderen Worten: Saturn besiegen – bedeutet immer: Abrechnung mit der Vergangenheit. Dies ist alles andere als leicht. Durch die griechische Mythologie zieht sich das Motiv des unentrinnbaren Schicksals seit dem Ursprungsbeginn der Erde. Was in der Gegenwart lebendig ist, wird von der Vergangenheit bestimmt. Kronos tut das, was er tut, auf der Grundlage der Taten seines Vaters Uranos. Und sein Sohn Zeus tut, was er tut, auf der Grundlage eines Schicksals, das wiederum vorausgesagt und verursacht wurde durch die Vergangenheit des Kronos. Die Geschichte lehrt uns: Saturn bewirkt, dass wir uns gegen die Zukunft verteidigen, weil in der Vergangenheit viel Belastendes geschehen ist. Die Zukunft wird repräsentiert durch die Kinder. Der Umgang mit ihnen wird dann von der eigenen

Vergangenheit und den Erfahrungen, die in ihr gemacht worden sind, bestimmt. Damit ist die Angst vor der Zukunft auf Basis der Vergangenheit zur Lebensgrundlage geworden. So isst die Vergangenheit die Kinder der Zukunft auf, genau wie in der griechischen Mythologie Kronos seine Kinder aufisst. Dies führt dazu, dass Kind und Zukunft aus dem Blickfeld verschwinden, wodurch sehr viel schief gehen kann. Es ist eine im wahrsten Sinne bleischwere Entscheidung, doch Blei ist nun einmal das Metall Saturns.

Was sagt uns diese griechische Mythe? Welche Kräfte nehmen wir wahr? Die Kraft der Vergangenheit bestimmt die Gegenwart (und damit die Zukunft) auf unangebrachte Weise. Wer die Vergangenheit in der Gegenwart auslebt, wird damit der Gegenwart und allem und allen, die in ihr eine Rolle spielen, in fundamentaler Weise untreu. Das ist die große Warnung, die von dieser Geschichte ausgeht. Saturn (Kronos) wird auf der Basis seiner Zukunftsangst ganz von der Vergangenheit bestimmt. Er hat Angst vor seinen Kindern! Dadurch verliert er die Zukunft aus dem Blick. Er hat keine Verbindung zu ihr, er hört und sieht die Zeichen nicht, die den Weg in die Zukunft andeuten. Seine eigenen Zukunftsmöglichkeiten hat er größtenteils aus Sicherheitserwägungen (dem Aufessen der Kinder) ›heruntergeschluckt‹. Was ihm jedoch entgleitet, ist die Zukunft selbst. Er lebt kinderlos, ohne Erneuerung, ohne Keime. Das Leben und die Entwicklung gehen jedoch weiter, sie holen ihn ein und lassen sich nicht aufhalten, selbst wenn Kronos der Meinung ist, dies sei möglich. Diese Illusion ist im Grunde eine Vogel-Strauß-Taktik. Sein Sohn Zeus muss mit Blitzen gegen ihn kämpfen. So auch verursacht der Mensch, der wie Saturn ängstlich versucht, die Zukunft zu verhindern, enorme Blitzentladungen.

Im Alltagsleben gibt es heftige Vorfälle, die sich wie ein Blitz aus heiterem Himmel einstellen: Plötzlich ist da ein heftiger Schmerz, der uns überfällt. Oder es trifft uns eine überwältigende Verliebtheit oder ein Unglück. Plötzlich werden wir im Stich gelassen oder sind bankrott. Aber es gibt auch, ja insbesondere, den plötzlichen Lichtstrahl, der in unser Bewusstsein fällt, durch den wir erkennen, dass wir unsere Zukunftsmöglichkeiten getötet, vernichtet, aufgegessen haben. Unsere verpassten Chancen stehen uns dann riesengroß vor Augen und es entbrennt ein ›Götterstreit‹. Was im Menschen Ewigkeitswert hat, das, was ein Mensch werden kann, seine Entelechie, nimmt den Kampf gegen die Vergangenheit auf. Es kämpft und vernichtet so lange unseren Körper und unser Leben, bis wir die verschluckten Kinder wieder hervorwürgen, die Möglichkeiten wieder ›ausspucken‹, die in uns verborgen waren. Unglaublich lädiert können wir aus diesem Kampf hervorgehen, aber dennoch mit dem ausgestattet, was unser urmenschliches Erbrecht ist. Dieses Recht besteht aus der Fähigkeit, zu werden, zu wachsen, uns im Jetzt zu entwickeln, das in jedem Augenblick Chancen für die Zukunft bietet.

Wenn wir diese Bilder in uns erwecken und auf das Gebiet der Erziehung und der Sexualaufklärung anwenden, so entdecken wir dort eine vergleichbare große Gefahr. Diese besteht darin, dass wir unsere persönliche Vergangenheit mittels unserer Kinder korrigieren wollen. Fühlten wir uns früher benachteiligt, so werden wir jetzt dazu neigen, unsere Kinder mit dem zu überstülpen, was uns einst fehlte. Waren wir früher zu ängstlich oder zu starr in unseren Gedanken und Verhaltensweisen, werden wir heute die Neigung haben, unseren Kindern beizubringen, sich in Ungezwungenheit vielerlei Freiheiten herauszunehmen. Durften wir keinen Sex haben? Unsere Kinder dürfen jetzt alles. Hatten wir unangenehme Erfahrungen mit unserem ersten Freund/unserer ersten Freundin? Bevor wir es uns versehen, bewachen wir unser Kind wie ein Zerberus vor demjenigen, was uns einst zustieß. Das sind alles logische und selbstverständliche Reaktionen, doch wir kämpfen hier auf der einen Seite mit unserer persönlichen Vergangenheit (der Kampf mit Uranos), und auf der anderen essen wir aus Angst unsere eigenen Kinder auf und tun so ihrer Zukunft und ihren Zukunftsmöglichkeiten Gewalt an. Dies führt dazu, dass diese Kinder insgeheim genau die Erfahrungen suchen, die wir ihnen gerade ersparen wollen.

Wenn wir die Jugendlichen bewachen, um ihnen unangenehme Erfahrungen zu ersparen, werden diese Jugendlichen möglicherweise in den ›Untergrund‹ gehen und dort, von den Eltern unbemerkt, leicht unangenehme Erfahrungen machen. Wenn die Kinder zudem noch Angst haben, werden sie nicht darüber reden. Auf diese Weise wird der Jugendliche mit seinen ersten sexuellen Erfahrungen allein bleiben, wenn diese belastet und problematisch sind. Allein mit seiner Verwirrung und seinen ängstlichen Fragen. Eltern sehen das nicht, wenn sie mit und aus den eigenen Erfahrungen der Vergangenheit leben. Auf diese Weise ›essen wir unsere Kinder auf‹. Sowohl die Kinder werden unsichtbar als auch die Entwicklung, die wir als Eltern selbst hätten durchmachen können, indem wir ihnen in Liebe mutig gefolgt wären. So erhebt sich immer die Frage: Was will dieses Kind im Hier und Jetzt von mir als Erzieher? Was fordert es von mir, ohne etwas zu sagen? Was braucht es? Und dann kann es uns wie ein Blitz aus dem Olymp treffen, dass unser Kind möglicherweise genau das braucht, wodurch wir einst gefangen oder verwundet worden sind!

Vielleicht ist es so, dass wir selbst durch zu frühe Einnahme der Pille viele flüchtige und schmerzhafte sexuelle Erfahrungen gesucht haben. In diesem Fall wollen wir nicht, dass unsere Tochter die Pille nimmt, wir wollen sie davor beschützen. Aber vielleicht ist gerade in diesem Mädchen die Kraft des Begehrens bereits zu stark, obwohl sie eigentlich noch nicht reif dafür ist, und es gelingt uns nicht, ihr darin zur Seite zu stehen. Hiervor dürfen wir nicht die Augen verschließen. Wenn dann die Pille nämlich weiterhin verboten bleibt, wird sie sie sich heimlich verschaffen. Oder, schlimmer noch, sie wird von der einen Schwangerschaft in die nächste fallen und daraufhin von der einen Abtreibung in die nächste. Und das nur, weil in unserer eigenen Biografie die Pille einstmals eine negative Rolle gespielt hat. Auf der Grundlage der eigenen Erfahrungen in der Vergangenheit schaffen wir im Handumdrehen eine neue Kette negativer Erfahrungen. Die Herausforderung an die Eltern besteht also darin, das Kind mit Augenmaß zu begleiten, abgestimmt auf dessen jeweilige Individualität.

▬ Entscheidung über Abtreibung

Eine vorgeschriebene Formulierung bei der Werbung von Anlagenfonds lautet sinngemäß: »Die Vergangenheit bietet keine Garantien für die Zukunft.«

Genau das kann Saturn als Warnung in uns erklingen lassen: Erziehe, kläre dein Kind sexuell so auf, dass es an die Entwicklung und die Zeit, in der es lebt, anknüpft. Und verarbeite, durchlebe und transformiere deine eigene Vergangenheit, ohne dafür unbeabsichtigt die neue Generation zu missbrauchen. Auch nicht, wenn es aus den allerbesten Motiven geschieht. Um das eine vom anderen unterscheiden zu können, ist es unabdingbar, sich einmal im eigenen Gedächtnis und im eigenen Innern umzuschauen und sich bewusst zu werden, welche Inhalte dort leben. Denn was wir nicht kennen, werden wir auch nicht erkennen, wenn es uns im Umgang mit unserem Kind bestimmt. ›Erbrechen‹ Sie solche eigenen Erfahrungen, damit sie erkannt und verarbeitet werden können.

Wer die Neigung hat, immer zugunsten der eigenen Interessen zu entscheiden, bei dem ist die Wahrscheinlichkeit groß, dass die Interessen der anderen geleugnet werden. Wenn ein Jugendlicher aufgrund einer ungewollten Schwangerschaft ängstlich, verwirrt und besorgt ist, besteht leicht die Versuchung, die Existenz des Kindes und dessen Vaters zu leugnen. Dann bleibt nur noch der eigene, schwangere Körper übrig, wie eine Art unerwarteter Krankheit unseres Körpers. Es scheint, als sei die Rückkehr ins ›normale Leben‹, nach dem die Jugendliche sich so sehr sehnt und das sie bis dahin führte, über eine Abtreibung erreichbar. So betrachtet, ist die Entscheidung nicht so kompliziert, es handelt sich nicht um eine Entscheidung über Leben und Tod − so scheint es. Vielmehr handelt es sich hier scheinbar nur um eine aus dem Ruder gelaufene Situation, die erfordert, dass die Ordnung wiederhergestellt wird. Unter einem solchen Blickwinkel werden Gedanken und Gefühle zu einem überschaubaren Komplex reduziert, und wir sind umso schneller ›fertig‹ damit, wenn wir die Sache nicht allzu kompliziert machen.

Aber alles, was bei einer solchen Abwägung unterdrückt wird, bildet eine Gefahr für die Zukunft. Denn wir können in Bezug auf das, was wir nicht gesehen oder erkannt haben, auch keine Entscheidungen treffen. Dann haben wir uns nicht für oder gegen etwas entschieden, sondern wir haben uns *überhaupt nicht* entschieden; das, wofür wir uns nicht entschieden haben, ist uns einfach *zugestoßen*. Später können wir uns dann als Opfer fühlen, als ein Opfer des Lebens. Dies insbesondere dann, wenn später ein vollständiges Bewusstsein aller Interessen und Abwägungen entsteht, die damals im Entscheidungsprozess übergangen worden sind. Dann kann ein intensives Gefühl von Ohnmacht entstehen, welches wiederum Anlass für intensive und schwer zu verarbeitende Gefühle des Bedauerns und des Unfriedens, der Schuld und der Trauer werden kann. Schwer zu verarbeitende Gefühle sind das, und an den Tatsachen, die ihnen zugrunde liegen, lässt sich nichts mehr ändern. Für die Abtreibung gilt: Was einmal getan wurde, lässt sich nicht rückgängig machen.

Wenn dagegen an einem klaren Bewusstsein hinsichtlich der Schwangerschaft und aller Interessen, die dabei auf dem Spiel stehen, gearbeitet wird, können bewusstere Entscheidungen getroffen werden. Diese beziehen sich, neben den Interessen der Mutter, auf die Interessen des Kindes, und, falls bekannt, die des Vaters. Dann besteht eine große Chance auf eine gesunde Verarbeitung der Entscheidung, auch bei vielen später auftauchenden Problemen. Denn viel später im Leben kann sich ganz plötzlich die intensive, trauervolle Erkenntnis einstellen, dass die falsche Entscheidung getroffen wurde. Dennoch braucht dies für die Mutter nicht zu einem nagenden ›Störsender‹ zu werden, wenn sie bewusst und in Freiheit hat entscheiden können. Und dies ist, wie gesagt, nur möglich, wenn *alle* Interessen gegeneinander abgewogen wurden.

Um Letzteres zu erreichen, sollten wir die gängige Definition des Begriffs ›Mutterschaft‹ neun Monate vorverlegen. Das heißt: Ein Mädchen oder eine Frau wird nicht erst Mutter bei der Geburt des Kindes, sondern durch die Empfängnis. Wenn eine Frau schwanger wird, ändert sich ihr Innenleben. Dies beruht *nicht* primär auf den hormonellen Veränderungen, sondern es kommt durch die Tatsache, dass sie Mutter wird. Infolgedessen ändert sich ihr Hormonhaushalt und, mehr oder weniger wahrnehmbar, auch ihre innere Erlebniswelt. Was früher wichtig war, kann jetzt als unwesentlich erfahren werden, und gleichzeitig kann für bestimmte Dinge und Verhaltensweisen eine große Sensibilität entstehen, die zuvor nicht vorhanden war.

Warum ist dies so? Weil eine Wechselwirkung zwischen Mutter und Kind in Gang gekommen ist. Eine fundamentale Lebensgrenze ist überschritten worden: Es ist die Grenze zwischen dem Mädchen-Frau-Stadium und dem – nach erfolgter Empfängnis – Frau-Mutter-Stadium: eine neue Lebensphase.

Wer sich entscheidet, dennoch nicht Mutter zu werden, wird dies auch erst in zweiter Linie tun. Wird eine Schwangerschaft durch eine Abtreibung beendet, so kehrt das frühere Mädchen-Frau-Stadium absolut nicht wieder. Bei der ersten Schwangerschaft – nicht bei der Geburt! – wird die Grenze überschritten und eine mögliche Rückkehr in diese Phase ist eine Illusion. Sie kehrt *niemals* mehr zurück. Eine *Bleiplatte* trennt die Vergangenheit von der Zukunft. Auch ein fünfzehnjähriges Mädchen, das eine Abtreibung hinter sich hat, befindet sich also im Frau-Mutter-Stadium. Unter diesem Blickwinkel ist es leichter erklärlich, dass viele Mädchen nach einer Abtreibung rasch und früh ihr erstes Kind zur Welt bringen. Sie haben bereits die Mutter-Grenze überschritten, und sei es auch durch ein ungeborenes Kind.

Mutter, Kind und Vater haben ab der Empfängnis das vollständige Recht auf helfende, liebevolle, unterstützende und selbstlose Zuwendung. Vor allem Jugendliche in der Pubertät und in der Adoleszenz sind, um die bestmögliche Entscheidung treffen zu können, häufig von den sie umgebenden Erwachsenen abhängig. Wirkliche Entscheidungen treffen zu können, nach bestem Wissen und Gewissen im Bereich von Leben und Tod handeln zu können – all das ist stark vom Reifegrad abhängig. Jugendliche sind zwar auf dem Weg zum Erwachsensein, doch sind sie noch nicht vollständig im eigenen Ich-Kern angekommen. Das Treffen von Entscheidungen und das Handeln aus einem gereiften Gewissen sind Früchte des höheren (man könnte auch sagen tieferen) Ich im Menschen. Dieses Ich ist bei noch nicht erwachsenen Jugendlichen noch nicht vollständig anwesend. Es gibt deswegen einige wichtige Bedingungen, die Eltern erfüllen sollten, damit sie richtig mit ihrem schwangeren Kind umgehen können:

In erster Linie ist dies das *Akzeptieren der Tatsache*, dass Sie als Eltern eine schwangere Tochter haben. Das bedeutet auch zu akzeptieren, dass Sie der Möglichkeit nach Großvater und Großmutter werden.

Wenn dies akzeptiert wurde, können Sie die nächsten Bedingungen erfüllen: Diese bestehen zunächst darin, Vorwürfe oder ständige erschöpfende Kreuzverhöre mit dem Jugendlichen *zu vermeiden;* Befragungen, die das unbegreifliche Rätsel lösen sollen, wie so etwas denn eigentlich geschehen konnte, im Grunde aber auf der Unfähigkeit beruhen, die Realität zu akzeptieren. Eltern eines schwangeren Kindes müssen sich mit der Tatsache konfrontieren, dass es keinen Weg zurück in die vorige Phase mehr gibt, weder für ihr Kind noch für sie selbst, unabhängig davon, wie entschieden wird.

Danach, wenn auch diese Bedingung erfüllt wurde, geht es darum, als Erwachsene *das schwangere Mädchen in seiner Mutterschaft zu unterstützen*. Junge Mütter spüren häufig stark ihre Unfähigkeit, ein Kind großzuziehen, wenn sie unerwartet schwanger geworden sind. Sie trauen es sich nicht zu, ein Kind zu gebären und zu erziehen, sie schämen sich, sie wollen noch frei sein, sie haben keine Zeit, denn sie gehen noch zur Schule und so weiter. Sie haben keinen eigenen Bereich, kein Geld und keine Ahnung, wie sie jemals in der Lage sein sollen, ein Kind großzuziehen. Weder physisch-materiell noch geistig-emotional sehen sie sich auf die unerwartete Aufgabe vorbereitet.

Durch eine liebevolle und helfende Haltung können Erwachsene dafür sorgen, dass es dennoch möglich wird, dieses Kind zur Welt zu bringen. Zu Jugendschwangerschaften gehören meist auch junge Großeltern, und die sind noch zu sehr vielem in der Lage! Geld und Ausstattung können gefunden, geschenkt oder geliehen werden. Wenn die Erwachsenen den notwendigen Raum schaffen sowie Zeit und Mittel einsetzen, braucht die junge Mutter sich nicht aufgrund ihrer Angst vor der Mutterschaft zu entscheiden. Dann kann sie in Freiheit die ihr gebotenen Möglichkeiten als etwas sehen, was ihr für die Zukunft ›in den Schoß gelegt wird‹. Äußere Hilfe voller akzeptierender Wärme, Großzügigkeit und Selbstverständlichkeit sowie innere Hilfe voller Weisheit, Liebe und Verständnis, ja sogar Freude über das Neue, was sich als Chance durch die Geburt einstellen kann – das ist es, was die junge Schwangere von uns fordert. Und sie hat jedes Recht dazu! Denn erst dann kann sie sich wirklich entscheiden.

▬ Das ungeborene Kind

Auf dieselbe Weise können wir mit dem ungeborenen Kind umgehen. Bei einer Schwangerschaft ist eben ein *Kind* im Spiel, nicht nur eine befruchtete Eizelle oder ein Fötus. Dieser Tatsache muss man ohne Illusionen ins Auge zu blicken wagen.

Was sind die Interessen eines Kindes? Ein Kind kommt, um hier zu leben. Es will sich entwickeln, geboren werden und aufwachsen. Es will mit Menschen zusammenleben, Beziehungen eingehen, Möglichkeiten entfalten und Schwächen überwinden. Es will in dieser Welt leben, arbeiten, wohnen und lieben – wie wir alle auch.

Um (als Eltern) ein gutes Gespräch mit Jugendlichen über ungewünschte Schwangerschaft und die damit zusammenhängenden Entscheidungsfragen zu führen, ist die Vorstellung der *Entelechie* unentbehrlich. Sie ist auch hier wieder ein äußerst wichtiger Schlüsselbegriff im Hinblick auf ein tieferes Verständnis des menschlichen Lebens-Sinns.

Was will ein Mensch werden? Was will ein Menschenkind hier auf der Erde tun? Das wissen wir noch nicht, wenn es geboren wird, doch tief im Verborgenen liegen in ihm mit Sicherheit die Hoffnung und die Sehnsucht, dieses Lebensziel zu verwirklichen.

Das Schicksal eines Kindes liegt nicht unverrückbar fest. Durch die menschliche Freiheit und unser Bewusstsein dieser Freiheit kann noch viel im Schicksal bearbeitet und verändert werden. Doch was ein Kind während seines Lebens als Mensch entwickeln möchte, dieses Bestreben ist als intensive Sehnsucht bereits vollständig vorhanden. Der Ort, die Zeit, die Menschen und alles, was mit dem neuen Leben zusammenhängt, bilden gemeinsam die Rahmenbedingungen für die Entelechie des Kindes. Eine Schwangerschaft mag möglicherweise von den Eltern nicht geplant worden sein, dennoch muss dies nicht bedeuten, dass sie auch für das Kind ›ungeplant‹ war!

Wenn ein Kind erwartet wird und die Frage nach der Entelechie des ungeborenen Kindes, die Frage nach der individuellen, menschlichen Entwicklung nicht gestellt wird, so entsteht kein neues Leben, das Kind wird nicht ausgetragen. Dann erfolgt eine spontane Fehlgeburt oder das Kind stirbt bei der Geburt. Dennoch ist eine begonnene Schwangerschaft, die durch eine Fehlgeburt abgebrochen wird, kein sinnloses Geschehen, weil ein Menschenkind diese kurze Erfahrung der Menschwerdung möglicherweise braucht. So betrachtet sind Fehlgeburten nicht nur ›Pech‹ oder ausschließlich Folge körperlicher oder seelischer Schwierigkeiten der Eltern oder des Kindes. Es gibt noch eine tiefer liegende Ursache für solche kurzen Leben, die nicht zur Geburt führen, denn auch sie sind sinnvoll und wurden vom Ungeborenen gesucht.

Selbstverständlich wird die Möglichkeit, dies umzusetzen, bei Eltern gesucht, bei denen dies auch geschehen kann, weil dort gewisse Schwächen oder andere Probleme vorhanden sind.

Wenn ein Kind bei der Geburt oder infolge des so genannten Krippentods stirbt, kann die Schlussfolgerung ebenfalls nicht lauten, dass dies einfach sinnloser Zufall war. Selbst bei größter, sorgfältigster Pflege und Fürsorge gegenüber Mutter und Kind kann es dennoch passieren, dass ein Baby stirbt und die Mediziner vor einem Rätsel stehen. Wer dies alles verstehen will, indem er die Phänomene auf rein körperliche Ursachen für Leben und Tod reduziert, der verpasst an zwei Seiten den Anschluss: Einerseits kann so keine Verantwortung für das ungeborene Kind empfunden werden, und es wird über die Abtreibung aus einem Mangel, einer Armut an inhaltlichen Aspekten entschieden. Andererseits gibt es dann auch keinen Trost im Falle des spontanen Verlustes eines Kindes während oder kurz nach der Schwangerschaft. Die Eltern werden von der scheinbaren Sinnlosigkeit des Vorgangs übermannt, wenn ihr Wissen vom Leben sich nicht weiter erstreckt als nur auf das körperliche Dasein und den Tod. Denn sie begreifen nicht, dass auch die Erfahrungen des Kindes während der Schwangerschaft sinnvoll sind und von diesem gesucht werden, um als Früchte menschlichen Lebens wieder mit in die andere, die geistige Welt zurückgenommen werden zu können. Solange wir noch nicht die geistige Einsichtsfähigkeit haben, die benötigt wird, um die genauen Interessen eines ungeborenen Kindes wahrzunehmen, sind alle Spekulationen auf diesem Gebiet irreführend und überflüssig. Ausschließlich die Erkenntnis, dass jedes Leben einen Sinn und ein Ziel hat, ist zunächst völlig ausreichend, um auf diesem Gebiet eine gesunde, ausgewogene Entscheidung zu treffen oder zu einer gesunden Verarbeitung des Verlustes eines Kindes zu kommen.

Es ist also von allergrößter Wichtigkeit, dass in die Entscheidung über die Schwangerschaft die Interessen des Kindes mit einbezogen werden. Denn wenn ein Kind nicht geboren werden darf, während es das Leben sucht und braucht, so verliert es einzigartige Chancen. Auch wenn sich möglicherweise später oder anderswo eine neue Chance, geboren zu werden, für das Kind auftut, so ist ihm dennoch sein ureigener Ort und sein persönlicher Zeitpunkt genommen worden.

Bildhaft ausgedrückt sieht dies für ein Kind etwa so aus: Stellen Sie sich vor, Sie bereiten eine lange Reise in die unberührte Natur Alaskas vor. Sie nehmen alles mit, um in der Kälte zu überleben. Sie lieben die stille Reinheit der Natur, wild lebende Tiere und Pflanzen. Sie wollen sie erforschen und etwas darüber lernen. Denn Sie wollen Biologe werden. Sie stehen auf dem Flughafen, doch beim Einchecken wird Ihre Reise annulliert und damit Ihr gesamter Urlaub und alle Ziele, die Sie damit verbanden. Verwirrt und heimatlos laufen Sie herum. Sie können nicht nach Hause zurück, denn die Wege dorthin sind versperrt. Die Passagiere, deren Flug abgesagt wurde, werden auf leere Sitze in anderen Flugzeugen platziert und ehe Sie wissen, wie Ihnen geschieht, finden Sie sich in einer heißen, lärmenden Weltstadt wieder, mit dem mitgebrachten Koffer mit der Alaska-Ausrüstung und Ihrer Liebe zur Natur. Mit Englisch kommen Sie hier nicht sehr weit, die Menschen sprechen dort Spanisch. Ihre Ankunft erleben Sie als eine Art Attacke, und dies führt zu einem Rückschlag. Sie fühlen sich verirrt und heimatlos, unfähig, aus dieser Situation etwas zu machen. Ganz eventuell ist es Ihnen möglich, den Weg in die tropische Natur zu finden und sich an sie anzupassen. Doch Sie können sich genauso gut in Ihr Hotelzimmer zurückziehen und dort Betäubungsmittel einnehmen, sodass Ihnen alles gleichgültig ist. Oder Sie werden wütend und aggressiv und verwüsten die Stadt, die Sie nicht für sich einnehmen kann. Oder Sie rennen nervös herum, suchend und zappend, an allen und allem vorbei, ohne sich selbst oder Ihre Umgebung zu begreifen.

Wenn Sie dieses Bild einmal auf sich wirken lassen, dreht sich Ihnen da nicht das Herz im Leibe um, weil Sie jetzt nachempfinden können, was ein Kind durch eine Abtreibung erfährt? Denn: Wie viele Kinder sind auf der Suche nach dem Ort und den Menschen, bei denen sie zu Hause sind? Wo und bei wem ist das Kind gelandet, das aufgrund einer Abtreibung ›zurückgeschickt‹ worden ist? Viele Menschen empfinden eine große Verantwortung, wenn sie neues Leben in sich tragen. Doch die Verantwortung für ein ›verschobenes‹ Leben zu tragen, ist vielleicht noch viel größer …

Bei gesunden Schwangerschaften geht es um Mädchen und Frauen, die Mütter werden wollen, und um Kinder, die leben wollen. Es wird kontrovers diskutiert, ab wann von menschlichem Leben gesprochen werden kann. Ab der Empfängnis? Ab dem 18. Tag, ab sechs Wochen, oder erst ab drei Monaten? Da die Kinder keine Stimme in dieser Diskussion haben, ist es besser, davon auszugehen, dass sie von Anfang an einfach da sind. Sie werden nicht irgendwo ›unterwegs‹ Kind, sie sind von Anfang an Menschenkinder. Dieser heranwachsende, winzig kleine Körper gehört ihnen, und wenn er abgesaugt oder abgetrieben wird, so haben sie ihre Möglichkeit zu leben verloren.

Diese Interessen in Liebe zu erkennen und ernst zu nehmen – das gehört zu einer vollständigen, umfänglichen menschlichen Entscheidung, so schwer dies auch sein mag und so viel Widerstand sie zunächst hervorrufen mag. Die tief greifende ›Einweihung‹ der Mutterschaft besteht eben gerade darin, dass die Eigeninteressen so lange aufgebrochen und umgearbeitet werden, bis das Interesse eines anderen Menschen als das eigene erlebt wird. Eine Entscheidung, ob man ›es‹ behalten will oder nicht, bedeutet eigentlich die Leugnung dieser Realität. Als (junge) Mutter zu entscheiden, ob man seinem Kind seine Lebenschancen bieten will oder nicht, *das* ist die Realität, der ins Auge geblickt werden muss. Beim Straßenverkehr und bei der Abtreibung haben wir rasch die Neigung, die Augen vor der Tatsache zu verschließen, dass wir mit tödlichen Konsequenzen konfrontiert sind.

In unserer Zeit ist es richtig, dass wir als Individuen freie, bewusste Entscheidungen treffen. Bei sehr jungen Menschen ist das noch fast unmöglich, weil, wie bereits dargestellt, ihre Individualität noch nicht erwacht und ausgereift ist. Umso stärker sollte diese Erkenntnis bei ihren Eltern und bei anderen Erwachsenen zum Leitfaden werden, durch den sie die junge Mutter unterstützen und ihr helfen. Das bedeutet keineswegs, dass alle Mittel erlaubt wären.

Völlig unhaltbar sind Drohungen seitens dogmatischer Gruppierungen kirchlicher oder anderer Art. Drohungen mit ›Schuld und Sühne‹ bedeuten eine Verstümmelung der Seele der Mutter. Auch spirituelle Erkenntnisse dürfen nicht als Druck- und Erpressungsmittel verwendet werden. Jugendliche sollen einfach gut darüber informiert werden, was Schwangerschaft und Sexualität beinhalten und was ein Menschenleben ist, und dies in aller Offenheit, sodass sie ihre Entscheidung im Wissen, was sie tun oder unterlassen, bestimmen und durchtragen können. Diese, wie immer sie auch ausfallen mag, muss schließlich respektiert werden, wie der Mensch selbst, der eine Abtreibung durchgeführt hat. Urteile über bzw. Vorurteile in Bezug auf die bewussten Entscheidungen eines anderen Menschen sind von Übel und richten lediglich Schaden an. Auf diese Weise wird die Freiheit eines Menschen selbst abgetrieben, und dies ist grundsätzlich unzulässig.

Wenn wir die Jugendlichen lediglich medizinisch-technisch über eine Abtreibung aufklären, bietet dies keine ausreichende Entscheidungsgrundlage. Eine flache materialistische Haltung, die lediglich in abstrakter Weise bei der Konstatierung stehen bleibt, dass die Regel ausgeblieben ist, führt ebenfalls zu keiner freien, bewussten Entscheidung. Diese Haltung lässt das Kind und die menschliche Lebensrealität als sinnvolles, zu einem Ziel führendes Geschehen außer Betracht und somit außen vor.

Für alles, was mit Sexualität, Schwangerschaft und Geburt zu tun hat, muss liebevolle, ehrliche Menschlichkeit die Grundlage bilden.

Wenn ein Kind leben darf, weil seine Mutter mit Schuldvorwürfen überhäuft wurde und darum auf einen Abortus verzichtete, oder wenn ein Kind als ›rein zufällige‹ Ansammlung aus einer Ei- und einer Samenzelle hervorgegangen ist, die einfach ›weggespült‹ werden kann, so herrscht in beiden Fällen dieselbe Art von Lieblosigkeit. Eine solche Haltung kann niemals gesund und entwicklungsfördernd sein.

Eine vollständig informierte und unterstützte Mutter, die sowohl äußerlich wie innerlich begreift, was eine Abtreibung bedeutet, kann ihre Entscheidung nach bestem Wissen und Gewissen treffen.

▬ Und der Vater?

Bevor ein Kind geboren wird, kann der künftige Vater sich entscheiden, ob er eine Verbindung mit dem Kind eingehen will oder nicht. Er kann sich durch die Beziehung zur Kindesmutter ab der Empfängnis oder früher schon als Vater fühlen und Vater sein, doch er kann sich dem auch entziehen. Im Falle eines noch jugendlichen Vaters erhebt sich außerdem die Frage, ob sich der junge Mensch mit seiner schwangeren Freundin verbinden möchte. Diese Frage kann nicht selbstverständlich beantwortet werden. Es muss hier intensiver nach der rechten Entscheidung gesucht werden, als wenn in einer bereits gefestigten Beziehung ein Kind erwartet wird. Manchmal entsteht eine Vaterbeziehung, manchmal auch nicht. Gewiss ist jedoch, dass der Vater sie nicht aufbauen kann, wenn das schwangere Mädchen ihn zurückweist. Die werdende Mutter kann die künftige Vaterschaft genauso gut ›abtreiben‹.

Beim Abwägen, welche Schritte in Bezug auf den werdenden Vater die richtigen sind, ist es gut, sich klarzumachen, dass das Kind, wenn es geboren wird, immer mit dem Mann verbunden bleibt, der es zeugte. Irgendwann, früher oder später, wird das Kind wissen wollen, wer und was für ein Mensch es war. Und dazu hat es jedes Recht. Andererseits berührt die Tatsache, dass durch eine Abtreibung ein Kind ›verschwunden‹ ist, auch den Jugendlichen oder jungen Mann, der sein Vater hätte werden können. Wo bleiben die Betreuung und das Interesse für jugendliche und junge Männer, die auf diese Weise eine Kinderchance verloren haben? Natürlich ist es für den jungen Mann ein Schock, wenn ihm berichtet wird, dass eine Schwangerschaft eingetreten ist. Ungläubigkeit, Scham, Schuldgefühle oder Leugnen der Tatsache treten auf. Nicht selten kommt es zu einer unerwarteten Schwangerschaft nach einer oberflächlichen Begegnung oder aus einer Beziehung, die eigentlich bereits zerbrochen war. Gerade dann ist häufig Schlampigkeit beim Geschlechtsverkehr im Spiel und ungenügende Sorgfalt beim Verhüten einer Schwangerschaft. In der Atmosphäre noch kaum gefestigter oder größtenteils bereits zerbrochener Beziehungen sind der Schock und die Verwirrung dann umso größer. Der Umgang mit dem Vater des ungeborenen Kindes erfordert dieselbe Sorgsamkeit, Hilfe und Ermutigung wie der Umgang mit der Mutter, wie wir ihn oben beschrieben haben.

Wenn ein werdender junger Vater das schwangere Mädchen nicht oder nicht mehr als seine mögliche Partnerin betrachtet, so wird er verständlicherweise auf eine Abtreibung drängen. Er wird die mögliche Verbindung mit dem ungeborenen Kind nicht eingehen, weil er auch die Verbindung mit der Mutter nicht wünscht. Das ganze Geschehen wird auch von ihm als schmerzhaft erfahren, am liebsten würde er es so schnell wie möglich vergessen. Die Verarbeitung ist sehr schwierig, weil es sich für den jungen künftigen Vater um ein Thema handelt, über das er lieber nicht spricht oder nachdenkt. Die Wahrscheinlichkeit, dass die gesamte Erfahrung dann verdrängt und auch die Erinnerung daran ›abgetrieben‹ wird, ist äußerst groß. Dann sinkt die Erinnerung zum tiefsten Seelenboden, um von dort wahrscheinlich viel später, in einem völlig unerwarteten Moment, wieder aufzutauchen. Denn das Leben ist kein zufälliger, chaotischer Scherbenhaufen, und das Eingehen und Beenden von Beziehungen bedeutet einen wesentlichen Eingriff in das Leben selbst – dies gilt auch für den werdenden Vater.[15]

Abtreiben als Lebenshaltung

Dasselbe Dilemma spielt sich jeden Tag auf vielen Lebensgebieten ab. Es ist im Allgemeinen sehr schwierig, neuen Möglichkeiten eine Chance zu geben. Wir treiben ständig neue Lebenskeime ab und rotten sie aus wie Unkraut. Wir haben Angst vor dem Unerwarteten, das auf uns zukommt und unsere Ruhe und unsere Existenzsicherheiten bedroht. Wir haben fortwährend den Eindruck, dass gerade dasjenige, was uns als Zukunftschance in den Schoß gelegt wird, nun unsere Zukunft ruiniert. Wir sind wie Saturn: Wir beurteilen das Unerwartete und das Ungereimte auf der Grundlage der Vergangenheit. Bei allen Wahlmöglichkeiten, die sich im Umkreis einer ungeplanten Schwangerschaft eröffnen, gilt:

Das Ungereimte im Jetzt ist das Sinnvolle in der Zukunft.

Eltern, Therapeuten und andere, die junge Menschen begleiten, wenn es um das Thema des Schwangerschaftsabbruchs geht, können nur dann den rechten Ton finden, wenn sie in der Lage sind, sich von der Vergangenheit zu lösen. Wenn sie infolge dieses Loslassens ein offenes Auge für das ausbilden, was sich in der Zukunft entwickeln kann und will, auch wenn es zahllose Probleme gibt. So betrachtet ist die Fähigkeit, Entscheidungen über die ›Abtreibung‹ einer Lebenschance zu fällen, etwas, was das ganze Leben über geübt werden kann, auch wenn man nie die Erfahrung einer unerwarteten Schwangerschaft macht. Es handelt sich hier um die zutiefst menschliche Möglichkeit, die Entelechie-Fragen zu erkennen und wiederzuerkennen; zum Entwickeln des Mutes, diese Möglichkeiten auch wirklich zuzulassen und sich ausformen zu lassen, wie immer die Konsequenzen ausfallen mögen.

Diese Fähigkeiten können in den Kindern veranlagt werden, wenn die Eltern sie vorleben. Dann sind die Kinder aufgeklärt und innerlich gut auf die Sexualität vorbereitet, auch dort, wo Sex unvermittelt in eine unerwartete Mutter- bzw. Vaterschaft mündet. Ein Kind, das auf Eltern und Erzieher trifft, deren Lebenshaltung auf Lebensversicherungen gebaut ist, ist dagegen nicht recht vorbereitet. Wenn sich alle Anstrengungen darauf richten, das Alte zu sichern, geht damit auch immer unbemerkt eine enorme Bemühung einher, das Neue und das Unerwartete zu leugnen, es abzulehnen und zu töten. Dann isoliert das Blei die Zukunft von der Vergangenheit her. Und wenn wir auch meinen, dass es uns gegen schädliche Strahlung isoliert – das Gegenteil ist wahr. Dann verwandelt sich das Blei in ein Gift, das sich *in uns* einnistet und tödlich wirkt. Es hindert die Strahlen, die uns aus einer sonnigen Zukunft zuteil werden, zu uns vorzudringen, und wir bleiben im wahrsten Sinne ›beschwert‹ und früh gealtert zurück.

Ein junger Mensch, der beherzte Eltern hat und ausreichend von ihnen unterstützt wird, wird es eher wagen, das Kind auszutragen, auch wenn alles einen anderen Lauf als geplant nimmt und alle beabsichtigten Schritte Makulatur werden. Später erweisen sich solche ›Umleitungen‹ in Leben, Ausbildung und Biografie häufig als *routes de soleil* und die verlassenen Hauptstraßen als Irrwege. Die unerwartete Elternschaft kann dem Kind, seinen Eltern und Großeltern neue Lebenschancen eröffnen. Entscheidungen im Umkreis einer Schwangerschaft hängen im Grunde viel stärker vom Lebensmut aller Beteiligten ab als von der reinen Vernunft. Und Mut, den wollen wir den jungen Menschen geben und vorleben!

▬▬ Konkrete Tipps

- Wenn der Vater sich zurückzieht und das Kind von der Mutter dennoch ausgetragen wird, ist es wichtig, so viele Informationen wie möglich über den Vater zu gewinnen, im Hinblick auf künftige Fragen des Kindes.
- Wenn die Entscheidung zugunsten einer Abtreibung fällt, so formulieren Sie alle Gesichtspunkte, auf deren Basis der Entschluss gefasst wurde, und halten Sie sie schriftlich fest.

- Lassen Sie die junge Mutter bzw. den jungen Vater auch nach der Geburt des Kindes nicht allein. Wer jung Kinder empfängt und austrägt, hat das Recht auf doppelte Unterstützung, sowohl in Bezug auf das eigene Leben als auch für das Leben des Kindes.

Einige Hinweise für die jugendliche Mutter:
- Nehmen Sie sich nach einer Abtreibung genügend Zeit für die Trauer über Ihr ungeborenes Kind. Für Sie selbst wie auch für das Kind kann dies sehr heilsam sein.[16] Jeder Tod und jeder Verlust bedarf eines Trauerprozesses. Wenn man so tut, als sei nichts geschehen, und einfach weitermacht wie zuvor, ist dies riskant.
- Wenn eine feste Beziehung mit dem Vater besteht, so besprechen Sie die Entscheidung mit ihm. Denn was Sie als Mutter auch beschließen: Es wird zu einem bestimmenden Faktor in Ihrer Beziehung. Wenn Ihr Freund Sie zur Abtreibung zwingt, werden Sie mit großer Sicherheit das Kind und Ihre Liebe zugleich verlieren. Wenn Sie heimlich abtreiben, wird dies wie eine Zeitbombe weiterticken, die irgendwann hochgeht und dann viel Schaden anrichten wird.
- Besprechen Sie eine unerwartete Schwangerschaft mit unterschiedlichen Menschen. Sprechen Sie als Jugendliche, aber auch als Eltern, mit Ihnen vertrauten Menschen darüber, sodass Sie nicht einseitige Entscheidungen treffen.
- Trösten Sie das ungeborene Kind, das zu Ihnen kommen wollte. Es ist durch die Abtreibung zutiefst entwurzelt worden und alle warmen, tröstenden Gedanken, Gefühle und Gebete helfen ihm.

▬ Eifersucht

Neben einem so schweren und gewichtigen Thema wie dem der Abtreibung bringt der tödliche Ernst des Saturn noch ein weiteres schwergewichtiges Thema aufs Tapet: die *Eifersucht*. Wenn ein Mensch von Eifersucht überfallen wird, entsteht viel Leid für ihn selbst wie für diejenigen, gegen die sich die Eifersucht richtet. Es kommt zu lieblosen Gesprächen, verletzenden Bemerkungen, negativen Stimmungen und einer Haltung voller Misstrauen und Kontrolldrang. Es entsteht ein Kampf darum, ob die Eifersucht berechtigt ist oder nicht, bei dem von vornherein beide Parteien nur Verlierer sein können. Außerdem richten all die negativen Worte Schaden an, ohne irgendetwas zu verbessern.

Es gibt in jeder Beziehung zwei Elemente, die miteinander im Konflikt stehen. Das Einzige, was im Fall der Eifersucht befreiend wirken kann, besteht darin, diese beiden Elemente voneinander zu *trennen*. Auf der einen Seite geht es um den *Besitzdrang*, auf der anderen Seite um die *Liebe*.

Die Liebe kennt keine Eifersucht, doch Materialismus erweckt im Menschen Besitzansprüche. Und Vereinnahmung und Besitzdrang erwecken nur allzu leicht Eifersucht. Dies ist eine ›saturnische‹ Krankheit, die auf dem vermeintlichen Recht auf persönlichen Besitz von Geld und Gütern gründet, die ererbt oder erworben wurden.

Es ist in diesem Zusammenhang wichtig, sich einmal klarzumachen, dass wir Geld und Güter nur selten jemandem übereignen, weil dieser besonders gut damit umgehen kann. Nicht die gute Verwaltung des Reichtums ist der Maßstab, sondern lediglich der tote Gesetzesbuchstabe. Es gibt hier nur eine einzige Ausnahme: wenn wir Geld *verschenken*.

Diese Selbstverständlichkeiten in unserer materialistischen Kultur sind auch bis in unsere Ansichten über Beziehungen vorgedrungen. Unser Freund oder unsere Freundin, unser Mann oder unsere Frau oder unsere Kinder werden dann als ›persönlicher Besitz‹ betrachtet. Und auf persönlichen Besitz haben wir ein Recht, darüber dürfen wir selbst entscheiden ...

Dieser Grundsatz prägt viele Beziehungen: Aussagen wie: »Dies oder das darf ich nicht, mein Mann/meine Frau hat es mir verboten«, sind immer noch an der Tagesordnung. Häufig werden Verbote aber subtiler, beispielsweise durch emotionale Erpressung, kalte Zurückweisung oder die Weigerung, das Gewünschte zu unterstützen, zum Ausdruck gebracht.

Viele Menschen sehen den anderen als eine Art ›Anlagemöglichkeit‹ zum Erlangen von Ruhe, Versorgung, Einkünften, Gemütlichkeit, Kindern und so weiter. Diese Sichtweise des anderen als *Besitz* verhindert, dass alles, was dieser andere einem in einer Beziehung schenkt, auch wirklich als ein Geschenk gesehen werden kann. Es wird lediglich als ein ›Recht‹ erfahren. Wo der saturnische, tödliche Besitzdrang eine Beziehung durchdringt, herrscht immer auch Angst vor Diebstahl, vor dem Verlust des Besitzes.

Eifersucht ist gewissermaßen die Alarmanlage, die uns gegen ›Einbrecher‹ in eine Beziehung warnt. Alle Alarmglocken schrillen, wenn es zu einer Situation kommt, in der wir die Empfindung haben, dass der Partner nicht innerhalb des definierten Besitzterritoriums bleibt oder auszubrechen droht. Hier ein Beispiel für eine Situation, in welcher der Besitzdrang die Überhand hatte:

Eine Frau hatte Probleme mit ihrer Ehe. Sie misstraute ihrem Mann und wollte ihn ständig um sich herum haben, möglichst in kontrollierbaren Situationen. Im Grunde misstraute sie dem Leben selbst: Würde sie ihren kostbaren Besitz behalten können? Wenn ihr Mann zu spät nach Hause kam oder von einer Begegnung mit einer Kollegin sprach, ging sie bereits hoch. Wo er gewesen war und mit wem? Schließlich flüchtete sich der Mann, wie so viele, in Überstunden und harte Arbeit, weil es zu Hause nicht gerade warm und gemütlich war. Dies führte zu weiteren Vorwürfen und Streit. Nach jahrzehntelanger Ehe verliebte sich der Mann schließlich in eine andere Frau und beendete seine Ehe. Der nicht bewältigte Besitzdrang des einen Partners führte zum voraussagbaren Untergang. Die Umgebung verurteilte, wie so häufig, den Mann, der »mit einer anderen durchgebrannt« war. Doch nicht alle taten das. Wer wirklich mitbekommen hatte, wie diese Menschen in ihrer Beziehung miteinander rangen, war eher erleichtert. Die Frau musste jetzt einmal mehr lernen, loszulassen, und der Mann hatte eine neue Frau, die ihn wiederum stark dominierte. Er hatte nun zu lernen, offen und unabhängig zu leben. Denn die nicht gelernten Lektionen aus der einen Beziehung tauchen unverändert in einer neuen wieder auf, auch wenn wir mit uns allein bleiben.

Jedes Mal, wenn die eigenen Kinder die Eltern anderer Kinder gern haben oder eine erste Liebesbeziehung mit Gleichaltrigen eingehen, haben Eltern die Empfindung, dass das Leben sie prüft: »Ist unser Kind ebenfalls zum Eigentum geworden, oder lassen wir es innerlich frei?« Dieselbe Frage stellt sich in allen Beziehungen, auch in der zwischen Mann und Frau, in einer Ehe. Auch dort herrscht ständig die Möglichkeit, dass die Schicksalsfäden den anderen mit einer neuen Tätigkeit oder einem anderen Menschen in Verbindung bringen. Wenn wir miteinander in Respekt vor der Freiheit des anderen umgehen, dann herrscht Liebe, auch Liebe zum Schicksal des anderen. Wenn Eifersucht und alle dazugehörigen Nebenerscheinungen im Spiel sind, so hat der Besitzdrang sich durchgesetzt und ist zur Grundlage der Beziehung geworden.

Zum rechten Verständnis ist es wichtig, zwischen Freiheit und Unverbindlichkeit zu unterscheiden. Freiheit ist das Gegenteil von Unverbindlichkeit. Wer nur seinen Begierden hinterherläuft und mit jeder attraktiven Person, die ihm über den Weg läuft, ins Bett geht, während er oder sie in einer Beziehung lebt, ist unfrei durch seine Ohnmacht in Bezug auf die eigenen Begierden. Dann kommt es häufig zu einer Schein-Frage nach mehr Freiheit, die an den Partner gestellt wird. Dahinter verbirgt sich jedoch die Frage nach mehr Unverbindlichkeit. Und trotzdem gibt es Menschen, die fähig sind, ihren auf Unverbindlichkeit pochenden, von Begierden angetriebenen Partner weiterhin zu lieben. Solche Menschen betrachten den anderen offenbar nicht als Besitz.

Wir sind heute in der Lage, uns selbst, den anderen und was zwischen uns so spielt, mit Bewusstsein zu reflektieren. Eifersucht ist in diesem Kontext der unfreiwillige Diener der Liebe, denn sie enthüllt, wo unsere Beziehung, unsere Verbindung mit dem anderen materialistisch und somit egoistisch ist. Liebe hingegen sieht den anderen immer als ein Geschenk, jeden Tag, in jeder Geste, in allen gemeinsamen Momenten. In vielen Situationen, die den Schmerz der Eifersucht hervorrufen, lautet der Auftrag, die geliebte Person *als Besitz* aufzugeben und die *Liebe* für sie zu bewahren.

Eifersucht will uns einflüstern, dass ein anderer, Dritter unseren Platz eingenommen hat, dass wir also austauschbar sind. Natürlich ist das unwahr und nur scheinbar so. Kein Mensch ist austauschbar, und das gilt für alle menschlichen Beziehungen. Wenn Eltern ein Kind verlieren und ein neues Kind bekommen, wird dadurch das frühere Kind niemals ersetzt, selbst dann nicht, wenn es dessen Namen und Kleidung trägt. Menschsein bedeutet: einzigartig sein. Leben bedeutet: Erfahrungen in Zeit und Raum machen. Kein Mensch ist wie der andere, und dieselbe

Zeit, derselbe Ort kehrt niemals wieder. Die Redeweise: »Jeder Mensch ist ersetzbar«, meint nicht den Menschen, sondern ein materialistisches Besitztum.

Menschen sind unersetzbar, Erfahrungen mit dem anderen ebenfalls. Wenn wir nach einer entsetzlichen Beziehung eine wunderbare neue Beziehung eingehen, ist die frühere zerbrochen, misslungen oder in anderer Weise beendet. Die leere Stelle, die dadurch entsteht, kann jedoch niemals durch die neue Beziehung gefüllt werden. Darum erfordert das Zerbrechen einer Beziehung den Mut zu trauern, Bilanz zu ziehen und vor allem alles, was einst einen Wert hatte, entsprechend geltend zu lassen. Dann kann sich der Schatten über der Beziehung auflösen, und an der leeren Stelle im Innern entsteht eine kleine ›goldene Schale‹, in der die Stunden und Gefühle der Liebe weiterhin leben und strahlen. Denn diese haben einen Ewigkeitswert und fallen nicht unter die Gesetzmäßigkeiten des materiell-physischen Daseins. Eifersucht kann zu einer wirklichen Prüfung werden, doch wer diesen Weg tapfer beschreitet, schmiedet dabei im Innern aus Kohle Diamanten.

Die Beschäftigung mit tiefem Gedankengut voller hehrer Ideen über Positivität, Religion oder Menschenliebe schützt keineswegs gegen Eifersucht. Sie verhindert höchstens die Wahrnehmung dieser Krankheit, weil diese Wahrnehmung durch die schönen Gedankenmuster überlagert wird, mit denen ein Mensch sich eben viel lieber identifiziert. Wo die klare Selbstwahrnehmung fehlt, wo keine Selbsterkenntnis entsteht, da werden auch keine Schritte zur Veränderung der eigenen Gefühle unternommen. Es entsteht eine passive Opferhaltung, die unfruchtbar ist. Es ist ganz entscheidend, tiefgründig und ehrlich alles zu reflektieren, was sich in der eigenen Seele abspielt. Erst wer in sich selbst in aller Ehrlichkeit erfahren hat, dass ihm »nichts Menschliches fremd« ist, hat die Möglichkeit, sich in Bezug auf den im Schafspelz verborgenen Wolf selbst zu ertappen, der Eifersucht heißt.

Im Märchen vom Rotkäppchen frisst der Wolf die Großmutter auf. Dies ist nur möglich, weil sie im Bett liegen bleibt und dadurch keinen Überblick über das Ganze mehr hat. So verschlingt auch der Wolf der Eifersucht einen Menschen und eine Beziehung mit Haut und Haar, wenn wir uns wie Rotkäppchen im Wald der eifersüchtigen, verwirrten Gefühle verirren oder wie die Großmutter im Bett liegen bleiben. Dieses Im-Bett-Liegen geschieht immer dann, wenn wir uns selber alt und weise wähnen und denken, dass ein anderer uns nähren und finden muss. Lesen Sie einmal das Märchen unter diesem Gesichtspunkt! In Wirklichkeit muss jedoch nicht der andere, sondern der eifersüchtige Mensch selbst in Bewegung kommen und sich ändern, obwohl es ihm zunächst berechtigt scheint, im Selbstmitleid zu verharren.

Die Vorstellung, Opfer des Verhaltens eines anderen zu sein, passt nicht mehr in die Zeit des individuellen Bewusstseinsmenschen. Diese Idee ist häufig latent eine Rechtfertigung eigener Passivität. Die Opferrolle ist ein Bild, das in vielen Filmen und Erzählungen stark sensationell gefärbte Bilder hervorruft. Auch im Tratsch, den Menschen einander erzählen, gibt es immer das Bedürfnis nach einem Bösewicht, einem Opfer und einem Helden. Die Wirklichkeit passt jedoch nicht in dieses Bild. Jede Lebenssituation will voller Respekt akzeptiert werden, auch wenn schmerzhafte Verhältnisse entstehen. Diese sind immer die Aufgabe aller Beteiligten, und diese Schwierigkeiten werden von ihnen selbst gesucht. Wir selbst suchen unsere Partner und alle anderen Beziehungen, inklusive der dazugehörenden Schwierigkeiten und des Schmerzes, ja sogar des Abschieds. Darum gibt es überhaupt keinen Grund zu Vorwürfen oder Aggressionen, wie sehr uns die Medien heute auch mit dem Trugbild der gerechtfertigten Eifersucht, Verurteilung und Zurückweisung indoktrinieren wollen.

Wenn wir das Alleinverfügungsrecht auf einen Partner verlieren, sind wir mit einer von uns selbst gewollten *Übung im Loslassen von Macht* konfrontiert. Diese Übung wird uns von dem geschenkt, der den Schmerz hervorruft. Da wir selbst nicht klar erkennen können, welche Schicksalssituationen wir mittels des anderen im Grunde suchen, ist es schwer, nicht in eine Opferrolle zu verfallen. Erst viel später im Leben zeigt sich häufig, wie viel wir den Menschen und den Situationen, die uns Schmerz bereiteten, zu verdanken haben. Sehr viel Besitzanspruch kann durch die Realität dessen, was gelebt, geliebt und erfahren wurde, gegenstandslos werden. Denn Eifersucht ist töricht, wenn wir eine gute Verbindung mit unserem Partner, Kind oder Freund(in) haben.

Die Realität der liebevollen Erfahrung dieser guten Verbindung kann uns von der Eifersucht befreien. Wir können uns unseres Reichtums auf der menschlichen Ebene bewusst werden. Doch weiß jeder, dass an Wochenenden, im Urlaub und in finanziell günstigen Zeiten Menschen dennoch aus Angst und Eifersucht miteinander streiten. Dies kommt daher, dass wir häufig noch nicht über die ›starken Schultern‹ verfügen, mit denen dieser Reichtum getragen werden kann. Der Reichtum liegt in all dem Schönen, das zwischen Menschen lebt, sowie in der Zeit und dem Raum, es zu erfahren. Die starken Schultern bestehen insbesondere aus der Fähigkeit, dies einzusehen, dankbar dafür zu sein und es dennoch nicht als Forderung, Besitz oder Anrecht zu erfahren. Denn daraus entstünde ein Machtanspruch, der das Ewige im anderen und in der Beziehung in das Zeitliche hineinziehen möchte. Und dies führt über Eifersucht, Streit, Angst, Schmerz und Ohnmacht zwangsläufig zu einer erzwungenen Konfrontation mit dem vorübergehenden Charakter allen Besitzes. Haben wir den anderen dadurch tatsächlich verloren, so bleibt die Aufgabe übrig, das Liebevolle im Innenraum lebendig zu erhalten und das Eigeninteresse sterben zu lassen. Ruhe und Friede können gefunden werden, wenn wir die Einzigartigkeit des anderen erkennen.

Jeder Mensch ist in Liebe vollkommen anders und neu, und jede liebevolle Beziehung ist einzigartig. Und weil Eifersucht uns immer einflüstert, dass wir angeblich sehen und hören, dass unser Partner einen anderen an unserer Stelle erlebt oder lieb hat, begreifen wir nicht, wie einzigartig wir sind. Jedes Lachen, jeder Tag, jeder Zusammenstoß, jede sexuelle Vereinigung und jede Beziehung ist vollkommen einzigartig. Wenn wir dies begreifen, haben wir es gar nicht mehr nötig, riesengroße Ohren, Augen und Mund von einem alles verschlingenden Wolf zu übernehmen, dessen Hunger nie zu stillen ist und der uns mit Haut und Haar verschlingen kann. Bohrende Eifersuchtsempfindungen sind Verführungen, die nicht durchschaut werden. Es erfordert viel aufmerksame Übung, nicht zu glauben, dass es ein anderer ist, der uns dies einbrockt, sondern den Wolf zu erkennen, der Zugang zu unserem eigenen Herzen gefunden hat.

▬ Sexuelle Treue

Wenn Sexualität nur zwischen Mann und Frau innerhalb der Ehe statt-findet, werden die Kinder, die daraus geboren werden, in eine Familie eingebettet. Sie wissen, wer ihre Eltern sind, und die Eltern wissen, dass die Kinder auch tatsächlich ihre Kinder sind. Aufgrund dessen erhalten Eltern allerlei Rechte, wie zum Beispiel Kindergeld, aber auch manche Verpflichtungen, wie die Sorge und die Verantwortung für ihr Kind.

In der Vergangenheit geriet eine Gesellschaft rasch aus den Fu-gen, wenn Kinder nicht von ihren Vätern anerkannt und unterhalten wurden. Eheliche Treue war deswegen eine Grundbedingung für die Geborgenheit von Müttern und Kindern. Im Laufe der Zeit verbanden sich mit dieser praxisbedingten Forderung der Treue tiefe Gefühle der Verachtung in Bezug auf ein außereheliches Kind oder Seitensprünge. Seit unerwünschte Schwangerschaften relativ einfach vermieden wer-den können, ist das kein Grund für sexuelle Exklusivität mehr.

Neben der Forderung nach sexueller Treue im Kontext der Vermei-dung einer unerwünschten Schwangerschaft entstanden kirchliche und moralische Regeln auf diesem Gebiet, die den Menschen ebenfalls vor einer einseitigen Faszination durch den körperlichen Genuss der Sexualität schützen wollten. Weil eine Sexualität, die ausschließlich im Körperlichen wurzelt, besonders schnell abgenutzt ist, treibt sie einen Menschen vom einen Abenteuer in das andere. Wie verständlich all diese Regeln auch gewesen sein mögen, sie gehören zu einer Entwick-lungsphase, die immer mehr Menschen bereits hinter sich haben. Auf dieser Ebene ist der Mensch so weit gekommen, dass im tiefsten Inne-ren, dort, wo sich das reine Gewissen entfaltet, Erkenntnisse reifen und Entschlüsse gefasst werden in Bezug auf die sexuelle Treue. Die äußere Moral zerfällt und ruft, ja schreit vielleicht sogar danach, eine persönli-che, tief greifende Moralität zu erobern, die rein aus Liebe entspringt.

Partner verlangen voneinander im Allgemeinen sexuelle Treue. Die Intimität und die Vertraulichkeit des Geschenks des nackten Körpers, der sexuellen Erregung und Lüste scheinen die Geborgenheit der Eins-zu-eins-Beziehung zwingend zu fordern. Darum ist es für viele zu schmerzhaft, wenn sich dieses intime Geschenk als nicht exklusiv erweist. Gleichzeitig gibt es auch Beziehungen, in denen die Sexualität von einem oder beiden Partnern als eine eher unwesentliche Facette des Ganzen erfahren wird. Häufig herrscht dann zwar wenig Interesse am anderen als Sexualpartner, aber dennoch eine starke Entrüstung, wenn die sexuellen Sehnsüchte sich auf einen anderen richten. Sexualität kann vom einen als Ausdruck der Liebe erfahren werden und vom anderen als ein rein körperliches Bedürfnis. Dies kann rasch zu einem unterschiedlichen Umgang damit führen. Im Grunde lassen sich viele Missverständnisse, Kummer und Eifersucht vermeiden, wenn beide Partner einander offen und ehrlich sagen, was sie in ihrer Beziehung finden, fühlen und wollen. Wer seine sexuellen Bedürfnisse beim primären Partner auslebt, vermeidet natürlich viel Elend, das bei einer freizügigeren Haltung auf diesem Gebiet leicht entstehen kann.

Die Frage nach der sexuellen Treue führt uns auf eine tiefere, noch wesentlichere Frage: »Wann ist Sexualität eigentlich menschenwürdig und dient der Liebe?«

Sexualität kann kein menschenwürdiges Dasein führen ohne Einbettung in die Liebe zu einem anderen Menschen. Dies gilt für alle Facetten des sonstigen Zusammenlebens genauso. Kinder bekommen, Häuser kaufen, Urlaub machen, Ideale verwirklichen, das Teilen der Lebenserfahrungen und das gemeinsame Essen und Einkaufen, das Lachen und das Leben – alles ist erst dann menschlich, wenn Liebe im Spiel ist. Treue zum anderen bedeutet: die Liebe zum anderen in all diesen Facetten erstreben und durchtragen. Treue basiert auf Liebe und Vertrauen. Wir haben gerade dargestellt, dass Eifersucht demgegenüber auf Egoismus und Misstrauen beruht. Wenn sexuelle Treue auf dem Hintergrund einer Eifersucht verlangt wird, so dient sie nicht der Liebe, sondern dann wird die Individualität des anderen missachtet. Liebe fordert vom anderen nicht, dass er sich selbst Gewalt antut, sie erträgt die Individualität des anderen, auch wenn dies bedeutet, dass der andere nicht, noch nicht oder nicht mehr zu dem passt, was wir selbst wollen.

Dies mag für die Meisten von uns noch unendlich schwierig sein, doch es ist zugleich *die* große Herausforderung in Bezug auf die Zukunft, denn wir sind auf dem Weg dazu, liebevolle menschliche Beziehungen, in denen der andere respektiert wird, zu entwickeln. Treue bedeutet: in Zukunft diesen Weg jedes Mal aufs Neue zu gehen. Wer den anderen nicht mehr erträgt oder dessen Verhalten und Entscheidungen nicht mehr akzeptieren kann, der steht nicht vor der Aufgabe, den anderen zu ändern, sondern *sich selbst*. Wenn uns dies nicht gelingt oder wenn wir dies nicht wollen, ist der Beziehung der tragende Boden entzogen und diese Beziehung im Kern zerbrochen.

Dem anderen treu zu sein, während von ihm ein Verhalten praktiziert wird, das als Untreue klassifiziert werden muss, erfordert viel Liebe, viel Selbsterkenntnis und Erkenntnis des anderen. Denn diese Treue entsteht nur, wenn wir das Bild des anderen, wie er seinem tiefsten Wesen nach ist, lieben. Sich selbst treu zu sein, bedeutet zu wissen, wann unsere Liebe versagt und wir dem anderen nicht mehr Freiheit zugestehen können, als wir es bereits getan haben. Dann können wir den anderen nur noch bitten sich anzupassen, und wenn dies nicht geschieht, ist es Zeit, dass wir uns selbst aus der Beziehung zurückziehen.

Immer weniger Menschen haben in ihrem Leben nur noch einen einzigen Sexualpartner. Das bedeutet, dass spätere Liebesbeziehungen immer die Notwendigkeit mit sich bringen, frühere Beziehungen zu akzeptieren und zu respektieren. Umgekehrt ist es für manche Menschen ein Auftrag, *spätere* Beziehungen zu akzeptieren und zu respektieren. In unserem langen Leben ist die Fähigkeit, den anderen ›teilen‹ zu können, offenbar eine Übung, die zur heutigen Zeit gehört, auch wenn dieses Teilen nicht das Jetzt, sondern die Vergangenheit oder die Zukunft betrifft. Es heilt uns von der materialistischen Idee, dass ein Mensch der Besitz, das verbriefte Eigentum eines anderen sein kann.

Dass wir einander auf dem Gebiet der sexuellen Treue vieles bitten und versprechen, steht uns frei und zeugt von dem intensiven Engagement, das ein Mensch in Bezug auf einen anderen an den Tag legt. Dass wir diese Versprechen, die wir einander geben, als liebevolle Intention auffassen, ist menschlich. Versprechen als Sicherheiten für die kommenden fünfzig Jahre anzunehmen, entmenschlicht und ist ein Nährboden für Macht, Eifersucht und Verurteilung, wodurch viel Leid verursacht wird. Gegenseitige Offenheit und Ehrlichkeit tragen das gegenseitige Vertrauen.

Blei wird auch benutzt, um daraus Bleifenster herzustellen. Hoch in Kirchen und monumentalen Gebäuden sind diese kostbaren, vielfarbigen Fenster zu finden, die das Licht so wunderbar farbig prägen. Das Blei nimmt alle kleinen Glasstückchen auf und umgibt ihre Schärfe mit seiner eigenen Weichheit, seiner Sanftheit. So können alle die verschiedenen Facetten, die zunächst nur zusammenhanglose Scherben zu sein scheinen, zu einem sinnvollen Ganzen, einem Lichtfenster, zusammengefügt werden. Wenn wir die scharfen Kanten der weniger positiven Qualitäten des Partners treu mit dem flexiblen Blei umgeben, heißt das, dass wir uns nicht an dem, was der andere als Verhalten zeigt bzw. just nicht zeigt, *schneiden*, auch nicht auf dem Gebiet der sexuellen Treue. Dann machen wir alle Facetten des anderen sichtbar, indem Licht auf seine Individualität fällt. Dies bedeutet, den Partner liebevoll zu unterstützen, anstatt sein Bild durch Verurteilungen und Vorwürfe zu trüben. Denn letzteres beruht eigentlich auf der eigenen Unfähigkeit, den Partner mehr zu lieben als die eigenen Interessen.

Gold – Sonne

Die Sonne ist ein riesengroßer Himmelskörper, sie nimmt gut 99 Prozent der gesamten Masse unseres Sonnensystems ein. Sie befindet sich in ständiger Veränderung, weil sie aus ihrem Kern fortwährend Wasserstoff in Helium verwandelt. In diesem Kern herrschen schwindelerregende Prozesse. So beträgt die Temperatur dort unvorstellbare 15 Millionen Grad Celsius und der Druck 250 Milliarden Atmosphären. Dort ist Gas zu einer Dichte zusammengepresst, die 150 Mal größer ist als die des Wassers. Die durch Kernfusionen verursachte Strahlung äußert sich letztlich als die Strahlung an der Oberfläche der Sonne, die hauptsächlich aus sichtbarem Licht besteht.

Das Sonnenlicht ist die Vorbedingung für alles Leben auf der Erde. Die Sonne schenkt so viel Wärme und Licht, dass alles genau im Gleichgewicht gehalten wird. Sie kann uns in maßloses Erstaunen, ja Ehrfurcht versetzen, wenn wir uns der Tatsache bewusst werden, dass diese gigantischen Sonnenkräfte eine Präzisionswirkung auf der Erde haben, die ihresgleichen nicht kennt. Denn die Energie, die die Sonne ausstrahlt, beträgt 386 Milliarden Megawatt pro Sekunde und verursacht bei uns eine Temperatur, die ungefähr zwischen − 40 °C und + 40 °C pendelt! Versuchen Sie einmal, mit einem Feuer eine solch konstante Temperatur zu erreichen. Es wird entweder zu heiß oder zu kalt, das Feuer erlischt oder das Brennmaterial wird knapp. Mit großem Einsatz kann vorübergehend eine konstante Temperatur erreicht werden, doch sobald die Aufmerksamkeit nachlässt, ist sie wieder gefährdet. Obwohl die Sonne sehr weit von der Erde entfernt ist und dort unglaubliche Prozesse vor sich gehen, haben wir hier auf der Erde äußerst zuverlässige Licht- und Wärmemengen. Dies im Unterschied zu den extremen Temperaturen, die auf den anderen Planeten herrschen.

Wer und was ist eigentlich verantwortlich für diesen kontinuierlichen Strom, der von der strahlenden Sonne ausgeht und die Erde niemals in Finsternis stürzt, sie verbrennt oder zu Eis erstarren lässt? Wer ist dafür verantwortlich, dass unsere Sonne einen solchen Abstand in Bezug auf die Erde einhält, sodass hier für uns der Raum und die Zeit entstehen, um darin zu leben? Was für uns normal ist und woran wir gewöhnt sind, ist in Wirklichkeit ein Wunder der Präzision. Menschliche Einflüsse auf die Umwelt werden zunehmend zu Störsendern in diesem Ganzen, und erst jetzt zeigt sich, wie verwundbar und wunderbar dieses Gleichgewicht ist.

Dasselbe Wunder, dieselbe Qualität finden wir auch bei dem Metall wieder, das zur Sonne gehört: dem Gold. Gold ist ein strahlendes, edles Metall. Es ist, so könnte man sagen, Sonnenwärme und Sonnenenergie in irdischer Gestalt. Es wird nicht in großen Mengen gefunden wie das Eisen, doch Gold kommt eigentlich überall vor. In der Form ganz feinen Goldstaubes weht es in der Luft und wie Feingold ist es in allen Meeren zu finden. Meistens tritt es in Verbindung mit anderen Metallen im Erdreich auf, niemals aber in Form großer, schwerer Felsblöcke. Nur die Menschen häufen es an in Form von Goldbarren und Goldklumpen und zwingen es dadurch, schwer und massiv zu werden. In Wirklichkeit will Gold überhaupt nicht zum *festen Besitz* werden, sondern alles durchstrahlen und dadurch alles Leben ermöglichen. Dann ist es überhaupt nicht schwer, sondern führt alles in die Leichte.

In diesen Sonnen- und Goldwirkungen werden die Qualitäten der Fülle der Liebe erkennbar. Alles, was mit *dieser* Liebesqualität zusammenhängt, wurde schon immer in Bildern ausgedrückt, die mit der Sonne und dem Gold zu tun haben. Mehr und besser als Gold kann das Leben nicht werden. Goldene Qualitäten, Goldmedaillen, 24-karätiges Gold – das ist das Beste, was wir erwerben und schenken können. Die Sonne wurde in vielen Kulturen als Wohnstatt göttlicher Wesen verehrt. Ägypter, Perser, Inkas – alle verehrten sie die Sonne. Damals herrschte noch nicht der Aberglaube an einen »Zufall«! Die Menschen glaubten noch nicht an den Gott des Zufalls, der angeblich die vollendete Wirkung der Sonne verursachte. Sie wussten es noch besser. Sie benutzten das Gold, um die ständigen, liebevollen Sonnenwirkungen darzustellen, sie zu verehren und ihnen zu danken. Goldene Götterstatuen hatten noch keinen Geldwert, sondern sie waren die angemessenen Formen, eine tief empfundene Dankbarkeit für die Liebe auszudrücken, die das Leben erst ermöglichte.

Vom Gesichtspunkt der Sonnen- und Goldqualität ausgehend über Sexualität zu sprechen, bedeutet, über die Liebe selbst zu sprechen, die sich in der Sexualität ausdrücken kann. Wie das Leben auf der Erde völlig von der Sonnenwärme und dem Sonnenlicht abhängig ist, so hängt auch das Zusammenleben der Menschen völlig von der Liebe ab. Ein Mensch, der niemals wirklich geliebt wurde oder selbst geliebt hat, kann vielleicht alt werden, aber er wird als ein Mensch sterben, der nie wirklich gelebt hat und der vom eigentlich Menschlichen isoliert geblieben ist. Er wird sich als Mensch erleben, dessen Herz sich im Grunde während des Lebens im Stillstand befand. Denn unser Herz lebt von und für das Gold der Liebe. Wird alle Liebe aus dem Leben eliminiert, so verkümmert der Mensch völlig. Alle Kreativität, alle Möglichkeiten, sich zu entfalten und zu entwickeln, gehen verloren, die Entelechie gerät in Stagnation. Es entsteht Isolation, selbst bei Menschen, die von vielen anderen umgeben sind. Darum ist jeder Mensch, sei es bewusst oder unbewusst, fortwährend auf der Suche nach Liebe, fortwährend auf der Suche nach Gold. Menschen wollen häufig das äußere, irdische Gold haben und erwerben, doch eigentlich bedarf es des Goldes als *innerer Qualität*, als Liebesfähigkeit.

Paradoxerweise können wir jedoch Liebe erst dann finden und erfahren, wenn wir zuvor *selbst* liebe-voll geworden sind. Erst durch die Entwicklung unserer inneren Sonnenkräfte und durch das Umwandeln unserer zahlreichen Lebenserfahrungen in inneres Gold können wir diese Qualität auch in unserer Umgebung erfahren und finden. Liebe empfangen kann nur ein Herz, in dem bereits Gold vorhanden ist, sonst wirft der innere Egoismus, die innere Isolation alle Liebesstrahlen zurück.

Als Individuum können wir sehr viel erreichen. Doch Liebesfähigkeit zu entwickeln durch Transformation unserer ungeordneten seelischen Strömungen in Goldkräfte – das ist nur dadurch möglich, dass *Beziehungen* eingegangen werden. Durch den ständigen Übungsweg des Findens und Gestaltens von Beziehungen entsteht die Sonnenausstrahlung unseres Herzens. Es ist unmöglich, ein liebevoller Mensch zu werden, solange man in einer isolierten Daseinsform lebt. Denn Beziehungen führen zu Berührungen, zum Berühren des anderen. Alles, was wir berühren, verwandelt sich. Was wir berühren, wird von uns nachgeschaffen oder neu geschaffen. Jeder Gedanke, jedes Wort, jedes Gefühl und jede Handlung, die in einer menschlichen Beziehung stattfindet, ist eine solche Berührung und verändert den anderen und uns selbst, zum Guten oder zum Üblen. *Zum Guten* bedeutet, dass die Liebe strahlend und erwärmend aus uns entspringt und dass Freiheit und Entwicklungschancen entstehen. *Zum Üblen* bedeutet, dass *Leid* entsteht, denn jeder Gedanke, jeder Kuss und jede sonstige Berührung ist schädlich und verwundet, wenn sie in Unverständnis und Lieblosigkeit wurzelt. Liebe versteht und akzeptiert den anderen, Egoismus dagegen vermeidet eine tiefer gehende Begegnung mit dem Wesen des anderen. Wem ich nicht begegne, den kann ich auch niemals verstehen. Akzeptanz eines anderen Menschen basiert nicht auf einer Anpassung in Worten und Handlungen, sondern auf Liebe und konkretem Verständnis. In egoistischen Beziehungen dagegen macht die Berührung den anderen zu einem abgestumpften Gefangenen, mit dem es sich bald nicht mehr leben lässt, weil dieser zu dem geworden ist, den wir aus ihm gemacht haben. So etwas ist unerträglich, deswegen ziehen sich viele Menschen aus solchen Beziehungen zurück. Manche wagen es aufgrund solcher Erfahrungen nicht mehr, überhaupt noch Beziehungen einzugehen. Dann entsteht die Finsternis des isolierten Daseins, die tödlich wirkt und einen Menschen in Unveränderlichkeit gefangen hält. Im Unberührtsein, in einem ›unberührten Leben‹, bilden sich jedoch tote Perfektion und Dogmatismus auf der Basis von Angst, Eifersucht, Kontrollzwang, Machtausübung und sozialer Dummheit.

Alles das sind tödliche Kräfte im Hinblick auf Liebe, Beziehungen und auch auf die menschliche Sexualität. Wir bleiben ›unberührt‹, wenn diese negativen Kräfte uns bestimmen und wenn der andere uns unberührt lässt. Wir bekommen davon, bildhaft gesprochen, Gefäßverkalkung, die letztlich zum Herzstillstand führt. Denn warum soll ein Herz weiterschlagen, wenn es in Isolation leben muss? Schließlich sehnt es sich doch nach liebevoller Begegnung.

Aus dieser Situation entspringt das so genannte *Goldfieber*. Blinde, vor nichts zurückschreckende Begierde nach Gold treibt total verarmte Menschen an, und es kommt zum *Goldfieber*. Gerade der lieblose Mensch, der keinerlei sonnige, goldene Beziehungen eingehen kann, der keine hellen und warmen Berührungen geben oder erleben kann, gerade dieser Mensch verfällt dem Fieber. Und dieses *Goldfieber* ist der blinde Trieb in der Sexualität. Nicht zu befriedigende Begierden nach extremen sexuellen Erfahrungen entstehen als Reaktion auf das armselige Dasein eines Menschen. Tiefgründende, durchwärmte Beziehungen dagegen berühren voller Liebe unser Leben.

Wer nicht mit einem anderen Menschen zusammenlebt, sondern alleinstehend ist, braucht deswegen keineswegs isoliert zu leben. Manchmal berührt ein Alleinstehender einen anderen Menschen mehr, als es bei manchen Partnern innerhalb einer festen Beziehung der Fall ist. Eine über neunzigjährige Frau wurde einmal gefragt, womit sie sich den ganzen Tag lang gedanklich beschäftige. Sie antwortete, dass sie ständig an ihre Familienmitglieder denke. Auch so etwas bedeutet ein ständiges Berühren!

Beziehungen, die man nicht ›besitzen‹ kann

Für die Menschen, die wir lieben, bedeuten wir die Sonne in ihrem Leben. Die Sonne scheint immer, weil sie ihre Kraft aus ihrem eigenen Kern bezieht. Liebe ist das Allerautonomste, das wir entwickeln können – LIEBE allerdings großgeschrieben. Die Kraft dieser Liebe kommt aus unserem Kern. Wir können aus unserem eigenen Zentrum heraus wahrhaft lieben, auch wenn der andere weit von uns entfernt ist. Man kann einem Menschen alles nehmen, doch niemals seine fundamentale Fähigkeit, zu lieben. Sogar der Egoismus und negative Berührungen können diese Liebe nicht vernichten. Sie ist wie edles Gold und wie ein fortwährender, sonnenhafter Lichtquell.

Weil jeder Gedanke und jedes Gefühl eigentlich Berührungen des Menschen darstellen, an den wir denken oder zu dem wir hinfühlen, können wir jeden Menschen lieben. Manchmal wird diese Liebe erwidert, doch längst nicht immer. Manchmal kann die Liebe ausgelebt werden, weil die Möglichkeit besteht, mit dem geliebten Menschen zusammenzuleben. Doch auch das ist bei Weitem nicht immer der Fall, manchmal kommt es zu einer Trennung, oder der Geliebte stirbt. Trotzdem können wir jeden Menschen lieben und innerlich berühren, unter der Bedingung, dass es sich um wirkliche Liebe handelt. Dann haben wir vielleicht die geliebte Person verloren, die Liebe aber haben wir behalten und dadurch die Trennung überwunden. Genau wie die Sonne auch scheint, wenn wir eine dunkle Sonnenbrille tragen oder in einem klimatisierten Büro hinter einer Sonnenmarkise tätig sind. Wir können im Prinzip jederzeit in der Sonne baden, die sich ja nicht dadurch in Wolken hüllt, wenn wir uns ins Haus zurückziehen. Entschließen wir uns zu einem Mittagsspaziergang, erfahren wir ihre goldenen Strahlen, die uns umhüllen und erwärmen. Die Sonne hat sich nicht beleidigt zurückgezogen, die Sonne ist vollkommen autonom in ihrer Liebesfähigkeit. Sie strahlt, erwärmt und erhellt, ob wir diese Gabe nun annehmen oder nicht, ob wir uns nun beschweren, weil wir gerne mehr oder weniger Sonne hätten oder nicht. Sie tut, was sie tut, weil dies ihr Wesen ist.

Dies gilt auch für unsere Kinder, die, wenn sie einmal erwachsen sind, ihre eigenen Wege gehen. Ob sie in den Ferien, über die Feiertage, Wochenenden und Mahlzeiten da sind oder nicht, wir Eltern können ihnen dennoch nahe bleiben. Wer allein lebt, scheint ein leeres Haus zu haben. Doch ein leeres Haus ist immer gefüllt, wenn darin jemand mit einem goldenen Herzen lebt, in dem er die anderen Menschen trägt.

Jeder Gedanke, der den anderen liebevoll umhüllt, ist ausgesandtes Licht, das in einem geraden, ungebrochenen Strahl das Herz des anderen *durchliebt*. Jedes reine Liebesgefühl durchwärmt den anderen mit derselben Fülle an zielsicheren Strahlen. Und diese Liebesstrahlen lassen den anderen dennoch völlig frei. Denn diese Berührungen verwandeln und ernähren, doch niemals verwandeln sie den anderen ungefragt oder zwingend. Wenn wir Liebe zu einem anderen Menschen empfinden und in Liebe an den anderen denken, verwandeln wir damit *die Möglichkeiten*, über die der andere verfügt.

Diese Berührungen schaffen Raum und bieten neue, potenzielle Chancen. ›Goldene Chancen‹ bieten sie dem anderen, doch sie sind völlig freilassend und warten, bis sie gesucht und gebraucht werden. Berührungen aus Liebe gehen also eine Beziehung mit dem ein, was der andere *werden* kann, und sie tragen dazu bei, dass dies möglich wird. Sie fordern nicht, dass sich der andere in dem, was und wie er ist, ändert. Diese Fähigkeit, ›sonnenhaft‹ zu lieben, wächst häufig durch eine vorübergehende oder längere Trennung von dem geliebten Menschen heran, oder durch eine unbeantwortete, so genannte »unglückliche Liebe«. Dies kommt daher, weil wir durch die Trennung gezwungen sind, zu lieben, ohne dass unsere eigenen Sehnsüchte und Wünsche erfüllt werden können. Es sei denn, dass wir uns, was nur allzu menschlich wäre, in Schmerz und Egoismus zurückziehen. Doch wenn wir wirklich lieben, beginnt unser Kern selbst dann, wenn wir zurückgewiesen werden, seine maximale Strahlkraft zu entfalten.

Im Evangelium heißt es, dass wir unseren Feinden Gutes tun sollen. Damit ist gemeint, dass wir die eventuelle Negativität des anderen mit Wärme durchdringen, ohne dafür einen Lohn zu beanspruchen. So etwas ist nur möglich, wenn unsere Liebe unabhängig ist. Eine größere menschliche Autonomie lässt sich nicht vorstellen! Diese Unabhängigkeit macht uns letztlich unangreifbar gegenüber jeglicher negativen Berührung durch andere. Wir brauchen dann nicht mehr lieblos zu werden, da wir in unserer Liebe vollkommen selbstständig geworden sind. Dann ist auch unser Kern unangreifbar geworden, ungeachtet allen Leides, das der andere uns zufügt. Wir brauchen unseren Liebeskern nicht mehr zu verlassen, wenn wir beziehungsmäßig »im Stich gelassen« wurden.

Ganz anders als üblicherweise geglaubt wird, ist diese Fähigkeit nicht vor allem den geselligen, netten, sozialen Typen gegeben. Diese nämlich erhalten ihre Autonomie nur allzu häufig dadurch, dass sie sich stets anpassen. Wenn sie dann in ihren Beziehungen ständige »Aufopferung« praktizieren, schenken sie im Grunde lediglich Leere und Formlosigkeit – ein Irrweg, denn etwas, was nicht entwickelt wurde, kann auch nicht geopfert werden. Wirklich lieben und uns selbst hinschenken können wir nur in dem Maße, wie wir wirklich autonom geworden sind. Nur das, *was wir aus unserem eigenen, starken Sonnenkern heraus geworden sind, kann sich in Liebesstrahlen ausdrücken.*

Sexuelle Enthaltsamkeit

Nach jahrhundertealtem Brauch sind Geistliche und Ordensleute in der katholischen Kirche nicht sexuell aktiv, gehen keine Ehe ein und bekommen keine Kinder. Von Ausnahmen abgesehen haben Hunderttausende von Priestern, Patres, Brüdern und Schwestern jahrhundertelang nach diesem Keuschheitsgelübde gelebt.

In unserer heutigen Zeit stehen viele Klöster fast leer. In allen Städten und Dörfern verschwanden diese Lebensgemeinschaften mit Dutzenden oder Hunderten von Männern und Frauen, die zölibatär, auf der Grundlage sexueller Enthaltung also, lebten. Sie opferten einen Teil ihrer körperlichen und seelischen Bedürfnisse und Fähigkeiten, um ein mehr geistig inspiriertes Leben führen zu können. Als eine unsichtbare Oase der Ruhe und Reinheit wirkten diese Orte inmitten der Gesellschaft, häufig in aller Stille. Zugleich wurden in dieser Zeit meistens viele Kinder in den Familien im Umkreis solcher Orte geboren; das Sprechen über die Sexualität an sich war zwar ein Tabu, aber keineswegs ihr Ausleben! Noch bis in die Fünfzigerjahre des vorigen Jahrhunderts konnte eine gut katholische Familie den Besuch des Pastors erwarten, wenn längere Zeit in einer Familie kein neuer Täufling geboren worden war ...

Dieser Kontrast zwischen Erwachsenen, die Sexualität, Ehe und Elternschaft opferten, und Erwachsenen, die das alles, wenngleich häufig unfrei, leben mussten, ist heute verschwunden. Aufgrund moderner Verhütungsmittel können wir uns heute für die Elternschaft und für die Anzahl der Kinder entscheiden, die wir aufziehen wollen. Ein Leben ohne Partner ist, auch in finanzieller Hinsicht, sowohl für den Mann als auch die Frau möglich. Und schließlich sind wir dadurch alle selbst für die Reinheit und die eventuelle Zurückhaltung auf sexuellem Gebiet verantwortlich geworden. Nicht länger trägt heute eine gesonderte Gruppe die Aufgabe, diese Zurückhaltung *stellvertretend* für die Gemeinschaft zu praktizieren. Wir selbst sind, sei es außerhalb oder innerhalb von Beziehungen, durch das Fehlen eines Partners oder aufgrund von Problemen innerhalb der Gemeinschaft, heute dazu angehalten, die Liebe, den Frieden, die Zurückhaltung und die bewussten Entscheidungen auf dem Gebiet der Sexualität umzusetzen.

Die Vergangenheit war in dieser Hinsicht weise geordnet. Die Gegenwart ist noch chaotisch, doch es handelt sich dabei nur um eine Übergangszeit aus der unbewussten Ordnung hin zu einer selbst gestalteten. Die Demokratisierung der sexuellen Enthaltsamkeit vom Klösterling und Priester bis hin zu jedem Menschen ist damit eine Tatsache geworden. Die neue Enthaltsamkeit geschieht in Freiheit und aus Liebe und hat nirgendwo ein Dogma oder Angst als Basis. Aber irgendwo auf dem Weg dorthin begegnet jeder Mensch in seinem Leben dem Appell dazu, sei es durch Krankheit oder Alter, sei es durch Einsamkeit oder durch die Tatsache, dass man alleinstehend ist.

Jede Trennung bedeutet für zwei sich liebende Menschen die Einladung, die Liebe jeder Form von Egoismus zu entledigen. Sexuelle Enthaltsamkeit ist auch eine Form der Trennung. Jede Notwendigkeit zur Enthaltsamkeit ist damit zugleich auch eine mögliche ›Gebärmutter‹ für die Liebe. Denn gerade *weil* das Eigeninteresse *nicht* ausgelebt wird, fördern das Leben und Beziehungsschmerz die Bildung einer Wesensbeziehung, die auf wirklicher Menschenliebe gründet. Allerdings ist die Vorstellung, dass derjenige, der sich innerlich entwickeln will, deswegen von der Praktizierung jeglicher Sexualität abzusehen hat, ein verhängnisvolles Missverständnis. Als Jungfrauen und Jünglinge mussten wir früher durch das Leben gehen, um dadurch heilig, erleuchtet und geistig erweckt zu werden, dass die Sexualität geopfert wurde. Noch immer denken viele, dass geistige Entwicklung mit der Leugnung der Sexualität zusammenhänge, die dann bekämpft, vermieden oder zurückgewiesen werden muss.

Aber auch hier gilt: Wie können wir etwas opfern, das wir nicht besitzen? Die Sexualität an sich stellt kein Problem dar. Sie ist nicht schmutzig, falsch, primitiv oder tierisch. Sexualität ist eines der menschlichen Instrumente, die zum Guten oder zum Bösen benutzt werden können, doch das gilt für unser gesamtes Menschsein ebenfalls. Was dabei letztlich herauskommt, liegt an der Entwicklung, die wir durchlaufen. Häufig entsteht durch das Leben auf *natürliche Weise* eine vorübergehende oder länger andauernde Notwendigkeit zur Enthaltsamkeit. Wenn Enthaltsamkeit auf diese Weise entsteht, ist sie häufig ein Nährboden für die Liebe, unter der Bedingung, dass sie in und aus Liebe gelebt wird. Wenn dagegen Enthaltsamkeit aus Ängsten, Dogmen oder Unfähigkeit entsteht, bilden sich lediglich Frustrationen. Die Enthaltsamkeit aus Liebe ist eine geschenkte, sie wird nicht erzwungen oder eingefordert. Wenn der andere mit mir sexuell nicht zu leben wagt, dies nicht will oder kann, und wenn ich lerne, dies auszuhalten, dann kann sexuelle Enthaltsamkeit Liebeskraft freisetzen. Dies ist allerdings kein Freibrief für sexuelle Vernachlässigung derjenigen Menschen, mit denen zusammenzuleben wir uns entschieden haben.

Die Ehrlichkeit gebietet einzugestehen, dass die Meisten von uns das Gefühl der Liebe nur eine kurze Zeit ertragen. Wir ertragen diese Gefühle dann nicht weiter und sie müssen ausgelebt werden. In der Sexualität strömen alle Gedanken und Gefühle dann aus. Dadurch wird die Spannung gelöst, die im Inneren durch die Liebe und durch die zu geringe Möglichkeit, diese Liebe zu ertragen und auszuhalten, hervorgerufen worden ist. Denn wir können einfach nicht so viel ertragen. Wie gesagt: Jede Trennung zwischen sich Liebenden ist eine Einladung des Lebens, ihre Fähigkeit zum Aushalten von Liebe zu vergrößern. Dies empfinden wir dann als Leid, als Schmerz, als Sehnsucht, aber auch als Frustration oder Wut. In Wirklichkeit sind dies die Wehen, die die inneren Schatzkammern öffnen, aus welchen das Gold der Liebe in alles einströmt, was wir sind, in alles, was wir leben. Dann hat sich eine neue Schleuse für die Liebe geöffnet.

Egoismus und Sexualität sollte ein Mensch nicht direkt bekämpfen. Die Lösung der Fragen auf diesem Gebiet liegt nicht in der Leugnung der Gefühle, die sie im Menschen hervorrufen. Der Egoismus stellt eigentlich eine Aufforderung an uns dar, nicht länger nur unseren Eigeninteressen zu dienen, sondern dieses Dienen auf alle anderen Menschen auszudehnen; denn dann lieben wir sie, wie wir uns selbst lieben. Sexualität ist eine verbindende Kraft, die, einmal in Liebe metamorphosiert, sich ebenfalls über alles und alle ausdehnen möchte. Dann bilden wir einen unablässigen Strom lebendiger Beziehungen zwischen uns und allem, dem wir begegnen. In diesem Strom wird unsere menschliche Berührung wahrnehmbar als fruchtbarer Gedanke, als tastbare Liebe. Wir führen die Sexualität auf ihren Quell zurück – auf die Fähigkeit, andere Menschen ganz und gar, durch und durch zu lieben. Dann ist aus dem Nehmen ein Geben geworden.

Gerade dann, wenn Menschen in einem gemeinsamen Haushalt zusammenleben und ihr Leben teilen, fehlt häufig die *natürliche Enthaltsamkeit* als Entwicklungsstimulanz. Wir brauchen den anderen nicht mehr zu missen. Er lebt ja mit uns im Haus, im Garten, mit den gemeinsamen Kindern, im gemeinsamen Bett und so weiter. Die Anstrengung, die wir aufwänden müssen, um den anderen entbehren zu können, ist eine Form der Entwicklung, die früher in der (heute altmodisch gewordenen) vorehelichen Verlobungszeit geübt wurde. Die Entwicklung, die einen Menschen dazu bringt, Liebe dadurch wachsen zu lassen, dass sie noch nicht völlig ausgelebt wird, wird durch das Zusammenleben aufgehoben. Denn die zwischenmenschliche Kluft ist durch die reine Tatsache des Zusammenlebens noch längst nicht überbrückt. Die Fähigkeit, sich zusammenzuschließen und zusammenzubleiben, will im Inneren, trotz der Tatsache, dass man bereits zusammen ist, dennoch weiterentwickelt werden. Und so meldet sich das Problem der Isolierung, der Abgeschlossenheit *innerhalb der Beziehung* wieder zurück. Es kommt zurück in der Form von *Beziehungsproblemen.* In unseren tausendfältigen Irritationen, Gereiztheiten, Missverständnissen und Kommunikationsstörungen vollzieht sich der Verlust und die Trennung von dem geliebten Partner, mit dem wir zusammenleben! Wir können jeden Tag miteinander ins Bett gehen, doch wir drehen danach einander den Rücken zu, weil wir den Abstand nicht überbrücken können. So entsteht die *unnatürliche Enthaltsamkeit,* verursacht durch die modernen Prüfungen im Beziehungsbereich. Wir können nicht mit dem Partner zusammenleben, ohne dass alle Kräfte, die die Kluft zwischen uns verursachen, wach werden und sich zwischen uns schieben. Die Kluft, die die Menschen trennt, wird nicht dadurch überbrückt, dass alle Irritationen und Auseinandersetzungen im Grunde auf nichts beruhen. Darin zeigt sich, dass Zusammenleben regelmäßig direkt ins Alleinleben führen kann.

Dennoch ist gerade diese moderne ›Trennungsenthaltsamkeit‹ ein Weg, der uns einlädt, den verlorenen Partner zu lieben – denjenigen, der oder die neben uns im Bett liegt. Viele Menschen können und wollen rasch und früh zusammenleben. Viele Menschen schließen mehrere Ehen oder gehen andere Formen des Zusammenlebens ein, obwohl noch immer viele lange, manchmal ein Leben lang, zusammenbleiben und gemeinsam alt werden. Immer ist dieses Zusammenleben eine Übung, die den Menschen helfen kann, selbst wie eine Sonne zu werden und einander Gold zu schenken. Nicht, weil gerade Valentinstag ist, sondern weil ein Mensch es wagt, sein Herz an einen anderen Menschen zu verlieren, obwohl dieser eine Konfrontation mit der isolierten, getrennten und lieblosen Verfassung des modernen Menschseins verursacht. Unbeabsichtigt und unverstanden ist es genau das, was wir in jeder engen, auf einem Zusammenleben basierenden Beziehung erfahren. Sexuelle Enthaltsamkeit *innerhalb* von Beziehungen fordert uns damit also zur selben Entwicklung heraus wie die *außerhalb* von Beziehungen.

Obwohl das turbulente Alltagsleben die Wirklichkeit der in einer Beziehung herrschenden Armut zudecken kann, gelingt dies in der Sexualität nicht. Wir können nach außen hin wie ein Ehepaar auftreten, während wir in Wahrheit isolierte Wege gehen; doch in der Sexualität kommt die »nackte Wahrheit« zum Vorschein, da zeigt sich manches *Ehe-Paar* vielmehr als *ehe-maliges Paar*. Dort wird die Unfähigkeit, sich miteinander zu verbinden, sich wirklich zu berühren und zu lieben in vollem Umfang sichtbar. Die Sonne bringt alles an den Tag! Und dann entsteht ständig ein kleines »Au« in uns, weil uns dies schmerzhaft trifft. Während eigentlich das große »AU« wie ein strahlender Klang ertönen möchte. Nicht ohne Grund heißt Gold im Lateinischen Aurum.

Goldene Drähte reißen nicht. Aus einem Gramm Gold lässt sich ein Draht von 35 Kilometer Länge herstellen, indem das Gold gedehnt wird. Es hat einen so starken inneren Zusammenhang und ist so edel, dass es nicht bricht. So ist es auch mit jedem Gramm wirklicher Liebe, die wir entwickeln. Es wird zu Fäden zwischen uns und dem anderen, die nicht reißen, was auch geschieht. Solche Fäden überbrücken jede Kluft, die das Leben oder der Tod verursacht. Sie lassen uns *lächeln* über die lästigen Eigenschaften des anderen. Sie reißen nicht, und dadurch zerbricht auch die Beziehung nicht. Das Spinnen von Goldfäden ist die Antwort auf die menschliche Erfahrung des Getrenntseins. Auch die gegenteilige Variante existiert, wenn die Liebe langsam verkümmert, die sexuelle Gemeinschaft jedoch weitergeht, vielleicht sogar verstärkt. Dann leben lediglich die Lüge und die reine Begierde. Wer möchte mit diesen beiden ins Bett gehen?

Sexualität kann ein Bewusstsein für den Abstand wecken, der entstanden ist. Eine sexuelle Enthaltsamkeit, die nicht jeder der Partner gewünscht oder gewählt haben, hat dadurch eine Signalfunktion. Sexuelle Enthaltsamkeit erfordert, dass man den anderen nicht aus dem Bewusstsein verliert.[17] Tiefer Schmerz kann entstehen, wenn einem sexuelle Enthaltsamkeit durch moralische Dogmen, einen Partner, der wenig sexuelle Bedürfnisse hat, durch sexuelle Impotenz oder sonstige beziehungsmäßige innere Entfremdung zwischen Menschen auferlegt wird. Noch immer gibt es viel verborgenes Leid auf diesem Gebiet, das wir meistens nicht wahrnehmen.

Liebe erfordert, dass wir einander einerseits freilassen, andererseits jedoch auf keinem Gebiet vergessen. Dann kann das Leid der unfreiwilligen sexuellen Enthaltsamkeit verschwinden. In Liebe sehen und spüren Partner die Sehnsüchte und den Kummer des anderen. Dann kann es zu einem Gespräch kommen, in dem beide den Mut haben, sich ohne Vorwürfe und Verteidigungstaktiken zu entblößen. Dann wird in aller Ehrlichkeit auf sich selbst und die sexuellen Muster geblickt, dann finden Menschen Wege, einander in einer solchen Weise zu pflegen und zu verwöhnen, dass die Abstände überbrückt werden können. Wer einen anderen liebt, kann nicht glücklich sein, wenn dieser leidet. Ein liebevoller Umgang miteinander innerhalb einer Beziehung beinhaltet, dass man einander als *geliebten Menschen* erinnert und die ›Störsender‹ vergisst und vergibt. Den Kampf, der immer wieder notwendig ist, um zu dieser Begegnung zu gelangen, dürfen wir einander nicht vorenthalten, denn in diesem inneren Kampf wird das Gold gewonnen, das Freude schenkt, erleichtert und veredelt. Dieser Glanz wiegt jeden Schmerz und jeden Kampf auf, weil Menschen einander nicht mehr aus dem Weg gehen, sondern sich befreien.

Was ist Liebe?
Liebe ist die Erfahrung der Totalität des Menschseins, in Gemeinsamkeit mit dem anderen und all dem, was einen Menschen umgibt. Die Erfahrung der Liebe lässt sich nicht beschreiben, bei ihren Merkmalen ist das jedoch durchaus möglich. Wir wollen im Folgenden drei besondere davon näher betrachten.

Opfern

Echte Liebe geht immer mit Freilassen einher. Um jemanden freilassen zu können, müssen wir etwas opfern. Opfern bedeutet nicht lediglich, einen Besitz wegzugeben. Es bedeutet heutzutage, dass man *befreiend* mit jedem Menschen umgeht, der zu einem gehört, indem man ihn nicht mit allen möglichen selbst geschaffenen Ge- und Verboten belastet, die auf egozentrischen Motiven beruhen. Überall neigen wir dazu, den anderen so weit zu bekommen, dass dieser alles, was wir selbst als wünschenswert oder richtig bezeichnen, übernimmt, ob es sich nun um Unterschiede im Geschmack oder in der gesamten Lebensauffassung handelt. Zu opfern bedeutet, dass wir unser egoistisches Interesse immer wieder aus einer Beziehung herausnehmen. Es bedeutet, dass wir die innere Freiheit erwerben, mit jemandem, der ganz persönlich zu uns gehört, das im *überpersönlichen Sinne Richtige* zu tun. Wir können dann immer so mit diesem Partner umgehen, dass er zu seinem Recht kommt. Wir brauchen uns dafür nicht selbst aufzuopfern, auch nicht den anderen; aufgeben müssen wir allerdings die *egoistischen Interessen* gegenüber dem anderen und der Beziehung. *Dieses* Opfer muss gebracht werden, wenn Liebe entstehen soll. Den ganzen Tag über lädt uns das Leben selbst dazu ein, unsere Gedanken, Meinungen, Urteile, Gefühle, Begierden und Sehnsüchte zu opfern. In all dem steckt immer auch Eigeninteresse und somit ein verstärktes Selbsterlebnis. All das steht der Liebe im Wege. Wer recht haben will, eifersüchtig, verliebt oder verletzt ist, macht noch stark die Erfahrung seines Eigenseins. Wir können völlig blockiert und frustriert werden, weil wir nur noch uns selbst wahrnehmen und auf uns selbst starren in dem, was wir beziehungsmäßig fühlen und erleben. Dies hält so lange an, wie wir völlig davon vereinnahmt sind.

In dieser Selbst-Erfahrung lebt ein ganz subtiles Eigeninteresse. Während wir in einer solchen Nabelschau bemerken, was uns alles beziehungsmäßig beschäftigt, bildet sich sehr leicht ein subtiles Ego. Das Subtile besteht darin, dass sich das Eigeninteresse in dieser Gestalt so schwierig erkennen lässt. Es erfordert wahre Selbsterkenntnis und ein geübtes inneres Auge, zu unterscheiden, ob wir von dem beeindruckt sind, was sich *wirklich* abspielt, oder ob wir nicht vielmehr nur von uns selbst beeindruckt sind. Das Ersterbenlassen des Egos öffnet die Tür zur Selbsterkenntnis auf dieser Ebene. Dieses Loslassen und Preisgeben des vergrößerten Egos und seiner Interessen ist ein grundlegendes Liebes-Opfer, das in jedem Gespräch und in jeder Begegnung geübt werden kann.

Alles, was auf dem Altar der Liebe wirklich geopfert wird, schenkt sogleich innere Freiheit. Wir leiden nicht mehr unter einem Vorfall oder einem Gefühl, und wir erzeugen dadurch auch kein Leid mehr. Wir haben nicht mehr die Angst, etwas zu verlieren oder aufs Neue durchzumachen. Wir werden souverän und innerlich frei und rein auf einem Gebiet, auf dem wir zuvor von unserem Ego eingenommen waren. Dann wird unser Herz zu Gold – ohne dass wir es selbst bemerken –, weil der andere dort in uns lebt und wir nicht mehr unser eigener Gefangener und der unserer Ängste sind. So betrachtet vereint die Liebe die Menschen, weil wir einander im Herzen tragen, ohne uns zu besitzen.

Sexualität kann einen Menschen zum Opfern hinführen, jedoch nicht weiter. Dadurch kann die Sexualität höchstens ein ›Auftakt‹ für die Liebe sein. Wenn der Egoismus in der Sexualität den Ton angibt, verursacht er hingegen einen ›Abtakt‹ der Liebe. Doch wenn die Sexualität der Liebe selbst dient, kann etwas Besonderes geschehen. Die ursprüngliche Intention »Ich will dich in Besitz nehmen« kann aufblühen zum »Ich will dich zu dem werden lassen, der du bist«. Für das Begehren, Empfangen, Zeugen und Befruchtetwerden gilt, dass die Liebe sich über alles ausdehnt, was der andere werden kann, wenn ein strahlend-goldenes Herz die Regie führt. Nicht was der andere *haben will*, sondern was der andere *sein kann*, ist das Ziel. Nochmals: Liebe wird die Sexualität nicht bekämpfen oder vermeiden, sondern sie befreien, indem sie sich opfernd ausdehnt. Das Verlangen nach dem, was der andere sein kann, weckt und befruchtet den Partner. Dann ist Sexualität ein Teil eines Liebes-Sonnen-Systems und ein Bestandteil der großen menschlichen Entwicklung hin zur Liebe.

Kräfte, die der Liebe in der Menschheit entgegenarbeiten wollen, bewirkten in einer fernen Vergangenheit, dass die Sexualität in das Begierdenleben hineingezogen wurde. Noch immer wirken diese Kräfte so, dass sie uns von der eigentlichen Liebe abziehen und uns auf Genuss und Befriedigung als Selbstzweck fixieren wollen. Sie sind so raffiniert wirksam, dass sie uns verführen können, noch bevor wir es überhaupt bemerken. Doch auch sie haben eine Achillesferse. Es gibt einen Ort, von dem sie nichts verstehen und wo sie dem Menschen gegenüber die Verlierer sind: Diese so genannten *luziferischen Gegenkräfte* kennen das

Opfer nicht. Sie bewirken den verfeinerten Genuss des eigenen Egos und es entgeht ihnen völlig, dass ein Mensch sein Ego-Interesse aus freiem Willen opfern kann. Darum steht es dem Menschen frei, Liebe aus geopfertem Eigeninteresse zu erzeugen.

In der Sexualität ist sowohl das Eigeninteresse als auch das Interesse am anderen überall das zentrale Thema. Vor dem in freier Autonomie gebrachten Opfer kann und wird sich jede Gegenkraft beugen und der Entstehung reiner Liebe dienen. Viele solcher schönen Fähigkeiten wie die des Opfernkönnens entstehen erst im Zusammenhang mit einem anderen Menschen, für den sie benötigt werden, und im Zusammenhang mit dem, was wir diesem Menschen gegenüber empfinden. Auf diese Weise entsteht alles, was in einer Beziehung benötigt wird, erst *nachdem* wir uns zum Zusammenleben entschlossen haben, und das ist eigentlich ein riesengroßes Paradoxon. Dasselbe geschieht übrigens auch bei der Elternschaft. Auch wenn wir noch so gut vorbereitet sind, wir lernen das Erziehen erst, wenn wir es betreiben. Jedes Kind erzeugt, so gesehen, seine Erzieher selbst.

Liebe erfordert und erzeugt zugleich die Fähigkeiten zu einem liebevollen Leben. Dann zeigt sich, dass der Mensch zum Glück über ganz unerwartete Fähigkeiten verfügt. Wie die Sonne ihre Substanz fortwährend opfert, so wird auch der Mensch zur Sonne für den anderen. Alle Energie strömt und strahlt in den Kosmos des anderen ein und erzeugt dort das rechte menschliche Lebensklima. Ständig verbrennt die Liebe den Egoismus, sodass ein Mensch durch solche ›Kern-Reaktionen‹ buchstäblich sich selbst aufgibt.

▬ Vergeben

Ein zweites Merkmal der Liebe ist das Vergeben. Eines der größten Opfer, zu dem eine Beziehung uns einlädt, ist die Fähigkeit zu verzeihen. Dies ist nicht einfach, denn wir erlassen nicht ›einfach so‹ ausstehende Schulden. Wir sind ausgezeichnete Buchhalter und haben im Innern exakt festgehalten, was und wo und wie der andere unserer Meinung nach etwas falsch gemacht hat. Aber da, wo wir uns schuldig fühlen und dort, wo wir den anderen beschuldigen, wird es dunkel, da verlieren wir einander aus den Augen. Durch die Gefühle und Gedanken, die mit solchen Beschuldigungen einhergehen, berühren wir uns und den anderen nicht in Liebe. Es bilden sich keine Möglichkeiten, zu dem zu werden, der wir eigentlich sind, im Gegenteil, wir vernichten diese Möglichkeiten sogar. Mit jeder Beschuldigung wird etwas in einer Beziehung getötet. Dort, wo ein Urteil gefällt wird und der andere für schuldig erklärt wird, kann kein Leben sein, dort entstehen auf dem Beziehungsgebiet ›innere Leichen‹. Erst wenn die Sonne der Relativierung, Akzeptanz und Vergebung auf diese Stelle scheint, öffnet sich ein begangener ›Fehler‹, und dann kann neues Leben aufkeimen, die ›Leiche‹ verschwindet.

Liebe bedeutet: Jeden Fehler als eine Unvollkommenheit zu betrachten, die getragen und erwärmt werden will. Das bedeutet, dass das helle Tageslicht darauf scheinen kann. Dadurch werden die Möglichkeiten eines Menschen frei, sie können aus Patzern und Irrtümern herausgearbeitet werden. Die so genannten *Fehler*, die wir in Beziehungen begehen, sind nichts anderes als Samenkörner, die keimen möchten. Vergebung (auch gegenüber uns selbst!) ist das Regenwasser, und die Liebe und das Verständnis sind die Sonne und das Licht, durch das die neuen Möglichkeiten aufkeimen. Liebe vermag alles, was wir haben und sind, zu einem Instrument umzubilden. Das gilt insbesondere für unsere Fehler und Unvollkommenheiten. Darum ist es so wichtig, dass wir einander in Beziehungen so begegnen und nehmen, wie wir sind.

In der Liebe liegt immer ein Akzeptieren. Wird eine Unvollkommenheit zum Werkzeug umgeschmiedet, kann gerade in Bezug auf frühere, allzu menschliche, persönliche Schwächen *Liebesarbeit* verrichtet werden. In einer Beziehung sagen wir einander, wo wir am anderen Schmerz erfahren. Doch den Entschluss, den Weg zu beschreiten, um dies zu ändern, können wir nur allein fassen. Verurteilungen und Beschuldigungen verhindern dies. Darum ist das Verzeihen ein starker Lichtstrahl, der fortwährend das Dunkel des Einander-etwas-Übelnehmens durchdringen will. Den ganzen Tag über können wir über ärgerliche Schnitzer der Menschen, die zu uns gehören, reden und nachdenken. Zu unserem anhaltenden Erstaunen können wir dann beobachten, wie sich unser Idealbild des anderen langsam in sein Schattenbild verwandelt. Wir begegnen auch uns selbst wieder als einer ›Fälschung‹

dessen, der wir waren und was wir in der Beziehung beabsichtigten. Wir fühlen uns schuldig und beschuldigen dann einander.

In dieser Beziehungs-Finsternis will die Sonne uns lehren, dass es nicht die Fehler sind, die relevant sind. Es macht nichts aus, ob der andere in unseren Augen immer das Falsche tut oder sagt. Es zählt vielmehr, ob wir ihn lieben, inklusive der menschlichen Realität und Unvollkommenheiten, und ob wir bereit sind, unser Verurteilen dieser Eigenschaften zu opfern. Man trennt sich nicht, weil der andere unvollkommen ist, sondern weil es einem nicht gelingt, den anderen inklusive seiner Unvollkommenheiten zu lieben. Und auch der eigenen! Gelingt dies doch, ist manche Scheidung überflüssig, dann ist jede Begegnung mit einem anderen, auch mit all seinen Patzern, eine potenzielle Entwicklungs- und Wachstumschance.

Auch die Fähigkeit zu verzeihen steht und fällt mit der Fähigkeit zur Selbstüberwindung. Auch hier spielen Gegenkräfte der menschlichen Liebe eine Rolle. Im Umgang der Menschen miteinander ist die kalte Haltung wirksam, die aus dem materialistischen Denken hervorgeht. Alles egoistische Berechnen und alle kalte Abwehr in Beziehungen wurzeln in Gegenkräften, die wir als die ahrimanischen bezeichnen. Das Unversöhnliche, das sich zwischen Menschen einnistet, ist eine solche Frucht der ahrimanischen Gegenwirkung. Wie unsichtbare Quälgeister verankern Vorwürfe und Verurteilungen sich in unseren Gedanken und Gefühlen, die der Unfähigkeit zu vergeben entstammen. Doch auch diese Gegenkräfte haben eine Achillesferse. Bei den luziferischen Gegenkräften ging es darum, dass sie das Opfer nicht kennen. Hier, bei den ahrimanischen Gegenkräften, handelt es sich darum, dass sie die *Liebe* nicht kennen. Diese gebärdet sich in ihren Augen völlig unlogisch, sie verurteilt nicht ohne zu zögern und erlässt großzügig Schulden. Damit befreien die Gefühle und Gedanken sich aus dem Griff dieser Quälgeister, und der Mensch kommt zu einer aktiven Vergebung gegenüber dem anderen. Das erlöst die Gegenkräfte, die eigene Seele, den anderen – und die Liebe. Die Möglichkeit, zu vergeben, selbst wenn nicht einmal darum gebeten wird, ist die Möglichkeit des wahren Menschen, alles zu erlösen.[18]

Mut zum Abschied

Das Zusammenleben der Menschen hat in erster Linie das Ziel, die erste anfängliche Liebe zum Opfern und Vergeben zu führen. Durch diese beiden Merkmale verwandelt sich die Liebe aus etwas, das man fühlt, in etwas, das man tatsächlich *wird*. Das bedeutet überhaupt nicht, dass man alles schlucken soll, bis man darin erstickt. Es ist selbstverständlich, dass auch ein offenes Gespräch über schmerzhafte Stellen möglich sein muss. Und es ist selbstverständlich, dass Grenzen gesetzt werden müssen. Die Freiheit des einen hört dort auf, wo sie die Freiheit des anderen fundamental antastet.

Es geht darum, zu verstehen, dass der andere nicht dazu gezwungen werden kann, sich zu ändern, ohne dass dabei die Liebe auf der Strecke bleibt. Unser Schmerz, unsere Sehnsüchte und unsere Hoffnung wollen einen Weg zum anderen finden. Ehrlich und offen zu artikulieren, was uns am anderen stört, ist eine Liebesäußerung. Sie lädt den anderen *herzlich* ein, sich zu bemühen, eine liebevolle Antwort zu suchen. Miteinander zu leben bedeutet daher auch, dass wir den anderen zum Wachstum und zur Verwandlung einladen. Diese Einladung ist niemals zwingend. Wenn der andere dieses Wachstum und diese Veränderung nicht anstreben *will*, ist das sein gutes Recht. Obwohl dadurch manchmal die Notwendigkeit entsteht, ohne den anderen weiterzuleben, weil das Dasein durch dessen Weigerung bzw. seine Unfähigkeit als untragbar erlebt wird. Außerdem braucht Veränderung Zeit und Raum, vielleicht so viel Zeit und Raum, dass wir beides nicht bieten können.

So kann es sein, dass der eine spürt, dass ein Kind geboren werden will und der andere sich dies überhaupt nicht vorstellen kann. Aus einem offenen Gespräch kann dann dennoch ein gemeinsamer Entschluss entstehen. Wenn ein Kind vom einen wirklich als tiefe Lebensfrage empfunden wird und der andere sich weigert, die Elternschaft auf sich zu nehmen, kann es sein, dass zu wenig Zeit vorhanden ist, aufeinander zu warten. Die Zeit, die zur Verfügung steht, um auf dieser Ebene einen Entschluss herauszuschieben, ist begrenzt. Dann kommt es nicht dazu, dass ein ungeborenes Kind die Eltern zusammenführt, sondern ein *ungeborenes Elternteil* treibt die Beziehung auseinander. Was wesenhaft gelebt werden will in der Entelechie eines Menschen, erfordert von dessen Partner Akzeptanz und Unterstützung, denn eine Beziehung hat auch die Aufgabe, einander in dieser Hinsicht weiterzubringen. Mit Recht befragen wir den Partner (wie auch alle anderen, zu denen wir in Beziehung stehen), ob er bereit ist, das in uns Werdende nicht zu blockieren. Das erfordert, dass wir einander mutvoll lieben und dem Entwicklungsweg des anderen treu bleiben.

Wenn dies tatsächlich nicht gelingt, wird die Liebe in der Gestalt des Mutes zum Loslassen sichtbar. *Der Mut, Abschied zu nehmen,* ist ein drittes Merkmal der Liebe. Durch Entschlusslosigkeit, Angst und Egoismus kann es vorkommen, dass wir zu lange damit warten, wegzugehen, und dann ist die Liebe längst fort, während wir selbst noch bleiben. In solchen Momenten zwingen und forcieren wir uns sowie den anderen, weil wir nicht den Mut zum Aufbruch haben. Echte Liebe will diese Demontage des anderen vermeiden und lässt ihn durch einen Abschied frei, einen neuen, selbst gewählten Entwicklungsweg zu suchen. In diesem Fall ist nicht das Weggehen, sondern das Bleiben lieblos und ein abgewogener Abschied geradezu ein Zeugnis der Liebe, obwohl viele dies anders sehen werden. Durch das Unverständnis Dritter und die dazugehörenden Verurteilungen eines Abschiedsentschlusses bedarf es meistens einer gehörigen Portion Mutes, um die Konsequenzen der eigenen Unfähigkeiten und derer des anderen zu ziehen. Darum warten viele Menschen, bis es zu einer Eskalation oder einer neuen Beziehung kommt, wodurch ein Abschiedsentschluss zwingend notwendig wird. Solche Eskalationen oder Übergangsbeziehungen fungieren dann als Untermauerung des Abschieds, der nicht zuvor in Freiheit vollzogen werden konnte. Solche Trennungen gehen dann mit heftigen Beschuldigungen und Vorwürfen einher, die das Bild des anderen in den Schmutz ziehen, aus der Unfähigkeit, zu akzeptieren, dass die Entelechie einer Beziehung sich als endlich erwiesen hat.

Trennungen beruhen nicht immer auf Versagen, es kann genauso gut das Ende einer durchlebten Entelechie-Beziehung sein. Die Entelechie in einer Beziehung kann verschwinden, weil das, was in und aus der Beziehung entstehen wollte, erreicht worden ist. Sichtbar wird dies an der großen Zahl von Menschen, die sich nach der Geburt ihres letzten Kindes oder nachdem ein Lebensideal verwirklicht wurde, auseinanderentwickeln. Die Entelechie einer Beziehung verschwindet auch, wenn diese Beziehung die weitere Entwicklung der Partner blockiert, denn dadurch ist deren Sinngebung verschwunden. Häufig bleiben Menschen dennoch zusammen, mit der Vorstellung, dass sie dadurch gerettet wären. Manchmal ist dies tatsächlich der Fall, wenn es beiden gelingt, wichtige Durchbrüche auf dem Gebiet des Opferns und Vergebens und der Liebe zum tiefsten Wesen des anderen zu vollziehen. Wenn jedoch die Fortsetzung des Zusammenlebens in einer eingeschlafenen Entelechie eines oder beider Betroffenen wurzelt, dann dümpelt das gemeinsame Leben aus reiner Gewohnheit dahin. Eine vorhersagbare Eskalation befreit dann beide Betroffenen aus dieser Stagnation.

Selbstverständlich ist diese Form, einen Stillstand zu durchbrechen, besonders schmerzlich, weil ein Mensch, abgesehen von der erzwungenen Notwendigkeit zur Scheidung bzw. Trennung, auf bitterste Weise mit dem Entwicklungsstillstand konfrontiert wird, der ihr vorausging. Es bedarf einer gewissen Lebensweisheit, Menschen, die solche Erfahrungen machen, Trost zu bieten und sie begreifen zu lassen, dass sie außer der Grausamkeit der Trennung nun auch die Verarbeitung des manchmal jahrelangen inneren Entwicklungsstillstands zu verdauen haben. Die inneren Blockaden erscheinen in schmerzhaftem Licht, und Sinnlosigkeitsgefühle wie auch Widerstände gegen das Wiederaufgreifen des persönlichen Lebensfadens führen zu einer verzerrten Wahrnehmung in Bezug auf die beendete Beziehung. Das gilt für beide Partner. Opfer und Täter existieren in diesem Zusammenhang nicht. In einer Eskalation, die schließlich zum herausgeschobenen Abschied führt, geraten zwei Leben vorübergehend in ein Chaos und zwei Menschen müssen ihre Entelechie aufs Neue finden.

Orgasmus und Befriedigung

Die Sonne ist ein enorm dynamischer und ausgewogener Organismus, wodurch sie in der Lage ist, aus großer Entfernung der Erde die richtige Temperatur und die richtige Menge an Licht schenken zu können. Gold gehört zur Sonne und ist ein Edelmetall. Man könnte sagen, dass es im Gleichgewicht ist. Das ist auch von der atomaren Struktur her so, denn es hat eine gesättigte äußere Schale, dadurch zerfällt es nicht durch Rost oder Verwitterung, es bleibt es selbst, völlig rein und souverän.

Lebt im Menschen dieselbe dynamische und edle Qualität? Ja, jedoch lediglich als *Möglichkeit*. Wir sind nirgends wie die Sonne oder wie das Gold, ohne dass wir uns dies mit Mühe erobert haben. Menschen sehnen sich häufig nach Sonnenstränden und dem Besitz von Gold und goldenem Schmuck. Bis zu einem gewissen Grade ist dies verständlich, denn echte Menschlichkeit ist mit der Qualität der Sonne und des Goldes verwandt. Diese Qualität will jedoch *innerlich* erreicht werden durch das, was wir durch unsere Beziehungen lernen und erwerben können. Obwohl wir von Natur aus noch nicht liebesfähig sind, ist uns durchaus die Möglichkeit mitgegeben worden, wirklich lieben zu lernen. Dafür müssen wir lernen, *den anderen und ein höheres Ziel* in unserem Herzen zu tragen. So können wir wie die Sonne und wie das Gold *werden*. Wenn das gelingt, haben wir ein *goldenes Herz*. Das heißt, dass wir dynamisch, ausgewogen und edel geworden sind und diese Qualität auch einem anderen schenken können.

Schon in Urzeiten galt in vielen Völkern in Kunst und Kultur das Herz als Liebesquelle, und so empfinden wir es auch noch heute. Wenn sich jemand gnadenlos und unmenschlich verhält, sagt man: »Der hat kein Herz.« Wenn uns jedoch etwas ans Herz geht oder jemand ein Herz für etwas hat oder sein Herz an einen anderen verliert, dann bezieht sich dies auf die Liebe und die Liebesfähigkeit. Unser Herz ist damit eine werdende Sonne, werdendes Gold.

In allem, was mit unserem Herzen und der Liebe zusammenhängt, streben wir an, dies zu erreichen. Ob es gelingt, können wir an der Art und Weise wahrnehmen, wie unser Herz schlägt. Geschieht dies in ruhigem Gleichmaß, oder haben wir Herzrhythmusstörungen? Begierden erhitzen das Blut, beschleunigen seine Bewegung und schließlich beginnt das Herz zu rasen. Dann sind wir aus dem Gleichgewicht. Daraufhin entsteht eine vollkommen natürliche Reaktion: Wenn auf diese Weise Chaos durch Begierden entstanden ist, sucht der Mensch nach Befriedigung. Es geht dann auf einer tieferen Schicht weniger um die Befriedigung als solche, sondern eher darum, wieder wie Gold zu werden und in Gleichgewicht und Harmonie zurück zu gelangen.

Wenn wir einen unwiderstehlichen Drang zur geschlechtlichen Vereinigung mit einem anderen Menschen haben, so begehren wir diesen anderen, um uns selbst wiederzufinden, weil wir außer uns sind. Sogar der längste Orgasmus ist nur von verhältnismäßig kurzer Dauer. Warum finden wir ihn dann so wichtig? Warum befriedigt er und warum werden wir danach wieder ruhig? Weil der Orgasmus das Gleichgewicht, das im Herzen, im Rhythmus und im Blut gestört worden war, wiederherstellt. Und der Partner/die Partnerin ist derjenige Mensch, von dem verlangt wird, dass er bzw. sie diese Disharmonie aufhebt, indem er/sie diesen Orgasmus bewirkt. Eine sehr verständliche und nachvollziehbare, natürlich aber auch gefährliche, verletzliche Erwartungshaltung. Denn der andere erstrebt dasselbe und verlangt es im selben Moment von seinem Partner. Selbstverständlich können so rasch Probleme entstehen. Einen Orgasmus zu erreichen, um wieder in Harmonie zu kommen und gleichzeitig einen anderen in Harmonie zu versetzen, das ist ein wenig viel auf einmal. Angesichts der Tatsache, dass wir keine Sonne und kein Gold sind, sondern dies lediglich werden können, ist dies keine einfache Aufgabe.

Innere Freiheit benötigt nicht unbedingt einen Orgasmus, um das Gleichgewicht wiederherzustellen. Es kann manchmal, ja häufig, auch dadurch gefunden werden, dass die Überhitzung des Blutes in Milde und Liebe ein neues Gleichgewicht erreicht. Dann ›hört‹ der Körper auf den, der in ihm lebt. Nicht durch Verdrängung oder Angst, sondern durch diese innere Reife kann ein menschliches Gleichgewicht gefunden werden. Es entsteht *von selbst*, wenn ein Mensch im Leben einen Weg der Selbsterziehung und der Entfaltung seiner menschlichen Möglichkeiten, vor allem aber der Liebe geht. Solange sich ein solches Gleichgewicht noch nicht von selbst einstellt, sind die Sexualität und der Orgasmus eine Hilfe zum Wiederfinden des Gleichgewichts. Sexualität liegt uns eben im Blut. Sie strömt in uns ein und aus, bringt unsere rhythmischen Gefühle aus dem Gleichgewicht und strebt zugleich nach deren Ausgleich. Dies ist genauso normal wie die Tatsache, dass auch Hunger, Durst und Ermüdung uns aus dem Gleichgewicht bringen und wir danach streben, das Bedürfnis, dieses Manko auszugleichen, es zu befriedigen, sodass auch wieder Harmonie in unserem Blut herrscht.

Stellen Sie sich vor, Sie würden eine Beziehung mit jemandem führen, der niemals Hunger oder Durst hätte und niemals müde würde. Wie reduziert wären dann die Begegnungen und die Möglichkeiten, liebevoll zusammenzuleben! Dasselbe gilt für die sexuellen Bedürfnisse. Obwohl sie in jedem Menschen und in jeder Lebensphase unterschiedlich sein können, gehören sie zu all den Dingen, die uns einerseits aus dem Gleichgewicht bringen und durch die wir andererseits wachsen können.

Sexuell aktiv zu werden bedeutet: bereit sein, *aus dem Gleichgewicht* zu geraten. Freudevolle Sexualität bedeutet: imstande sein, aus der Dysbalance das Gleichgewicht des *anderen* wiederherzustellen. Die eigenen Interessen und die des anderen beißen einander relativ leicht. Denn das Sehnen beider tendiert zu einem Orgasmus, zu dem Höhepunkt, auf dem sich das Verlangen schließlich von der dazugehörigen Spannung befreit. Wenn die Geschlechtsteile der Frau und des Mannes stark durchblutet werden und anschwellen, will ein Orgasmus entstehen. Das ist der natürliche Vorgang. Für einen Mann mündet dies in die sichtbare Tatsache des Samenergusses und für die Frau fühlbar in die Kontraktion von Vagina, Scheide und Gebärmutter.

Alles beginnt zu strömen, wenn ein Mensch sucht. Sexuelle Erregung ist die Suche nach der engen Pforte, bei deren Durchschreiten Harmonie und Gleichgewicht wiedergefunden werden können. Wir werden in unserem Verlangen eine einzige große, suchende Realität. Die Lebenssäfte strömen, die Samenflüssigkeit strömt und das Blut strömt, weil wir eigentlich etwas werden wollen, das wir noch nicht sind. Wir sind noch isolierte Menschen. Wir haben die Liebe noch nicht, deswegen suchen wir endlos nach Liebe und Verbindung, doch diese lassen sich nicht einfach so finden, auch nicht in der Sexualität. Wir müssen beide erst entwickeln. Unsere gesamte Sehnsucht will sich, sich lösend im Orgasmus, über alle Grenzen ergießen, in der Hoffnung, dass wir einen Moment lang vollständige, geheilte Menschen sein können, in der Hoffnung, wenigstens für einen Moment lang eine Brücke zu schlagen und mit dem anderen, uns selbst und den schaffenden Quellen des Lebens verbunden zu sein. Sodass sich die menschliche Armut und Beschränktheit umpolt in Reichtum und wir aus vollen Zügen fühlen, wie uns das Leben durchströmt.

Der Orgasmus kann uns, und wenn es nur für einen kurzen Moment ist, das Gefühl vermitteln, nicht nur mit dem konkreten Partner, sondern mit allem und allen eine Einheit zu bilden. Einen Moment lang fallen wir dann mit unserem Schöpfer zusammen, den Geschaffenen und unseren Mitgeschöpfen; einen Moment lang sind wir heil und geheilt. Unsere Isolation und Unvollkommenheit sind dann für wenige Augenblicke verschwunden. Wir fangen einen Schimmer des Goldes auf, das der Mensch dereinst erwerben kann. Diese Erfahrung ist so einzigartig und tröstlich, dass sie manchmal endlos oft gesucht wird. Doch wenn wir einen Orgasmus durch eine Sexualität erleben, die keine Liebesbasis hat, entsteht eine völlig andere Erfahrung. Blitzartig gewahren wir dann, was wir *sein könnten*, doch nun vor dem Hintergrund des rein körperlichen Genusses, ohne Liebe. Illusionslos wird dann sichtbar, dass wir das wirklich Menschliche nicht entwickelt haben, und diese Wahrnehmung ist unerträglich. Dadurch nehmen Isolation und Vereinzelung sogar noch zu. So rutscht der lieblose Sex immer tiefer ins Abseits, weil jede Befriedigung einen unerträglichen Unfrieden mit sich bringt. Machtlos werden immer wieder neue Orgasmen gesucht, um das Unerreichbare dennoch zu erfahren.

Weil die ersehnte Ganzheit nur ganz kurz vorhanden ist und weil wir noch lange nicht fähig sind, liebevolle Menschen zu sein, gibt es solche ›Sonnenfinsternisse‹. Jede egoistische sexuelle Begegnung lässt sich mit einer Sonnenfinsternis vergleichen. Unerwartet wird es kalt und dunkel, und ein einsames, unbehagliches Gefühl überfällt den Menschen. Dann kommt es zu einer tiefen Enttäuschung in Bezug auf den Partner, und diese führt häufig dazu, dass eine nächste sexuelle Vereinigung vermieden wird. Das, was wirklich ersehnt wurde, wurde nicht empfangen, nicht geschenkt, und aus dieser Machtlosigkeit heraus kann und will ein weiterer Orgasmus häufig nicht mehr erreicht werden. In der Beziehung hat sich eine dunkle Spur gebildet, und der Geschlechtsverkehr führt nur zu weiterer Isolation. Jeder Mensch ist anders, und auch jede Beziehung ist etwas Einzigartiges.

Liebevoller körperlicher Umgang miteinander kann in einen Orgasmus münden, doch dies braucht keine Notwendigkeit zu sein. Das Erkennen des eigenen Bedürfnisses und das des Partners ist eine Selbstverständlichkeit, die zu einer offenen und den anderen anerkennenden Begegnung dazugehört. Die Idee, dass Sexualität nur dann gut ist, wenn beide Partner einen Orgasmus erreicht haben, hat also keine allgemeine Gültigkeit. Jedes liebevolle Einander-Kennenlernen kann auch auf dieser Ebene die Wünsche und Sehnsüchte des anderen in rechter Weise befriedigen.

So zeigt sich, dass nicht der erreichte bzw. nicht erreichte Orgasmus, sondern vielmehr die Wahrnehmung der Wiederherstellung von Gleichgewicht und Harmonie beim anderen und bei sich selbst der einzige zuverlässige Leitfaden ist. Wenn Liebe die Basis ist, in der die Sexualität wurzelt, heilt sie die Kluft, die uns vom anderen und von der Welt trennt. Auf dieser Grundlage wird die Sexualität zu Gold und zu einer strahlenden Sonne und befriedigt eine zutiefst menschliche Sehnsucht. Dann wird die Dynamik des Orgasmus zur Nebensache, die Harmonie in und zwischen den Herzen dagegen zur strahlenden Hauptsache:

»Meine Geliebte ist die Abbreviatur [Abkürzung] des Universums, das Universum ist die Elongatur [Ausfaltung] meiner Geliebten.«
Novalis, *Schriften II*, 485, S. 4

▬ Selbstbefriedigung

Selbstbefriedigung ist das Wiederherstellen des Gleichgewichtes in uns selbst durch uns selbst. Wir bitten nicht einen anderen darum, sondern besorgen es uns selbst. Auf körperlicher Ebene gelingt dies manchem vielleicht sogar besser allein als mit einem anderen. Selbstbefriedigung bietet an sich keine Chancen zur Entstehung menschlicher Liebe. Das beruht auf der schlichten Tatsache, dass Liebe nur *zwischen* Menschen und nie in einem isolierten Menschen entstehen kann. Darum ist, zumindest wenn ein Mensch feinfühlig genug ist, nach jeder Selbstbefriedigung ein leichter Unfriede spürbar. Was möglich gewesen wäre, nämlich die Erzeugung eines goldenen Liebesfadens, ist misslungen. So ist die Hoffnung des Begehrens, das Verlangen der Sexualität im tieferen Sinne, unbefriedigt geblieben. Doch kann das nicht verallgemeinert werden, denn ein Partner, der sich selbst befriedigt, um den anderen zu schonen, kann diesen dennoch lieben! In diesem Sinne kann indirekt durchaus Liebe aus einem Begierden-Chaos entstehen. Selbsterkenntnis und innerer Mut zeigen uns den Unterschied, den nur der betreffende Mensch selbst definieren kann.

Längst nicht jeder hat einen Sexualpartner. Und selbst für denjenigen, der einen solchen hat, gilt manchmal, dass dieser krank ist, eine Reise macht oder viel weniger Lust auf Sexualität hat. Kurzum, die Sexualität und die damit verbundenen Bedürfnisse überfallen uns in Zeiten und Situationen, zu denen sie passen und in denen sie manchmal bis zum Liebesakt führen können, häufig jedoch auch in Zeiten und Situationen, in denen sie eine Dissonanz darstellen. Dann ist Selbstbefriedigung eine Art Überschussregulation, die die Ruhe wiederherstellen kann. Aus der Mottenkiste stammen noch stets alle möglichen Verurteilungen der Selbstbefriedigung, die durchweg negativ sind. So sprach man früher auch von »Selbstbefleckung«. In Anbetracht der Tatsache, dass auch unsere Sonne Sonnenflecken hat und dennoch ihre Funktion voller Opferkraft erfüllt, brauchen wir keine ›Fleckenangst‹ zu entwickeln. Dennoch muss die Frage erlaubt sein, wie in der Vergangenheit solche Verurteilungen entstanden sind. Vielleicht spielte die Angst eine Rolle, dass durch die Selbstbefriedigung zu wenig Kinder gezeugt würden. Es kann auch sein, dass man noch wusste, dass im Gebiet der Sexualität nur allzu leicht Übermaß und Sucht entstehen können. Bei der Selbstbefriedigung braucht man seine Begierden nicht auf den anderen abzustimmen. Es gibt keine Begrenzungen, das heißt, wenn ein Mensch in den Bann des Selbstgenusses gerät, kann er sich darin verirren. Dann bringt die Selbstbefriedigung keinen Frieden, sondern erweckt Unruhe. Gerade weil im Sinne reiner Liebe ›nichts‹ damit erreicht werden kann, kann eine Obsession durch die Begierde im Blut entstehen.

Auch Jugendliche, die innerhalb ihrer Beziehungen nicht oder noch nicht sexuell aktiv sind, jedoch bereits zu Opfern unserer erotisierten Kultur wurden, können leicht das Opfer der sexuellen Sucht nach sich selbst werden. Denn all das Brodeln des Blutes durch die Begierden macht das Leben ›sensationell‹. In der Flamme der Begierde werden das Leben, der Körper und die Geschlechtsorgane vollständig durchblutet. Das Leben vieler Menschen, gerade auch von Teenagern, ist häufig intellektuell blutleer und kennt keinerlei leidenschaftliches Engagement.

Sie erfahren ihre Eltern als langweilig und dumpf, genau wie die Schule und den ganzen Lehrstoff, den sie aufnehmen müssen. Sie langweilen sich äußerlich und insbesondere innerlich zu Tode. Dann ist die Sensation des erregenden sexuellen Spiels, das das Herz schneller schlagen lässt, ein süchtig machender Fluchtweg. Der trockene, langsame, intellektuelle Jugendliche wird ihn eher suchen als der heftige gefühls- und willensgeprägte Jugendliche.[19] Gerade Letzterer wird alle möglichen Auswege für sein Temperament suchen und sich rasch eine wunderschöne Freundin oder einen Freund angeln!

Wenn man junge Menschen vor den genannten Abhängigkeiten schützen will, geht es nicht darum, ihnen die Selbstbefriedigung zu verbieten. Das Ziel sollte vielmehr sein, dass sie ihren Körper durch Sport und Spiel erfahren und sie durch Diskussion, Reisen und schulische Inanspruchnahme so herauszufordern, dass ihr Blut schneller zu strömen beginnt. Dann bleibt diese angenehme Erfahrung nicht auf die Sexualität beschränkt, sondern Leben und Spannung werden durch andere Lebensgebiete erfahren. Dann sind sie nicht abhängig von Sex, wenn sie den Grauschleier des Alltags durchbrechen wollen.

Wenn Menschen Leistungssport betreiben, müssen sie häufig sexuell enthaltsam leben, weil sich nur dann die angesammelte Spannung, die Disharmonie, in der sportlichen Spitzenleistung entladen kann. Dies ist ein Beispiel für den bewussten Einsatz sexueller ›Parallelwege‹. Innerhalb einer gefestigten Beziehung werden diese Parallelwege durch extreme Sportausübung oder Arbeitswut nicht zu etwas Gutem, sondern können zu einer gewissen Grausamkeit führen. Die Sexualität wird dann, vielleicht unbewusst, auf anderen Gebieten als innerhalb der Beziehung ausgelebt und befriedigt. So können Sport und Arbeit manchmal zu Fluchtwegen für Menschen werden, die nicht oder nicht mehr vom Zusammenleben mit dem Partner gefesselt sind. Was also im einen Fall gesund sein kann, ist es im anderen Fall nicht im Geringsten.

Für das Thema Selbstbefriedigung gilt, dass Selbsterkenntnis notwendig ist. Ein Mensch, der sich selbst kennt, ist in der Lage zu begreifen, was und warum er es tut, und dann kann er innerlich abspüren, ob so etwas wie Selbstbefriedigung in ihm Frieden oder Unfrieden erzeugt. Das eigene Gewissen erfährt – häufig hinterher – sehr sensibel, ob das

Spiel mit dem eigenen Körper ein reines Abbauen eines Übermaßes an Spannung ist, oder eine unfreie Abhängigkeit von der eigenen Sucht, den Körper zu genießen. Jeder kann als moderner Mensch, wenn er ehrlich zu sich selbst ist, ein gesundes Verhältnis zu den eigenen sexuellen Bedürfnissen finden, ohne in dogmatische Verurteilungen zu verfallen.

Spott und Humor in der Sexualität

Das Vergewaltigen des Humors in einem endlosen, unaufhörlichen Strom sexistischer Bemerkungen, Anspielungen und Witze ist, genau wie der Egoismus, eine Art von ›Sonnenfinsternis‹. Liebe ist etwas so Zartes. Sie ähnelt einer goldglänzenden Libelle mit wunderbaren, durchscheinenden Flügeln. An Sommertagen sehen wir manchmal so ein zartes Wesen herumfliegen, und es ist so unerklärlich schön und verletzlich. So sind auch wir in der Liebe. Dieser Anblick unserer selbst und der Essenz allen Lebens ist so verwundbar, dass es kaum zu ertragen ist. Liebe ist der entscheidende Wert, sie ist das Herz unseres Herzens. Gerade dieser Wert ist wehrlos. Diese Liebe hat ihre Übungswege, und die Sexualität ist einer davon. Es wird so viel gespottet, gehänselt, es gibt so viel Grobheit und Zynismus in Bezug auf die Sexualität und die Anziehungskräfte zwischen Mann und Frau, weil wir angesichts der Tatsachen so verlegen sind. Und die Tatsachen sind, dass wir Liebe suchen und uns danach sehnen – und dass wir sie in der Sexualität häufig *vertreiben*, statt sie zu betreiben. Dann bleibt nichts von ihr übrig als ein tölpelhaftes, schweißgebadetes, lächerliches Getue.

Durch Spott, grobe Ausdrücke und sexistische Witze wird die Ohnmacht ausgedrückt und damit lediglich die Unfähigkeit zur Schau gestellt, zärtlich, liebevoll und wehrlos zu sein. Im Erzeugen einer kollektiven, peinlichen Derbheit wird der individuelle Schmerz übertönt. Unzählige Comedians und ganze Filmgenres verspotten unsere Unfähigkeit, in vollem Umfang Mensch zu sein. Für diejenigen, die daran nicht teilnehmen, weil Sexualität für sie in eine schöne, tiefe Beziehung mit einem Partner eingebettet ist, ist die Grobheit anderer eine schmerzliche Erfahrung. Was intim-wertvoll und intensiv-liebevoll ist, wird nicht lächerlich gemacht. Wer dies alles nicht wirklich kennt oder begreift, beginnt sexistische Witze zum Besten zu geben und grobe Anspielungen zu machen.

Weil Jugendliche von den schönen, verfeinerten und tief menschlichen Facetten einer Partnerschaft noch weit entfernt sind, wissen sie noch nichts von den kostbaren Seiten der Intimität und Sexualität. Das kommt in ihrem Sprachgebrauch zum Ausdruck. Jugendliche (und auch noch mancher Erwachsene) benutzen die Namen der Geschlechtsteile als Schimpfworte. Das ist eigenartig, denn was hat der Name eines Geschlechtsteils mit der eigenen Wut und der Verurteilung des anderen zu tun? Wie selbstverständlich erklingen die ordinären Benennungen aus dem Mund junger Menschen, die die *eigentliche Liebe* noch gar nicht kennen. Die Fähigkeit, einen Menschen tief und liebevoll zu lieben, ist bei ihnen noch nicht vorhanden. Wenn sie bereits sexuellen Umgang pflegen, haben sie alle Hände voll mit sich selbst, den eigenen Gefühlen und dem Blick auf die eigenen sexuellen Leistungen zu tun. Wenn ein Jugendlicher dabei sich und dem anderen nicht schadet, ist das häufig bereits die maximale Leistung, die man von ihm verlangen kann. Schimpfworte in diesem Alter zu verbieten, hat darum wenig Sinn. Ein Jugendlicher hat aufgrund der Vorbilder, die ihm die Erwachsenen in unserer heutigen Kultur liefern, häufig das Wissen um die Zusammenhänge von Liebe, Sexualität und Beziehungen verloren. Ihn wiederherzustellen, würde zunächst erfordern, dass man den Jugendlichen ihre inhaltliche Armut vor Augen führt. Wenn es ihren Erziehern gelingt, diesem gesamten Gebiet in ihnen selbst und in der Gesellschaft wieder seine eigentliche Würde zurückzugeben, so verschwindet die Grobheit rasch. Denn auch für Erwachsene gilt: Wer in Liebe lebt (wobei die Sexualität dieser Liebe dient), der verliert die Verachtung für dieses Gebiet.

Die Verachtung der Sexualität äußert sich auch im oberflächlichen Flirten und in verführerischem, herausforderndem Verhalten. In dieser Hinsicht ist das, was sich in der Pubertät herausbildet, manchmal lebenslang prägend. Wenn wir an Festen und Partys, Empfängen und Ähnlichem teilnehmen und einander dabei ehrlich beobachten, erfahren wir häufig lediglich die Unfähigkeit und gewiss auch die Feigheit, einen Menschen verwundbar und wehrlos zu lieben. Wir werden zu

Igeln statt zu Libellen und kugeln uns mit ausgefahrenen Stacheln quer durch alle Gebiete der Liebe. In der falschen ›Spielerei‹, im Sich-nett-Geben, während gar nichts Nettes gesagt oder getan wird, vergewaltigen wir uns und den anderen. Wir lachen unsere Verletzlichkeit hinweg, doch es ist ein unechtes Lachen. In diesem unechten Humor verwunden wir einander, die Sexualität und schließlich uns selbst. Diese Selbstverwundung besteht aus dem Deformieren unserer Wahrnehmungen auf diesem Gebiet. Wir nehmen Verliebtheit, Sexualität und Zärtlichkeit nicht mehr als goldglänzende Libelle, sondern als eine Reihe von Lächerlichkeiten wahr. So entstehen die Inhalte des deplatzierten Humors: unfähige Menschen.

Diese Form der *Sonnenfinsternis* verwundet. Es handelt sich hier gewissermaßen um eine Art von Selbstbefriedigung, die man viel eher als ›Selbstbefleckung‹ bezeichnen kann. Dieses ›orgastische‹ Vergnügen ist ein unechtes Vergnügen und schafft in keinem Moment Ganzheit und Heilung. Sie zerbricht und verbrennt die goldenen Fäden, manchmal für lange Zeit. Es bedarf sehr viel Liebe, um die Lieblosigkeit, mit der Sexualität und Erotik verspottet und parodiert werden, wieder zu heilen. Humor ist Gold, und goldglänzend erstrahlt das Lachen, wenn wir humorvoll sind oder echtem Humor begegnen. Feinsinniger Humor auf dem Gebiet der Sexualität begegnet uns zum Glück durchaus, aber er entsteht immer auf der Basis miteinander geteilter Intimität. Aus dieser Intimität entspringt echte Freude, die sich dann in intimem, kreativem Humor ausdrückt. Dieser Humor wächst parallel zu unserer Fähigkeit und unserem Mut, wirklich liebevoll und verwundbar zu sein.

Dieser Humor ist genauso heilend wie die Sexualität selbst, wenn sie in echte Liebe eingebettet ist. Denn er verbindet uns mit dem anderen und hat dieselben Merkmale wie die Liebe selbst. Das bedeutet, dass er ebenfalls menschenverbindend wirkt. Wenn wir einst im vollsten Sinne Mensch geworden sein werden, werden wir uns nicht nur einen Augenblick lang, sondern *unaufhörlich* mit allem und allen vereinigt erfahren. Dann wird sich der Schmerz der Isolation im befreienden Atem des Lachens aus Humor auflösen. Daran wird ablesbar sein, dass wir den vollständigen menschlichen Auftrag verwirklicht haben. Dann werden wir die Liebe zum Leben erweckt haben. Mit den Worten Fabels:

Ein jeder lebt in Allen,
Und All' in Jedem auch.
Ein Herz wird in euch wallen,
Von Einem Lebenshauch.

Das liebevolle Verlangen nach dem einen, gemeinsamen Herzen und dem einen, gemeinsamen Atem erweckt die Ausdehnung der metamorphosierten Sexualität über den gesamten Menschen. Humor ist dabei eine Hilfe, sodass wir nicht die enge Pforte des Orgasmus brauchen, sondern ständig die weite Pforte der Liebe öffnen. Dann wird das gesamte Leben zum Lieben geworden sein, und alle Wehrlosigkeit wird sich in Wahrheit, Würde und Wert umgeformt haben. Dann sind wir ganz zu Gold geworden.

▬ Zeit und Raum

Um auf Erden Mensch sein und Menschlichkeit entwickeln zu können, bedürfen wir der Zeit und des Raums. Diese existieren nicht in Ewigkeit, denn in der Ewigkeit ist alles eins, miteinander verbunden und gleichzeitig. Nur in der irdischen Zeit und im irdischen Raum kann der Weg, der vom Egoismus zur Liebe führt, zurückgelegt werden. Es ist der Weg aus der Isolation und der inneren Armut hin zum Gold des menschlichen Daseins. Wir erhalten Zeit und Raum, wenn die Ewigkeit sich opfert. Denn unsere Zeit ist eigentlich geopferte Ewigkeit.

Opfer ist ein Sonnen-Prinzip. Solange die Sonne existiert, opfert sie ihre Substanz. Physisch können wir dies in den chemischen Prozessen wahrnehmen. Die Sonne ist ein sterbendes Gestirn, und aus ihrem Sterbeprozess entsteht unser Leben. Ständig wird in ihr Wasserstoff umgesetzt, um schließlich als Licht in die Welt zu strahlen. Im Sonnenwind verliert die Sonne ihre Substanz auf noch andere Weise. Die Naturwissenschaftler beschreiben die Prozesse, die sie an den Gestirnen wahrnehmen, und weisen auf deren Endlichkeit hin. Astronomen erwarten, dass die Sonne in etwa fünf Milliarden Jahren ›gestorben‹ sein wird. Danach wird sie ein einziger großer Diamant sein, entstanden durch ihr zusammengepresstes ›Herz‹. Die Quantenphysik und die höhere Mathematik befassen sich mit der Erforschung unterschiedlicher Dimensionen.

Normalerweise erfahren wir das Dasein als dreidimensional. Die Forscher nehmen heute an, dass noch weitere Dimensionen existieren müssen als die, die wir bereits kennen. Es ist denkbar, dass erst dort, wo alle Dimensionen in ihren gemeinsamen Ursprung zusammenfallen, die Welt göttlich ist. Dort herrschen Ganzheit und Verbundenheit. Erst nach dem Zerfall dieser Ganzheit entstehen die unterschiedlichen Dimensionen wie Zeit und Raum. Ein Opfer – das schmerzliche Opfer der Ewigkeit – ist damit die Voraussetzung unserer Welt und ihrer Existenz. Im Laufe der menschlichen Kulturentwicklung wurde, je nach dem herrschenden Weltbild, dieses Auseinanderfallen unterschiedlich betrachtet. Die ursprüngliche Ganzheit wird seitdem immer stärker sichtbar, weil unser Bewusstsein für die Dimensionen und die komplexen Bewegungsformen wächst und immer umfassender wird.

Der Blickwinkel entwickelte sich vom geozentrischen Weltbild mit der Erde im Mittelpunkt über das heliozentrische Weltbild mit der Sonne im Zentrum der Welt hin zur heutigen Urknalltheorie. Die relativen Bewegungen im Raum sind schließlich, am Ende des 20. Jahrhunderts, in ihrer komplexesten Form im so genannten rotations-lemniskatischen Weltbild[20] formuliert. Alle Kräfte, die in der Sonne leben, erzeugen ein Lebensgeschenk aus der Asche des Sonnenfeuers. Damit ist sichtbar, dass sich die Erde und das Leben überhaupt opfernder Liebe verdanken.

Das höchste wirkende Sonnenwesen war der Christus. Seit zweitausend Jahren ist sein Sonnen-Opfer-Tod uns und der Erde eingeschrieben. Sein Leben und Sterben sind ein noch immer nicht vollständig verstandenes Vorbild und Opfer. Ein göttliches Wesen lebt nicht isoliert, und so lebte auch der Christus vor seinem Erdendasein in einer Ganzheit, der Ewigkeit, verbunden mit allem, was existierte. Um bei den Menschen sein zu können und mit jedem einzelnen Menschen einen Entwicklungsweg zu gehen, opferte Christus seine Totalität und ließ sich in menschliche Daseinsbedingungen, d. h. in die Dimensionen von Zeit und Raum, gleichsam zerstückeln. Das bedeutet, dass er sich den Kräften des Todes unterwarf. Christus ist die Gottheit, die in jedem Augenblick und an jedem Ort im Leben und im Tod wahrgenommen werden kann. Dafür brauchen wir nicht in die Ewigkeit einzugehen, wir können ihn im Hier und Jetzt finden. Der wirkliche Sonnengott ist daher Christus. Er ist bei uns und strahlt in die Erde und in die goldenen Menschenherzen hinein wie die Morgensonne.

Die Sonne befindet sich immer und überall in einem dynamischen Prozess. Das führt zu Lebensprozessen in uns allen, die uns geschenkt werden. Derjenige, der dies alles bewirkte, erstrahlt jetzt – für denjenigen, der es sehen will – aus unserer Erde und unseren Herzen als einem dauernden Zentrum. Dadurch wird das Leben auf der Erde ebenfalls zu einem dynamischen Prozess, in dem Egoismus, Isolation und Verhärtung in Liebesfähigkeit umgeschaffen werden. Die Sonne stirbt, sodass sie einst in der Menschheit als Ewigkeit erstrahlen kann. Zeit und Raum waren geopferte Ewigkeit, ein Sonnen-Opfer.[21] Liebe ist *erworbene* Ewigkeit. Damit ist sie eine Antwort, ein Menschheitsopfer für die Zukunft, das erzeugt wird, indem das höchste Sonnenwesen nicht mehr von der Sonne, sondern aus unserem eigenen Herzen heraus spricht.

Wenn Menschen in echter Liebe miteinander verschmelzen, werden sie selbst zu einer Sonne und es verschwinden die Dimensionen von Zeit und Raum. Sie lösen sich einfach auf. Zuerst geschieht etwas mit dem Raum, der uns vom anderen trennt. Die Isolation zwischen dem einen und dem anderen verwischt sich, und was getrennt war, wird verbunden. Sogar die Zeit bricht auf in einer Art von Zeitlosigkeit, einen Moment lang steht sie still. Dies war das höchste Ziel der Mystik und der Aufklärung. Die Sehnsucht nach besonders gesteigerten Orgasmen ist der Versuch, durch den Genuss so viele dieser Momente wie nur möglich zu erfahren. Das ist allerdings kein gesunder Weg, denn so werden Begierde und Sexualität zum Selbstzweck – die Folge einer Verwechslung: Das wachsende Bewusstsein von Liebe führt zu einem Bewusstwerden der *Sexualität*.

Der moderne Mensch hat jedoch die Aufgabe, nach *Liebe* zu streben. Diese bewirkt, wenn sie dem anderen geschenkt wird, mannigfaltige zeit- und raumlose Erfahrungen in allem, was Menschen verbindet. Die Liebe lässt alles wieder zu einem Ganzen zusammenströmen und verdichtet es in ein einziges Zentrum. Dieses Zentrum entsteht an der

Stelle, wo im Märchen von Novalis der Altar zerstört wurde. Dort bildet sich der neue Altar, an dem sich alle um Sophie versammeln, die die Weisheit auf Liebe gründen kann. So will das Denken werden, und so will auch alles Erziehen werden. So will das menschliche Zusammenleben werden, und so will die menschliche Arbeit werden. Dann wird zuletzt auch die Sexualität zu *einer Folge* des Liebesweges werden. Die Liebe heilt die Sexualität und fügt sie wieder als Teil in ein größeres Ganzes ein.

Unsere Erde ist voller selbstverständlicher natürlicher Weisheit, doch die Erde selbst weiß nichts davon. Erst seit die Liebe auf die Erde herabgeboren wurde, wird dieses Erdenwissen erweckt. Durch Liebe erwacht die Erde und beginnt sich ihrer selbst bewusst zu werden. Durch die Liebe, die wir vom anderen erfahren, wissen *wir*, wer wir sind. Das »Erkenne dich selbst« wird erst möglich aufgrund der liebevollen Beziehung mit dem anderen. Lediglich das, was ein anderer aufgrund seiner Liebe in uns wahrnimmt, können wir auch selbst wahrnehmen.

Dasselbe gilt für alles, was wir erkennen und verstehen wollen. Nicht nur der Intellekt oder das Maß an Wissen, das wir angesammelt haben, führt uns zu echter Erkenntnis. Erst durch die Liebe verstehen wir, was wir erforschen und studieren.

Gold ist Liebe, die wissend wird. Um diese Liebe zu entwickeln, gibt es viele Übungen, und sie befassen sich alle mit dem richtigen Umgang mit dem Sonnen-Opfer, das heißt dem Umgang mit Zeit und Raum. Darum lässt sich eine moderne innere Entwicklung nicht ohne den bewussten Umgang mit Zeit und Zeitdruck, Raum und räumlichen Beschränkungen denken. Das menschliche Gold will entstehen, indem wir Meister im Umgang mit Zeit und Raum werden und so innere Freiheit schaffen.

Wir werden zerrissen von Hast und Stress, durch Stillstand und Langeweile. Zusammen mit vielen anderen rasen wir direkt in einen Autostau und in ein Wochenende, wo wir die Zeit just durch raumlose Bilder auf dem Fernsehschirm und Computer vertreiben. Der Körper des Partners ist nach einiger Zeit häufig nicht mehr in der Lage, unser Begehren wachzurufen. Die Liebe ist dann zu klein, um durch Berührungen Ausdruck zu finden. So entsteht das Bedürfnis nach erotischen oder pornografischen Filmen, durch die, allerdings in einer sehr verflachten Dimension, dennoch Gefühle der Sehnsucht und des Verlangens wachgerufen werden, die dann auf den Partner übertragen werden können.

Wie entsteht aus der einstigen Verliebtheit und Romantik ein solcher Niedergang? Der Grund dafür ist, dass wir in unseren Beziehungen kein Zeit- und Raumbewusstsein üben. Wir beschweren uns höchstens über einen Zeitmangel bei uns selbst oder beim anderen. Wir beschweren uns über den Raum, den wir bekommen oder den der andere in einer Beziehung einfordert. Das ist so etwas wie die Feststellung, dass wir unser Konto überzogen haben und unser ›menschlicher Saldo‹ in den roten Zahlen gelandet ist. Statt uns zu beklagen, sollten wir lieber eine Frage stellen:

Was fangen wir eigentlich mit dem Raum und der Zeit an, die uns als Geschenke aus der Ewigkeit zuströmen? Wenn wir diesen Raum und diese Zeit verlieren, so verlieren wir einander und unsere Entwicklungschancen. Hetze und Stress sind *gepresste Zeit*. Die Zeit kämpft dann gegen liebevolle Sexualität. Die Zeit bekämpft unsere Fähigkeit, zu lieben. Langeweile, Leerlauf und Faulheit sind dagegen *zerfallene Zeit*. Die zusammenhangslos gewordene Zeit erodiert unsere Liebesmöglichkeiten. Wir werden durch die zu schlaffe Zeit zu nachlässigen Liebhabern. Unsere Sexualität, unsere Berührungen sind dann alt und verbraucht. Sie bringen kein neues Leben, sondern im Gegenteil tödliche Erstarrung und Monotonie.

Führt Hast in der Liebe zu schmerzhaften und verletzenden Berührungen, so lässt Langeweile den anderen und uns selber im wahrsten Sinne unberührt, trotz der körperlichen Intimität.

Weil Zeit ihrem Wesen nach geopferte Ewigkeit ist, gibt es also niemals zu viel oder zu wenig Zeit. Die Mythe vom Zeitmangel ist eine Illusion, allerdings eine allgemein akzeptierte. *Alles hat seine Zeit bekommen, sonst würde es nicht existieren.* Es wäre unerschaffen und ungeworden in der Ewigkeit verblieben.

Wir Menschen können uns problemlos zu viel oder zu wenig Zeit nehmen und benutzen, doch damit nehmen wir dem, was wir tun und was wir leben, gewissermaßen sein angestammtes Recht. Jede Beziehung, die wir eingehen, hat ihre Zeit und ihren Raum mitgebracht, sie wird uns mitgeschenkt. Wenn wir diese Zeit und diesen Raum nicht so nutzen, wie sie eigentlich gemeint sind, entstehen Mängel und Schwächen in der Beziehung. So kommt es, wenngleich unbewusst, zu einer menschlichen Verzerrung des Geschenks der Ewigkeit. Wie jedes Küken im Ei ausreichend Zeit, Raum und Nahrung hat, um sich zu entwickeln, so hat auch alles, was wir beginnen, ausreichend Zeit und Raum, um sich zu entfalten. Bis die Zeit reif ist, gibt es genügend Zeit und Raum, danach vergrößert sich dieser Raum nur noch. Abschiedsschmerz kann auf die Erfahrung des Verlustes des ›beschützenden Eies‹ zurückgeführt werden, in welchem wir uns zu Hause fühlten und woran wir gewöhnt waren. Jede neue Lebenssituation bedeutet, nach dem Zerbrechen der ›Eierschale‹, eine *Zunahme* an Raum und Wachstumsmöglichkeiten, auch wenn wir häufig glauben, das Gegenteil zu erleben. Wenn ich für etwas, das zu mir gehört, keine Zeit habe, dann mache ich es entweder falsch oder es gehört tatsächlich nicht wirklich zu mir. Es kann sein, dass ich die Zeit, die dafür zur Verfügung stand, für etwas anderes verwendet habe. Aber auch umgekehrt: Wenn mich etwas oder jemand langweilt, sehe ich vielleicht nicht, dass und wie der andere zu mir gehört und bei mir sein möchte. Überdies investiere ich in falscher Weise vielleicht auch zu viel endlose Zeit in jemanden.

Konkret gesprochen: In wie vielen Beziehungen streiten und zanken wir nicht darüber, was wir zusammen tun wollen, anstatt es einfach zu tun? Wie häufig ist angeblich zu wenig Zeit vorhanden für intensive Zärtlichkeit, während wir auf der Couch liegen und uns durch die Fernsehprogramme zappen? Für den, der abends erschöpft früh zu Bett geht, bietet vielleicht der Morgen Zeit für Intimität und Nähe. Die Stimmung vor dem Schlafengehen spielt eine große Rolle für die Qualität der späteren Begegnung: Wenn man miteinander im Bett liegt – sei es noch am Abend oder am nächsten Morgen – ist es von großer Bedeutung.

Wie werden Zeit und Raum benutzt, bevor es zur Vereinigung kommt? Ein bewusster Umgang mit Zeit und Raum in Beziehungen ist ein direkter Übungsweg für die Erhaltung einer gesunden Beziehung. Dies ist übrigens wunderbar in Michael Endes Buch *Momo* dargestellt.

▬ Beziehungen und Lebenstempo

Zeit wird von jedem Menschen anders erlebt und ausgefüllt. Im Zusammenleben mit einem anderen Menschen ist dies ein Thema, das sehr viel ›Hausaufgaben‹ mit sich bringt. Zeit spielt auf allen Gebieten der Beziehung eine Rolle, von der Sexualität bis hin zum Gespräch und gemeinsamen Unternehmungen. Üblicherweise entstehen Unverständnis, Irritationen und vielfach auch Streit durch Unterschiede in der Art, wie die Zeit erlebt wird. Der eine will überall pünktlich ankommen, der andere nimmt es nicht so genau damit. Oder der eine möchte an einem bestimmten Abend alles Mögliche unternehmen und besprechen, der andere verteilt das Ganze lieber über eine Woche. Wir kennen derartige Unterschiede beim Einkaufen, beim Essen, bei der Arbeit, in der Erziehung und auch auf dem Gebiet der Sexualität. Die Reaktion auf solche unterschiedlichen Erlebnisweisen ist häufig der gegenseitige Zwang zur Anpassung. Der andere soll einfach schneller oder aber langsamer und geduldiger werden. Da sich kein Mensch auf der Basis reinen Zwangs harmonisch entwickelt, wird das Problem jedoch nicht abnehmen, sondern die Konfrontationen zunehmen. Häufig stehen Menschen einander jahrelang mit Forderungen gegenüber und erneuern damit weder sich noch den anderen.

Wenn dieses Lebensgebiet von solchen Zwängen befreit werden soll, wird es darum gehen, dass sich ein eher *langsamer Mensch* mehr in die Tiefe und in die Höhe entwickelt, also vertikal, während der *schnelle Mensch* sich verbreitern, also eine horizontale Bewegung vollziehen muss. Dann kreuzen sich die Lebenswege ohne Kampf. Dies verlangt bewusste Übung, weil es um gar nicht so selbstverständliche Einsichten geht. Im Gegensatz zu dem, was man üblicherweise glaubt, hat gerade ein träger Mensch oft zu wenig Tiefgang und ein schneller Mensch zu wenig unterschiedliche Aufmerksamkeitsgebiete. Im Zusammenleben können beide einen unterschiedlichen Übungsweg gehen, der gleichzeitig beiden so viel Menschenwürde schenkt, wie er sie empfangen lässt.

Zeit ist ein Geschenk der Götter, der Umgang mit ihr ist ein menschlicher Weg zum Göttlichen, zur Liebe. Um diesen Weg zu üben, können folgende in der Praxis bewährte Methoden hilfreich sein.

Ist der Partner jemand mit einem viel *schnelleren Lebenstempo*, geraten wir rasch aus dem Gleichgewicht. Dann besteht die Gefahr, dass zu wenig miteinander gesprochen wird, dass viel Unruhe herrscht und es dadurch nur zu flüchtigen Begegnungen kommt. All das vermittelt das Gefühl, aufgehetzt zu werden, es greift das Selbstvertrauen an und kann abhängig machen, weil es zu einer Ohnmachtserfahrung kommt, wenn meine Seele der des anderen nicht mehr folgen kann.

Wer diese Ohnmacht überwindet, indem er sich selbst wie auch dem anderen und der Beziehung treu bleibt, mit anderen Worten: Wer versucht, der Zeit einen Inhalt zu geben und diesen zu leben, der erwirbt eine große Selbstständigkeit.

1. *Sich selbst treu bleiben.* Das bedeutet, der Zeit einen Inhalt zu geben. Dies geschieht, indem man sich die Freiheit nimmt, den eigenen Aktivitäten die Ruhe und Intensität zu verleihen, die zur eigenen Persönlichkeit passen.

2. *Dem anderen treu bleiben.* Das heißt, dass ich ihm die Freiheit geben muss, sein eigenes Lebenstempo zu leben und den Inhalt seines Lebens mit der eigenen Ruhe und Aufmerksamkeit zu akzeptieren und zu verfolgen.

3. *Der Beziehung treu bleiben.* Liebe zueinander und zum Zusammenklang der unterschiedlichen Charaktere und Temperamente und damit auch zu einem u. U. recht unterschiedlichen Lebenstempo muss vorhanden sein. Eine Liebe zueinander, die auch das Lieben der Eigenheiten und Mängel des anderen weitherzig einschließt, pflegt und vertieft in Wärme das Zusammenleben. Dann kann der zur Verfügung stehenden Zeit optimal Inhalt verliehen werden, ohne überflüssiges Geschwätz und andere Oberflächlichkeiten, die das ›Beziehungstempo‹ verlangsamen.

Diese drei Formen von Treue geben zusammengenommen der Zeit einen Inhalt, sie sind der Übungsweg für Menschen, die mit anderen zusammenleben, die ein *höheres* Lebenstempo haben.

Dieselben drei Formen der Treue sind auch notwendig in der entgegengesetzten Konstellation. Hier lebt jemand ein hohes Lebenstempo, der Partner hingegen in einem viel trägeren. Dies ermüdet den mit dem schnelleren Lebenstempo, weil von ihm ständig Geduld, Toleranz und Zurückhaltung gefordert sind. Das kann auf Dauer sehr starke Irritationen erzeugen, insbesondere weil der trägere Partner sich häufig auch abhängig verhält. Außerdem kann Einsamkeit entstehen, weil die eigenen Erfahrungen nicht wirklich mit dem anderen geteilt werden können. Für den schnellen, temperamentvollen Menschen, der mit dieser Konstellation konfrontiert ist, lautet die Lektion: *Allem seine eigene Zeit lassen.* Damit ist er sich, dem anderen und der Beziehung selbst treu. Hier gilt also:

1. *Sich selbst treu sein und sich die eigene Zeit geben.* Das bedeutet, die eigenen Aktivitäten so dynamisch auszuführen, wie es zur eigenen Persönlichkeit passt.
2. *Dem anderen treu sein und ihm seine Zeit lassen.* Der langsamere Partner muss die Zeit haben, die er braucht, um seinem eigenen Lebensstil Gestalt zu verleihen. Dabei sollte ich ihm lebendig und mit Interesse folgen – selbst wenn es mir öde, träge und wenig interessant vorkommen mag. Durch den trägeren Partner entsteht die Notwendigkeit, das Loslassen und Zuhören zu lernen. Dies erfordert, dass die eigene Irritation überwunden wird.
3. *Der Beziehung treu sein.* Hier lautet der Auftrag, dass derjenige Partner, der über den größeren Schwung verfügt, ständig diese Beziehung im Bewusstsein behält als etwas, was eine intensive und umfassende Bedeutung hat. Wenn diese Treue geübt wird, wird es gelingen, auch der Beziehung ihre eigene Zeit zu geben.

Aus alldem zeigt sich wieder einmal, wie bereichernd Unterschiede sein können, wenn wir das Leben mit dem anderen als Entwicklungschance auffassen. Alles, was auf dieser Ebene erlebt wird, wirkt in unseren sexuellen Begegnungen weiter. Auch hier gilt, dass Sexualität die Beziehung nicht *bildet*, sondern ihr *folgt*. Die sexuelle Begegnung verlangt eine gegenseitige Abstimmung, sowohl davor als auch danach. Tage voller Hast und oberflächlichem Gerenne, aber auch ärgerlich vertrödelte und von Leerlauf gezeichnete Zeiten bergen Trennungstendenzen in sich. Erst durch die Eingliederung in den Zeit-Pfad des anderen stimmen wir uns aufeinander ab, und nur so kann die Begegnung liebevoll erfolgen. Ohne eine solche Abstimmung ist liebevoller Sex nicht möglich. Was wir hier noch lernen müssen, wird im Grunde der Seele als Ohnmacht, Irritation, Enttäuschung oder Unbefriedigtsein erlebt. Was wir dagegen auf dieser Ebene gelernt haben, das wirkt wie ein goldener Ring, der wie ein Bild für die Verbundenheit ist, die zwischen zwei Menschen lebt.

Gespräch

O Seligkeit,
wenn ein Gespräch beginnt,
im Wortetausch
in Höhen uns zu heben,
wo Harmonie wie Tau
in Herzen rinnt.

Ob unsre Engel dann
Gedanken lenken,
um Wahrheitskeime
in uns einzusenken,
weil Geistgespräche
ihre Äcker sind?

Erika Beltle[22]

Der Raumaspekt in Beziehungen

Der Raum, den wir einander in unseren Beziehungen bieten, kann sich extrem unterscheiden. Auch dort geht es um das Suchen nach einem Gleichgewicht in uns selbst und in Beziehung zu dem anderen. Wenn der eine sämtlichen Raum für sich selbst fordert, um dort beziehungsmäßig zu tun und zu lassen, was er will, dann bleibt für den anderen häufig zu wenig Raum übrig. Das ist der ideale Nährboden für Eifersucht! Bekommen wir in unserer Beziehung zu wenig Raum, so entsteht Unfreiheit und wir blockieren sowohl unsere Liebesfähigkeit wie auch die, uns selbst zu entwickeln. Frustration, Rebellion, Streit und Heimlichtuerei sind die Folge. Auch Fremdgehen findet, paradoxerweise, häufig gerade seine Ursache in einer Beziehung, die unfrei und einengend ist. Festhalten bedeutet häufig Erdrücken, und schließlich stehen beide Beteiligten mit leeren Händen da. Wer einen *Mangel an Raum* hat, diesen durchbricht und anschließend das Problem gemeinsam mit dem Partner löst, erreicht eine Zunahme der eigenen Kraft und eine vertiefte Erkenntnis seiner selbst und der Beziehung. *Raum bekommen* bedeutet eigentlich, dass man die richtige Umgebung geschenkt bekommt, um die Beziehung und sich selbst wahrzunehmen. Genau wie ein Bild erst in der richtigen Umrahmung und im richtigen Raum zu seinem Recht kommt, ist auch die Erfahrung des Wesens einer Beziehung angewiesen auf ausreichenden und passenden Raum.

Auch das Gegenteil existiert. Dann erhält ein Partner *zu viel Raum* in einer Beziehung. Daraus entstehen Unsicherheiten und erwachsen Zweifel, die wiederum in Klagen und Diskussionen über den Stellenwert münden, den der andere der Beziehung beimisst. Sie erwecken beim dem, der zu viel Raum hat, prompt Lustlosigkeit und Gleichgültigkeit, und rasch entsteht so ein unbewohnbarer gemeinsamer Raum. Alles ist erlaubt und alles ist möglich, weil kein Sinn mehr darin erfahren wird, und schon hat sich das Band zwischen den Beteiligten verflüchtigt. Ein Zuviel an Raum ist charakterisiert durch Grenzenlosigkeit, und das ist natürlich eine Schein-Freiheit. Wer kein Zuhause hat oder nur ein leeres Haus, der braucht keine Türen und Schlösser. Die Grenzen des Raumes werden gerade dadurch gebildet, dass man sich gegenseitig *die Bedeutung der Beziehung* definiert. Auszusprechen, wie man die Gegenwart des anderen genießt, und mit voller Aufmerksamkeit die Zeit und den Raum mit inhaltlichen Zielen zu füllen, verhindert die Versuchung, den Raum einzuschränken und durch unfreie Reglementierung zu bestimmen. Wenn dagegen beide Partner lernen, den Raum gemeinsam zu füllen, kann man eine *Erneuerung* der Entscheidung, die man einst füreinander getroffen hat, erreichen, indem man das wiederfindet, was man einst wertvoll fand. Das ist wahre Lebenskunst!

Im Umgang mit Jugendlichen sind die Themen Zeit und Raum hei-
ße Eisen. Immer mehr junge Menschen leben bis weit über zwanzig
bei ihren Eltern. Der Freund oder die Freundin wohnt dann teilweise,
manchmal sogar ganz, bei ihnen. So ein junges Halbehepaar im Haus
ist ein beziehungsmäßiges Übungsgebiet *par excellence*. Häufig sind die
Jugendlichen bereits daran gewöhnt, ihre eigenen Wege zu gehen, und
sie haben ihre eigene Zeitgestaltung. Sie haben im Haus ein oder mehrere Zimmer, mit einem eigenen Fernseher und Computer, auch wenn
sie noch das Bad, die Toilette, die Küche und das Sofa mit ihren Eltern
teilen. In solchen Fällen können sowohl der Raum, aber auch die Zeit
und das unterschiedliche Lebenstempo viele wechselseitige Spannungen und Irritationen hervorrufen.

Für die Beziehung zwischen Eltern und Jugendlichen gilt dasselbe wie
für die zwischen Partnern. Auch hier geht es darum, dass eine wechselseitige Abstimmung in der oben beschriebenen Weise gefunden wird.
Jugendliche erhalten in diesem Alter mit Recht viel Raum, doch wenn
sie von ihren Eltern zu viel Raum erhalten, dann leben sie nicht mehr
mit ihnen zusammen. Dann entstehen bei vielen Eltern alarmierende
Zweifel: Bedeuten ich und unser Verhältnis zueinander meinem Sohn
oder meiner Tochter eigentlich noch etwas? Oder geht es ihnen nur noch
um die gratis gebotene Hotelfunktion? Solche Fragen können innerlich
sehr nagen und manchen Schmerz verursachen. Bei jüngeren Jugendlichen ist das Begrenzen der Zeit und des Raums, in dem sie leben, sogar
eine absolute Notwendigkeit, um in beziehungsmäßiger Hinsicht nicht
zu scheitern. Wachheit ist gefordert, weil einmal entstandene Situationen sich nur sehr schwierig wieder zurückdrehen lassen.

Im Hinblick auf die Sexualität stellt sich die Frage, ob der Partner
oder die Partnerin des Jugendlichen im Haus des anderen übernachten
und auch Sex mit ihnen haben darf, von welchem Alter an und wo und
wann. Gute gegenseitige Absprachen sind dann von entscheidender Bedeutung für die Beziehung. Wenn Eltern am Wochenende nachts von
ihrem heimkehrenden, Party feiernden Nachwuchs geweckt werden, ist
das für sie ziemlich gewöhnungsbedürftig. Noch mehr, wenn sie keinen
Schlaf finden können, weil die Jugendlichen im Nebenzimmer begeistert herumknutschen oder miteinander schlafen. Sowohl der physische

Raum im Haus als auch der seelische Raum, den man für solche Dinge zur Verfügung hat, sollte scharf ins Bewusstsein gefasst werden, denn ehe man sich's versieht, gibt man entweder den Jugendlichen oder sich selbst zu wenig Raum. Ein Jugendlicher in der Pubertät ist ein Seelenmensch, und alles, was in ihm vorgeht, neigt dazu, sich zu vergrößern oder zu verstärken, bis irgendein Ich – meistens ist es noch das Ich des Erwachsenen – die Grenzen setzt.

Wer gelernt hat, einen bewussten Umgang mit Zeit und Raum anzustreben und überdies auch Unterschiede im Lebenstempo mit dem Partner in Harmonie zu bringen vermag, der kann danach auch die entsprechende Wegstrecke mit Jugendlichen zurücklegen. Auch für Zeit, Raum und Lebenstempo gilt, dass wir überall dort erziehungsfähig sind, wo wir uns selbst als Erwachsene bereits veredelt haben.

Beziehungen im 21. Jahrhundert

Warum zerbrechen so viele Beziehungen, die einen goldenen Anfang hatten? Warum ist es so schwierig, verbunden zu sein und zu bleiben? Diese Fragen stellen sich bei allen Beziehungen, aber insbesondere für die zwischen Partnern.

Wenn die Sonne scheint, sehen wir auch Schatten. Gerade grelle Sonnenstrahlen werfen scharfe Schatten. Dasselbe geschieht in unserer Zeit, in der Menschen einander besonders wach und kritisch wahrnehmen. Grelles Licht scheint auf den anderen. Zunächst sehen wir diesen wie von einer goldenen Aureole umkleidet, wir betrachten ihn als einen strahlenden Stern. Nach kürzerer oder längerer Zeit haben sich unsere Augen angepasst und wir sehen auch das zum anderen gehörende Schattenbild. Vor allem die kleineren Taktlosigkeiten und Eigenarten fallen uns auf, wenn wir länger mit einem Menschen zusammenleben, und gerade sie sind es, die häufig die gemütliche, warme Verbindung zwischen Menschen in Mitleidenschaft ziehen. Wir ärgern uns sehr oft über solche kleinen Angewohnheiten. Und weil Ärger und Irritation eine Beziehung zerbrechen, fordern wir vom anderen, dass er seine eigenartigen Züge möglichst ändert – er soll aufhören, den Schatten zu zeigen, der zu ihm gehört. Da das zumeist misslingt, führt dies zu noch größerem Ärger und heftigem Streit, der im Grunde nur Lappalien betrifft. Überdies hat der Partner dasselbe Problem, auch er bittet, ja fordert, dass wir selbst unsere Unarten ablegen. Beide bekämpfen also die kleinen Schattenseiten des anderen, weil sie ohnmächtig sind, einander inklusive all der Eigentümlichkeiten menschlichen Verhaltens zu lieben. Beziehungen zerbrechen nur zu oft aufgrund der Anhäufung solcher kleinen Irritationen, gar nicht unbedingt durch die vermeintlich großen Fehltritte.

Solange wir ohnmächtig sind, den anderen als einen Menschen zu lieben, der Licht und Schatten in sich trägt, zanken und ärgern wir uns und wollen den anderen ändern – und genau das zerbricht Verbindungen. Manchmal besteht die Kunst darin, das grelle Sonnenlicht einen Moment lang zu dämpfen. Manchmal darin, den Schatten zu akzeptieren. Humor ist eine kleine Sonne, die die Schattenstellen gutmütig und sanftmütig beleuchtet. Fast immer wird es notwendig sein, all die irritierenden Gewohnheiten des anderen mit befreiendem Humor (und nicht mit Spott!) zu betrachten, die eigenen jedoch mit Milde. Dies vermögen wir, wenn wir erkennen, dass das wahre Gesicht eines Menschen nicht identisch mit seinem Schatten ist. Sein wahres Antlitz wird erst dann sichtbar, wenn die Sonne senkrecht über ihm steht. Wer diese Betrachtungsweise gelernt hat, sieht den anderen nicht durch eine rosa Brille, sondern sozusagen durch eine goldene Brille, die es ihm ermöglicht, ihn in seinem wahren Wert gelten zu lassen.

Silber – Mond

Der Mond ist der Himmelskörper, der der Erde am nächsten steht; jeder Mensch, ja jedes Kind kennt den Mond. Man kann ihn mit bloßem Auge wahrnehmen. Man wird vom Mondlicht nicht geblendet, wie es beim Sonnenlicht der Fall ist. So augenfällig und bekannt wie der Mond auf der einen Seite ist, so rätselhaft und verborgen ist er auf der anderen. Zunächst einmal sieht er niemals gleich aus. Der Mond ist entweder voll oder ›leer‹, zu- oder abnehmend, jeden Tag anders. Wenn man dazu noch bedenkt, dass das, was wir als Mond wahrnehmen, eigentlich nur das Teilstück des ganzen Himmelskörpers ist, welches das Sonnenlicht widerspiegelt, wird der Mond noch rätselhafter.

Man sieht, wenn man den Mond betrachtet, eigentlich einen Spiegel der Sonne. Schein trügt – das ist eine Monden-Realität. Es gibt keinen Sichelmond, halben Mond oder vollen Mond, es gibt eigentlich nur ei- nen *vollständigen* Mond, doch diesen vollständigen Mond sehen wir nie. Weil der Mond das Licht spiegeln will, ist er dunkel und strahlt selbst nicht. ›Scheingestalten‹ sind daher die Formen, in denen wir den Mond wahrnehmen. Scheingestalten entstehen, weil im Kosmos sich alles umeinander und um sich selbst dreht.

Die silbern glänzende Schönheit des Mondes zeigt einen großen Zu- sammenhang mit allem Flüssigen und Rhythmischen auf der Erde. Das Meer zum Beispiel kennt Ebbe und Flut aufgrund des Mondeinflusses. Frauen bekommen normalerweise einmal in jeder Mondperiode ihre Tage. Schwangerschaft und Geburt werden ebenfalls vom Mond be- einflusst, so dauert eine Schwangerschaft zehn Mond-Monate, und bei Vollmond werden mehr Kinder geboren als sonst. Auch Verliebtheit und sexuelle Begierden hängen mit dem Mond zusammen. Es sind alles Lebensströme, die vom Mond beeinflusst werden.

Depressivität und Aggressivität als innere ›Ebbe‹ und ›Flut‹ werden gleichfalls durch den Stand des Mondes verstärkt. Auch das Säen und Ernten von Gewächsen sollte in Übereinstimmung mit den Mondstän- den geschehen. Kurz, sowohl in uns selbst wie auch in der Natur wirken Mondkräfte in den Lebenssäften und -strömen.

Das zum Mond gehörige Metall ist das Silber. Silber ist unglaublich leitfähig, es ist geradezu für die Weiterleitung geschaffen. Elektrizität, mit all ihren Kräften der Anziehung und Abstoßung, wird vom Silber praktisch widerstandslos aufgenommen und weitergegeben. Auch die Wärme wird von Silber hervorragend geleitet. Silber ist kein ›habgieriges‹ Metall, könnte man sagen; denn alles, was es empfängt, gibt es gleich weiter. Daneben ist Silber von altersher ein Material, aus dem Spiegel hergestellt werden. Genau wie der Mond ist es unglaublich reflektionsfähig und spiegelnd, und dies hängt damit zusammen, dass es wenig ›für sich‹ behält. In der Leere, die sich dann bildet, kann das Bild des anderen sichtbar werden. So geht es auch uns, wenn wir nicht nur von uns selbst erfüllt sind, sondern unser Ego-Bild ›abfließen‹ lassen: Es entsteht Klarheit und wir können das Bild des anderen rein spiegeln.

Silber wird auch in der Fotografie verwendet. Fotos sind Bilder, die Scheingestalten einer ›ewigen‹ Wirklichkeit zeigen. Man scheint verewigt zu sein, doch nichts ist weniger wahr, denn niemals gibt ein Foto uns so wieder, wie wir wirklich sind. Sogar das schönste Foto, das einen bestimmten Moment in gelungener Weise festhält, drückt nicht aus, wer wir sind. Höchstens, welche Scheingestalt wir in diesem Augenblick annahmen.

Der Mond selbst beeinflusst alles Strömende derart, dass es nicht nur eine endlose Wiederholung hervorbringt, die lediglich reproduziert, was bereits davor schon vorhanden war. Genau das aber tut ein Foto, und so wird das Silber im sich endlos wiederholenden Bild im Grunde missbraucht. Die Reproduktion von Bildern bedeutet eine Erstarrung des Leben bringenden Rhythmus und ist dadurch eine Entgleisung der Mondweisheit. Routine, Trott, Leerlauf und öde Wiederholung sind die Gefahren, die drohen, wenn wir lieblos mit Mond-Strömen umgehen. Dann wird der Mond zum Bringer des Todes statt zur Pforte, die zu neuem Leben führt.

Der Mond und die Sexualität gehören zusammen. Sexualität ist für einen Menschen, der geboren werden will, das Tor zum neuen Leben, und auch in den menschlichen Beziehungen will Sexualität dieses Tor sein. Sexualität hat eine vergewaltigende Wirkung, wenn sie auf Egoismus gründet. Gleichzeitig ist Sexualität ein Kraftquell, der jedoch selbst vergewaltigt wird, wenn wir ihn leugnen oder zum lieblosen Alltagstrott degenerieren lassen. Zwar verläuft die sexuelle Vereinigung wie alles, was mit dem Mond zusammenhängt, nach einem bekannten rhythmischen Muster, doch sie sollte niemals gleich sein. Sich menschlich miteinander sexuell zu vereinigen, ist eine menschenwürdige Begegnung und darum jedes Mal anders und neu, weil beide Partner Individualitäten sind. Einzigartige Menschen in einem einzigartigen Augenblick haben einzigartige Gefühle, ungeachtet der Tatsache, dass jeder Sexualität kennt und dass die dazugehörigen Gefühle immer wiederkehren. Auch wenn es so scheint, dass der Partner nach einiger Zeit offenbar nichts Neues mehr zu bieten hat und die Vorhersehbarkeit der Reaktionen groß ist: Das intime Vertrautsein miteinander will ja gerade zu einem Spiegel werden, in dem man einander immer wieder neu entdeckt.

Wenn man immer nur vor dem *eigenen* Spiegel steht, wird jede Körpererfahrung rasch fade, weil man in deren silbernem Mondenschein letztendlich nur das tote Bild des Eigendünkels wahrnimmt. Das ist wie die Außenseite des Mondes: Dort gibt es keine Atmosphäre, es herrscht Kälte, wir haben eine Steinwüste mit Kratern vor uns. Selbstbezogenheit und Eigeninteresse schlagen immer neue Krater, und *jede Liebkosung, die nicht mehr darstellt und erweckt als reine Begierde, ist eine Steinigung des Bildes des anderen.* Dessen Bild zersplittert dadurch und die Beziehung wird zu einer Steinwüste.

Wenn wir die Sexualität als eine Möglichkeit zu gebrauchen lernen, in einem klar gewordenen silbernen Spiegel den *anderen* wahrzunehmen in allem, was dieser uns als Individualität schenkt, so entsteht ein Monden-Durchbruch. Dann hat sich ein Tor gebildet, durch das neues Leben in die Beziehung einströmt. Dieser Durchbruch ist die Erfahrung, dass wir während oder nach der sexuellen Vereinigung im ›Land hinter dem Spiegel‹ landen. Dort ist der wirkliche Kern des anderen zu finden, das wahre Bild des Menschen, der der andere werden will. *Die einzige Möglichkeit für einen Menschen, wirklich in Liebe mit dem anderen leben zu können, basiert auf diesem Findenlernen des Wesentlichen des anderen Menschen.*

Wenn wir mit unseren so stark individualisierten Persönlichkeiten nicht mehr den Weg zu dieser tiefen Verbindung miteinander finden können, so misslingt jede Beziehung. In der Sexualität liegt die Einladung, mehr als nur den Körper und den Genuss, der dadurch erfahren wird, zu lieben. Es ist die Einladung, zu einem silbernen Mondenspiegel zu werden und die Vielfarbigkeit der Seele des anderen in unserem Inneren aufleuchten zu lassen. Nur wenn die Liebe dafür empfänglich wird, kann sie eine Schale für die Weisheit bilden. Im Idealfall entdecken und lieben wir einander dann so, wie wir sind. Dann tragen wir alles vom anderen in uns, behüten alles, was uns der andere schenkt und an uns erfährt. Mit Liebe und Zärtlichkeit, auch in und durch alles, was sexuelle Erfahrungen sind.

Wenn uns dies gelingt, verändert sich etwas. Unabhängig von allen Gefühlen der Erregung, Erotik und des Begehrens veredelt sich die Sexualität. Der Spiegel wird dann zu einer Schale. Die Mondsichel dreht sich aus der vertikalen Position in die horizontale. In dieser Schale bildet sich dann als allerintimstes Kleinod das *keimende Bild* des anderen. Keimend, weil in ihm sichtbar wird, was der andere *werden* will, was der Partner als tiefen Lebenswunsch in sich trägt. In dieser Schale wird die Sonne sichtbar im und durch den Mond.

Anders ausgedrückt: Der Lebenskeim des anderen beginnt zu strahlen und entfaltet sich. Dies führt zu einer ›Selbstbefruchtung‹, denn man ist jetzt mit dem Lebenskeim des Partners verbunden. Was dieser seinem Wesen nach ins Leben trägt – auch in *unser* Leben –, wird jetzt ›bis in die Knochen‹ erfahren, auch wenn dies nicht in großen Worten oder Gedanken ausgedrückt wird. So wächst die Wahrnehmung dessen, was der andere seinem Wesen nach *ist*, hin zu dem, was der andere seinem Wesen nach *werden* will.

Wenn sich dieses große Geheimnis, dieses große Geschenk der Sexualität als ›Mondenerfahrung‹ zugunsten eines Dritten ereignet, dann kommt ein Kind. Ein ungeborenes Kind hofft, dass ihm außer den sich vereinigenden Samen- und Eizellen auch noch diese tiefergehende ›Befruchtung‹ angeboten wird, sodass es in einem Körper eine Hülle für seine Seele *und* seinen Geist findet.

Der Mond bringt Rhythmen als heilendes Element, doch diese verlieren ihre gesund machende Kraft, wenn wir sie zu Trott und Routine degenerieren lassen. Der Mond bekommt so eine krank machende Wirkung, weil er Lebensströme erweckt, die in uns keine durchlebte Einbettung finden. Dann entstehen wuchernde Tumoren im Körper. Ein Tumor ist nichts anderes als eine Zellteilung, die sich endlos wiederholt. Krebszellen sind gewissermaßen Routine gewordene, formlose Wiederholung, die das Leben bedroht. So gibt es auch in der Seele uferlose Begierden, wir kennen unter anderem das Phänomen des uferlosen Schwärmens für etwas oder jemandem. Das führt zu inneren Tumoren. Ufer- und grenzenlos unseren Begierden hinterherzulaufen, scheint pralles Leben und Dynamik zu versprechen, doch es handelt sich dabei um die Dynamik der Krebszelle. Es entsteht dabei tatsächlich viel, doch was so entsteht, existiert in endloser Wiederholung, die kein wirkliches Leben kennt. Wenn jemand endlos die einschlägigen Pornoseiten im Internet besucht und sich an den unzähligen Darstellungen menschlicher Sexualität aufgeilt, so entsteht vielleicht eine starke erotische Erregung. Eigentlich handelt es sich aber um eine öde Art von Erregung, sie ist wie Krebszellen, weil keine wirkliche, reale, lebendige menschliche Begegnung stattfindet. Eigentlich sind all die Darstellungen, denen wir dort begegnen, unendlich langweilig. Damit wir nicht bemerken, wie steril und leblos diese Bilder sind, werden unablässig neue Bilder und Videoclips ins Internet gestellt, denn sonst ist der Effekt rasch verschwunden. All diese Bilder haben weder Farbe noch Geschmack, könnte man sagen. Wenn die Neugierde befriedigt ist, bleibt lediglich die sexuelle Befriedigung übrig, deretwegen die Seiten angeklickt werden. Diese muss sich mit dem gar nicht so schönen *Schein* der sexuellen Begegnung behelfen. Wenn dies süchtig macht, so deswegen, weil der Mensch an einem toten Ort nach Leben sucht.

Vom langweiligen, immer gleichen Einerlei zum Nörgeln und Klagen ist es nur ein kurzer Weg. Alles Klagen ist ein ›Mond-Leiden‹. Menschen, die gern und viel reden, jedoch nicht über die Fantasie des Mondes verfügen, führen keine aufbauenden Gespräche. Ihnen fehlt die merkuriale Quecksilberqualität, und sie ›versilbern‹ lediglich, was sie bereits früher einmal gehört und gesehen haben. Sie berichten zum Beispiel endlos, was sie im Fernsehen gesehen haben, was ein anderer sagte oder was irgendwo geschehen ist. Doch man blickt nicht dahinter, wer sie selbst sind, oder was sie selbst von dem Wiedergegebenen halten. Sie wiederholen Eindrücke, durch welche sie selbst nicht wirklich be-eindruckt wurden. Plötzlich hört man sie etwas sagen, was man kurz vorher selbst gesagt hat, ohne dass die Betreffenden bemerken, dass sie einen nur nachäffen. Auch das Tratschen und das Herziehen über das Äußere anderer zeugt von *stumpf gewordenem Silber*. Das Klagen über dieses und jenes, das Nörgeln über alles und jeden, einfach die Tatsache, dass wir in Nörgelstimmung sind, ist ebenfalls Ausdruck von Trott. Friedrich Schillers geflügeltes Wort »Reden ist Silber, Schweigen ist Gold« lässt sich gewiss auch mit voller Berechtigung auf diese Einseitigkeiten anwenden!

Dass durch die Mondenwirkung alles langweilig, lahm und monoton werden kann, erweckt im Menschen auch einen Auftrag. Der Mond kann durch die Scheinbilder und Scheingestalten, die er hervorruft, bezaubern und benebeln, doch er erteilt uns auch den Auftrag, die *Unterschiede* herauszufinden. Auf der einen Seite sind da die Bilder einer fantasievollen, Leben weckenden Realität. Auf der anderen die falschen Bilder, die langweiligen Trott verursachen, wodurch alles abgetötet wird. Leben und Tod sind zwei Seiten desselben Tores, und der Mond trägt uns auf, dieses Tor kennenzulernen.

Um Bilder unterscheiden zu lernen, müssen wir uns einer Wahlmöglichkeit bewusst werden, die wir haben: Es geht um die Unterscheidung solcher Bilder, die problemlos sterben dürfen, von solchen, bei denen es sich lohnt, sie zu pflegen, weil sie Leben erwecken. Die Aufgabe ist, Bilder auf der Basis eines Bewusstseins von Schein und Wirklichkeit unterscheiden zu lernen: Das ist der Auftrag, den der Mond uns erteilt.

Verlangen und Begierden

So wie die Sonne das unverschleierte Bild des anderen zeigt, so schafft der Mond dessen Widerschein in allen Gefühlen. Wir können den Mond nicht entbehren. Er nährt die Romantik und die romantische Fantasie, und diese kann wie das Silber die Wärme zwischen Menschen leiten und weitergeben. Wenn zwischen Menschen Liebe herrscht, erwacht das Verlangen nach Begegnung, nach Zusammensein und -leben. Dann bescheint die Sonne den Mond, und dann erweckt die Liebe das Verlangen nacheinander. Dann beginnen die Glocken Jupiters zu läuten! Sexualität bringt auf diese Weise die Liebe »ins Bild« und dient dann nicht dem nackten *Aus-Leben* der eigenen Begierden, sondern dem herzerwärmenden *Sich-Ein-Leben* in den anderen.

Wenn es *Liebe* ist, die dazu führt, dass Menschen nacheinander verlangen, dann wird dieses Verlangen sie glücklich machen. Dann erscheint durch das Verlangen ständig der andere im Bild und dann bringt das Verlangen eine gegenseitige Annäherung zustande. Wenn die Partner sich auf den Flügeln dieses Verlangens miteinander geschlechtlich vereinigen, dann verstehen sie die Sprache des anderen. Dann wollen sie wissen, was dem anderen gefällt, was er mag. Dann fließen Eigeninteresse und Fremdinteresse zusammen, alle Zärtlichkeiten, alles Wecken von Leidenschaft und Spannung wird dann zum Auftakt eines tieferen Verschmelzens. Verlangen ist die Hoffnung, dass man seine Liebe auszudrücken vermag.

Wenn Menschen miteinander ins Bett gehen, *ohne dass Liebe die Basis ist,* so verdunkeln sie gewissermaßen den Mond. Dann strömt die Begierde ohne Ziel, und häufig verschwindet sie bald wieder in einem endlosen Nichts. Von ›aufrichtigem Verlangen‹ kann dann keine Rede sein, denn Verlangen ist ein Gefühl, das aus Liebe entspringt, das sich an etwas Ewigem entzündet und dann ins Zeitliche führt. Verlangen, Sehnsucht verbindet Himmel und Erde. Wer kein Verlangen und keine Sehnsüchte kennt, ist ein ›lebender Toter‹. Alles auf der Welt verlangt nach etwas, alles will etwas werden, was es noch nicht ist. Dies gilt für alles und jeden auf unserer Erde.

Doch wo liegt der Unterschied zur Begierde? Der Unterschied hängt damit zusammen, wer jeweils die Regie führt. Ist es die *Liebe,* so leuchtet auch immer in unserem Inneren strahlend das Interesse des anderen auf. Liegt die Regie dagegen in den Händen reinen *Eigennutzes,* dann verläuft der Prozess ganz anders. Dann wird der Genuss, den wir durch den Körper erleben, zum *Ziel* dessen werden, was wir tun, weil dadurch der Trott des Lebens für einen Moment durchbrochen wird. Begierde ist dann keine Folge der Liebe, sondern gewissermaßen ein durchgegangenes Pferd, das sich nicht mehr vor den Karren spannen lässt. Es ist blind und zügellos, und wir können eigentlich nur warten, bis seine Raserei abgeebbt ist, und dann den Schaden feststellen. Diese sexuelle Begierde überfällt uns durch das, was die Sinne erregend reizt, und durch Gedanken und Gefühle, die uns von innen überfallen.

Diese Begierde ist eine Sexualität, die *als solche* zum Ziel geworden ist.

Dass man seine Liebe dem Partner geben kann, auch durch den eigenen Körper, bewirkt, dass Begierde zur Kraft wird, die das Ausdrücken der Liebe möglich macht. Von altersher wurde gepredigt, dass Begierden bezwungen werden müssen, dass Unterdrückung die Antwort auf sie sei. Tatsächlich aber will jede Begierde *befreit* werden. Die tierische Seite in der Begierde will *erlöst* werden, und das ist nur möglich, wenn sie zu einem dienenden Bestandteil der menschlichen Liebe wird. Unterdrückte Begierden sind Nahrung für den Zerfall der Lebensfreude im Menschen. Was in uns an Begierde lebt, wurde uns geschenkt und hat sein Existenzrecht, auch wenn der Umgang damit häufig noch schwierig ist. Verkrampfte Versuche, Gefühle der Begierde einfach zu unterdrücken und ›abzutreiben‹, zerstören mehr, als uns lieb ist.

Reines Verlangen ist eine Begierde, die menschlich erlöst ist. Die östlichen Weltreligionen lehrten uns, uns von allen Begierden und jeglichem Verlangen zu lösen und dadurch ein erleuchteter Mensch zu werden. *Erleuchtet* können wir dadurch vielleicht werden, *Mensch* jedoch nicht.

Menschsein bedeutet, dass wir die Fragen in uns selbst beantworten. Unsere Begierden sind eine solche Frage, und durch eine geduldige ›Erziehung‹ dieser Regung kann Stück für Stück die Antwort gefunden werden. Dann wird Begierde zu Verlangen, und das Verlangen wird zu einem Spiegel, der zeigt, wer davor und wer dahinter steht. Das ist derjenige und dasjenige, worauf sich das Verlangen richtet; ein Verlangen auf der Basis aufrichtiger Liebe.

Verhütungsmittel

Der Mond hängt mit Geburt und Tod sowie mit dem Strömen der Lebenssäfte zusammen, Mondrhythmen bestimmen die menschliche Fruchtbarkeit. Die Pille ist ein Verhütungsmittel, das diese Rhythmen ausschaltet und durch künstliche Hormonschwankungen sowie durch eine künstliche Monatsblutung ersetzt. Die Pille wirft sozusagen den Mond heraus, und dadurch wird die Frau unfruchtbar. Da der Mond auch sehr viel Einfluss auf das Stimmungs- und Gemütsleben hat, hilft die Pille manchmal auch gegen Kopfschmerzen und Depressivität, insoweit diese Beschwerden mit dem Menstruationszyklus zusammenhängen. Dabei wird sichtbar, wie wenig eigentlich rein körperlich bedingt ist. Sowohl Körper als auch Seele reagieren auf das Ausschalten des Mondeneinflusses. Vor der Geschlechtsreife und nach dem Klimakterium beeinflusst der Mond die Lebensprozesse eines jungen Mädchens oder einer älteren Frau ganz anders.

Das rhythmische An- und Abschwellen des Lebenssäftestroms im Menschen hat daher auch seine Spiegelung in der Seele. Fruchtbarkeit hängt mit *neuem Leben* zusammen; auch im Bereich der Gefühle und des Denkens. Die Pille ersetzt dieses Mond-Strömen und man kann sich allen Ernstes fragen, ob dadurch nicht auch das Gefühlsleben und das Denken einer Frau an Fruchtbarkeit verliert.

Ist Sex, befreit von der Angst vor ungewollter Schwangerschaft, darum in vielen Beziehungen so öde und eintönig geworden? Wird die Sexualität vielleicht darum in Beziehungen so häufig zu einer Gewohnheit, an der viel herumgenörgelt wird? Weil sie nicht mehr lebendig und nicht mehr strömend ist, sondern künstlich? Können wir freilassend die Mondwirkung aus dem weiblichen Rhythmen-Organismus herausnehmen, ohne dass dies innere, verödende Folgen hat? Sicher ist jedenfalls, dass viele Frauen froh sind, wenn sie ohne die Pille leben können. Offenbar wird deren Einfluss doch als eine Form der Selbstentfremdung erlebt.

Andere Verhütungsmittel, wie Kondom oder Spirale, beeinflussen die Mondenrhythmen nicht. Der Körper einer Frau bleibt autark. Ein einfacher Kupferdraht, in der Gebärmutter aufgehängt, verhindert eine Schwangerschaft, indem er die Einnistung der eingedrungenen Samenzellen verhindert. Ein Kondom sorgt dafür, dass keine Samenzellen in die Gebärmutter eindringen, und Samen tötende Creme macht gewitzten kleinen ›Samen-Schlaumeiern‹ den Garaus. Was diese Art von Verhütungsmitteln bewirkt, ist die Abwehr oder Vernichtung des männlichen Samens, der in den Körper einer Frau eingebracht wird. Damit wird verhindert, dass zwei fruchtbare Menschen einander befruchten, die Partner hüten sich vor einer Schwangerschaft. Sterilisation, Pille und Hormonimplantat schützen uns nicht vor einer Schwangerschaft, sondern vor der *Fruchtbarkeit*. Solange eine Frau die Pille nimmt, ist sie praktisch unfruchtbar (wir lassen die wenigen Ausnahmen hier außer Betracht).

Wenn wir unseren Körper aus dem Zustand der Fruchtbarkeit in die Unfruchtbarkeit führen, werden wir natürlich nicht schwanger, doch das ist nur eine *indirekte* Folge. Die Pille verhindert die Fruchtbarkeit *als solche*. Genauso die Sterilisation, wenn Menschen keine (weiteren) Kinder wollen. Dann laufen wir freiwillig unfruchtbar herum. Weil Unfruchtbarkeit uns von der Notwendigkeit befreit, eine Schwangerschaft zu verhüten, wählen viele Menschen diese Lösung. Die Tatsache, dass ein großer Teil der Erwachsenen im fruchtbaren Alter dennoch praktisch unfruchtbar ist, hat verschiedene Konsequenzen. Es geht uns hier nicht um die Frage, ob dies sein muss oder nicht, oder ob dies falsch oder richtig ist. Es geht darum, dass wir den Mut haben sollten, uns die Folgen unserer Entscheidungen bewusst zu machen. Dann sind wir in der Lage, diese Entscheidungen begründeter und verantwortungsbewusster zu treffen.

Wenn die Wahl auf ein Verhütungsmittel fällt, das eine Schwangerschaft verhindert, die Fruchtbarkeit jedoch intakt lässt, so ist das Risiko einer ungeplanten Schwangerschaft größer. Dies hat den Nachteil, dass ein Junge und ein Mädchen bzw. ein Mann und eine Frau sich unvermittelt mit der Gegenwart eines ungeborenen Kindes konfrontiert sehen können, das alle Pläne und Sicherheiten im Leben durcheinanderzuwerfen droht. Daran sind wir nicht mehr gewohnt. Wir haben heute Versicherungen und Vorsorgemaßnahmen, die dafür sorgen sollen, dass dies gerade nicht geschieht. Sie verhindern, dass wir in eine verwirrende Situation geraten, bei der wir nicht von vornherein wissen, wie wir sie lösen sollen (siehe auch die Abschnitte über Abtreibung im großen Kapitel »Blei – Saturn«, Seite 178 f.).

Eine unerwartete Schwangerschaft bedeutet, dass wir unsere Vorstellungen bezüglich der Zukunft und der Gegenwart korrigieren müssen. Allerlei praktische Probleme tauchen auf. Sind genügend Zeit und Geld vorhanden? Sind die Wohnung und die Einrichtung für ein Neugeborenes geeignet? Wollte man nicht studieren oder arbeiten, in einer Form, die keinen Raum lässt für die Erziehung eines Kindes? Ist die Beziehung eigentlich belastbar genug? Finden wir uns selbst eigentlich erwachsen genug, um ein Kind aufzuziehen? Eine Barriere von Dominosteinen auf dem Weg scheint zu verhindern, dass das Leben seinen vorgenommenen Lauf nehmen kann. Und häufig bedarf es nur eines kleinen Anstoßes, um all die Steine umzuwerfen. Wir haben als moderne Menschen Angst vor dem Unerwarteten, darum vermeiden oder zerstören wir lieber eine nicht geplante Schwangerschaft.

Nun scheint es hier lediglich um einen Abwägungsvorgang von einem oder höchstens zwei Beteiligten zu gehen, nämlich der Frau bzw. Mutter und des Mannes bzw. Vaters. Aber wie, wenn das Zur-Welt-Kommen von der Welt der Ungeborenen geplant wäre? Wenn eine Menschenseele sich danach sehnt und Wege sucht, um sich bei ganz bestimmten Eltern zu verkörpern? Dann wäre das für uns Unerwartete aus der Warte eines Kindes etwas lange Vorbereitetes, und das, was wir planen, würde Chaos und Verwirrung bedeuten für die Kinder, die geboren werden wollen. Häufig wurde mir von Schwangerschaften berichtet, die durch einen »Spalt in der Tür« zustande kamen. Wer sofort schwanger wird, wenn das Verhütungsmittel einmal vergessen oder falsch angewendet wurde, kann davon ausgehen, dass hier das »Glück eines Kindes« die Finger im Spiel hatte. Für uns mag sich dies als ein Unglück darstellen, doch der ›perfekte Zufall‹ deutet möglicherweise auf eine suchende Menschenseele hin, die schon lange auf die erste sich bietende Gelegenheit gewartet hat, hier sein zu können.

Fruchtbare Menschen, die nicht perfekt verhüten, lassen häufig irgendwann ein kleines Türchen für diese Kinder offen. Das ist eine Konsequenz der Entscheidung, ein Verhütungsmittel zu wählen, das die Fruchtbarkeit als solche intakt lässt. Unfruchtbare Menschen verhindern die Möglichkeit, unerwartete Kinder zu empfangen. Die Kinder, die in diesem Moment gerne bei ihnen geboren werden wollten, stehen quasi vor verschlossener Tür. Es verlangt uns einiges ab, eine Empfindung dafür auszubilden. Wer nicht unbewusst befruchtet werden kann, muss selbst bemerken, dass ein Kind geboren werden will. Die Sensibilität für solche Fragen ist etwas, was Menschen nur lernen können, wenn sie die Möglichkeit, dass Menschenseelen bereits vor der Schwangerschaft existieren, in ihre Gedanken aufnehmen. Das ist für einen modernen Menschen eine ziemliche Übung. Dass eine Schwangerschaft als der Weg betrachtet werden kann, einem Kind einen Körper anzubieten, ist für viele Eltern eine völlig neue Sichtweise. Die Vorstellung, dass wir nicht mehr sind als unser körperliches Dasein, ist heute wie ein enges Netz anwesend, das um uns herum zusammengeschnürt wird. Unser Körper, unsere Besitztümer und unsere Position in der Gesellschaft: das sind wir, so scheint es. Und den anderen wollen wir in derselben Weise besitzen. Gesundheit und Krankheit, Leben und Tod bedeuten deswegen alles oder nichts.

Wird dies konsequent weitergedacht, so sind der Körper und die Sicherheit des physischen Daseins heilig. Dann ist die Heiligkeit abgestiegen vom menschlichen *Sein* zum irdischen *Haben*. Von diesem materialistischen Gedankennetzwerk, das uns umschließt und so stark einengt, bis wir uns auf das rein Körperliche reduzieren, wird auch unsere Vorstellung von der Schwangerschaft erfasst. Das ungeborene Kind ist dann dasjenige, was in der Gebärmutter heranwächst und was im Ultraschallbild sichtbar wird – mehr nicht. Die Vorstellung, dass das, was da in der Gebärmutter heranwächst, Träger unseres Kindes ist, wird vergessen. Der Körper *trägt* das Leben nur, doch er *ist* nicht das Leben. Und wir sterben, wenn unser Körper uns nicht länger (er-)trägt. Die bekannte Beobachtung, dass eine Frau nach drei Monaten *Leben* spürt statt Bewegungen, ist noch ein Fingerzeig auf dieses vergessene Wissen.

Die Hoffnung für die Zukunft liegt darin, dass wir aufs Neue die intime menschliche Frage zu stellen lernen, ob ein Kind geboren werden will. Denn erst, wenn wir diese Frage zu stellen lernen und dadurch den Elternwunsch unserer ungeborenen Kinder wieder hören, können wir eine Antwort geben. Die altmodische Haltung, dass man jederzeit dazu bereit sein solle, endlos Kinder zu zeugen und aufzuziehen, bedeutet die Rückkehr in eine (zum Glück) vergangene Zeit. Eine Zeit, die übrigens gar nicht so glücklich war ...

Das andere Extrem, davon auszugehen, dass sich alles nur um die Frage dreht, ob wir selbst Lust haben, ein Kind zu ›machen‹, ist genauso kurzsichtig. Auch davor müssen wir uns hüten. Die Frage nach dem Ja oder Nein einer Schwangerschaft will sehr behutsam gestellt werden. Die Entscheidungen, die hier voll bewusst getroffen werden, sind die Basis, auf der dann wiederum die Entscheidung für das richtige Verhütungsmittel getroffen werden kann. Wer sich eigentlich nach einem Kind sehnt und auch bewusst oder unbewusst spürt, dass ein Kind »vor der Tür steht«, jedoch ständig ergebnislos Geschlechtsverkehr hat, der bleibt nach jedem Orgasmus zutiefst unbefriedigt. Die lustvolle Erfüllung steht dann in schmerzlichem Kontrast zur ersehnten Beziehung zum ungeborenen Kind. Schmerzlich sowohl für die nicht-werdenden Eltern als auch für das nicht-werdende Kind. Dies kann zu tiefer Verunsicherung führen, die häufig gar nicht recht bemerkt und verstanden wird. Es kann Partner einander entfremden und sogar zu außerehelichen sexuellen Beziehungen führen. Das Leben hat eben noch tiefere Dimensionen als das rein physische Dasein ...

Ungeborene Kinder, die ausweichen

Kinder, die gerne in unsere Welt kommen möchten, jedoch nicht da sein dürfen, suchen sich »Schleichwege«. Sie nehmen, wie gesagt, ihre Chance wahr, wenn wir einen Moment lang nicht aufpassen. Dann gelingt es ihnen trotzdem, zu uns zu kommen. Doch bei Unfruchtbarkeit gibt es keine ›Ritze‹, durch die sie schlüpfen können. Sterilisation bedeutet das hermetische Verschließen des Tores der Geburt. Es ist auffallend, dass unsere Schulbänke dennoch nicht leer sind, obwohl wir nicht mehr so viele Kinder bekommen wie früher. Auf irgendeine Weise nahm die Kinderzahl nicht dramatisch ab, obwohl Mitteleuropa sich massenhaft für jahrelange Unfruchtbarkeit entschieden hat.

Ist das Zufall? Oder sitzen in den Schulbänken jene Kinder, die wir nicht bekommen wollten, ›umkleidet‹ mit Körpern, die sie von Eltern mit Migrationshintergrund bekamen? Fühlen sich ihre Kinder von uns ausgeschlossen, weil wir ihnen in der Schule, in der Nachbarschaft und am Arbeitsplatz anders begegnen, obwohl sie doch eigentlich zu uns gehören? Oder vielleicht auch, weil diese Kinder eine vorgeburtliche Zurückweisung erlebt haben?

Es lässt sich erraten und vermuten, dass ein Teil der Kinder aus den Bevölkerungsgruppen, die zu unserer Gesellschaft hinzugekommen sind, uns viel weniger fremd sind, als es zunächst scheint. Jedenfalls kann uns diese Vorstellung mit unseren ausländischen Nachbarn und ihrem Kinderreichtum verbrüdern und verschwistern. Wenn wir den Mut haben, die noch ungeborenen Kinder als menschliche Wesen zu denken und uns ihnen mit dieser Haltung zu nähern, kann für uns und für sie eine ganze Welt aufgehen, wenn dieser Gedanke vertieft wird. Jede Entscheidung, die im Zusammenhang mit Verhütungsmitteln für oder gegen das Kinderkriegen getroffen wird, kann so in Abstimmung mit den Ungeborenen getroffen werden. Die Tatsache, dass wir diesen Umgang noch nicht kennen und nicht wissen, wie wir das Gespräch führen sollen, ist kein Grund, es nicht zu lernen. Das Leben bekommt dadurch so viele neue Facetten, es wird um vieles farbiger und sinnerfüllter, wenn es in diesem Sinne als Ganzheit gedacht wird. Eine Ganzheit, die das Leben vor der Empfängnis und nach dem Tod mit einbezieht. Dann wird es vorstellbar, dass möglicherweise um uns herum die Kinder geboren werden, die eigentlich bei uns sein wollten. Kinder, die nicht nur bei ihren Eltern, sondern auch in einer Beziehung mit *uns* leben wollen. Die uns aufsuchen, um ihr Leben mit uns zu teilen, auch wenn wir nur die Tante, ein Nachbar, ein Bruder, ein Kollege oder eine Freundin sind. Ein weitreichender und bereichernder Gedanke!

Es ist wichtig, diese verletzbare Wahrheit in sich aufzunehmen – dennoch soll hier eine ernsthafte Warnung gegeben werden. Es besteht das Risiko, dass ein Mensch, der zu einem Kind einer anderen Familie eine tiefe Freundschaft ausbildet, sich präsentiert wie *der wirkliche Vater* oder *die wirkliche Mutter*. In unserer von New Age und populärer Esoterik geprägten Zeit könnte so etwas rasch gesagt werden. Man muss sich aber bewusst machen, dass es hier schnell um egoistische Motive gehen kann. Das Kind, den Vater und die Mutter erschüttert so etwas natürlich und es ist nicht sachgemäß, weil *Vater und Mutter* irdische Begriffe sind, die zusammenhängen mit zwei Menschen, die ihren Körper und ihre Hilfe zur Erziehung schenken.

Wie die wirklichen geistigen Zusammenhänge aussehen, ist also immer die Frage. Hilfreich ist nur der Gedanke, dass wir *jedes Kind in unserer Umgebung außerordentlich hochschätzen und lieben sollten.*

Spekulationen über geistige Beziehungen können schnell lieblos und unsorgfältig sein, und sie sind auch gar nicht notwendig. Es geht bei unseren Kindern immer darum, sie nach ihren Werde-Wünschen anzusehen und dieses Rätsel zu lösen. Das ist das Rätsel der Zukunft und braucht ständiges Lauschen ohne Spekulationen. Kein Vater und keine Mutter muss akzeptieren, dass ein anderer Erwachsener sich ihre Kinder aneignet mit dem Ausspruch, sie seien eigentlich nicht ihre eigenen Kinder. Sie sind es indessen immer geworden.

Stellen wir uns einmal den Fall der unfreiwilligen Unfruchtbarkeit vor. Diese kann eintreten, weil kein Partner gefunden wird und dennoch ein Kinderwunsch vorhanden ist. Oder weil der Partner keine Kinder haben möchte. Aber auch wenn ein gemeinsamer Kinderwunsch vorhanden ist, kann es zu Problemen kommen. Ein Kind zu wollen, sich zutiefst danach zu sehnen und dann zu bemerken, dass man unfruchtbar ist oder dass alle Bemühungen aus unklaren Gründen ergebnislos bleiben, verursacht häufig großes Leid. Wie schmerzhaft ist es, wenn in dieser Situation Schwestern, Brüder, Nachbarn, Freunde und Freundinnen unbekümmert Kinder zeugen, austragen und gebären! Manchmal unerträglich schmerzlich. Doch wenn man dann versuchsweise den Gedanken übt, dass all diese Kinder in der Umgebung der kinderlosen Eltern doch auch *bei diesen* sein wollen, dass die Kinder der Freunde oder Geschwister sich nach einem Zusammensein mit Menschen aus ihrer Umgebung sehnen, die nicht ihre Eltern sind, so kann von diesem Gedanken geradezu Trost und Heilung ausgehen. Vielleicht trauern wir dann um ein Kind, das wir nicht bekommen konnten, aber es wird jetzt in unserer Nähe geboren und wartet dort auf unsere Aufmerksamkeit und Zuwendung. Statt Schmerz und Eifersucht kann dann ein warmherziges Band zwischen Menschen entstehen, die unfreiwillig kinderlos blieben, und den Kindern anderer in ihrer Umgebung. Der »Besitz« eines Kindes ist dann zwar unmöglich, doch das eigentlich erstrebte Zusammensein mit ihm lässt sich dennoch verwirklichen. In diesem Falle ist das Band von Anfang an von jedem Besitzdrang und Eigeninteresse befreit!

Vielfältige neue Möglichkeiten lassen sich so vorstellen. Dafür brauchen wir lediglich aus unseren rein materialistischen Gedankenformen auszusteigen, die wir in unserem materialistischen Zeitalter unwillkürlich aufgenommen haben und in uns tragen. Dann wird unser Denken bereits fruchtbar. Und in diesem fruchtbaren Boden können Ideen aufkeimen, die aus dem geistlichen Quell allen Lebens stammen. Diese Ideen und diese Impulse bilden ständig Brücken zwischen den Menschen, auch zwischen Eltern und ungeborenen Kindern. Während auf der körperlichen Ebene auf alle möglichen Weisen versucht wird, unfreiwillige Kinderlosigkeit aufzuheben (beispielsweise durch künstliche Befruchtung, Samenspenden, Hormongaben), ist die Aufhebung der Unfruchtbarkeit in der *Seele* noch eine Zukunftsaufgabe. Die Seelenunfruchtbarkeit wurzelt in allem, was als rein physisch, als materiell, gedacht wird. Wenn das ganze Leben als eine Realität betrachtet und gedacht wird, die sowohl irdisch wie auch geistig ist, so entstehen innerlich völlig andere Erfahrungen, als wenn wir alles als rein körperlich denken. Wenn wir dies tun, müssen die unpassenden Vorstellungen in den Abfalleimer des materialistischen Weltbildes geworfen werden. Auf diesem Abfalleimer steht in großen Lettern das Wort »Zufall«.

Jede nicht geplante Schwangerschaft kann gedanklich fruchtbar begleitet werden aus dem Wissen, dass ein Kind mehr ist als nur ein Klümpchen wachsender Zellen in der Gebärmutter. Jede Schwangerschaft, die erwünscht ist, aber dennoch ausbleibt, kann Frucht tragen, wenn gelernt wird, dass ein Gespräch möglich ist zwischen uns und den ungeborenen Kindern. Ein solches Gespräch ist auch möglich zwischen uns und den Engeln, die diese Kinder begleiten. Vielleicht gibt es gerade keine Kinder, die auf uns warten, und das Leben verlangt, dass wir etwas ganz anderes erzeugen, austragen und gebären. So können neue Gesichtspunkte auf der Basis eines erweiterten Blickfelds entstehen. Diese innere Suche kann als Frucht zu dem sinnvollen Trost führen, der uns vor Verbitterung und Eifersucht bewahrt. Denn unfreiwillig unfruchtbar zu sein, ist zunächst einmal eine bittere Pille.

Andere Ebenen der Fruchtbarkeit

Wenn Partner darauf verzichten, ständig Kinder zu zeugen, haben sie ein großes Problem auf der physisch-materiellen Ebene gelöst. Frauen brauchen nicht mehr in Armut Kind um Kind zu gebären, bis sie erschöpft zugrunde gehen. Doch dadurch verlegt sich eine Frage, die früher durch Befruchtung, Schwangerschaft, Geburt und Erziehung von Kindern gelöst wurde, auf andere Gebiete. Erwachsene, die Geburtenkontrolle anwenden, erfahren die Frage nach der Fruchtbarkeit, nach dem neuen Leben, nach der gemeinsamen Erziehung eines Wesens auf einer anderen Ebene. Denn die nach wie vor vorhandene Fähigkeit, neues Leben zu erwecken, auszutragen und zu pflegen, möchte dennoch wirksam werden.

Sowohl in einem Alleinstehenden wie zwischen zwei Menschen, als auch in jedem von ihnen als Einzelnem möchte jetzt etwas anderes gezeugt werden. Geht das, was in ihren Gefühlen und Gedanken lebt, »schwanger« mit neuem Leben? Was tragen ihre Worte aus? Ist ihr Gespräch fruchtbar? Sind sie in ihrem Arbeitsumfeld fruchtbar tätig? Werden Zeit, Geld und Energie fruchtbar angewandt, im Dienste der Zukunft und der Sorge für das Menschliche? Oder wird alles vergeudet und im Sinne der eigenen Bedürfnisbefriedigung verbraucht? Dann wird das Leben doch wohl sehr steril.

Im Grunde dreht sich alles um die Frage, ob die Liebe in und zwischen Menschen fruchtbar ist. Wenn der selbstverständliche Weg des Kinderbekommens und -erziehens freiwillig oder unfreiwillig nicht oder nur teilweise gegangen wird, dann fordert uns das Leben tiefgründig und eindringlich auf, nun dasselbe zu tun, doch jetzt in einer inneren Weise. Das ist möglich, indem wir uns selbst und die Beziehung als solche erziehen und indem wir dem Werden und Wachsen des zutiefst Menschlichen dienen, das in unserem Innern aus dem Geist heraus geboren werden will. Diese Aufträge werden wie eine nicht geplante Schwangerschaft mit großer Kraft in uns lebendig, gewissermaßen als eine stellvertretende Liebesfrage. Eine frohe Botschaft, zu der jeder Ja sagen kann.

Wer sich für Unfruchtbarkeit entscheidet, wird wie von selbst durch diese innere Frage befruchtet. Wenn diese im eigenen Inneren entstandene Schwangerschaft nicht gepflegt, ja sogar geleugnet wird, kommen Spannungen zwischen Menschen und innerhalb der Beziehung auf. Es gibt im Grunde im Leben keine Unverbindlichkeit. Was wir auch tun, wofür wir uns auch entscheiden – Menschsein ist ein bereits gefasster Entschluss zur Entfaltung der Liebe. Dies ist möglich, indem man Kinder bekommt und sie erzieht. Es ist aber auch möglich, indem man im Gedanken- und Gefühlsleben fruchtbar wird. Erneuernde Gedanken, voller Kreativität, und Gefühle, die Leben spenden, gebären schöpferische Taten. Es sind die Früchte, die gewissermaßen in der ›Seelen-

Gebärmutter‹ heranwachsen, bei jedem Mann und jeder Frau, alt oder jung, alleinstehend oder mit einem Partner. In dieser Hinsicht haben wir wirklich alle gleiche Chancen.

Die klösterlichen Gemeinschaften waren in früheren Zeiten Sammelstätten für Menschen, die sich dazu entschlossen hatten, keine Kinder zu bekommen. Doch diese Menschen blieben dennoch äußerst fruchtbar. Kunst, Kultur, Wissenschaft, Religion, Heilkunde und Pädagogik konnten durch diese Menschengruppen erst entstehen. Sie sind von ihnen gezeugt, ausgetragen und geboren worden. Sie können jedem, der Angst hat, dass ein kinderloses Leben sinnlos und unfruchtbar sei, ein Beispiel sein: Denn Lebenskeime werden jedem in den Schoß gelegt. Die Frage ist, ob wir sie auch (aus-)tragen und gebären. In unserer Zeit ist der Auftrag der Klosterbrüder und -schwestern ein Auftrag für fast jeden Menschen geworden. Die alten klösterlichen Gelübde der Armut, Keuschheit und des Gehorsams bezogen sich auf das äußere Leben. In unserer Zeit wollen diese Qualitäten im Innern und in Freiheit erworben werden. Das Aufgeben des Reichtums bezieht sich heute auf die Ego-Interessen. Die Keuschheit betrifft den Umgang mit dem Bild des anderen, das nicht durch negative Gedanken, Gefühle, Tratsch und Streit beschmutzt werden will. Und der innere Gehorsam schließlich betrifft das Lauschen auf die Stimme im eigenen Wesenskern. Diese Stimme erzählt uns, was unser Engel uns darüber lehrt, was ausgelebt werden will, was Wahrheit und was Güte ist.

Wenn wir Unfruchtbarkeit mit einer Verstärkung der Befriedigung egoistischer Begierden kompensieren wollen, so kastrieren wir die sinnvollen Absichten des menschlichen Lebens. Die Erektionspille (Viagra) mag dann zwar in der Lage sein, abgenutzte Begierden neu zu entfachen, dennoch wird dadurch lediglich fruchtlos befruchtet, wenn das tiefere Verlangen nach wirklich liebevoller Entfaltung nicht befriedigt wird. Diese liebevollen Chancen können wir einander endlos schenken, trotz des Verlustes der Schönheit, der Potenz, der Fruchtbarkeit oder der Jugend. Langfristige, leidenschaftliche Liebesbeziehungen basieren auf der gegenseitigen Befruchtung der Entelechien: Der Ermöglichung des Werdens des anderen also.

Viel wird heute über die Zuverlässigkeit eines Verhütungsmittels diskutiert. Schützt es vor einer Schwangerschaft oder nicht? Ist es »sicher«?
Die obigen Ausführungen wollen ein Plädoyer sein für eine Diskussion
über andere Konsequenzen der Geburtenkontrolle. Schützen wir uns
selbst und den anderen vor einem unfruchtbaren Leben, einer unfruchtbaren Beziehung? Haben wir unter diesem Aspekt »sicheren Verkehr«
miteinander?

Wenn uns das gelingt, so strömen durch das Tor des Mondes nicht
nur die Seelen der Ungeborenen zu uns, sondern auch Lebensweisheit
und Liebeskraft. Und dann tragen wir diese »unter dem Herzen«, bis
wir sie fruchtbar in die Welt hineinstellen können.

▬▬ Erde, Sonne, Mond

Sexualität hat nicht nur mit Hormonen, Geschlechtsorganen und den
Fragen: »Wie bekomme ich«, bzw. »Wie verhindere ich ein Baby?« zu
tun. Sexualität bedeutet auch nicht: unheimliche Krankheiten, die körperlichen Verfall nach sich ziehen. Sexualität ist keine statistische Tatsache, wer es auf welche Weise mit wem wie oft treibt. Sexualität hat auch
wenig mit dem Bild zu tun, das in den Medien und vielen menschlichen
Köpfen von ihr existiert. Noch weniger mit den wichtigtuerischen sexis-
tischen Witzen und Anspielungen, die über sie gemacht werden.

Das sind alles Ablenkungsmanöver und Seitenwege, die verbergen,
worum es wirklich geht: Sexualität hat, um es ganz lapidar auszudrücken, mit *menschlichen Beziehungen* zu tun.

In menschlichen Beziehungen spielen viele Facetten eine Rolle. Man
teilt seine Erfahrungen miteinander, man speist und arbeitet zusammen,
bewohnt dasselbe Haus, teilt Geld und Güter und eventuell die Elternschaft miteinander. Auch das gemeinsame Lachen und Ferienmachen,
die frohen und festlichen, aber auch die traurigen Momente, sowie die
wechselseitigen Anstrengungen, einander zu verstehen und zu akzeptieren – all das sind Facetten menschlicher Beziehungen. Und mitten unter
ihnen, mal mehr, mal weniger auffallend, lebt die Sexualität. Wenn eine
Beziehung gelebt wird und wächst, leuchten alle Facetten vielfarbig auf
und erglänzen, auch die Sexualität. Wenn eine Beziehung abstirbt und

blutleer wird, erlöschen alle Facetten, auch die Sexualität. Darum lässt sich über Sexualität nicht sprechen, ohne zu ihrer Wurzel vorzudringen: die *Beziehung*, wie sie zwischen zwei Menschen lebt und sich in einem Gewebe von Fäden ausdrückt, das sie verbindet. Es muss noch einmal gesagt werden: Wenn dieses Gewebe von Fäden zwischen zwei Menschen gesund und entwicklungsfähig ist, so ist die Sexualität einfach *einer* dieser Fäden, ein Teil des Gewebes. Dann ist auch er gesund und entwickelt sich. Wenn aber die Beziehung ein Knäuel von gemeinsamen Lebensfacetten ist, die miteinander ständig einen Kurzschluss verursachen, und wo das Wachstum zum Stillstand gekommen ist, verschwindet, degeneriert auch die sexuelle Beziehung.

Die Beschäftigung mit dem, was wir in und durch Sexualität erfahren, bedeutet, der Tatsache ins Auge blicken zu müssen, dass *das Ganze*, was zwischen mir und dem anderen lebt, Aufmerksamkeit erfordert. Denn die Sexualität lässt sich niemals aus dem Ganzen, das zwischen Menschen hin und her webt, isolieren. Dies ist eine – leider weit verbreitete – Illusion. Sexuelle Aufklärung, die lediglich die technischen Seiten der Sache bespricht und sonst nichts, ist eine Lüge. Denn dann handelt es sich nicht um wirkliche Aufklärung, sondern nur um den beruhigenden Gedanken, dass *es* besprochen ist. Echte Sexualaufklärung bedeutet, dass wir Kinder darauf vorbereiten, wie sie warme menschliche Beziehungen als Ganzheit bilden und erhalten können.

Eine wunderbare Hilfe, um menschliche Beziehungen besser zu verstehen, zu pflegen und zu entwickeln, haben wir ständig um uns. Im Zusammenspiel und den Bewegungen von Sonne, Mond und Erde zeigt uns der Kosmos selbst das Urbild menschlicher Beziehungen. Es sind Bilder, die uns helfen können, eine *echte* Aufklärung zu leisten:

Die Sonne ist das Bild und die Nahrung dafür, *wer* wir sind.
Der Mond ist das Bild und die Nahrung dafür, *wie* wir sind.
Wenn wir auf diesen beiden Gebieten aktiv werden, sind *wir* Nahrung für die Erde. *Wir* bringen unseren Auftrag als Menschen in ein Bild.

Alle Verhaltensweisen und -eigentümlichkeiten, alle unterschiedlichen Denkweisen, Gefühlserlebnisse sowie alles Äußerliche bilden zusammen das *Wie*, das wir geworden sind. Dieses *Wie* ist gewissermaßen der

›versilbernde Mondenaspekt‹ dessen, was ein Mensch in Wirklichkeit ist. Alles, was wir aneinander wahrnehmen, lässt sich nicht getrennt denken von dem, *wie* wir sind. Das alles zusammen macht die konkrete Form aus, die wir – keineswegs zufällig – angenommen haben.

So wie die Sonne den Mond bescheint und dieser dann vielerlei Gestalten annimmt, während die Sonne selbst stets dieselbe bleibt, so zeigen auch wir eine ganze Skala von Mimik, Stimmungen und Gedanken, obwohl wir als Mensch dem Kern nach immer ein und derselbe sind. Und schließlich ist es die Erde, die sich in uns schenkt, sodass wir unsere Wirksamkeit entfalten können. Nichts ist schon menschlich geworden, solange es nur Sonnen- und Mondqualität hat. Die tiefsten, grundlegendsten Erkenntnisse, auch wenn sie noch so wunderbar und farbig erfahren und aufgenommen werden, bleiben ›ungeboren‹ und unverwirklicht, wenn sie nicht ›in die Erde geschrieben‹ werden.

Die ganze Erde und unser gesamtes irdisches Leben sind ein Geschenk. Ein Geschenk, das eingesetzt werden will – weil der menschliche Auftrag nur im *Zusammenarbeiten miteinander* im Hier und Jetzt verwirklicht werden kann; Zusammenarbeit bei der Gedankenbildung, im konkreten gemeinsamen Tun, im gemeinsamen Erleben dessen, was sich ereignet. *In Beziehung* miteinander also. Erden-Arbeit ist Beziehungs-Arbeit. Mit Kollegen, mit Freunden, mit den Angehörigen, Nachbarn und dem Partner. Und irgendwo innerhalb dieser Beziehungsarbeit verläuft der Faden der Sexualität. Dieser Faden ist, wie alle anderen in der Beziehung, dazu da, um uns eine Chance zu bieten, sich so mit dem Eigenen des anderen Menschen zu verbinden, dass man es in seine Eigenheit aufnimmt. Dann ist erreicht, was die Sonnenqualität in uns erreichen will: dass wir uns als Menschheit vereinen, ohne unsere Eigenheit zu verlieren. Die Mondenqualität in uns trägt dafür Sorge, dass wir diesen Unterschied nicht aus den Augen verlieren. So könnte man sagen, dass die Sonne es uns ermöglicht, zu werden, *wer* der andere ist – und das geschieht durch den Mondenspiegel, durch den wir immer sehen, *wie* der andere Mensch ist.

So können wir bei jeder Berührung, die mit der Sexualität zusammenhängt, dieses Bekennen zueinander, dieses einander Erkennen dem anderen gegenüber zum Ausdruck bringen und durch den physischen Körper als irdische Möglichkeit verwirklichen.

Warum sind Beziehungen so wichtig? Nicht nur die reine Sexualität, sondern das Ganze einer Beziehung?

Weil nur Beziehungen uns zur Erkenntnis dessen führen können, was wir auf dieser Welt tun wollen.

Es gibt heute viele moderne Einsiedler. Sie leben in geheimnisvollen Höhlen oder Klöstern. Sie schließen sich in einem Zimmer mit Bildschirmen ein. Vor den Bildschirmen des Fernsehens oder des Laptops gelingt es manchem, das Fehlen einer realen Beziehung durch eine Welt aus virtuellen Informationen und Scheinbeziehungen zu ersetzen. Welchen Film wir auch anschauen, wie viel wir auch im Internet surfen, es bleiben doch ›Mondenbilder‹, die nicht geerdet werden. Wenn aus der Beziehung mit einer Internet-Liebschaft etwas werden soll, müssen wir ihr irgendwann doch an einem irdischen Ort und zu einem irdischen Zeitpunkt körperlich in die Augen blicken. Sonst bleibt es eine Beziehung, die nicht vollmenschlich ist. Und nur reale menschliche Beziehungen eröffnen uns die Erkenntnis dessen, *wer* wir sind, *wie* wir sind und vor allem, *was* wir hier auf dieser Erde tun wollen. Das können wir niemals im Alleingang entdecken.

Viele junge Menschen und viele Menschen im Vorruhestand begeben sich auf Reisen in die weite Welt. Erstere mit Rucksack und Zelt, die anderen mit Koffer und Wohnwagen. Beide wollen am Anfang einer neuen Lebensphase entdecken, wer sie jetzt (geworden) sind und was sich in den vor ihnen liegenden Jahrzehnten noch erleben lässt. So viel das Reisen auch bedeuten kann, uns selbst und unsere Lebensaufgaben lernen wir dadurch nicht kennen. Diese entdecken wir erst, wenn wir hier, in Australien oder wo auch immer, wirkliche, echte *Beziehungen* knüpfen.

Die Erde kann weder existieren noch kann sie dahinterkommen, wie sie aussehen würde, wenn es die Sonne und den Mond nicht gäbe. Und warum sie in ihrem kosmischen Rhythmus so tanzt, wie sie es tut, bleibt erst recht im Dunkel. So ergeht es auch einem Menschen auf der Erde. Ohne den anderen, ohne Beziehungen tun wir irgendetwas, ohne zu wissen, wozu wir und unser Leben eigentlich dienen. Dies ist der Grund, warum ich in diesem Buch über Sexualität auch alle anderen Aspekte einbeziehe, die den Kontext des gesamten Beziehungsgefüges zwischen Menschen ausmachen.

▬▬ Das Monden-Auge

Augen bilden Bögen,
Bögen aus Glück.

Der Mond bewegt sich immer um die Erde. Manchmal sehen wir ihn nicht oder kaum, weil es bewölkt ist, weil die Mondbahn weiter entfernt ist, oder weil das Sonnenlicht das Mondlicht überstrahlt. Dennoch ist der Mond da. Der Mond hält seine eigene Strahlung und seine Eigenschaften tief in sich zurück. An seiner Außenseite sind sie nicht zu erkennen. Der Mond ist in diesem Bereich nicht beherrschend.

Es gibt auch solche Menschen. Wir können uns die Haare ausraufen, weil wir niemals dahinterkommen, was sie wirklich von einer Sache halten, auch auf sexuellem Gebiet. »Will er/sie nun mit mir ins Bett oder nicht?« – »Hat er/sie es nun genossen oder nicht?« Dann entstehen jene vorwurfsvollen Streitgespräche, die nichts lösen, sondern nur etwas auflösen, nämlich die Gemeinsamkeit. Sie verdunstet gewissermaßen.

Wenn wir wissen wollen, *wie* der andere eigentlich ist, fühlt oder denkt, stellen wir eine Monden-Frage. Da bleibt es zunächst finster. Dennoch kann der Mond sichtbar werden. Er wird immer dann sichtbar, wenn wir das *Was* zum *Wer* vertiefen: *Wer ist der andere, um Gottes willen?*

Jede anfängliche Antwort auf diese zentrale Sonnen-Frage lässt den Mond aufleuchten. Dann beginnt er sichtbar im Dunkel zu strahlen. Im Licht dieser entscheidenden Beziehungsfrage verstehen wir erst, warum der andere so handelt, wie er handelt, lebt, wie er lebt und warum er sagt, was er zu sagen hat. Das direkte Sonnenlicht ist zu stark, unser Auge vertrüge es nicht. Genauso kann es schwierig sein, sich direkt mit dem zu konfrontieren, wer der andere ist. Wir müssen durch das Auge des Mondes auf die Sonne blicken, im Wissen, dass die Sonne dort sichtbar wird. Durch die liebevolle Akzeptanz und den Umgang mit dem anderen, so wie er ist, gewahren wir dessen Kern, seine Sonne. Doch nicht als blendende Strahlung, sondern als Mondenglanz. Es ist der Glanz des Perlmutts, und diesen sanften Glanz ertragen wir. Das heißt: *Weil wir es nicht aushalten, das Wesen des anderen unverstellt und ganz zu erblicken, gibt es Beziehungen.* Denn dadurch begegnen wir einander in unserem gesamten *Wie*, in all unseren Erscheinungsformen. Das ist das ›Auge des Mondes‹, und wenn wir den Mond im anderen in dieser Weise, liebevoll und aufmerksam betrachten, so gewahren wir die Konturen dessen, wer der andere ist, als strahlende Sonne – ohne geblendet zu werden. Dann kann es ›Vollmond‹ werden und etwas *Neues* kann geboren werden. Wenn wir uns hingegen über den anderen ärgern und uns an ihm stoßen, wird es ›Neumond‹ und wir sehen nichts vom anderen. Das Auge des Mondes ist ein erbarmungsloser Spiegel, der uns nicht den anderen, sondern die eigene Intoleranz, die eigene Ungeduld und unsere Eigenliebe zurückspiegelt.

Leben wir im Sinne des ›Vollmonds‹, so finden wir den Keim dessen, was der andere leben will und in der Beziehung leben will. Dann finden wir nicht, wie die Astronauten, lediglich Krater und Steine, sondern Wasser und Leben. Und das suchen wir in Beziehungen, da jeder Mensch unbewusst weiß: Nur in menschlichen Beziehungen kann mir die Erkenntnis geschenkt werden, wer ich bin und warum ich lebe.

So wie wir einander sehen, so werden auch *wir selbst* als Menschen vom Kosmos gesehen. Alles, was als Kräfte und Wesen geistig in der Sonne, den Planeten und den Sternen lebt, behält den Menschen gleichsam ›im Auge‹. Wir, die Entwicklung der Menschheit und der Erde, werden durchstrahlt und durchschaut vom Auge der Götter, und der Mond ist dieses Auge.

Nicht nur wir blicken uns durch das Monden-Auge an, wir werden auch vom Mond angeblickt. Darum ist der Mond so still, er öffnet die Tore für Menschen, die nach oben blicken, und für das Höhere, das nach unten blickt. Der Mond ist darin ganz klar. Er spiegelt uns die Sonne und auch das Licht und den Einfluss aller anderen Himmelskörper, um uns erfahren zu lassen, dass wir nicht allein sind. Wir sehen nur deswegen die Sonne in seinem Licht gespiegelt, weil unsere Augen nicht so offen sind, dass wir auch das vielfarbige Sternenlicht als Mondenschein wahrnehmen können. Aber natürlich bescheint uns auch dieses – und wir werden dadurch wahrgenommen. Wir sind nicht, wie einsame Einsiedler auf einem blauen Planeten, in den Raum geworfen. Wir sind als Teil eines zusammenhängenden Ganzen planvoll und frei in den Kosmos hineingestellt und werden von diesem Kosmos mit Weisheit bestrahlt. Viele spüren dies, sonst gäbe es kein so großes Interesse für Horoskope und Sternbilder.

Das Wesentliche des Mondes ist nicht nur seine doppelte Augen-Funktion, sondern es ist auch die dahinter wirksame Weisheit. Dort lebt – als dienende Kraft und völlig unbemerkt – die Weisheit unserer Schöpfung. Alles wird dort gewusst und erinnert. Jede Mondenbegegnung trennt das Echte vom Falschen, das Zeitliche von dem, was Ewigkeitswert hat. Wer Auge in Auge mit der weisen Essenz des Mondes steht, bekommt ein Auge für alles, was als Weisheit im Menschen und ihrem Lebensschicksal lebt. Der Mond ist, bei aller Finsternis in uns, ein wahrer Augen-Öffner.

> Jeder geliebte Gegenstand
> ist der Mittelpunkt eines Paradieses.
> *Novalis, Schriften II, 433, Seite 51*

Mondfinsternis und Sonnenfinsternis

Die Worte *Mondfinsternis* und *Sonnenfinsternis* sind eigentlich nicht ganz zutreffend für das, was sie aussagen wollen. Die Sonne verfinstert sich niemals, und auch der Mond kann sich, weil er selbst kein Licht ausstrahlt, nicht verfinstern. Nur die Erde verfinstert das Sonnenlicht, das vom Mond zurückgeworfen werden kann. Der Mond verfinstert dagegen die Erde durchaus, man könnte berechtigterweise von einer ›Erdverfinsterung‹ sprechen. Denn wenn der Mond zwischen Sonne und Erde steht, kann die Sonne die Erde nur zum Teil beleuchten. Weil der Mond klein ist, verdunkelt er die Erde nur ganz kurz. Wenn die Erde zwischen Mond und Sonne steht, kann die Sonne den Mond nicht beleuchten. Und weil die Erde viel größer ist, verdunkelt sie den Schein des Mondes viel länger. Alles in allem verdunkeln wir den Mond also viel stärker als er uns!

Auch in Beziehungen kennen wir Verfinsterungen. Es existieren also sowohl Sonnen- als auch Mondfinsternisse zwischen Menschen. Sonnenfinsternisse entstehen durch die Eskalation innerhalb von Beziehungen, die darauf zurückzuführen ist, dass das Wesen des anderen angetastet wird. Dies hat immer mit der Einschränkung und Antastung der Freiheit des Allerindividuellsten im anderen zu tun. Es handelt sich hier um die Freiheit, selbst zu entscheiden, welche geistigen Werte gesucht werden, oder um die Freiheit, selbst zu entscheiden, welche wichtigen Schritte im Leben zu gehen sind. »Du darfst nicht« und »Du musst unbedingt« sind Worte, die auf Macht beruhen, und sie schwächen die Individualität des anderen. Sie zeugen vom Widerstand gegen das, was der andere *ist* und *werden will*. Daraus entsteht, jedes Mal ein wenig mehr, eine Sonnenfinsternis. Wer jemals eine wirkliche Sonnenfinsternis erlebt hat, wird vielleicht bemerkt haben, dass dabei viel mehr geschieht als nur einige Minuten Finsternis. Zuerst wird das Licht fahl und es wird kälter. Dann breitet sich eine gespenstische Stimmung aus. Einen kurzen Augenblick lang können wir erfahren, wie die Welt aussähe, gäbe es die Sonne nicht, und wer und was sich dann, die Atmosphäre bestimmend, breitmachen würde.

So ist es auch in einer Beziehung mit vielen Sonnenfinsternissen. Das, was ein Mensch seinem Wesen nach wirklich ist, wird ständig durch unsichtbare gespenstische Wesen angegriffen. Ständig demoliert der eine den anderen, und es herrschen beziehungsmäßige Kälte und Finsternis. Wenn die Sonne wegbleibt, stirbt alles Leben. Schon während einer Sonnenfinsternis, die nur ganz kurz dauert, verstummen alle Vögel. Alles, was singen kann, was Flügel hat in uns, stirbt, wenn unsere Beziehung von vielen Sonnenfinsternissen bestimmt ist. Kälte und Streit hinterlassen ihre dunkle Spur in der Beziehung, und dabei handelt es sich um keine normale Finsternis. Es ist eine Art von Dunkel, das das Licht absorbiert, es gewissermaßen frisst und vernichtet. Der Widerstand gegen den anderen als einzigartigen Menschen kann sich dann bis zum Hass auswachsen, der dem anderen so viel Gewalt antut, dass sich dessen wahrer Kern zurückzieht. Vor einer einzigen Sonnenfinsternis in einer Beziehung brauchen wir nicht zu flüchten. Sie gehört zum Leben auf der Erde dazu, und wir können das zurückkehrende Licht und die Wärme umso mehr schätzen, wenn sie einen Moment lang völlig fehlten.

Aber wenn Sonnenfinsternisse häufiger wiederkehren und dazu führen, dass der eigene Kern beschädigt wird, dann ist es ratsam, sich schleunigst aus der Beziehung zurückzuziehen. Dass nicht jeder dies tatsächlich tut, hängt leider häufig mit der Sexualität zusammen. Denn diese ist der Mond, der zwischen der Sonne und der Erde bei einer Sonnenfinsternis steht. Die gesamte Sexualität hängt mit den Mondenkräften zusammen. Und wenn der Mond ›falsch‹ steht, wird die Sexualität töten statt Leben spenden. Dann keimt nichts auf, dann erstirbt alles, auch die gesunde Neigung, sich aus einer völlig zerrütteten Beziehung zurückzuziehen. Und gerade ein ›beschädigter‹ Mensch, dessen Kern auf dem Gebiet der Freiheit Schaden genommen hat, gerade er kann sich häufig aufgrund der sexuellen Abhängigkeit nicht aus einer Beziehung lösen. Das kostet Kraft, das Zerbrechen sexueller Bande kostet immer sowohl viel Lebensenergie wie auch Seelenenergie. Vor allem aber geistige Kraft, und gerade diese ist in einer Beziehung geschwächt, die von der Sonnenfinsternis der Unfreiheit und der Antastung unseres tiefsten Wesens entkräftet ist.

Wenn es zwischen zwei Menschen derart schiefläuft, begeben sie sich oft in eine Therapie. Dies kann eine zusätzliche Chance sein – wenn der Therapeut keiner *Monden-Therapie* verpflichtet ist! Sie gehören zu den Mondfinsternissen. Als Monden-Therapien bezeichne ich diejenigen, die sich damit beschäftigen, *wie* der eine Beteiligte ist und *wie* der andere ist und lebt. Sie erhellen, was das ganze Verhalten der Partner im Einzelnen bedeutet, sie legen Gefühle und Gedanken frei und verbessern die Kommunikation zwischen Menschen. Das ist die ›Silberqualität‹ zwischen Menschen – und als solche ist sie etwas sehr Wertvolles. Doch davon haben wir nicht viel, wenn eine Beziehung an Sonnenfinsternissen leidet.

Diese basieren auf einer zerbrochenen Entelechie! Irgendwo unterwegs ist der andere auf der Strecke geblieben. Oder die erste Verliebtheit ist vorbei, und dahinter gab es überhaupt keinen gemeinsam gewollten Lebenspfad. Eine unaufhörliche Reihe von Verfinsterungen zieht eine Spur durch ein Leben, eine Schattenspur, die wie ein ungeheuerer Drache immer wieder etwas Menschliches verschlingt.[23] Es will aus der Beziehung einfach nichts entstehen, die Entelechie ist fort oder niemals vorhanden gewesen. Es ist keine Liebe zum Wesen des anderen da, höchstens zu seinem Zeitlichen. Für dieses Problem gibt es keine Hoffnung und keine Therapie. Die einzige therapeutische Hilfe, die hier möglich ist, ist eine, die uns hilft, die unfrei machenden Fesseln zu sprengen, die uns erstickend einengen.

Wer eine Beziehung einfach nur deshalb weiterführt, um eine Beziehung zu haben, oder wer eine Beziehung lediglich um der Gelegenheit willen, sich selbst sexuell zu befriedigen, aufrechterhält, der positioniert gewissermaßen den Mond zwischen Sonne und Erde. Dann fällt ein Unheil kündender Schatten über unser Leben und über unser Herz. Was Liebe und soziale Fähigkeit sein könnte, wird verdunkelt und verschleiert. Wenn wir uns nicht zu mehr Herzenskräften, zu einem auf Liebe basierenden Zusammenleben hinentwickeln, so sterben diese Fähigkeiten in uns ab. Es gibt auf diesem Gebiet keine Neutralität oder Stillstand. Die Angst, allein weitergehen zu müssen, schafft nur allzu häufig Lebenslügen, und diese greifen den inneren Kosmos an. All unser Silber und Gold wird matt und stumpf und verliert seinen Glanz. Ob wir nun Angst davor haben, allein zu sein, uns vor dem allmählichen Verlust fürchten, vor dem Verlust der Annehmlichkeiten von Haus und Herd oder dem Verlust der sexuellen Verfügbarkeit im Bett – es sind alles Gründe, die insgeheim zerstörerisch auf die Liebesfähigkeit wirken. Ein solches Leben-in-der-Lüge ist vielleicht das tristeste, was es gibt, obwohl es oberflächlich gesehen gar nichts zu bemängeln gibt. Die glänzende Fassade sinnloser Leben, die auf der Beziehungsebene unfruchtbar sind, ist die verborgene, einsame Realität.

Monden-Bilder

Die Scheingestalten des Mondes erzählen eine Geschichte von Entstehen und Vergehen, von Leben und Sterben, von Erwachen und Einschlafen.

Der Neumond erweckt neues Leben, lässt Verlangen und Sehnsüchte aufkeimen. Vollmond ist deren Abrundung und zugleich eine beginnende Auflösung, ein Loslassen und Absterben. Jede Nacht, wenn ein Mensch in den Schlaf eingehen möchte, sucht er die Verbindung mit dem abnehmenden Mond, und jeden Morgen die mit dem zunehmenden Mond. Jeder Lebenslauf als Ganzes steht im Zeichen dieses Wachsens, dieser Höhepunkte und der abnehmenden Energie und Leistungsfähigkeit. Jugend und Alter sind Beginn und Endpunkte der Mondstände. Wie ein lebendiges Zeichen steht der Mond am Himmel und sagt uns, dass die Sonnenstrahlen indirekt das zeitliche Leben erwecken. Der Mond ist in seinen Scheingestalten wie ein Wahrbild für das Erleben des Sonnenlichtes in der Seele von Mensch und Erde. Wir leben in diesem

Rhythmus, in solchen Bildern. Diese Bilder können im Menschen abnorm wirken, dann verlieren und verirren sie sich in seiner Seele, seinen Gefühlen, Gedanken und Impulsen. Dann erlebt er Wahnbilder. Er ist dann im wahrsten Sinne *mondsüchtig*. Ein bewusster Umgang mit dem ruhig glänzenden Bild der wechselnden Mondstände lässt erfahren, was gesundend wirkt. Ein solches Bildbewusstsein ist jedoch noch eine Aufgabe für die Zukunft, erst dadurch werden Sonne (Bewusstsein) und Mond (Bilder) zusammenfallen. Der Mond ruft uns auf, Bewusstsein in und anhand der Bilder zu entwickeln, die uns das Leben zeigt.

▬▬ Ein sozialer Übungsweg

Soziale Fähigkeiten sind nur sehr selten naturgegeben in einem Menschen vorhanden. Die Fähigkeit, unverblümt oder aber subtil dem Eigeninteresse zu dienen, haben wir dagegen alle. Auch Menschen, die offensichtlich immer wieder das Opfer des Egoismus anderer zu sein scheinen, haben die Fähigkeit, dem Eigeninteresse zu dienen. Es gelingt ihnen nur nicht, diese Fähigkeiten anzuwenden. Die Fähigkeit, Aufmerksamkeit, Wärme, Selbstbestätigung, Besitztümer materieller Art und andere Ego-Erfüllungen zu erlangen, haben wir also alle. Sozial und liebevoll zu sein, erfüllt von der Kraft, die Mitmenschlichkeit erst ermöglicht, das alles ist nur selten angeboren. Aber die Chance, diese Fähigkeit zu entwickeln, haben wir durchaus. Dies ist auf vielerlei Weisen möglich. Von altersher sind Schwangerschaft, Entbindung, Stillen und die Erziehung eines Kindes ganz unmittelbare soziale Übungswege – für die Frau, die Mutter wird, aber auch für den Mann, wenn er dies akzeptiert und engagiert daran teilnimmt.

Würden wir alle nur ein einziges Mal leben, so sähe es traurig aus für diejenigen, die keine Kinder bekommen (können), oder für die Männer, die doch das ganze Geschehen eher aus einem gewissen Abstand erleben. Zum Glück sind uns viele Leben geschenkt, in denen wir uns abwechselnd in aller Regel als Mann und als Frau verkörpern. Außerdem werden wir sehen, dass die Bilder der Sexualität, der Befruchtung, der Schwangerschaft, des Gebärens, Stillens und Pflegens Urbilder sind, die zwischen Menschen immer lebendig sind. Sie können überall, wo Menschen zusammenleben, als menschliche Entwicklungschancen erfahren werden. Wir können sie in all unseren Begegnungen üben.

Im novalisschen Märchen sehen wir, dass Eros und Ginnistan in der Schatzkammer des Mondes viele Bilder erleben, ohne sie zu reflektieren. Dadurch entstehen Bilder, mit denen sie wenig anzufangen wissen.

Dennoch werden sie diese Erfahrungen in allen Prüfungen, die sie durchstehen müssen, brauchen können. Sie bringen sich dadurch nach und nach die Bilder zum Bewusstsein und eignen sich Fähigkeiten an, die zuvor durch diese Bilder ausgedrückt wurden.

So geht es uns auch mit der Sexualität. Sexualität hat nicht nur eine Gefühlsebene, sondern sie ist auch eine Wirklichkeit, die sich in physischen Tatsachen bildend ausdrückt. Sowohl der männliche als der weibliche Körper und ihre Vereinigung in der Sexualität haben einen bildhaften Wert, der zum Bewusstsein kommen will. Unsere Erfahrungen auf dieser Ebene sind bildhaft unbewusste Mondschein-Erfahrungen, und darum gibt es noch so viele Prüfungen auf dieser Ebene.

Deshalb wollen wir tiefer auf diese Bilder eingehen, damit wir erkennen lernen, was wir als Menschen wie eine ›Vorbereitung‹ bildhaft erleben. Normalerweise reflektieren auch wir nicht über diese Bilder. Tun wir es aber, so sind wir vorbereitet auf den menschlich bewussten Weg, der von Eros zu Freya führt, vom Menschen zum Geist, vom Getrenntsein zur Heilung. Durch das Besprechen der Bilder-Botschaft kann ein anderes Licht auf Sexualität und Schwangerschaft fallen, als es normalerweise geschieht.

Auf diese Weise können wir lernen, aus den nicht verstandenen Bildern, die wir von der Sexualität haben, ein wahres Bewusstsein der menschlichen Liebe zu entwickeln.

▬▬ Erektion und Befruchtung als Bilder

Die Befruchtung ist ein Übungsweg auf dem Gebiet des Empfangens und Gebens, des Hoffens und Willkommenheißens. Ohne das Geschenk des menschlichen Samens aus den Tiefen des männlichen Körpers entsteht keine Schwangerschaft. Jedes Sich-Aufrichten, auch das des Penis, ist eine Folge der Wirksamkeit der Ich-Kraft im Menschen.

Ein Mensch richtet sich immer auf, wenn er *Mensch* werden will. Das Kind, das Stehen und Gehen lernt, ein Mensch, der voller Überzeugung spricht, ein Mensch, der etwas bezeugt, Recht spricht oder sein Ja-Wort gibt – in all diesen Situationen richtet der Mensch sich auf, er steht buchstäblich für etwas ein.

Es ist vielleicht ungewöhnlich und mag zunächst ein Lächeln hervorrufen, wenn der Vorgang der Erektion dieser Aufzählung hinzugefügt wird. Doch liegt dies eher an unserer Verlegenheit, wirklich unbefangen und frei über die Tatsachen der Sexualität nachzudenken und zu sprechen, als in den Tatsachen selbst, die keineswegs lächerlich sind. Nacktheit ist ständig um uns, in den Medien oder in den Reklameflächen an den Häuserwänden. Uns jedoch mit dem Bild unserer eigenen tatsächlichen Nacktheit in der Sexualität zu konfrontieren, ist etwas Intimes und Verletzliches. Dennoch handelt es sich dabei um ein Bild, das wir nicht nur stillschweigend akzeptieren müssen, es ist auch gerade als körperliches Phänomen richtig und wahr. Wenn wir das Bild verstehen und formulieren lernen, nehmen wir unsere Körperlichkeit ernst – und vielleicht die der kommerziell erzeugten Bilder etwas weniger ...

Wenn uns das Blut zu Kopfe steigt, werden wir warm und rot im Gesicht, weil uns irgendetwas getroffen hat. Wir sind getroffen und wach. Vielleicht sind wir von etwas begeistert oder freudig überrascht durch ein unerwartetes Geschenk. Vielleicht sind wir auch heftig verliebt und erröten deswegen. Auch Scham kann einem die Röte auf die Wangen zaubern.

Wenn der Penis sich aufrichtet, kann all das ebenso der Fall sein. Auch hier strömt das Blut zusammen, sodass alles anschwillt und warm wird. Und natürlich kann auch dies durch Begeisterung und Freude über die Geliebte oder den Geliebten oder durch eine frische Verliebtheit verursacht sein. Aber auch weniger Angenehmes, Beschämendes kann dazu führen; sowohl Liebe wie egoistische Begierden können sich im Blut und in der Wärme ausdrücken. Die Frage ist nur, *was* sich da jeweils in uns regt.

Die Fähigkeit, sich für einen anderen zu erwärmen und für einen anderen einzustehen, ist im Prinzip eine soziale. Wenn Erektionen ausbleiben und alles schlaff bleibt, vielleicht aufgrund der Angst, ob ›es‹ wohl klappt, durch Müdigkeit oder aufgrund zunehmenden Alters, sucht sich der moderne Mensch Hilfsmittel. Vielleicht helfen erotische Reize, Fantasien oder Medikamente (die Erektionspille), die luststeigernd wirken. Dennoch sind dies alles nur ›Gehhilfen‹ für die sichtbare männliche, sexuelle Leistungsfähigkeit.

Wer als Mann seine Partnerin vollständig mit seiner tiefsten Liebe erfüllen möchte, kann dies durch sein aufgerichtetes Geschlechtsteil und die anschließende geschlechtliche Vereinigung, die sich daraus ergibt, zum Ausdruck bringen. Doch ein liebender Mann kann dasselbe auch ausdrücken, indem er *innerlich* für den anderen einsteht. Liebkosungen, Aufmerksamkeit, Wärme und Freude sind dann unbegrenzt möglich, in jedem Augenaufschlag, jeder Berührung, in jedem Gedanken und in jedem Wort. Auf diese Weise kann auch jede Frau für ihren Mann einstehen. Die Fähigkeit, in innerem, treuem Engagement hinter oder vor ihm zu stehen, ist nicht an den Körper gebunden. Es ist eine Seelenhaltung, eine soziale und gute Tat.

Die Fähigkeit, einem anderen im Leben Liebe zu erweisen, üben wir, wenn alles gut geht, ständig. Das Bild der Geschlechtstat zeigt, worum es sich dabei handelt.

Zunächst sind da die Wärme des Blutes, die Zunahme der Herzschläge und das Anschwellen des Penis. Auch das Weich- und Feuchtwerden der Vagina durch vermehrte Sekretabscheidungen, das Anschwellen der Klitoris, jenes kleinen »weiblichen Penis«, und schließlich das Sich-Öffnen der Scheide, während auch das Blut der Frau warm ist und ihr Herz schneller schlägt. Dieses ganze, häufig so verspottete und korrumpierte Bild ist im tiefsten Grunde etwas Wunderschönes. Aufrichtung und Weichwerden erscheinen hier als der Anfang menschlicher Annäherung. Der strömende Wille richtet sich auf, und das strömende Gefühl öffnet sich. Jede menschliche Begegnung hängt von dem Maß ab, in welchem wir sie tatsächlich wollen und uns dafür öffnen. Das Bild des Gebens und Nehmens, der Zunahme und der Abnahme ist ein uraltes Mondenbild. Mann und Frau erfahren während jeder sexuellen Vereinigung dieses Urbild. Nur wenn wir ›warmblütig‹ sind und unser Herz für den anderen schlägt, werden Begegnungen wirklich menschlich. Im Zunehmen des Offenseins und im Abnehmen der Isolation üben wir, was der Mond jeden Monat aufs Neue ins Bild bringt.

Wie also empfangen wir einander? Überwältigend oder erwartend? In strömender Qualität oder in kraftloser Dumpfheit? Ist jeder Gruß und jedes Miteinander nur Routine? Oder sehnen wir uns nach einer Begegnung, um uns des anderen wirklich bewusst zu werden. Dann wird jede Begegnung und jedes Gespräch fruchtbar und jede Vereinigung ein Zusammenströmen.

▬▬ Schwangerschaft als Bild

Bei einer Schwangerschaft spricht man auch davon, dass die Mutter »das Kind des anderen unter ihrem Herzen trägt«. Wenn wir das Bild der Befruchtung auf uns wirken lassen, so sehen wir, wie zunächst der Samen des Mannes in seinem Körper nach oben transportiert wird. Er strömt durch die Samenleiter im Penis nach oben, dann sucht dieser seinen Weg aufwärts in der Scheide und es folgt schließlich der Samenerguss. Als nächstes suchen die Samen den Weg noch weiter hinauf in die Gebärmutter, wo sie dann eventuell ein Ei zur Befruchtung finden. Dieses fortwährende *Erhöhen* ist die Bedingung für eine Schwangerschaft, und so ist es auch im Sozialen. Wenn wir einander nicht fortwährend ›erhöhen‹, indem wir dafür sorgen, dass aus dem anderen ›mehr wird‹, sondern einander herunterziehen, dann entsteht zwischen uns nichts Neues. Dann können wir die Keime, das Werden, die Zukunft des anderen nicht »unter dem Herzen tragen«.

Diese zutiefst menschliche Form der *Schwangerschaft als sozialer Urvorgang* ist zwischen allen Menschen möglich, sei es Mann oder Frau, alt oder jung, schön oder hässlich, sexuell aktiv oder nicht. Es gibt keine Erektionspille für diese soziale Aufgabe. So, wie wir uns körperlich mit Medikamenten oder erotischen Filmen behelfen, so tun wir dies im Sozialen durch Konventionen und Luxusvergnügungen. Aber Pflichtkontakte, Luxusreisen, Filme und Partys, Essen, Trinken und Vergnügen sind ebenfalls Gehhilfen, diesmal für das gebrechliche Leben im Sozialen. Man kommt zwar vorwärts, doch kann man eigentlich nicht mehr auf eigenen Beinen stehen. Man hält keinen Menschen fest und wird auch nicht festgehalten, man behilft sich eben. Hier wird im Bilde die soziale Unfähigkeit sichtbar, uns selbst und den anderen zu erhöhen. Es kommt dann zu einem Erniedrigen des anderen, das verhindert, dass wir schwanger werden mit einer hoffnungsvollen Zukunft. Betrachtet man die Schwangerschaft in ihrer Bildaussage, kann das dazu beitragen, solche Erniedrigungen zu vermeiden. Alles, was äußerlich körperlich sichtbares Bild ist, kann auch im Inneren, in voller Freiheit, erstrebt werden.

Man kann sich die Frage stellen, warum sich ein Mensch eigentlich so viel Mühe macht, sich und den anderen zu erhöhen. Schließlich werden dadurch viel Schmerz und Unvermögen sichtbar. Warum sollte ein Mensch nicht einfach das Leben genießen, sich keine komplizierten Fragen stellen und vom Partner nichts anderes erwarten als dieselbe Oberflächlichkeit?

Mit den Bildern der Schwangerschaft einer Mutter verweben sich die Bilder der Verkörperung eines Kindes. Weil beides Urbilder sind, lehren sie uns grundlegende Wahrheiten. Die Mutter und der Vater ›üben‹ in der Schwangerschaft dieselbe Fähigkeit des Erhöhens, die sie auch im Leben anwenden möchten. Das tun sie, weil sich ein neuer Mensch aus höheren Welten auf die Erde herunterbegibt. Er wird im tieferen Sinne in ihren *Herzen* empfangen. Wer sich nicht zu einem Leben aus Herzenskräften der Liebe und Weisheit erhebt, der verursacht für ein Kind einen »freien Fall«, der möglicherweise ein fatales Ende nimmt. Das ist der tiefere Grund, warum sich Erwachsene auf den Entwicklungsweg begeben und tatsächlich dem urmenschlichen Drang zur inneren Entwicklung folgen. Kein Kind kann im Herzen empfangen werden, wenn die Eltern lediglich ein Leben unter der Gürtellinie führen. Das ist auch ein Bild für die soziale Frage, vor die uns das Zusammenleben mit anderen stellt. Wenn wir einander und uns selbst erhöhen, können wir fruchtbare Gedanken, Ideale und Ideen in uns empfangen. Keine Gesellschaft, keine Kultur, keine Organisation, keine Familie und keine Beziehung kann aufblühen, wenn keine Nahrung von Menschen ausströmt, die in sich offene Herzen entwickelt haben. Nur von ihnen kann ein Kind, das den Mut hat, in diese Welt abzusteigen, wirklich empfangen werden. Nur in ihnen kann all das Neue, das entstehen will, entgegengenommen werden. Wer sich für das oberflächliche, passive Dahinleben entscheidet, für die seelische Einschläferung durch alles, was lediglich angenehm, hübsch und bequem ist, der bleibt, wo er ist, und nimmt in Kauf, dass alles Ungeborene, welcher Art es auch sei, in uns zerschellt. Die Lieblosigkeit, die dieser Haltung zugrunde liegt, mag deutlich sein. Jedes Kind – aber auch jeder sonstige seelische und geistige Keim – ist ein Aufruf, uns zu erneuern.

Wer schwanger ist, wird von Natur aus stiller und weicher. Das natürliche Bedürfnis nach Stille und Einkehr wird häufig von der Hektik des Lebens durchkreuzt. Das ist schade, denn es kommt der werdenden Mutter und ihrem Kind zugute, wenn diesem Bedürfnis Raum gegeben werden kann. Schwangerschaft ist das stille Warten und Sehnen, dass ein anderer zu dem heranwachsen kann, der er ist – ein exaktes Bild und eine Übung sozialer Fähigkeiten. Wenn alles gut geht, lernen wir in jeder Beziehung, still abzuwarten und uns nach dem Wachstum des anderen zu sehnen, *wer* und *was* dieser auch werden mag. Dann brauchen wir nicht all unsere Zeit auszufüllen. Auch nicht durch Angst-Ultraschallbilder während der Schwangerschaft, weil wir dem neuen Leben nicht vertrauen. Auch nicht, indem wir unseren Partner ständig kontrollieren und die Individualität des anderen manipulieren. Vertrauen trägt das Werden des anderen unter dem Herzen. Wir haben es bereits mehrfach gesehen: Es handelt sich hier nicht um das Vertrauen, dass der andere das tut und wird, was *wir* wollen. Oder dass der andere sich an allerlei Regeln und Abmachungen hält, die irgendwann einmal aufgestellt oder beschlossen worden sind. Das Leben fordert, dass dem anderen die Möglichkeit geboten wird, sich so zu entwickeln, wie es *für ihn* richtig ist. Dass wir unsere ›innere Gebärmutter‹ vergrößern, bis das Werden des anderen den Raum erhält, den er braucht – im Vertrauen darauf, dass das Leben sich bestmöglich entfaltet, wenn wir es geschehen lassen.

In einer Beziehung ist dies, so könnte man sagen, eine gegenseitige ›Gebärmutter-Übung‹. Weil dadurch neues Leben entsteht, können wir einander nicht auf ewige Gelöbnisse und Pflichten festnageln. Nur die Vergangenheit lässt sich so festlegen und zwingen, nicht die Zukunft. Wo wir einander festlegen und zwingen, verursachen wir Fehlgeburten und töten das Ungeborene im anderen. Das alles ist noch äußerst schwer für uns, weil wir noch an Beziehungen gewöhnt sind, die auf Verträgen und lebenslange Sicherheiten gegründet sind. Wir müssen erst noch lernen, dass Beziehungen sich nicht mehr auf Verträge

gründen lassen, in denen die Eigeninteressen auf allen Ebenen festge-
schrieben sind – dies gehört zu Zeiten, die hinter uns liegen. Unendlich
viel Beziehungsschmerz entsteht in den Menschen, weil sie Eifersucht,
Schuldbewusstsein, Verkrampfung, Aggression und Kontrollzwang unter ihren Herzen tragen.

Die *Zukunft* ist schwanger mit Menschen, die die Selbstständigkeit
haben, den anderen optimal zu lieben und ihm zugleich immer genügend Raum für sein Werden zu bieten, auch wenn die eigenen Formen
dadurch aufgebrochen werden müssen. Denn jede Schwangerschaft
verlangt die Akzeptanz, dass die Frau einen dicken Bauch bekommt,
ihre Taille verliert, ihre Brüste sich vergrößern und auch ihre Haut viel
auszuhalten hat. Auch unsere *Seelenhaut* muss einiges aushalten, wenn
wir voneinander schwanger sind. Wir müssen gegenseitig viel ertragen,
was zu Spannungen führt. Doch wenn wir einander treu durchtragen,
so kann die Geburt des Neuen im anderen stattfinden; dann wird es
»Vollmond«.

Bilder der Geburt

Geburt bedeutet loslassen, Abschied nehmen und das Zerreißen von
Verbindungen. Sie bedeutet aber auch: Neues kennenlernen, die Sichtbarkeit und Hörbarkeit neuen Lebens wahrnehmen. Jede neue Lebensphase, in die wir mit dem anderen eintreten, jeder neue Beruf oder jede
neue Elternschaft geht mit Geburtsprozessen einher. Gebären bedeutet,
die Wehen zu spüren, die Fruchtblase platzen zu lassen und Schmerz
zu ertragen. Mit Kraft und Zurückhaltung sich im Prozess aufrechterhalten – so lautet der Auftrag.

Nehmen wir an, dass ein Partner sich in Schweigen hüllt, oder aber
ständig in Wehklagen oder Kritik über seine Arbeit, Gesundheit oder
andere Beziehungen verfällt. Handelt es sich hier um Geburtswehen?
Zeigen sie ein rhythmisches Kommen und Gehen, verbunden mit zunehmendem Schmerz? Wer den anderen unterstützt und ihm Halt gibt,
wird bemerken, ob sich der ›Geburtskanal‹ durch dies alles öffnet. Er
weiß, was da geboren werden will. Dann wird es auch möglich, einzu-

sehen, dass dem anderen alles zu viel wird und die Geburt des erneuernden Impulses stagniert. Dann kann es sein, dass man sich für einen ›Kaiserschnitt‹ entscheidet: Ein gutes Gespräch mit einem Anteil nehmenden Partner kann die schmerzhafte Stelle bloßlegen und schneidet sie auf, sodass das Neue, das ins Leben treten will, nicht stirbt.

Vielleicht geht es nur darum, alles einfach einmal dem anderen erzählen zu können. Vielleicht ist es notwendig, einen Umzug zu akzeptieren oder ein viel niedrigeres Einkommen. Das sind chirurgische Eingriffe ins Leben, voller Tatkraft, die den anderen und die Zukunft retten können.

Kurz vor der Geburt »senkt sich das Kind«, wie die Hebamme sagt. Das Köpfchen des Kindes befindet sich in der Geburtsposition und das Kind wird tiefer getragen als zuvor, als unmittelbare Vorbereitung auf die Geburt. Hier ist das sich senkende Kind der ›Vorbote‹ der Geburt. Wenn wir sehen, wie das Neue, das im Herzen des anderen und uns selbst empfangen wurde, sich senkt, brauchen wir Mut, einzusehen, dass es an der Zeit ist, der Erneuerung eine Gestalt zu geben und sie in die Welt zu stellen.

Manchmal kommen komplizierte Fehllagen vor, zum Beispiel eine Steißlage. So kann sich uns auch im Leben vieles querlegen. Dann ist die Geburt viel schwieriger und riskanter, als wenn alles glattgeht. Behutsame, unterstützende Hände und beherzte Eingriffe helfen, wo sie notwendig sind, beim Gebären und bei der Geburt. Sie sind auch hilfreich, wenn ein Mensch als solcher geboren wird. Stellen wir für diejenigen, die uns umgeben, tapfere Hebammen dar? Bieten wir ihnen helfende Hände? Oder bilden wir immer wieder innere Widerstände auf und wollen, dass alles so bleibt, wie es einstmals war?

Sozial zu sein ist nicht dasselbe wie nett zu sein und etwas für den anderen zu tun. Letzteres gehört auch dazu, doch das Hauptmotiv eines gesunden sozialen Miteinanders ist das Hinhören auf das, was aus dem anderen geboren werden will, und das Aussprechen des eigenen Wunsches, dass es willkommen sein möge.

Das Empfangen eines Kindes ist das Erfahren dessen, der die Geburt sucht. Zusammenleben ist ein gegenseitiges Erfahren dessen, was im anderen geboren werden will.

In allen Stadien sind demnach die Bilder der physischen Geburt zugleich soziale Übungen für den Umgang mit dem anderen, der reif für etwas Neues ist. Die Sehnsucht nach Elternschaft, eine Lebenskrise, eine neue Liebe oder ein neuer Beruf, es sind alles Geburten, die uns im Innern dasselbe abfordern, was äußerlich durch und während einer Geburt geübt wird. Übrigens auch durch den betroffenen Vater!

Im Umgang mit Jugendlichen kann es eine große Hilfe sein, wenn die Bilder der letzten Phase der Geburt ins Bewusstsein aufgenommen werden. Jedes Elternteil kann sich in Erinnerung rufen, wie ein bestimmtes Kind geboren wurde und vor allem – wichtig gerade im Falle der Jugendlichen! –, wie die Phase der *Presswehen* verlief. Diese Erfahrungen sind nämlich vorbereitend für das, was in der letzten Erziehungsphase, der Pubertät, durchlebt und errungen werden will. Sowohl für die Elternaufgabe als auch für ein besseres Verständnis des Jugendlichen ist ein Bewusstsein dieser Bilder eine unentbehrliche Hilfe. Jugendliche forcieren sich häufig ihren Weg in die Erwachsenheit, und die Eltern *pressen* mit. Festhalten, vorwärtspressen und atmend loslassen sind normalerweise Qualitäten, die vor der letzten Phase der Geburt gelernt worden sind. Wenn ein Kind viel zu schnell geboren wurde, gibt es häufig Risse und Nachwehen. Das gilt genauso für die zu schnelle Lösung eines Jugendlichen von seinen Eltern. Eine solche ›Beziehung mit Rissen‹ wird irgendwann genäht werden müssen. Schmerzhafte Nachwehen sind die Folge, denn die Verarbeitung des Sich-Losreißens ist viel unangenehmer als die einer harmonischen Lösung. Mondbewegungen sind so beschaffen, dass sie alles intakt lassen. Das langsam Heranwachsen und Sich-Öffnen, das allmähliche Abnehmen und Loslassen in einem harmonischen Rhythmus, all das ist ein Urbild der Gesundheit, auch in der Beziehung zwischen Eltern und Jugendlichen.

Wenn eine Arbeitsumgebung, eine Ehe oder eine Freundschaft an ihr Ende gekommen ist, entstehen ebenfalls Presswehen. Wenn wir die Lektion der Geburtswehen gelernt haben, wissen wir, dass Sich-Lösen Schmerz und Widerstand mit sich bringt, und wir tragen das in Liebe und mit Mut und Geduld, weil das Neue im Leben immer aus solchen Prozessen hervorgeht.

Wer die Geburt eines Kindes verhindert oder unmöglich macht, forciert die Notwendigkeit rigoroser Eingriffe. Kaiserschnitte und Zangengeburten sind physische Folgen von Geburtsproblemen. Auch in Ehen, zwischen Kollegen, Familienmitgliedern und Freunden kommt es manchmal zur Notwendigkeit, einen rigorosen Eingriff vorzunehmen, um der Zukunft Gestalt zu verleihen. Die Wunden, die dabei entstehen, müssen zwar heilen, doch sie lassen sich ertragen durch die Erkenntnis, dass ohne tiefe Einschnitte in Lebens- und Schicksalsverbindungen manche Seele innerlich sterben würde. Dies geschah früher leider sehr häufig mit gebärenden Frauen und ihren Kindern, die Entbindung endete mit dem Tod. Dies ist heute glücklicherweise nicht mehr so, nicht während der Entbindung und auch nicht in sozialen Verhältnissen.[24]

■■■ Die Bilder des Stillens

> Der Busen ist die in GeheimnißStand
> erhobne Brust – die moralisierte Brust.
> *Novalis, Das Allgemeine Brouillon, 283*

Jedes Neugeborene wird zunächst gestillt. Das Kind möchte in einem natürlichen Rhythmus trinken, eng an die Mutterbrust geschmiegt, voller menschlicher Wärme und menschlicher Nahrung. Diese hat immer die richtige Temperatur. Nicht immer gibt es genügend Milch, nicht immer ist die Muttermilch qualitativ gut genug oder kann das Stillen lange genug durchgehalten werden. Das Kind muss dann in einer anderen Weise ernährt werden. Manchmal ist ein Kleinkind eine richtige kleine Raupe Nimmersatt und muss lernen, in einen Rhythmus zwischen Sehnsucht und Ruhe zu kommen.

Jede neue Beziehung und jede neue Phase bzw. Initiative zwischen Menschen braucht anfangs eine Art ›Brustnahrung‹. In einem flexiblen Rhythmus muss dieses Neue besprochen werden und müssen wir ihm unsere Aufmerksamkeit widmen. Aus Wärme, jedoch nicht überhitzt (das heißt: aggressiv) oder unterkühlt (das heißt: mit eisigem Misstrauen und Vorwürfen), sondern in einer menschlichen Temperatur (das heißt: in einem aufrichtigen Mitleben), nährend und aus aufrichtigem

Interesse. Dadurch wird das Neue ›erhöht‹. Von ebenso großer Bedeutung ist es, nicht konstant zu stillen. So wie die Mutter ihre Ruhe
braucht, um regelmäßig ihr Kind stillen zu können, so ist es allem
Neuen zuträglich, dass wir das eigene Gleichgewicht erhalten. Dies ist
möglich, indem wir uns nicht vergaloppieren, sondern immer wieder in
innerer Ruhe und Besinnung auf den eigenen Quell Kräfte sammeln,
die dann als liebevolle Nahrung ausströmen können. Dies verhindert
›leere Brüste‹ oder minderwertige Nahrung. Suchtartige Abhängigkeiten von einer Beziehung, einem Hobby oder einer Arbeit entstehen in
der frühen Phase der Brustnahrung, in der das Neue niemals beiseite
gelegt wird, sodass ein Moment der Besinnung eintritt, sondern ständig
sämtliche Aufmerksamkeit und Energie erhält. Das andere Extrem tritt
ein, wenn viel zu lange gestillt wird. Dann entsteht immer eine zu große
Abhängigkeit, eine symbiotische Beziehung zwischen Mutter und Kind.
Auch Menschen können im Sozialen so weit gehen, dass sie die Selbstständigkeit des anderen antasten, indem sie ihn endlos ›stillen‹. Diese
Nahrung ist immer mit Eigeninteresse gespickt und stammt mehr aus
den eigenen Bedürfnissen als denen des anderen. Hier spricht gewissermaßen mehr der Magen als die Brust!

Aber die Muttermilch kommt nicht aus dem Magen, nicht aus der Gebärmutter, dem Penis oder der Vagina, sondern aus unserem Busen,
das heißt direkt aus dem Gebiet des Herzens. Novalis nennt den Busen
nicht ohne Grund die »moralisierte Brust«: Herzenskraft ist es, womit
wir unsere Beziehungen nähren, in einem ruhigen Rhythmus von
Zunahme und Abnahme. Neumond und Vollmond sind beim Mond
lediglich ›Umkehrmomente‹, keine bleibenden Gestalten. Die soziale
Übung, die wir durch das Stillen, aber auch durch das Nähren aller neu-
en Situationen und Beziehungen im Leben erwerben, besteht darin, mit
Rhythmus und Gleichgewicht umgehen zu lernen.

Wenn wir die äußere Erhöhung in der Sexualität, in der Schwangerschaft, bei der Entbindung und beim Stillen durchleben, so üben wir
uns darin, uns neu mit einem anderen zu verbinden! Dieses Verbinden besteht im fortwährenden Befruchten, Austragen, Gebären und
Nähren der Möglichkeiten des anderen und der Sehnsucht nach der
Entfaltung seines Menschseins. Noch einmal sei es gesagt: Auch ohne

Kinder können und wollen sich Menschen auf diese Weise in Beziehungen darin üben, zu einer durchlebten und bewussten und sozialen Mitmenschlichkeit zu gelangen. Jede soziale Unfruchtbarkeit kann zur Fruchtbarkeit erhoben werden. Auch wenn es in dieser Hinsicht ein Problem in unseren Begegnungen und Beziehungen gibt, so brauchen wir unsere Zuflucht dennoch nicht zur Retortenbefruchtung zu nehmen. Jeder Blickkontakt, jeder Kuss, jeder um die Schulter gelegte Arm kann unsere Gemeinsamkeit erhöhen, wie auch jeder positive Gedanke, jedes positive Gefühl. Das ist menschliche Zukunft.

▬ Unizität, Treue, Glück und Liebe

> Wir werden die Welt verstehen,
> wenn wir uns selbst verstehen,
> weil wir und sie integrante Hälften sind.
> Gotteskinder, göttliche Keime sind wir.
> Einst werden wir sein, was unser Vater ist.
> *Novalis, Schriften II, 548 (115), S. 160*

Wenn uns ein Mensch liebt, ist dies immer vollkommen einzigartig. Wir haben dies bereits im Saturn-Kapitel bei der Besprechung der Eifersucht gesehen. Niemand liebt uns so wie dieser eine Mensch, und wir lieben niemanden so wie diesen einen. Wenn man im Leben mehrere Menschen liebt, sei es in früheren Beziehungen oder gleichzeitig, so stehen diese Lieben einander eigentlich niemals im Wege. Denn jede Liebe erschließt ein strahlendes Gebiet in uns, das in dieser Art nur in Bezug auf diesen einen Menschen möglich ist. Somit bleibt dieser Ort leer und tot, wenn die Liebe, die einen mit diesem Menschen verbindet, nicht mehr existiert. Diese Leere kann niemals von einem anderen gefüllt werden, weil dieser andere eben ein anderer und einzigartiger Mensch ist. Er kann ein neues Gebiet erschließen, es kann eine neue Liebe entspringen, doch niemals an derselben alten Stelle. Jeder Mensch ist also in der Liebe unersetzbar.

Alles, was wir dennoch als ersetzbar erleben, beruht lediglich auf der Wahrnehmung der funktionalen Ebene der Beziehung. Wir sind dann zufrieden mit dem, was wir (wieder) haben. Es gibt wieder jemanden, der mein Bett, meine freie Zeit oder meinen Geldbeutel füllt. Es gibt wieder jemanden, der mit mir spricht und lacht und lebt. Oberflächlich betrachtet ist die neue Beziehung dann ein Ersatz der alten. Doch nichts ist weniger wahr! Es mag äußerlich so scheinen, im Inneren ist es eine Illusion: *In der Liebe ist niemand ersetzbar!*

Dass die Konsequenzen dieser Tatsache nicht ertragen werden, ist deutlich. Viele erfahren den Partner unbewusst als eine Funktion in ihrem Leben, als Lebensversicherung, als Besitz und Lösung für die sexuellen Bedürfnisse. Aus diesem Grund werden Menschen eifersüchtig und können es nicht ertragen, dass in der Vergangenheit (das heißt in früheren Beziehungen) oder in der Gegenwart andere Beziehungen existieren. Noch viel weniger den Gedanken, dass in Zukunft möglicherweise eine neue Liebe, eine neue Beziehung entsteht. Doch die neue Liebe wird niemals an derselben Stelle wie die jetzige Liebesbeziehung wurzeln. Dies ist nicht möglich, es scheint nur so. Tatsächlich ist nur *der Besitz* des anderen etwas, was durch andere Lieben geteilt oder aufgehoben wird. Eine neue, wirkliche Liebe im Leben entsteht nicht durch das Verschwinden einer alten, sondern durch die Notwendigkeit, neue Entelechie-Wege zu gehen, die nur mit diesem einen neuen Menschen beschritten werden können.

Wenn wir jemanden wirklich lieben oder geliebt haben, so geht diese Liebe niemals vorüber, sie ist absolut unersetzbar. Wenn jemand drei (oder gar sieben!) Liebesbeziehungen in seinem Leben hatte, so hat er einfach drei (oder sieben) Liebesfähigkeiten entwickelt und geschenkt. Jeder Mensch und jede Beziehung ist vollkommen anders und einzigartig, auch wenn sich vieles zu ähneln scheint. Dies ist entweder die Folge einer oberflächlichen Wahrnehmung oder der Tatsache, dass es sich gar nicht um Liebe, sondern um funktionale Beziehungen handelt. Jede wirkliche Liebesbeziehung ist immer auch eine Entelechie-Beziehung. Aus ihr will neues Leben entstehen. In uns und im anderen will etwas Neues heranwachsen. Manchmal geschieht dies im wahrsten Sinne des Wortes, dann kommt ein Kind. Häufig geschieht diese Erneuerung aber auch im übertragenen Sinne, dann besteht das neue Leben, das empfangen wird, in einer inneren Öffnung und Entwicklung.

Wir leben in einer christlichen Kultur und Gesellschaft. Auch wenn

sich Europa immer mehr vom konfessionellen Kirchenchristentum ab-
wendet, ist und bleibt das christliche Element tief in den menschlichen
Beziehungen verankert. Und sei es auch nur im Streben nach befriedi-
genden, gesunden und liebevollen Beziehungen im Arbeitsbereich und
zu Hause. In jeder Arbeit an Beziehungen wird danach gesucht. Die
Bedeutung der wirklichen, tief menschlichen Liebe und der Möglichkeit, sie zu entwickeln, wurzelt in Christus. Er hat uns alle gleichzeitig
und einzigartig lieb. Jeder Mensch, der eine Beziehung mit ihm eingeht,
beantwortet diese einzigartige Liebe. Jeder Mensch, der darin nachläs-
sig wird, lässt den Christus auf diesem bestimmten Gebiet ungeliebt
zurück. Diese Tatsache ist in den Gleichnissen vom verlorenen Sohn
und vom guten Hirten ausgedrückt. Christus sucht *jeden* Menschen als
Liebesbeziehung. Niemand kann den Ort, an dem diese Liebe lebt, einnehmen. Wir sind, jeder für sich, die Hälfte einer einzigartigen Liebesbeziehung. Und diese Botschaft ist tief in unserer Kultur verankert.

Warum leben wir dann diesem Vorbild so häufig noch nicht nach?
Wahrscheinlich deswegen, weil uns zwar die *Möglichkeit* zur Liebe
angeboren ist, doch nicht die Liebe selbst. Sie muss erst entwickelt
werden. Und bis wir dazu in der Lage sind, sind unsere Beziehungen
und Bande noch von Angst und Unfreiheit, also auch von Besitzdrang
durchzogen. Wenn nicht die Liebe die Basis und die Sicherheit in einer
Beziehung ist, dann bedürfen wir eines ganzen Systems von Pflichten
und Dogmen, um sie zu gestalten. Liebe schafft eine Beziehungsform,
die, obwohl sie nirgends unverbindlich ist, dennoch frei ist. Frei also
von erstarrten Formen auf der Grundlage von Ge- und Verboten. Dass
ein Mensch kein persönlicher Besitz ist und eine Beziehung ebenso
wenig, haben wir bereits früher festgestellt. Trotz aller Unfreiheiten
und Verurteilungen, die heute immer noch aufgrund von Dogmen
bürgerlicher und religiöser Art herrschen. Liebe ist eine geistige Qualität, und in geistiger Hinsicht sind wir freie Menschen. Darum steht es
uns frei, zu lieben.

Unsere Beziehungen sind häufig noch ganz oder teilweise Produkte aus
Illusionen, sexueller Anziehungskraft und praktischen Interessen. Beziehungen sind dadurch häufig funktionaler Natur und damit verwundbar. Werden diese Beziehungen nicht als exklusiv betrachtet, so erhält

jede vorübergehende Verliebtheit eine Chance. Dann entsteht eine Freiheit, die lediglich der oberflächlichen Befriedigung nachjagt. Dagegen schützt die Beziehungstreue gegenüber einem Sexualpartner. Darum gilt der Seitensprung, wie häufig er auch vorkommt, im Allgemeinen als verwerfliches Verhalten. Die meisten außerehelichen Beziehungen sind begierdenbestimmte kleine Abenteuer, die mit Liebe nichts zu tun haben. Um dies zu verhindern, wurden einst mit Recht die diesbezüglichen Dogmen aufgestellt. Wer jedoch wirklich liebt, kann eigentlich gar nicht fremdgehen. Wenn sich die echte Liebe in voller Entelechie-Kraft entfaltet, dann geht ein Mensch immer ›eigen‹ statt *fremd*.

Jedes Elternteil kann mehrere Kinder lieben, und wir finden dies völlig normal. Wären wir in der Lage, Liebe in ihrer reinsten Form zu leben, dann wäre jegliche Eifersucht Unsinn und jede Liebe einzigartig. Bis es so weit ist, ersetzen Beziehungs-Vereinbarungen auf dem Gebiet der Treue und der Untreue die Freiheit der Liebe. Unverbindlich und ohne Liebe zu leben, zerstört in beziehungsmäßiger Hinsicht mehr, als uns lieb ist. Wirkliche, tiefe Liebe verlangt von uns, dass wir dem anderen das Recht einräumen, zu lieben. Die Liebe des anderen zu bekämpfen und zu beneiden, erzeugt dagegen viel Elend. Niemals hat ein Mensch das Recht, den anderen zu zwingen, ein Liebesband zu zerbrechen. In der Zukunft werden wir lernen, uns primär wieder auf die Entwicklung von Liebesbanden statt der funktionalen Bande zu orientieren. Die Sexualität wird dieser Entwicklung von selbst folgen und wird die führende Rolle, die sie in unserer heutigen Kultur hat, gegen eine Rolle eintauschen, die der Liebe untergeordnet ist.

Sexualität als Bindemittel zwischen alten Beziehungen

Wenn Menschen sexuell miteinander gelebt haben, selbst wenn sie nicht faktisch miteinander ins Bett gegangen sind, haben sich die Ätherleiber der beiden durchdrungen. Diese Durchdringung besteht weiter.[25] Dadurch kann eine alte Liebesbeziehung so merkwürdig vertraut und nah erscheinen. Und dadurch kann auch eine alte, schlechte, antipathische Beziehung nach Jahren akut dieselben Gefühle hervorrufen wie einst, wenn man einander wiederbegegnet. In den Lebenskräften (das heißt dem Ätherleib) ist alles akut gegenwärtig, und alles, wovon geglaubt wurde, es sei eingeschlafen, kann im Innern jederzeit wieder aufleben. Diese Gefühle haben etwas sehr Verwirrendes, und es können durch sie Schuldgefühle oder Zweifel entstehen, jedoch auch frohes Wiedererkennen und Dankbarkeit. Solche Erfahrungen verursachen manchmal heftiges Chaos.

Wer sich auf der Basis wiederauflebender alter Gefühle in eine alte Beziehung zurückbegibt, wird innerhalb kürzester Zeit von Neuem auf die Ursachen des damaligen Bruchs stoßen und aufs Neue die Beziehung beenden. Und wer versucht, alle damit verbundenen Gefühle und all die Vertrautheit zu leugnen, wird schnell dahinter kommen, dass dies nicht gelingt. Die Krux an alldem ist die, dass gemeint wird, es handle sich um *Liebe*. Doch dies ist keineswegs der Fall! Die Erfahrungen, die innerhalb alter Beziehungen gemacht wurden, haben einen unauslöschlichen Eindruck in unseren *Lebenskräften* hinterlassen. Doch deswegen brauchen sie nicht aufs Neue durchlebt zu werden!

Wir können uns gegenüber solchen chaotisierenden Einflüssen, die aus der Erinnerung aufsteigen, nur behaupten, indem wir uns auf die Entelechie orientieren. Nicht die Frage, ob das Alte noch gegenwärtig und erlebbar ist, darf der Maßstab sein, sondern ob die Entelechie von uns fordert, Liebe zu einem bestimmten Menschen zu entfalten. Die Frage lautet, ob die Entelechie uns bittet, zusammen mit dem anderen sinnvolle Aufgaben zu erfüllen. Solche Aufgaben können in der Erziehung von Kindern liegen, in der Verwirklichung eines Ideals oder in einem Arbeitsverhältnis, das der Entelechie dient. Und in all diesen Aufgabenbereichen sollte uns das Wissen begleiten, dass jede Entelechie-Aufgabe von der Liebe zum wirklichen Wesen des anderen abhängt, sowie von der Möglichkeit, ohne einander die Lebensreifung des anderen zu ermöglichen.

Wenn alles gut verläuft, hat das Eingehen einer Beziehung seine Basis also in der Entelechie-Frage. Nicht der Körper oder andere attraktive Eigenschaften des anderen dürften uns dazu bewegen, eine Beziehung einzugehen. Genauso wenig die Tatsache, dass aus der Erinnerung manchmal Gefühle, Bilder und Erfahrungen aufsteigen, die den Schein erwecken, dass der andere zu uns gehöre.

Beziehungen werden auch gesucht, weil jemand das Bedürfnis hat, die leeren Funktionen im Leben auszufüllen, wie zum Beispiel die der Gemütlichkeit, der Erotik und des Zusammenlebens. In diesem Fall sollten lieber Bewerbungsverfahren und Einstellungsgespräche durchgeführt werden. Die Verliebtheit orientiert sich dann an dem am besten geeigneten Kandidaten. Ob dieser pragmatische Ansatz einen Menschen in seinem Werden weiterbringt, muss allerdings sehr bezweifelt werden. Das Kriterium, das wir im Allgemeinen anwenden, ist die Frage, ob der andere uns wohl glücklich machen wird. Diese egoistische Fragestellung führt häufig zu unglücklichen Beziehungen. Glück entsteht *unbeabsichtigt*, durch das Ausarbeiten des goldenen Fadens des sinnvollen Lebensplans; das ist die Entelechie. Nur in solchen Verbindungen entwickeln wir wirklich die Liebesfähigkeiten, die in diesem Leben entwickelt werden wollen. Und erst durch sie wird ein Mensch wirklich glücklich.

Die irrige Auffassung, dass wir durch jemanden oder durch eine Beziehung glücklich werden, hat sich weltweit eingebürgert. Und die Wahrnehmung, dass dies nicht richtig ist, können wir um uns herum überall machen. Es gibt Menschen mit einem wunderbaren, lieben und guten Partner, die todunglücklich sind. Und umgekehrt gibt es Menschen ohne Partner oder aber mit einem schwierigen, griesgrämigen Partner, die ihre innere Freude autonom durchtragen.

Glück und Liebe entfalten sich im Allgemeinen durch die Überbrückung von Abgründen zwischen uns und dem anderen. Und wenn wir auf eine Beziehung stoßen, in der es keine solchen Abgründe gibt, so werden wir sehen, dass die Liebe sich durch Abgründe *in ihrem Umkreis* entwickelt, die gemeinsam überbrückt werden müssen. Dann handelt es sich dabei eine gemeinsame Entelechie-Aufgabe. Das geschieht häufig bei Menschen, die in diesem oder einem früheren Leben bereits den Entelechie-Weg zueinander gegangen sind. Die ihren Abgrund also bereits einmal überbrückt hatten. Meistens wird aus ihnen kein neues Liebespaar, denn der ›Lerneffekt‹ ist bereits absolviert. Sie können allerdings zu einem Paar werden, wenn sie eine gemeinsame schwere Aufgabe zu bewältigen haben, die die beiden Partner aufs Neue zusammenschweißt.

Ein wunderbares Beispiel für eine solche Konstellation ist das Ehepaar Curie. Sie waren ein perfektes Liebespaar und sie lebten zusammen, um ihre großen wissenschaftlichen Aufgaben zu erfüllen. Außerdem starb Pierre Curie bereits in jungen Jahren, und so musste Madame Curie, im äußeren Sinne allein, innerlich jedoch tief und bleibend mit ihm verbunden, noch lange in Einsamkeit weitergehen. In der schönen Biografie, die ihre Tochter Ève Curie schrieb, kann dies erlebt werden.[26]

Sexualität, Romantik und die Sehnsucht nach Nähe erwachen in gesunder Weise, wenn sie sich *als Folge* und nicht *als Ursache* einstellen. Eine Entelechie-Beziehung ist eine Art ›Back‹-Beziehung. In ihr wird gewissermaßen nahrhaftes, neues Brot für den inneren Weg gebacken. In einer pragmatischen Gewohnheits-Beziehung hingegen wird das irgendwann gebackene Brot lediglich verzehrt. Damit müssen solche Beziehungen nicht schlecht sein, sie sind nur unzeitgemäß. Sie sind altmodisch, weil sie nicht dem werdenden, zukünftigen Menschen dienen, sondern dem existierenden Menschen, der aus der Vergangenheit kommt. Die Entelechie des anderen kann nur dann erblickt werden, wenn ich ihn in seinem geistigen Bild, in seinem Kern, wahrgenommen habe. Wenn daraus Liebe entspringt und ich mich von ihr ernähre, entdecke ich, wer der Mensch wirklich ist. Dies schafft die Weisheit, um diese Entelechie zu verwirklichen. Dann sind »Sophie« und »ewige Liebe« die Antwort auf die Menschheitsfragen, die die Sphinx im novalisschen Märchen stellt.

Kupfer – Venus

Der Planet Venus hat ungefähr dieselbe Größe wie die Erde und ist der zweite Planet, von der Sonne aus betrachtet. Man könnte meinen, dieser Planet sei niemals irdisch geworden, weil er der Sonne nah bleiben wollte. Er steht tatsächlich sehr nah bei der Sonne, auch wenn er im Gegensatz zu Merkur deutlich sichtbar bleibt. Wir sehen ihn manchmal als Morgenstern, manchmal als Abendstern. Auf der Venus ist es glutheiß, es herrschen dort Temperaturen von weit über 400 °C und ein starker Vulkanismus. Der Planet hat eine dichte Atmosphäre mit dicken Wolkenschichten, die sich aufgrund der heftigen Winde rasch fortbewegen.

Das Gold der Sonne ist das Metall der Liebe, und daher hängt die Sonne mit vielem zusammen, was über die Liebe gesagt wird. Dennoch denken wir, wenn wir vom Planeten der Liebe sprechen, an die Venus. Die schöne Venus, die Göttin, die so häufig abgebildet wird, ist für uns ja das eigentliche Symbol der Liebe. Das scheint nicht zusammenzupassen, doch Sonne und Venus beißen sich keineswegs. Die Sonne lässt die Liebe aus dem Kosmos zur Erde strömen, und die Venus sehnt sich nach der Liebe, die *auf der Erde* verwirklicht wird und in den Kosmos zurückströmt. Beide sind also mit der Liebe verbunden, die Sonne als Ursprung und Venus als Empfänger der Liebe, die von unserer Erde ausgeht. Dies wird auch deutlich, wenn wir die Verwandtschaft zwischen der Venus und den Venen in unserem Körper betrachten. Die Venen sind jene Blutgefäße, in denen das Blut zum Herzen zurückströmt. Venus und Venen sind daher die Kräfte, die das Zurückströmen fördern. Das arterielle, von den Schlagadern kommende Blut strömt kraftvoll in uns, sodass wir im wahrsten Sinne Menschen *aus Fleisch und Blut* werden, erdentauglich und im Hier und Jetzt lebend. Dann gerät das Blut unter den Einfluss der Schwerkraft und wir ermüden, wir werden schwer und zu sehr irdisch. Das venöse Blutsystem hilft uns, wieder leicht zu werden und zurückströmen zu lassen, was gelebt, gelernt und erarbeitet worden ist.

Die Venen enthalten Blut, das nicht rein ist, es muss entgiftet werden, das *venum* (das lateinische Wort für Gift) muss noch daraus entfernt werden. Liebeskummer zum Beispiel macht uns innerlich schwer und verursacht eine Stauung in den Venen, wodurch unter anderem Krampfadern entstehen können. Die Kräfte der Venus lassen uns wieder leicht werden und führen das Blut einer Reinigung und Regeneration zu. Dasselbe geschieht auch in unserem Inneren. Die reine Liebe, die in uns als göttlicher Keim, als unser Ursprung, wirksam ist, diese Liebe bleibt nicht rein. Sie wird schwer und trübt sich unter dem Einfluss der Selbstliebe und des Eigeninteresses. Venus ist die Kraft, mit der wir uns nach Regeneration und Reinigung sehnen, der ›Auferstehung der gefallenen Liebe‹, könnte man sagen. Venus sehnt sich nach der Erde und den Menschen! Aus der geistigen Sonne in uns wird das Feuer der Liebe erweckt. Es kann daraufhin in allen Farben der Seele wiederum erstrahlen als durchlebte und durchseelte menschliche Liebe.

Kupfer ist das Metall der Venus. Kupfersalbe hilft gegen Stauungen in kalten, schlecht durchbluteten Gliedmaßen. Wo das Blut den Rückweg nicht recht finden kann, da entstehen Schwere, Krämpfe und Krampfadern. In solchen Fällen hilft Kupfer in Salbenform oder als homöopathisches Präparat. Das farbige Kupfer ist ein hervorragender (Ab-)Leiter, es sorgt dafür, dass wir das träge und verunreinigte Blut wieder abtransportieren. Es entkrampft und wirkt schmerzstillend. Kupfer hat deswegen eine so gute Leitfähigkeit, weil es immer alles daransetzt, die herrschende Spannung auszugleichen.

Die Göttin Venus wird häufig als nackte Schönheit mit langem, fließendem Haar dargestellt, auf einer großen Muschel im Wasser des Meeres stehend (so das berühmte Gemälde *Die Geburt der Venus* von Botticelli), aus dem sie angeblich geboren wurde. Aus der harten Schale, die irdisch und geschlossen ist, ersteht die sanfte, liebliche Venus. Venus ist die Liebe, die sich mitten durch die gesamte Menschheit bewegt hat und nach ihrem mannigfachen Fall in Begierden und Egoismus wieder aufersteht. Sie schließt den Kreis, und zugleich wartet sie mit endloser Geduld darauf, dass *wir* den Kreis der Liebe runden. Ihre Schönheit wird häufig als sexuell attraktiv und lusterweckend dargestellt. In Wirklichkeit ist sie dafür viel zu nackt. In der Sauna und an FKK-Stränden können wir erleben, dass vollständige Nacktheit gar nicht so erregend ist. Verhüllte

Nacktheit oder straffe Kleidung, die die Formen des nackten Körpers, der sich darunter verbirgt, ahnen lässt, ist viel verführerischer. Venus ist daher auch nicht das Symbol für das Verführerische, sondern das Bild der *Schönheit*.

Die Frage ist: Wo entsteht eigentlich Schönheit? Und dazu können wir uns fragen: Haben wir jemals eine übelgelaunte Schönheit gesehen? In diesem Fall wäre sie sehr schnell hässlich! Was macht dann die Schönheit der Venus aus? Schönheit kommt aus dem Inneren, und die Schönheit der Venus ist sichtbar in ihrer Verletzlichkeit, in ihrer Zartheit, mit der sie sich nach wahrer Liebe sehnt. Obwohl sie sich in ihrer ›Muschel‹ vor allen zudringlichen Blicken verstecken und ihre wehrlose Sanftheit leicht beschützen könnte, indem sie ihre Muschel zuklappt, tut sie dies nicht. Denn die Schönheit der Venus ist der *innere Mut*, und dieser Mut verschließt sich nicht, sondern er öffnet jegliche Verhärtung, die in uns ist. In Liebesbeziehungen müssen wir ebenfalls aus unserer Schale herauskriechen und dürfen uns weder verstecken noch verschließen. Tun wir es dennoch, so bekommen die Liebesempfindungen nicht die Möglichkeit zu strömen, sie stagnieren und prallen an dem harten Panzer ab, mit dem wir uns gefühlsmäßig abkapseln. Erst wenn wir uns gegenseitig im wahrsten Sinne bloßzugeben wagen, im äußeren, vor allem aber im inneren Sinne, werden wir so schön wie Venus. Dafür bedarf es eines beträchtlichen Mutes. Auch das Ansprechen der verwundbaren Stellen und das Aussprechen dessen, was man nicht will, erfordert viel Mut.

Meistens äußern wir unsere Sehnsucht nach der Liebe des anderen nur auf der Grundlage körperlicher Erregung und Begierde. In voller, reiner Liebe die Sehnsucht nach dem geliebten Menschen auszuhalten und sie *freudvoll* auch zu zeigen, das ist Kupferkraft und Venusschönheit. Die Sehnsucht danach, dass der andere uns in Liebe folgt und nährt und uns dennoch freilässt und nicht vereinnahmt, diese Sehnsucht macht uns zu verletzlichen, nackten Schönheiten. Darin besteht wahre, freudige Liebe, dass sie in aller Sexualität, in allem gemeinsamen Leben das Wesen des anderen durchträgt. Denn Venus wartet darauf, dass im Menschen das *Wesentliche*, das heißt, seine Fähigkeit, aus sich heraus Liebe zu entwickeln, entsteht. Das, worum es hier geht, steigt aus der Tiefsee, dem Urquell allen Lebens, auf. Es ist die ›venustragende

Muschel‹, man könnte auch sagen: die Entwicklung der wichtigsten Möglichkeit des Menschen – der Fähigkeit, in höchstem Grad den Mut zu fassen, freudig und frei zu lieben. Auch dass die Venuskräfte alles Künstlerische im Menschen erwecken, hängt damit zusammen. Künstlerisch zu sein bedeutet, den Mut zu haben, das, was ins eigene Innere aufgenommen wurde, der Öffentlichkeit preiszugeben – in einer Form, die diesen Inhalt in optimaler Weise zu seinem Recht kommen lässt.

▬▬ Die Beziehung zwischen Venus und Mars

Wenn diese Qualität entwickelt wurde, kommt es zu einer Antwort auf Mars. Dass Männer vom Mars stammen und Frauen von der Venus, ist blanker Unsinn. Wir alle durchleben sowohl Mars als auch Venus. Mars ist eine gut gepanzerte, kämpferische Kraft, die sich äußern und verwirklichen will. Unter ihrem Einfluss wird die Liebe mit *äußerem Feuer* ge- und betrieben. Dahinter lebt innere Angst und Verletzlichkeit. Von innen her fühlt sich die Marskraft wehrlos und nackt. Der kämpfende, eherne Mars verkriecht sich aus innerer Angst in seinen ›Panzer‹. Es ist die Angst davor, der Verletzlichkeit des anderen zu begegnen und die eigene zu zeigen. Mars betreibt die Liebe im Dunkeln, die Person spielt dabei keine Rolle. Wenn Sexualität nicht mehr ist als nur eine schnelle Nummer im Auto oder im Ehebett, so ist das typisch Mars. Nur die sexuellen Leistungen zählen, und es wird nach rascher sexueller Befriedigung gesucht. Dass diese wenig Frieden schenkt, mag deutlich sein. Das Erringen des *Friedens* aus Marsimpulsen muss von uns erst gelernt werden, weil Angst sich durch Mars panzert und es immer wieder zum Kampf kommt. Erst durch Mut kann der Panzer abgelegt werden und das Kämpfen umgeschmiedet werden. Dann streitet man nicht mehr gegen die Welt und die andere Person, sondern wird fürsorglich. Nur so kann Mars Frieden bringen.

Das Wort Kupfer hat im Niederländischen zwei Bedeutungen: zum einen bezeichnet es den *Käufer*, den Konsumenten, zum anderen das glänzende Metall. Ersteres ist die Mars-, letzteres die Venus-Seite. Wenn Mars die Sexualität bestimmt, wird das Kupfer häufig zu einem von ›wirtschaftlichen‹ Erwägungen bestimmten Faktor. Dann sieht es so aus, als fänden sich einfach ein Produzent und ein Käufer und schlössen einen Handel ab. Wenn so etwas zur Regel wird, fühlt sich ein Mensch früher oder später buchstäblich verraten und verkauft.

Die Venuskraft dagegen ist ganz anderer Natur. Venus hat keinen Panzer und keinen Schild. *Diese* Liebeskraft liebt einen Menschen nicht aus ›Konsuminteresse‹, sondern rein aus Liebe. Soll das erwärmende rote Kupfer zwischen Menschen entstehen, so ist es die Liebe, die sie erwärmend und verletzlich verbindet. Die warme Glut umhüllt jede Liebesgeste, dadurch ist diese Venusliebe das Tor zur Sonne, wo die Liebe einst begann. Von der Sonne her begann die Liebe ihren Weg zum Menschen. Sie tauchte in das Allzumenschliche unter, und der Mensch wurde zum Käufer und Händler der trivialisierten Liebe. Doch sie wird sich allmählich daraus wieder erheben.

Nicht nur die Sexualität, auch Aufmerksamkeit, Fürsorglichkeit und ein gutes Gespräch sind Formen der Liebe. Auch ein gastfreundlicher Empfang und seelische Hilfe sind normalerweise Formen, in denen die Liebe lebt. Häufig haben sich diese Gebiete in käufliche Ware verwandelt, man kann sich, wenn man über eine gut gefüllte Geldbörse verfügt, mit all diesen Dingen eindecken. Dennoch sollte man darüber nicht trauern oder klagen, denn sie sind erst dann zutiefst betrüblich, wenn wir darin stecken bleiben. Alles das musste entstehen, weil die Marskräfte die Liebe in ein allzu irdisches, ›eisernes‹ Egoismuskraftfeld führten. Venus sucht und bewirkt die Auferstehung der Liebe aus ihrem schweren, irdischen, materialistischen Dasein voller Egoismus. Sie führt die Liebe auf neuen Wegen zurück, sie reinigend, harmonisierend und kühlend. Sie macht aus dem Gold, das zu Eisen wurde, rot glänzendes Kupfer, sodass das Rot des Mars und der Glanz des Goldes in der kupfernen, vermenschlichten Liebe zusammenströmen. Diese Wirkung lässt sich real in den physikalischen Tatsachen wieder finden, denn das Eisen des Mars hat eine Elektronenpositivität von + 34, Kupfer dagegen eine Elektronennegativität von – 34. So scheinen Mars und Venus Gegenpole zu sein, und so werden sie auch immer dargestellt. Betrachten wir sie gleichsam als zwei Enden einer Linie, so stimmt dies. Doch dies ist materiell gedacht, nicht kosmisch. Besser ist es, Mars und

Venus als Zwillinge zu sehen, von denen der eine (Mars) eine Wirkung in Gang setzt und der andere (Venus) diese Wirkung vollendet und abrundet. Dadurch bildet sich ein Kreis, in dem Mars und Venus eher wie Frage und Antwort denn als Gegensätze zueinander stehen. Sie sind eigentlich keine Gegenstände, auch nicht am Himmel. Dort sind sie die beiden Planeten, die zusammen die Sonnensphäre umgeben. Mars verursacht Wirkungen aus der Sonnensphäre heraus, Venus wartet auf die Rückwirkungen des Menschen und führt diese in die Sonnensphäre zurück. Bereits Ptolemäus benutzte dieses kosmische Bild und gruppierte Venus und Mars auf kreisförmigen Bahnen um die Sonne, weil diese mit den Bewegungen göttlicher Wesen übereinstimmen.

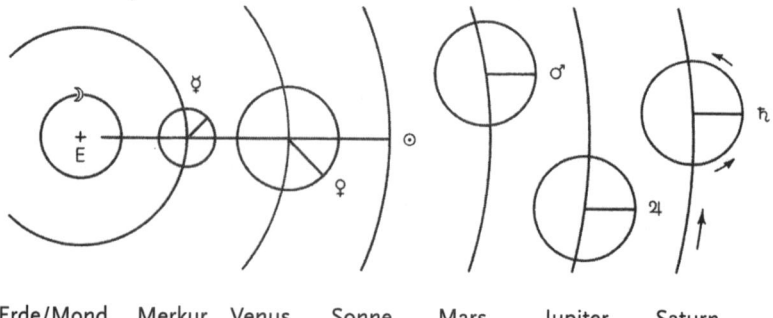

Erde/Mond   Merkur   Venus   Sonne   Mars   Jupiter   Saturn

Aus dem Handbuch der Astronomie des Ptolemäus
(Quelle: Elisabeth Vreede, *Astronomie und Anthroposophie*, S. 69).

Venus und Mars sind also wie Zwillinge, die sowohl zusammenwirken wie auch ihre eigenen Wirkungen ausüben.
   Vielsagend ist auch die Symbolik der Zeichen von Mars, Erde und Venus:

Das Zeichen der Erde ist ♁
das Zeichen des Mars ist ♂
das der Venus ♀

Das Symbol der Erde ist der Kreis mit dem Kreuz darauf. Im Zeichen des Mars wird die Richtung des Kreuzes aus dem Gleichgewicht gebracht. Diese destabilisierende Wirkung der Marskräfte wurde bereits im Kapitel »Mars – Eisen« als diejenige Kraft beschrieben, die die Achse der Erde verschiebt. Die Verschiebung der Erdachse wird sichtbar in der abweichenden Richtung des Pfeils gegenüber dem Kreuz des Erdenzeichens. Ungeformte Marskräfte kennzeichnen sich durch Aktivität und fast aggressive Zielstrebigkeit. Diese Qualität drückt sich in der Verwandlung der Kreuzform in den Pfeil aus:

Von der Erde ♁
zum Mars ♂

Als Folge des materialisierenden Kraftpfeils des Mars entstehen Egoismus und Leid. Das Kreuz weist dann nicht mehr in Richtung des Kosmos, sondern es wird zu einem Kreuz, das umgepolt wurde und durch die Erde geht. Ein Weg voller Leid, doch auch voller Chancen menschlicher Entwicklung. Venus zeigt die Wiederherstellung des Liebes-Kreuzes, das durch die Erde gegangen ist und nun wieder in den Kosmos, in die geistige Welt hineinstrahlt. Sie sehnt sich und wartet auf die durch die Erde gegangene geläuterte Liebe. Ihr Zeichen ist daher das ♀. Eine exakte, weise Symbolik des Weges der Liebe durch den Menschen in die Welt, durch sie hindurch und wieder aus dem Irdischen auferstehend und befreit:

von der Erde ♁
über den Mars ♂
zur Venus ♀.

Der Weg ist eine kryptische Wiedergabe, ein Extrakt all dessen, was über diese Planetenkräfte und die Wirksamkeit der in ihnen wirkenden Wesen gesagt werden kann. Der Satz »Männer kommen vom Mars und Frauen von der Venus« klingt in Wirklichkeit also folgendermaßen:

»Menschen entwickeln sich auf der Erde
über den Mars hin zur Venus.«

▬▬ Bilder des Kupfers

Kupfer wird häufig beim Bau von Dächern verwendet. Die Kathedrale von Chartres zum Beispiel hat ein riesiges, schon von Weitem sichtbares, grün angelaufenes Kupferdach. Das Grün entsteht dadurch, dass das Kupfer der Witterung ausgesetzt ist. Es bildet sich eine dünne Schutzschicht auf dem Metall. Außerdem wurde Kupfer früher viel im Haushalt verwendet und zur Herstellung von Töpfen und Pfannen, Schalen, Bechern und Essgeschirr benutzt. Die Türglocke war aus Kupfer und mancher Griff an Schränken oder Schubladen ebenfalls, wie auch bei Leuchtern. Dieses Kupfer war beliebt und wurde mit großer Sorgfalt glänzend gehalten. Man könnte sagen, dass Kupfer überall da benutzt wurde, wo es um einen Übergang geht. Kupfer schafft Verbindungen, es leitet sehr gut und schafft damit eine verbindende Brücke zwischen Entgegengesetztem. Wenn wir essen, geht die Nahrung vom Äußeren ins Innere über, wenn wir kochen, wird die Speise essbar und verdaulich gemacht, sodass wir sie mit Genuss zu uns nehmen können. Kupfertöpfe passen sehr gut zu diesem Prozess. Die Türglocke hilft, den Besucher und den Bewohner des Hauses miteinander in Kontakt zu bringen, und ein Leuchter hilft, das Licht zu tragen und zu verteilen. Das Kupferdach verbindet Himmel und Erde, kupferne Regenrinnen führen das Himmelswasser zur Erde. Kupfer verbindet, doch es zergeht nicht, es verfärbt sich lediglich. Die Kessel der ersten Dampfmaschinen und Dampflokomotiven bestanden noch aus warmem Kupfer. Auch hier schlug das Kupfer eine Brücke zwischen dem Zeitalter des Pferdes und dem neuen, technischen der Pferdestärken, der PS. Später wurde Kupferdraht für die Elektrizität und Telefonleitungen benutzt.

Doch dieses verbindende Kupfer ist heute aus unseren Häusern weitgehend verschwunden. Weder in der Küche noch an unseren Möbeln oder an der Türklingel ist noch Kupfer zu finden. Manchmal sammelt jemand noch aus Nostalgie Kupfergegenstände, doch im Allgemeinen umgeben uns heute ›praktische‹, weniger unterhalts- und pflegeintensive Materialien.

Indem wir das sichtbare Kupfer verloren und an die unsichtbare Welt der Elektrizität und der Technik verkauften, wurden wir unbemerkt der Wirkung der Venus beraubt. Schönheit wurde zur Handelsware und damit für den Käufer frei verfügbar. Verletzlichkeit und Reinheit auf dem Gebiet der Sexualität wurden als lächerlich, naiv oder altmodisch abgestempelt. Ein grober Umgang mit bzw. eine Verrohung in allem, was mit der menschlichen Sexualität zusammenhängt, wurde ›normal‹. Und das alles spielt sich heute nicht mehr nur im einzelnen Menschen oder in einer Menschengruppe ab, sondern in der gesamten Kultur. Was würde ein Comedian, ein Werbemensch oder ein Autoverkäufer erreichen, wenn er nicht die Venuswirkungen ausbeuten würde?

Kupfer wird manchmal kalt geformt und bearbeitet. Menschliche Intimität wird ebenfalls ›kalt verarbeitet‹, wenn die Sexualität ihres Glanzes und ihrer Natürlichkeit beraubt ist. Auf alten Abbildungen ist das kupferfarbene Haar das Einzige, womit sich Venus ein wenig bedeckt. Noch immer zeigt die Nacktheit des menschlichen Körpers, wie verletzlich wir sind und wie wir nach ›kupferfarbenem Haar‹ verlangen. Es ist ein Bild der vermenschlichten Liebe. Das goldene Engelshaar ist zum roten Kupfer geworden, wenn wir die Liebe durch alles Irdische hindurch entwickeln. Dann nimmt die Sexualität ihren sinnvollen Platz im Ganzen ein und wird zum ›Kupferglanz‹ zwischen den Menschen.

Woraus besteht das Vermenschlichen der Liebe? Wir haben einen ganzen Strauß verschiedener Themen betrachtet: Wir haben uns gedanklich mit den Kräften der sieben Planeten in uns und der Wirkung der sieben dazugehörenden Metalle befasst; außerdem befragen wir die Bilder aus dem Märchen von *Eros und Fabel*; und eingangs widmeten wir uns der Frage, wie sich die Sexualität von der rein körperlichen Aufklärung lösen und sich als Teil des größeren Ganzen der menschlichen Beziehungen besprechen lässt. So stellt sich die Frage: Wie hängen all diese Aspekte miteinander zusammen? Was ist der ›Kupferdraht‹, der all diese Facetten miteinander verbindet?

Wir machen uns zunächst einmal den Weg zu einem sinnvollen gemeinsamen Ziel klar, wie ihn alle Menschen gehen. Dabei handelt es sich um nicht weniger als darum, den Entwicklungsweg der Liebe zu gehen. Dieser hat viele Facetten, doch er will in allem und allen, überall und jederzeit anwesend sein und zur Wirksamkeit kommen. Auch wenn wir es nicht immer so sehen können: Wir sind auf der Erde und wir sind

Mensch, um diesen gemeinsamen Entwicklungsweg zu gehen. Liebe gab es immer schon im Kosmos. Doch eine Liebe, die in den Kosmos zurückströmt, nachdem der Mensch das Materielle durch sie erlöst hat, ist etwas Neues, und darauf wartet Venus. Darauf wartet auch Freya. Darin will Gold zu Kupfer werden. Und dies ist der Weg, der auch für die Sexualität vorgesehen ist. Aufklären bedeutet, dass wir diesen Weg in uns selbst in aller Klarheit freilegen, sodass wir Kinder, Schüler und einander aufklären können. Sodass wir Kinder nicht im Dunkeln lassen, indem wir ihnen lediglich technische Tatsachen und mechanisches Wissen über Hormone, Fortpflanzung und den Geschlechtsakt als solchen vermitteln. Denn wenn es nur dabei bleibt, ist dies nichts anderes als das Entmenschlichen der Liebe und damit des primären Ziels des Menschseins. In jeder Aufklärung und in allen Begegnungen zwischen uns und den Jugendlichen möchte ein Bewusstsein der wirklichen Liebe erzeugt werden.

Der Ort der Sexualität

Jedem Menschen wurde eine Reihe von Möglichkeiten mit auf den Weg gegeben, sich mit einem anderen Menschen zu verbinden. Um sich mit der Welt des Geistes zu verbinden. Um sich mit der Natur, dem Pflanzenreich und den Tieren zu verbinden. Und um sich mit den Kräften und Wirkungen jener Wesen zu verbinden, die wir nicht mit bloßem Auge wahrnehmen können. Engel und Elementarwesen, die Wirkungen des Bösen und der Gegenmächte – wir nehmen sie nicht mit physischen Sinnen wahr. Doch genauso wie Amerika und Australien existieren, auch wenn wir diese Kontinente von hier aus nicht sehen können, so existieren auch diese Wesen und ihre Wirkungen. Vor der Zeit der großen Entdeckungsreisen dachte der Europäer, dass die Welt an der Grenze seines ihm bekannten Umfeldes zu Ende sei. Als man diese Grenzen überschritt, entdeckte man vieles, was man zuvor nie gesehen hatte und was daher auch außerhalb des eigenen Weltbildes lag. Plötzlich wurde die Erde rund und es gab andere Kontinente und unbekannte Völker. Doch was man nie gesehen hatte, wurde bis dahin immer heftig geleugnet.

In unserer Zeit sehen die meisten Menschen keine Engel und auch keine Elementarwesen. Wir sehen noch keine Götter und auch keine

Dämonen. Doch es gab genügend ›Entdeckungsreisende‹, die unserer Welt davon berichtet haben, sodass wir unser Weltbild auf der Basis ihrer ›Augenzeugenschaft‹ erweitern können. Rudolf Steiner sprach und schrieb als ›Augenzeuge‹ eine ganze Bibliothek mit Berichten über diese Welten des Geistes. Wer sich in seine Worte und die anderer Zeugen vertieft, der beschäftigt sich damit, die unterschiedlichen menschlichen Möglichkeiten des Sich-Verbindens zu entwickeln.

Kehren wir zur Frage der Sexualität zurück, so können wir sie als eine dieser Verbindungsmöglichkeiten sehen, gewissermaßen als erste Perle in einer langen Kette. Das *denkende Bewusstsein* ist eine weitere Perle voll verbindender Kraft. Wer erleben muss, wie das Bewusstsein schwächer wird und das Denken im Falle einer Beeinträchtigung des Gehirns mühsamer oder gar unmöglich wird, der leidet darunter, dass er nur noch mit Mühe Beziehungen zu anderen Menschen herstellen kann, denn die Verbindung gelingt nicht mehr so gut. Das Denken ist eine der Perlen, die in der Muschel der Venus heranwachsen. Jedes gute Gespräch, jedes gute Buch hilft uns, aus der Isolation heraus zu einer menschlichen Verbindung zu gelangen; und durch diese verbindenden ›Kupferdrähte‹ strömt die Liebe. Wir lieben den und das, was wir verstehen, und wir lieben auch denjenigen, der wiederum uns versteht. Das echte aufmerksame Denken über etwas oder jemanden ist immer Liebe. Wenn wir an jemanden denken oder über jemanden nachdenken, so überbrückt dies den Abstand, der uns trennt, jedenfalls dann, wenn wir denkend versuchen, den anderen oder das andere zu verstehen und ihm zu folgen. Nur dieses Ziel macht das Denken zu einer Perle! Das egozentrische Denken dagegen bedeutet, dass man aus dem Eigenbild, dem eigenen Urteil und dem eigenen Interesse über den anderen denkt. Dieses Denken zerstört eher die Brücke, die uns und den anderen verbindet.

Das *Sprechen*, das Wort, ist eine weitere kostbare Perle. Wer je in einem Land Urlaub gemacht hat, dessen Sprache er nicht mächtig war, hat gewiss schon die elementare Erfahrung gemacht, dass die Sprache eine Brücke zwischen Menschen bildet. Menschen, die infolge eines Schlaganfalls unter Aphasie (Wortfindungsstörung) leiden, oder Menschen, die stottern oder taub sind, sind gezwungen, Wege zu finden, um ihre Isolation zu durchbrechen. Echte Brückenbauer sind dagegen Menschen, die in einer Geschichte, einem Lied, einem Gedicht oder einem Gespräch erklingen lassen, was in ihnen und im anderen lebt.

Wir kennen alle die Empfindung der Wärme und der Freude, die uns erfüllen kann, wenn jemand etwas ausspricht, das den Nagel genau auf den Kopf trifft und das artikuliert, was wir selbst ebenfalls spüren und erfahren. Die Worte sind dann *aus Kupfer* und verbinden Gefühl und Erfahrung. In Goethes *Märchen von der grünen Schlange und der schönen Lilie* wird die Frage gestellt: »Was ist erquickender als Licht?« Und die erlösende Antwort lautet: »Das Gespräch«.

Herzenskräfte sind ebenfalls Perlen menschlicher Verbindungsmöglichkeiten. Im warmen Herzensschlag verbirgt sich das Geheimnis des Menschen. Da werden wir innerlich in Bewegung gebracht durch alles, was in uns und um uns herum lebt. Wenn dies nicht mehr gelingt, wenn wir uns innerlich nicht mehr mit dem verbinden können, was auf uns zukommt, dann verstopfen die Blutgefäße und das Herz stagniert. Wenn wir erschrecken und kurz fassungslos sind, kann es sein, dass unser Herz sich ›überschlägt‹. Und wenn wir diese Fassung ganz aufgäben und für immer losließen, würde das Herz ganz aufhören zu schlagen. Wir können durch unsere menschliche Herzenskraft also tief empfinden und nachfühlen. Das gilt ebenso für Sympathie und Liebe, Antipathie und Hass, je nach dem Umgang, den wir mit uns und der Welt pflegen.

Es gibt noch viele weitere verbindende Perlen außer den genannten. Die Fähigkeit, sich zu bewegen, die Fähigkeit, etwas zu verarbeiten, der Humor – es sind alles menschliche Möglichkeiten der Verbindung. Wir haben sie parallel zur Ausbildung unserer Individualität entwickelt, weil wir durch die Individualisierung stärker in die Vereinzelung geraten. Wir führen unser eigenes Leben mit unserem eigenen Schicksal und eigenen Zielen. Dies gibt Freiheit, Selbstständigkeit und Eigenverantwortung, doch zugleich verlieren wir dadurch rasch den Zusammenhang zwischen uns und dem anderen. Wir nehmen die Unterschiede zwischen uns und dem anderen wahr und finden den anderen dann komisch, tadelnswert oder ärgern uns über ihn. Dadurch erheben sich immer wieder dieselben Fragen: Wie können wir uns mit einem anderen Menschen verbinden? Wie können wir ihn kennenlernen? Und wie können wir ihn vor allem lieben lernen?

Menschsein bedeutet in unserer Zeit, auf eigenen Beinen zu stehen, doch die Liebe verlangt gleichzeitig danach, dass wir auch gut miteinander verbunden sind. Das beinhaltet die Entwicklung *aller* Perlen, die eine solche Verbindung bewirken. Die allerirdischste, physischste dieser Perlen ist die Sexualität. Es mag so scheinen, als nähme diese Perle die alleruntersten Position in der Kette ein und alle anderen stünden weit über ihr. Wenn die Sexualität so isoliert betrachtet wird, kann sie niemals zu ihrem Recht kommen. Obwohl die Sexualität die physischste Form des Sich-Verbindens ist und beispielsweise Meditation und Gebet die spirituellsten Formen, wäre es doch falsch, über jene nur mit Verachtung und über diese mit Hochachtung zu sprechen. Denn in Wirklichkeit ist der Faden kein Faden, sondern eine Perlenschnur, eine Kette. Es ist, als beiße sich die grüne Schlange der Lebenskraft in den eigenen Schwanz. Die bewegliche Lebenslinie ist aufs Neue *ein Kreis*.

Viele Menschen halten das Höchste und das Niederste krampfhaft auseinander, doch die beiden Pole müssen in einem Kreis gedacht werden. Beginn und Ende halten einander fest. Wenn Sexualität nicht zu einer liebevollen, verbindenden Perle innerhalb der Totalität der menschlichen Beziehungen wird, so wird der Kreis niemals rund und bleibt Fragment. Sexualität und Spiritualität sind die beiden Enden der Lebensschnur. Es ist unwichtig, ob in einem Leben viel oder wenig Sexualität enthalten ist, oder ob auf diesem Gebiet viel oder wenig geleistet wird. Wollten wir es messen, dann wäre das ein ›wirtschaftliches‹ Denken an der falschen Stelle. Auch Menschen, die sexuell nicht mehr aktiv sind, können sie in ihrer Erinnerung oder durch eine kleine Geste, etwa eine liebevolle Berührung des Partners, durchaus in ihrem Wert schätzen. Es geht darum, Sexualität aus ihrer isolierten Position zu befreien und in den verbindenden Liebes-Kreis des Menschen aufzunehmen.

Leben und Tod sind zwei Seiten desselben Tores, und sie runden das Leben. Auch das Leben selbst ist keine Linie, die willkürlich irgendwo beginnt und irgendwo anders aufhört. Das Leben ist immer ein Kreis, der sich immer mehr erweitert, bis er irgendwann wieder zu sich selbst zurückkehrt und mit seinem Zentrum zusammenfällt. Dieses Zentrum ist ein Punkt, der zugleich Keim wie auch ausgereifter Samen ist. Nur eine Menschheit und ein Wissen, die sich isoliert haben und materiell geworden sind, stellen sich alles Menschliche in Linien und endlich vor.

Tatsächlich aber ist alles Menschliche erst dann wirklich verständlich, wenn wir es in Kreisen und in Ewigkeitsdimensionen zu denken lernen.

Die Liebe wird vermenschlicht, wenn sie den gesamten Kreis der Verbindungsmöglichkeiten im Leben geöffnet hat, von der geistigen Verbindung mit der Liebe bis hin zum Eingliedern der Sexualität als einem Instrument der Liebe. Nochmals, Sexualität ist weder schlecht noch führt sie uns vom Weg ab. Sie lässt uns nur bemerken, dass der Mensch vom Weg abkommen *kann*. Dies gilt für alle Gebiete, auf denen wir Verbindungen herstellen, allein, die Sexualität bringt den Sachverhalt am unmittelbarsten ans Licht.

Sexualität ist nicht mehr oder weniger als das Ausdrücken der Liebe gegenüber dem geliebten Menschen durch das Mittel des Körpers.

Damit ist sie weder *niedrig* noch *schmutzig*. Sexualität ist auch keineswegs banal oder etwas Alltägliches, auch wenn Menschen im Umgang mit ihr häufig so darüber denken und sprechen. Darin kommt lediglich die *eigene* Banalität zum Ausdruck und außerdem die eigene Unfähigkeit, mittels der Sexualität Liebe zu zeigen. All das sagt viel über denjenigen, der das Instrument spielt und der die Regie führt. Doch es sagt nichts über das Instrument als solches, das eine der gottgegebenen Möglichkeiten der menschlichen Verbindungen ist, unsere getrennten und isolierten Lebensfäden zu heilen.

Es geht darum, dass alles, was das Schicksal im eigenen Leben oder in dem des anderen Menschen, der mit uns verbunden ist, mit sich bringt, dankbar aufgenommen und in Liebe umgewandelt wird. Alle größeren und kleineren körperlichen Verbindungsmöglichkeiten können so in Liebe umgewandelt werden. Das gilt für die Sexualität, beispielsweise aber auch für das Stillen. Wenn wir ein Kind stillen, können wir den Mangel an Nachtruhe und alle anderen Entbehrungen, die damit einhergehen, so lange verwandeln, bis sie als Liebe mit der Muttermilch mitfließen. Wenn wir uns geschlechtlich miteinander vereinigen, so fordert uns das Schicksal auf, mit der Sexualität die Liebe selbst zum Strömen zu bringen. Wenn wir allein sind, können wir uns darin üben, die stille, friedvolle Liebe in uns selbst zu erzeugen. Es spielt keine so große Rolle, welche Art von Leben das Schicksal uns zugewiesen hat, nur das Nicht-Akzeptieren des Lebens wäre vergeudete Energie. Die Lebenschancen liegen nicht darin, dass wir das Leben so lange manipulieren, bis es uns befriedigt. Das Leben kann auch unter schwierigen, seltsamen, hektischen oder einsamen Umständen so gelebt werden, dass wir die Weisheit finden, ihm Liebe zu entringen. All die Fixierung darauf, was wir selbst leben sollen, oder auf das, was der andere lebt, ist eine Sackgasse, die neben dem eigentlichen Lebens-Weg verläuft. Worum es geht, ist, *wie* wir das Leben leben, das wir leben.

Jegliche Konvention, alle moralischen Ge- und Verbote, alle Erziehungs- und Konditionierungstechniken haben mit dem zu tun, was erlaubt oder nicht erlaubt ist, was gut ist oder schlecht. Doch der selbstständig gewordene, individuelle Mensch soll sein Bewusstsein und sein Herz zu einem frei gebildeten Gewissen hin entwickeln – unabhängig von Urteilen und Verurteilungen, ganz gleich, aus welchem Normensystem sie stammen. Ganz direkt und intuitiv wird ein Mensch dann wissen, was das Richtige ist, was er in einer bestimmten konkreten Situation zu tun hat, in die ihn das Schicksal hineingestellt hat. So können wir sogar lernen, uns zu streiten auf der Basis der Liebe zum anderen und um der Sache willen, um die es geht. Wir sprechen nicht ohne Grund von »heiliger Entrüstung« – ein Ausdruck, der sowohl die heftige Gemütsbewegung andeutet als auch das Heilige. Denn »heilig« ist zugleich heilend und ganzmachend.

Sexualität will über die Grenze des Todes in der Materie getragen werden. Sie will teilnehmen an allen anderen Liebes-Chancen des Menschen. Sie will Himmel und Erde verbinden, so wie es jedes Gebet tun will und jede echte Berührung, mit der wir einander anrühren und benennen.

Die verbindende Kraft des Kupfers

Alles Übel und Böse ist isoliert und isolierend.
Es ist das Prinzip der Trennung.
Novalis Schriften III, 390 (653), S. 152

Das tiefste Geheimnis der Liebe ist, dass es zu ihrer Entstehung immer zwei braucht. Liebe kann zwischen einem Menschen und einem anderen entstehen, aber auch zwischen einem Menschen und allem, was ihn umgibt. Auch die Natur, die Arbeit und das Leben ringsum kann man lieben lernen. Zwischen Himmel und Erde ist Menschenliebe die tiefste Frucht der Begegnung eines Menschen mit jemandem, der ihm fremd war und der nun von ihm als etwas Eigenes in sich aufgenommen wird. Ein Mensch, der sich einen anderen nicht ›eigen‹ machen kann, der den anderen als einen Fremden erfährt, der kann nicht lieben. Er ist und bleibt allein. Die Kluft zwischen Menschen muss überbrückt werden, dann füllt sie sich mit Liebe. Liebe ist das Lebenswasser, und so wird die Kluft zu einem schiffbaren Fluss, der den einen mit dem anderen verbindet. Dieser Fluss besteht aus Strömen der Liebe, die jede Trennung aufheben. Alles Leid und alles Böse entspringt aus der Isolation eines Menschen. Isolation ist, wie Novalis es schon beschrieb, etwas Unmenschliches; und doch kennt jeder Mensch den Urschmerz der Absonderung, des isolierten Daseins. Liebe leuchtet auf als die gottgegebene Möglichkeit, die Kluft der Sonderung und Isolation zwischen uns und dem anderen zu schließen. Darum lebt und webt sie zwischen den Menschen.

Alles, was aus Liebe geboren wird, ist gezeugt zwischen zwei Menschen oder aus dem Göttlichen. Aus einem ›isolierten‹ Menschen kann nichts Gutes geboren werden. Isolation darf nicht dogmatisch aufgefasst werden. Es gibt Menschen mit einem Partner und Kindern, die innerlich abgekapselt, verhärtet und isoliert leben. Sie sind, genau betrachtet, alleinstehend. Daneben gibt es Menschen, die zwar alleinstehend sind, also ohne Ehe oder Familie, und doch nie in Isolation leben, die jede Kluft zwischen sich und den anderen so zu überbrücken vermögen, dass sie Liebe erwecken. In unserer Zeit sind Regeln und Institutionen wie die Ehe äußere Wegweiser zu dem, was im Innern erreicht werden will. Die äußeren Formen sind das Bild einer Fähigkeit, die die Menschen jetzt innerlich in freier Selbstständigkeit zu verwirklichen lernen. Früher musste dieses Ideal durch unfreie, auf Unselbstständigkeit basierende Formen festgelegt werden. Alle Ehesymbole wie Ringe, Hochzeitskleider, Feste und Empfänge, Eheverträge und Verpflichtungen, gemeinsamer Haushalt und so weiter sind solche festen Formen. Sie sind nicht unbedingt falsch, doch sie sind alt. Denn jedes Symbol und jede feste Form will in der heutigen Zeit *inhaltlich-sachlich* mit Sinn erfüllt werden. Auf dem Weg dorthin geht das Alte häufig verloren, während die Fähigkeit, die Dinge neu zu greifen, noch lange nicht vollständig ausgereift ist. Dann helfen die Bilder der Ehe- und Heiratssymbole, eine Richtung zu finden, die in die Zukunft führt. Wir wollen sie einmal einzeln betrachten.

Das *Bewusstsein*, mit dem wir den anderen umschließen, will wie ein *goldener Ring* sein. Das *Gefühl* will die reine Schönheit des anderen zu ihrem Recht kommen lassen, und das bedeutet, dass wir den anderen in ein langes weißes *Hochzeitskleid* hüllen. Dieses weiße Kleid ist bildlich gesehen als Symbol der inneren Schönheit nicht nur der Braut zugedacht, sondern auch dem Mann.

Die *Eheurkunde* ist – neben ihrer rechtlichen Bedeutung – auch ein Symbol und steht für den tiefsten Willen, dafür zu sorgen, dass der andere im Leben das umsetzen und verwirklichen kann, was seine Aufgabe ist. Sie ist die moderne Gestalt dessen, was im traditionellen Sinne die *materiellen ehelichen Pflichten* waren. Inzwischen wissen wir alle, dass dieses Inanspruchnehmen der traditionellen Formen keinerlei Garantie für eine gute Ehe bietet. Diese Formen sind im wahrsten Sinne ein Vor-Bild und ein Auftakt, und sie symbolisieren die Hoffnung, rein aus dem Wesen der Sache heraus menschliche Verbindungen zu schaffen. Wir können uns durch *jede* Verbindung mit einem anderen Menschen ›vermählen‹ und in Gemeinschaft leben, sei es Mann oder Frau, Alt oder Jung – unter der Bedingung, dass wir uns ständig darin üben, unsere Isolation zu durchbrechen, Brücken zu bauen und verbindende Liebe zu erwecken.

Die *Sexualität* kann helfend und unterstützend ihren Beitrag bei der Bildung von Beziehungen leisten, doch wenn sie wichtigste Triebfeder ist, werden sie früher oder später, wenn die Begierde befriedigt ist, austrocknen. In dauerhaft tiefgründenden Beziehungen kann die Sexualität eine große Bedeutung für die Liebe haben, wenn die sexuellen Begegnungen ein Ausdruck der Liebe sind. Dies geschieht, wenn wir die Sexualität *verinnerlichen*. Wenn wir jegliche Form von Sexualität als einen *Anfang* – als den Anfang einer Verflechtung der *Seelen*, der eigenen Seele mit der des anderen – sehen. Nach dem Ausleben der Sexualität will im Innern eine weitergehende und tiefere Nähe gefunden und gestaltet werden. Nach jedem Geschlechtsakt ist jedes Nachspiel eine *Frage*: »Können wir in liebevollem Ernst zu uns durchdringen lassen, von wem wir durchdrungen wurden oder wen wir durchdrungen haben?« Wenn sich die Sexualität dann aufgrund des Älterwerdens oder körperlicher Hemmnisse allmählich zurückzieht, kann es zu einem einzigen großen ›Nachspiel‹ zwischen Menschen kommen. Jetzt kann die geschilderte ernste Liebesfrage zum *Verinnerlichen* der körperlichen Liebe führen. Wenn wir einander nicht bis in diese fruchtbaren Tiefen hinein wirklich, wesenhaft und wahrhaftig als ›unser eigen‹ erfahren haben und begegnet sind, so ist die Kluft nicht wirklich überbrückt, und die Beziehung wird uns, mit oder ohne das Gleitmittel der Sexualität, unter den Fingern zerbröckeln. Dann werden wir irgendwann mit einem anderen Menschen einen neuen Versuch machen – was im Übrigen gesund, hoffnungsvoll und verständlich ist.

Wenn es Menschen gelingt, die Kluft zu überbrücken und der Strom der Liebe diese Kluft mit klarem Wasser füllt, so wird dieses ›Liebeswasser‹ zu einem doppelten Spiegel. Einem Spiegel, in dem wir einander ständig wahrnehmen können, weil das Bild beider darin sichtbar wird. Das Wort Spiegel verwenden wir auch, um eine Wasseroberfläche zu bezeichnen. Auch der fließende Liebesstrom zwischen Menschen kennt unterschiedliche Wasserstände. Wir können sie als den *Liebesspiegel* bezeichnen. Das Verhältnis dieser beiden Spiegel – das gegenseitige Spiegelbild wie auch die Höhe des Liebesspiegels – verdeutlicht die folgende Grafik:

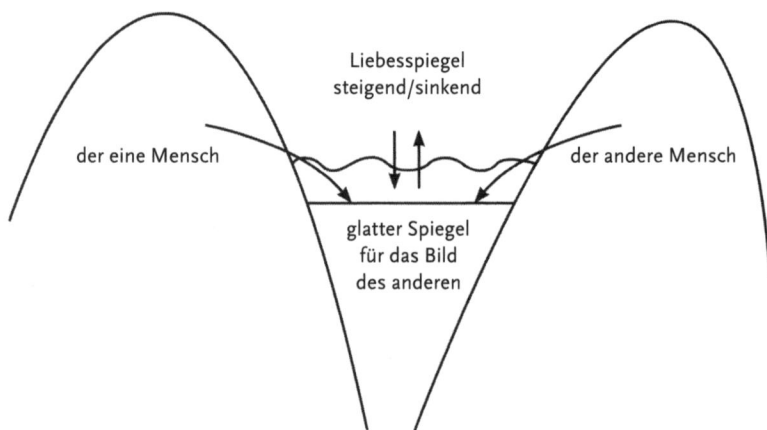

Hat die schöne Venus Menschen in Liebe miteinander verbunden, dann spiegeln wir das Bild des anderen. Durch die verbindende Kraft des Kupfers nähern wir uns einander, und die Kluft, die uns voneinander trennt, füllt sich mit dem Liebesstrom. Die Höhe des Liebesspiegels steigt oder sinkt, in Abhängigkeit von dem kupferfarbenen Wärmestrom, mit dem wir einander liebevoll umhüllen und festhalten. Wenn die Kluft überbrückt ist, wird die eigene Seele zu einem Spiegel. Die Fähigkeit, ein Spiegel für den anderen zu sein, ist eine silberne Mondqualität. Wenn dann im Spiegel das Bild des anderen erscheint und wir dieses liebevoll in unser Bewusstsein aufnehmen, so entdecken wir die goldene Wahrheit des anderen. Das ist eine Sonnenqualität. Wie wir zu einem reinen Spiegel werden können, das lernen wir, indem wir die Sonne (Gold) in den Mondenspiegel (Silber) scheinen lassen. Die Vorbedingung dafür wurde von Venus (Kupfer) geschaffen.

Prostitution

Venus wartet auf die Rückkehr der Liebe, die durch die Menschen selbst erzeugt worden ist. Venus wartet nicht auf Sexualität, denn wenn Sexualität nur Sex ist und nichts weiter, stirbt sie, sobald sie diese Erde verlässt. Beziehungen, die sich ausschließlich auf Sex gründen, sterben deshalb, wenn der Körper ›stirbt‹. Die Liebe allerdings, die sich im und durch den sexuellen Umgang der Partner gebildet hat, überlebt das Irdische und stirbt nicht. Jeder, der die bezahlte Liebe sucht, weiß genau, dass dadurch keine bleibende Beziehung gebildet werden kann, solange keine wirkliche Wesensbegegnung stattgefunden hat. Das ist die Realität der Frauen und Männer in der Prostitution, die den körperlichen Sex als einzige Begegnungschance mit ihren Kunden haben. Manchmal kann daraus dennoch eine tiefere Beziehung entstehen, doch fast immer ist eine Prostituierte dazu verurteilt, ausschließlich Sex zu betreiben und der Liebe zu entbehren. Dies gilt auch für ihr männliches Pendant.

Dieser Mangel macht wehrlos, und es ist sehr begreiflich, dass sich eine Prostituierte außerhalb ihrer Arbeit nach Aufmerksamkeit, persönlicher Wertschätzung und Liebe sehnt. Dieses Sehnen wird nur allzu häufig von grausamen Menschen missbraucht, die eine Prostituierte dadurch, dass sie ihr momentweise etwas davon geben, völlig abhängig machen können. So entsteht die Rolle des Zuhälters.

Ein unbeschreiblich eisiger Strom bewegt sich, kaum bemerkt, zwischen den Menschen. Dieser eisig kalte Gletscher besteht in den meisten Fällen aus Frauen, die ohne Liebe zu empfinden endlos »Liebe machen« müssen; Frauen, häufig aus ihren Heimatländern entführt und chancenlos, weil sie bei uns als Sexsklavinnen arbeiten müssen. Frauen, die auch chancenlos sind, weil sie häufig drogensüchtig sind und Geld für ihren nächsten Schuss verdienen müssen. Frauen, aber sehr häufig auch junge Mädchen, die chancenlos sind, weil sie innerlich nicht stark und selbstständig sind, sondern abhängig und schwach aufgrund einer angeborenen oder erworbenen Verletzung ihres Eigenwertes. Es gibt gewiss Ausnahmen, doch ich denke, dass in der Regel Frauen, die in der Prostitution gearbeitet haben, dieses Schicksal ihren Kindern nicht wünschen. Die Prostitution wird als das älteste Gewerbe der Welt bezeichnet, und damit scheint dann alles erklärt und erledigt zu sein. Grausame Diktaturen, Quälereien und Vergewaltigungen sind ebenfalls so alt wie die Welt, doch diese lehnen wir als unmoralisch ab. Die Frauen, die diesen alten Beruf nicht in völliger innerer und äußerer Freiheit und Sicherheit ausüben, sind letztlich Opfer von Grausamkeit, Macht, Quälereien und Vergewaltigungen. In noch stärkerem Maße gilt das für Jungen und Mädchen, die bereits als Kind dieses Schicksal erleiden mussten.

Venus in ihrer Schale wird nackt abgebildet, in einer Nacktheit, die verletzbar und unschuldig ist, auch wenn sie höchst verführerisch wirkt. Überall da, wo die Liebe an Boden gewinnt, verlieren liebloser Sex und das Bedürfnis nach solchem Sex ihren Daseinsgrund. Es geht nicht darum, die Lieblosigkeit zu verurteilen, sondern darum, die Liebe zu vergrößern. In der Zukunft wird auch dieser alte Beruf aussterben können, wenn der Mensch keine größeren sexuellen Bedürfnisse hat als die, die der Liebe dienen, beziehungsweise wenn er in der Lage ist, den Überschuss an Sexualität durch einfache Selbstbefriedigung abzuführen. Bis dahin opfern sich und leiden Prostituierte an ihrem notwendigen Dasein in tiefer eisiger Kälte, inmitten überhitzter Leidenschaften. Das Mindeste, was hier getan werden kann, besteht darin, ihnen eine gute medizinische Versorgung sowie Sicherheit und Freiheit zu garantieren. In einer Kultur, in welcher Mobbingprotokolle eingeführt worden sind, sodass niemand den anderen ungestraft belästigen kann, ist es doch äußerst merkwürdig, dass auf dem Gebiet des Frauenhandels noch so viel geschieht, was das Tageslicht scheut.

Jeder Vater kann jeden Tag durch den eigenen, tief respektvollen Umgang mit dem Gebiet der Sexualität und des Verkehrs zwischen Männern und Frauen seinem Sohn Ehrfurcht und Respekt vor der Venusfacette eines Menschen vermitteln. Jede Mutter kann ihre Tochter das Selbstvertrauen schenken, durch das sie aus ihrer Muschel kriecht (oder aber auch in sie hinein), auf der Grundlage ihrer eigenen freien Entscheidung und in Beziehung mit einem liebevollen, sie respektierenden Partner. Weniger bekannt ist, dass auch eine andere Wechselwirkung existiert: Da gibt der Vater seiner Tochter das Gefühl ihres Eigenwertes als Frau durch sein Verhältnis zur weiblichen Schönheit mit; und umgekehrt vermittelt die Mutter ihrem Sohn in seiner Männlichkeit Ruhe durch ihre eigene respektvolle Haltung gegenüber dem männlichen Element.

Dennoch gibt es keine Garantien in der Erziehung. Trotz bester Sorge und aller Bemühungen kann ein Kind sich verirren, verwundbar und dadurch anfällig werden und in Probleme geraten. Kinder bringen schließlich auch ihr eigenes Schicksal mit, das unter Umständen eine Dickfelligkeit gegenüber allen guten Bemühungen und Beispielen bewirkt. Dann kann es durchaus sein, dass ein solcher Mensch auf einen Beruf verfällt, der ein Übermaß an Kupferqualitäten in sich birgt: die Prostitution.

Zu viel Kupfer bedeutet, dass eine ›Wärmeverbindung‹ mit allem und jedem gesucht wird, ohne dass wirkliche Wärme im Spiel ist. Das ewige Flirten und Herausfordern, endlose Affären, die Sucht nach Abenteuern und sexuellen Eroberungen deuten darauf hin, dass das Kupfer gewissermaßen wuchert, dass die Drähte überhitzt sind. Dann wird Venus nicht aus einer Muschel geboren, sondern auf einem Vulkan, und dann werden viele tiefere Verbindungen zwischen Menschen gar nicht erst entstehen oder sich endlos neue Brüche bilden. Dieses Übermaß an Venuskräften kann manchmal bereits bei Kindern sichtbar werden, die emotional verwahrlost sind. Dann fremdeln sie nicht, sondern verfallen ins entgegengesetzte Extrem. Sie sind dann gewissermaßen jedermanns Kind, kennen keine Grenzen und klettern bei jedem auf den Schoß. Kinder, die Inzestopfer gewesen sind und somit viel zu früh aus ihrer Muschel gezerrt wurden, zeigen regelmäßig ein solches Verhalten. Ihnen fehlt das Eisen, das die Grenzen angibt, und alles, was Marsqualität besitzt, kann ihnen helfen, wieder einen geschmiedeten Zaun zu bilden, der ihrem Dasein Sicherheit gibt. Die Schattenseite des Kupfers kann so durch das Eisen geheilt werden. Die Unfähigkeit, den Übergang zwischen erwünschten und unerwünschten Verbindungen zu erkennen und zu gewährleisten, entsteht also durch zu viel Kupfer, und geheilt wird sie durch Eisen.

Homophilie

Alles, was über die Sexualität, Beziehungen und Liebe gesagt wird, gilt für alle erwachsenen Partner, seien sie nun heterosexuell oder homosexuell. Es gibt keinen Grund, schwule oder lesbische Beziehungen unterschiedlich zu betrachten, da unser Ausgangspunkt in diesem Buch stets der allgemein-menschliche gewesen ist. Dadurch geraten wir nirgends in die Gefahr der Diskriminierung, in welcher Form auch immer. Dass die heterosexuellen und homosexuellen Beziehungen selbstverständlich gleichwertig sind, wird deutlich sichtbar, wenn wir die Unterschiede auf der menschlichen Ebene einmal wirklich nüchtern benennen. Dann zeigt sich, dass im Grunde der einzige Unterschied darin besteht, dass in schwulen oder lesbischen Beziehungen keine natürliche Fortpflanzung möglich ist, denn solche Beziehungen sind unfruchtbar. Zwei Männer können auf biologisch natürliche Weise kein Kind bekommen und zwei Frauen ebenfalls nicht. Natürlich gibt es allerlei Wege, wie zum Beispiel die Adoption, aber dies bleiben immer Lösungen, die durch die faktische Unfruchtbarkeit zwischen zwei Menschen desselben Geschlechtes notwendig werden.

Dieser eine, markante Unterschied nivelliert sich jedoch wieder, wenn wir uns klarmachen, dass auch viele Beziehungen zwischen Männern und Frauen ebenfalls unfruchtbar sind. Es gibt Paare, die keine Kinder bekommen können, Paare, die so alt sind, dass keine Kinder mehr zu ihnen kommen können, und viele sind durch Sterilisation eines oder beider Partner freiwillig unfruchtbar. Damit löst sich der Unterschied zwischen »normalen« Beziehungen und homophilen Beziehungen bereits größtenteils in Luft auf.

Auch in der Art von Beziehungen, die Menschen miteinander aufbauen, lassen sich zwischen den beiden Varianten wenig Unterschiede feststellen. Es gibt homophile Menschen, die sehr tiefgehende Beziehungen aufbauen, und es gibt Schwule und Lesben, die sehr oberflächlich leben und nur sehr flüchtige sexuelle Begegnungen pflegen. Dasselbe gilt jedoch für *alle* menschlichen Beziehungen, auch auf dieser Ebene lässt sich also kein entscheidender Unterschied zwischen homo- und heterosexuellen Menschen finden.

Man möchte leicht meinen, dass in einer Beziehung zwischen zwei Männern besonders viel Männlichkeit ausgelebt wird und viel Weiblichkeit in Beziehungen zwischen zwei Frauen. Nichts ist weniger wahr. Die männlichen und weiblichen Prägungen der beiden Partner sind in homophilen Beziehungen keineswegs gleich. Auch in solchen Beziehungen bestehen zwischen den beiden Männern oder den beiden Frauen häufig große Unterschiede in den individuell vorhandenen männlichen und weiblichen Qualitäten. Homophile Beziehungen sind deswegen, genauso wenig wie heterophile, noch lange nicht immer gleichwertig und emanzipiert. Auch in diesen Beziehungen wird sichtbar, wie Partner einander ergänzen und wie nach einer inneren Integration der unterschiedlichen weiblichen und männlichen Kräfte in der Seele gesucht werden muss. Beziehungen sind überall und immer nur so vollwertig und gesund, wie es von den individuellen Menschen, die diese Beziehungen leben, jeweils erreicht werden kann. Dies gilt genauso für homophile Paare. Es gibt Pornografie für beide Gruppen, es gibt Liebe und Glück, Begierde und Kummer auf beiden Seiten der sexuellen Orientierung.

Woher kommen dann die immer noch auftretende Befremdung und die Verurteilung? Es ist unnötig, Menschen auf subtile Weise ein Etikett zu verpassen, indem wir das, was ein anderer als sexuell anziehend erlebt, als dessen Privatangelegenheit betrachten und auch als solche respektierten. Außer wenn es darum geht, pornografische Erregung zu suchen, ist es *immer* befremdlich, in die Wahrnehmung des körperlichen Sexuallebens anderer hineingezogen zu werden. Bei fast niemandem möchten wir daran denken, Zeugen dessen zu werden, was er im Bett mit jemandem tut und wie er dies tut. Kein normaler Mensch will wissen, wie Eltern, andere Familienmitglieder und Dritte sexuell leben. Natürlich gibt es auf diesem Terrain viel angeberisches und grobes Gerede, doch eigentlich schweigen wir lieber darüber. Je glücklicher das Sexualleben ist, desto intimer will es sich abspielen. Der Planet Venus zeigt dies in charakteristischer Weise. Es ist vulkanisch und heiß auf der Venus, doch der Planet hüllt das ganze Geschehen in Nebel, in dicke Wolkenschichten, wodurch alles, was darunter geschieht, verborgen bleibt. Erst wenn die Venus auf der Erde geboren wird, kann sie aus ihrer Muschel herauskommen und sich nackt zeigen. Denn auf der Erde wird die Liebe die Sexualität heilen, und das kühle Wasser symbolisiert diese Heilung. Auf diese Heilung wartet auf der Venus alles, es wartet auf die von uns gegebenen Antworten.

Wenn das Sexualleben alles andere als schön und glücklich ist, möchten Menschen gern darüber sprechen, doch aufgrund der immer noch existierenden Hemmungen und Tabus gelingt dies meistens nur sehr mühsam. Ein ernsthaftes, gutes Gespräch über diese Materie zwischen Partnern und, falls notwendig, mit einem unbeteiligten Dritten ist noch immer eher Ausnahme als Regel. Dieser ›unbehagliche‹ Umgang mit dem Thema Sexualität ist der eigentliche Grund des Befremdens, das viele angesichts von Beziehungen zwischen Menschen desselben Geschlechtes empfinden. Ohne viele Worte ist es unbestreitbar, dass die Sexualität bei homosexuellen Partnern anders aussieht als bei heterosexuellen. In diesen braucht man sich nicht damit zu konfrontieren, da kann ein Mensch die Illusion hegen, dass auf sexuellem Gebiet Gleichheit herrscht. Natürlich ist dies nicht so, Menschen haben sexuelle Bedürfnisse, Begierden und Gewohnheiten, die sehr unterschiedlich sein können. Von diesen Unterschieden wissen wir beim anderen meistens nichts und wir wollen es auch gar nicht wissen. Dass diese Bedürfnisse aufeinander abgestimmt sind oder werden, spielt eine wichtige Rolle, wenn Menschen sich als Partner zusammentun. Nur scheinbar ist alles aufeinander abgestimmt, wenn der eine ein Mann ist und der andere eine Frau. Wenn zwei Menschen völlig unterschiedliche sexuelle Bedürfnisse haben, kann dies ein ständiger Quell von Missverständnissen und Leid zwischen ihnen sein, seien sie nun heterosexuell oder homosexuell. In unserer Zeit geht es nicht darum, wer auf wen »fliegt«, sondern darum, ob der eine mit dem anderen in Liebe und Respekt zusammenleben kann und will, in allen Facetten des Daseins, homosexuell oder nicht.

Die Homophilie kann in die große Gattung der Beziehungen zwischen Menschen stark unterschiedlichen Alters, sehr unterschiedlicher Kulturen, unterschiedlicher Hautfarbens und so weiter eingeordnet werden. Gemeinsam ist all diesen Beziehungen, dass sie vollkommen akzeptiert und respektiert werden sollten. Sie haben es bereits schwerer, weil in ihnen ohnehin eine Kluft überbrückt werden muss – sei es aufgrund der unterschiedlichen Lebensalter, sei es wegen der unterschiedlichen Kulturen –, und es wäre unmenschlich, diese durch Vorurteile noch zu vertiefen. Wir sind aufgefordert, das Bild des eigenen Lebens, der eigenen Bedürfnisse und Begierden loszulassen und zu erkennen, dass es völlig selbstverständlich ist, dass es auf diesen Lebensgebieten Unterschiede gibt.

Wenn der Gedanke, dass Frauen von der Venus kommen und Männer vom Mars, in seiner Einseitigkeit weiter beherrschend bleibt, wird letztlich die Akzeptanz der Homophilie darunter leiden. Genauso aber die Akzeptanz von Beziehungen wie die zwischen einer älteren Frau und einem jüngeren Mann. In Macho-Kulturen werden solche Beziehungen übrigens eher verurteilt als in Gesellschaften, die mehr die weiblichen Werte betonen.

Das Märchen von *Eros und Fabel* ignoriert jegliches schematische Mars-Venus-Klischee. Die Hauptfigur, Fabel, ist ein Kind, und es gibt völlig unterschiedliche weibliche und männliche Personen. Die verschiedenen Seiten des Weiblichen werden sichtbar in Sophie, Fabel, der Mutter, Ginnistan, Freya und den drei Schwestern. Die vielen Seiten des Männlichen erscheinen in den Gestalten von Arctur, dem alten Helden, dem Vater, Vater Mond, dem Schreiber und der Sphinx. Diese Doppel-Reihe von Mann-Frau-Bildern lebt in jeder Seele, in jeder Gesellschaft und in jeder Kultur, sowohl im Mann als auch in der Frau, ungeachtet ihrer sexuellen Orientierung. Erst wenn diese Facetten im Innern wahrgenommen und zu einer besonderen Form der Liebe entwickelt wurden, hat das Märchen der Menschwerdung ein gutes Ende.

Sonne und Mond sind in dem Märchen verloren gegangen, doch sie kommen im Menschen als zweifache Fähigkeit wieder zum Vorschein. Jedes Antlitz wird einst diese Gold- und Silberqualität zum Vorschein bringen – als eine Transformation der Liebe, die durch das Eisen und das Kupfer, durch Mars und Venus zustande kommt. In einer fernen Zukunft werden die Unterschiede zwischen den Geschlechtern entfallen, die Unterschiede zwischen den beiden Gehirnhälften werden gegenstandslos sein, und wir werden beidhändig und doppeltgeschlechtlich sein. Dann wird es keine Heteros oder Homos mehr geben, denn dann wird jeder Mensch selbst neues Leben hervorbringen können. Bis zu dieser Zeit, die noch in sehr weiter Zukunft liegt, bietet jede menschliche Begegnung die Möglichkeit, sexuelle Beziehungen, Gedanken, Gefühle und Handlungen in eine Atmosphäre liebevoller Menschlichkeit zu tauchen.

Teil III
Urbilder der Liebe

Das Märchen von »Eros und Fabel« von Novalis

Ein höheres Märchen wird es, wenn, ohne den
Geist des Märchens zu verscheuchen, irgendein Verstand –
(Zusammenhang, Bedeutung, – etc.) hineingebracht wird.
Sogar nützlich könnte vielleicht ein Märchen werden.

Novalis, Schriften III, 455 (986)

Neben den Bildern, die uns die Planeten und Metalle liefern, wurzeln unsere Ausführungen in den Erkenntnissen über Liebe und Sexualität, wie sie im »Märchen von Eros und Fabel« des deutschen Dichters Novalis (ein Pseudonym des Friedrich von Hardenberg, 1772–1801) niedergelegt sind. Es stammt aus der Zeit der Romantik und bildet den letzten Teil des unvollendet gebliebenen Romans *Heinrich von Ofterdingen*. Es ist eine Geschichte über die Liebe in all ihren Facetten, von der verführerischen Natur des Körpers bis hin zur kosmischen Liebe. In zahllosen farbigen Bildern kündet dieses Märchen von dem Entwicklungsweg, den die Liebe in, durch und mit den Menschen gehen will. Es zeigt auch die menschlichen Fallstricke auf, ebenso wie die Art und Weise, wie man sich aus ihnen befreien kann.

Auf knappem Raum – das Märchen umfasst nur wenige Seiten – wird berichtet, was der Mensch war, ist und wird. Dieser Weg zur Liebe beginnt in großen Höhen und führt in dunkle Tiefen. Jeder Mensch ist ein Bewohner dieser beiden Welten, ob er sich nun dessen bewusst ist oder nicht.

Das Märchen von Eros und Fabel weist einen Menschen darauf hin, dass ein Zusammenhang besteht zwischen der ursprünglichen Weisheit, aus der wir entstanden sind, und allen Torheiten, die wir über unsere Schwächen und Irrwege erfahren. In der Sexualität liegt diese Wirklichkeit offen zutage. Im ›nackten Dasein‹ kämpfen Liebe und Egoismus um die Vorrangstellung im Menschen. Die Bilder des Märchens nehmen uns mit zu der schmalen Pforte, die vom menschlichen Unvermögen zur strahlenden Weisheitsliebe führt. Sexualität will in diese Liebe eingebettet werden. Jeder kann sich auf den Weg dorthin begeben.

Die Figuren des Märchens verkörpern die großen Aufgaben und Möglichkeiten, die in der Menschheit als Ganzer leben. Zugleich ist jede Figur als Teil des eigenen Inneren erkennbar. In jedem Menschen leben Eros, Fabel, der Schreiber, eine Sphinx … Sieben Grundqualitäten, ausgedrückt durch die Entwicklungslinien der sieben Figuren, werden im Zusammenhang mit den sieben Planetenfarben entwickelt. Dabei besteht nicht der Anspruch, dass das gesamte Märchen völlig bis ins Letzte ausgearbeitet ist. Es trägt tausendfältige Erkenntnisknospen in sich, von denen viele sich noch öffnen können und wollen.

Genauso wenig herrscht der Anspruch einer absoluten, allein selig machenden Interpretation dieser Bilder. Es liegt kein Dogma darin, weil die Wahrheit der Bildsprache vielfarbig ist. Erst wenn der gesamte Regenbogen der Möglichkeiten sichtbar wird und jede mögliche Erkenntnis zu ihrem Recht kommt, könnte man von einem völligen Durchschauen einer Erzählung sprechen, die so große und tiefe Weisheit umfasst. Novalis schenkt uns also mit seinem Märchen über die Menschheit und die Liebe noch unendlich viel mehr, als wir hier behandeln können. In der Zukunft wird darum die Geschichte jedes Mal aufs Neue auftauchen, um zum Werden der Weisheitsliebe beizutragen.

In den unterschiedlichen Entwicklungslinien, die in dem Märchen zutage treten, leuchten die Bilder im Zusammenhang mit den sieben Planeten und Metallen auf. Der atemberaubende Tiefgang und die große Reichweite der Bilder befruchten jegliches Denken über Liebe. Das Märchen von Eros und Fabel vermittelt darüber hinaus auch Bilder für die Selbsterziehung des Erwachsenen, also auch unserer persönlichen. Schaut man die Bilder des Märchens mit den Planetenqualitäten bei den Jugendlichen zusammen, bewirken sie eine Gesamterkenntnis. Diese braucht jeder Erwachsene, der Jugendliche aufklären möchte. Wer sich selbst auf dem Gesamtgebiet der Liebe nicht orientiert, schult und prüft, der hat einem heranwachsenden Menschen wenig zu sagen.

Sexualität ist ein Teilbereich des intimen Zusammenlebens mit dem anderen Menschen. Das Zusammenleben mit dem anderen ist die

Überbrückung von Abgründen und Klüften zwischen Menschen. Dies fällt zusammen mit dem großen Thema der Entwicklung der Menschheit zur Liebesfähigkeit an sich. Wenn wir uns in die Sexualität vertiefen, vertiefen wir uns darum auch in das Wesen der Liebe selbst. Trennt man die beiden Bereiche, lässt sich nichts vermitteln oder begleiten. Auch dies ist ein Grund, das Ideal der Liebe, das einem ›erwachsenen‹ Menschheitsstadium entspricht, wie es im Märchen von »Eros und Fabel« zum Ausdruck kommt, in ein Aufklärungsbuch über Sexualität im engeren Sinne aufzunehmen.

Am Ende dieses Buches findet sich das novalissche Märchen in seiner vollen Länge. Im Folgenden geben wir eine stark komprimierte Übersicht über die Geschichte. Die Widerstände, die leicht auftreten können, wenn man mit der Fülle komplizierter Bilder in dieser über 200 Jahre alten Geschichte konfrontiert wird, können vielleicht durch diese Kurzfassung etwas gemildert werden. Dennoch empfehlen wir, den Originaltext von Novalis zu lesen, weil er eine unglaubliche Aussagekraft hat. Die feinen Einzelheiten und der Zusammenhang zwischen ihnen sind unverzichtbar, will man zu einem besseren Verständnis der sieben Erkenntnislinien gelangen, die im Zusammenhang mit den Planeten und Metallen in diesem Buch herausgearbeitet werden. Deswegen empfehlen wir mit Nachdruck, sowohl die folgende Zusammenfassung als auch das gesamte Märchen in Ruhe, am besten mehrere Male, zu lesen. Das Märchen wird in Ihnen zu sprechen beginnen!

Das Märchen von »Eros und Fabel« – eine Zusammenfassung

Das Märchen spielt auf drei Ebenen. Die obere ist der geistige Bereich, das Reich des Königs Arctur. Der mittlere ist der menschliche und irdische Bereich, wo »das Haus« steht. Die untere Ebene ist das dunkle Gebiet der Gegenmächte. Diese drei Ebenen sind zu Beginn des Märchens deutlich voneinander getrennt.

Die Geschichte beginnt im Reiche des Arctur. Dort befinden sich auch seine Tochter Freya und ein alter Held. Die wunderschöne Tochter sehnt und verzehrt sich nach Eros. Er ist die menschliche Liebe. Ihr

Vater konsultiert die Sterne und kommt zu der Schlussfolgerung, dass der richtige Moment gekommen sei: Er sagt dem alten Helden, dass er sein Schwert hinunterwerfen könne. Als dies geschehen ist, ist damit das Startsignal für den nächsten Teil gegeben.

Dieser spielt sich auf der Erde ab, in erster Linie in einem Wohnzimmer. Dort befinden sich sieben Figuren. Zunächst ist da Sophie, die Frau des Arctur. Sie steht an einem Altar mit einer Schale Wasser. In diesem Wasser bleibt alles erhalten, was weise ist, und alles, wovon dies nicht gesagt werden kann, wird ausgewischt.

Dann gibt es ferner einen herein- und hinauslaufenden Vater, der außer Haus arbeitet und, wenn er zu Hause ist, mit dem Schreiber zusammenarbeitet. Er hat zwei Kinder. Das eine heißt Fabel und ist ein Kind von ihm und Ginnistan. Das andere heißt Eros und ist ein Kind von ihm und »der Mutter«. Diese ist eine liebevolle, liebenswerte Figur, die im Haus und um es herum tätig ist.

Ginnistan, die fantasievolle Mutter Fabels, stillt und ernährt beide Kinder und sitzt an ihrer Wiege.

Der Schreiber ist eine übel gelaunte und perfektionistische Figur, die für den Vater alles schriftlich festhält wie auch sonst alles, was sich noch im Hause abspielt. Er mag es gar nicht, dass dasjenige, was er schreibt, so häufig verschwindet, wenn es in Sophies Schale landet.

Es kommt zur Eskalation durch einen kleinen Eisenstab, den der Vater findet und mitbringt. Der Schreiber untersucht dessen Nutzen und Ginnistan macht eine Schlangenform daraus. Als der kleine Eros diese berührt, ist er plötzlich ein prächtiger, goldgelockter Jüngling, der aus der Wiege springt. Ginnistan verliebt sich sofort in ihn. Sophie verwandelt Ginnistans Äußeres, aber als Ginnistan sich dann zusammen mit Eros auf eine Reise zu ihrem Vater, dem Mond, begeben muss, wird sie ihn dennoch verführen. In wunderbaren Bildern führt sie ihm die schöne Freya vor Augen, die sich mit Eros vereinigt. Dann missbraucht Ginnistan des Eros' Erregung und Dankbarkeit, indem sie ihn verführt. Sie steckt ihn zunächst in ein gefährliches Bad. Durch dies alles verfällt Eros in Dekadenz und wird zu einem neckenden, geflügelten Knaben mit Cupidos, die Pfeile auf die Menschen abschießen. Diese Pfeile bringen deren Leben und Beziehungen durcheinander. Ginnistan muss Eros folgen und versucht die Menschen zu trösten.

Währenddessen hat im Haus der Schreiber die Macht an sich gerissen und den Vater und die Mutter gefangen genommen. Sophie und Fabel, die Kinder geblieben ist, können entkommen. Der Schreiber verbrennt die Mutter auf einem Scheiterhaufen.

Fabel ist inzwischen in das finstere Unterreich vorgedrungen. Dort ist alles andersherum als auf der Erde, und es scheint eine schwarze Sonne. Fabel begegnet dort einer Sphinx und löst alle Rätselfragen, die sie ihr stellt. Sie stellt ihr ihrerseits Fragen, die die Sphinx nicht zu beantworten vermag. So kann Fabel weitergehen. Dann begegnet sie drei schwarzen bösartigen Schwestern, die die Fäden des Schicksals spinnen. Auch der Schreiber taucht dort auf. Fabel ist und bleibt froh und tapfer. Sie entdeckt die Verbindung zwischen dem Schattenreich und dem Reich des Königs Arctur und bezieht dorther alles, was sie braucht, um das Chaos und die Not zu wenden. Sie besucht ihn dreimal. Sie erbittet und erhält eine Himmelsleier, auf der sie auf Erden spielt. Dadurch werden große giftige Spinnen zum Vorschein gerufen, die Taranteln. Diese greifen jedoch nicht sie, sondern alle Gegenkräfte an.

Während die Mutter verbrennt, verbindet sich das gesamte Licht der zornigen Sonne mit der Flamme ihres Scheiterhaufens, und diese Flamme steigt bis in Arcturs Reich empor. Das Haus ist inzwischen zerstört, der Altar ebenfalls, doch durch Fabel erfolgt eine Erneuerung. Sie heilt den alten Erdenriesen, der die Erde trägt, jedoch noch bewusstlos war, mit Gold und Zink, und sie sammelt die Asche der Mutter für Sophie. Dann kommt es zu einer heilenden Wiederbelebung durch Sophie auf der Erde. Sie mischt die Asche der Mutter mit dem Wasser ihrer Schale. Der Vater, der leblos auf einer Bahre lag, wird von Sophie auferweckt und er und Ginnistan werden zu einem neuen Ehepaar verbunden. In einer anrührenden Szene trinken danach der geheilte Eros, der Vater, Ginnistan, Fabel, Sophie, Gold, Zink und der Blumengärtner von diesem Trank, wodurch die Mutter in ihnen allen gegenwärtig sein kann.

Dann begibt sich Eros mit Fabel in die geistige Welt, dem Reich Arcturs. Eros wird mithilfe des alten Helden und dessen Schwertes mit Freya vereint. Sie werden zum neuen König und zur neuen Königin gekrönt durch die alten Herrscher, Arctur und Sophie. Auch alle Menschen finden jetzt den Weg in diese Welt voller Liebe, und ein neuer Frühling ist entstanden, sagt Novalis. Die Welten von Himmel und Erde sind jetzt wiedervereint. Fabel spinnt fortan die Fäden, und diese sind aus Gold und kommen aus ihrer Brust. Sophie, die Weisheit, wird dann für alle Zeiten Priesterin der Herzen sein, alle können geistig sehen und hören und sogar an diesem neuen Dasein in einer geheilten Welt teilhaben, wo jegliche Trennung aufgehoben und das Böse erlöst ist.

So weit die wesentlichen Linien dieser Geschichte. Nun wollen wir uns den einzelnen Figuren und ihrem Zusammenhang mit Planeten und Metallen zuwenden.

Die Jupiter-Sophien-Linie

▬ Vom Teil zum Ganzen in Beziehungen

Sophie weiß und überblickt, wie der Entwicklungsweg jeder Figur im Märchen verläuft. Sie sieht (und sieht voraus), dass auch sie Umwege, Seitenwege einschlagen wird, sie arbeitet schon im Voraus darauf hin, dass alles sich dennoch zum Guten wenden kann. In jedem Augenblick handelt sie so liebevoll wie möglich, jedem Einzelnen und jedem Ereignis angemessen. Es ist die Liebe zu allen anderen, die sie so weise macht. Ihre Liebe ist wissend, sie versteht alle in ihren inneren Entwicklungslinien und bewegt sich schnell mit ihnen gemeinsam um ihre Entwicklungsachse. Sophie führt in ihren Beziehungen jedes Teil zum Ganzen.

Eine frische, neue Liebesbeziehung ist normalerweise im wahrsten Wortsinne viel-versprechend. Die Partner umarmen einander, buchstäblich und im übertragenen Sinne. Sie finden einander schön, lieb, empfinden sich als ideal zueinander passend und erleben eine starke wechselseitige Anziehungskraft. Die berühmte und berüchtigte rosa Wolke ist eine Realität, und nichts scheint dem Glück im Wege zu stehen. Eine glänzende Zeit, die Freude und Hoffnung mit sich bringt. Freude über das, was man füreinander empfindet, und Hoffnung in Bezug auf die Zukunft.

Nach dem Entdecken und Genießen alles dessen, was man miteinander teilt, folgt die Phase, in der nicht die Übereinstimmungen, sondern die Unterschiede zwischen den beiden Partnern hervortreten. Die rosa Wolke (und diese kann lange anhalten!) wird gegen die Alltagsrealitäten eingetauscht. Diese Phase bricht unwiderruflich an, wenn Menschen ununterbrochen zusammenzuleben beginnen, manchmal während eines gemeinsamen Urlaubs, manchmal erst nach dem definitiven Entschluss, zusammenzuziehen. Vor dieser Zeit wird im Zusammensein nur der Gleichklang gelebt. Das, was die Unterschiede zwischen den Partnern ausmacht, wird für die Momente aufgespart, in denen jeder wieder für sich ist. Sich ab und zu von seiner angenehmsten Seite zu zeigen, ist kein Problem, doch kein Mensch hält dies ununterbrochen durch. Früher oder später wird man der sein, der man ist, mit schöneren und auch weniger schönen Charakterzügen. In einer LAT-Beziehung (*Living Apart Together*), in der man miteinander lebt, aber getrennt wohnt, wird daher versucht, eine permanente Weiterführung der Anfangssituation zu erreichen, indem man gerade nicht zusammenzieht. Wer keinen Raum und keine Motivation hat, um die Unterschiede zwischen den Partnern trotz vielerlei gegenseitiger Irritationen zu Akzeptanz und Liebe weiterzuentwickeln, der wählt häufig die Form einer solchen LAT-Beziehung.

Wenn während des ununterbrochenen Zusammenlebens das Anderssein des Partners erfahren wird und die ersten Gefühle der Ungeduld und des Ärgers, wenn Unverständnis und Überdruss auftauchen, dann beginnen wir nachzudenken. Wir machen uns Gedanken über das, was der andere sagt oder tut, und weil uns dies nicht mehr so gut gefällt, beginnen wir es zu kritisieren. Es muss einfach anders werden, der Geliebte muss die Schwächen, Gewohnheiten und Ansichten eben ändern, denn sie führen nicht zu einer Zunahme der eigenen Freude und Hoffnung. Sie erzeugen Unannehmlichkeiten, also muss er ein anderer werden.

Dann zeigen wir einander, dass wir Änderungen wünschen; das Gesicht und die Laune verfärben sich. Das Barometer fällt, und es kommt zu Bemerkungen und Gesprächen, die sich um die Ursache des unangenehmen Gefühls drehen, man benennt oder befiehlt (!) die notwendigen Anpassungen, die der andere leisten soll. Vorhersagbar erfolgen die ersten Auseinandersetzungen, Funkstillen oder Rückzüge, weil das Resultat der oben genannten (Re-)Aktionen meistens nicht befriedigt. Das beruht darauf, dass wir auf der Basis der Antipathiegefühle, die eigentlich *in uns selbst* leben, reflektieren, die wir dem anderen zuschreiben. Wir beschreiben dann in Gedanken viele Blätter, wie der Schreiber im novalisschen Märchen, und das bedeutet, dass wir wenig Gutes damit erreichen. Wenn diese Gedanken und Worte in Sophies Schale landen, werden sie ausgewischt. Sie haben keinen Wert, sie sind nicht weise und nicht wahr, somit schwächen sie das Band, das uns miteinander verknüpft. Alle Haarspalterei zerbricht dieses Band; alle Akzeptanz und Toleranz des anderen verstärken es.

Sophie ist diejenige, die die Weisheit verkörpert. Eine Weisheit, die auf einer Verbindung mit bzw. einem Wissen vom großen Ganzen basiert.

So kann sie überall verständnisvoll gegenwärtig sein, und wenn wir ihre Rolle im Märchen tiefer durchschauen, finden wir Hilfen, um auch unsere eigene Beziehung zu verstehen sowie die Entwicklung, die in ihr möglich ist. Sophie ist deshalb so weise, weil sie nicht in fruchtloses Grübeln und kalte Überlegungen verfällt und dennoch alles ergründet. Weisheit geht hervor aus dem Durchschauen und Lieben des *Ganzen*, des ganzen Menschen, mit dem man sich in einer Partnerbeziehung verbunden hat. Wer sich nur zum Teil mit dem anderen verbindet, taucht nach einiger Zeit aus der rosa Wolke auf, und dann werden die ersten trennenden Gefühle und Gedanken Realitäten.

Wie können wir zusammenbleiben? Die Jupiterkraft in uns bewirkt ein Denken in großen Zusammenhängen. Dies führt zu einer Erkenntnis des gesamten Menschen und der gesamten Lebensaufgabe, die erfüllt werden will. In diesem Verständnis bleiben wir mit dem anderen verbunden, so wie er nun einmal ist, inklusive seiner Vergangenheit und Zukunft. Das heißt, dass die bisherige Entwicklung des anderen sowie die Entwicklung, die sich bei ihm noch einstellen kann, akzeptiert werden.

Wenn man in so großen Zusammenhängen denken will, muss man sich zweier Vorbedingungen bewusst sein. Die erste besteht darin, dass man völlig mit demjenigen verbunden ist, über den man nachdenkt. Jedes Gebiet, in dem man keinerlei Übereinstimmungen und Gemeinsamkeiten mit dem anderen hat, zerstört unsere Verbindung mit dem Ganzen dieses Menschen. Um sich völlig mit ihm zu verbinden, bedarf es viel aufmerksamer Liebe, des Verständnisses, der Toleranz und Akzeptanz. Wenn der Partner ein Hobby hat oder eine Arbeit, die uns nichts sagt und die uns nicht interessiert, ja uns eventuell sogar unangenehm ist, verlangt uns der Umgang damit enorm viel ab. Auf diesen Gebieten werden wir nicht so gut wahrnehmen können. Was uns nicht interessiert, dafür sind wir auch blind, während diese Gebiete für den anderen unter Umständen sogar besonders wichtig sind. Ohne gute Wahrnehmung können wir aber nicht richtig denken, es fehlt uns die Basis für unsere Gedankenbildung. Tun wir es dennoch, werden auch unsere Gedanken taub oder blind sein. Viele Menschen leben mit bitteren Erinnerungen, weil jegliches Interesse und Mitleben in Bezug auf Lebensgebiete fehlte,

die für sie selbst unheimlich wichtig waren. Diese Erinnerungen können durch Abwendung von Eltern, Freunden, Partnern oder Kollegen
ausgelöst worden sein, die man erlebt hat.

Ist bereits die gute Verbindung mit demjenigen, über den wir nachdenken, eine schwierige Vorbedingung, um zur beschriebenen Weisheit zu gelangen, so ist die zweite Vorbedingung noch anspruchsvoller.
Denn diese besteht darin, dass man den anderen in seinem Eigenwert
anerkennt. Wer einen anderen seinem Wert nach nicht schätzt, ver-
kennt unweigerlich die Wahrheit. Wenn während des festen Zusammenlebens die Unterschiede zwischen mir und dem anderen offen
zutage treten, so ist es sehr schwierig, den anderen in seinem Wert zu
belassen. Denn die Unterschiede zwischen mir und dem anderen sind
schmerzhaft und durchbrechen das anfängliche Gefühl der Einheit
und Zusammengehörigkeit. Wenn ich die Unterschiede zwischen mir
und meinem Partner akzeptiere, dann sage ich damit zugleich, dass die
rosa Wolke keine Wirklichkeit war. Akzeptiere ich den anderen dagegen
nicht so, wie er ist, dann belasse ich ihn nicht in seinem Eigenwert.
Dann stülpe ich ihm meine eigenen Werte und Eigeninteressen über.
Dies ist ein verhängnisvoller Irrweg, denn das, was ich über den anderen denke, wird nun wertlos, weil meine Gedanken ausschließlich sich
selbst entdecken und den anderen zugleich verdecken. Natürlich führen
Gespräche und Emotionen dann zur Entfremdung und schwächen, ja
zerbrechen die Verbindung, anstatt sie zu heilen.

Sowohl die vollständige Verbindung mit dem anderen wie auch die Anerkennung seines Eigenwertes kann erlernt werden, indem wir einmal
genau lesen, wie Sophie, die Personifizierung der Weisheit, von Novalis
beschrieben wird. Sie hat etwas Verbindendes wie das Zinn und bringt
jeden zum Klingen. Sie klagt nicht über die Vergangenheit, sondern
reagiert auf jedes Ereignis in dem Wissen darum, was daraus in der
Zukunft entstehen will. Die kleine Fabel ist ebenfalls zukunftsorientiert und Sophie ist nicht ohne Grund ihre Patin. Sophie ist wach und
wissend im Hier und Jetzt anwesend. Sie hat das Reich Arcturs, ihres
Ehemanns, verlassen und ist in die irdischen Bereiche umgezogen. Arctur ist ebenfalls weise, doch er ist alt, er hat eine Weisheit, die aus der
Vergangenheit stammt, und muss von dort aus eine Verbindung mit

der Zukunft suchen. Sophies Weisheit reicht von ihm, das heißt von der Vergangenheit ausgehend, in die Zukunft. Diese Weisheit strahlt wie die Sterne und ist so geistig und irdisch zugleich. Es ist nicht schwierig, diese Sterne als die »Jupitersphäre« zu identifizieren. Als Arctur wissen will, ob die Zukunft beginnen kann, sucht er die verbindende Sophien-Weisheit in den Sternen, in der Bewegung der Sterne, und liest und sucht so lange in ihnen, bis sich ihm ein großes Ganzes und ein zusammenhängendes Muster bildet. Darin findet er seine Weisheit, seine *Sophia*. Nicht in einem isolierten Detail, denn darin liegt keine Weisheit. Erst durch das Einordnen jedes Vorfalls, jeder Bemerkung und Wahrnehmung in ein großes Ganzes, in die ursprüngliche Absicht und die zukünftigen Möglichkeiten, wird Weisheit geboren.

Wenn wir uns übereinander ärgern und uns einander entfremden, dann geht dies immer mit dem Wahrnehmen und Überzeichnen bestimmter Details einher. Wenn wir solche Einzelprobleme immer vor dem Hintergrund des Ganzen unserer Beziehung sehen, vor dem ›Kosmos‹ unserer Lebensgemeinsamkeit, so stören sie das große zusammenhängende Muster nicht. Dann verfügen wir über die Weisheit, diese Einzelheiten in einer ungezwungenen Form miteinander zu besprechen, um zu einer Änderung oder zur Akzeptanz zu kommen. Wenn wir Sophie jedoch nicht um Rat bitten, werden wir unklug und beginnen derart um Details zu kämpfen und zu raufen, dass das Ganze verloren geht. Dabei ist es immer so, dass Einzelheiten aus ihrem Zusammenhang gerissen werden – es ist eine ›Jupiter-Verfinsterung‹.

Wenn wir den anderen als Totalität akzeptieren und ihn in seinem Wert anerkennen, dann kann es unter Umständen so scheinen, als würden wir uns selbst verraten und nicht länger wir selbst bleiben. Man hat den Eindruck, es führe zum Selbstverlust. In Wirklichkeit verlangt diese Haltung eine starke Selbstbehauptung und ein stark entwickeltes Ich. Denn erst dann ist ein innerer Halt vorhanden und wir können unseren Ego-Thron hergeben. Dann können wir durchaus im Hause des anderen sein und sein ganzes Tun und Lassen umarmen und dennoch uns selbst wie den anderen in seinem Eigenwert gelten lassen. Das Bild der Sophie zeigt, wie sie ihr eigenes Haus hinter sich gelassen hat, um sich dem Leben und der Entwicklung derjenigen, die ihr anvertraut sind, zur Verfügung zu stellen. Dabei ist sie ohne Weiteres in der Lage, sich zurückzuziehen, wenn sie bedroht wird. Sie lässt sich nicht kaufen, bedrohen oder falsch behandeln. Dadurch ist sie in der Lage, sich ohne Kampf zu wehren.

Sophie sieht, dass die Liebe erwachsen werden will, als Eros aus seiner Wiege springt. Sie verfügt über ein Bewusstsein des Weges und des Wesens dieser Liebe. Ginnistan dagegen trägt ähnliche Züge wie unsere heutige Kultur und sieht nicht die Liebe, sondern eher die sexuelle Anziehungskraft des Eros. Sie verfügt über zu wenig Jupiter-Erkenntnis. Sophie versucht sie noch zu warnen und Eros zu schützen, doch vergeblich: Diese beiden ›verschlafen‹ das wache, bewusste Erkennen und trinken nicht vom Wasser der Weisheit, wenn es darauf ankommt. Sie trinken den Trank des Vergessens.

▬▬ Die Sophien-Weisheit befragen

Im novalisschen Märchen hat der König die Möglichkeit, Sophies Weisheit in ›Zeichen und Figuren‹ zu finden. Diese zeigen ihm die Zukunftsmöglichkeiten auf, in einer für uns unergründlichen Weise.

Obwohl wir kein König Arctur sind, kann Sophie auch von uns im Hier und Jetzt befragt werden. Denn sie ist in das ›Wohnzimmer‹ herabgestiegen und hat mitten unter den Menschen ihren Altar errichtet. Auf diesem Altar steht eine dunkle Schale mit hellem, klarem Wasser. Dies ist kein gewöhnliches Wasser, denn es geht nie zu Ende, so viel davon auch weggegossen wird. In dieser Hinsicht ist es eher ein Brunnen als eine bestimmte vorhandene Menge von Wasser. Außerdem schenkt dieses Wasser jedem das, was zu ihm passt. Im Laufe der Erzählung zeigt es sich, dass es Zahlen und geometrische Figuren für den Schreiber hervorbringt. Den Kindern und ihrer Amme werden schöne Bilder geschenkt, und das Wasser kann Eros vor Verirrungen schützen, als er auf Reisen geht. Es schenkt später allen, die an der Begegnung zwischen Ginnistan, Fabel, Eros und den Cupidos beteiligt sind, Nachtruhe. Zugleich *erweckt* das Wasser den Erdenriesen und schenkt ihm Lebenskraft. Er erwacht dadurch!

Diese Art Wasser hat eine unirdische Qualität. Es hat die Weisheit, jedem das zu geben, was zu ihm oder ihr passt. Sophie ist die Weisheit selbst. In ihrem Quellwasser wird alles, was wahrhaftig ist, glänzend, und alles, was unwahr oder töricht ist, wird ausgelöscht. Die Finanzämter würden wahrhaftig gern aus dieser Sophien-Quelle schöpfen, so könnte man jede Steuererklärung rasch auf ihren Wahrheitsgehalt durchschauen ...

Da es Sophien-Wasser ist, handelt es sich um einen Weisheitsstrom. Sophie lässt die Wahrheit für sich sprechen. Sie debattiert und diskutiert nicht und streitet nicht um ihr Recht. Sophie übersieht das Ganze und kann dies nur, indem sie ihre eigene emotionale Wahrnehmung aufgibt. Emotionen verfärben die Wahrheit oft. Vielem Kummer liegen Aggression, Aversionen, Eigeninteresse und Eigenliebe zugrunde. Wir sind dann vor allem durch eigenes Verschulden bedrückt, selten sind es die harten Tatsachen, unter denen wir leiden. Natürlich gibt es tatsächlich Dinge, die bedauernswert sind und viel Leid verursachen. Verpasste biografische Chancen, zerschlagene Zukunftsmöglichkeiten, seien es die eines anderen oder die eigenen, sind solche Tatsachen, die bedauernswert sind. Meistens jedoch entzündet sich unser Leid nicht an ihnen, sondern an unserem Selbstmitleid und unserem Ego-Schmerz. Wir fühlen uns in unserem Ego durch eine falsche Bemerkung oder eine Zurückweisung angegriffen. Der Verlust desjenigen, was wir uns im Zeitlichen als ewig-dauernd versprochen hatten, ruft ebenfalls viele Emotionen hervor. Obwohl echte Liebe Ewigkeitswert hat, sind unsere Beziehungen meistens noch stark von zeitlichen Gefühlen des Besitzes und der Rechte in Bezug auf den anderen durchzogen. Wir wollen, dass all diese zeitlichen Gefühle, Gewohnheiten und Sicherheiten ewig dauern sollen. Doch alles ändert sich, und nach einiger Zeit sind weder der andere noch wir selbst die, die wir einst waren. Sogar im absoluten Sinn, im Kern, sind und bleiben wir dieselben, weil unser tiefstes Wesen Ewigkeitscharakter hat. Alles andere ist dagegen zeitlich, vorübergehend. Körper und Seele ändern sich, und alles Hängen daran verschwindet früher oder später. Es ist eine ungeheure Möglichkeit des Menschen, gerade dann, wenn wir von jemandem Abschied nehmen müssen, das Wesentliche wahrzunehmen und es zu lieben. Diese Frage taucht früher oder später auf. Der ›Besitz‹ eines Menschen ist ja eigentlich nur ein Geschenk für einen bestimmten Zeitraum.

Frauen sterben heute fast nie mehr im Wochenbett, und die großen Seuchen dezimieren nicht länger die Bevölkerung. Die Trennung von einem geliebten Menschen durch das Zerbrechen einer Beziehung ist an deren Stelle getreten. Hier taucht der menschliche Auftrag auf, der aus dem Verlust des Zeitlichen das Ewige erwecken will. Erst wenn der Eigennutz, das Eigeninteresse aus der Beziehung verschwunden sind, zeigt sich in klaren Konturen, ob man den anderen wirklich lieb hatte. Wenn man doch eher sich selbst oder die Beziehung als solche liebte als den tiefen Kern des anderen, bleibt man mit leeren Händen zurück.

Dann entsteht der Schmerz, der sich um die Achse des eigenen Verlustes dreht, weil keine wirkliche Liebe übrig geblieben ist. Wer hingegen die wirkliche Liebe für den Kern des anderen nach dem Loslassen des zeitlichen Besitzes übrig behält, der fühlt sich nicht beraubt. Vielleicht kann er dann sogar zum ersten Mal in vollem Umfang das tiefgehende Band mit dem anderen erfahren. Durch Ehescheidung, Pensionierung, Umzüge und das Hineinwachsen in die Selbstständigkeit ›verlieren‹ wir Eltern, Freunde, Kinder, Mann oder Frau, so wie es in früheren Zeiten durch den Tod geschah. Den Geliebten im Zeitlichen zu verlieren und die echte Liebe für den anderen als ewigen Wert wiederzufinden – das ist ein moderner Auftrag des Menschen. Vieles, was in Beziehungen wie Liebe aussieht, wird in Sophies Schale noch ausgelöscht, doch was wirkliche Liebe ist, wird darin aufglänzen.

Rudolf Steiner umschreibt diese Zukunft folgendermaßen: »Weisheit ist die Vorbedingung der Liebe; Liebe ist das Ergebnis der im ›Ich‹ wiedergeborenen Weisheit.«[27]

Die Konfrontation mit den eigenen Schwächen, Unfähigkeiten und Unbeweglichkeiten, die das Leben mit sich bringt, bereitet uns Leid und erweckt unseren Widerstand. In dieser Hinsicht können wir viel von Sophie lernen. Sophie weiß, wann sie kommen und gehen muss, und sie ist da, wenn sie da sein muss. Wenn ihre Schale und deren Effekt unerwünscht sind, zieht sie sich zurück. Wenn es »an der Zeit« ist, kommt oder geht sie, ohne sich in irgendwelchen Emotionen zu verlieren.

Die dramatischsten Perioden in Beziehungen sind die, in denen sie entstehen oder vergehen. Sexualität ist eine der Kräfte, die dazu beitragen, dass Beziehungen sich bilden oder wieder lösen. Darum ist es besonders wichtig, dass zu Beginn und am Ende einer Beziehung die Weisheit befragt wird. Wo dies nicht geschieht, wird sich gerade in diesen Phasen die Sexualität verselbstständigen. *Sophie* und *Ewigkeit* sind Worte, die am Ende der Geschichte fast synonym sind. Sophie steht über Entstehen und Vergehen. Am Beginn der Geschichte, in *dieser* Welt, ist sie es, die die Vergänglichkeit aller Dinge deutlich macht. Die Beschränkungen von Zeit und Raum akzeptiert sie in Weisheit. Sie gibt dem dekadenten Schreiber Raum und hilft Eros und Ginnistan, zusammen auf die Reise zu gehen. Sie weiß, wann ihre Zeit wiederkommt, und dann kehrt sie sofort zurück, weil Weisheit und Liebe in ihr zusammenfließen und aus der Welt des Ewigen in das zeitliche Dasein einströmen.

Im tiefsten Sinne des Wortes ist die Liebe selbst für die Ewigkeit gemacht. Alles Zerbrechen wirklicher Liebesbeziehungen ist, betrachtet man den tiefsten Kern, eigentlich nur Schein. Wir gehören alle zueinander, und wenn wir jemals jemanden wirklich geliebt haben, so geht dies niemals vorüber. Doch muss jede Beziehung im Hier und Jetzt tatsächlich auch ewig gelebt werden? In Anbetracht der Tatsache, dass Beziehungen ›Arbeitsgebiete‹ im Bereich der Begegnung im Hier und Jetzt sind, dauern sie so lange, wie jeder Partner für den anderen eine ›Lebenslektion‹ darstellt. Ist diese Lebenslektion beendet oder unmöglich geworden, dann ist auch die Beziehung im Hier und Jetzt endlich. Nicht in geistiger Hinsicht, nicht die Liebe, die in ihr lebte, doch das Durchleben dieser Beziehung im zeitlichen Dasein. Damit wird zugleich das Bild der Sophie noch schärfer sichtbar. Sie ist ihrem Wesen nach ewig und gleichzeitig in allem Irdischen anwesend.

Sophie schließt niemanden aus, jedem tritt sie wohlwollend entgegen. Ob es nun der mürrische Schreiber ist, der heftige Eros oder die bewegliche Fabel – Sophie umarmt alle, so wie sie sind. Sie begleitet die Entwicklung eines jeden, in dem Wissen, dass jeder Schritt, auch der der Verirrung und des Bösen, zum Entstehen einer sinnvollen Zukunft führen kann. Sie stellt sich selbst nie in den Vordergrund, handelt nicht aus ihrem Ego. Sie erhält ihren Namen erst dann, wenn die Geschichte bereits in vollem Gange ist. Sie wartet und ist in Stille tätig. Sophie weiß in jedem Detail immer noch ein Gran an Liebe zu finden. »Die Frau« heißt sie am Anfang des Märchens. Erst als Eros vor ihr steht, erhält sie ihren Namen. Eros, die Liebe, kennt ihren Namen. Liebe und Weisheit

344 Urbilder der Liebe

kennen einander noch, und die Liebe trinkt die Weisheit aus vollen Zügen. Novalis schreibt, dass Eros zunächst erwacht und nach der Schlange von Ginnistan greift, doch dass er dabei die Hand vor die Augen hält, während er zusehends heranwächst. Er kann das Bewusstseinslicht noch nicht ertragen.

Das Erste, was der erwachsene Eros dann tut, ist, dass er zur »Frau« geht, die das Bewusstsein an sich repräsentiert. Dies geht folgendermaßen:

> »Sophie«, sagte er mit rührender Stimme zu der Frau, »lass mich aus der Schale trinken.« Sie reichte sie ihm ohne Anstand, und er konnte nicht aufhören zu trinken, indem die Schale sich immer voll zu erhalten schien.

Eros benötigt also nach seinem raschen Wachstum eine Weisheit, ein Bewusstsein, das sich ebenso schnell und gut entfaltet. Er weiß hier noch, was Jupiter will, was Sophie will: die Liebe in der menschlichen Entwicklung zum Bewusstsein erwecken. Danach ist es nicht verwunderlich, dass er sich seiner eigenen Nacktheit bewusst wird und damit weise umgeht. Er umarmt Sophie und damit die Weisheit, drückt Ginnistan an sein Herz, womit er sagen will, dass ihr Weg auch ihm zu Herzen geht, doch er bittet sie danach um ihr buntes Tuch, eine Art von Schal, mit dem er seine eigene Nacktheit bedeckt.

Die Verirrungen unserer Kultur lassen sich in der Art und Weise wiedererkennen, wie Ginnistan trotz der Gebärde des Eros reagiert. Sie wird sich nicht der Liebe bewusst, sondern vielmehr der Anziehungskraft der Sexualität:

> Ginnistan machte sich viel um ihn zu schaffen. Sie sah äußerst reizend und leichtfertig aus und drückte ihn mit der Innigkeit einer Braut an sich. Sie zog ihn mit heimlichen Worten nach der Kammertür, aber Sophie winkte ernsthaft und deutete nach der Schlange.

Es ist beeindruckend, dass ein 200 Jahre altes Märchen bereits zu erzählen weiß, in welche Situation wir heute gelangt sind. Hieran zeigt sich, wie viel Jupiter-Weisheit und -Erkenntnis Novalis besaß.

Weisheitsliebe ist das wahre Jupiter-Gold. Eigentlich müsste es Tinia-Gold heißen. Wenn diese Weisheitsliebe wirksam ist, bildet sich eine Schale, die unablässig hilft und ernährt. Wenn Menschen einander begegnen und sich kennenlernen, bildet sich in ihrem Inneren eine Schale mit »Lebenswasser«, aus welcher der andere trinken kann. Jedenfalls dann, wenn Liebe entsteht, denn sonst verdorrt und vertrocknet alles, was zwischen den beiden aufkeimt. Liebe gießt eine bronzene Schale, die wie ein beständiger Quell sein kann. Menschen, die auf diese Weise miteinander verbunden sind, schenken einander Ruhe und Frieden. Aus dieser Quelle stimulieren sie einander und erwecken Erneuerung und Wachstum; nicht auf Eigeninteresse, sondern auf dem Interesse für das Werden des anderen basierend.

In dem novalisschen Märchen kann sich der Schreiber des Altars bemächtigen und ihn in tausend Stücke zerschlagen. Doch die Schale und Sophie sind unantastbar. Wenn das Ego und die Macht zu herrschen beginnen (der Schreiber), verschwinden die Liebe und die Weisheit (Sophie), weil diese schlichtweg nicht in Besitz genommen werden können. Beziehungen werden zerstört und zerbrochen, wenn der ›Schreiber in uns‹ die Macht übernimmt. Dann muss man die Weisheit suchen. Dann ist Sophie spurlos verschwunden.

Wenn Beziehungen enden

Beziehungen enden, wie sie einst begannen. Wer gut hinschaut, kann beobachten, dass Bäume im Frühling, bevor sie grün werden, erst einen orangefarbenen, roten oder braunen Farbschleier hervorzuzaubern. Herbstfarben sind es, und sie entstehen gerade am *Beginn* dieser Jahreszeit. Im Herbst dagegen endet alles Grün in denselben Farben, allerdings sind sie feuriger, weil sich die Blätter verfärben. Verbinden und Loslassen haben also dieselben Farben. Sophie verbindet und Arctur lässt wiederum los. Als Jupiter und Saturn ergänzen sie einander, wobei die Zinnkräfte des Jupiter verbinden und die Bleikräfte des Saturn wiederum isolieren. Es sind Gegenpole, die sich ergänzen, und im Märchen sind sie darum ein Ehepaar. Obwohl sie völlig unterschiedlich wirken, sind sie eng aufeinander bezogen.

Auf welche Weise begegnen wir einander? In leidenschaftlicher körperlicher Verliebtheit? Als nah verbundene Kollegen? Als Kommilitonen? Wie auch immer, garantiert steht der Abschied im selben Zeichen wie die Begegnung. In den genannten Beispielen bedeutet das, dass der Abschied im ersten Fall im Zeichen einer anderen leidenschaftlichen Verliebtheit stehen wird. Im zweiten Fall erhält der Abschied die Farbe einer auseinander gewachsenen Tätigkeit. Im Falle der Kommilitonen wird eine Entfremdung entstehen, weil neue Denkrichtungen nicht mehr befruchtend wirken.

Dasjenige, was bildet, führt auch zum Bruch, und diese Gesetzmäßigkeit wird auch sichtbar, wenn einer der Partner stirbt, und sei es nach fünfzig Ehejahren. Das Bild, das am Beginn der Beziehung entsteht, wird auch an deren Ende aufleuchten, weil es den Kreis der Beziehung erst wirklich rundet.

Die weise Stellung der Sexualität

Wo bleibt die Sexualität in der weiten und weisen Schale Sophies? Wird sie völlig weggespült und muss als »Irrweg« ausgelöscht werden? Die Antwort auf diese Frage lässt sich nicht eindeutig mit Ja oder Nein beantworten. Es hängt ganz davon ab, wer über die Sexualität schreibt, wann und wie. Fabel? Ginnistan? Eros? Der Schreiber? Sophie?

Sophie lehnt sich gegen den Altar, und ein Altar hängt eng mit der Funktion eines Grabes zusammen, mit dem Ende des materiellen und dem Anfang eines höheren Lebens. Jegliche Körperlichkeit ist sowohl Ende als auch Anfang. Wir haben nicht umsonst ein körperliches Dasein. Leib und Leben sind auf dieser Erde untrennbar miteinander verbunden. Alles Leben muss durch den ganzen Körper getragen und unterstützt werden. Alles Erstorbene bewirkt, dass das Körperliche, der Altar, in tausend Stücke zerschlagen wird, mit anderen Worten: dass wir das Leben in unserem Körper korrumpieren und wertlos machen. Inkarnation im Fleisch bedeutet: auf der einen Seite in die Isolation geraten, aus der geistigen Nähe anderer herausfallen. Andererseits bedeutet die Tatsache, dass wir einen Körper haben, zugleich, dass es vielerlei Möglichkeiten gibt, den anderen in Freiheit zu suchen. Sich wiederzufinden, trotz der Tatsache, dass wir alle Individuen geworden sind, die getrennt in einem jeweils individuellen Körper zu Hause sind.

Wenn sich Sophie gegen den Altar lehnt, stellt sie die Schale der Weisheit auf diesen. Sexualität ist in *diesem* Falle gewährleistet. Fast alle Menschen, die geboren werden, kommen mit der Sexualität in Berührung, auch wenn sie dieser entsagen. Dann brauchen sie Übungen, Vorstellungen, Verkrampfungen oder Einseitigkeiten, um die Sexualität zu verbannen. Erst in einer fernen Zukunft wird sich dies alles ändern. In der heutigen Zeit ist die gesunde Abwesenheit von Sexualität noch eine große und seltene Ausnahme.

Sexualität lädt zum Körperkontakt, zum höchst intimen körperlichen Kontakt ein. Zum Berühren, Liebkosen und Lieben all derjenigen Teile des Körpers, die normalerweise unberührt bleiben. Wenn Sensationsdrang, Besitzdrang und reines Begehren sich als egoistische Motive in den Vordergrund schieben, so verschwindet diese *weise* Liebe. Dann verschwindet Sophie mit der Schale und dem Lebenswasser. Denn die Sexualität ist gewissermaßen zum Tode verurteilt und wirkt vor allem zerstörerisch. Wenn Freude, Aufmerksamkeit, Zärtlichkeit, Wärme und Dankbarkeit sich in Sexualität äußern, dann umarmt Sophie Eros und gibt ihm ein Gefäß mit Lebenswasser mit auf die Reise – so beschreibt es das Märchen. Sophie schenkt ihm Wasser, das ihn gegen Verirrungen und Betrug zu beschützen vermag. Sexualität, die der Liebe dient, hat einen verbindenden Charakter. Dann bilden sich im zeitlichen Dasein Ewigkeitsbande aus körperlichem Kontakt.

Mord und Totschlag zerstören Leben und menschliche Verbindungen. Menschen, die morden, sind häufig auch Vergewaltiger. Vergewaltigen ist häufig ein verzweifelter Versuch, menschliche Nähe und Begegnung zu erzwingen. Wie viele Soldaten haben nicht eine Spur gewaltsam gezeugter Kinder hinterlassen, in denselben Regionen, in denen sie zahllose Menschen getötet haben!

Wenn Menschen mit verkrampften Dogmen leben, die sie in starker Isolation gefangen halten, entgleist die Sexualität nur allzu häufig. Sex ist eine menschliche Tatsache, die nicht geleugnet, jedoch auch nicht überbewertet werden darf. Für sich genommen ist Sex machtlos und wertlos. Im Dienst des Egoismus ist Sex ein Meuchelmörder, der Menschen und Beziehungen krank macht und entstellt. Im Dienst des Bildens, Behütens und Verbindens liebevoller Beziehungen ist er dagegen Leben schenkend, tröstend und fruchtbar. Es geht darum, dass erreicht wird, wovon Novalis sagt:

> *»Gegründet ist das Reich der Ewigkeit«* und
> *»Sophie ist ewig Priesterin der Herzen«.*

Liebe ist die Ewigkeitsqualität in Beziehungen, die das körperliche Dasein der Menschen bis in den tiefsten Grund durchdringen soll. Die Weisheit kann dann in allen Menschenherzen und in allen menschlichen Körpern wohnen. Dort bildet sie die Schale, in welcher Wahrheit und Wirklichkeit zwischen der Welt des Ewigen und des Zeitlichen miteinander verbunden werden. Wenn das gewusst und gelebt wird, so hat die Sexualität ihr Ziel erreicht. Sie wird sich dann in das verbindende Armband des neuen, androgynen Menschen verwandeln, der durch Freya und Eros dargestellt wird. Darüber sagt Sophie zu ihnen im Märchen Folgendes:

> *»Wirf du das Armband eures Bundes in die Luft, dass das Volk und die Welt euch verbunden bleiben.«* Das Armband zerfloss in der Luft, und bald sah man lichte Ringe um jedes Haupt, und ein glänzendes Band zog sich über die Stadt und das Meer und die Erde, die ein ewiges Fest des Frühlings feierte.

Abschied und Trennung, Isolation, Herbst und Tod sind erst dann beendet und lösen sich auf. Sie werden nicht länger gebraucht, sind zu nichts mehr nütze. Damit wird auch das Instrument der körperlichen Liebe nicht mehr notwendig sein. Sexualität wird sich dann auflösen und die Menschen werden in Licht und Liebe und Weisheit miteinander verbunden sein. Die körperlichen Unterschiede zwischen Mann und Frau werden sich ebenfalls auflösen. Fruchtbarkeit und Fortpflanzung werden neue Wege finden, und der neue, androgyne Mensch wird Realität sein. Aus einem Ganzen ist der Mensch entstanden, und als Ganzes wird er wieder auferstehen.

Die Mars-Eisen-Linie

Ein eherner Lehrweg

Auf den ersten Blick hat Eisen nichts an sich, was uns an Liebe oder Sexualität denken ließe. Ein Eisengroßhandel ist alles andere als aufregend. Dennoch haben wir im zweiten Teil dieses Buches (Kapitel »Eisen – Mars«) gesehen, dass Eisen eine Wirkung hat, die tatsächlich zum Menschen gehört und eine wichtige Rolle in unserer Kultur spielt. So ist es auch mit der Sexualität. Sie gehört zum vollen Menschsein dazu, doch sie wird in unserer Kultur besonders stark betont. Auf dem Gebiet der Sexualität spielen, genau wie beim Eisen, die Kräfte der Anziehung und der Abstoßung eine große Rolle. Beide, sowohl die Sexualität als auch das Eisen, sind völlig von den guten oder schlechten Absichten desjenigen abhängig, der damit umgeht. Fähigkeiten und Schwächen haben hier beide immer noch ungehindertes Spiel.

Im Märchen von Eros und Fabel wird in zahllosen Bildern der Weg beschrieben, den die Liebe im Zuge der menschlichen Entwicklung geht. Das Märchen zeigt auf, woher die Liebe stammt, welche Fußangeln und Versuchungen für die Menschen bestehen und wie wir trotz unserer menschlichen Schwächen weiterkommen. In diesem Märchen spielen sowohl das Eisen wie auch die Sexualität eine große Rolle. Novalis hat in sehr feinen Strichen dargelegt, worin die Bedeutung des Eisens für die Entfaltung der Liebe besteht. Wir folgen der Eisenspur, die sich durch das Märchen zieht, denn sie zeigt uns den Weg, den ein Mensch bei der Entfaltung der Liebe gehen kann. Sexualität wird ein »eherner Lehrweg« zur Liebe.

Die Entstehung des Eisens

Im ersten Teil des Märchens wird die Welt des Ursprungs und des Wesens des Menschen beschrieben. Diese ist alles andere als fertig. Es herrschen Stillstand und die Sehnsucht nach menschlicher Liebe –

einer Liebe, die den Stillstand aufzuheben vermag. Die schöne Freya, der himmlische Friede, wartet und sehnt sich nach Erfüllung, das heißt nach Eros. Denn genau wie Eros wird auch die Menschenliebe dereinst den Weg zurück zum Urquell ihres Daseins finden. Alles Dasein ist aus einem Liebesquell heraus gezeugt, und im Menschen wird dieser Strom einst den Weg zurück zu dieser Quelle finden. Dann ist die Liebe im Menschen dem Bösen bewusst abgerungen worden. Der richtige Augenblick, einen Appell an den Menschen herauszugeben, bricht an. Wenn alle kosmischen Ordnungen konsultiert worden sind, ist es so weit, und der König ruft aus:

> »Es wird alles gut. Eisen, wirf du dein Schwert in die Welt,
> dass sie erfahren, wo der Friede ruht.«

Der Eisenheld zieht das Schwert, hält es *mit der Spitze gen Himmel*, ergreift es dann und wirft es aus dem geöffneten Fenster über die Stadt und das Eismeer. Denn vieles ist zu Eis geworden in der Welt zwischen den Göttern und den Menschen. Das Schwert scheint zu zersplittern, denn es fällt in lauter Funken herunter auf diese Welt. Wie ein michaelisches, apokalyptisches Zeichen ist dieser Eisenregen aus den Höhen. Es mutet wie eine Chance an, die den Menschen gegeben wird. Das Eisen aus dem Kosmos bringt ihnen diese Chance.

Der Empfang des Eisens

Dann geht die Geschichte in einer völlig anderen Umgebung weiter. Wir befinden uns in einem Haus, in dem ein gewisses Gleichgewicht herrscht. Es gibt einen Vater, eine Mutter, eine Amme und eine priesterliche Frau. Es gibt auch einen eifrigen Schreiber, der alles wissen und festhalten will. Und dann gibt es die Wiege für die beiden Kinder. Ginnistan, die Amme, nährt ihr eigenes Kind, Fabel. In der Wiege schläft Eros, das Kind der Mutter. Der Vater ist der Vater beider Kinder. Dieser Vater bewirkt einen Durchbruch, weil er einen der Eisenfunken gefunden hat. Nicht als kosmischen Eisenfunken, sondern als irdisches Eisen bringt er ihn mit: in der Form eines magnetischen Stäbchens. Durch diesen Fund wird das Gleichgewicht zerstört, denn das magnetische Eisen ruft dreierlei Begierden hervor:

1. Der Schreiber will wissen, wie das Eisen wirkt, vor allem will er sich mit dessen Nutzen verbinden, mit dem Gewinn, der sich daraus erzielen lässt.
2. Ginnistan will das Eisen spüren und es manipulieren, bis sie es unter Kontrolle hat. Damit erweckt sie es zum Leben: Es nimmt die Form einer Schlange an, das Zeichen der Lebensenergie. Diese Schlange beißt sich selbst in den Schwanz. Ginnistans erotische Sehnsüchte nehmen dadurch zu.
3. Beim Kind Eros ruft das Eisen ein beschleunigtes Wachstum und einen unmittelbaren Tatendrang hervor, wie er Erwachsenen eigen ist.

Diese drei Begierden illustrieren den Effekt der Berührung mit dem zu irdisch gewordenen Eisen im Denken (der Schreiber), Fühlen (Ginnistan) und Wollen (Eros).

Dekadenz des Eisens

Eine ›Eisenchance‹ besteht darin, in bewusster Weise den Weg der Liebe zu gehen. Oder aber in durchdachter, gewissenhafter Weise mit der Liebe und der Sexualität umzugehen.

Eros erwacht aufgrund der Wirkung des Eisens und ergreift seine Chance, genau wie Ginnistan und der Schreiber. Ginnistan, schön und verführerisch, hat das Eisen nach ihrem Willen geformt. Jetzt spricht das Eisen zur *Fantasie* und nicht mehr ausschließlich zum wachen und wissenden Umgang mit der Liebe. Dieser Weg führt die Liebe in den Bann fantastischer Bilder und Verführungen. Als Folge wird die Liebe betörend und toll und sie verfliegt. Sie ist für den Menschen verloren, der »nicht mehr bei Sinnen« ist. Durch Alkohol oder Drogen oder durch das blinde Ausleben von Begierden verschiebt sich die magnetische Achse. Das Eisen gerät aus dem Gleichgewicht und zeigt nicht mehr

gen Himmel, so wie es ursprünglich vom Eisenhelden ausgerichtet
wurde. Der Mensch kann die gute Richtung rückgängig machen. Dann
beginnt ein langer Irrweg, der später, wenn wir über die Mondqualität
sprechen, noch dargestellt werden wird.

Fast unbemerkt kommt auch der so vernünftige Schreiber von seinem
Weg ab. Er wird nicht bewusst und wach in der Liebe, sondern erwacht
vielmehr in seinem Egoismus. Er interessiert sich nur für die Nutzan-
wendung des Eisenfundes, die eigentliche Frage des Eisens interessiert
ihn nicht. »Der Schreiber war bald des Betrachtens überdrüssig«,
schreibt Novalis. Sein Irrweg hat also bereits eingesetzt, und weil er
die Frage, die das Eisen ihm stellt, nicht verstanden hat, wird alles, was
er darüber schreibt, ausgelöscht. In der Schale der priesterlichen Frau,
Sophie, befindet sich Wasser, das alles auslöscht, was den Test der Wahrheit und der Sinnträchtigkeit nicht besteht. Alles, was er schreibt, wird
deswegen als wertlos weggespült, doch er lernt daraus nichts. Später
bemerkt er, dass dasjenige, was die kleine Fabel geschrieben hat, bestehen bleibt. Sie weiß das Eisen zu veredeln, doch der Schreiber nimmt
ihre Worte nicht auf. Er ärgert sich nur darüber. Er jagt weiterhin seinen
eigenen Zielen nach und übernimmt rasch die Macht im Haus. Als ein
echter Tyrann nimmt er den Vater gefangen, legt die Mutter in eiserne
Fesseln und versucht die unschuldige Fabel zu überwältigen. Schließlich tötet er die Mutter sogar, indem er sie auf einem Scheiterhaufen
verbrennt. Das Eisen erweckt in ihm Raffinesse, Schlauheit, weil er es
in seiner wahren Gestalt nicht wahrnimmt. So entartet er in Eifersucht
und wird zu einem Machtlüstling.

Was wir zuvor über die Macht ausgeführt haben, passt vollkommen
zu den Verirrungen und Fallen des ›inneren Schreibers‹ in uns. Wir
polen die Liebe zum Egoismus um und setzen das Eisen im Dienste
unserer Eigeninteressen ein. Daraus entspringt die Wahnidee, dass wir
das Recht hätten, den anderen zu zwingen, sich zu ändern. Oder aber
zu Taten und Gefühlen, die nicht zu ihm passen. Wenn wir Macht ausüben, legen wir den anderen in eiserne Fesseln, wie uns die Geschichte
lehrt. Das Denken wird diese Gemeinheit mit ehernen Gründen fundamentieren und rechtfertigen. Dann werden unsere Beziehungen zu
einem Scheiterhaufen, auf dem wir ›die Mutter des Eros‹ verbrennen.
Sie symbolisiert das, was in uns selbst die Liebe hervorbringt.

Der Eisenweg des Eros

Die Gefahr des Falles des Eros durch die verführerische Ginnistan wird von Sophie sofort erkannt, und darum weist sie ihn auf die eiserne Schlange hin. In vielen Kulturen ist die Schlange das Bild der Lebensenergie und damit der Gesundheit und der Sexualität. Sophie weist Eros im Grunde darauf hin, dass nun die Schattenseite, die dunkle Seite der Sexualität, die Macht übernimmt, und dass ihn die Begierden steuern wollen und nicht die Liebe, die ihm eigen ist. Zunächst hilft dieser stille Hinweis. Und zwar deswegen, weil Eros zuvor darum gebeten hatte, aus *ihrer* Schale trinken zu dürfen.

Hier sehen wir, wie Eros innerlich wächst, ebenso, wie er zuvor äußerlich wuchs. Die Kräfte, die mit dem Eisen und dem Mars zusammenhängen, verursachen lediglich ein beschleunigtes, äußeres Wachstum. Mars stellt das Gebiet der Taten dar und es wird »die Unverbindlichkeit der letzten Kinderjahre abgelöst von der nicht mehr ganz so unverbindlichen Qualität der späteren Jahre«, wie wir es oben ausdrückten. Marskräfte reißen das äußere und innere Wachstum nur allzu rasch auseinander. Die Frage an Eros und an jeden, in dem das Eisen wirksam ist, lautet, ob das beschleunigte, äußere Wachstum mit einer Beschleunigung des inneren Wachstums einhergeht. Die Bildung eines freien und vermenschlichten Gewissens und die Lebensweise, die daraus resultiert, stimulieren das beschleunigte Wachstum, das mit der Frage des Eisens zusammenhängt. Ein Gewissen, das sich nach Norden ausrichtet, wie es das Eisen tut, und das die Liebe und die Weisheit als gemeinsame Richtschnur nimmt. Oder aber: das Zusammenbleiben von Eros und Sophie, wenn das Eisen uns wachsen lässt. Wir müssen uns dann innerlich ›auf die Reise‹ begeben, wie es im Märchen heißt. Zunächst bleibt die Schlange Eros treu und weist unbeirrt nach Norden. Wenn der Mensch in der Liebe bleibt und ihn das in Freiheit gebildete Gewissen führt, hält sein wahrer Kern die Zügel in den Händen, die das gesamte Spiel der Sexualität bestimmen. Wenn aber der Mensch diese Reife noch nicht besitzt, kann das Triebleben die Regie übernehmen, und dann muss der Mensch ihm ohnmächtig folgen. So ergeht es Eros im weiteren Verlauf der Geschichte. Das Eisen ist dann umgeschmiedet worden, denn das innere Wachstum bleibt aus. Novalis lässt Ginnistan nach der Entgleisung berichten, dass Eros ein »Knabe« geworden ist. Der Jüngling zeigt ein *umgekehrtes* Wachstum. Er wird nicht erwachsen, sondern fällt in eine frühere Form zurück. Doch Entwicklung kennt keinen rückwärts gerichteten Weg. Eros wird deswegen nicht aufs Neue zu einem unschuldigen Kind, sondern zu einem verantwortungslosen Knaben.

So finden wir denn das Eisen als *Waffe* in Eros' Händen wieder. Der verwilderte Eros betätigt Pfeil und Bogen, Instrumente, die überall Schaden anrichten. Die Pfeile säen Verwirrung im Menschenherzen. Sie zerstören Beziehungen aufgrund kurzer, vorübergehender Verliebtheiten. Der Schreiber im Märchen formuliert dies später gegenüber den bösen Frauen folgendermaßen:

> »*Ich wollte euch ... sagen, dass Eros ohne Rast umherfliegt und eure Schere fleißig beschäftigen wird. Seine Mutter, die euch so oft zwang, die [Lebens-]Fäden länger zu spinnen, wird morgen ein Raub der Flammen.*«

Eros' Pfeile zeigen nicht länger nach Norden. Die Achse hat sich verschoben, und nun sät das Eisen Verwirrung. Die Fäden, die die Menschen verbinden, zerreißen, jetzt, da das Eisen die falsche Form angenommen hat. Der Kompass ist zum Störsender geworden, und die Pfeile des Eros richten sich jetzt auf den ›heißen Süden‹ im Menschen. Dies ist die Kraft, die rein in der sinnlichen Begierde wirksam ist und die Beziehungen schmiedet, die unterhalb der Gürtellinie beginnen und auch schnell dort wieder enden.

Der Eisenweg Fabels

Die kleine Fabel, die froh und kreativ ist, bringt die Lösung. Sie singt ein fröhliches Lied und spielt dazu die Leier. Musik und Gesang sind Kunst und Kreativität, und in froher Harmonie webt sie neue Hoffnung zwischen Vergangenheit und Zukunft. Fabel quält sich nicht lange mit der Tatsache, dass alles schief gegangen zu sein scheint. Ihre unverwüstliche, innere Fröhlichkeit deutet auf ihr Ganz-Sein hin. Auch wenn alles zerfällt und sie die Konsequenzen davon ertragen muss, bleibt sie im tiefsten Wesen das ›Kind der Zukunft‹.

Sie ist das Kind der Sonne. Sie vermag alles zu lösen. Sie ist geschmeidig und merkurial, und so gelingt es ihr, die Schere, die sie bedroht, aus den Händen der drei bösen Tanten zu entwenden. Fabel schafft die Zukunft. Sie schafft Entwicklung aus Niedergang und schafft damit aufs Neue die Liebe. Sie ist originell und weicht von aller Konvention ab.

Was tut Fabel mit dem Eisen? Forciert sie es aufs Neue? Zunächst muss das Eisen Ginnistans zu einer Schlange werden, dann das Eisen des Eros ein Pfeil und ein Bogen und in den Händen der Tanten eine schlechte Schere. Novalis lässt Fabel, diese »Kleine«, die nicht egoistisch und dekadent ist, alles zum Guten wenden. Fabel ist wie der Gottesfunke in uns. Das reine Kind in uns, das befreiend wirkt und alles, was zerbrochen war, wieder verbindet. Wir sehen, dass Fabel dem Eisen keineswegs ihren Willen aufzwängt. Sie weiß, dass Unfähigkeiten sich nur dann in Fähigkeiten verwandeln, wenn sie zu ihrem Ursprung zurückgeführt werden.

Fehler und Schwächen, Verfall und Verirrung, all das kann nicht einfach vermieden oder bekämpft werden. Alles will erlöst werden. und das ist nur möglich, wenn es wieder in das große Ganze eingebettet wird. Wenn wir uns in eine Klause zurückziehen, um unsere Begierden zu bekämpfen, werden sie nur zunehmen! Ein Fehler ist nichts anderes als ein Entwicklungsstrom, der einen Umweg macht. Und der durch diesen Umweg eine Zunahme der Sehnsucht nach Liebe und Frieden bewirkt, danach, wieder mit dem Schöpfungsquell des Daseins zusammenfließen zu können.

Novalis schreibt Folgendes über die *Tat* Fabels, die sie aus dem Schattenreich tief unter der Erde ausführt:

Fabel sah durch die Felsenkluft hinaus, und erblickte den Perseus mit dem großen eisernen Schilde. Die Schere flog von selbst dem Schilde zu, und Fabel bat ihn, Eros Flügel damit zu verschneiden und dann mit seinem Schilde die Schwestern zu verewigen, und das große Werk zu vollenden ...

Diese zweite Tat Fabels, das Loslassen der Schere, ist eine vielsagende Geste. Zuerst hat Fabel die Schere dem Bösen entwendet. Sie ist unangreifbar aufgrund ihrer frohen, kreativen Grundhaltung, die in Lebensmut wurzelt. Ihre zweite Tat, das Preisgeben der Schere, wurzelt in Liebe und Weisheit. Welche Art von Liebe übt sie hier aus? Es ist die des Loslassens, des Vergebens. Wenn wir jemandem »die Schere, die uns bedroht«, entwinden, dann werden meistens *wir* damit drohen! Wir decken damit unbarmherzig auf, wie der andere uns falsch behandelt, uns verwundet und hindert. Wir erinnern den anderen ständig daran und üben somit Macht aus. So wird das Eisen nicht erlöst! Die Waffen wechseln nur den Besitzer. Wenn ein Mann oder eine Frau sich in ein flüchtiges Abenteuer verliert und danach lebenslang vom betrogenen Partner in die eiserne Zange genommen wird, so fehlt die Fabel-hafte Wirkung. Diese erringt den Sieg ohne Waffen, denn Liebe siegt immer kampflos. Liebe schreibt wie Christus »in den Sand«, sie verurteilt nicht. Fabel tut etwas ganz anderes.

Die Erlösung des Eisens

Fabel erbittet die Heilung, die eine Heilung vom Bösen ist, auf der Grundlage des Opfers ihrer eisernen Schere, jener Waffe, die ihr Macht verleihen könnte. Der magnetische Schild des Perseus zieht die geopferte Schere an, und wie jeder größere Magnet bewirkt auch er eine Neuordnung der Eisenwirkung. Alle Teile des Eisens richten sich neu aus. Nun zeigt es sich, dass die Waffe wieder zum Instrument umgeschmiedet wurde, denn es wird benutzt, um die wilden Flügel des ungezügelten Eros zu stutzen. Eisen kann verbinden oder zerstören, in diesem Fall darf es heilen.

Fabel macht das Versäumnis des Schreibers rückgängig, sie befragt das Eisen nach seinem eigentlichen Ziel und Wert. Da zeigt es sich, dass Eisen Verbindungen zwischen Erde und Geist, zwischen Liebe und Frieden herstellen kann und will. Denn das Eisen ist, aufs Neue umgeschmiedet, in Form eines Fahrzeugs wiederzufinden. Novalis sagt:

Ein Fahrzeug von geschliffenem Stahl lag am Ufer festgebunden. Sie traten hinein und lösten das Tau. Die Spitze richtete sich nach Norden, und das Fahrzeug durchschnitt, wie im Fluge, die buhlenden Wellen ...

Das Eisen ist im Kampf gehärtet und zu Stahl geworden. Es kennt seine Richtung wieder und bringt Fabel und Eros, die Liebe, die wieder unschuldig geworden ist, zu ihrem Ziel! Das heißt: nicht zum Kampf, nicht zum Krieg, noch zu den rationalen Zerstückelungen, sondern zum *Ziel*. Dieses Ziel ist der innere Friede.

Als sie in der Welt des Ursprungs und der Zukunft ankommen, erhält Eros vom alten Eisenhelden auf Bitten Fabels das kosmische Schwert. Er setzt es sich mit dem Knauf auf die Brust und nun ruht das Schwert am Herzen des Eros. Damit deutet er auf die Stelle hin, wo der Friede ruht. Es öffnen sich die Flügeltüren des Saales und Eros kann Freya finden. Die Taten gehen jetzt aus seiner zur Liebe gewordenen Unrast hervor, aus seiner überwundenen Unverbindlichkeit. Die Flügel auf seinem Rücken sind verschwunden und zu Himmelstoren geworden. Das ist die Richtung, in die die Spitze des Schwertes des alten Helden bereits am Beginn der Geschichte wies.

Das scheinbar zersplitterte Schwert erweist sich als ganz, und dann geht die Geschichte folgendermaßen weiter:

Plötzlich geschah ein gewaltiger Schlag. Ein heller Funken fuhr von der Prinzessin nach dem Schwerte; das Schwert und die Kette leuchteten, der Held hielt die kleine Fabel, die beinah umgesunken wäre. Eros' Helmbusch wallte empor. »Wirf das Schwert weg«, rief Fabel, »und erwecke deine Geliebte.« Eros ließ das Schwert fallen, flog auf die Prinzessin zu und küsste feurig ihre süßen Lippen ...

Die Prinzessin des inneren Friedens ist wie ein Gebet, das erhört wird, eine Bitte, die beantwortet wird. Sie erkennt jetzt das Schwert des Eros. Sie reagiert nicht auf Worte, sie reagiert auf Taten. Und das wiederhergestellte Schwert, das den ganzen Weg des menschlichen In-die-Irre-Gehens und Wiederzurückfindens durchgemacht hat, hat eine magnetische Anziehungskraft in Bezug auf die Belebung *ihrer* wirkenden Lichtkraft. Nicht umsonst hat Freya dunkle Haare und große dunkle

Augen. In diesen Augen spiegelt sich der Weg, den das Eisen durch die dunkle Erde gegangen ist.

Die Funken springen auch auf uns über, wenn wir so weit kommen, dass wir in allem, was wir tun, das Eisen in die richtige Form schmieden. In der Sexualität geht das Eisen mit uns den ganzen Weg von der ungezügelten Begierde zum friedvollen Verlangen. Durch inneres Wachstum geht das Eisen den Weg von der Unrast und der Macht zur Liebe und zur Anerkennung. Dann entzünden wir uns aneinander, und aufs Neue wird Befriedigung aus tiefer, friedliebender Gemeinsamkeit geboren. Dann ist Freyas Sehnsucht nach der Menschenliebe erfüllt.

Die Merkur-Fabel-Linie

Der Schlüssel

In Novalis' Märchen liegt ein goldener Schlüssel verborgen. Ein Schlüssel, der Erkenntnisse und Lösungen bietet, nicht nur für die inneren Krankheiten unserer Kultur, sondern auch für die des individuellen Menschen. Auf nur wenigen Seiten erzählt uns das Märchen von Eros und Fabel vom Zustand des Menschen und wie er sich selbst weiterentwickeln kann. Der heilende, bewegliche, merkuriale und im wahrsten Sinne erquickende rote Faden in dieser Geschichte ist Fabel. Sie ist dadurch der Schlüssel.

Man kann sich fragen, warum das Märchen nicht »*Fabel* und Eros« heißt, wenn die Figur der Fabel doch der rote Faden und die Schlüsselfigur ist. Hier beginnt jedoch bereits das offenbare Geheimnis. Fabel steht mit allen anderen Figuren des Märchens in Beziehung und lebt diese Beziehungen auch. Sie stellt alle Verbindungen wieder her und heilt dadurch alle und alles. Sie ›spinnt‹ unermüdlich mittels ihrer fortwährenden Beweglichkeit das ganze Drama. Damit bewegt sie Himmel und Erde in einer dienenden Weise. Fabel ergreift in jeder Situation die Initiative, wenn es darum geht, dass Himmel und Erde, Kräfte und Gegenkräfte überbrückt werden müssen. Sie ist eine ständige Regenbogenbrücke, die alles miteinander verbindet, was zuvor getrennt wurde. Sie ist einerseits ein Gleichnis für Merkur-Hermes, den kleinen Götterboten. Doch sie ist zugleich eine starke Individualität und spielt eine zentrale Rolle. Aus alldem geht hervor, dass Fabel diejenige Kraft repräsentiert, die sich grundsätzlich für die Zukunft entscheidet. Die Zukunft von Menschheit und Erde fällt zusammen mit dem Ziel der Vollendung der Liebe in all ihren Facetten. Fabel dient also der Liebe, denn gerade dort, wo diese degeneriert und entgleist, entspringt ihr lebendiger und erneuernder Einfluss. Fabel ist die Kraft, die die Liebe sucht und ihr dient, frei von Egoismus und Egozentrik und erfüllt von schöpferischen, kreativen, altruistischen Lösungen. Fabel dient immer der Sache, nie sich selbst. Darum ist es berechtigt, dass das Märchen

»Eros und Fabel« heißt. Das offenbare Geheimnis von Fabels Individualität liegt darin, dass sie durch ihre tätige Liebe den anderen und dessen Werden in den Vordergrund stellt. Wir wollen nun dieser ›Fabellinie‹ im Märchen folgen, um den Schlüssel zur Fähigkeit, alles miteinander zu verbinden, wiederzufinden.

▬▬ Fabel und Phönix

In Arcturs Reich ist der Brunnen im Garten zu Eis erstarrt, zu Beginn herrscht ausgeprägter Stillstand. Doch Licht und Bewegung kommen ins Spiel, und Freya zeigt ihre Sehnsucht nach dem Moment, in dem ihr Dasein seine Erfüllung finden wird. Sehnsucht ist offenbar nicht nur ein Merkmal des Menschen, sondern auch der Himmlischen. Auch Freya, der himmlische Friede selbst, kennt Sehnsucht. Sehnsucht ist das Element, das alles in Bewegung bringt. Jede Sehnsucht ist ein Entwicklungspotenzial. Es geht nicht darum, dass wir uns bemühen, sie zum Verschwinden zu bringen, wie es uns die östlichen Weltanschauungen vermitteln wollen. Lediglich das kraftvolle und ausbalancierte Ertragen der Sehnsüchte ist erstrebenswert. Sehnsucht appelliert an das *Werden*, und dadurch geht von ihr auch immer zugleich ein Appell an den anderen aus. Der Erste, der auf Freyas Sehnsucht reagiert, ist ihr Vater. Er kommt, um zu ergründen, ob er ihr helfen kann. Er wird alle Sterne und Ordnungen in spielerische Bewegung bringen, um festzustellen, ob es Möglichkeiten gibt, die Sehnsucht und die Erstarrung zu durchbrechen.

Kurz bevor der König hereinkommt, stoßen wir auf den Keimpunkt der Fabellinie. Es handelt sich um einen prächtigen Vogel, der hinter (nicht auf!) dem Thron sitzt, genau wie Fabel selbst, also in dienender Rolle. »Der König kommt«, lauten seine ersten Worte. Ruft der Vogel den König auf diese Weise herbei oder kündigt er ihn nur an? Der Vogel ist ein Tor-Wesen, und von einem Tor sehen wir niemals beide Seiten gleichzeitig. Aus diesem Tor, diesem Bogen, der für Merkur so charakteristisch ist, entsteht zunächst Musik. Als der König durch diesen ›Nullpunkt‹ eintritt, erklingt Musik und es heißt:

Der schöne Vogel entfaltete seine glänzenden Schwingen,
bewegte sie sanft und sang, wie mit tausend Stimmen,
dem Könige entgegen.

In diesem Lied ist das Werden, das Streben, die Entelechie von allem wiedergegeben. Der Vogel fühlt, was entstehen will, und bringt dies singend zum Ausdruck:

Nicht lange wird der schöne Fremde säumen.
Die Wärme naht, die Ewigkeit beginnt.
Die Königin erwacht aus langen Träumen,
Wenn Meer und Land in Liebesglut zerrinnt.
Die kalte Nacht wird diese Stätte räumen,
Wenn Fabel erst das alte Recht gewinnt.
In Freyas Schoß wird sich die Welt entzünden
Und jede Sehnsucht ihre Sehnsucht finden.

Dieser prächtige Vogel ist die *himmlische* Fabel. Er ist in der geistigen Welt das, was Fabel auf der Erde im Menschenreich ist. Hier zeigt sich bereits, dass wir, die wir uns als voneinander getrennte Individuen erfahren, getröstet werden. In der Sexualität geht es immer im tiefsten Sinne um unsere Sehnsucht, nicht länger ein in uns selbst abgeschlossenes Dasein zu führen. Die Sexualität ist genauso alt wie die Erkenntnis des Menschen, dass er nicht mit seinen Mitmenschen und seinem göttlichen Herkunftsquell vereint ist. In der Sexualität suchen wir die innigste Vereinigung mit einem anderen Menschen. Wir suchen und erfahren in jedem Orgasmus (und in den vielen anderen friedenstiftenden Facetten der Sexualität) einen Moment der Verbindung mit dem Kosmos, mit der Quelle unseres Daseins und dem Wesen des anderen. Vielleicht haben Menschen, die tief inkarniert und dadurch echte Erdenbürger sind, ein stärkeres Bedürfnis nach Geschlechtsverkehr als Menschen, die mit einem Bein noch in der kosmischen Welt stehen. Wenn man vollständig Erdenmensch ist, ist die Abgetrenntheit am größten, und daraus entspringt der Drang, dass »jede Sehnsucht ihre Sehnsucht findet«.

Bewusst oder unbewusst lebt dies in uns allen. Fabel lebt in dieser

Urwelt als der wunderbare Vogel, der von seinem Ort hinter dem Thron aus die Brücken baut. Haben auch wir und alles, was entsteht, nicht ein solches Idealbild, das uns aus dem Verborgenen ruft und erzählt, wer wir sein könnten? Hat nicht jede Beziehung ihr Ideal, das wir manchmal erklingen hören und erglänzen sehen? Wir wollen uns mit ihm vereinen. Wir wollen es erreichen, und wir streben nach ihm in all unserem Beziehungsleid, in aller Sexualität und in allen Unfähigkeiten. Fabel erzählt uns, wie dies möglich ist, denn *ihr* gelingt es. Ihr Vogel »bewegte unaufhörlich die Hülle seiner kostbaren Federn auf die mannigfaltigste Weise«. Am Ende des Märchens sind der Vogel und Fabel eins, miteinander vereint:

> *Der Phönix flog mit melodischem Geräusch zu ihren Füßen, spreizte seine Fittiche vor ihr aus, auf die sie sich setzte, und schwebte mit ihr über den Thron, ohne sich wieder niederzulassen. Sie sang ein himmlisches Lied, und fing zu Spinnen an, indem der Faden aus ihrer Brust sich hervorzuwinden schien ...*

So wird auch der Mensch wieder eine große Ganzheit werden, mit Körper, Seele und Geist.

▬ Die drei Irrwege

Die Beweglichkeit, die für Merkur so charakteristisch ist, ist allem eigen, was kreativ ist. Kunst, Inspiration, Erfindungsreichtum, Humor und echte Heilkunst – alles sind Ausdrucksformen der Kreativität. Fabel ist die fleischgewordene menschliche Kreativität selbst. Es ist unglaublich schwierig, Fabel exakt zu definieren. So wie sich das Quecksilber nicht einfangen lässt, sondern sich in unzählige Einzelteile zerteilt, ist auch Fabel. Sie taucht überall auf, tut alles Mögliche und sagt alles Mögliche. Man kann, wenn man ihr aufmerksam folgt, noch nachvollziehen, was sie tut, doch wer sie ist – das bleibt ein Rätsel. Ab und zu sagt sie etwas über sich selbst aus oder Novalis enthüllt etwas von ihrem Wesen. Wir wollen ihren Weg ein wenig verfolgen und darin einige Fingerzeige entdecken, die uns zu ihrem Kern führen können.

Fabel trinkt am liebsten bei Ginnistan und will auch gerne mit ihr zusammen auf die Reise gehen. Das Trinken bei »der Mutter« gefällt ihr weniger. Das Schöpferische (Fabel) ernährt sich gerne von der Fantasiekraft Ginnistans, die als Tochter des Mondes viele Bilder aus sich herausströmen lassen kann. Auch wir ernähren uns gerne von Ginnistans Brüsten, wenn wir endlos Bilder auf all unseren vielen unterschiedlichen Bildschirmen betrachten. Ja, unsere gesamte Kultur trinkt von Ginnistans Brüsten! Doch echte Kreativität hat ihre Wurzeln in dem, was Sophie erweckt. Ihre Nahrung ist das Wasser der Weisheit, welches immer eine weckende Wirkung hat; es erweckt das schöpferische Vermögen in uns. Wir werden durch es erneuernd und schaffend. Dann können wir auch uns selbst aufs Neue schaffen, wie auch den anderen und die Welt. Genau das ist es, wofür sich Fabel entscheidet. Sie empfängt den Krug mit Sophies Wasser von Ginnistan, die ihn nicht so benutzt hat, wie sie es hätte tun sollen: um nämlich Eros damit zu laben. Würde sich Eros (die Liebe) an Sophies ›Brüsten‹, das heißt an ihrer Schale, laben, so würde die Liebe weise und zugleich kreativ werden. Ginnistans Bilder dagegen können einen abhängig und süchtig machen, einlullen und ein Bedürfnis nach immer weiteren Vorstellungen und Bildern hervorrufen. Das ist eine unserer heutigen Kulturkrankheiten. Fabel folgt dem Beispiel Ginnistans nicht und benutzt den Krug mit dem heilenden Wasser für den anderen – so wie es sein soll.

Wir spüren häufig, wie wir das, was unsere Natur ist, nicht einfach so ausleben können, obwohl wir, genau wie Eros, gern Ginnistan folgen würden. Doch darin besteht gerade der erste Irrweg: Uns fehlt dann die Nahrung Sophies. Es ist nichts Verkehrtes an den sexuellen Trieben, doch wir entwickeln uns nicht, wenn wir diesen Traumbildern folgen. Wir entwickeln uns jedoch, wenn wir den Krug mit dem Lebenswasser Sophies zu unserer Inspirationsquelle machen. Dann folgt Ginnistan *uns*, dann erlösen und befreien wir unsere Instinkte, sodass sie uns folgen und helfen, anstatt dass wir ihnen sklavisch hinterherrennen wie Ginnistan dem dekadenten und verwilderten Eros. Fabel beschließt, diesen ersten Irrweg zu heilen. Sie reagiert ganz anders auf das Eisen als der Schreiber, Ginnistan und Eros. Sie ist kein Materialist, und dieser Entwicklungsweg ist nicht der ihre. Dennoch verbindet sie sich mit dem Eisen, sodass sie die den Entgleisungen, die das Eisen überall verursacht, folgt, wie es im Kapitel »Der Eisenweg Fabels« (siehe Seite 354) bereits geschildert wurde. Sie wird später den Kampf dagegen aufnehmen, und sie weiß sowohl das Eisen wie auch das, was es hervorgerufen hat, zu heilen.

Der zweite Irrweg ist der des Schreibers. Er ist zornig und erschreckt aufgebrochen, nachdem das magnetische Eisen seine magische Wirkung auf Eros ausgeübt hat. Er liebt eigentlich die trockene Perfektion, doch jetzt ist ein lebhafter Aufruhr entstanden. Alles und alle geraten in Hitze, neue Anziehungs- und Abstoßungskräfte werden durch das Eisen geweckt. Die Beziehungen geraten ins Chaotische – Novalis beschreibt das sehr genau in der ersten Szene im Haus. Und wer erkennt dies klar? Fabel! Denn sie setzt sich an die Stelle des Schreibers und schreibt alles auf – und es wird nicht vom Sophienwasser ausgelöscht! Der Schreiber ist wütend darüber und erlebt ihr Schreiben als eine Störung seiner Vorstellung von Ordnung. Dazu erweist sich ihr Anteil auch noch als unauslöschbar! Es ist typisch für den Schreiber, dass er die Wahrheit, die Fabel schenkt, nicht sehen will. Sie ruft sogar Irritation und Aggressionen hervor:

> *Der Schreiber jagte die kleine Fabel mit vielen Schmähungen von seinem Sitze, und hatte einige Zeit nötig, seine Sachen in Ordnung zu bringen. Er reichte Sophien die von Fabel vollgeschriebenen Blätter, um sie rein zurück zu erhalten, geriet aber bald in den äußersten Unwillen, wie Sophie die Schrift völlig glänzend und unversehrt aus der Schale zog und sie ihm hinlegte ...*

Jetzt hat Fabel das Kriegsbeil ausgegraben. Die vorgenommene Heilung des Schreibers von seinen Verirrungen wird sie noch teuer zu stehen kommen, doch sie ist Sophies Patenkind. Ginnistan kann sie nicht mehr ernähren, denn sie bedarf selbst der Hilfe. Sophie nimmt sie als Patenkind an und behütet auf diese Weise ihre Wirkung und ihren Auftrag. Die Weisheitsliebe überstrahlt sie, und dadurch werden alle ihre ausgedachten Geschichten, Spintisierereien, Taten und gesponnenen Fäden zu weisen Schöpfungen. Sie sind nicht länger mehr ein ›Kinderspiel‹, sondern schöpferische Fantasie – und das heißt: Schöpfung. Von

Ginnistan zu Fabel, das ist der Weg von der Fantasie zur Schöpfung. Der Schreiber hingegen ist nirgendwo kreativ, und so ist sein Kampf mit Fabel der Kampf zwischen zwei Antipoden.

Der Schreiber will die Macht an sich reißen, und er nimmt sie sich auch. Macht ist jedoch vollkommen tödlich für jede Form von Kreativität. Darum schreibt Novalis später:

Der Schreiber stürzte sich mit Ungestüm herein, um sich an der kleinen Fabel zu rächen und Sophien gefangen zu nehmen. Beide waren nicht zu finden. Die Schale fehlte auch, und in seinem Grimme zerschlug er den Altar in tausend Stücke ...

Natürlich findet der Schreiber Fabel und Sophie nicht, und genauso wenig die Schale der Wahrheit. Macht kann sich niemals zum Herrn über Kreativität und Weisheit aufschwingen. Diese gedeihen nur in Respekt und Freiheit. Wenn der Schreiber unsere Beziehungen zu dominieren beginnt, entsteht ein Machtkampf über die Punkte und Kommata im Leben. Und dann haben wir einen ständigen, manchmal auch lautstarken Kampf zwischen den Partnern darüber, wer recht hat. Oder es geht darum, wer am besten seinen Willen durchzusetzen vermag. Dann entsteht eine ständig konfliktgeladene Atmosphäre zwischen Menschen. Wie in einem Grabenkrieg werden laufend die Chancen eingeschätzt, wie der andere überwältigt werden kann, möglichst aus einer verborgenen Position heraus. Dann hat der Schreiber in uns die Macht übernommen. Der Machtdrang des Schreibers gründet in seiner tiefen Machtlosigkeit im Hinblick auf die Zukunft. Weisheit und Schöpferkraft gemeinsam, man könnte auch sagen: Sophie und Fabel, bewirken immer eine sinnvolle Entwicklung, eine hoffnungsvolle Zukunft für alle Beteiligten. Der Schreiber verjagt diese gerade dadurch, dass er herrschen will; und als er dann die Macht endlich in Händen hält, wächst nur die Todeskraft.

Herrscht dagegen nicht der Schreiber, sondern der verwirrte Eros mit seinen Pfeilen und Cupidos, dann kommt es aufgrund von Überhitzung zu Ruhelosigkeit und Überbeweglichkeit. Sowohl die Erstarrung wie auch der Überschuss an Aktivitätsdrang sind Formen von ›Bewegungskrankheiten‹, denen Fabel zu Leibe rücken muss.

Auf dem Hintergrund dieser zwei Irrwege wird ein dritter sichtbar: Die unvermeidliche Nebenwirkung des erwachten Selbstbewusstseins des Menschen. Dieses Erwachen wird durch das Auffinden des Eisens symbolisiert. Eisen ist das Instrument schlechthin zur Bewusstseinsentwicklung des Menschen. Im Verbund mit dieser Entwicklung wachsen das Ego und die Bindung an dieses Ego. So entstand und entsteht Eigeninteresse, voller Egoismus und Egozentrik. Es isoliert den Menschen von der Welt und dem anderen. Selbstbewusstsein ist somit zwar eine gute Medizin für die Menschheit, jedoch eine Medizin mit schädlichen Nebenwirkungen. Diese schädlichen Nebenwirkungen sind immer Ausprägungen von Eigeninteresse, von Selbstliebe, und sie machen uns lieblos in Bezug auf den anderen.

Dieser dritte Irrweg wird diesmal nicht primär von Fabel gelöst. Die *Mutter*, die sich mit dem Licht der Sonne vereinigt, ist es, die das Problem, das dem dritten Irrweg zugrunde liegt, in grundsätzlicher Weise klärt. Sie bringt ein vielfaches Opfer. Sowohl ihr Haus als auch ihre Gestalt, ihr Sohn und ihr Leben werden von ihr geopfert. Sie fühlt voraus, was entstehen will. Sie bildet und bewahrt das, was wirklich einen Wert für die Zukunft hat, und lässt alles andere los. Sie bringt »Hausgeräte« mit sich hinaus, sagt Novalis, noch bevor das Haus zerfällt. Später wird sich das Sonnenlicht mit ihrem Opferfeuer verbinden. Ihre stille, verinnerlichte Opferkraft nimmt dort die Kraft des Sonnengoldes, des Christus, in sich auf. Diese entfaltet sich dann an der Stelle, wo zuvor die Selbstliebe wurzelte. *Wenn der Egoismus auf dem Scheiterhaufen eines Herzens, das nach dem Wesentlichen in der Liebe sucht, stirbt, wird alle Selbstsucht erlöst.* Dann erhebt sich das Selbstbewusstsein zum höheren Bewusstsein, alle schädlichen Nebenwirkungen sind dann verschwunden.

Dieses Mutter-Flammen-Opfer geht an Fabel nicht spurlos vorüber. Sie hört aus dem Munde des Schreibers davon, sie sieht das Feuer in der Nacht und leidet mit der Mutter mit. *Diese* Mutter ist nicht ihre natürliche Mutter, sondern ihre *Pflege*mutter, an die sie sich band, während sie in ihrem Haus lebte. Die Fürsorge dieser Mutter hinterlässt Spuren in Fabels Kern. Fabel hat also
– die Fantasie (Ginnistan) als natürliche Mutter und Amme,
– die Weisheit (Sophie) als Patin und schließlich
– die Opferkraft (die Mutter) als Pflegemutter.

Wer eine sinnvolle Zukunft und eine sinnvolle Beziehung schaffen will, der kommt nicht am Vorbild Fabels vorbei.

Sinnvolle menschliche Verhältnisse werden durch die drei Mutterkräfte der Fantasie, der Weisheit und der Opferkraft geboren. Wenn nur eine der drei anwesend ist oder ein Ungleichgewicht zwischen diesen drei Kräften herrscht, so geht ein Mensch rasch in die Irre.

- *Fantasie* wird zur Täuschung ohne Weisheit und Opferkraft;
- *Weisheit* wird zum endlosen Warten ohne Fantasie und Opferkraft;
- *Opferkraft* wird zum Selbstverlust ohne Weisheit und Fantasie.

Nur wenn alle drei zusammenwirken, werden wir liebevolle, schöpferische Menschen, die ihre Beziehungen und ihre Zukunft schaffen. Die drei Mütter bilden ein Gegengewicht zu den drei alten Schwestern, gegen die sich Fabel behaupten muss und von denen auch wir so viel zu ertragen haben. Sie zerschneiden lieber die Fäden zwischen Menschen – und damit auch die Fäden, die in die Zukunft führen.

▬▬ Fabel als Kind

Fabel und Eros sind die einzigen Kinder in dem Märchen, und bald ist nur noch Fabel ein Kind. Wenn die Sphinx sagt: »Du bist noch ein Kind«, antwortet diese: »Und werde ewig ein Kind sein.« Dies ist so, weil sie sich nicht vom Ego bestimmen lässt. »Du hast das Unsterbliche in dir gewählt«, so formuliert Sophie es gegen Ende des Märchens. Alles, was Fabel bedroht, spiegelt uns den Schaden, der durch den Egoismus ausgelöst wird. Sie ist ganz und gar Bewegung und dennoch nirgends Unruhe. Im Gegenteil: Sie bringt Ruhe und Harmonie. Der Schreiber und die Schwestern bedrohen all diese jungen Kräfte. Sie sind vom Ego und von Egoismus erfüllt. Der Egoismus bringt dem Menschen die Möglichkeit, menschliche Verbindungen zu zerbrechen. Die Überwindung des Ego ist deswegen auch die Kraft, die die Bande zwischen Menschen wiederherstellen und heilen kann. Wenn wir Fabel zum Vorbild erheben, werden wir nicht kindlich, sondern wir werden wieder *wie ein Kind* und bleiben ewig jung.

Egoismus ist die Kälte, die wir in den Heimathafen der Liebe hineintragen, sodass alles, was den Menschen an Möglichkeiten gegeben ist, erstarrt und erfriert. Wir lassen den Brunnen unseres Daseins einfrieren und können einander dann weder begreifen noch ertragen, geschweige denn vergeben, da wir die Liebe gegen den Egoismus, die Selbstliebe, eingetauscht haben. Dann treiben wir gewissermaßen ›Seelen-Inzest‹: Wir drängen dem Kind in uns und im anderen unsere egoistischen Begierden auf und bedrohen es damit in seinem Dasein. Wir zwingen das Kind in uns (und im andern), das den Weg der Liebe gehen will und das echte Menschsein schaffen möchte, dazu, in den ›Untergrund‹ zu gehen. In jeder beziehungsmäßigen Kälte bzw. Überhitzung herrscht der Egoismus, denn es gibt eigentlich keinen Grund, warum wir einander nicht zutiefst lieben sollten. Unvollkommenheiten, Mankos und irritierende Eigenschaften und Gewohnheiten sind nichts anderes als die Orte, an denen die tiefste, intensivste Sehnsucht nach dem Etablieren von Liebe lebt!

Das Geheimnis muss enthüllt werden. Alles, was uns vordergründig berechtigte Gründe für Lieblosigkeit, Liebesschwund und Liebeskummer liefert, ist eine große Frage, ein Hilferuf danach, das, worum es geht, mit Liebe zu umgeben. Selbst wenn sich diese Liebe in das Gewand strengen Tadels kleidet. Liebe ist stark, weise und mutig zugleich, aber sie begrenzt und korrigiert und beschützt nicht aus Egoismus, sondern aus einem Dienen-Wollen heraus. Der Unterschied liegt im ›Absender‹: Ist es unsere Fabel, die im Innern auftritt? Oder vielmehr der Schreiber?

Wenn wir Fabels Spur folgen, hören wir, wie Novalis den Albtraum des Egoismus und der Lieblosigkeit beschreibt. Er lässt Fabel vor dem rachsüchtigen Schreiber fliehen, der sie vernichten will. »Alles, was Wert hat, ist wehrlos«, sagte der niederländische Dichter Lucebert. Aber dieser wehrlose Wert ist auch ungreifbar, schwer erfassbar, wie sich bald zeigt. Die kleine Fabel hat mit Merkur den Eisenkern gemeinsam. Das wesentlichste Merkmal des Eigennutzes, des Egoismus, besteht darin, dass er sich selbst nicht sieht und den andern nicht kennt. Fabel ist also im wahrsten Sinne ungreifbar, nicht zu fassen für das Wesen, das sich in Egoismus, Macht und Tyrannei verbirgt. Dieser Tyrann erhält keinen

Zugriff auf Fabel, er kämpft gegen einen leeren Thron, denn Fabel sitzt nicht auf ihm. Sie thront nicht, sie steht *hinter* dem Thron, so wie zuvor der Vogel hinter dem Thron des Arctur stand. Sie vermeidet alle Statusbekundungen und sonstigen Ego-Muster.

Die Rolle der Sphinx

In dem Märchen gibt es einen Schlüsselmoment für Fabel, als sie mit den Kernfragen der Liebe und der Weisheit konfrontiert wird. Dieser Moment ist gewissermaßen ihre Zugangskarte für ein Gebiet, das sie erst betreten darf, wenn sie ihm gewachsen ist. Fabel sieht sich vor ein scheinbar unergründliches Spiel von Fragen und Antworten gestellt. Selbst die Tatsache, dass es sich dabei um die Verschmelzung der Weisheit und der Liebe handelt, ist nicht evident, sondern in Rätselformen verborgen. Wird Fabel zu einem Bewusstsein der Liebe vordringen?

Der *Ort* der Sphinx ist der erste Anknüpfungspunkt für die Lösung. Ihr Platz ist die Grenze des irdischen Reiches und der Unterwelt. Bei dem Ort, an dem sie sich befindet, handelt es sich also um einen *Übergang*. In der irdischen Welt ist im Menschen eine Trennung entstanden. Sie wurde dadurch verursacht, dass der Mensch eine Trennung zwischen sich und seinem Ursprung, seiner geistigen Heimat, erfahren hat. Die Trennung geht einher mit dem Austreiben der Liebe und der Weisheit. Dadurch ist die Liebe nicht mehr weisheitsvoll, und die Weisheit ist lieblos. Die Verirrung des Eros ist die töricht gewordene Liebe; die eisige Abstraktion des Schreibers hat die Weisheit lieblos gemacht. Dies ist das Werk finsterer Widersacher des Menschen, die auf diese Weise im Verborgenen ihr eigenes Reich begründeten: ein Reich der Isolation und der Lieblosigkeit. Dieses Reich musste entstehen, weil der Mensch seinen wirklichen Auftrag erfüllen muss. Soll die Trennung ungeschehen gemacht werden, so muss zunächst das Rätsel der Sphinx gelöst werden. Sie, die Sphinx selbst, ist das Rätsel und das Bild des *isolierten Menschen*.

Die zweite Handhabe, um das Gespräch mit der Sphinx zu verstehen, liegt in der Frage, *mit wem* dieses Gespräch eigentlich geführt wird. Die Sphinx zeigt das Bild von vier Menschheitsqualitäten der Zukunft, die für uns Menschen entscheidende Möglichkeiten darstellen. Wenn das Denken so frei und souverän wird wie ein Adler, das Fühlen so ausgeglichen und mutig wie ein Löwe, wenn ein Mensch im fortwährenden Ausgießen des Lebenswassers lebt und nicht in der materiellen Alltagswelt versandet und wenn überdies unsere Begierden unserem Willen dienstbar gemacht sind, um einander und die Welt tätig zu lieben, dann sind die vier menschlichen Qualitäten entwickelt, zu denen die Sphinx aufruft. In diesem zukünftigen Menschen werden Weisheit und Liebe wieder vereinigt sein.

Die *Form* des Gesprächs, das die Sphinx führt, ist ein weiterer Hinweis. Es ist ein Frage-und-Antwort-Spiel, das sich umkehrt und das dann umgekehrt gelesen werden muss. Diese Umkehrung ist charakteristisch für die Grenze zwischen dieser Welt und der des Geistes. Genau wie im Umgang mit den Verstorbenen müssen wir lernen, ›umgekehrt‹ zu denken: Was wir als Antworten in uns selbst finden, das sind die Fragen der Verstorbenen, und Fragen, die wir innerlich wahrnehmen, sind ihre Antworten. Es bedarf einiger Übung, ein Gespräch im Sinne dieses Umstülpungsprinzips zu führen. Rudolf Steiner spricht über die Möglichkeit, Verstorbenen beim Einschlafen eine Frage zu stellen, und über die Antwort, die man beim nächsten Erwachen finden kann.[28]

Auch in der menschlichen Biografie wird manchmal sichtbar, dass Folgen den Ursachen vorausgehen. Michael Ende beschreibt in seinem wunderbaren Roman *Momo*, wie Momo an der Grenze der geistigen Welt rückwärts und langsam gehen muss, damit sie schneller vorankommt.

Novalis, der so tiefgehend mit dem Tod konfrontiert wurde, als seine Verlobte starb, benutzt dieses Prinzip der Umkehrung in den Gesprächen zwischen Sphinx und Fabel. Fabel wird auf Herz und Nieren geprüft, ob sie die vier Menschheitsqualitäten bereits erworben hat. Das zeigt sich an den Antworten, die sie der Sphinx gibt und die eigentlich Fragen sind. Im tiefsten Sinne hängt jegliche menschliche Entwicklung von der Fähigkeit des Menschen ab, Fragen zu formulieren und sie dann zu stellen. Geistig gesehen kann man sagen: Wir sind wir so weit entwickelt, wie wir *Fragen stellen* können. In den irdischen Verhältnissen dagegen sind wir so weit entwickelt, wie wir *Antworten* auf gestellte Fragen zu geben wissen. Wenn die offensichtlich rätselhaften

Fragen ein Hindernis darstellen, fordern sie uns auf, in Umkehrungen, in Umstülpungen zu denken. Das bewirkt das Rätsel der Sphinx. Das Denken und Arbeiten mit Umstülpungen ist ein menschlicher Auftrag. Nur dadurch wird die Brücke zwischen den unterschiedlichen Welten des einen und des anderen Menschen errichtet und zu gleicher Zeit die zwischen dieser Welt und der Welt der Seele und des Geistes. Wir wollen einmal dieses Frage-und-Antwort-Gespräch genau betrachten, das sich als viel weniger spielerisch erweist, als es oberflächlich betrachtet den Anschein hat.

	Frage der Sphinx:	**Antwort Fabels:**
1.	Was suchst du?	Mein Eigentum.
2.	Wo kommst du her?	Aus alten Zeiten.
3.	Du bist noch ein Kind.	Und werde ewig Kind sein.
4.	Wer wird dir beistehen?	Ich stehe für mich.

Kehren wir die Fragen und Antworten um, so entsteht Folgendes:

	Antwort statt Frage der Sphinx:	**Frage statt Antwort Fabels:**
1*	Das, was du suchst.	Was ist mein Eigentum?
2*	Dort, wo ich herkomme.	Wo sind die alten Zeiten?
3*	Wenn du wie ein Kind wirst.	Wie findest du die Ewigkeit?
4*	Wer dem anderen beisteht.	Wer steht für sich?

Danach stülpt sich die Richtung des Gesprächs um.

	Antwort der Sphinx:	**Frage Fabels:**
5.	Überall und nirgends.	Wo sind die Schwestern?
6.	Noch nicht.	Kennst du mich?
7.	In der Einbildung (Fantasie).	Wo ist die Liebe?
8.	Murmeln ...	Und Sophie?
	mit den Flügeln rauschen ...	Sophie und Liebe!

Kehren wir auch diese Fragen und Antworten um, so entsteht Folgendes:

Frage statt Antwort der Sphinx:	Antwort statt Frage Fabels:
5* Wo ist überall und nirgends?	Die Schwestern.
6* Wer bin ich noch nicht?	Fabel.
7* Wo ist die Einbildung?	In der Liebe.
8* Wodurch werde ich verständlich?	Durch Sophie, durch Sophie und Liebe!

Nun, da wir die Umkehrung der Fragen und Antworten entschleiert haben, wollen wir sie alle acht gründlicher betrachten. Die ersten vier sind ›umgestülpte‹ Fragen Fabels:

1.* Fabel stellt die menschliche Frage nach dem *Eigentum*: Was ist unser wahres Eigentum? Die Sphinx antwortet, dies sei nur dasjenige, wonach sie *suche*. Fabel sucht in der Geschichte Eros und Sophie – die Liebe und die Weisheit, und nur diese beiden sind rein menschliches Erbteil und Eigentum. Aber sie und auch wir müssen danach suchen!

2.* Fabel fragt, wo die *alten Zeiten* sind. Da zeigt sich, dass dies jene Zeiten sind, aus denen die Sphinx stammt. Die Sphinx ist entstanden während und durch die Urtrennung von Mensch und Kosmos, von Himmel und Erde, von Materie und Geist. Diese Zeiten sind alt, die neue Zeit bricht an, weil Fabel in der Sphinx die alte Zeit erkennt und befragt.

3.* Fabel fragt, wie sie die *Ewigkeit* finden könne, beziehungsweise wie sie die neue Zeit, die Zukunft, wird finden können. Die Sphinx antwortet, dass es dafür notwendig sei, wie ein Kind zu werden. Das ist genau dieselbe Formulierung wie im Neuen Testament, wo Christus sagt:»Lasset die Kinder zu mir kommen und wehret ihnen nicht; denn ihrer ist das Reich Gottes. Ja, so ist es, ich sage euch: Wer nicht das Reich Gottes in sich aufnimmt mit den Kräften des Kindes, wird niemals hineinkommen.« (Lukas 18, 17-18) Nicht naiv oder kindisch, sondern ›wie ein Kind‹ soll der Mensch werden. Dann ist alles Personengebundene, was das isolierende Ego und der Egoismus verursachten, überwunden. Es ist dann möglich, als Kind vertrauensvoll in einer offenen Verbindung mit dem wahren Ich und dem des anderen zu leben. So ist der zukünftige Mensch.

4.*   Fabel fragt hier zum Schluss, wer *selbstständig* stehen und seinen
Weg gehen könne. Die radikale soziale Antwort lautet, dass wir nur
dann Selbstständigkeit zeigen, wenn wir einem anderen beistehen.
Nicht wenn wir völlig auf eigenen Beinen stehen, gehen wir selbstständig einen Entwicklungsweg, sondern erst dann und insoweit wir
dem anderen eine wirkliche Stütze sind.

Umgestülpt stellt die Sphinx Fabel daraufhin vier Fragen, die sie selbst
betreffen:

5.*   »Wo ist überall und nirgends?« Damit fragt die Sphinx Fabel
nach ihrer Position, denn sie kann ihren Sockel nicht verlassen. Sie
kann nicht einmal das Tor durchschreiten, das sie bewacht. Es zeigt
sich, dass Fabel sich völlig im Klaren ist, wo sie sich befindet: Vor dem
Raum, in welchem die *drei Schwestern* die Fäden, die die Menschen
miteinander verbinden, lieber zerschneiden. Sie verrichten ihre Arbeit im Unsichtbaren, sie weben und zerbrechen die Schicksalsfäden
zwischen den Menschen, überall und nirgends.

6.*   Daraufhin fragt die Sphinx: »Wer bin ich noch nicht?« Die Antwort lautet, dass sie noch keine *Fabel* ist. Sie ist noch ihr Gegenpol,
doch es ist ihr Auftrag, so zu werden wie sie. Ihre bescheidene Erscheinung, wie ein Kind, ihre fröhliche Beweglichkeit, ihre Verbindung mit Himmel und Erde – all das ist sie noch nicht.

7.*   Nun fragt sie sie: »Wo ist die Einbildung (Fantasie)?« Das ist die
Frage danach, wo das wahre Selbstbild zu finden ist. Dies geschieht
in der Liebe. Fabels Verbundenheit mit Eros (die Liebe ist ihr Bruder)
und Ginnistan (die Fantasie ist ihre Mutter) erweckt diese Frage. Jetzt
weiß die Sphinx, dass sie in der Liebe das Selbstbild finden kann, das
sie verloren hat und das durch das eingebildete Ego-Bild ersetzt wurde, welches sie ihr zeigt.

8.*   Die letzte Frage ist eine kaum vernehmliche. Die Sphinx mur-
melt etwas in sich hinein und rauscht mit ihren Flügeln, so wie jemand es tut, wenn er etwas vergessen hat, was nicht vergessen werden
darf. Die Sphinx ist hier nicht mehr arrogant und erhaben thronend,
sondern eher verlegen, schamhaft und linkisch. Zum Schluss verfällt

sie in Stillschweigen. Doch eigentlich will sie sprechen und sich bewegen, sie zeigt hiermit ihren ohnmächtigen Stillstand und fleht um Hilfe, indem sie ihre Hilflosigkeit zeigt: Warum kann ich nicht sprechen, nur murmeln, und auch nicht fliegen, sondern nur mit meinen Flügeln rauschen? Wodurch werde ich in meinem tiefsten Wesen verständlich? *Sophie!,* erhält sie zur Antwort. Und ein wenig später: *Sophie und Liebe!* Sophie, die Weisheit, ist ihr entfallen. Der Mensch ist aus der Welt der Weisheit gefallen – er kann viel sagen und sich dennoch selbst nicht wirklich formulieren. Dies ist nur möglich, wenn die Liebe die Seele erfüllt und in Bewegung bringt. Es sind darum ›Sophie und Liebe‹, die Fabel ihr ans Herz legt. Aufs Neue zeigt sich, dass Weisheit und Liebe das erlösende Wort sprechen.

Fabel führt noch ein weiteres Gespräch mit der Sphinx, nachdem sie bei Arctur die Leier geholt hat und mit ihrem Gefolge an Taranteln in die Unterwelt absteigt. Auch dieses Gespräch verläuft in einer Frage-und-Antwort-Form, die umgekehrt gedacht werden muss:

Frage der Sphinx:	Antwort Fabels:
9. Was kommt plötzlicher als der Blitz?	Die Rache.
10. Was ist am vergänglichsten?	Ungerechter Besitz.
11. Wer kennt die Welt?	Wer sich selbst kennt.
12. Was ist das ewige Geheimnis?	Die Liebe.
13. Bei wem ruht es?	Bei Sophien.

Kehren wir die Fragen und Antworten um, so entsteht Folgendes:

Antwort statt Frage der Sphinx:	Frage statt Antwort Fabels:
9* Dass sie plötzlicher kommt als der Blitz.	Was ist die Zukunft der Rache?
10* Das, was vergänglich ist.	Was ist in der Zukunft ungerechter Besitz?
11* Wer die Welt kennt.	Wer kennt sich selbst?
12* Ein Geheimnis der Ewigkeit.	Was ist die Zukunft der Liebe?
13* Die Hüterin, bei der die Liebe ruht.	Wer ist Sophie?

Das Resultat dieses Gesprächs ist, dass die Sphinx sich kläglich krümmt und Fabel die Höhle betreten kann.

Fabel fragt und die Sphinx antwortet, fünfmal nacheinander. Beim ersten Gespräch prüft die Sphinx Fabel, um zu sehen, ob sie in der Lage ist, ins Schattenreich vorzudringen. In diesem Gespräch sind die Rollen eigentlich vertauscht. Fabel ist die Trägerin der Zukunftsimpulse. Alles, was sie einen anderen fragt oder ihm aufträgt, hat stets Zukunftscharakter. Darum müssen ihre Fragen als Fragen, die in die Zukunft zielen, gelesen werden. In diesem Gespräch prüft Fabel die Sphinx, ob sie ihr in das Reich des Lichtes folgen kann:

9.*   Fabel fragt nach der *Zukunft der Rache*. Rache bzw. Vergeltung ist ein alter Begriff, der an alte Gesetzmäßigkeiten anknüpft, die auf dem Prinzip des ›Auge um Auge, Zahn um Zahn‹ basieren. Dabei wird auf dieselbe Weise zurückgenommen, was verursacht wurde. Diese Wirkungen sind beispielsweise immer noch die Basis von Blutrache und Ehrenmord. Diese unerbittlichen Prinzipien müssen von der Menschheit verabschiedet werden; sie haben ihre Zeit gehabt. An ihre Stelle muss ein unmittelbares Wissen um die Folgen einer Tat treten, ein Wissen darum, was Gedanken, Worte, Gefühle und Taten für den anderen bedeuten. Außerdem kann dem Menschen dann blitzartig klar werden, wie eine (Er-)Lösung aussehen und wie er wieder ins Reine mit dem anderen kommen kann. Dieses *karmische Wissen* erfolgt wie ein Blitzeinschlag, der die Finsternis durchschneidet, die noch über der Vergangenheit und der Zukunft der Menschen liegt, die miteinander zu tun haben. Die Zusammenhänge mit früheren Leben und die Zukunftsmöglichkeiten leuchten dann auf, so wie ein Blitz in finsterer Nacht eine ganze Landschaft erhellen kann.

10.*   Diese Frage ist die nach dem *unrechtmäßigen Besitz*. Was ist das? Alles, was vergänglich ist, was an das Irdische gekoppelt ist, erweist sich hier, an der Grenze von Leben und Tod, als »ungerechter Besitz«. Alles Materielle muss in Zukunft zurückgelassen werden. Es ist deshalb das Allervergänglichste, weil wir als Mensch lernen sollen, uns die Erde nicht anzueignen, sie uns nicht zu unterjochen, sondern sie zu bearbeiten und zu erlösen. Dabei erstirbt alles rein Materialistische. Besitz bilden, der ›gerecht‹ ist – das ist nur nach *menschlichem*

Recht möglich. Dieses Recht ist ein Recht auf Liebe und Verbundenheit nach Geist, Seele und Körper in Freiheit. Dieses Recht dürfen wir behalten, es ist unser ›gutes Recht‹ auch jenseits der Grenze von Leben und Tod. Dieser Besitz hat Zukunftscharakter.

11.* Die ersten beiden Fragen über Rache und Besitz wurzeln in der dritten. Diese erweist sich dadurch als der eigentliche Kern des Gesprächs. *Nur wer sich selbst kennt, kann mit Rache und unrechtmäßigem Besitz umgehen.* Nur durch Selbsterkenntnis nehmen wir wahr, wie unser Verhältnis zu diesen zwei Gebieten beschaffen ist. Was antwortet die Sphinx? Sie antwortet aufs Neue mit der radikalen sozialen Notwendigkeit: Wer die Welt kennt, kennt auch sich selbst. Durch Nabelschau und Isolation entsteht offenbar keine Selbsterkenntnis. Nur indem wir durch die Welt gehen, in der vollmenschlichen Begegnung und in Zusammenarbeit mit unseren Mitmenschen, der Erde und allem, was damit zusammenhängt, entsteht Selbsterkenntnis.

12.* Nun fragt Fabel nach der *Zukunft der Liebe*. Aus der Antwort geht hervor, dass sie ein Geheimnis der Ewigkeit wird. Nicht mehr ein irdischer, von Begierden dominierter und profanisierter Begriff. Das Geheimnis der Liebe wird wieder ein verborgenes Wissen, das in der Ewigkeit bewahrt ist, nicht im Zeitlichen; nicht länger durch das Zeitliche verformt oder entheiligt. Liebe ist das Geheimnis, das sich offenbart, wenn wir die Schleier des zeitlichen, materiellen Lebens wegziehen.

Das heißt: Die Liebe ist für das materielle Denken und Leben, für die ›dunkle Welt‹ ein Geheimnis, jedoch nicht außerhalb von ihr! Die Sphinx deutet hiermit an, dass sie weiß, was der Charakter der wahren Liebe ist: Es ist das Ewige. In der Zukunft wird die Liebe ihre Heimat im Menschen wiederfinden. Nun lebt sie in uns als eine vorübergehende, an den Körper gebundene Erfahrung; in der Zukunft wird sie wieder zu der Erfahrung, die in unserem ewigen Kern lebt. Unser Kern ist noch ein Geheimnis und so auch die Möglichkeit zur Liebe, die in ihm liegt. Novalis weiß, dass Menschen den Weg zu diesem Geheimnis, das in ihren Herzen lebt, finden werden. Damit ist das Geheimnis der Liebe im Ewigen enthüllt.

13.* Jetzt kulminiert die Fragenreihe Fabels, sie fragt nach *Sophie.* Dort ruht das Geheimnis, antwortet die Sphinx. Damit ist das Geheimnis bereits enthüllt. Sophie (Sophia!) ist diejenige, in der die Liebe ruht. Sie ist die Weisheit, und in und durch die Weisheit wird das Wesen der Liebe offenbar. *Weisheit ist das Bewusstsein der Liebe* und sie heißt Sophie oder Sophia.

Weil die Sphinx die Zukunftsfragen beantwortet hat, schrumpft dieses Schattenbild des Menschen in sich zusammen. Die vier Qualitäten des Zukunftsmenschen haben zu sprechen begonnen und sich aus ihrer Erstarrung gelöst. Murmeln und Rauschen sind hier in der Begegnung mit der merkurialen, beweglichen Fabel zu Klang und Bewegung geworden. Die Schattenwelt löst sich auf, und die vier getrennten geistigen Qualitäten kehren zurück, wie in Arcturs Reich beschrieben (siehe hierzu das Kapitel »Die Sphinx« auf Seite 430).

Das dritte und unsichtbare Gespräch mit der Sphinx

Fabel kann aufgrund der Begegnung mit der Sphinx ihre Aufgabe erfüllen. Die Sphinx und Fabel sind miteinander verknüpft, sie sind wie Frage und Antwort füreinander. Durch die Begegnung kommen beide weiter. Um diesem Zusammenhang auf die Spur zu kommen, müssen wir zum ersten Gespräch zurückkehren.

In diesem findet noch eine weitere, ganz entscheidende Umkehrung statt. Sie lehrt uns, dass wir erst durch einen anderen unsere eigenen Fragen bemerken und dass der andere erst durch uns seine eigene Antwort bemerkt. Eigentlich ist der andere Mensch, jedes Gegenüber, der Träger unserer eigenen Lebensfrage. Zugleich lebt in uns die Antwort auf den anderen, jedenfalls geistig gesehen. Nochmals: Im tiefsten Grunde tragen wir die Fragen und Antworten *des anderen* in uns, nicht unsere eigenen. Dadurch werden wir einander immer brauchen und lieben lernen, denn wer allein und isoliert bleibt, bei dem verstummen alle essenziellen Fragen und alle möglichen Antworten. Das Wahrnehmen der eigenen Frage im anderen liegt verhüllt in einer Wechselwirkung zwischen den Fragen und den Antworten verborgen. Das ist das dritte, unsichtbare und unhörbare Gespräch zwischen der Sphinx und Fabel, wodurch jeder von ihnen die eigenen Fragen und Antworten am anderen bemerkt. Es bedarf einiger Mühe, diesen Verbindungen auf die Spur zu kommen, doch wer diese nicht scheut, wird einen wunderbaren Zusammenhang entdecken:

	Frage der Sphinx:	Antwort Fabels:
1.	Was suchst du?	Mein Eigentum.
2.	Woher kommst du?	Aus alten Zeiten.
3.	Du bist noch ein Kind.	Und werde ewig Kind sein.
4.	Wer wird dir beistehen?	Ich stehe für mich.

Danach dreht sich die Richtung des Gesprächs um:

	Antwort der Sphinx:	Fabel fragt:
5.	Überall und nirgends.	Wo sind die Schwestern?
6.	Noch nicht.	Kennst du mich?
7.	In der Einbildung.	Wo ist die Liebe?
8.	... Murmeln ... Flügelrauschen ...	Und Sophie?
		Sophie und Liebe!

In der Kreuzung wird sichtbar, wie kostbar eine wirkliche Begegnung ist. In allem, was über Liebe, Beziehungen und Sexualität geschrieben wurde, handelte es sich immer um den Reichtum an Möglichkeiten, den eine echte Begegnung schenkt. Denn Entwicklungsimpulse finden ihren Ursprung in der Berührung, im Berührtsein durch den anderen in Körper, Seele und Geist. Menschen schenken einander bei jeder Begegnung dadurch Leben und Licht, manchmal jedoch auch Tod und Finsternis. Auch wenn wir total unterschiedlich sind, wie es bei der unbeweglichen, dunklen und rätselhaften Sphinx und der kleinen, fröhlichen, tanzenden Fabel der Fall ist, so ist doch jedes Gespräch und jede Berührung eine Lebenschance für beide. Wenn die statische Sphinx Fragen stellt, erweckt sie bereits ihre späteren Fragen, die also im Grunde ihre Antworten sind! Wir stellen die Querbeziehung zwischen den Fragen eins bis vier der Sphinx und den späteren Fragen von Fabel fünf bis acht einmal nebeneinander:

Frage der Sphinx:		Die bei Fabel angeregte Frage:	
1.	Was suchst du?	8.	Sophie? Sophie und Liebe!
2.	Woher kommst du?	7.	Wo ist die Liebe?
3.	Du bist noch ein Kind?	6.	Kennst du mich?
4.	Wer wird dir beistehen?	5.	Wo sind die Schwestern?

Durch die Fragen, die die Begegnung mit der Sphinx Fabel schenkt, begreift diese also, dass sie Sophie suchen muss – und in Sophie den liebevollen Eros. Sie bemerkt auch, dass sie erkannt werden muss und dass es die drei Schwestern sind, die die zerrissenen Schicksalsfäden in den Händen halten, die sie wieder zusammenspinnen muss. Mit diesen vier Erkenntnissen als Zukunftsimpuls in sich kann sie weiterschreiten. Sie verdankt diese Erkenntnisse dem finsteren Wächter an der Pforte.

Fabel antwortet, und diese Antworten erwecken die Erkenntnis der dunklen Sphinx in sich selbst, wodurch sie ihre Antworten bilden kann (die ihrem Wesen nach Fragen sind!):

Antwort Fabels:		Bei der Sphinx erweckte Antwort:	
1.	Mein Eigentum.	8.	... Murmeln ... Flügelrauschen ...
2.	Aus alten Zeiten.	7.	In der Einbildung.
3.	Und werde ewig Kind sein.	6.	Noch nicht.
4.	Ich stehe für mich.	5.	Überall und nirgends.

Die Sphinx begreift zuerst, dass sie als ihr Eigentum über die Möglichkeit verfügt, »geflügelte Gedanken« auszusprechen, anstatt nur zu murmeln und zu rauschen. Danach erkennt sie, dass sie die Fantasie des Menschen ist, der seine Qualitäten zu stark mit dem Irdischen verbunden hat, und dass die Ursache dieses Vorgangs in den alten Zeiten liegt. Daraufhin beginnt sie zu begreifen, dass sie keine rechte Beziehung zu Zeit und Raum hat. Sie kennt den richtigen Augenblick und den richtigen Ort noch nicht, sie verzögert nur mithilfe ihres »noch nicht« und »überall und nirgends«. Diese Unbestimmtheit nach zwei Seiten wird deutlich, weil Fabel erzählt, dass sie ewig Kind ist und für sich steht. Gerade dieser Kontrast erhellt vieles, und dies ist notwendig, weil die Sphinx ein *Schatten*wesen ist. Die Selbsterkenntnis der Sphinx bringt sie weiter, was aus den fünf Fragen 9 bis 13 deutlich wird, die Fabel bei der nächsten Begegnung mit ihr stellt. Diese sind, wie wir sahen, eigentlich vier Antworten auf die Zukunft, und in ihrer Mitte, im Kern, ruht die entscheidende (elfte) Frage: Erkenne dich selbst! Die Begegnung ist enträtselt. Die gegenseitige Ergründung ist gelungen. Das Urbild der Begegnung ist sichtbar geworden.

▬ Fabel in der Unterwelt

Kosmische Fäden aus Vergangenheit, Gegenwart und Zukunft sind karmische Fäden. Auf wen ›fliegen‹ wir und warum? Bei wem werden wir schwach und warum? Ist das nur deswegen so, weil der andere der Schönste, Liebste und Klügste ist? Dann werden wir uns nur selten verlieben, denn die Zahl sehr schöner, lieber und intelligenter Menschen ist relativ gering. Daneben ist es so, dass diese Menschen bei weitem nicht immer tolle Beziehungen leben. Ein schöner Körper bedeutet noch lange nicht eine schöne sexuelle Beziehung. Lesen Sie einmal, was die Klatschblätter darüber schreiben. Wir kennen alle dagegen wohl Menschen, die deutlich in Liebe miteinander leben und von einem Partner vollständig befriedigt werden, der keinerlei Schönheitswettbewerb gewinnen würde. Ebenso wenig ist andererseits ein liebevoller Charakter eine Garantie für eine gute und angenehme Beziehung. Wir kennen liebe und kluge Menschen, die ihr Leben lang keinerlei Beziehungsglück erleben. Offenbar sind die Kriterien von Schönheit, Liebenswürdigkeit und Intelligenz weniger ein Pass für das Finden eines Partners oder eine Garantie für eine schöne gelungene Beziehung, als es uns immer weisgemacht wird.

Doch wenn diese Merkmale nicht die wirkliche Ursache für das Finden des richtigen Partners sind, was dann?

In alten Geschichten tauchen drei weibliche Gestalten auf, die mit den Quellen der menschlichen Schicksalsfäden verbunden sind. In der *Edda* sind es die Nornen. Sie spinnen die Fäden, aus denen die Menschenleben gewoben werden. ›Schicksalsgöttinnen‹ heißen sie in anderen Zusammenhängen. Die griechischen Mythen und Sagen kennen die Hesperiden, die am Ende des Märchens von Novalis auf der Bühne erscheinen. Es sind die Frauen, die die goldenen Äpfel im Garten am Rande der Welt hüten. Diese Äpfel sind ein Geschenk von Mutter Erde an Hera anlässlich ihrer Eheschließung mit Zeus, denn unsere Erde schenkt goldene Früchte, wenn wir eine Verbindung eingehen, die eine von Göttern gewobene ist. Das ist eine Verbindung, die wesenhaft ist und aus der Gold entstehen kann, eine Verbindung, die unser eigenes Werden und das des anderen weiterbringt. Es ist eine Verbindung, wie Gott sie meint, und die nicht durch das Menschlich-Allzumenschliche zerstört werden darf. Wir zerstören durch die allzu menschlichen Ego-Interessen und Emotionen ständig die Beziehungen zu und mit unseren Partnern, die doch eigentlich durch Engelsfäden miteinander verknüpft sind.

Wenn wir Fabel folgen, sehen wir, dass sie in ein Schattendasein gelangt, wo die drei Schatten-Spinnerinnen tätig sind. Diese durchtrennen lieber, als dass sie sie spinnen; dadurch zerschneiden sie die Schicksalsfäden zwischen den Menschen. Wir erkennen einander häufig bereits, wenn wir uns zum ersten Mal begegnen. Wir suchen einander häufig schon lange, bevor wir uns gefunden haben. Schon in früheren Leben lebten wir vielleicht zusammen. Natürlich kommen wir auch mit neuen Menschen zusammen, mit welchen wir in der Zukunft und in kommenden Leben viel erreichen wollen. Beziehungen sind immer Fäden aus der Vergangenheit, der Gegenwart *und* der Zukunft. In jeder menschlichen Begegnung lebt die Engelwirkung, die die Menschen zusammenführt, die zueinander gehören. Im Zusammenkommen dieser Fäden verknüpfen sich auch die Lebensfäden der Kinder. Aber irgendetwas ist nicht gut gegangen, so stellt es Novalis dar: Es ist eine Verwirrung in der Engeltätigkeit aufgetreten. Plötzlich gibt es viele lose Enden unter den Schicksalsfäden, und die drei alten Schwestern lassen Fabel diese Fäden spinnen, etwas, worum sie selbst bittet. Doch sie bedarf des Lichtes:

»Hinaus sollst du nicht, aber in der Nebenkammer bricht ein Strahl der Oberwelt durch die Felsritzen, da magst du spinnen, wenn du so geschickt bist; hier liegen ungeheure Haufen von alten Enden, die drehe zusammen; aber hüte dich: Wenn du saumselig spinnst, oder der Faden

382 Urbilder der Liebe

reißt, so schlingen sich die Fäden um dich her und ersticken dich.« – Die
Alte lachte hämisch und spann.

Was tut Fabel? Sie hüpft in das Nebengemach, und sogar unter diesen
schwierigen Bedingungen fragt sie sich, was im Interesse des Ganzen
geschehen muss. Sie sah, wie Novalis es ausdrückt, »durch die Öffnung
hinaus«, blickt also *nach außen*. Nicht nach innen also, nicht auf ihr
Eigeninteresse! Da sieht sie das Sternbild des Phönix, man könnte auch
sagen, ihren eigenen geistigen Quell, ihr Idealbild. Erfreut über das
günstige Zeichen, beginnt sie zu spinnen und zu singen. Weil Fabel
keine Angst hat, sich selbst zu verlieren, kann sie in Bewegung bleiben;
Angst vor Selbstverlust führt immer zu Erstarrung. Fabels Beweglichkeit ist inneres Wachstumspotenzial, welches es ihr auf der einen Seite
ermöglicht, die »alten Enden« wieder zu verknüpfen, das heißt: unter-
brochene Verbindungen und Entwicklungen in eine Weiterführung zu
bringen. Auf der anderen Seite wird sie durch diese Arbeit für andere
ihrer tiefsten Eigenheit bewusst beim Anblick des Phönix, des großen,
schönen, glänzenden Schwellenvogels in Arcturs Reich. Nun spinnt
sie, der geistigen Vorsehung entsprechend, jetzt verbindet sie, was zerbrochen worden war. Sie lauscht, blickt zum Tor des Kosmos auf und
gewahrt dort, was über den Nullpunkt hinaus verbunden werden will.
Sie singt dabei in Harmonie mit dem Gesang ihres Phönix hinter dem
Thron. In dieser tiefen, furchterregenden Düsternis mit ihrer Todesdro-
hung nimmt sie unbeirrbar die Essenz als Richtung und Ziel wahr. So
singt sie uns allen ihr Urbild zu, das sie sich durch ihren inneren Mut
zur Schöpfung erworben hat:

> *Erwacht in euren Zellen,*
> *Ihr Kinder alter Zeit;*
> *Lasst eure Ruhestellen,*
> *Der Morgen ist nicht weit.*

> *Ich spinne eure Fäden*
> *In Einen Faden ein;*
> *Aus ist die Zeit der Fehden.*
> *Ein Leben sollt' ihr sein.*

Ein jeder lebt in Allen,
Und All' in Jedem auch.
Ein Herz wird in euch wallen,
Von Einem Lebenshauch.

Noch seid ihr nichts als Seele,
Nur Traum und Zauberei.
Geht furchtbar in die Höhle
Und neckt die heil'ge Drei.

Und so singt sie bedeutungsvoll neues Licht und neues Leben in ein
tödliches Schattenreich hinein ...

Das Spinnen Fabels

Fabels merkuriale Quecksilberfähigkeiten haben die Kraft, Dinge wieder intakt werden zu lassen und zu heilen. Sie hüpft und singt zwar wie
ein Kind, doch nie ist sie oberflächlich oder flatterhaft. Sie spinnt ihren
Bewegungsdrang zu Fäden, die nicht reißen, zu Musik, die nicht erschöpft, sondern erquickt. Ihre positive Merkurqualität führt zu einem
Wissen darum, was jeweils zu tun ist – ganz gleich, in welche Situationen sie gerät und zu wem sie in Beziehung tritt. Fabel passt sich also an,
wenn sich sämtliche Umstände auf einen Schlag verändern, und sie reagiert schnell, klug und ganz individuell. Ihr ganzes Im-Leben-Stehen
ist bewegendes Leben. Diese fröhliche, erweckende Kraft, die sowohl
bewegt als auch in jeder Situation vollkommen sie selbst bleibt, sie lässt
sich mit den Merkmalen des kleinsten Quecksilbertröpfchens vergleichen. Auch dies bleibt in sich selbst abgeschlossen rund und ganz und
verliert dennoch nicht die Eigenschaften des Quecksilbers. Quecksilber
nimmt alles Gold auf, womit es in Berührung kommt. Dasselbe tut auch
Fabel. Mehr noch, sie weiß in jeder Situation Gold zu finden. Im Schattenreich, wo die drei Alten den Tod weben und die Fäden durchtrennen,
ist dieses ›Gold‹ der Phönix, und sie nimmt seinen goldenen Lichtstrahl
von oben in sich auf.
    Wenn wir in einer festen Beziehung miteinander zusammenleben,

dreht sich alles um die Qualität unserer Begegnungen. Wenn wir einander im Zusammenleben wirklich begegnen, spinnen wir ständig Fäden zwischen uns und dem anderen. Jeder Augenaufschlag, jede kleine Berührung, jedes Wort und jeder Gedanke an den anderen sind Fäden, die sich zu einem starken Verbindungsseil zusammenflechten. Wenn wir so miteinander im positiven Sinn umgehen, dann ist die Sexualität kein ›heißes Eisen‹. Die ständige gegenseitige Berührung kann zwar in die geschlechtliche Begegnung führen, doch dort liegt nicht der Schwerpunkt. Denn wenn wir uns innerlich völlig vom anderen berührt und erspürt fühlen, dann wird die Befriedigung, die normalerweise nach einem Orgasmus auftritt, zu einem Gefühl, das sich über das gesamte Zusammenleben mit dem anderen ausdehnt. Wie die Kinder leben wir dann in Freude miteinander und finden in ›offenen Begegnungen‹ ständig neue Möglichkeiten, für Momente etwas gemeinsam zu spinnen.

Wenn wir diese zärtlichen, lieben und unschuldigen Qualitäten vernachlässigen, werden wir in der Begegnung mit dem anderen rasch völlig auf die Ebene der Sexualität zurückgeworfen. Da kommt es dann darauf an, ob wir den anderen finden und lieben können, ja sogar, ob wir unsere Beziehung überhaupt aufrechterhalten und wie wir sie gestalten können. Denn in diesem Fall wird die Sexualität zu etwas alles Dominierenden und erhält damit eine extreme ›Ladung‹. Sie muss dann das gesamte menschliche Bedürfnis nach Berührung, Liebe und Beziehungsbildung gleichsam abdecken. In vielen Filmen wird dies als normal hingestellt und scheint auch problemlos zu funktionieren. Offenbar leben Menschen dort ihr Alltagsleben als ein primär sexuelles Leben, und offenbar sind das fantastische Begegnungen und Beziehungen.

In Wirklichkeit ist Sexualität nur *ein* Bestandteil der gesamten Beziehung. Sexualität ist eine Art und Weise, Liebesgefühle zum Ausdruck zu bringen, und wenn diese abnehmen oder einschlafen, geschieht dasselbe mit dem sexuellen Verhältnis. Sexualität ohne Liebe ist dann zum Tode verurteilt, Liebe ohne Sexualität dagegen keineswegs. Außerdem: So wie wir das Zusammenleben lernen müssen, so müssen wir auch den Körper und die Reaktionen des Partners kennenlernen, um harmonisch miteinander Gemeinschaft erleben zu können. Und dies steht keineswegs in all den Büchern zu diesem Thema, denn jeder Mensch ist einzigartig und reagiert anders. So gesehen ist schöner Sex eine Kunst, eine Schöpfung und keine simple Tat. Jemanden sexuell wirklich zu befriedigen bedeutet, dass man den anderen ganz genau erfühlen lernt und exakt die Fäden webt, die uns verbinden und erfreuen. Sonst handelt es sich nur um eine Paarung oder ein ›Herummachen‹!

Um zu einer kreativen, frohen und verbindenden Sexualität zu gelangen, hängt alles von all den kleineren Gebärden und Begegnungen ab, die sich durch den Tag ziehen. Erfüllte Sexualität ist damit der Ausfluss eines liebevoll aufeinander abgestimmten Zusammenlebens. Von der Qualität dieses Zusammenlebens hängt die Beziehung eigentlich ab. Den ganzen Tag leben wir entweder beziehungsbildend oder beziehungsschädigend. Wenn alles gut geht, sind wir aufeinander abgestimmt, dann kann die ›Fabel in uns‹ ihre Musik spinnen. Es sind goldene Fäden, die aus ihrer Brust hervorgehen, wie Novalis es am Ende seines Märchens beschreibt.

Fabel ist nicht nur in jeder Situation sie selbst, sie tut zugleich immer das, was die Situation von ihr erfordert. In jedem Moment erkennt sie, was geschehen will und was dies von ihr fordert. Fabel spricht gerne, doch sie lauscht genauso intensiv auf das, was die Umgebung ihr zuflüstert. All ihre Qualitäten bündeln sich auf diese Weise zu denen eines Heilers, eines Therapeuten. Darin ist sie groß. Wohin sie auch geht, überall setzt ihr Kommen eine heilende Wirkung in Gang. Das Zeichen der Ärzte ist auch heute noch der Äskulapstab, der Stab des Gottes Hermes, an dem sich die aufgerichtete Schlange emporwindet. Es ist ein Gegenbild zu dem Eisen, das, von Ginnistan geschmiedet, zu einer Schlange wird, die sich selbst in den Schwanz beißt. Diese Schlange löst Krankheiten aus, ganz im Gegensatz zu der heilenden Wirkung Fabels: Sie heilt die krank machende Wirkung, die von dem degenerierten Eisen ausgeht.

Unsere heutige Kulturwelt ist randvoll mit Begierde erweckenden Faktoren, die aus Ginnistans Mondgarten stammen. »Das Schattenreich war aufgetan und seltsam aufgeschmückt«, so heißt es im Märchen in dem Gedicht, das die Reise von Eros und Ginnistan beschreibt. Wir werden von Bildern und Worten überschwemmt, die uns nicht informieren, sondern überfahren wollen. Unsere Habgier wird ständig durch suggestive Reklame aufgepeitscht. Auch der sexuelle Drang wird durch allerlei erotische und pornografische Bilder fortwährend angeregt und verherrlicht. Wir stoßen ständig auf sie, im Fernsehen, im Internet, in den Medien, auf den Straßen. Der Begriff der Sexualität selbst ist außer Rand und Band geraten, es ist ein ›überhitztes‹ Thema, das sich in den Schwanz beißt.

Nochmals: Das Geheimnis der Sexualität besteht darin, dass sie erst dann recht gedeiht, wenn sie in eine liebevolle Beziehung aufgenommen wird. Wird sie aus ihr herausgelöst, dann kann das körperliche Bedürfnis nach Sexualität einen Menschen durch Überbetonung und Abhängigkeit auf diesem Gebiet vollkommen gefangen nehmen. Glücklichsein und Lieben fallen in der Vorstellung immer stärker zusammen mit sexuellen Abenteuern und Herausforderungen. Wir sahen bereits bei der Betrachtung der Jupiter-Wirkung, dass dieses Bewusstsein der Sexualität eine Verdrehung des Bewusstseins der Liebe ist. Dadurch ist die Sexualität krank geworden und verwildert, genau wie Eros.

Fabel heilt diese Krankheit. Sie ist nur scheinbar eine Figur aus einer alten Geschichte. In Wirklichkeit passt sie nahtlos in unsere Zeit, als Bild für die Heilung unserer Kulturkrankheit. Diese Kulturkrankheit offenbart sich, wenn wir, statt nach menschlicher Liebe zu streben, überall die Tendenz zum Aufwecken des entmenschlichten, blinden Trieblebens antreffen. In unserem Weltbild drängt sich immer stärker jene Macht in den Vordergrund, die unterhalb der Gürtellinie entspringt. Diese Schlange ist mächtig und krank machend. Fabel-Kraft ist dagegen in ihrer Wehrlosigkeit wehrhaft und gesundend.

Wie schafft Fabel das? Beginnt sie scharfzüngig zu diskutieren? Schießt sie Pfeile ab wie Eros? Hat sie etwa ein Schwert wie der alte Held? Nichts von alledem. Fabel hat nichts, doch sie weiß, was sie braucht und wie sie es erlangen kann. Vieles holt sie sich fragend aus der höheren Welt. Von dort strömen Talente in unsere Welt hinein. Talente sind Gaben, die individuelle Menschen in die Welt mitgebracht haben, um sie zu schenken. Nicht um eitel zu werden, denn dazu besteht kein Anlass. Talente treffen wir in uns selbst an, und sie wollen kreativ und bereichernd in unsere Kultur einströmen, nicht in das persönliche Ego, damit wir auf diese Weise noch stärker uns selbst genießen können. Alles dagegen, was wir noch *nicht* können, das zeigt uns unser persönlicher Entwicklungsweg. Unsere Talente wollen sich als Entwicklungsmöglichkeit in die Zeit und die Kultur, in der wir leben, einfügen. Fabel holt sich aus Arcturs Reich immer wieder das Talent, was in der jeweiligen Situation notwendig ist. Ihr zentrales Talent ist ihre Musikalität. Mit ihr entlockt sie ihrer Leier heilende Klänge.

Weil Fabel äußerst modern ist, heilt sie auch nicht mit Zaubersprüchen und magischen Mitteln, wie es in Märchen häufig der Fall ist. Fabel heilt gleichsam homöopathisch: *Sie entwickelt aus dem Gift das Gegengift.* Am deutlichsten sichtbar wird dies, wenn sie ihrer Mutter, Eros und der Schar der Cupidos begegnet. Diese leben in einem vollkommen zerrütteten Verhältnis zueinander, voller Macht, Sucht, Abhängigkeit und Animalisierung sexueller Instinkte. Krank ist die Beziehung zwischen Eros und Ginnistan, und krank machend in Bezug auf zahllose andere ist alles, was Eros zu Wege bringt. Er ist aufgrund der bezaubernden Mondbilder und der Verführung Ginnistans gewissermaßen entgleist und übt nun Macht über sie aus. Außerdem zerstört er überall Beziehungen, indem er die sexuellen Triebe zwischen den Menschen anheizt. So ist auch die Erotik in unserer Kultur völlig in den Bann der Fantasiebilder geraten. Lebensfäden werden verknüpft und wieder getrennt auf der Grundlage der vergiftenden Eisenschlange statt der der Liebe. Fabel hat dies alles betrachtet und gehört. Daraufhin lässt sie beruhigende Musik ertönen, die Eros zur Besinnung bringt und die kleinen Plagegeister einschlafen lässt. Dann ruht alles in ihrer liebevollen Aufmerksamkeit und ihrem Verständnis, und so erweckt ihr Talent das Gegenmittel. Sie entbindet die Heilung aus der Situation, aufgrund ihrer Verbundenheit mit den verirrten und kranken Betroffenen. Beiläufig berichtet Novalis:

Eros zog weiter, ohne Ginnistan, die auf ihn zueilte, einen zärtlichen Blick zu gönnen. Aber zu Fabel wandte er sich freundlich, und seine kleinen Begleiter tanzten fröhlich um sie her. Fabel freute sich, ihren Milchbruder wieder zu sehn, und sang zu ihrer Leier ein munteres Lied. Eros schien sich besinnen zu wollen und ließ den Bogen fallen. Die Kleinen entschliefen auf dem Rasen. Ginnistan konnte ihn fassen, und er litt ihre zärtlichen Liebkosungen.

Ein paar Sätze weiter berichtet die Geschichte:

> *Während des Gesanges waren von allen Seiten Taranteln zum Vorschein gekommen, die über die Grashalme ein glänzendes Netz zogen, und lebhaft nach dem Takte sich an ihren Fäden bewegten ...*

Fabel tut daraufhin das, wovon sie im Schattenreich sang:

> *Ich spinne eure Fäden*
> *In Einen Faden ein;*
> *Aus ist die Zeit der Fehden.*
> *Ein Leben sollt' ihr sein.*

Ihre Leier knüpft die Lebensfäden zusammen, sodass alles und alle sich wieder zusammenfügen und in Ruhe und Liebe vereinen. Dann tröstet Fabel ihre Mutter Ginnistan und übernimmt den gut bewachten Krug (mit Sophies Weisheitswasser!) von ihr. Die Saiten ihres Instrumentes steuern die Überbeweglichkeit der Taranteln. Fabel fügt Rhythmus und Takt hinzu. Die Taranteln folgen an flugs gesponnenen Fäden den bezaubernden Tönen ihres Laierspiels. Mit dem Übermaß an Beweglichkeit der Taranteln bringt sie später Bewegung in die erstarrten, bewegungslosen Figuren des Schreibers und der Tanten. Hier gilt als wichtigste Wahrnehmung, dass sie *das Gift der Spinnen als Gegenmittel gebraucht.* Sie entgiftet den ruhelosen, kranken Eros und sein Gefolge vom ruhelosen Bewegungsdrang, und sie entgiftet damit später den Schreiber und die Alten von ihrem starren, toten Denken und von ihrer Verkrampfung. Auch das Eismeer taut auf und wird wieder zu einem brausenden, schäumenden Meer.

Mit Musik und einem fröhlichen Lied heilt sie also Überbeweglichkeit und beseitigt den Stachel. Das sind die zum Vorschein kommenden Wolfsspinnen. Außerdem heilt sie die Aggressionen des Schreibers und seiner Diener, die voller Schmerz, Angst und Bosheit sind, nachdem sie sich beim Auslöschen der Flammen verbrannt hatten. Dies geschieht wiederum durch die Bisse der sich rächenden Taranteln. Bewegung heilt sich an Bewegung und Aggression an Aggression. Fabel ist eine wirklich homöopathisch arbeitende Heilerin!

▬ Die Leier des Eridanus

Zunächst erbittet Fabel in der Welt des Ursprungs Eridanus' Leier. Wer ist Eridanus und was ist seine Leier? Novalis sagt dazu:»Rauschend strömte Eridanus von der Decke, und Fabel zog die Leier aus seinen blinkenden Fluten. Fabel tat einige *weissagende* Griffe ...« Eridanus ist der lateinische Name für das Sternenbild ›Fluss‹. Die Griechen hatten einen *Strom* aus der Antike so benannt. Was für eine Leier schenkt dieser Strom, dieses strömende Wesen, Fabel? Welches Talent vereint sich mit ihr?

Das, was aus etwas entstehen will, ein inhärentes Ziel, das Wirklichkeit werden will, bezeichnen wir als *Entelechie.* Alles und jedes, jedes Ereignis, jede Zeit und jeder Raum hat seine eigene Entelechie. Alles will zu etwas werden. Weil die Welt sinnvoll ist, hat sie eine Entelechie. Wir selbst lassen jedoch Sinnlosigkeit entstehen, wenn wir nicht in Übereinstimmung mit der Entelechie in uns und um uns leben. Unsere Entelechie könnten wir auch als *die Hoffnung* bezeichnen, die Hoffnung, die in allem lebt, das zu werden, was es werden will und kann. Diese Hoffnung ist zugleich eine tiefe Sehnsucht. Alles sehnt sich nach sinnvoller Entwicklung, jede Begegnung sehnt sich danach und hofft, ein Zukunftskeim zu sein. Aus diesem Keim will das Werdende, die Entelechie, erströmen.

In der Urwelt des Königs Arctur lebt die tiefste Sehnsucht. Die Sehnsucht, dass der Mensch so werden möge, wie er eigentlich gemeint ist. Dass er sich im Sinne der sinnvollen Hoffnung entwickle, die in ihn gesät ist. Der Strom des schaffenden Lebens hat diese Hoffnung, diese Keime in den Menschen gesät. Und Eridanus, der Strömende, schenkt seine Leier aus diesem Strom Fabel. Diese Leier erweckt den Entelechie-Strom. Jedenfalls dann, wenn Fabel darauf spielt. Sie erweckt mit ihren verheißungsvollen Akkorden, wie wir heute sagen würden, den höheren Sinn in allem und allen. Das kann sie, weil sie wie ein Kind ist und ewig so bleibt, wie die Geschichte berichtet. Fabel ist wie ein Kind, und das bedeutet, dass sie ihr Ego, ihr Eigeninteresse, geopfert hat. Sie liegt zwar nicht mehr in der Wiege, doch sie kann sich so klein machen, dass sie hinter eine Wiege passt. Dadurch kann sie auf der Entelechie-Leier spielen. Mit ihr kann sie das Werdepotenzial eines Menschen erwecken. Wir bedürfen bei jeder Begegnung mit einem anderen Menschen ihrer Leier, sodass aus allem dasjenige entstehen kann, was daraus entstehen will. Aber häufig ist unser Gesang zu sehr von unseren ›persönlichen Noten‹ geprägt. Wenn wir mit unseren persönlichen, egoistischen Zielen dem Werden im Wege stehen, spielen wir die falschen Töne – diese Musik stammt nicht aus dem Strömen des Eridanus, sondern aus dem Kreisen um uns selbst. Wir sind dann nur auf unseren eigenen Mittelpunkt orientiert und kreisen um ihn herum. Jeder Fortschritt ist dann nichts weiter als ein Im-Kreise-Gehen, wie bei einer Schlange, die sich selbst in den Schwanz beißt. Die Leier des Eridanus ist das Talent, allem die eigentlich gemeinte Zukunft zu entlocken und alle Prozesse, die dazu führen, in Gang zu bringen. Die goldenen Töne dieser Leier erwecken die Zukunftsfäden.

Am Schluss der Geschichte wird für jeden sichtbar, dass Fabel diese goldenen Zukunftsfäden und Bilder aus ihrem Busen hervorbringt. Sie denkt und webt aus ihrem Herzen heraus. Die Taranteln, entstanden aus kranken Beziehungen und kranken Verhältnissen, sind nicht getötet oder besiegt, aber Fabel hat sie so intensiv dem höheren Ziel dienstbar gemacht, dass ihr Gift in pures Gold verwandelt wurde, mit dem Fabel weiterspinnen kann.

Wir weben lieber rote Fäden aus unseren Begierden oder mit unserem Verstand. Wir knüpfen häufig Beziehungen an, weil es sich gerade so ergibt, und nicht aus einer Entelechie-Notwendigkeit heraus. Dann hören wir nicht die Leier des Eridanus. Die Frage müsste einerseits lauten: Wer ist unsere Entelechie-Beziehung? Und andererseits: Wie lange webt der goldene Entelechie-Faden zwischen uns in Richtung Zukunft?

Wenn wir einen Partner suchen und uns dabei nur in rein materielle Interessen, äußere Schönheit und sexuelle Anziehungskraft verstricken, hören wir dann noch des Eridanus Musik im Lebensstrom? Oder muss uns Fabel mit ihrer Leier zu Hilfe eilen? Sie schafft Zukunft auf der Basis der Entelechie, sie schafft Bilder aus der geistigen, schaffenden Sinnerkenntnis und nicht aus bloßen Fantasien. Ihre Entelechie-Leier ist der große Erwecker der eigentlich gemeinten Beziehungen und Verbindungen und damit auch echter Entwicklung und Sinnhaftigkeit.

In unserer Seele haben wir alle ›Eizellen‹. Das sind alle hoffenden und sehnenden Facetten unseres Inneren. Die Fabel-Musik sät geistigen Samen, den Samen des ›Entelechie-Plans‹. Dann werden die Eizellen der Sehnsucht und Hoffnung von Zukunftskraft und -impulsen befruchtet. Diese Eizellen leben genauso gut in einem Menschen, der in Bösartigkeit verfällt. Dabei handelt es sich um nichts anderes als um die verirrte Entelechie und einen lediglich stagnierenden Strom. Je mehr Widerstand, Aggression und Hass die Leier des Eridanus erweckt, umso deutlicher ist es, dass der Entelechie-Strom umgebogen und vertrocknet ist. Besonders deutlich ist es, wenn der Schreiber und seine Schar voller Aggression auf Fabel reagieren. Ihre Erscheinung und ihre talentvolle Musik spiegeln diese Dekadenz erbarmungslos, allein schon deswegen, weil Fabel sichtbar und hörbar ist. So auch kann ein Mensch, in dem diese Fabel-Kraft stark wirksam ist, Widerstand und Aggression auf sich ziehen von denen, die in ihrer Entwicklung Stillstand und Rückfälle zeigen. Der Anblick, die Wahrnehmung des eigenen Verfalls im Spiegel eines zukunftsorientierten Menschen ist häufig unerträglich und ruft deswegen heftige Aggressionen und Abweisung hervor. Würde es dem Schreiber gelingen, Fabel zu vernichten, so bräuchte er nicht länger in diesen Spiegel zu blicken.

Fabel ruft also fortwährend nach Entelechie-Erneuerung. Wir sahen, dass Fabel bereits zuvor von Kindern sang, die in unseren Zellen erwachen sollen, und dass viele in der Vergangenheit stecken bleiben. Sie selbst gibt ein gutes Beispiel. Wer in der Finsternis das Licht sehen kann und wer in der Lage ist, in der Gefangenschaft zu singen, der kann so Leier spielen, wie Fabel es tut. Ihre Leier erweckt uns.

Erwecken und *Zeugen* sind im Niederländischen Worte, die nicht ohne Grund sehr nahe beieinander liegen: *wekken* und *verwekken*. So zeugen wir in und durch die Sexualität unsere Kinder. Hören wir da noch die Entelechie oder manipulieren wir die Zukunft? Bestimmen wir, welches Kind wir wann wollen, oder lauschen wir auf die Hoffnung und die Sehnsucht eines ungeborenen Kindes? Wie zeugen wir eigentlich? Die Kraft der Sexualität erzeugt in all ihren Facetten der *liebevollen* Umarmung immer das Strömen des Lebens und der Lebenskraft. Die Sexualität ist Trägerin vieler Leidenschaften. Wenn das

Herz sich von der Leidenschaft freimacht und unsere Gemeinschaft dominiert, so ist dieses Herz der Quell, aus dem goldene Fäden hervorgehen. Dann hören wir Fabels Leier und ihre Impulse in unserer Brust, denn Fabel erweckt Impulse, die von oberhalb der Gürtellinie stammen!

Schon bei den ersten Tönen der Leier, als sie über das Eismeer gleitet, erwacht dieses zum Leben und Fabel erweckt alle verlorenen Impulse. Novalis bezeichnet diese Impulse als suchende, rückkehrende Kinder des Felsens der Trauer. Es gibt Tage und Momente, in denen wir fühlen, dass wir uns aus den Gefängnissen unserer Unfähigkeiten befreien können. Momente, in denen man einander lieben kann, trotz der Irritationen und Trübungen, die ein langes Zusammenleben eben mit sich bringt. Momente, in denen etwas in uns aufleuchtet, wodurch wir wissen, wie eine Situation, die total verfahren scheint, durchbrochen werden kann. Auch wenn es ein Eismeer gibt, das das Verschmelzen mit dem früheren Geliebten unmöglich zu machen scheint – immer kann es sein, dass Fabels fröhliche Musik über das Eis klingt und dieses schmelzen lässt. Wir müssen allerdings die Fähigkeit zum Hören entwickeln, denn Leiermusik ist kein Techno-Beat. Dieser wirft uns aus unserem Herzen; die Musik des Entelechie-Stroms verbindet uns wieder damit.

Novalis beschreibt dies so:

> *Sie glitt in reizenden Bogenschwüngen über das Eismeer, indem sie fröhliche Musik aus den Saiten lockte. Das Eis gab unter ihren Tritten die herrlichsten Töne von sich. Der Felsen der Trauer hielt sie für Stimmen seiner suchenden rückkehrenden Kinder und antwortete in einem tausendfachen Echo ...*

Fabel ist wie ein Kind, offen und widerstandslos. Sie wehrt sich nicht aus Angst und Beharrungssucht gegen das Leben und die Entelechie. Deswegen gleitet sie ziemlich schwankend über das Eismeer. Nichts ist bei ihr starr. Sie bewegt sich mit dem Strom des Lebens mit, auch wenn alles noch vereist ist. In jeder Berührung und Liebkosung, in jeder Sehnsucht lebt die Möglichkeit, die Stimmen der »rückkehrenden

Kinder« zu vernehmen und ihnen Gehör zu schenken. Dann können alle verpassten Entelechie-Impulse immer noch verwirklicht werden. In jedem Kuss kann Fabels Musik erklingen!

Das Herz ist der Schlüssel der Welt und des Lebens.
Man lebt in diesem hilflosen Zustande, um zu lieben,
– und anderen verpflichtet zu sein.
Durch Unvollkommenheit wird man der Einwirkung anderer fähig
– und diese fremde Einwirkung ist der Zweck.
In Krankheiten sollen und können uns nur andere helfen.
So ist Christus, von diesem Gesichtspunkte aus,
allerdings der Schlüssel der Welt.

Novalis, Schriften II, 606, S. 381

Die Saturn-Arctur-/Schreiber-Linie

Von der Vergangenheit zur Zukunft

Wir leihen unser Ohr gerne dem, was uns aus der negativen Saturns-
phäre eingeflüstert wird. In der Figur des Schreibers im novalisschen
Märchen von »Eros und Fabel« wird die Wirkung dieser saturnischen
Kräfte erlebbar. Sie arbeiten der Erneuerung, der Zukunft entgegen und
blockieren die Wachstums- und Entwicklungsimpulse. Auf der anderen
Seite können sie dazu beitragen, zu verhindern, dass wir uns zu schnell
und zu oberflächlich in Veränderungen stürzen.

Ursprünglich ist die Saturnwirkung eine liebevolle, dienstbare Kraft,
verkörpert durch die Figur des Königs Arctur am Anfang des Märchens.
In der geistigen Welt hat sich etwas ereignet, wodurch einst eine Abtren-
nung dieser Welt von der der Menschen eintrat. In der Figur des Schreibers kann man studieren, was es bedeutet, wenn die liebevolle und
dienstbare Kraft des Saturn (Arctur) in Verfall gerät und sich von ihrer
Herkunft und somit auch von einer sinnvollen Zukunft löst. Der Schreiber ist der Ausdruck der vollkommen isolierten und verselbstständigten
saturnischen Wirkung. Er hat dadurch freien Zugang zur finsteren Unterwelt, wo aus dem Licht Dunkelheit wird und die Finsternis das Licht
darstellt. Es ist außerdem denkbar, dass er diese düsteren Gebiete *selbst*
ins Leben ruft und instand hält durch seinen Hass gegen alles, was mit
dem *Leben* zusammenhängt.

Aus der Entartung des Schreibers geht die Notwendigkeit des Erwach-
senwerdens der Liebe hervor. Wenn Menschen Wege suchen und gehen,
um sich weiterzuentwickeln, so entsteht aus der Dekadenz und der
Auferstehung des ›inneren Schreibers‹ in ihnen der hoffnungsfreudige
Zukunftsmensch als ein Liebe-Wesen. Das ist dann der *neue* König;
man könnte auch sagen: Eros *nach* seiner Heilung, wie sie am Ende des
Märchens beschrieben wird.

Wir wollen im Folgenden versuchen, diesen wichtigen Weg und die
damit zusammenhängenden Wirkungen ein wenig aus dem dunklen
Schattenreich ins Licht zu heben, um ihn besser zu verstehen. Dafür

begeben wir uns wie Fabel auf die Reise von der einen Welt in die andere. Saturn hingegen bleibt lieber da, wo er ist. Saturnische Kräfte bewirken, dass wir an der Vergangenheit festhalten wollen. Was wir besitzen, ist uns vertraut und vermittelt uns Sicherheit. Das gilt für unseren Körper, unser Haus, unsere Arbeit, unsere Besitztümer, Ansichten und Ideen. Das gilt auch für unsere Partner, Kinder, Freunde, Arbeit und Kollegen: Alles und alle erleben wir als zu uns gehörig. Im Grunde erleben wir alles, was wir haben und besitzen, als das, was uns definiert. Damit wird unser Besitz zu demjenigen, was unsere Bedeutung ausmacht. Und dies wiederum bringt es mit sich, dass die Saturnkräfte zu stark aktiviert werden. Wir fühlen uns ›bleischwer‹, wenn wir fühlen, dass wir das Vertraute aufbrechen müssen, weil es *an der Zeit ist*. Wenn etwas Neues entstehen will, sagt Saturn uns darum immer, dass dies nicht notwendig ist; alles soll so bleiben wie es ist.

Diese saturnische Wirkung ist der merkurialen diametral entgegengesetzt. Im Märchen ist dies äußerst exakt wiedergegeben in dem Kontrast, dem Kampf zwischen Schreiber und Fabel. Die bewegliche, merkuriale Fabel bringt überall, wohin sie kommt, Erneuerung und Beweglichkeit und schafft damit Verbindungen, weil sie ihre Sicherheit nicht dem verdankt, was und wen sie besitzt, sondern ihrer geistigen Orientierung, die sie niemals im Stich lässt. Damit bleibt sie sie selbst, sogar wenn sie ihre Mutter und Pflegemutter verliert. Der Schreiber dagegen verliert sich selbst, sobald irgendeine Veränderung auftritt oder das Resultat seiner Gedanken ausradiert wird.

Weil die Liebe immer freilassend ist und das Leben ins Strömen und in die Entwicklung führt, kann Saturn sie überhaupt nicht verstehen. Aus Erhaltungsdrang wird dadurch rasch Machtdrang, und beides mündet schließlich in aggressiven Zwang, Herrschsucht und Egoismus. Während die Liebe ständig bewirkt, dass wir uns innerlich öffnen und voller Vertrauen auf den Weg in die Zukunft begeben, tut der Schreiber genau das Entgegengesetzte.

Für Saturn bedeutet die Zukunft lediglich den Verlust der Vergangenheit.

Wenn der ›Schreiber in uns‹ das Wort führt, kann die Zukunft nicht sprechen. Wir hören die Stimme in uns nicht, die uns den Weg weist, den wir zu gehen haben und die uns einlädt. Wir vernehmen dann nur den Klang der Scheren der drei alten Schwestern, die im Auftrag des Schreibers die Zukunft von der Gegenwart trennen. Außerdem schneiden sie die Gegenwart von der Vergangenheit ab. Alle durchtrennten Fäden bilden zusammen eine kalte, tote Welt, in der jegliche Beweglichkeit zur Erstarrung kommt. Wer saturnisch ist, wie der Schreiber, betrachtet die Gegenwart mit Argusaugen, denn es darf kein einziger Keim in ihr entstehen. An der Stelle der Liebe sitzt dann der Schreiber, der alles Existierende um jeden Preis festhalten möchte.

Übertragen auf menschliche Beziehungen bedeutet das: Die Gewöhnung an den anderen, die Erinnerung an das, was einmal gelebt worden ist sowie das krampfhafte Festhalten-Wollen am Existierenden werden zum Grund dafür, dass man zusammenbleibt.

Stagnieren oder ins Strömen kommen

Sexualität ist ein strömender, Leben spendender Quell, wenn das Sexualleben gesund ist. Dann kann sie die warme Liebe zwischen Menschen zum Ausdruck bringen. Wenn die Sexualität auf die Liebe hört, dann erquickt und erneuert sie. Selbstverständlich haben Saturn und Sexualität infolgedessen ein gespanntes Verhältnis zueinander. Alles, was in uns an saturnischen Bleikräften wirkt, wird verhindern, dass wir uns sehnen, ins Strömen kommen und Erfüllung finden. Denn dann könnte es ja sein, dass etwas Neues entstände aus all dem, was sich vereint, und dann würde ›der Schreiber in uns‹ vor Schreck von seinem Stuhl fallen. Kinder, Keime und Küsse sind für den Schreiber bedrohliche und irritierende Tatsachen! Darum mag er die kleine Fabel und Eros überhaupt nicht. Auch nicht den großen Eros und die verliebte Ginnistan. Er mag die Gedanken Fabels nicht, die so voller Keimkraft sind und die sie für ihn aufschreibt. Er mag die Mutter nicht, wenn sie »Hausgeräte« ins Freie trägt. Alles muss beherrschbar, schematisch und vorhersagbar bleiben; wenn es nach ihm ginge, sogar tot, starr und unbeweglich. Alles, was dieses Ansinnen stört, ruft seinen Widerstand, ja seine Aggression hervor.

Auch in uns Menschen kann der Saturnschatten erwachen. Dann wollen wir weder das, was wir bereits haben, noch etwas Neues. Wir wollen letztlich nur noch das, was wir hatten, und dies zudem noch in vertrockneter Form. Der Schreiber will nicht, dass alle sich entwickeln, er will keine Ginnistan, er hat es nur auf ihr Skizzenbuch abgesehen, worin die Tatsachen der Vergangenheit, die »Chronik des Hauses«, festgehalten sind. Denn es ist nicht der lebendige Inhalt, an dem wir durch solche saturnische Verkrampfung festhalten wollen, es sind die toten Tatsachen, die Daten, der tote Buchstabe des Gesetzes. Die Zukunft ist dann nicht lebendig; misstrauisch und argwöhnisch wird jede Veränderung abgewiesen. Alles soll bleiben wie es ist. ›Liebe‹ bedeutet dann, den anderen dazu zu zwingen, so zu bleiben, wie er einst war. Das Leben soll stillstehen und von der Vergangenheit her vorhersagbar werden. Der andere wird als Besitz betrachtet und soll eher erstarren und eingesperrt werden, als leben. Denn wenn unser Partner lebt und sich entwickeln darf, könnten wir ihn oder sie verlieren. Es könnte ja sein, dass wir bemerken, dass unsere Entelechie an der Beziehung nicht mehr beteiligt ist. Dass die Sinnhaftigkeit der Beziehung endlich ist.

Nachdem diese Worte schon lange geschrieben waren, wurde ganz Europa von Nachrichten aus Amstetten/Österreich aufgerüttelt, wo ein Vater seine Tochter achtzehn Jahre lang in Besitz genommen und sie in einem geheimen Gefängnis unter seinem Haus buchstäblich eingesperrt hatte. Dieser alte Mann war von einem furchtbaren ›Schreiber-Schatten‹ besessen.

Eigentlich sollte die Entwicklung etwas ganz Normales sein. Kinder verlassen das Haus, wenn die Zeit der Erziehung vorüber ist. Ein Beruf und eine Stellung können enden, wenn es an der Zeit ist, d. h. wenn wir uns nicht mehr in ihr entwickeln können. Eine Beziehung kann Jahrzehnte lang sinnvoll sein, doch dann kann eine neue Zeit anbrechen, in der etwas anderes gelebt werden will. Menschliche Beziehungen sind nicht für die Ewigkeit, wenn sie im Zeitlichen gelebt werden. Das, was in der Beziehung Ewigkeitsqualität hat, bleibt, und das ist die wirkliche, echte Liebe. Was dagegen zeitgebunden ist – d. h. das Teilen von Körper, Bett, Leben und Erfahrungen –, verschwindet früher oder später. Zum Schluss sterben wir meistens nicht zur gleichen Zeit, sodass also auch der, dem es mit Saturns Hilfe scheinbar gelungen ist, alles perfekt festzuhalten, durch eben diese Saturnwirkung letztlich den Kürzeren ziehen wird. Denn der Schatten des Saturn ist der Tod und das Tote. In der Bibel wird von Christus ausgesprochen, dass das, was Gottes ist, Gott gegeben werden soll, und das, was des Kaisers ist, dem Kaiser. Dasjenige, was in unseren Beziehungen ›Gottes ist‹, ist das Liebeband, und dieses kann niemals zertrennt werden. Erst wenn wir unsere Liebe zu Freunden, Kollegen, Familienangehörigen und Partnern in Lieblosigkeit, Machtdrang, Intoleranz und Hass umschlagen lassen, erst dann zertrennen wir etwas, das *nicht* zertrennt werden darf. Auch wenn wir im äußeren Sinne des Wortes zusammenbleiben, kann dies der Fall sein. Wenn wir Beziehungen loslassen und beenden, weil es an der Zeit dafür ist, geben wir lediglich ›dem Kaiser, was des Kaisers ist‹.

Wenn wir dies tun und dabei innerlich in dankbarer Liebe das Bild des anderen in uns bewahren, so wird der Kern, das Wesentliche, der göttliche Teil der Beziehung nicht zerbrochen. Mancher kann den Schmerz und die Notwendigkeit einer Trennung jedoch nicht ertragen und fühlt sich getrieben, das Bild des anderen ebenfalls zu zerstören. Üble Nachrede, negative und anschuldigende Gedanken und Entscheidungen führen dann dazu, dass *alles* aus der Beziehung dem Kaiser gegeben wird. Und erst dann bleiben wir mit leeren Händen zurück. Die Dankbarkeit für eine gelebte Beziehung, welcher Art auch immer sie gewesen ist, entspringt einer Liebe, die das, was schmerzhaft ist, vergibt. Die Liebe ist treu, auch über die Grenze des ›Besitzes‹ einer Beziehung hinaus. Die Liebe gibt Gott, was Gottes ist, und dem Kaiser, was des Kaisers ist. Wo dies geschieht, kann das ›Abschiedselend‹ verhindert werden.

Abschiednehmen und Neubeginn erfordern Mut. Saturn kann Licht auf den Augenblick werfen, in dem sichtbar wird, dass eine Beziehung beendet werden will. Nicht aus Streit und Vorwürfen, aus Enttäuschung oder Kummer. Nein, einfach deswegen, weil der Lebenszyklus der Beziehung zu Ende ist. Wer diesen Abschiedsblick Saturns zurückweist und leugnet, schafft sich eine Menge Elend. Dann wird das Leben dafür sorgen, dass alles, was nicht losgelassen wurde, mit Gewalt zerbrochen wird. Dann lassen sich viele Vorwürfe an die Adresse des Partners auf Selbstvorwürfe zurückführen. Denn was als Fehlverhalten des anderen abgestempelt wird, ist nur allzu häufig ein wütendes Ankämpfen des unfreien Partners, der in einer Beziehung gefangen gehalten wird, deren Zeit abgelaufen ist. Dieser Ablauf lässt sich unschwer als das menschliche Urdrama im Märchen von »Eros und Fabel« wiedererkennen, dessen rotem Faden wir folgen.

Die Figur des Arctur

Ursprünglich sind wir, wenn wir gut, zärtlich, königlich, hilfsbereit, dienstbar und mild sind, wie König Arctur. Es geht ihm nicht darum, seinen eigenen Willen durchzusetzen, sondern er sucht in allem das, was darin das ›Zukunftsgestirn‹ ist. Er lässt das, was geschehen muss, sich selbst aussprechen, er liest die Zeichen und die Sprache dessen, was kommen will. Er sucht die Bewegung der Sterne und er wartet auf Fabel – und damit auf die Weisheit der kosmischen Welt und deren Wirksamwerden in der menschlichen Entwicklung.

Arctur hat zwei große Probleme. Einerseits gibt es in seinem Garten einen hoch aufschießenden »Springquell«, der aber zu Eis erstarrt ist. Andererseits ist da seine Tochter, die wartet, hofft und sich sehnt. Sie sehnt sich nach demjenigen, was auch die Fontäne wieder auftauen wird. Am Schluss der Geschichte erweist sie sich als wach, lebendig und in jeder Hinsicht erneuert. Ihr Thron wird zum Brautbett, in welchem sie mit Eros zusammen ist. Von da aus sind die beiden dann als neuer Impuls für alles, für »das ganze Volk«, wirksam. Außerdem gibt es im letzten Teil des Märchens einen lebendig gewordenen Brunnen, der anstelle der Eisfontäne im *Innenhof* sprudelt. Das Eisgebilde war als Frage sichtbar im Garten *außerhalb* des Schlosses, der strömende Quell ist die Zukunft und die Antwort auf die Frage, jetzt geborgen *in* der Umhüllung des Schlosses.

Aus diesen Kontrasten lässt sich ableiten, dass die Anfangssituation von Stillstand und dem sich daraus ergebenden Leid beherrscht ist. Eisige Erstarrung legt jeden Lebensprozess lahm. Sexualität entspringt im Lebensquell des Menschen, wie alles, was erneuert und erquickt. In unserem tiefsten Ursprungsbereich handelt es sich nur um Leben, um Lebensenergie, die uns geschenkt wurde und durch die wir die Kraft haben zu leben, zu lernen, uns zu entwickeln und zu lieben. Die Sexualität ist zwar nicht identisch mit diesem Quell, doch sie macht Gebrauch von seiner Kraft, wie alles, was Lebensenergie erfordert. Darum sind Sexualität und Sterilität, Macht und Machtlosigkeit, Reichtum und Armut, Energie und Ermüdung so eng miteinander verwandt. Der Quell, der jegliches menschliche Entwicklungspotenzial nährt, ist in unserer Geschichte eingefroren, weil die Verbindung unterbrochen ist. Die Menschenwelt und die geistige Welt sind getrennt worden. Wir sind uns zumeist unseres Ursprungs, unseres Quells, nicht bewusst. Am Ende des Märchens formulieren die Menschen diese Unbewusstheit gegenüber der geistigen Welt und deren Bewohner folgendermaßen:

Sie haben immer unter uns gewohnt
und wir haben sie nicht erkannt!

Ein wenig später antwortet Sophie Freya, der neuen Königin, auf diese Entdeckung und als Besiegelung der bewussten Wiederherstellung dieser Verbindung Folgendes:

»Wirf du das Armband eures Bundes in die Luft,
dass das Volk und die Welt euch verbunden bleiben.«

Kurz danach wird gesagt, dass sich um die Häupter aller »lichte Ringe« legten und sich ein glänzendes Band über die Stadt (die Geistwelt), das Meer (die verbindende Zwischenwelt) und die Erde (unsere Welt) zog, die ein ewiges Fest des Frühlings feierte. Ewig ist der Geist, Frühling ist etwas Irdisches und Vorübergehendes. Ein »ewiges Fest des Frühlings« ist daher Ausdruck einer Verbindung, die zwischen scheinbar getrennten Welten hergestellt wurde.

Die geistige Realität ist in dem Maße von uns getrennt und die Verbindung mit ihr insoweit zerbrochen, als wir selbst dies als Realität empfinden und uns so vorstellen. Sobald wir zu denken wagen, dass wir mit ihr ein Ganzes bilden, und zu fühlen wagen, dass Gott, Christus, die Engel und alle sonstigen Geistwesen in uns und mit uns leben, ist die Illusion der Trennung schon ein Stück weit aufgehoben. Dann wird ein ewiges Fest des Frühlings zur Wirklichkeit. Wenn wir dies nicht bejahen können oder noch nicht zu bejahen wagen, so gilt auch für uns, dass später ein Moment kommen wird, in dem wir sagen: Sie haben unter uns gewohnt und wir haben sie nicht erkannt.

▄▄▄ Warum werden wir sexuell aktiv?

Wir leben in einer Zeit und einer Kultur, die in Lebensquellen wurzeln, die vereisen. Sie sind so eisig, weil wir nicht mehr an unsere eigenen geistigen Quellen glauben. In der Sexualität drückt sich die Sehnsucht nach Wiederverbindung, nach der Heilung vom isolierten Dasein aus. Ob dies der Sexualität einigermaßen gelingt, hängt davon ab, inwieweit wir in Liebe miteinander, mit unserem wahren Kern, unserem Ursprung, verbunden sind. Dies ist das Paradox, das vielen Situationen zugrunde liegt, die auf sexuellem Gebiet häufig schiefgehen. Das ist die Schlange, die sich in den Schwanz beißt und die von Ginnistan aus dem irdischen Eisen geschmiedet wird. Es ist eine Tatsache, dass ein Mensch, wenn er seinen Verstand und seine Seele unserer heutigen Zeit gemäß entwickelt hat, sich selbst und seine wahre Heimat verloren hat. Dies erzeugt einen Drang zur Rückkehr, eine Sehnsucht nach Verbindung und Gemeinschaft, ein Heimweh nach dem Ursprung. Diese Sehnsucht steckt in der Sexualität, durch die die verlorene Ganzheit wieder erreichbar zu sein scheint. Sexualität ist dann eine Quelle des Zusammenströmens und der Aufhebung der inneren Einsamkeit. Das Paradox besteht jedoch darin, dass Sexualität, die verbindend wirkt, dies erst dann leistet, wenn sie bereits aus dem strömenden Lebensquell liebevoller Verbundenheit schöpfen kann! Wer seinen eigenen Ursprung nicht wiederfinden kann, kann auch den anderen seinem Wesen nach nicht finden. Dann ist Sexualität nicht mehr als ein ohnmächtiger Versuch, der das einfordert, was sie zu schenken scheint.

Weil wir also die Isolation des Menschen überwinden müssen, werden wir sexuell aktiv. Nicht, dass die Isolation dadurch aufgelöst würde, aber wir erleben zumindest dieses Paradox dadurch umso klarer! Und das führt wiederum dazu, dass in Leid und Enttäuschung, die sich durch alle sexuellen Erfahrungen ziehen, ein tieferes Suchen nach Vereinigung entstehen kann.

Weil Kinder ohnehin noch mit ihrem Ursprung verbunden sind, ist all das bei ihnen in dieser Form noch nicht vorhanden. Kinder sind also normalerweise sexuell nicht aktiv, auch wenn sie manchmal an ihrem Körper herumspielen oder die Erwachsenen nachahmen. Wir interpretieren dieses Verhalten völlig falsch, wenn wir es als sexuelle Aktivität einstufen; die Kleinen spielen nur. Kinder sind auch darum sexuell noch nicht aktiv, weil sie dies noch gar nicht *brauchen*. Sie sind noch mit ihrem geistigen Ursprung verbunden, sie verfügen noch über einen lebendigen Quell. Erst wenn sie richtig in ihrem Erdenleib angekommen sind und diese natürliche Verbindung mit ihrem Ursprung verlieren, kommen die hormonellen Wirkungen in Gang. Es ist auffallend, dass Kinder heute sexuell früher reif werden, Mädchen menstruieren im Durchschnitt immer früher. Innerhalb einiger Jahrzehnte hat sich dieser Moment um gut ein Jahr nach vorn verschoben. Früher betrug das Durchschnittsalter 14,6 Jahre, heute nicht einmal 13,6. In Amerika liegt der Zeitpunkt sogar noch ein Jahr früher.

Eltern haben mich unzählige Male gefragt, warum dies so ist. Es gibt darüber verschiedene Auffassungen. Die eine behauptet, dass dies durch die vielen Hormone kommt, die wir mit dem Fleisch, das wir essen, aufnehmen. Andere sagen, dass die zunehmende Intellektualisierung der Unterrichtsstoffe daran schuld ist. Ohne diese Gesichtspunkte zur Seite zu schieben, sollten wir der Tatsache ins Auge blicken, dass es auch noch eine ganz andere, tiefer liegende Ursache gibt: die Tatsache, dass unsere Kultur bewirkt, *dass Kinder immer früher ihre Unschuld verlieren.* Das ist nicht so gemeint, dass sie sexuell aktiv werden. Sie verlieren ihre Unschuld, wenn sie sich nicht mehr mit ihrem Ursprung verbunden wissen. Wenn die Nabelschnur, die sie mit dem Geistigen verbindet, durchtrennt ist und sie sich ›von Gott lösen‹. Dieses Zerbrechen der Verbindung mit dem geistigen Ursprungsquell ist der eigentliche Verlust der Jungfräulichkeit, sowohl bei Jungen als auch bei Mädchen. Nicht ohne Grund ist Verwirrung danach das zentrale Gefühl in ihrem Innern. Durch diesen Verlust beginnen die Hormonprozesse in Gang zu kommen, die schließlich die Geschlechtsreife herbeiführen. Danach ist die Sexualität ein Lebensstrom, durch den der Mensch fortwährend die Wiederherstellung jener zerbrochenen Verbindung zu erreichen sucht.

Unsere Kultur verhält sich wie der Schreiber, der die Macht übernimmt und Fabel und Sophie überwältigen will. Kinder und Weisheit lassen sich jedoch nicht fangen. Da vernichtet er in seiner Wut den Altar und zerschlägt ihn in tausend Stücke, sodass der Ort, an dem die Wechselwirkung von Geist und Erde noch möglich war, beseitigt ist. Zum Glück ist das Leben stärker als die Todeskräfte, und darum lässt Fabel sich nicht fangen. Sie springt die Treppe hinunter in das dunkle Schattenreich, und so wie ihr geht es auch unseren Kindern. Das Gegenbild von Weisheit, Wahrheit und Liebe lebt in den alltäglichen Dingen, die die Kinder umgeben. In jedem Reklamespot leben Wahn, Lüge und Egoismus. Wo dem Kind (beziehungsweise dem Kind in uns) Gewalt angetan wird, erscheint der tödliche Schatten des Saturn: der Schreiber. Der liebevolle Arctur ist machtlos und muss abwarten, bis derjenige, der ›wie die Kinder geworden‹ ist, einen neuen Zugang findet; der sich *aus dem Dunkeln, aus einer tiefen Verhaftung mit dem Körper, isoliert und bedroht, voller zertrennter Verbindungen,* einen Weg zurückbahnt.

Fabel lebt dies vor. Novalis beschreibt, wie sie eine Leiter und eine Tür findet, ganz hinten in der Höhle, wo das Licht ins Dunkel übergeht. Sie bleibt ewig Kind, sodass sie keine Sexualität braucht. Aufgrund ihrer intakten Verbindung kann sie mühelos und ungreifbar von der einen in die andere Welt eingehen.

Sexualität ist eine Erinnerung an den Lebens-Urquell. Einen Moment lang kann uns in all der eisigen Erstarrung des Lebens Wärme durchströmen, wir fühlen uns miteinander und mit der Ewigkeit verbunden. Aus einem geheimnisvollen Quell sprudelt Lebensenergie in uns empor. Erst wenn diese abebbt und Apathie zuschlägt, werden wir uns bewusst, dass die Kraft und die Energie, das Leben in die Hand zu nehmen, nichts Selbstverständliches sind. Wer abstumpft, sich in einem Schock oder in Apathie befindet, vermag nicht zu leben. Aufgrund extremer Umstände, wie zum Beispiel im Krieg oder durch Naturkatastrophen, können Menschen hart und gefühllos werden. Doch in unserer Kultur werden die Menschen hart aufgrund der Art und Weise, wie sie denken und handeln. Kalte, abstrakte Gedanken und sinnlose mechanische Handlungen verhärten uns. Sie sind zu finden in unseren Schulen, unseren Köpfen und Händen und in vielem anderen, was uns umgibt.

Dadurch erstarrt der Lebensquell, doch das ertragen wir nicht! Wir brauchen ihn und forcieren darum einen Durchbruch. Normalerweise nährt dieser Quell unser Leben, unsere Arbeit, unser Denken und auch unsere Sexualität. Wenn er unterbrochen ist und wir Leblosigkeit erfahren, benutzen wir die Sexualität, um diesen Quell wieder aufzutauen. Es handelt sich also um eine echte Umkehrung. Wir sind daher so sehr auf die Sexualität fixiert, weil sie unser Eis einen Moment lang zum Schmelzen bringt. Während einer Verliebtheit, wenn das Suchen und die Sehnsucht nach dem anderen intensiv erlebt werden, ist auch der Drang zur Sexualität sehr groß. Dieser erschlafft im Alltagsleben bei vielen Paaren rasch wieder, weil sie unbewusst erfahren, dass die Sexualität gar nicht das Mittel ist, den anderen zu finden, sondern lediglich das *Bewusstsein* für die Tatsache erweckt, *dass man den anderen erst finden muss.* Wenn keine tiefe Liebesbeziehung gebildet wird und nur Gewohnheiten und Sicherheiten das Bindemittel sind, so verliert ein Mensch sein sexuelles Interesse nur allzu häufig. Dieses wird dann nur ausgelebt als wechselseitige Selbstbefriedigung, aus den körperlichen Bedürfnissen heraus. Dann wird das Feuer im Sexualleben häufig künstlich angefacht, es wird dann sehr viel Zeit, Geld und Aufmerksamkeit in Maßnahmen investiert, die dies bewirken. Wer das Feuer selbst nicht mehr in sich erwecken kann, der verfällt leicht darauf, sich von den sexuellen Aktivitäten, die durch Filme oder erotische Bilder im Internet suggeriert werden, anregen zu lassen. Die Sexualität dient auch hier der Illusion, dass der Lebensquell aufgetaut werden kann und dadurch wieder für einen Moment lang Ganzheit und Verbundenheit erfahrbar werden.

Wenn die Sexualität das *Mittel* ist, mit dem wir dies suchen und erreichen wollen, haben wir uns verirrt. Wir haben uns dann stärker denn je voneinander, vom Geist und vom Ursprung entfernt. Sexualität degeneriert dann, weil sie zum Selbstzweck wird. Der wirkliche Schlüssel, mit dem sich die Wiederverbindung erreichen lässt, ist die Befreiung und die Bekämpfung des Schreibers, der Sphinx und der drei Alten in uns. Gelingt uns das, so taut der Quell auf, die Sexualität wird von der Notwendigkeit befreit, ein Zugangsweg zum anderen und zur anderen Welt zu sein. Dann übernehmen Liebe und das Bewusstsein der Liebe die Stellung, die heute noch häufig von der Sexualität eingenommen wird.

Wie lassen sich der Schreiber, die Sphinx und die drei Alten in uns befreien? Denn nur dann und dort kann Arctur wieder zukunftsorientiert wirken, wo zuvor der Schatten des Saturn die Vergangenheit dazu missbrauchte, alles Keimende zu töten. Dieser Kampf wird heute in vielen Bildern und Mythen dargestellt, zum Beispiel durch Computerspiele, durch die Bücher über Harry Potter oder Tolkiens ›Herr der Ringe‹. Überall handelt es sich um einen Kampf zwischen Licht und Schatten und insbesondere dem Saturnschatten. Denn dieser wirft seine Finsternis über die drei Kernqualitäten der menschlichen Seele: Wollen, Denken, Fühlen. Im novalisschen Märchen werden diese durch die Figuren des Schreibers, der Sphinx und der drei Alten verbildlicht. Es handelt sich hier also um einen Kampf, der die Grenzen eines komplexen Märchens aus der Zeit um 1800 weit überschreitet. *Die Bilder erzählen, womit wir heute und in der Zukunft konfrontiert sind, wenn wir Antworten auf die Frage nach dem Sinn des menschlichen Daseins suchen.* Das Dasein des Menschen bewegt sich zwischen den Polen von Licht und Schatten. Erst unter dieser Perspektive können wir der Sexualität den Ort, die Funktion und die gesunde Stellung geben, die ihr zukommt. Wir entschleiern die Bilder des Novalis, indem wir die Sexualaufklärung zur Aufklärung über unser Menschsein an sich erheben.

Der Schreiber

In den Aufzeichnungen über die geplante Fortsetzung des unvollendeten Romans *Heinrich von Ofterdingen*, von dem das Märchen von »Eros und Fabel« einen Teil bildet, spricht Novalis in einem Gedicht Folgendes aus:

Wenn nicht mehr Zahlen und Figuren
Sind Schlüssel aller Kreaturen
Wenn die so singen, oder küssen,
Mehr als die Tiefgelehrten wissen,
Wenn sich die Welt ins freie Leben
Und in die (freie) Welt wird zurück begeben,
Wenn dann sich wieder Licht und Schatten
Zu echter Klarheit wieder gatten,

Und man in Märchen und Gedichten
Erkennt die (alten) wahren Weltgeschichten,
Dann fliegt vor Einem geheimen Wort
Das ganze verkehrte Wesen fort.

In diesem Gedicht spricht Novalis aus, worin der Fehler des Schreibers liegt. Er ist von einem »verkehrten Wesen« erfüllt. Er nimmt die Tropfen, die Bilder Sophies als Zahlen und Figuren wahr und fädelt sie an einer Kette um seinen mageren Hals auf. Seine Verbindung, seine Kette besteht jedoch aus Rechnen und Berechnen. In der Mathematik ist dies gerechtfertigt. Doch wenn der Mathematiker das »wahre Leben« wirklich damit begreifen will, ist dies ein untaugliches Mittel. Tut der Schreiber es dennoch, dann löscht Sophies Wasser all seine Hirngespinste aus. Seine Berechnungen stimmen zwar, doch sie sind nicht wahr, wie das Gedicht es sagt. Sophie erkennt und durchschaut, was die Gegenkräfte ihr einflüstern, die logische Schlussfolgerungen und Berechnungen im Denken erzeugen, an Stellen und in Bezug auf Themen, die sich damit überhaupt nicht fassen lassen. Darum sind die Berechnungen zwar richtig, doch die auf ihnen basierenden Meinungen, Behauptungen und Urteile dennoch unwahr.

In der Sexualität wird ebenfalls viel ›gerechnet‹: »Wenn du so und so bist und dies und das tust, dann wird es besser laufen zwischen uns.« Und ›besser‹ bedeutet hier: mehr Punkte auf der egoistischen Ebene. Der andere soll uns mehr Genuss, Befriedigung, Erregung und Glück bereiten. In zahllosen Gesprächen über Beziehungen und Beziehungsprobleme sind die Worte, die da gewechselt werden, nicht aus der Wahrheit, sondern aus Berechnungen hervorgegangen. Schulden und Guthaben, Rechte und Pflichten – den ganzen Tag lang berechnen wir einander. Alles, was errechnet, gezählt und gemessen werden kann, basiert jedoch immer auf der *Vergangenheit*. Zum Glück stimmen solche Berechnungen nicht. Denn im eigentlichen Leben sind viel mehr Einflüsse mit von der Partie, die sich nicht berechnen lassen.

Ein Beispiel eines solchen Elements ist die Realität der *Vergebung*. Wenn Liebe vorhanden ist, kann das größere oder kleinere Leid, das wir aneinander erfahren haben, vergeben werden. Dann stimmt die Summe der Berechnung nicht mehr, dann gibt es keinen negativen Saldo, keine

Schuld, obwohl wir uns im Klaren sind, dass dies auf der Basis berechnender Gedanken durchaus selbstverständlich wäre. Das »verkehrte Wesen« will uns immer einflüstern, worauf wir beim anderen ein Recht haben. Sophie schenkt uns demgegenüber einen Trank, der die Weisheit, die auf verbindender Liebe gründet, zur Grundlage dessen macht, was wir denken, sagen und tun. Dann wird unser Gefühlsleben milde und wir entwickeln Verständnis, Mitgefühl, Dankbarkeit und vielleicht auch die Kraft der Vergebung, was immer geschieht. Dadurch entsteht eine innere Freiheit, die den anderen auch wirklich freilässt, weil das Wesen der *Güte* in der Seele lebt. Dieses Wesen singt und erzählt und lebt in der Antwort auf den Schreiber, in Fabel. Sie gibt die Vergangenheit frei und webt die Zukunft.

Liebe entspringt in der Gegenwart und lebt auf die Zukunft zu. Das heißt, wir können zwar viel berechnen, doch wird es sich dabei weder um Liebe noch um Zukunft handeln.

Der Schatten des Schreibers

Novalis beschreibt drei Schatten, die sich über die menschliche Entwicklung legen. Sie werden dargestellt durch den dekadenten Schreiber, die Sphinx und die drei Alten. Diese Schatten werden im Zusammenhang mit den dazugehörenden leuchtenden Antworten präsentiert. Was in uns gut ist, wird befragt, was noch unvollkommen ist, wird dagegen geprüft. *Das Unvollendete ist nichts anderes als ein Offensein für Verfall und Verfinsterung.* Wenn unsere unvollendeten Facetten geprüft und in eine eskalierende Krise geführt werden, werden sie sich selbst verbrennen. Aus dieser Asche kann dann der fruchtbare Keim hervorgehen, der das Licht statt das Dunkel sucht. Natürlich versucht der Schreiber nicht das *eigene Dunkle* und die eigenen Verirrungen zu verbrennen, sondern die der anderen Menschen.

Der Schreiber in uns strebt nach Macht. Dieser Machtdrang in uns sucht daher immer einen Schuldigen, der stellvertretend auf dem eigenen Scheiterhaufen stirbt. Die eigenen Unfähigkeiten sind jedoch das ›Brennholz‹, und eigentlich müsste das eigene Ego verbrennen, um in der Krisis, in der Prüfung seine eigene Unfähigkeit zu verlieren. Dies verlangt das Opfer der beschriebenen Offenheit gegenüber Verfall, Verfinsterung und Verführung. Ein Opfer, das nur gelingt, wenn die Bereitschaft vorhanden ist, das Eigeninteresse aufzugeben, inklusive des von sich selbst eingenommenen Egos. Dieses Ego, tief in uns, ist äußerst zufrieden damit, wer wir sind und was wir leben. In der Praxis ist der Schreiber die Kraft, durch welche die eigenen Taten und der eigene Mangel an Tatkraft nicht wahrgenommen werden wollen, und der Grund, warum ein anderer die Schuld an allem bekommt. Tief eingeschliffen ist diese menschliche Gewohnheit, einem anderen die Schuld zu geben an allem, was im eigenen Leben als negativ erfahren wird.

Wenn ein Mensch an einem krankhaften Mangel an innerem Halt leidet, kann er umgekehrt die Gewohnheit entwickeln, sich ständig selbst die Schuld an allem, was geschieht, zuzuweisen. Unglaublich viel Leid hängt mit solchen Schuldzuweisungen anderer oder sich selbst gegenüber zusammen. Schon mancher Mensch ist, für sündig und schuldig befunden, durch die Hölle gegangen. Ganze Leben wurden und werden durch das Phänomen des Für-schuldig-Erklärens zerstört. Der Schreiber stellt das subjektive Rechnen und Berechnen dar, das in uns abläuft, wobei bereits von vornherein feststeht, wer die Schuld hat: natürlich der andere. Denn jene Berechnungen, aus denen klar die *eigene* Schuld erkennbar würde, werden immer unter den Teppich gekehrt.

Seit Christus in Liebe die Schuld der Menschheit auf sich nahm, braucht Schuld nirgends mehr als tödlich zu gelten. Denn Christus hat alles Tote überwunden, er hat den Tod selbst überwunden. Christus ist der Einzige, der tatsächlich in vollem Umfang unsere Unvollkommenheiten und deren Ursachen kennt. Und er benutzt Schuld niemals als Todesurteil oder als Waffe, sondern als ›Schulungsauftrag‹ und neue Chance.

Viele Kirchen und Ideologien – darunter auch christliche! – verhalten sich jedoch immer noch ›vorchristlich‹, also wie der Schreiber: urteilend und verurteilend. Damit zeigen sie, dass sie Christus nicht begriffen haben, denn seit dem Christus-Opfer ist alles verbrannt, was Gegenstand unbarmherziger und dogmatischer Urteile war. Jeder Mensch, der heute noch in verurteilender Weise einem anderen die Schuld gibt, dient dem Tod und dient dem Schreiber. In diesem Zusammenhang ist eine Bemerkung, die Fabel dem Schreiber gegenüber im Schatten-

reich macht, aufschlussreich. Sie sagt, dass ihm nur noch zwei Dinge
fehlen: Stundenglas und Hippe (Sense). Dies sind die beiden Attribute
des Todes. Sie symbolisieren die Endlichkeit der Zeit (Sanduhr) und des
Raumes (Sense).

Was in unserem Leben und in unseren Beziehungen als Schicksals-
lehren erscheint, ist von Christus erleuchtete Schuld. *Erleuchtet* im
Sinne von ›in die Sichtbarkeit geführt‹ und zugleich *erleichtert* im Sinne
von ›in ein ertragbares Maß gebracht‹.[29] Wir können das, was auf unsere
Schultern gelegt wird, auch ertragen. Es ist nicht etwa böswilliges Kar-
ma aufgrund von Schuld, sondern eine Schulungsaufgabe, die unseren
Möglichkeiten entspricht. ›Schuld‹ ist ein unglaublich erstarrender und
Kälte einflößender Begriff.

Jeder Mensch ist eine komplizierte Gesamtheit aus ganzen und halben
Fähigkeiten und Unfähigkeiten. Wenn wir einem anderen Schuld zuweisen, lähmen wir die Wachstumsmöglichkeiten dieses anderen und
verdunkeln den Blick auf unseren eigenen Schatten, unsere Unvollkommenheiten. Wenn wir ständig uns selbst beschuldigen, lähmen wir
dagegen unsere eigenen Wachstumsmöglichkeiten und verfinstern den
Blick auf unsere eigenen Lichtquellen, unsere Möglichkeiten.

Meistens beziehen sich Anschuldigungen auf den anderen. Das soziale Leben bietet eine Menge von Möglichkeiten dazu, daher sind Beziehungen Brutstätten von Anschuldigungen. Die kleineren oder größeren
Vorwürfe, die wechselseitig ständig entstehen, werden jedoch zu Störsendern, unabhängig davon, ob sie ausgesprochen werden oder nicht.
Sie sind wie eine Kette, die bleischwer um den Hals des Schreibers
hängt. Das Denken und die Logik werden dafür benutzt, dem Egoismus
zu dienen, um zu berechnen und zu fundamentieren, worin und wie
der andere fehlt. Damit missbrauchen wir die Fähigkeit des objektiven
exakten Denkens, und das führt dazu, dass die Liebe zwischen Partnern
erstickt wird und irgendwann wie Schnee in der Sonne dahinschmilzt.
Auch wer allein lebt, kann diesem Zerfall unterliegen. Wer bekommt
die Schuld an allen Unannehmlichkeiten, wenn wir allein leben? Die
Eltern? Eine frühere Beziehung? Die Gesellschaft? Es lässt sich immer
etwas finden, das mit logischen Gründen unterlegt werden kann. Aber
Schuld ist das Resultat einer Berechnung, die niemals stimmt, wenn sie

von einem Menschen aufgestellt wird. *Diese* Bilanz müssen wir einem höheren Bewusstsein überlassen.

Was ist heutzutage demnach der Auftrag des Menschen?

Die Aufgabe, die vor uns liegt, besteht darin, eine verfeinerte Wahrnehmung für alle unsere Gedanken, Gefühle und Handlungen zu entwickeln. Eine verfeinerte Wahrnehmung, die auf Liebe und Weisheit gründet und uns zeigt, ob das, was wir leben, wahr, warm und richtig ist. Denn darum geht es. Wenn wir an den anderen denken, ist das wahrhaftig? Ist das, was wir für einen anderen fühlen, tiefer, warmer Liebe entsprungen? Ist das, was wir tun, ist jede unserer Handlungen aus dem Willen hervorgegangen, dem Werden und der Heilung des anderen zu dienen?

Wenn wir eine solche verfeinerte Wahrnehmung üben, beginnen wir an jedem Moment zu leiden, in dem das Gegenteil von Wahrheit, Wärme und Redlichkeit wahrgenommen wird. Dieses Leid verursacht eine noch schärfere Wahrnehmung, denn wo Schmerz ist, entsteht Bewusstsein. So wird Schuld durch Bewusstsein ersetzt. Aus diesem vertieften bzw. erhöhten Bewusstsein entstehen ein tiefer Drang, ein tiefes Bedürfnis und die innige Sehnsucht, Gutes zu tun, zu lieben und Weisheit zu verbreiten. Diese verfeinerte Wahrnehmung ist der moderne ›Nachfolger‹ der alten Dogmatik von Schuld und Sünde, und sie ist in unserem Innenleben so stark wirksam, dass sie keinerlei Raum für den Drang lässt, sich in das Leben des anderen einzumischen und ihn zu verurteilen. In unserem eigenen Inneren wird dann sichtbar, dass uns allen ›nichts Menschliches fremd‹ ist. So tritt die Wirksamkeit dieser Wahrnehmung in unserem Leben an die Stelle des Beurteilens des Lebens anderer. Außerdem haben wir, wenn wir dies praktizieren, alle Hände voll zu tun mit unseren eigenen Angelegenheiten!

Um es nochmals zu sagen: Schuld und Schatten sind Tod und Dogma. Der Schreiber in uns lebt davon. Er wird zu einem ›inneren Buchhalter‹, der exakt festhält, was der andere schuldig ist, und dadurch Macht ausübt, wie das folgende Beispiel zeigt:

Ein Ehepaar hatte in der Anfangsphase seiner Beziehung damit zu kämpfen, dass der männliche Partner sich in eine andere Frau verliebt hatte. Die Verliebtheit wurde ausgelebt, der Mann kehrte danach zu seiner Frau zurück. Dieses Ereignis machte den Mann in den Augen seiner Frau (und der Umgebung) eindeutig schuldig. Jahrzehntelang übte sie danach emotional Macht über ihn aus und sprach mit anderen in negativer Weise über ihn. Das war ihrer Empfindung nach legitim, denn er hatte sich ja einst schuldig gemacht. Natürlich krankte die Beziehung an dieser Wunde, bis sie schließlich zerbrach.

Hier wird der Schreiber in Form von Macht und Geringschätzung sichtbar. Beides gehört zu ihm – Novalis wird nicht müde, jedes Mal im Zusammenhang mit ihm darauf hinzuweisen. Die Figur des Schreibers strahlt Geringschätzung, ja Verachtung aus, immer wenn er im Gespräch mit Fabel ›die Nase hoch trägt‹. Es ist nicht schwierig, in diesem Bild des Schreibers auch jene Qualitäten wiederzuerkennen, die die Eifersucht hervorrufen. Denn der Schreiber missgönnt den anderen ihre Lebendigkeit und ihre Fähigkeiten und ist zugleich bar jeder Selbsterkenntnis. Er sieht nicht, dass seine Einsichten zwar klug und ›effizient‹ sind, jedoch nicht wahr; darum ärgert er sich über Sophies Wasser und über Fabel.

Es stellt sich die Frage, wie wir den Schatten, der im *Willensbereich* wurzelt, überwinden können. Dieser Schatten nagt an den Wurzeln des sozialen Lebens und führt dazu, dass jegliche Form von menschenwürdiger Liebe sich in einen ängstlichen oder aber herrschsüchtigen Umgang mit dem anderen verwandelt. Ein ungleichwertiges und wenig menschenwürdiges Verhältnis entsteht so, und das ist immer ein unfreies. Der Schreiber-Schatten muss erst freigelegt werden. Er verändert alles, weil er das Streben nach Macht repräsentiert, das den anderen verachtet. Dieses Machtstreben, wie subtil es auch ausgeprägt sein mag, tötet den Lebensquell, jede Freude gefriert. Nicht nur der Lebens*quell*, sondern *jeder* Lebensstrom erstarrt, und als Folge davon natürlich auch das Sexualleben.

Die heftigen Emotionen des Schreibers, die ihm von Anfang an zu schaffen machen, wurzeln nicht gerade in einem reichen Gefühlsleben. Sein Gefühlsleben ist verdunkelt und armselig, es kennt sehr viele zerbrochene Verbindungen. Die drei Alten sind das Bild eines solchen dekadenten Gefühlslebens. »Du siehst ganz so wie der Bruder meiner schönen Basen aus«, sagt Fabel. Der Schreiber ist mit ihnen verwandt, und das bedeutet, dass Wille und Gefühl an derselben Krankheit leiden. Sie sind wie Bruder und Schwester, und sie sind alle beide nur noch ein Schatten ihrer selbst. Im Falle des Schreibers basieren die heftigen Emotionen auf der Frustration über den Mangel an einem tiefen Gefühlsleben.

Im tiefsten Inneren verfügt der Mensch über ein umfassendes Wissen um das Wesen wahrer Menschlichkeit. Es ist das Wissen um unseren Ursprung und die sinnvolle Zukunft der Menschheit, man könnte auch sagen: unserer Erfüllung. Dort leben die Weisheit und die Liebe, aus denen wir einst entstanden sind. Und damit auch das Wissen und die Wärme in Bezug auf die Zukunft, die für uns vorgesehen ist. Das ist das innere Licht, das jeder Mensch in sich trägt. Unsere Herzenskräfte bündeln diese Weisheit und Liebe, aus ihnen strömen erfrischende Impulse in den Willen ein, in all das, was wir nach bestem Wissen und Gewissen zu vollbringen haben. Dann wissen wir, was wirklich zu tun ist.

Von alldem weiß der Schreiber überhaupt nichts. Er ist voller Blei und Tod, sein Herz ist verhärtet. Wenn die Tiefen des Herzens blockiert sind, öffnen sich die Tiefen der menschlichen Entgleisungen. Sie bestehen aus einem Schattendasein. Das innere Licht wird verdunkelt und der Mensch degeneriert. Da entsteht alles, was übler Natur ist, und das Wachstum, das Werden des Menschen korrumpiert. Ein verborgenes Schattendasein entsteht, und wir haben keine Möglichkeit, dorthin vorzudringen – es sei denn, wir wären wie Fabel! Sie vermag es, in die Schattentiefen einzudringen, die der Schreiber-Schatten entstehen ließ.

▬ Die erlösende Antwort Fabels

Normalerweise ist ein verhärtetes Herz unempfänglich für jegliches Licht und alle guten Absichten. Es wird zurückgeworfen, es gleitet ab wie Tropfen auf einer geölten Oberfläche. Dennoch ist Erlösung möglich, und in der Figur der Fabel zeigt Novalis den Weg, den ein Mensch gehen kann, um zu ihr zu gelangen. Dieser Weg muss von der gesamten Menschheit gegangen werden, um den Schatten, der von den

Gegenkräften verursacht wurde, zu vertreiben. Was spielt sich ab im Innern einer verdunkelten Seele? Diese Frage ist für jeden Menschen interessant, denn an manchen Stellen und in manchen Situationen ist jeder von uns noch verdunkelt. An der Oberfläche des Innenlebens eines dekadenten Menschen herrscht viel Bewegung. Allerlei Empfindungen und Gefühlserlebnisse rufen dort emotionale Stürme hervor. Scheinbar herrscht dort starke Lebendigkeit, wodurch die Illusion entsteht, dass von Verhärtung oder Erstarrung des Inneren keine Rede sein kann. Dennoch ist dies sehr wohl der Fall. Denn all die heftigen Emotionen sind keine Anzeichen tiefen menschlichen Gefühls, sondern lediglich letzte Reste des ›verdunsteten‹ Gefühlslebens. Die wirklichen Gefühle haben sich verflüchtigt, aufgelöst, sie sind ungreifbar geworden und zu einer dunklen, giftigen Gaswolke degeneriert. Diese Wolke umgibt auch den Kopf des Schreibers, und alle heftigen Emotionen lassen sie verpuffen. So entsteht versengende Hitze voll explosiven Giftgases, die auf einem kalten und leer gewordenen Gefühlsleben beruht. Ein eisiger Blick kann auf diese Weise in feurige, giftige Aggression in Wort und Tat umschlagen.

Wie anders verhält es sich bei einem echten, tief durchmenschlichten, warmen Gefühlsleben. Dieses verleiht Friede und Ausgeglichenheit im direkten emotionalen Erleben und im Äußern von Emotionen. *Eine erquickende emotionale Ruhe wurzelt in einem tiefen, intensiven, lebendigen Gefühlsleben.*

Dies lässt sich mit der Blütenpracht einer Kastanie vergleichen. Die weißen oder rosafarbenen Blütenstände stehen wie Kerzen in der mächtigen Krone. Alle diese Blüten tragen später tausendfältige Frucht. Und doch sind die Ruhe und das Gleichgewicht eines solchen blühenden Baumes sehr intensiv und erwecken friedvolle Freude. Das oberflächliche Gefühlsleben, das in einem teilweisen oder vollständigen Schatten wurzelt, verhält sich ganz anders. Hier sind die Emotionen wie Lampen in einer Diskothek. Ständige Farb- und Lichtblitze sorgen für ein spannendes Schauspiel. All diese Effekte reizen unsere Sinne und rufen schnelle, heftige Reaktionen hervor, doch sie erfüllen einen Menschen nicht im Geringsten mit friedvoller, heiterer Freude. Diese wird ihm vielmehr geraubt und genommen, und natürlich bringt sie keine tausendfältige Frucht hervor, höchstens einen Kater.

Wollen wir den Schreiber-Schatten in uns heilen, müssen wir lernen, oberflächliche Emotionen und tiefe Gefühle voneinander zu unterscheiden. Tiefe Gefühle können nur im Zusammenhang mit einem anderen Menschen entfaltet werden, auf der Basis, dass wir ständig wagen, uns eine Blöße zu geben. Auf der Basis, dass wir wagen, immer nackt zu sein, in all den unvollkommenen ›Gehversuchen‹ unseres Menschseins. Durch das Bloßstellen der eigenen Ängste, Zweifel und Unfähigkeiten, vor allem aber unseres *eigenen Schattens*, verliert der Schreiber in uns an Boden. Denn dann kommt alles ans Licht, und davor ergreift alles die Flucht, was finster und tot ist. Offenheit, ehrliches Bekennen der eigenen Schatten und Versäumnisse verlangt unglaublich viel Mut, denn wir sind nicht mehr abgesichert, wenn wir uns öffnen und eine Blöße geben.

Wir können durch die Reaktionen der anderen verwundet werden. Der Schmerz, der dann entsteht, kann dazu führen, dass sich bleierne Türen herausbilden, die uns hermetisch vor diesem anderen abschließen. Die Kunst besteht darin, zu lernen, sich selbst bloßzustellen und gleichzeitig Überempfindlichkeit oder aber Selbstisolation zu bekämpfen; denn wer sich in seinen Schmerz zurückzieht und verschließt, entwickelt sich rückwärts. Durch diesen Prozess werden wir schließlich wie der Schreiber, der Freude am Schmerz und am Leid eines anderen empfindet. Wenn wir das Wagnis eingehen wollen, verwundbar zu sein, müssen wir werden wie ein Kind. Das Kind ist das Bild für ein kleines Ego – wie Fabel.

Dieses Nacktsein und diese Blöße üben wir in der Sexualität. Wir üben, einander in der allerverletzlichsten Form gegenüberzutreten. Dies kann und will zu Zärtlichkeit, Dankbarkeit, Freude, Bewunderung und Liebe führen. Dieser Übungsweg ist nicht ausschließlich der Sexualität vorbehalten, unser gesamtes soziales Leben spielt sich im Grunde auf diesem Weg ab. Dabei stellt sich überall die Frage, ob wir es wagen, uns selbst bloßzustellen und uns den Blicken der anderen preiszugeben. Ferner auch da, wo wir einander zeigen, wie wir denken und worüber wir nachdenken. Auch in gewissen Alltagsgewohnheiten, die manchmal seltsam oder gar irritierend sein können, geben wir uns oft eine Blöße.

Verwundbar und nackt sind wir auch, wenn wir einem anderen Menschen zeigen, was wir fühlen, wonach wir uns sehnen oder was wir erreichen wollen. Überall brauchen wir Mut, das offenzulegen, was lieber verborgen bleiben möchte. Das gilt für das Verhältnis zwischen Partnern, aber auch zwischen den Partnern und ihrer sonstigen sozialen Umgebung. Viele Ehen scheinen romantisch und perfekt, da man sich eben keine Blöße geben will und die ›schmutzige Wäsche‹ ängstlich voreinander oder vor Dritten verborgen gehalten wird. Unter dieser Scheinheiligkeit verbirgt sich häufig viel Beziehungsleid, wie jeder Therapeut weiß.

Viele Eltern konfrontieren sich nur ungern mit den unangenehmen oder unschönen Seiten ihrer Kinder, obwohl diese sie noch ihr Leben lang begleiten werden. Viele Partner wagen sich nicht einzugestehen, wo die hässlichen, noch unbewältigten typischen Eigenheiten ihrer Beziehung versteckt sind. Die nackte Wahrheit ist eben enthüllend und häufig erschreckend. Fabel droht dem Schreiber damit, ihm mit ihren Nägeln die Augen auszukratzen. Dies ist nicht böse gemeint, sondern im Gegenteil heilsam! Denn dann wäre der verdunkelnde Blick des Schreibers nicht mehr in der Lage, alles zu deformieren. Auch wir können uns darin üben, dem Schreiber in uns ständig ›die Augen auszukratzen‹. Vielleicht betrachten wir den anderen dann nicht mehr mit verdunkeltem Blick.

Fabel verspottet auch die Haare des Schreibers. Wahrscheinlich sind sie dünn und kraftlos, doch sie spricht über den »schönen Haarwuchs« und droht ihm damit, diese Haarpracht, genau wie seine Augen, mit ihren Nägeln übel zuzurichten. Davor schreckt der Schreiber zurück, denn er würde damit seine nur oberflächlichen Emotionen bloßlegen – und damit die Leere seines Lebens.

Man könnte tatsächlich sagen, dass sich Emotionen und Gefühle voneinander so unterscheiden wie Haare und Kopf. Der Kopf umschließt die Ganzheit des Menschlichen, während die Haare nur auf einem Teil von ihm wachsen, sie müssen gekämmt, geschnitten und gepflegt werden. So auch stellt das echte innere Gefühlsleben eine ganzheitliche menschliche Realität dar. Emotionen wachsen lediglich darauf. Sie dürfen nicht verwildern, willkürlich wachsen oder ungepflegt bleiben. Wie schmutziges, schlampiges oder künstlich manipuliertes Haar das Bild des gesamten Kopfes verdirbt und in der Begegnung Widerstände hervorruft, so ist auch eine Ganzheit wuchernder, giftiger oder unechter

Emotionen eine Störung, eine Barriere der tieferen Gefühlsbeziehung zwischen Menschen.

Ehrliche, ausgeglichene Emotionen dagegen sind nicht schockierend und sie machen uns nicht unfrei. Wir können danach in Freiheit ein Verhältnis zum anderen finden. Schreiberhafte, emotionale Heftigkeit zwingt zu Sympathie oder Antipathie. Ein zwingendes, zwanghaftes emotionales Sich-Engagieren ist die Folge. Dieses bedroht und missachtet die innere Autonomie jedes Menschen.

Das Bloßlegen der Tiefen des eigenen, verletzlichen Inneren dagegen lässt frei und lädt uns zu einem respektvollen Miteinander ein. Hier gibt es keine Pflichtübungen, kein Für-schuldig-Erklären, keinen Grabenkrieg mit Bleimunition. Was den Schreiber im zwischenmenschlichen Bereich befreit, ist der Mut, alle Waffen niederzulegen und zu einer vollkommenen Nacktheit zu gelangen.

▬ Karmische Fäden und Taranteln

Der Schreiber schlägt den drei Alten vor, Fabel solle Taranteln holen, große, stechende Spinnen. Er denkt möglicherweise, dies werde ihr Untergang sein; oder hofft er vielleicht – unbewusst –, dass es ihr dadurch gelingen werde, das Böse zu bekämpfen?

Die Taranteln sind ein Bild karmischer Wirkungen, für die Kräfte des Karma, das zwischen Menschen webt. Diese Wirkungen sind durch den Umgang der Menschen miteinander geprägt, sowohl in ferner Vergangenheit als auch in der Gegenwart. Alte Fäden sind es, entstanden lange vor dem heutigen Leben, sie verknüpfen unser Schicksal mit dem der Menschen, denen wir begegnen und mit denen wir im Hier und Jetzt zusammenleben. Daneben bilden sich neue Fäden zwischen Menschen, die einander noch nicht begegnet sind und die aus dem jetzigen Leben in die Zukunft hineinreichen. Die Kräfte des Karma helfen uns zu lernen, das wiederherzustellen, was noch unvollkommen ist, sowie das anzuwenden und zu vervollkommnen, was wir bereits erworben haben. Leben bedeutet, einen Lernweg zu gehen, der mit uns selbst und mit den Menschen zusammenhängt, mit denen wir in Berührung kommen. Karma erleben wir in der Erschwerung oder aber Erleichterung unseres Schicksals auf der Grundlage dessen, was wir aneinander erfahren haben. Der Einsatz besteht in der Entfaltung der liebevollen, sozialen, menschlichen Möglichkeiten, die wir in uns tragen.

Eros erzeugt mit seinen Cupidos einige ›Unannehmlichkeiten‹ auf karmischem Gebiet. Er zerstört viele Leben durch flüchtige Verliebtheiten und Begierden, die er in Menschen erweckt. Deswegen kann die Schere der drei alten Schwestern im Schattenreich so viele Schicksalsfäden zerschneiden. Wir sahen bereits, dass Eros durch Fabel letztlich zur Ruhe kommt, weil sie die Leier des Eridanus benutzt. Sie ist die strömende Kraft aus dem Reich des Geistes, die Erneuerung bringen wird. Durch diese Musik kommt eine befreiende Entwicklung in Gang und die Taranteln erscheinen. Sie kommen aus dem Gras zum Vorschein, auf welchem die Cupidos mit ihren Verwirrung stiftenden Pfeilen in Schlaf gefallen sind. Sie entstehen aus diesen Plagegeistern, könnte man sagen. Sie sind die Konsequenzen eines Verhaltens, das den Fäden, die die Liebe und die Weisheit spinnen, diametral entgegengesetzt ist. Diese karmischen Kräfte beißen Fabel nicht, im Gegenteil, sie dienen ihr. Dies ist eine Folge dessen, dass sie keine gegenläufigen Wirkungen in Gang gesetzt, sondern auf die Stimme der Weisheit gehört hat, der sie dann folgte. Schließlich ist sie Sophiens Patenkind!

Der Schreiber und seine Trabanten werden dagegen tüchtig gebissen, dasselbe Schicksal erleiden auch die drei Alten. Sie werden sogar bis aufs Mark ausgesaugt, berichtet Novalis. Auf diese Weise bricht das Karma das Böse.

Dadurch, dass ein Mensch die Entwicklung eines anderen zerstört oder in Dekadenz führt, wird negatives Karma erzeugt, und dieses Karma (die Taranteln) ist beißend und sehr schmerzhaft. Dies ist so, weil wir uns durch diese Wirkungen dessen bewusst werden, was wir dem anderen angetan haben – und das ist ein schmerzhaftes Erwachen. Dieses Leid ist reinigend, es saugt das Böse weg und wirkt dadurch wie ein heilendes Gegengift. Die »ausgesaugten Schwestern« sind danach verschwunden, weil sie von ihrem Schattendasein befreit sind. Ihr finsteres Gefängnis wurde aufgebrochen. Der Weg zur Liebesfähigkeit führt durch die Prüfungen der Finsternis und des Bösen. Das ist eine Welten-Tatsache, denn das Negative, das Böse, lässt sich aus der menschlichen Entwicklung nicht wegdenken.

Doch der Weg des Menschen bleibt nicht darin gefangen, irgend-wann finden wir eine Öffnung, einen Ausgang. Weil ein Liebesopfer die gesamte Erde und die gesamte Menschheit durchstrahlt, kommt die bahnbrechende Wirkung des Karma als Heilung in Gang. Dieses Lie-besopfer ist ein Opfer der Sonne, weil sich ihr Licht mit der Erde verbin-det (wie dies auch ganz konkret in Novalis' Märchen beschrieben wird). Dieses Motiv deutet auf den Christus, der sich durch seine Herkunft aus kosmischen Sphären, aus der Sonnensphäre, mit der Erde und der Menschheit opfernd verbunden hat. Diese verbindende, heilende Lie-bestat ermöglicht es, dass es nicht nur den einen Weg gibt, der aus dem Licht in die Finsternis führt, sondern auch den umgekehrten. Dieser führt, auf dem Wege karmischer Verbindungen, aus Zerfall und Isolati-on zur Menschlichkeit, einem ›sonnenhaften‹ Miteinander. Darum sind die karmischen Schicksalsfäden so wichtig: Sie erzeugen die Wirkun-gen, durch welche das Böse seinen Stachel verliert und Menschen und menschliche Beziehungen im wahrsten Sinne *entgiftet* werden. Schließ-lich wird auch das unterirdische Schattenreich einst aufsteigen und zum Entstehen einer neuen Welt beitragen. Am Ende des novalisschen Märchens steigen die Gebäude der Parzen auf bis in Arcturs Reich. (Die Parzen, drei Schwestern, sind römische Schicksalsgöttinnen.)

In diesem Kapitel liegt die Betonung jedoch auf dem ersten Teil des Weges, auf Saturn, dem Tod, dem Schattendasein und der Dekadenz des Menschlichen.

Vielleicht besteht die größte Gefahr unserer Zeit darin, dass wir in so großer Zahl und so nah beieinander leben, doch gleichzeitig bereits schon jahrzehntelang viele Stunden mit *Scheinbeziehungen* verbringen. Die ganze Zeit, die wir vor dem Fernseher oder der Videoinstallation, im Internet oder vor anderen Bildschirmen verbringen, ist, karmisch betrachtet, vergeudete Zeit. E-Mail, SMS und Telefon sind noch Begeg-nungsmedien, doch Film und Computerspiele, die man mit sich selbst und allein spielen kann, sind irreale Begegnungen. Sie sorgen zwar dafür, dass wir weniger Zeit haben, mit den anderen Menschen in unse-rem Haushalt zu streiten, doch sie verhindern auch das Zustandekom-men echter Begegnungen mit ihnen. Die Partner beschäftigen sich mit gespielten Emotionen und Beziehungen auf den Bildschirmen, und das ist, karmisch betrachtet, ›leere Zeit‹. Kein Wunder, dass die Taranteln zum Vorschein kommen, wenn wir an langen Wochenenden oder im Urlaub zur Ruhe und zu echten Begegnungen kommen. Der Mensch, auf den die bösen Kräfte Zugriff erhalten, *muss* dekadent werden, damit die Taranteln, die karmischen Wirkungen, das Böse wieder aufbrechen und transformieren können. Anders ausgedrückt: Dadurch, dass wir leben, begehen wir Fehler in unseren Beziehungen. Und indem wir Fehler machen, erzeugen wir Möglichkeiten, Aufgaben und Situationen, durch die wir Liebe und Güte in Bezug aufeinander entwickeln können. In der Isolation dagegen entsteht nur Tod, keine menschliche Güte.

In dem Märchen zeigt sich, dass sich die bösen Kräfte des Schreibers, der Sphinx und der drei Alten tatsächlich aufgrund der Taranteln von ihnen gelöst haben. Das Böse, das durch das Karma aufgebrochen wurde, wird wieder herausgelöst und kann sich in das Ganze eingliedern. So wird zum Beispiel jenes Böse, das in den drei Alten wirksam war, zu drei tragenden Säulen unter dem Brautbett von Eros und Freya am Ende des Märchens. Die Höhlen, die sie bewohnten, verwandelten sich in »seltsame Gebäude«, und diese stehen, wie bereits geschildert, schließlich im Innenhof von Arcturs Schloss. Die drei befreiten Schwestern selbst werden später zu strahlenden Göttinnen, den Hesperiden.

▬ Drei Todesstiche für jede warme, lebendige Beziehung

Saturn wirft Licht auf die Vergangenheit, doch einen Schatten auf die Zukunft. Jupiter dagegen beleuchtet die Zukunft, doch er verdunkelt die Vergangenheit. Novalis umschreibt diese beiden Kräfte als ein Ehepaar: den thronenden Arctur und Sophie. Sie gehören zusammen und sie wirken zusammen, so vereinen sie Vergangenheit und Zukunft, man könnte auch sagen: die Weisheit und die Liebe in jedem Menschen. Wir verlieren in uns selbst diese Kräfte häufig aus den Augen, und dann verlieren wir Weisheit, Liebe und Thron. Die negativen Kräfte, die mit Saturn und also mit dem Tod und dem Blei zusammenhängen, übernehmen dann die Regie. Ein dunkler Schatten nistet sich zwischen den Menschen ein und verdüstert das, was als Wärme, Licht und Sonnengold zwischen ihnen lebte. Dann sind die Sinnerfüllung und die Liebe *entthront*.

Sexualität, Intimität und Nähe sind eng miteinander verwandt. Wenn es am Tisch, in der Küche und auf der Couch kalt, distanziert und missmutig zugeht, dann ist es im Bett garantiert nicht besser. Nochmals: Sexualität ist ein Teilgebiet des gesamten menschlichen Miteinanders, und nur inniges, warmes Engagement füreinander erregt eine schöne, gesunde Sexualität. Umgekehrt trägt liebevoller Sex durchaus zu einem durchwärmten Zusammenleben bei. Wir sehnen uns alle nach Wärme und inniger Nähe in unserer Beziehung, warum kommt es dann doch immer so häufig zu jener frostigen Atmosphäre? Woher kommen das Unnahbare, der eisige Blick, die Worte, die uns zusammenschrumpfen lassen? Novalis umschreibt das in seiner romantischen Weise so:

Noch seid ihr nichts als Seele,
Nur Traum und Zauberei.
Geht furchtbar in die Höhle
Und neckt die heil'ge Drei.

Der saturnische dunkle Schatten, in dem alles zu Stein wird, geistert »furchtbar« durch die Höhle. Doch was bedeutet die Aussage von der »heil'gen Drei?«

Sie bezieht sich auf die letzte Zeile des Liedes, das Fabel singt, wenn sie im Reich des Todes spinnt, wo die drei Alten zu Wesen degeneriert sind, die am liebsten alles zerstören und kappen möchten. Fabel ist bis in den finstersten Grund vorgedrungen. Sie ist ganz und gar bewegliches Werden, sie ist unsere Entelechiekraft. Somit singt sie über sich selbst:

Ich spinne eure Fäden
In Einen Faden ein ...

Was in uns als Entelechiekraft lebt, spinnt unsere Lebensfäden zusammen. Das, was Saturnschatten ist, zerfasert uns. *Die »heil'ge Drei« ist die Möglichkeit zur Liebe, die uns vom Schöpfer in Körper, Seele und Geist gelegt worden ist.* Dadurch entstehen drei Liebesbereiche, die alle zur Entfaltung gebracht werden wollen, in der und durch die menschliche Entwicklung. Wo Menschen zusammenleben, wollen sich diese drei offenbaren. Nicht ohne Grund gibt es in vielen Mythologien immer drei Schicksalsgöttinnen. Ihr Schattenbild wird sichtbar in den drei dunklen Alten. Novalis berichtet auch von den drei Frauen, die »im Hause« sind, nämlich Sophie, die Mutter und Ginnistan. Der Vater vereinigt sich mit der Mutter und Ginnistan, doch nicht mit Sophie. So fehlt ihm die Weisheit. Unsere Seele trägt ebenfalls diese drei »Frauen« in sich und will sich mit ihnen verbinden. Ginnistan ist die dem Körper verliehene *Erden*-Liebeskraft. Die Mutter ist die der Seele verliehene *Opfer*-Liebeskraft. Und Sophie schließlich ist die dem Geist gegebene *Weisheits*-Liebeskraft. In der Entwicklung, die diese drei Personen in dem Märchen durchmachen, wird die Prüfung dargestellt, die jede von ihnen einzeln zu bestehen hat. Wenn sie ihre Wege vollendet haben, können sie sich in einer neuen häuslichen Situation wiederfinden, wo sie in *communio*, das heißt *vereint*, wirken. Sophie vollzieht dort die Weihe aller, indem sie die geopferte Mutterkraft als Asche in ihr Weisheitswasser aufnimmt. Ginnistan erweckt den Vater, der wie tot war, womit sie das allzu Irdische heilt und durch ihre liebevolle Berührung ins Leben zurückführt.

Rudolf Steiner schrieb ein Märchen, das von drei Frauen bei einem Quell handelt und in seinem zweiten Mysteriendrama, das den Titel *Die Prüfung der Seele* trägt, im fünften Bild erscheint.[30] Diese drei Frauen repräsentieren Hoffnung, Glaube und Liebe, und von der dritten wird gesagt, dass sie »Gedankenfäden« spinnt in »Lebenslabyrinthen und in Seelentiefen«. Sogar Lebensstrahlen aus Liebe (»Lebensliebesstrahlen«) spinnt sie. Es ist nicht schwierig, in diesen Dreien eine Analogie zu finden zu Ginnistan, der Mutter und Sophie im Märchen von Novalis. Und es ist ebenfalls nicht schwierig, zu erkennen, dass die drei dunklen Schwestern in der Höhle versuchen, diese drei Seelenkräfte zu vernichten.

Die drei Hochzeitsgeschenke eines Menschen sind daher drei Liebeskräfte: die des Körpers, der Seele und des Geistes. Sie sind zugleich die Liebesfähigkeit unseres Willens, unseres Gefühls und unseres Denkens. Wenn wir unseren Willen auf die Hoffnung der Erdenwelt nach Liebe richten, wenn wir im Gefühl den Glauben an die opfernde Liebe stärken und uns im Denken auf die Liebe hinorientieren, die Weisheit schenkt, so schmelzen die Todes- und Schattenwirkungen des Saturn wie Schnee in der Sonne dahin. Und dies beschreibt Novalis als den »ewigen Frühling« in der Seele, in dem jeder erwacht.

Kehren wir in die Alltagsrealität zurück, so ist in den meisten Beziehungen keine Rede von einem »ewigen Frühling«, sondern viel eher von nasskalter Winterstimmung! Da kann es frostig sein oder auch tauen, und es entgeht den Partnern zumeist, wodurch sowohl das eine wie das andere entsteht. Das Märchen enthüllt uns, dass der Frost vom Schreiber, der Sphinx und den drei Alten herstammt. Der Schreiber wurde bereits betrachtet, über die Sphinx werden wir sogleich noch sprechen, doch zunächst wollen wir versuchen, die drei Alten, die zugleich Schwestern sind, zu verstehen.

Die drei alles zertrennenden Schwestern sind die Gegenpole Ginnistans, der Mutter und Sophies. Sie dürfen keine eigenen Namen tragen, weil sie nicht unserer Individualität, unserem Ich entsprungen sind. Sie sind namenlos und gleichförmig. Sie legen keine Entwicklungswege zurück, sondern bleiben in der eigenen Finsternis eingeschlossen, in der sie keinerlei Licht ertragen können. Denn darin würde der eigene erbärmliche Zustand schonungslos zur Erscheinung kommen. Knochig, mager und bewegungslos sind sie. Sie haben kein ›Fleisch um die Knochen‹ und sie suchen Möglichkeiten, die bewegliche Spindel zu missbrauchen, um das, was sich zwischen Menschen bewegt, stagnieren und zum Stillstand kommen zu lassen.

Woraus besteht ihre Finsternis? Woraus besteht dieser Schatten, der so viel Übel hervorbringt? Schatten entsteht durch Lichtgestalten, und wenn wir diese Schatten verstehen wollen, müssen auch die dazugehörigen Lichtgestalten betrachtet werden. Ginnistan, die Mutter und Sophie sind diese Lichtgestalten. Der Ginnistan-Verrat ist die erste namenlose Alte, der Mutter-Verrat der zweite und der Sophie-Verrat schließlich die dritte Schattenschwester. Diese Schatten entstehen dadurch, dass die dreifache Liebe verraten wird.

Ginnistan-Verrat (Verlust der körperlichen Liebe)

Die erste Schattenschwester entsteht durch den Verrat der Erden-Körper-Liebe. Dieser bezieht sich auf die Liebeskraft, die das Irdische im Körper und im Leben durchzieht und von Ginnistan repräsentiert wird.

Wenn wir Freude daran haben, einfach so, ohne Vorbehalte, für einen anderen Menschen zu arbeiten, so leben wir die ›Ginnistan-Liebe‹. Dies ist auf ganz verschiedenen Gebieten möglich: mit Liebe einen Einkauf erledigen oder etwas aufräumen, mit Liebe die Unterwäsche eines anderen waschen, mit Liebe einige Schritte rückwärts in Bezug auf den erreichten materiellen Wohlstand zu tun, sodass der Arbeitsdruck für den anderen abnimmt, mit Liebe den Körper eines anderen Menschen bei jeder Berührung pflegen usw. Wenn wir füreinander auf diese Weise sorgen, ist alles ernährend und verbindend. Das gilt für die Mahlzeiten, für die Sexualität, für alle Arbeit, die wir für- und aneinander verrichten. Es sind vor allem die kleinen Dinge, die dann den Unterschied zwischen liebevoller Zuwendung und Unachtsamkeit ausmachen.

Wann erzeugen wir die erste Schattenschwester? Dies ist auf zwei sehr unterschiedliche Weisen möglich. Die eine ist die *offene Vernachlässigung*: Wir lassen den anderen in der Kälte stehen und ungepflegt und armselig herumlaufen. Das ist auch dann möglich, wenn der Körper in wunderbare teure Kleider gehüllt ist. Denn wenn der Körper selbst unbeachtet, ungeliebt und unberührt bleibt, handelt es sich ebenfalls um Vernachlässigung und Verarmung.

Daneben gibt es eine weitere, eher verborgene, noch grausamere Art des Ginnistan-Verrats. Dabei wird alles Körperlich-Physische, alles Materielle äußerlich zwar tadellos gepflegt und versorgt, doch das geschieht völlig *lieblos*. Wenn Pflichtgefühl und ein Drang zu Perfektion, Scheinheiligkeit oder Eigeninteresse die Verursacher dessen werden, was wir in Beziehungen investieren, so verdunkeln wir die Erde. Dann wollen wir scheinbar das Gute, doch wir wecken ungewollt das Böse. Unsere Tatkraft, unser Wille hat sich dann verselbstständigt und kann dann nur noch in Form einer ›Pflichtübung‹ handeln. Dann wird auch der Geschlechtsakt nur noch zu einer *Nummer* statt zu einer Handlung, die mit einem anderen Menschen vollzogen wird. Denn wir können Menschen durch die Art des sexuellen Umgangs miteinander aufbauen oder zugrunde richten. Die Anonymität einer *Nummer* ist mit der Anonymität der drei Schattenschwestern verwandt.

Ginnistans Gebiet ist vielleicht das schwierigste Gebiet der Liebe. Denn alles, was irdisch, Arbeit und willenshafter Natur ist, wird, wenn wir nicht bewusst eingreifen, von selbst zur Routine. Wir brauchen nicht einmal etwas falsch zu machen: Ohne einen ›wachen Willen‹ wird alles Körperliche automatisch zur Routine. Und Routine ist tödlich. Sie bringt tote Gebärden und Handlungen hervor, die in anonymer, namenloser Kälte alles zur Erstarrung bringen. Hoffnung verkehrt sich dann in Verzweiflung.

Ginnistan nährt und gibt sich hin voller Liebe für alles Existierende. Natürlich ist ihr Entwicklungsweg eine Prüfung voller Verirrungen und Leid. Das ist der Weg, den unser Willensleben im körperlichen Bereich geht, auch; denn wir erwachen dabei für die einzigartige Möglichkeit, die wir Menschen haben: die Möglichkeit, alles Zeitliche und Vergängliche unendlich lieb zu haben, während es uns von Natur aus lange nicht immer fesselt. Wir erfahren die Arbeit und die Handlungen, die in Beziehungen von uns erwartet werden, rasch als Routine. Sie werden dann bald als Ketten erlebt, die uns einengen. Alles, was uns anvertraut wird, auch die Fürsorge für Leib und Leben des anderen, wird, wenn alles gut geht, als *eine* große Bitte um Liebe aufgefasst. Diese Bitte kann nur durch Aufmerksamkeit und tiefe, eindringliche Liebe beantwortet werden.

In Achtlosigkeit und Gleichgültigkeit, im Verlust des Engagements für den anderen, in der Weigerung, Mitverantwortung für das Wohl und Wehe des anderen auf sich zu nehmen, in all das spielt der Verrat der Erden-Liebe hinein: der Ginnistan-Verrat. Ginnistan ernährt, folgt, reinigt und erlöst, sie verwöhnt und wendet sich liebevoll zu, dadurch ermöglicht sie es, dass der andere ein liebe-volles Leben führen kann. Denn wer auf diese Weise geliebt wird, hat gleichsam einen warmen Mantel um sich, in dem er die eigenen Lebenschancen optimieren kann, sowohl in physischer wie auch in biografischer Hinsicht.

▬ Mutter-Verrat (Verlust der Opferliebe)

Die zweite Schattenschwester entsteht durch den Mutter-Verrat. Dies ist der Verrat der Opfer-Liebeskraft. Wer wirklich opfert, schenkt vorbehaltlos und bedingungslos. Opfern bedeutet allerdings nicht, dass man sich selbst kaputt macht, indem man dem anderen keine Grenzen setzt. Das wäre Schwäche und Untreue gegenüber sich selbst und somit auch dem anderen. Wirklich Opfern bedeutet, dass man gibt, ohne ein Konto für den Ausgleich zu führen. Wir schenken dem anderen unsere Zuwendung durch unsere Arbeit, unsere Aufmerksamkeit und unsere Liebe, doch ohne die Bedingung, dass der andere dasselbe für uns tun muss. Wenn er dies doch tut, so opfert und schenkt nun wiederum er, aber dies hat dann nichts mit einer ›Rückzahlungspflicht‹ zu tun. Wir leiten nirgendwo Rechte aus unseren Geschenken ab, wenn wir, wie die Mutter im Märchen, Opfer-Liebeskraft mobilisieren. Wenn wir meinen, dennoch solche Rechte zu haben, werden wir dem anderen Vorwürfe machen, weil unsere Geschenke nicht zu uns zurückkehren. Zugleich müssen wir dann darauf bedacht sein, dass auch der andere, wenn er uns etwas schenkt, von uns dafür etwas zurückerwartet. Diese gegenseitige Ausgleichs-Verpflichtung ist etwas, das nicht zum Wesen der Liebe gehört. Glauben wird dann zu Berechnung. Wir erzeugen das Gegenbild der Mutter, ihren Schatten, wenn wir das, was der andere uns gibt, tut oder an Zärtlichkeiten erweist, als selbstverständlich aus der Tatsache hervorgehend empfinden, dass wir ebenfalls viel für ihn übrig haben.

Die Mutter und Ginnistan nähren im Märchen dieselben Kinder. Die Ginnistan-Liebe ist die wirkende, positive Kraft des Willens. Diese Mutter-Liebe ist das tiefe Gefühl aufrichtiger Liebe, die das Eigeninteresse überwindet und die Liebe (Eros) und die Entwicklungschancen (Fabel) nährt. Jedes wahrhafte Opfern negativer Gefühle und Gedanken heilt die zweite Schattenschwester und vertieft das Gefühlsleben zu jener Intensität, die wir als *Liebe* bezeichnen. Wenn wir das *eigene* Schenken als selbstverständlich empfinden und das des *anderen* als wundersamen Luxus und unerwartete Überraschung, so wird die zweite Schwester gesund. Dann wird jeder Vorwurf auf der Basis gegenseitiger Ansprüche überflüssig und unmöglich. Dies schafft Freiheit. Wenn Liebe im opferbereiten Herzen gebildet und frei hingeschenkt werden kann, so entsteht auch Freiheit in der eigenen Seele, in den eigenen Gefühlen. Denn dann werden Gefühl und Herzenskraft unabhängig von den Fähigkeiten, die der andere auf diesem Gebiet hat. Gott sei Dank sind wir in der Lage, auch den zu lieben, der noch auf dem Weg zu solcher Liebe ist. Denn die Liebe, die auf diese Weise geschenkt wird, *ist der Weg*, der den anderen zur Entwicklung seiner Liebesfähigkeiten führt.

Viele Menschen, die als Partner, Eltern oder Freund (Freundin) besonders sympathisch sind, begehen eine Art von Verrat an dieser zweiten Art von Liebe. Sie sind nett, weil es eine Gegenreaktion hervorrufen wird. ›Eine Hand wäscht die andere‹, und: ›Liebe ist niemals eine einseitige Angelegenheit‹, sind lieblose, jedoch allgemein akzeptierte Grundmaximen auf diesem Gebiet. Dennoch sind sie veraltet, genau wie das damit eng verwandte Prinzip des ›Auge um Auge, Zahn um Zahn‹. Denn es handelt sich um wirtschaftlich nützliche und unfreie Ausgangspositionen, die keineswegs von einem menschenwürdigen, liebevollen, einander freilassenden Verhältnis zeugen. Diese alten Umgangsformen wurzeln in latenten ›Gewinnerwartungen‹ der Seele, über die wir bereits sprachen. Als moderne Menschen ermorden wir ja auch nicht einfach Mörder und verlangen keine Rückerstattung der von uns geschenkten liebevollen Zuwendung.

Dass gerade dieser zweite Schatten häufig in den Ehebetten sein Unwesen entfaltet, spricht wohl für sich. Gerade in der Sexualität wollen wir ein Eigentumsrecht gegenüber dem anderen geltend machen und wir fordern dann, dass wir für das, was wir ihm geben, etwas zurückerhalten. Dies erzeugt keinen Keim, kein Kind und keine echte Gemeinschaft, sondern lediglich unfreien Geschlechtsverkehr.

▬ Sophien-Verrat (Verlust der Weisheitsliebe)

Den Sophien-Aspekt verraten wir, wenn wir in unserem Denken, das heißt in unserem Bewusstsein, das Negative des anderen zum Ausgangspunkt machen. Dann verraten wir das Licht-Bild des anderen in uns und setzen an dessen Stelle ein kaltes Schattenbild. Dieses drängt sich dann in zahllosen Augenblicken auf:

- »Er wird wieder nichts bemerken, obwohl ich doch ein neues Kleid trage (bzw. besonders hart gearbeitet) habe.«
- »Sie wird sicher wieder irgendwelche Kommentare haben, wenn ich dies oder das getan habe. Sie hat immer etwas auszusetzen, es ist niemals recht.«
- »Sie wird sich sicher wieder aufregen.«

- »Er wird wahrscheinlich wieder irgendwelche übertriebenen Geschichten auftischen.«
- »Sie versteht überhaupt nichts von mir, sie ist nur an ihrer eigenen Welt interessiert.«
- »Er nimmt mich überhaupt nicht wirklich wahr, er will immer nur Sex und Essen.«

Weil Weisheit eine *Herzens*kraft ist, verfügt sie über die Fähigkeit, Entscheidungen zu treffen – im Gegensatz zu dem rein an die Kopfkräfte gebundenen Denken, das immer Zweifel übrig behält. Weisheit kann sich für die *Wärme* entscheiden, und das bedeutet, dass die Unvollkommenheiten des anderen gesehen und verstanden werden. Diese Wahrnehmung führt nicht zu Zweifeln, sie ist nur ein Anlass, die Entwicklungsfrage, die der andere uns stellt, in uns aufzunehmen. Denn wo Unvollkommenheiten sind, da gebietet die Weisheit gerade eine *Zunahme* an Liebe, nicht deren Schwund. Alles andere würde bedeuten, dass wir unser Herz verschließen, es gleichsam in Blei fassen; und wie soll der andere dann in der Lebensgemeinschaft mit uns wachsen? Die negative Kritik, mit der wir über den anderen denken, über ihn sprechen oder ihn behandeln, ist immer blind und erweckt Schattenkräfte anstelle der weisen Sophien-Liebeskräfte. Ganz unabhängig davon, ob sie eventuell berechtigt ist oder nicht.

Vor allem auch die unwillkürlichen Gedanken, die in uns aufsteigen und die wir dann weiterspinnen und zum Wachsen bringen, können diesen Schatten zu einem wuchernden, bösartigen Geschwür heranwachsen lassen. Negatives Denken über den anderen zerstört Liebe und entfernt Menschen voneinander. Dann ist die Liebe selbst degeneriert.

▬▬ Drei Durchgangsstadien auf dem Weg zur Menschenwürde

Zusammenfassend können wir sagen, dass die drei namentlich gekennzeichneten Frauen die dreifache Liebe verkörpern: die der Hände (des Willens), des Herzens (Gefühls) und des Kopfes (Denkens), oder Ginnistan, die Mutter und Sophie.

Ginnistan empfängt die Schlüssel zur verführerischen Schatzkammer des Gartens, die Mutter wird auf den Scheiterhaufen gebracht und Sophie wird bedroht und ihr Altar wird zerstört. Alle drei verlieren damit ihre Freiheit. Aber durch diesen Läuterungsprozess muss alles gehen, was in uns wirklich und wahrhaft menschenwürdig werden will. Ginnistans Abhängigkeit und Verirrung werden zu heilenden Kräften für den Vater, der ohnmächtig ist, am Leben teilzuhaben. Die Asche der Mutter wird zur verbindenden Herzenskraft und die Scherben des Altars von Sophie werden zu Mosaiksteinen, die weise Muster aufweisen. So können die drei Kräfte von Händen, Herz und Kopf heilen, wenn sie gleichzeitig und in inniger Verbundenheit ihre Entwicklungswege gehen.

In der nachfolgenden Geschichte wird deutlich, dass alles, was in uns Schatten oder Licht ist, Voraussetzungen für die Erlösung des Menschen darstellt.

Die sieben Räuber und die sechs Heiligen

Sieben Räuber hatten eines Tages Mangel an allem. Sie beschlossen, ihre Vorräte aufzufüllen und machten sich auf den Weg. Gleichzeitig hatten sechs Heilige Überfluss an Geld und Gütern, die ihnen von Menschen geschenkt worden waren. Sie beschlossen, sie denen zu schenken, die Mangel litten, und machten sich auf den Weg.

In einer Wegbiegung begegneten sie einander. Die Räuber nahmen alles, was sie hätten bekommen können, wenn sie darum gebeten hätten, und die Heiligen verloren alles, was sie hätten schenken können, wenn sie den Weg überblickt hätten.

Das Armengeld gefiel den Räubern ausgezeichnet; eine Weile lang lebten sie in unbekümmertem Überfluss. Den Heiligen gefiel die neue Armut weniger. Sie plagte ihr Gewissen. Denn ihre Armut war nicht auf gute Taten gegründet, sondern auf einem ungewollten Verlust. Ihr Unfriede wurde so groß, dass sie beschlossen, die Räuber zu suchen und diese dazu zu bewegen, das Geld wieder zurückzugeben.

Sie suchten und fanden die sieben und flehten um ihr Geld und ihre Güter, denn wie sollten sie ohne sie schenken? Die sieben Räuber brüllten vor Lachen und beschlossen, die sechs auch noch ihrer Kleider zu berauben und sie als Sklaven für sich arbeiten zu lassen. Sie nahmen also die Heiligen gefangen und spannten sie ein, ihrem Räuberdasein zu dienen. Sie gaben ihnen weder Zeit noch Ruhe für Gebet oder Meditation, und die Heiligen verloren, auf diese Weise ihres größten Schatzes beraubt, ihre Heiligkeit. Da spürten sie, wie sie mitschuldig wurden an deren Verschwendung und räuberischen Taten. Und die allergrößte Armut, die man sich vorstellen kann, überfiel sie.

Insgeheim sprachen sie miteinander und beschlossen, die Räuber im Schlaf zu überfallen, zu fesseln und ihnen ihre Reichtümer zu rauben. Ihr Sklavendasein und ihre Verzweiflung hatten sie schlau und hart gemacht, und so setzten sie ihren Vorsatz problemlos in die Tat um. Aufs Neue machten sie sich dann auf den Weg, entschlossen, ihre verlorene Heiligkeit und damit sich selbst wiederzufinden.

Die Räuber, nachdem sie sich von ihrem Schrecken erholt hatten, sahen ein, dass so viele Heilige ihrem Leben nicht heilsam waren, und sie beschlossen, sich niemals mehr mit solchen Menschen einzulassen. Sie beratschlagten lange hin und her und kamen dann auf die Idee, einen Meisterraub zu begehen. Sie machten sich auf zur reichsten Stadt und zum reichsten Mann. Als sie dort als ehrbare Bürger verkleidet ankamen, bemerkten sie, dass sie nicht die Einzigen waren, die dessen Haus suchten. Viele Bettler saßen vor dem Tor in der Mauer, die das Haus umgab. Und zwischen ihnen liefen die sechs ehemaligen Heiligen hin und her und verteilten das, was sie bei den Räubern erbeutet hatten.

Wütend begriffen alle, dass sie einander nicht aus dem Weg gehen, sondern nur bekämpfen konnten.

Der reichste Mann kam. Er durchschaute die Räuberherzen und die Herzen derer, die immer wieder ihren Weg kreuzten. Er schickte alle weg und befahl beiden Parteien, die Bettler in Ruhe zu lassen, da er selbst sie mit Nahrung und allem Notwendigen versorgte. Nachdenklich blickte er ihnen nach. Berauben ließ er sich nicht. Doch glauben, das konnte er. »Vielleicht könnt ihr euch gegenseitig befreien!«, rief er ihnen noch nach.

Die dreizehn zogen los, ohne zu wissen wohin. Jeder tappte früher oder später in irgendeine Falle. Dann zogen die anderen zwölf den einen wieder heraus und so gewöhnten sie sich immer mehr aneinander. Schließlich fanden sie in einem tiefen dunklen Wald einen goldenen

Vogel, der in einem schwarzen Käfig gefangen war. Wer den Käfig berührte, wurde sofort vom Blitz getroffen und fiel verkohlt zu Boden. Sie näherten sich dem Käfig und standen in einem Kreis um ihn herum. Wie lautete die Frage? Und der Vogel sang: »Wer kennt das Gold der Welt? Nicht ein Einziger kann es kennen, nicht zwei, nicht drei, nicht mehr, nur dreizehn können es kennen! Zusammen kennen sie das Geheimnis! Zusammen erlösen sie das Gold und die Schwärze und den Blitz!«

Da nahten sie sich gemeinsam, in selbstverständlicher Eintracht, dem Käfig, bogen die schwarzen Stangen auf und schenkten dem Blitz ihre Leben.

Der goldene Vogel erglänzte in Liebesfarben und nahm dreizehn andere mit auf seinen Aufstieg in die weiten Höhen. Und vierzehn Augenpaare sahen den Quell des Goldes, und aus Rauben wurde Glauben.

▬ Die Sphinx

Wie der Schreiber sein Licht und seine Erlösung durch Fabel (den Willen) findet, wie die Schwestern ihre Lichtgestalten in Sophie, der Mutter und Ginnistan (das Gefühl) finden, so findet die Sphinx als dritte Schattenkraft ihr leuchtendes Bild und Vorbild in der *Schale Sophies* (das Denken).

Die Sphinx repräsentiert die Schattenkraft, die in unserem Denken verfinsternd wirksam ist. Im Altertum kannte man das Rätsel der Sphinx, wo die Frage gestellt wird, ob die Sphinx als Bild des Menschen erkannt wird, insbesondere als Bild der menschlichen Entwicklung – dessen, was der Mensch war, ist und sein wird. Ein sehr schwieriges Rätsel, denn es erfordert ein tiefgründiges, ursprüngliches Wissen vom Menschen. Nicht nur diese große Frage ist schwer zu beantworten, auch die kleine Frage der ›kleinen Sphinx‹, die uns in jedem unserer Mitmenschen entgegentritt, stellt uns vor ein Rätsel. Denn das Bild des anderen befragt uns ständig und will enthüllt werden: Wer bist du selbst und wer ist der andere, der Tag für Tag neben dir liegt und lebt?

Im novalisschen Märchen wird die Sphinx dreimal sichtbar. Wir wollen ihren Spuren durch den Gang der Erzählung folgen. Beim ersten

Mal liegt die Sphinx auf ihrem Podest in der dunklen, unter-menschlichen Welt. Beim zweiten Mal handelt es sich um eine verborgene Sphinx, die im Bild des Arctur in der übermenschlichen Welt sichtbar wird. Fabel sucht und sieht beide. Schließlich gibt es ganz am Ende des Märchens eine dritte Sphinx, die das Hochzeitsbett trägt.

Fabel, als die Kraft des menschlichen Werdens, als Entelechie-Kraft, muss das Rätsel der Sphinx lösen. Sie wird von der finsteren Sphinx ins Verhör genommen und kennt die schmerzhaften Antworten, die sich auf den Menschen und seine Bestimmung beziehen. Daraufhin befragt Fabel die Sphinx, und schon rasch zeigt sich, dass ihr Wissen für die Sphinx unbequem ist. Das Wissen der Sphinx ist für die »kleine Fabel« völlig durchsichtig. Sie hat die Fähigkeit, deren hochtrabende Worte zu entlarven, hinter denen sich keine Weisheit verbirgt. Diese liegt lediglich in der Schale Sophies. Viel Lärm um nichts, so könnte man bei dieser Sphinx sagen. So ist es mit allem, was als dunkle Sphinx auf einem Podest sitzt und prahlt. Fabel verspottet die Sphinx, die die Schattenwelt bewacht. Was sagt sie über ihre selbstgefällige Dunkelheit? Sie lacht über sie und benennt die Tatsache, dass die Sphinx nicht fähig ist, sich zu erheben. Sie kann Fabel darum keine Nahrung bieten. Diese Sphinx ist *von sich* eingenommen, sie hat zu viel gegessen, zu viel tote Buchstaben gefressen, könnte man sagen. Sie ist bis oben hin angefüllt mit unverarbeiteten, unverwirklichten und toten Gedanken. Als Fabel sie fragt, ob sie sie kenne, muss die Sphinx eingestehen, dass dies noch nicht der Fall ist. Sie kennt nicht das Geheimnis des menschlichen *Werdens*, sie weiß nichts von seiner Entelechie. Außerdem antwortet sie auch noch auf Fabels Frage, wo die Liebe sei, dass diese sich »in der Einbildung« befände! Zwar lebt Eros in der Einbildung Ginnistans, doch dort ist Eros gerade nicht die Liebe, sondern lediglich eine egozentrische Verirrung. Und hinsichtlich der Frage nach der Weisheit, also nach Sophie, weiß die Sphinx schon gar keinen Rat; sie kommt nicht weiter als zu einem unverständlichen Gemurmel und einem Flügelrauschen. Das zeigt, dass das von sich selbst eingenommene Denken nicht kreativ ist (es kennt keine Fabel). Die Liebe ist für dieses Denken nichts anderes als ein Produkt der Einbildung. Die Liebe selbst lässt sich von einem solchen isolierten, toten Denken nicht verstehen. Wer nicht weiß, was Liebe ist, kann niemals weise werden, und so zeigt sich aus den Antworten der Sphinx, dass sie Sophie ihrem Wesen nach genauso wenig kennt wie die wahre Liebe.

Zwischen dem Bild der Sphinx auf ihrem Podest im dunklen Reich und der Sphinx bei Arctur herrscht ein scharfer Kontrast. Fabel nennt Arctur den Eigner eines Throns, der »fest gegründet« ist. Gut verwurzelt, könnte man auch sagen. Die Sphinx auf ihrem Podest im dunklen Reich dagegen ist keineswegs fest gegründet. Sie scheint zwar hoch und erhaben, doch dies deutet lediglich auf die Eitelkeit des weisheitslosen Denkens hin, das sie repräsentiert. Diese Sphinx hat zwar die Flügel eines Adlers, aber sie kleben an ihrer Löwengestalt. Und diese Gestalt wiederum klebt an einem Podest, das die Verstrickung an das niedere Selbst, das Ego, ins Bild bringt. Gedanken werden hier zu einem Standbild, das Denken – und damit auch der Mensch – wird statisch und ständig von einem egoistischen Willen und selbstsüchtigen Gefühlen bestimmt. Die dunkle Sphinx kann sich nur im Zeitlichen verwurzeln, in der Illusion, dass das materielle Denken an sich eine Realität sei. Dies sind Illusionen, Luftwurzeln könnte man auch sagen. Das deutet auf das Gegenteil eines fest gegründeten Denkens hin.

In der letzten Zeile des Märchens benennt Fabel dieses Gründen noch einmal, indem sie singt:

Gegründet ist das Reich der Ewigkeit,
In Lieb' und Frieden endigt sich der Streit ...

Im Reich des Arctur sitzen Löwe und Adler ihm als Diener zu Füßen.[31] Der Adler symbolisiert das frei gewordene Denken, den geflügelten Gedanken. Die dazugehörende, stark entwickelte Herzenskraft wird durch den Löwen symbolisiert. Löwe und Adler, die zusammen das denkende Herz und das Herz-durchwärmende Denken symbolisieren, sie dienen dem wahren Menschen. Adler und Löwe dienen dem Ganzen. Sie repräsentieren menschliche Möglichkeiten hellen Denkens und wachen Fühlens. Diese sind in ihrer Ganzheit gestaltet und frei. Dadurch stehen sie dem wahren Menschen zur Verfügung und dienen ihm, dem ursprünglichen Menschenbild. Das Herz hat denken gelernt. Es geht letztlich um das *Werden* der Sphinx bzw. das Lösen des Rätsels der menschlichen Möglichkeiten. Diese bestehen aus einem Fünfstern mit fünf unterschiedlichen Qualitäten. Arctur ist das in seinem Ursprung, seiner Saturn-Qualität sichtbare menschliche Idealbild; daher trägt er auch fünf Attribute. Diese sind: die nördliche Krone, die Lilie, die Waage, der Löwe und der Adler. Das ›gute Bild‹ des Menschen wird hier sichtbar. Das Böse deformiert und verunstaltet das Menschenbild zu einer unfreien Karikatur seiner selbst. Dabei entstehen die Schattenbilder Arcturs, erkennbar im Schreiber, den drei alles zertrennenden Schwestern und in der ersten statischen Sphinx auf ihrem Podest. Das Böse hat ihre Entstehung ermöglicht, und sie werden erst wirklich sichtbar und ergründbar im unter-menschlichen, finsteren Reich. Das Böse kann man nicht in direkter Konfrontation bekämpfen, doch dem Guten kann man nachstreben. Als Freude erweckende, indirekte Folge wird sich dann das Böse in das Gute verwandeln.

Arctur ist damit das positive Bild des Menschen, jenes Bild, das jedem Menschen zugrunde liegt, auch wenn es viel im Menschen und in der Menschheit gibt, das noch erstarrt und deformiert ist. Fabel ist die Werdekraft des Menschen, die bewegliche, frohe Auferstehungskraft, die das ursprüngliche Menschenbild in der Zukunft zur Erscheinung bringen will. Sie ist ganz und gar Entelechie-Kraft. Immer ist Arctur der Quell, an welchem sie ihr Bild und ihre Bewegungen prüft. Sie berichtet ihm, wie weit die menschliche Entwicklung bereits fortgeschritten ist, und sie bittet ihn um Unterstützung.

Was für den Menschen das Gute ist, wird also sichtbar in den fünf Figuren, die zu Arctur gehören. Wenn wir diese fünf Qualitäten anstreben, dann streben wir dem Guten zu, das die Macht hat, das Böse kampflos aus Betrug und Verirrung zu befreien.

Das ursprüngliche Menschenbild ist sichtbar als der thronende Arctur und es kann *im Lichte* betrachtet und befragt werden. Der Anblick der Sphinx im dekadenten Reich ruft demgegenüber nur schmerzhafte Fragen voller Zweifel und Verwirrung hervor. Fabel beantwortet sie mit der größten Leichtigkeit und befragt ihrerseits diese Zweifel. Das Befragen der Wurzeln des Zweifels und der prahlerischen Arroganz des Denkens, das lediglich den Zugang zum Reich des Todes verbirgt, ist etwas, was nur möglich ist, wenn wir aus der Schale Sophies trinken und damit der

Weisheit dienen und sie suchen. Das Gegenbild der Sphinx ist die Schale auf dem Altar Sophies – und diese ist wiederum ein Rätsel für sich! Dennoch lässt sich dieses Bild recht gut erschließen. Sophies Schale ist dunkel und zugleich so rein, dass das Wasser in ihr klar bleibt. Sophie blickt ständig hinein, sich darin spiegelnd. Wenn wir einsehen, dass unser Denken sich meistens wie unser Schädel verhält, könnte man sagen, dass unser Denken eine umgedrehte Schale ist. Wir denken meistens nur sehr eingeschränkt, wir sind in unserer eigenen Isolation, unseren isolierten Gedanken gefangen. Das ist die intellektuelle Finsternis, in welche kein Licht fällt und wo wir dem Eigendünkel verfallen können. Ego-Kraft verführt uns dazu, das eigene, relative, vorübergehende Erkennen und Können zu glorifizieren. Wenn das Bild der eigenen Klugheit, der eigenen Gedankenformen als das wahre Menschenbild betrachtet wird, so erheben wir die Sphinx auf ein hohes Podest. Dann wird das Selbstbild auf einen einseitigen hohen Sockel gestellt, es entstehen Eitelkeiten und eine totale Karikatur des Menschen. Dies geht einher mit viel Gelehrsamkeit und Aufhebens. Novalis bezeichnet dies als das »Rauschen der Flügel«. Der scheinbar geflügelte Gedanke bringt zwar das Geräusch von Flügeln hervor, doch er kann nicht fliegen, denn er klebt wie die Flügel des Adlers am Löwen fest. Der Löwe ist gleichfalls unwahrhaftig und kann mit seiner großen Kraft nichts anfangen, da er mit seinem eigenen Podest, seinem eigenen festen Ort verklebt ist.

Wenn der Mensch geistig ein »verklebter Adler« ist, seelisch ein »verklebter Löwe« und körperlich ein massives Podest, so hat er sein wahres Menschenbild vergessen und den dreifachen Liebesauftrag von Körper, Seele und Geist verloren. Dann weiß er nicht mehr, dass er nach dem Bilde Gottes geschaffen wurde, Gott gleich. Dann wird er zu einer inhaltslosen, umgedrehten Schale. Ein Hohlkopf, könnte man auch sagen, auch wenn sein Denken zunächst sehr beeindruckend wirken mag. Aus dieser Erkenntnis heraus kann ein Weg gesucht werden in Richtung einer Umkehrung des Denkens, wodurch dieses wieder zu einer offenen Schale wird. Eine dunkle Schale des irdisch gewordenen Menschen, die sich öffnet und weitet, bis Weisheitsströme empfangen werden können. Bis der Sophien-Blick in sie fällt, gespiegelt wird und lebendige, strömende Gedanken sichtbar werden. Denn der Blick Sophies ist die Weisheit selbst, die sich im klaren Wasser spiegelt. Das herausgesetzte, geopferte Denken wird dann zu einer offenen Bitte um Erkenntnis. In diesem Denken, dieser Schale, wird das Lächeln Sophies gespiegelt. Dort fällt der Himmel in die Erde, dort ist die Trennung zwischen dem menschlichen Denken und der kosmischen Weisheit aufgehoben.

Novalis spricht hier über eine reine, offene Schale als Bild für die Denkkraft, die auf einem Altar und nicht auf einem Podest aufgestellt ist. Das Ego-Denken ist auf dem Altar geopfert worden und das materialistische Denken, das allzu irdisch war, begraben. Das Denken wird dann wieder zu einer ehrfurchtsvollen, bewussten Frageaktivität und zu einem aus dem Herzen hervorgegangenen Sehnen nach Sophien-Weisheit. Wenn wir unser Denken geschärft und entfaltet und es zugleich von Ego-Motiven gereinigt haben, ist unser Schädel zur Schale für Sophie geworden. In diesen legt sie das Bild des Menschen, wie er einst werden kann. Es ist das Bild des erlösten und geheilten Menschen. Auch Arctur zeigt Fabel dieses Bild in seinem Thron mit den erwähnten Attributen. Sophie und Arctur sind deswegen in der Geschichte ein Königspaar. Wer das Denken aus seinen erstarrten Formen befreit, der vermag Weisheit zu empfangen und findet das ursprüngliche Menschenbild aufs Neue wieder, in jedem anderen Menschen und in jeder Begegnung. Als Fabel dieses Bild im Reich des Arctur findet, sieht sie Folgendes:

Die nördliche Krone zierte sein Haupt. Die Lilie hielt er mit der Linken, die Waage in der Rechten. Der Adler und Löwe saßen zu seinen Füßen.

Löwe und Adler sind hier nicht verklebt und sie sitzen nicht auf einem Ego-Podest, sie sind vielmehr völlig sie selbst – frei und gerade dadurch dienstbar, zu Füßen Arcturs. Auch die nördliche Krone, die sein Haupt schmückt, ist ein tiefes Bild. Alles Nördliche hängt mit dem klaren Bewusstsein, dem reinen Denken zusammen. Diese Qualität schmückt wie eine Schale seinen Schädel. Damit ist sein Haupt ›umgepolt‹ und geöffnet zu einer Krone, die sich dem hingibt, was über ihm ist. Auch Wage und Lilie sagen viel über die Schönheit des ursprünglichen Menschenbildes aus. Die Waage deutet auf die Gleichgewichtsqualität Arcturs. Die Lilie deutet auf die Reinheit des Gefühls und der Wahr-

nehmung – eine Fähigkeit, die den Prüfungen und Verirrungen des
Bewusstseins der Liebe im Menschen abgerungen ist, wie sie durch
Ginnistan und Eros repräsentiert werden.
Die Gegenkräfte der menschlichen Entwicklung sind in diesem Zukunftsbild erlöst. Dieser wunderbare Fünfstern befreit mittels des Strebens nach dem Guten indirekt das Böse. Damit wird das skizzierte Bild
des liebevollen und weisen Zukunftsmenschen Wirklichkeit. Rudolf
Steiner formulierte einige Übungen, die es ermöglichen, in diese Richtung zu arbeiten. Diese Übungen werden auch als »Nebenübungen«
bezeichnet und im Folgenden diesem Fünfstern zugeordnet.[32]

Harmonische Menschheit, durch Arctur dargestellt	Nördliche Krone	Bewusstsein	Unbefangenheit	(Geistselbst)
	Waage	Balance	Positivität	(Ich)
	Lilie	Reinheit	Gefühl	(Astralleib)
	Löwe	Mut	Wille	(Ätherleib)
	Adler	Souveränität	Denken	(physischer Leib)

Der thronende Arctur
Strahlender Fünfstern-Mensch
Nebenübung: Harmonie
Die Integration der fünf

Nördliche Krone:
Bewusstsein,
Nebenübung:
Unbefangenheit (Geistselbst)

Waage (rechts):
Balance
Nebenübung:
Positivität (Ich)

Lilie (links):
Reinheit
Nebenübung:
Gefühl (Astralleib)

Löwe:
Mut
Nebenübung:
Wille (Ätherleib)

Adler:
Souveränität
Nebenübung:
Denken (physischer Leib)

Liebe ist sowohl der Ursprung als auch die Zukunft des Menschen, und Weisheit ist der Weg, der durch die Liebe gegangen wird. Sexualität ist ein ›Splitter‹ der Liebe auf ihrem Weg durch das zeitliche Dasein. Wenn die Liebe den Weg der Weisheit beschreitet, kann die Sexualität in diese Liebe aufgenommen werden und ein Ganzes mit ihr bilden.

Wer mit einem anderen Menschen in Liebe zusammenleben will und der Sexualität als ›zeitlichem‹ Liebessplitter darin einen würdigen Platz zuweisen will, kann nicht umhin, an seiner Entwicklung als *Gesamt-Mensch* zu arbeiten. Denn wenn nicht das Bild unserer selbst und des anderen als eines vollständigen Menschen, als Ganzheit in uns lebt, bleiben wir machtlos und kraftlos wie eine dunkle Sphinx, voller schmerzhafter Zweifel und Fragen, nicht in der Lage, unser eigenes Werden oder das des anderen durchzutragen. Dann ist tatsächlich die Sexualität lediglich eine Zersplitterung des Menschseins. Doch wenn das wahre Bild des anderen nicht aus dem Auge verloren wird, so durchdringt Weisheit jeglichen sexuellen Umgang miteinander, und die Sexualität ist in diese Liebe aufgenommen.

Die Sphinx auf ihrem Podest versucht zu verhindern, dass die drei Schwestern im Schattenreich gestört und zerstört werden. Genauso versucht das isolierte irdische Denken zu verhindern, dass wir unser eigenes Dasein tiefer reflektieren, unser eigenes Denken, unser eigenes Verhalten und unser eigenes Werden. Die Sphinx vermeidet ängstlich den Blick auf ihren eigenen Schatten. Sie verhindert als ›Schattendenker‹ in uns das klare Wissen von den eigenen zertrennenden Schwestern in den Tiefen der degenerierten Seelengebiete. Diese ertragen kein Licht, keinen klaren Gedanken, kein Bewusstsein. Dies erkennen wir dann in den so genannten menschlichen Abwehrreaktionen. Wehe demjenigen, der schmerzhaft freilegt, wo unsere unwahrhaftigen Absichten liegen und wo wir unsere negativen Gefühle verstecken. Deswegen lassen sich die Tatsachen, die mit dem Saturnwirken zusammenhängen, nicht leicht fassen. Durch sie werden häufig Abwehrreaktionen hervorgerufen, weil wir nur eingeschränkt in der Lage sind, Licht an schattenreichen Stellen zu ertragen. Diese typischen saturnischen Reaktionen sind Beispiele für das, was in der Einleitung als die »direkte Begegnung mit den Planetenwirkungen« skizziert wurde.

Erst wenn die Sphinx von ihrem Sockel herabstiege und Fabel tragen und beschützen würde, erst dann wäre der Weg zum eigenen Inneren frei. Am Ende des Märchens schreibt Novalis Folgendes:

»Gönnet mir«, sagte der Mond, »das Reich der Parzen, dessen seltsame Gebäude eben auf dem Hofe des Palastes aus der Erde gestiegen sind.«

Dieses Reich der Parzen ist das frühere Schattenreich, das nun ans Licht kommt und worin Vater Mond (der Quell der Fantasie) und Fabel (die kreative, schaffende, erneuernde Entwicklungsqualität) offen zur Schau stellen, was bis dahin verborgen war. Damit wurde das Dunkel in Licht verwandelt. Was eingesperrt, erstarrt und verborgen war, kurz, was verheimlicht wurde, ist jetzt bloßgelegt und von Blei und Tod befreit. Das ist vor allem Fabel zu verdanken. Sie schritt die Treppe ins Schattenreich hinab und knüpfte in diesem dunklen Gebiet die Fäden wieder aneinander. Sie brachte dort Licht und Bewegung hinein und befreite so die Schere und die drei mageren Schwestern. Diese werden bei Arctur dann in ihrer Lichtgestalt als Hesperiden sichtbar. Die drei Göttinnen entbieten bei der finalen Thronbesteigung ihre Glückwünsche und bitten um Schutz in ihren Gärten. Diese drei strahlenden Frauengestalten, die in der griechischen Mythologie die Gärten mit goldenen Äpfeln versorgen, sind, wie wir bereits sahen, die Metamorphose der drei Schwestern aus dem Schattenreich.

Der Thron von Eros und Freya, der zum »Hochzeitsbett« wird, ist das Symbol des Menschen, in dem Liebe (Eros) und Friede (Freya) zusammenkommen und der sich zur durchmenschlichten Liebe emporgearbeitet hat. Das ist der Mensch, der in ferner Zukunft zum oben beschriebenen Bild des Fünfsterns heranwachsen wird. In diesem Schlussbild wird sichtbar, wie das Denken durch die Liebe letztendlich zu einer Schale geworden ist. In ihr ruhen die Liebe und der Friede. Dann wird der Mensch wieder geheilt sein und es werden sich neue Lebensfäden zwischen den Menschenseelen entspinnen; dann werden die Welten von Geist und Erde wieder zusammenwirken. Das Brautbett wird daher auch von der dritten Sphinx getragen, die nun nicht selbst thront, sondern den Thron des Menschen dienend trägt. Der Weg, den die Menschheit zurückgelegt hat, symbolisiert durch die Sphinx, wird dann abgerundet sein. Das Brautbett wird außerdem von den drei Karyatiden aus dunklem Porphyr getragen. Karyatiden sind tragende Säulen in der Form von Frauengestalten. Darin wird das vielversprechende Zukunftsbild der drei Schattenschwestern als dienende und tragende Kräfte sichtbar, wie schon zuvor bei der Sphinx.

Unser heutiges Leben in all seinen Facetten spielt sich ab im Durchgang durch die dunkle Phase des Menschseins. Alle Gefühle, Willensimpulse und Gedanken wollen geweiht und befreit werden zu leuchtenden Sternenkräften. Vorläufig ist alles, was wir leben, noch ein Weg mit Rück- und Fortschritten. Auch auf dem Gebiet der Sexualität gilt dies. Dort, wo wir bereits ›liebevoll‹ sind, ist die Sexualität goldglänzend. Dort, wo wir noch unterwegs sind und ständig straucheln, wird die Sexualität kalt und eisig, oder aber sie entwickelt eine alles versengende Hitze. Das Aufstehen und Weitergehen, in gegenseitigen Begegnungen von Körper, Seele und Geist, ist das, was als Aufgabe vor uns allen steht.

Wir sind als Menschheit sehr eng miteinander verbunden; unsere Aufgabe ist darum das *gemeinsame Streben* nach einem vollwertigen Menschsein. Dieser Weg führt über den liebevollen und weisen Umgang mit allem, womit wir uns verbunden wissen, auch durch Sexualität und Intimität. Damit wird die Liebe zur Zukunft des Menschen und die Weisheit der Weg, den die Liebe geht. Weisheit ist der Weg, auf welchem die Sexualität wieder in Liebe aufgenommen werden kann. Im Märchen weiß Sophie (die Weisheit), welche Reise Eros und Ginnistan zurücklegen müssen, um zur Liebe zu gelangen. Die menschlichen Qualitäten, zu denen die Sphinx aufruft, sind dann entwickelt, wenn:

- das Herz sich öffnet für die Wahrnehmung und die Liebe zum wahren Bild des anderen (die nördliche Krone);
- Gleichgewicht der Grundton aller Erfahrungen ist und die Harmonie im Menschen den Frieden in der Welt begründet (Waage);
- ein Mensch im ständigen Verströmen des Lebenswassers lebt und nicht in der trockenen Wüste des Alltags, oder in der Kälte der menschlichen, egoistischen Berechnungen versandet (Lilie);

- unsere Begierden unserem Willen dienen, um einander und die Welt zu lieben (Löwe);
- das Denken frei und souverän wird und dadurch die Weisheit wiederfindet (Adler).

Das Entwickeln dieser menschlichen Qualitäten ist der rätselhafte Auftrag des Menschen und die intensive, liebevolle Sehnsucht der Götter.

▬ Vier Ströme

In der biblischen Schöpfungsgeschichte gibt es im Paradies einen Baum mit Äpfeln. Dem Menschen wird gesagt, er solle davon nicht essen. Es handelt sich um den Baum, der die Erkenntnis von Gut und Böse in sich trägt. Die Schöpfungsgeschichte erzählt nicht nur vom Urbeginn der Menschheit, sie spricht zugleich auch vom Beginn eines jeden Menschenlebens. Jedes Mal wird der Baum daher notwendigerweise abgeerntet von jedem Menschen, der sein vorgeburtliches, ›paradiesisches‹ Dasein verlässt, um zu einem Menschen aus Fleisch und Blut zu werden. Im Paradies ist ferner die Rede von einem Lebensbaum, und dieser ist mit dem Baum der Erkenntnis des Guten und Bösen so eng verwandt, dass manche Überlieferungen die beiden als einen einzigen Baum ansehen.

Im Märchen von »Eros und Fabel« verwandelt sich dieses Bild des Baumes in das eines Brunnens. Ganz zu Beginn des Märchens ist dieser Springquell zugefroren und vereist; am Ende ist er aufgetaut und hat sich in eine Quelle verändert, die frei strömen kann. Obwohl dies nicht ausdrücklich gesagt wird, muss angenommen werden, dass der ganze Prozess, der sich zwischen dem Anfang und dem Ende der Geschichte entfaltet, dazu führt, dass der gefrorene Brunnen auftaut. Ein Eisquell kann keinen Durst löschen. Er spendet keine Kühlung, sondern verbreitet lediglich Erstarrung durch Frost um sich, und alle Pflanzen in der Umgebung erfrieren ebenfalls. Der Brunnen soll Lebenswasser schenken, das Gut und Böse zum Leben weckt und ausströmen lässt. Wenn er auftauen soll, müssen wir ganz konkret den Entwicklungsweg gehen, der nur möglich ist aufgrund der Verbindung mit den Kräften des Guten und des Bösen. Sowohl der Paradiesesbaum wie der Brunnen in Arcturs Geistesreich sind der Motor für das, was sich im Menschen vorwärts bewegen will, um zur Vollendung seines Menschseins zu gelangen.

Wodurch erlangen wir eigentlich die Erkenntnis von Gut und Böse? Oder anders gefragt: Welche Bereiche impulsieren einen Menschen dazu, sich auf der Erde vorwärts zu bewegen, also zu entwickeln? Das sind Fragen, die man auch folgendermaßen formulieren könnte:

* Was geschieht, wenn die Paradiesesäpfel gepflückt werden?
* Was beginnt zu strömen, wenn der Brunnen auftaut?

Was dann frei wird, sind Lebensenergie, Lebenskraft und Lebenslust. Diese drücken sich in vier Lebensgebieten aus, die zugleich vier Lebensgrundfragen sind:

* Geld und Güter
* Gesundheit und Lebensenergie
* Sexualität und Fruchtbarkeit
* Kraft und Macht.

Im Laufe der Geschichte hat der Mensch sich häufig dafür entschieden, die Äpfel des Baumes des Guten und Bösen ›einzufrieren‹. Dies geschah, indem die Lebensströme in eisige Gesetze und Regeln, in Ge- und Verbote eingefroren wurden. Bevor der Mensch in der Lage war, zwischen Gut und Böse zu unterscheiden, mag dies berechtigt gewesen sein, doch heute ist das nicht mehr der Fall. Es macht den Menschen in der heutigen Kultur unbeweglich, und dadurch kommt seine Entwicklung zum Stillstand. Es muss, nun jedoch ohne Schlange oder Überschwemmungen, zu einem Auftauen der starren Formen und dogmatischen (Vor-)Urteile kommen. Die Veredelung unseres Menschseins erfordert zu diesem Zweck einen anderen Umgang mit uns selbst und allem, was in uns lebt.

Dieser Entwicklungsweg kann demnach nicht in ›gefrorener Verfassung‹ zurückgelegt werden. Wenn Dogmen und Verkrampfung das Leben beherrschen und durchdringen, so bleibt der Quell vereist und der Mensch entwickelt sich nicht. Sobald er aufzutauen beginnt, tauchen jedoch auch die vier Lebensfragen, die dem Menschen gestellt werden, auf.

Der Umgang mit der Sexualität ist eine dieser vier äußerst schwierigen Fragen. Nicht ohne Grund wurde diese Frage dem Menschen immer durch Regeln beantwortet, die von religiösen und bürgerlichen Autoritäten ausgingen. Der Mensch war nicht in der Lage, als Individuum eine Antwort zu finden auf die Fragen, die mit den vier genannten Lebensgebieten zusammenhängen. Auch heute ist dies noch für die meisten Menschen nur allzu oft noch sehr schwer, obwohl wir inzwischen doch eigentlich die Freiheit entwickelt haben oder haben sollten, selbst Entscheidungen auf dem Gebiet der Sexualität und der drei anderen Lebensgebiete zu treffen.

Die Fragen, die in den vier Lebensströmen schlummern, sind ihrem Wesen nach Fragen nach dem Umgang mit der Realität von Gut und Böse. Dahinter verbirgt sich die tiefer liegende Frage nach der vollen Menschwerdung. Diese Menschwerdung lässt sich nur realisieren durch die Erlangung eines Bewusstseins der guten und bösen Kräfte und durch die Entwicklung eines freien, gewissensgetragenen Verhältnisses ihnen gegenüber. Dies ist ein langer Weg mit vielen Rückschlägen, sehr vielem inneren und äußeren Leiden und Suchen, wobei viel gelernt werden muss. Dadurch reift die Seele, und das, worum es wirklich geht, kann einen zentralen Platz im Leben einnehmen. Weisheit und Liebe, Ganzheit und Verbundenheit gehen schließlich aus diesen Entwicklungswegen hervor.

Wenn wir zu den vier zusammenhängenden irdischen Aufträgen zurückkehren, so erkennen wir in der Aufzählung von Lebensenergie, Kraft, Sexualität und Geld deutlich vier Äpfel vom Baum des Guten und des Bösen. Dessen werden wir uns deutlich bewusst aufgrund der Rolle, die diese Lebensgebiete in unserem Leben einnehmen. Energie und Gesundheit können gebraucht, aber auch missbraucht werden für die guten oder die falschen Ziele. Dasselbe gilt für Kraft, Sexualität und Geld. Weil es sich um Äpfel vom selben Baum handelt oder, anders ausgedrückt, um Ströme aus demselben Lebensquell, zeigen sie alle vier eine enge Verwandtschaft miteinander. Probleme oder Unfähigkeiten lassen sich dann auch meistens auf allen vier Gebieten zugleich erkennen. Diese Übereinstimmung gilt auch für alle positiven Facetten. Wo ein gesunder sexueller Strom in einem Menschen lebt und pulsiert, herrschen selten permanente Geldsorgen. Genauso wenig ist ein Mensch dann kraftlos und ohnmächtig, dem Leben die Stirn zu bieten, oder völlig erschöpft.

Wer den einen Strom zur liebevollen Menschlichkeit umarbeitet, kann nicht umhin, dieses Thema dann auch in den anderen drei Strömen zu bearbeiten. Wer dagegen ein Gebiet zurückweist, tötet oder darin dekadent wird, der greift auch die anderen drei an. Wenn wir über Sexualität sprechen, sprechen wir damit zugleich immer über den *gesamten* Lebensquell, der dem Menschen gegeben ist. Ein Quell, der Gesundheit, Wachstum und menschliche Würde bringt, wenn er klares Lebenswasser schenkt. Ein Quell, der, wenn er vertrocknet oder vergiftet ist, Leben stagnieren und dahinvegetieren lässt.

Es gibt also keine sexuellen Probleme, die ausschließlich mit Sex zusammenhängen. Sie erstrecken sich immer über alle vier Lebensgebiete. Damit soll nicht behauptet werden, dass viel Geld, viel Macht, viel Sex und viel Energie das Ziel des Menschen sein sollten. Genauso wenig bedeutet viel Sex, dass man sehr reich wird. Nicht in der Quantität eines Gebietes liegen der Auftrag und die Erfüllung, sondern im qualitativen, menschenwürdigen Umgang damit. Es handelt sich im Leben schließlich nicht darum, so viel Geld wie möglich zu besitzen, sondern dass man sich darin übt, das Richtige damit zu tun. Dies gilt sowohl für den Erwerb wie auch für den Einsatz von Geld und Gütern. Es handelt sich auch nicht darum, so viel Macht wie möglich an sich zu ziehen, sondern vielmehr darum, die Kräfte, die uns das Leben in den Schoß legt, weise und dienend anzuwenden. Viel Sexualität, viele sexuelle Abenteuer, verschiedenste Partner – auch darum geht es nicht. Die Sexualität, die es eben einfach gibt, will ein Instrument der Liebe werden. Die Lebenskraft und die Energie wollen nur dafür benutzt werden, dem Denken, der Arbeit und der Freude zu dienen.

Die vier Lebensströme sind befreit und die Quelle ist aufgetaut, wenn der Mensch seinen Auftrag erkannt und verwirklicht hat. Unsere Schlange wird dann die Äpfel wieder an den Paradiesesbaum hängen, jetzt jedoch mit neuem Glanz, weil wir im Hier und Jetzt unsere menschlichen Aufträge vollbracht haben. Wenn den Menschen dies gelingt, wird die Sehnsucht Freyas erfüllt sein und wir sind zu denen geworden, die wir werden können. Wenn das erreicht wurde, lässt sich dies an den Augenblicken und den Menschen erkennen, in welchen Folgendes Realität wird:

- Geld, das zu Opferkraft veredelt ist;
- Energie, die zu Hoffnung veredelt wurde;
- Sexualität, die zu einem Gebet veredelt wurde
- und Kraft, die zu Liebe veredelt ist.

Wenn *Geld zu Opferkraft* geworden ist, sind Gold, Blumengärtner und Turmalin auf der Erde wirksam und der Vater wird befreit, genau wie der alte Riese.

Wenn *Energie zu Hoffnung* geworden ist, so durchzieht Leiermusik aus den Höhen alles Irdische, und Fabel erneuert alle hoffnungslos festgefahrenen Entwicklungen. Energie wird zu Hoffnung, wenn es uns gelingt, trotz aller Rückschläge niemals den Mut zu verlieren.

Wenn die *Sexualität zum Gebet* geworden ist, werden die Feuerblumen von Fabel mitgenommen und die Dienerinnen Freyas Gliedmaßen massieren, bis diese milchblaues Licht ausströmen lassen.

Wenn *Kraft zu Liebe* geworden ist, ist Eros bei Freya.

- Geld zu Opferkraft werden zu lassen, ist ein Auftrag für das physische Leben.
- Energie, die zu ›guter Hoffnung‹ wird, ist ein Auftrag für den ätherischen Lebensstrom.
- Sexualität zur Fähigkeit des Gebets zu verinnerlichen, ist ein Auftrag für das astrale Leben.
- Kraft und Macht in Liebe zu läutern, ist ein Auftrag für das Ich.

Im Märchen holt Fabel menschliche Möglichkeiten aus der geistigen Welt zur Erde herunter. Sie holt von dort Leier, Feuerblumen, Gold, Blumengärtner und Turmalin in unsere Welt hinein. Danach nimmt sie wiederum eine *umgesetzte, realisierte* Möglichkeit mit zurück in die geistige Welt. Das ist *Eros*, oder die vermenschlichte Liebe, geläutert durch die Begegnung mit Gut und Böse. Eros trägt alles, was er gelernt und entwickelt hat, in sich. Wenn die Menschheit die vier Aufträge der Lebensströme erfüllt haben wird, ist die Menschheit der zurückkehrende Eros. Dann wird die höhere Welt durch die menschliche Liebe als neuer Qualität bereichert werden.

Zum Schluss ein zusammenfassendes Schema:

Transformationen der vier Lebensströme

Geld/Güter	Opfer	Gold/Blumengärtner/	
		Turmalin	physisch
Lebensenergie/Gesundheit	Hoffnung	Leier	ätherisch
Sexualität/Fruchtbarkeit	Gebet	Feuerblumen	astral
Kraft/Macht	Liebe	Eros	Ich

Die Sonnen-Gold-Linie

Bildermosaik

Das Märchen von Novalis ist eine eigenartige Geschichte. Eine Kako-
phonie von Bildern zieht zunächst an uns vorbei, die Erzähllinie lässt
sich nur schwierig verfolgen. Scheinbar aus dem Nichts verwandelt sich
eine Situation in eine andere. Nirgendwo in der gesamten Geschichte
werden Ursachen und Folgen sauber umschrieben oder auch nur angedeutet. Novalis schreibt nicht so, wie es der Schreiber in seinem Märchen tut. Er gibt große Prozesse in der Entwicklung von Mensch und
Welt in differenzierten, detailreichen Bildern wieder, die er mühelos um
das zentrale Thema gruppiert. An einer Stelle im Märchen beschreibt
er, dass der zuvor zerstörte Altar im Haus wieder aufgebaut ist. Um den
Altar herum befindet sich auf dem Boden ein Kreis aus bunten Mosaiksteinchen, voller kunstvoll eingelegter, edler Figuren. Das ist eine exakte
Umschreibung seines eigenen Werks. Novalissches Denken ist ein Denken, das sich innerhalb eines Kreises anstatt gradlinig bewegt. »Eros
und Fabel« ist eine Geschichte, die sich um ein erhabenes, zentrales
Thema webt, die vielen Bilder ordnen sich um dieses Zentrum herum,
um diesen Sonnen-Kern, »in edlen und bedeutungsvollen Figuren«.

Dieses Märchen lässt sich nur wirklich erfassen, wenn wir das lineare
Denken in Ursachen und Folgen vorübergehend aufgeben. Dieses Denken basiert auf einer Dualität, auf der Unterteilung von allem und allen
in Schuldige und Unschuldige, in Gute und Böse.

Novalis ordnet alles liebevoll so an, dass es zusammenhängt und in
eine große, weise Ordnung aufgenommen ist. Er lehrt uns, dass alles,
was existiert, auch existieren *muss*, ungeachtet dessen, welche moralische Färbung wir ihm geben. Er lehrt uns, dass alles nur deswegen gelebt, gelernt und erarbeitet werden will, damit wir das Wesen, die Essenz
des Daseins suchen und ihr dienen.

Wenn wir die Einzelheiten seiner Geschichte vor den großen Hintergrund der Menschheitsentwicklung halten, so wird Isis entschleiert.
Die Weisheit enthüllt sich und wir erblicken ein unglaubliches Kunst-

werk. Eine filigrane Esoterik zeigt sich, ein kunstvolles Gewebe, in welchem alles mit allem verbunden ist. So betrachtet, ist das Märchen nicht mehr ermüdend oder kompliziert, sondern es offenbart sich und lässt sich als Stimulanz der menschlichen Entwicklung schlechthin begreifen.

▬ Ein goldener Schachzug

> Das echte Märchen muss zugleich prophetische Darstellung
> – idealische Darstellung –
> absolut notwendige Darstellung sein.
> Der echte Märchendichter ist ein Seher der Zukunft.
> *Novalis, Schriften III*, 281 (234)

Novalis schildert, dass sich nach dem Verschwinden von Eros und Ginnistan die Situation im Haus verändert hat. Dennoch ist das für ihn kein Grund, daraus zu folgern, dass die beiden an dieser Veränderung schuld seien. Novalis denkt nicht in Kategorien von Schuld.

Der Vater hat sehr viel ausgelöst, indem er den eisernen Stab mitbrachte. Obwohl er wahnsinnig beschäftigt ist, trägt er nichts zur Bewältigung der Folgen seines Fundes bei. Dennoch wird er von Novalis nirgendwo als der Hauptschuldige charakterisiert. Sogar der Schreiber, der doch so viel zerstört, Menschen einsperrt und die Mutter verbrennt, gilt nicht absolut als schuldig.

Jeder Krieg und jeder Streit wird am Ende des Märchens achtlos als zu den »alten Zeiten« gehörig abgehakt. Hier erklingt zum ersten Mal das Wort »Feind«. Die letzten Reste von Feinden sind, wie sich zeigt, in die Figuren eines Schachspiels hineingebannt. Das bedeutet, dass der Kampf des einen gegen den anderen sich auf ein Gebiet beschränkt, wo dieselben strengen Regeln für beide Parteien gelten. Die Dualität, die durch die schwarzen und weißen Figuren des Schachspiels zum Ausdruck kommt, wird durch das Hören auf denselben Führer aufgehoben. Sie werden dem neuen König, Eros, geschenkt.

Auch in uns selbst können wir einen Weg gehen, auf dem alles, was zwischen uns an Kampf und Streit herrscht, in ein Schachspiel gebannt wird. Dann stellen wir unsere Argumente und Erkenntnisse einander gegenüber und lassen abwechselnd den anderen zum Zuge kommen. Doch wenn wir uns auf diese Weise auf dem Spielfeld gegenüberstehen, muss das Spiel von dem neuen König und der neuen Königin, Eros und Freya, beherrscht werden. Sie stehen für die Liebe und den Frieden. Wenn Liebe und Friede das Spiel beherrschen, können wir uns vom Kämpfen, von unserer Verstricktheit in das Für und Wider, das Recht- oder Unrechthaben verabschieden. Das bedeutet, Abschied zu nehmen vom unbezähmbaren Drang, den anderen schachmatt zu setzen und ihn zu stürzen. Dann richten wir den anderen vielmehr auf und geben einander die Zeit und den Raum, um den eigenen König und die eigene Königin im Inneren zu beherbergen. Dann ärgern wir uns nicht mehr über jeden Zug, den der andere macht, und wir brauchen auch keine Eroberungsstrategien mehr zu bedenken. Dann werden Türme zu Aussichtspunkten und Läufer zu Begegnungsmomenten. Dann tragen Pferde wieder ihre Reiter und Bauern werden zu nützlichen Helfern. Dann ist das alte Schachspiel, wie wir es kennen, zu etwas geworden, wovon Novalis sagt: »Ein Denkmal der alten trüben Zeit.«

▬▬ Drei Entgleisungen unserer Kultur

Novalis beschreibt in seinem Märchen drei große Bedrohungen der menschlichen Kultur. Wir lesen von der *Dekadenz des Eisens*, der *Entgleisung der Sexualität* und dem *Verfall des wissenschaftlichen Denkens* (letzteres wird repräsentiert durch die Dekadenz des Schreibers und seiner Diener). Diese drei Entgleisungen sind auch Thema in einem Vortrag Rudolf Steiners. In diesem Vortrag ruft Steiner die Menschen seiner Zeit dazu auf, aufzuwachen und sich dessen bewusst zu werden, was sich wirklich in der Welt abspielt. Er betont die ungeheure Wichtigkeit dieser bewussten Wachheit, indem er skizziert, was geschehen wird, wenn die Menschen weiterhin schlafen. Drei Bedrohungen unserer Zivilisation und Kultur würden dann Wirklichkeit, und er warnt deutlich vor ihnen.[33]

In der Mitte des novalisschen Märchens wird ein neuer Altar errichtet. Man könnte sagen: Er wurzelt in dem Opfer auf dem Scheiterhaufen, ist errichtet auf demjenigen, was als strahlendes Sonnenlicht aus der schwarzen Finsternis aufstrahlt. Pechschwarz ist die Tatsache, dass böse Geister (dargestellt in den Figuren des Schreibers und seiner Diener) sich dessen bemächtigen, was schuldlos war (die Mutter), und es durch das Feuer des Scheiterhaufens töteten. Diese Gegenkräfte sind im Hier und Jetzt gegenwärtig und arbeiten dem entgegen, was uns die Engel schenken wollen.

Rudolf Steiner sagt im genannten Vortrag Folgendes:

»Der Menschheit wird durch ihre Engelwelt ein Dreifaches gezeigt. Erstens wird gezeigt, wie man wirklich die tiefere Seite der Menschennatur mit seinem unmittelbarsten menschlichen Interesse erfassen kann. Ja, es wird ein Zeitpunkt kommen, den die Menschen nicht verschlafen sollen, wo die Menschen einen anregenden Impuls aus der geistigen Welt heraus durch ihren Engel empfangen werden, der dahin gehen wird, dass wir ein viel tieferes Interesse an jedem Menschen haben werden, als wir geneigt sind, heute zu haben. Diese Erhöhung des Interesses an unseren Mitmenschen soll sich nicht bloß etwa so subjektiv entwickeln, wie dies die Menschen so bequem in sich entwickeln, sondern mit einem Ruck, indem tatsächlich dem Menschen eingeflößt wird von spiritueller Seite ein gewisses Geheimnis, was der andere Mensch ist. Ich meine damit etwas ganz, ganz Konkretes, nicht irgendwelche theoretische Erwägung, sondern: Die Menschen erfahren etwas, was sie an jedem Menschen interessieren kann. Das ist das eine, und das wird das soziale Leben ganz besonders erringen.

Und das Zweite wird sein, dass von der geistigen Welt aus der Engel unwiderleglich den Menschen zeigen wird, dass der Christus-Impuls außer allem Übrigen auch völlige Religionsfreiheit für die Menschen bedingt, dass nur das das rechte Christentum ist, welches absolute Religionsfreiheit möglich macht.

Und das Dritte ist eben die unwiderlegliche Einsicht in die geistige Natur der Welt ...«

Und etwas später:

»Nun gibt es aber, wie Sie wissen, andere Wesen in der Weltent-
wicklung, die ein Interesse daran haben, den Menschen aus seiner
Bahn hinauszubringen: Das sind die ahrimanischen und die luziferischen Wesenheiten ...«

Steiner weist eindrücklich darauf hin, dass die Menschheit wach wer-
den muss für die Impulse der Engel, die in Bildern dem Inneren des
Menschen einverwoben werden. Wenn die Menschheit keine bewusste
Verbindung dazu herstellt, könnte auftreten:

»... eine menschheitsschädigende Medizin, eine furchtbare Verirrung der sexuellen Instinkte, ein furchtbares Getriebe im reinen
Weltmechanismus in der Verwertung der Naturkräfte durch Geis-
teskräfte ...«

Wir erkennen hier deutlich die beschriebenen drei Formen der Dekadenz aus dem Märchen von Novalis. Heute, fast 100 Jahre nach Rudolf
Steiners Vortrag und 200 Jahre nach Novalis, können wir die Realität
dieser Dekadenz-Formen überall um uns herum beobachten. Umso
wichtiger ist es, dass wir zumindest *jetzt*, nachträglich, aufwachen in
Bezug auf das, was Steiner und Novalis uns sagen wollen. Die Bilder aus
dem novalisschen Märchen helfen uns, zu Erkenntnissen zu gelangen,
auf deren Basis der Impuls zur Heilung der genannten drei Entgleisungen entstehen kann.

▬ Sexuelle Entgleisungen

Novalis beschreibt detailliert in den Figuren des Eros und der Ginnistan,
was geschieht, wenn sich die Sexualität von der Weisheit und dem liebevollen Umgang miteinander loslöst, wenn der Egoismus triumphiert
und der eigene Genuss zum Selbstzweck wird. Dann degeneriert dieses
der Liebe dienende Instrument; dann verkommt die Sexualität zur
Bestialität. In diesem Fall wird der Eros in uns verrückt, grausam und
zum Unruhestifter. Ginnistan wird zur Verführerin und zur unfreien
Sklavin ihrer eigenen Begierden und muss Eros machtlos auf dessen Irr-

wegen nachfolgen. Jegliche sexuelle Abhängigkeit, ob es sich nun um
Pornografie, Nymphomanie, Selbstbefriedigung oder krankhafte Eifersucht handelt, macht aus uns eine degenerierte Ginnistan. Wenn wir vor
allem unserer eigenen Attraktivität auf Kosten anderer nachjagen, und
allerlei Spielchen betreiben, mit denen wir Macht ausüben wollen, machen wir aus uns einen degenerierten Eros. Besonders dann, wenn wir
überdies noch Befriedigung an dem Beziehungs-Schaden erleben, der
dadurch angerichtet wird. Auf diese Weise wird nur Unfriede erzeugt,
und Freya, der Friede, die Erfüllung, bleibt verborgen.

Entgleiste Sexualität verhindert, dass Friede in die Liebe einzieht und
Liebe in das, was friedlich ist. Damit wird sowohl der Liebe als auch
dem Frieden Gewalt angetan. Die Brüderlichkeit zwischen Menschen,
so Rudolf Steiner, verschwindet:

»Was innerhalb der Menschheitsentwickelung geschieht, das würde darin bestehen, dass, statt in hellem, wachem Bewusstsein in
nützlicher Weise, dann in schädlicher Weise, in zerstörerischer
Weise gewisse Instinkte aus dem Sexualleben und Sexualwesen
auftreten würden, Instinkte, die nicht bloß Verirrungen bedeuten
würden, sondern die übergehen würden ins soziale Leben, die
Gestaltungen hervorbringen würden im sozialen Leben; vor allen
Dingen die Menschen veranlassen würden durch das, was dann in
ihr Blut kommen würde infolge des Sexuallebens, jedenfalls nicht
irgendwelche Brüderlichkeit auf der Erde zu entfalten, sondern
sich immer aufzulehnen gegen die Brüderlichkeit. Das aber würde
Instinkt sein ...«

Sexualität ist nicht nur Genuss und Liebesbezeugung zwischen Menschen, sie ist auch der Weg, durch den Kinder gezeugt und geboren
werden. Mehr noch: nicht nur der Weg, sondern auch die *Qualität*, die
wir den Kindern entgegenbringen. Entgleiste Sexualität greift auch die
Qualität an, in der die Kinder empfangen werden.

Sie werden gezeugt durch die Gemeinschaft von Mann und Frau, ob
diese nun Ausdruck der Liebe oder des Egoismus ist. Ein Kinderwunsch
besteht nicht nur aus der Sehnsucht zweier Erwachsener nach einem
Kind. Ein Kinderwunsch besteht auch aus der Sehnsucht eines ungebo-

renen Kindes nach seinen Eltern. Wenn diese Sehnsüchte zusammenströmen, werden zwei Menschen zu einem dritten emporgezogen. Nicht
nur im äußeren Sinne ist man dann zu dritt: Vater, Mutter und Kind.
Auch innerlich bewegt sich das Interesse nicht länger in der Erfahrung
des *Entweder-du-oder-ich*. Mit dem Wohl eines *dritten* Wesens vor Augen
vereinen sich die Belange der beiden Erwachsenen immer wieder neu,
um des Kindes und der Familie willen. Diese Qualität der *sich zur Verfügung stellenden Liebe* kann sich nicht ausbilden, wenn das Sexualleben
nicht zum Ausdruck von Liebe geworden ist, sondern entgleist und sich
verselbstständigt hat. Wenn Egoismus, Geringschätzung des anderen
und blinde Begierde die zarten Töne der Liebe überstimmt haben, wird
die gesunde Hülle für die ungeborenen Kinder in Mitleidenschaft gezogen. Die Lebensqualität, die ihnen angeboten wird, ist die der über-
hitzten und verselbstständigten Begierden, und dieser Boden ist nicht
gesund für ein Kind. In diesem Fall öffnen sich die Körper der Eltern
zwar für das Ungeborene, doch ihre Seelen und ihr Geist bleiben verschlossen und auf das jeweilige Eigeninteresse fixiert. Dann haben Kinder, körperlich gesehen, seit der Konzeption zwar Eltern, doch innerlich
bleiben sie Waisen. Das heißt, die Wiederbelebung einer gesunden, liebevollen Sexualität ist nicht nur heilend für die Erwachsenen, sondern
sie bedeutet zugleich auch eine Wiederherstellung der notwendigen Le-
bensbedingungen für das Ungeborene. Das, was aus den Genen stammt,
wird durch das ergänzt, was aus der Seele und dem Geist stammt, der
wahren Heimat jedes Kindes, das geboren werden will.

Nun war das ganze Gebiet von Empfängnis und Geburt von jeher
ein Bereich der Hingabe an höhere Kräfte. Kinder *machte* man nicht,
man *bekam* sie. Und wenn man sie nicht bekam, brachte man Opfer
oder verrichtete Gebete, darum bittend, dennoch welche bekommen
zu dürfen. Heute, in der Zeit der Familienplanung, ist die Sichtweise
eine andere. Erst werden die Verhütungsmittel abgesetzt und dann arbeiten zukünftige Eltern intensiv am ›Machen‹ eines Kindes. Wenn das
nicht klappt, gehen sie zu den Ärzten. Diese können manchmal helfen,
manchmal aber auch nicht. In den letzten Jahrzehnten ist in medizi-
nischer Hinsicht auf diesem Gebiet sehr viel möglich geworden. Das
Schwangerwerden, aber auch das Nicht-mehr-Schwangerwerden ist
heute manipulierbar. Viele Techniken sind dafür entwickelt, wie zum

Beispiel die künstliche Befruchtung oder das Einfrieren des Spermas. Die tiefe Freude unfruchtbarer Elternpaare, die so doch noch ein Kind bekamen, berührt uns tief. Die Erwünschtheit eines solchen Kindes braucht dabei keineswegs in Zweifel gezogen zu werden. Die Sehnsucht der Eltern (und möglicherweise auch die des Kindes?) ist gestillt, und die Freude kompensiert hoffentlich die Erfahrung der ›kalten‹ Befruchtungstechnik, die dafür angewandt wurde.

Sehen wir einmal von diesem romantischen Idealbild ab, so birgt die Möglichkeit, eine Befruchtung auf künstliche Weise einzuleiten, auch eine große Gefahr in sich. Geburt und Schwangerschaft sind manipulierbare Größen geworden und somit der Gefahr des Egoismus und der Willkür ausgeliefert. Sensationen und Verrücktheiten auf diesem Gebiet sind möglich. Man kann heute jeden Samen auswählen, den man möchte, und auch jede Eizelle. Bis jetzt betrifft das lediglich Material von Männern oder Frauen, die gesund sind, aber zukünftig vielleicht auch von Menschen, die schöner und intelligenter als andere sind. Rudolf Steiner sah diese Entgleisungen voraus:

»Und zwar drohen schädlich zu werden gewisse instinktive Erkenntnisse, die in die Menschennatur kommen sollen und die zusammenhängen mit dem Mysterium der Geburt und der Empfängnis, der Konzeption, mit dem ganzen sexuellen Leben.«

Manipulation ist und bleibt eine gefährliche Technik, sicher, wenn es sich um das Gebiet der Konzeption handelt. Wir wissen nicht, was wir tun, vor allem deswegen, weil wir Ei- und Samenzelle als Ansammlungen von Genen betrachten, die wir kombinieren können, nichts weiter. Aber ein Kind ist kein Produkt von Ei und Samenzelle oder einer Kombination von Genen. Wir können kombinieren, was wir wollen, es ist dadurch noch kein Menschenkind entstanden. Ein Kind ist eine Menschenseele, die sich mit einem Embryo verbindet und einen Körper sucht, um darin zu leben. Je besser der Körper zu ihr passt, umso besser kann die Seele darin leben. *Gut passend* bedeutet, dass bestimmte Eltern ihre Körperlichkeit zur Verfügung stellen und das Menschenkind, das sich damit verbindet, die Auswahl trifft. Das jeweilige Geschlecht, die

Zeit und die Gene werden ausgewählt, aber das alles ist kein Zufall, sondern das Finden der richtigen Bedingungen für ein nicht-zufälliges Dasein!

So wie dem einen eben ein kleiner Mantel passt und einem anderen ein großer, und so wie der eine einen bunten Mantel wählt und der andere einen einfarbigen grauen und dennoch *beide* das tragen, was zu ihnen passt, so ist es auch für ein ungeborenes Kind.

Wenn wir diesen Entstehungsprozess respektieren und aufmerksam verfolgen, können wir bemerken, dass ständig Entscheidungen getroffen werden, die sich unserer Einwirkung entziehen. Solche Entscheidungen werden bestimmt durch sinnvolle Zusammenhänge zwischen dem Kind, das gezeugt wird, und der Lebenserfahrung, die es machen möchte. Wenn wir – aus Angst, aus Vernunftgründen oder aus Egoismus – die Kinder daran hindern, die Form, die Zeit und die Lebensqualität zu wählen, die sie suchen, so richten wir Schaden an. Dann sorgen wir für eine Perfektion, innerhalb derer die Seele des Kindes behindert leben muss. Genauso wenig, wie wir in einem Showroom leben wollen, sondern in unserem eigenen, vertrauten Zuhause, genauso wenig will jedes Kind, *seinem eigentlichen Wesen nach,* in einem manipulierten Genpaket leben. Häufig meinen wir, dass Unvollkommenheiten unnötiges Leid bedeuten. Unvollkommenheiten bei Kindern sind deswegen für uns leidvoll, weil sie es uns als Eltern schwer machen. Wenn wir den Egoismus zur Seite schöben und an dessen Stelle Liebe, Akzeptanz, Mut und Arbeitslust setzen würden, dann würden wir die Kinder akzeptieren, *wenn* sie da sein wollen und *wie* sie da sein wollen. Dann würden wir lernen, dass Kinderkriegen kein Kinderspiel, sondern heiliger Ernst ist. Das Leid, das ein Kind erfahren kann – aufgrund körperlicher oder geistiger Andersartigkeit –, hält häufig Schritt mit dem Akzeptieren dieses Andersseins durch die Menschen in der Umgebung des Kindes. Betrachten wir das Ganze in diesem Licht, müsste eigentlich die Bekämpfung von Abweichungen einhergehen mit dem Kampf darum, dass sie akzeptiert werden.

Wenn Eltern optimale Bedingungen für ihre künftigen Kinder schaffen wollen, ist es wichtig, dass sie sich gesund ernähren und gesund leben. Das gilt auch für den Umgang mit Zeit und Raum und das Innenleben, also das Gebiet der Gefühle, Gedanken und Taten. Wenn sie auf all diesen Gebieten nach Sinnerfüllung und einem geistigen, warmen Zusammenhang mit der sie umgebenden Welt und den Menschen in ihrem Umkreis streben, tun sie ihr Möglichstes. Natürlich ist dieses Optimum nicht etwas, was ein Mensch im Handumdrehen leisten kann, es sollte mehr als eine Richtung, ein Ziel aufgefasst werden, wohin sich das gesunde Streben entwickelt. Dogmatische und fanatische Begriffe und Verurteilungen des anderen sind hier kontraproduktiv.

Hat man ein Kind mit Abweichungen bekommen, liegen darin zunächst eine besondere Erziehungsaufgabe und ein Vertrauensgeschenk, das uns zukommt. Ein Vertrauen, das aus dem Vorgeburtlichen erströmt, als Hoffnung des ungeborenen Kindes, das uns um einen liebevollen Umgang und Begleitung bittet. Nur dadurch wird sich das, was im Kind und in dessen Umgebung entwickelt werden will, herausbilden können. Nimmt man diesen Standpunkt an, ist ein abweichendes Kind ein großes Geschenk.[34]

▬▬ Entgleisung des Eisens

Die zweite Entgleisung im Märchen wird als der Irrweg beschrieben, der entsteht, weil der Vater und der Schreiber nicht mit dem kleinen Eisenstab umgehen können, den der Vater findet. In diesem ganz einfachen Bild drückt sich aus, dass der Mensch Dinge erfindet, die die gesamte Kultur beschleunigen und aufpeitschen. Das geschah durch Erfindungen technisch-industrieller Art und setzt sich heute, in einer weiteren Welle, durch alle Automatisierung, Informationstechnologie und Kommunikationsmittel fort. Dieses Eisen symbolisiert materialistisches Wissen und die entsprechende Ausbeutung der Erde und ihrer Kräfte. Dies verursacht eine ganze Kette von Folgen. Auch die wissenschaftlichen Forschungen und Erkenntnisse entwickeln sich weiter, und auf vielen Gebieten wird das Materielle, das ›Eisen dieser Welt‹, ergründet. So entsteht ein umfassendes, differenziertes Wissen und, in zunehmendem Maße, die Möglichkeit, die Stoffe und Kräfte zu gebrauchen und zu missbrauchen. Die Entschlüsselung des Atoms führte zur Kernenergie und den Kernwaffen. Wohin wird uns der Teilchenbeschleuniger bringen, der die Wissenschaftler so fesselt und dessen Basis die aufeinander stoßenden Teilchen einer aufgebrochenen Schöpfung sind? Rudolf Steiner warnte schon damals davor:

»Das Dritte, was sich ergeben wird, das wird sein, dass man ganz bestimmte Kräfte kennenlernen wird, durch die man, ich möchte sagen, nur durch ganz leichte Veranlassungen, durch Harmonisierung von gewissen Schwingungen, in der Welt große Maschinenkräfte wird entfesseln können. Eine gewisse geistige Lenkung des maschinellen, des mechanischen Wesens wird man gerade auf diese Weise instinktiv erkennen lernen, und die ganze Technik wird in ein wüstes Fahrwasser kommen. Aber dem Egoismus der Menschen wird dieses wüste Fahrwasser außerordentlich gut dienen und gefallen ...«

Nun zurück zu Novalis' Enthüllungen.

Der Vater nimmt nicht wahr, dass das Eisen, das er findet, einen kosmischen Ursprung hat. Er bemerkt nicht, dass es ein Splitter des Schwertes ist, das »durch den alten Helden« aus der Geist-Welt des Arctur auf die Erde geworfen wurde. Die Eisenfunken dieses Schwertes passen in die weise Ordnung der Schöpfung. Dass dies dem Vater entgeht, zeigt sich, als er den Schreiber beauftragt, die Beobachtungen schriftlich festzuhalten. Als diese Notizen der Weisheit Sophies begegnen, verschwinden die Worte im Wasser der Wahrheit. Die Worte handelten vom zeitlichen, dem irdischen Eisen, Sophie dagegen gehört zum kosmischen Eisen, dem unvergänglichen Eisen.[35]

Novalis schreibt:

Der Schreiber besah es und drehte es mit vieler Lebhaftigkeit herum und brachte bald heraus, dass es sich von selbst, in der Mitte an einem Faden aufgehängt, nach Norden drehe. [...] Der Schreiber ward bald des Betrachtens überdrüssig. Er schrieb alles genau auf und war sehr weitläufig über den Nutzen, den dieser Fund gewähren könne. Wie ärgerlich war er aber, als sein ganzes Schreibwerk die Probe nicht bestand und das Papier weiß aus der Schale hervorkam ...

Wenig später hat sich der Schreiber zornig entfernt. Fabel setzt sich an seinen Platz und beginnt mit der Feder zu schreiben. Wir haben bereits gesehen, dass das, was sie schreibt, von einer ganz anderen Größenordnung ist!

Er reichte Sophien die von Fabel vollgeschriebenen Blätter, um sie rein zurückzuerhalten, geriet aber bald in den äußersten Unwillen, wie Sophie die Schrift völlig glänzend und unversehrt aus der Schale zog und sie ihm hinlegte.

Dies vergrößert seinen Ärger noch. Denn abgesehen davon, dass Fabel die von ihm geschaffene Ordnung durchbricht, erweisen sich die von ihr beschriebenen Blätter auch noch als unauslöschbar wahr! Fabel schreibt in Übereinstimmung mit der weisen Ordnung des Schöpfers und allem Geschaffenen. Was sie artikuliert, ist ein Kunstwerk, das nahtlos an das Kunstwerk der Schöpfung anschließt. Die toten Buchstaben des Gesetzes des Schreibers dagegen sind bar jeder Kreativität und Inspiration, ihnen fehlt jede bleibende höhere Erkenntnis.

Man kann sich fragen, was diese materialistische, von Novalis beschriebene Verirrung, in die unsere Kultur geraten ist, in einem Buch über Sexualität, Beziehungen und Liebe zu suchen hat. Vordergründig nichts, doch wenn man Novalis folgt, entdeckt man in seiner Geschichte die Entstehung der *Deformation von Zeit und Raum*.[36]

Die moderne, automatisierte und verplante Zeit macht uns atemlos, und unser verfügbarer Raum sieht aus wie ein überfüllter Campingplatz in der Hochsaison. Erst nach längerem Hin und Her geben wir uns und dem anderen den Raum, der notwendig ist, um uns zu entfalten, sodass wir wir selbst sein können. Zwischen den engen Begrenzungen unserer menschlichen Verhältnisse spannen wir die Scherleinen unserer Möglichkeiten. Und wenn wir dabei das Terrain des anderen betreten, ruft das heftige Reaktionen hervor.

Der Eisenstab ist auch zu uns hereingetragen worden, und er verursacht sehr starkes Missbehagen. Dies kommt daher, dass wir in ein Nützlichkeitsdenken geraten sind. Der ›Nutzen‹ war auch das Erste, was dem Schreiber sofort auffiel. Doch dieses Denken beurteilt alles nach seinem zeitlichen Wert. Jeder Berg voller Erze und Mineralien, der abgebaut wird, ist geopferte Schöpfung. Jedes Kraftwerk, jede Elektrizität und Kernenergie ist Lebenskraft der Erde, die in komprimierter Zeit verbraucht wird. Zeit und Raum sind Opfer der Ewigkeit an uns. Sie wurden in der Ewigkeit offengehalten, ausgespart – für den Menschen. Das Bewusstsein dieser Tatsache kann zu Dankbarkeit und Verantwortungsbewusstsein im Umgang damit führen. Wenn wir den Raum zusammenpressen und die Zeit beschleunigen, so ziehen wir das Geschenk der Ewigkeit in Mitleidenschaft – und damit auch das Opfer der Sonne und das Opfer der Erde. Damit vergeuden wir Möglichkeiten, wirklich *Mensch* zu werden, und das bedeutet: die Liebe zu entfalten und zu entwickeln.

Das ist das *Zerrbild des Eisens*. Aus ihm entsteht die bösartige Lieblosigkeit des Schreibers. Aus ihm entsteht die moderne Haltung – und im Märchen die Verirrung des Vaters, der gewissermaßen schon vor seinem Tod stirbt. Auch wenn er noch so oft mit Ginnistan ins Bett geht, nährt sie dort nicht seine Fantasie, sondern nur seine Einbildung, sein Ego. Das Ego vermittelt nur sehr vorübergehende Befriedigung, niemals Friede.

Novalis beschreibt, dass der Vater nicht im selben Raum lebt, in dem die anderen Personen sind. Das bedeutet, dass der Vater nicht wirklich »innen« sein kann. Der Vater ist »außer Haus« tätig und die einzige der sechs Personen, die überhaupt kein Verhältnis zur siebten, zu Sophie, hat. Sie, die Weisheit, ihre Schale und der Altar, lassen sich nur »im Innern des Hauses« finden. Nur in innerer Ruhe, im Herzen, das friedvoll ist, begegnen wir der weisen Sophie. Sie lässt uns den Unterschied erfahren zwischen dem, was einen vorübergehenden Wert, und dem, was Ewigkeitswert hat. Sie verwaltet die Erkenntnis und die Erfahrung von Zeit und Raum im Zusammenhang mit der geistigen, kosmischen Ewigkeit und Unendlichkeit. Der Vater kennt sie nicht, und erst als das ganze Drama auf den Schluss zuläuft, sehen wir ihn buchstäblich wie tot daliegen. Er muss durch Sophies Weihe zum Leben erweckt werden. Bis dahin ist er ein *Workaholic*, der von seinem eigenen Registrierungstrieb, von seinem Schreiber, beherrscht wird – so wie auch wir uns leicht in die Welt unserer Computer und den damit verbundenen Informationszwang und -drang verstricken. Gefangene des eigenen Zeitdrucks sind wir, in einem äußerst beschränkten Lebensraum.

Dies ist die Ursache der zweiten Entgleisung unserer Menschheit, die wir überall am eigenen Leib erfahren. Wir nehmen einander dann nicht mehr wahr, sind erschöpft und vergessen unsere Liebe und die, die wir lieben. Wir haben einander in Bezug auf Zeit und Raum nichts mehr zu bieten. Dann sind alle Aufmerksamkeit, Wahrnehmung, jegliches Licht und alle Wärme verkümmert.

Novalis beschreibt unser 21. Jahrhundert mit den Worten:»Der Vater war zu sehr außer dem Hause beschäftigt, als dass er lebhaften Anteil hätte nehmen sollen.« Woran kann er keinen Anteil nehmen? Am Befreien der Liebe, an einer Lösung des Problems der Entgleisung der Sexualität, am ganzen sinnerfüllten Menschheitsstreben! Er kann nichts lösen und befreien, und darum müssen alle anderen seine Verirrung auf sich nehmen, um das Ganze in Harmonie zu bringen. Der Vater kann sich nicht lösend ins Ganze einbringen, weil er nicht weiter denken und arbeiten kann als im Sinne der rein materiellen Facetten der Erde. Er ist dadurch ein Schlafender, obwohl er oberflächlich betrachtet ein wacher und beschäftigter Mensch ist. Rudolf Steiner drückt das in dem genannten Vortrag folgendermaßen aus:

»Ich habe oft davon gesprochen, wie die Menschen, trotzdem sie wach sind, in den wichtigsten Angelegenheiten eigentlich ihr Leben verschlafen. Und ich kann Ihnen die allerdings nicht sehr erfreuliche Versicherung geben, dass man wirklich, wenn man bewusst durchs Leben geht, heute viele, viele schlafende Menschen findet. Sie lassen geschehen, was in der Welt geschieht, ohne sich dafür zu interessieren, ohne sich darum zu bekümmern, ohne sich damit zu verbinden. Dasjenige, was vorbeigeht an großen Weltereignissen, das geht an den Menschen oftmals so vorbei, wie dasjenige, was sich in der Stadt abspielt, vor einem Schlafenden vorbeigeht, trotzdem die Leute scheinbar wach sind.«

So ist auch jede Wissenschaft, jede Ideologie und jede Lebensorientierung, die sich nur auf die Gesetzmäßigkeiten der physischen Welt gründet, nicht in der Lage, an der Verwandlung dieser Welt und des Menschen Anteil zu haben. Jedes Individuum, das die eigene Seele unter dem Druck der Zeit verliert, jeder Mensch, der weder sich noch dem anderen den Raum zur Entwicklung gibt, verursacht ein großes Leid. Die Erde selbst hört dann auf, hell und beweglich zu sein. Sie erstarrt und kann nicht mehr schweben, sie liegt »auf dem Chaos«, wie Novalis es Fabel sagen lässt.

Diese Unbeweglichkeit, die durch unsere moderne, westlich geprägte Kultur entsteht, ist die Ursache der Erstarrung einer ganz merkwürdigen Figur im novalisschen Märchen. Sie wird als »der alte Träger« bezeichnet, der wie vom Schlage gelähmt »auf dem Chaos liegt«. Dieser alte Riese erinnert uns an Atlas, der in der griechischen Mythologie die Erde auf seinen breiten Schultern trägt. Fabel sammelt alle guten und liebevollen Kräfte von Himmel und Erde, um ihn zu wecken. Wenn das auch uns gelingt, ist die Erde nicht länger eine Schöpfung, die wir missbrauchen, sondern eine Schöpfung, die wir befreien durch die Entfaltung von Liebe im Umgang mit allem, was Zeit und Raum ist, und allem, was zeitlich und beschränkt ist, sei dies nun rein materieller Natur oder das Erleben einer inneren Wirklichkeit. Dann ist die Entgleisung der Technik bewältigt, weil alles Materielle wieder in seinem kosmischen Zusammenhang gesehen wird. Mensch und Erde werden zugleich von der Verirrung des Egoismus im Denken und beim Umgang mit dem ›Eisenhaften‹ erlöst.

▬▬ Die rätselhafte dritte Entgleisung

Die dritte Entgleisung, die des medizinischen Wissens, wird von Novalis nicht als Entgleisung, sondern als *Antwort* auf diese Entgleisung beschrieben. Das ganze Märchen kulminiert im Auffinden der heilenden Substanz selbst. Dies geschieht auf eine Weise, die den Leser freilässt, weil Freiheit der Träger der Gesundheit ist. Das Märchen selbst erweist sich als die Antwort auf die dritte Entgleisung! »Eros und Fabel« besteht aus Bildern, die heilen und die tief therapeutisch auf den Menschen und die Kultur einwirken können. Es ist ein Urbeispiel für alle Heilung, derer die heutige Menschheit bedarf. Darum kann die Antwort, die in ihm liegt, erst durch ein klares Bewusstsein und ein liebevoll gereiftes Herz gefunden werden. Freiheit im Denken entsteht hier, weil keine zwingenden Argumente angeführt werden, die in einer Kette von Ursache und Wirkung logische Schlussfolgerungen erzwingen. In Freiheit finde ich selbst die Antwort, und ein jeder hat die Freiheit, sie auch zu ignorieren. Nur ein freies Bewusstsein, das die Sache selbst ergründen will und kann, findet die Medizin. Diese Medizin ist nicht verborgen oder geheim. Sie ist völlig offenbar, und dennoch kann ein Mensch achtlos an ihr vorübergehen. Wenn wir etwas von Novalis und seinem Märchen verstehen, ist das die Folge eines aktiven und bewussten Willensentschlusses. Ohne den Entschluss, das Ganze wirklich verstehen zu wollen, schweigt das Märchen bei aller Beredtheit.

Wie wirkt das Märchen im Bewusstsein, wenn wir versuchen, zu einem Verständnis vorzudringen? Es verändert insbesondere die Denkrichtung des Bewusstseins mit der Folge, dass in ihm ›ein Licht aufgeht‹. Der gewöhnliche Verstand ist eigentlich ein verdunkeltes Licht. Er basiert auf dem Glauben, dass die Basis alles Verstehens aus logischen Linien besteht. Diese sollen zu einer Vorhersagbarkeit auf der Basis der Vergangenheit führen. In Wirklichkeit entsteht Zukunft erst durch die *Abweichung* von der Wiederholung dessen, was sich in der Vergangenheit immer wieder wiederholte. Logisches Denken enthüllt keinen einzigen der Gedanken, die von den Engeln unseren Seelen einverwoben wurden.

Nur ein Bewusstsein, das fähig ist, Weisheit zu finden, das heißt: das Sophie erkennen kann, findet die Antworten, die Zukunftskräfte in sich tragen. Novalis' Märchen ist voll davon. Er sagt die wesentlichsten Dinge in diesem Märchen, indem er schweigt. Er lässt viele Stellen offen, die still darauf warten, dass ein freier Geist sie fragend betritt.

Auch Krankheit ist ein offener, freier Raum, und zwar ein Raum im Lebensschicksal, der darauf wartet, dass er schöpferisch gefüllt wird. Gesundheit führt dazu, dass wir alles erfüllen müssen, was von uns erwartet wird, denn die Pflichten des Lebens wollen erfüllt werden. Wenn alles lieblos und nur pflichtmäßig getan wird, gibt es keinen ›menschlichen Raum‹ in unserem Leben. Davon werden wir krank, denn wenn wir krank werden, dürfen und müssen wir unsere Verpflichtungen niederlegen. Sogar die unangenehmsten, schmerzhaftesten Krankheiten sind immerhin auch ein Ausdruck der Tatsache, dass wir im Leben über einen Bereich verfügen, der nicht ›festgelegt‹ ist.

Heilung lässt sich in dem finden, was aus diesem ›ausgesparten‹ Lebensraum geboren werden will, den wir als ›Krankheit‹ bezeichnen. Wenn dies gelingt, entsteht neue Gesundheit, basierend auf frei gewordenen Möglichkeiten, auf einem neu erschlossenen Gebiet in einem Menschen und in seinem Leben. Insoweit es möglich ist, bildet sich dann ein erneuertes Leben; ist es nicht möglich, stirbt der Mensch. Dann kann die Erneuerung erst nach dem Tod und in einem nächsten Leben gestaltet werden.

Die wirkliche heilende Kraft ist damit charakterisiert als eine der Krankheit und dem Stillstand entrungene, Leben schenkende Erneuerung. Wird Krankheit rein als das Beseitigen von Symptomen behandelt, so kann der Freiraum verschwinden, ohne dass er ›befragt‹ wurde. Dies ist eine Form von Diebstahl, die zwar attraktiv scheint, letztlich aber einen Menschen dazu zwingt, ohne Erneuerung weiterzuleben. Es handelt sich um eingesperrte, gefangene Chancen, die verstreichen, weil der ausgesparte Raum nicht erkannt wurde. Kurzfristig scheint dies allen Beteiligten einen Nutzen zu liefern. Langfristig jedoch höhlt der Verlust der offenen Räume und der in ihnen lebenden Zukunftshoffnung jede Lebenslust aus. So wird Gesundheit zur Depression. Rudolf Steiner sagt dazu:

> »Aus dieser Arbeit, aus dieser für die Engel Veränderungen hervorrufenden Arbeit wird noch ein Zweites für die Menschheit erfolgen: die instinktive Erkenntnis gewisser Heilmittel, aber eine schädliche Erkenntnis gewisser Heilmittel. Alles dasjenige, was mit Medizin zusammenhängt, wird eine ungeheure, im materialistischen Sinne ungeheure Förderung erfahren. Man wird instinktiv Einsichten bekommen in die Heilkraft gewisser Substanzen und gewisser Verrichtungen, und man wird ungeheuren Schaden anrichten dadurch, aber man wird den Schaden nützlich nennen. Man wird das Kranke gesund nennen, dann wird man sehen, dass man da in eine gewisse Verrichtung hineinkommt, die einem dann gefallen wird. Es wird einem einfach gefallen, was die Menschen nach einer gewissen Richtung hin ins Ungesunde hineinführt. Also gerade die Erkenntnis der Heilkraft gewisser Vorgänge, gewisser Verrichtungen, die wird erhöht werden, aber sie wird in ein ganz schädliches

Fahrwasser gelangen. Denn vor allen Dingen wird man erfahren durch gewisse Instinkte, was gewisse Substanzen und was gewisse Verrichtungen für Krankheiten hervorrufen, und man wird ganz nach egoistischen Dingen einrichten können, Krankheiten hervorzubringen oder sie nicht hervorzubringen ...«

Wenn wir zu Novalis zurückkehren, so fällt auf, dass in dem Märchen das Gold und die Sonne zunächst durchgehend fehlen. Erst wenn die Geschichte bereits fortgeschritten ist und die Mutter auf dem Scheiterhaufen geopfert wurde, ist zum ersten Mal die Rede von der Sonne. Gold wird lediglich beim Anblick des langen Haares von Eros erwähnt. Am Anfang, im rätselhaften Reich des Arctur, ist es Nacht. Wenn Ginnistan und Eros zusammen auf Reisen gehen, ist es bereits wieder Nacht. In der Situation im Haus ist die Rede von einer hell brennenden Lampe, die der Schreiber vor sich stehen hat, um seine Arbeit verrichten zu können, die jedoch abgedunkelt ist, damit die Kleinen schlafen können. Danach weilt Fabel im unterirdischen Reich, wo Finsternis herrscht. Am Himmel stand, sagt Novalis, ein »schwarzer, strahlender Körper«. Das einzig wahrnehmbare Sonnenzeichen kommt von Fabel, die in der Finsternis über den neuen Morgen, den neuen Sonnenaufgang also, singt. Die neue Sonne wird alles verbinden und die Zeit der Fehden beenden. So sagt es ihr hoffnungsvolles Lied. Die heilige Dreiheit, von der sie singt, ist u. a. die von Körper, Seele und *Geist*. Die Wiederherstellung dieser »heil'gen Drei« wird Wirklichkeit werden, wenn die drei Entgleisungen, die Steiner beschreibt, überwunden sind und die drei Qualitäten von Freiheit, Gleichheit und Brüderlichkeit in ihrer wahren Bedeutung Realität geworden sein werden.

Wenn man im Märchen die Sonnenlinie zu finden versucht, möchte man fast verzweifeln. So deutlich, wie sich die anderen Planetenlinien zeigen, so unsichtbar ist ausgerechnet die Sonnenlinie. Unser Bewusstsein tastet sich anhand der vielen Bilder in die Tiefe vor und findet eine immer intensivere Leere. Auf dieser Ebene herrscht in der Geschichte eine tiefe Stille und es zeigt sich eine große Leere. Mit wenigen Worten werden mit dem Bild der kranken Sonnen die Gegenkräfte angedeutet. Diese sind die Verursacher der inneren Krankheiten von Mensch und

Kultur. Die erste ist eine schwarze Sonne, ein schwarz strahlender Himmelskörper, und steht in dem dunklen Reich. Die andere ist eine rote Sonne, feuerrot vor Zorn. Beide wollen die Menschheit gefangen halten und die Zukunft verhindern. Die schwarze Sonne repräsentiert die Gegenkraft, die danach strebt, unser Bewusstsein von jeglicher geistigen Wahrnehmung und Wirklichkeit zu isolieren und auf diese Weise an die Finsternis des irdischen Denkens zu ketten. Diese (ahrimanischen) Kräfte sind dargestellt in den Wirkungen der Unterwelt.

In der zornigen, feuerroten Sonne sehen wir jene Gegenkraft, die danach strebt, dem Menschen Licht zu geben, ohne dass er aus sich selbst heraus strahlt. Durch das Opfer der Mutter im Märchen entsteht eine Flamme, die das Licht in sich aufnimmt, das heißt in das menschliche Bewusstsein, sodass der Mensch selbst zur Lichtquelle wird. Doch das war so nicht beabsichtigt! Das Ziel dieser *luziferischen* Gegenmacht ist, dass der Mensch schlafend Licht empfängt, also unbewusst und instinktiv zu Erkenntnissen gelangt. Das ist genau dasjenige, wovor Steiner so warnte. Die Gegenkräfte werden in dem Märchen nicht nur zurückgedrängt, sondern sie erweisen sich am Ende als überwunden und als erlöst.

▬ Die Spur der Heilung

> Liebe ist der Grund der Möglichkeit der Magie.
> Die Liebe wirkt magisch.
> *Novalis, Schriften III, 255 (79)*

Folgen wir der Spur der Heilung, so fällt zunächst auf, dass ein Lichtstrahl von oben in das finstere Reich fällt. Dort gibt es außerdem einen Durchgang zur geistigen Welt Arcturs. Jeder kranke Mensch kann erfahren, dass in die Finsternis ein Lichtstrahl der Liebe oder der Erkenntnis fällt, oder eine anderweitige Verbesserung des Krankheitsprozesses eintreten kann. Jede Krankheit ist eine Art Chaos. Wenn es von demjenigen, der damit zu ringen hat, in eine sinnvolle Krise verwandelt wird, dann kann ein Durchgang gefunden werden zur Sinnhaftigkeit allen Leidens. Dann kann aus jedem Dunkel und jedem finsteren Moment, in dem die Kräfte der Finsternis einen Menschen am Wickel haben, ein

Durchgang zum Geist der Heilung und Entwicklung gefunden werden. Wer durch diesen Durchgang kriecht, findet, was neu geboren werden will, und kann sich beschaffen, was ihm im Leben fehlte. Damit hat sich der ›ausgesparte Raum‹ einer Krankheit, der einen Menschen zu verschlingen scheint und in dem er zu verschwinden droht, in ein neu erschlossenes Gebiet verwandelt. Und genau darum geht es.

Aus dem Scheiterhaufen mit der Mutter geht eine Flamme hervor, die das Sonnenlicht aufsaugt und dadurch »über allen Ausdruck glänzend« geworden ist, wie Novalis sagt. Von der roten Sonne bleibt lediglich ausgebrannte Schlacke übrig, die in das Meer fällt. Die Flamme mit dem aufgesaugten Licht steigt empor in Arcturs Reich. Es zeigt sich, dass ab jetzt wirksames Gold in Arcturs Reich existiert, und Fabel nimmt es in der Gestalt von »Gold« mit. Unausgesprochen, schweigend deutet Novalis hier an, dass ein Zusammenhang zwischen der »angekommenen« Flamme mit dem Licht der Sonne und dem Auftauchen der Figur des »Gold« existiert. Dieses Gold trägt dazu bei, die Erde (den alten Riesen) und den Menschen (den Vater) zu heilen. Beide waren regungslos und in Bewusstlosigkeit versunken. Das *heilende* Gold besteht auch aus dem Opfer der Mutter. Sie repräsentiert das menschliche Bewusstsein, das sich für überpersönliche Weisheit öffnete und dadurch das goldene Licht vollständig in sich aufnehmen konnte. Das Bild der verbrannten Mutter steht für den Prozess, wie das Denken zur Lebendigkeit erwacht, indem es sich selbst opfert. Damit ist es erst im vollen Ausmaß die Mutter der Liebe, des zukünftigen Eros‹ geworden. Nicht ohne Grund beschreibt Novalis, dass sie und Eros zusammen die Reise gründlich vorbereiten. Die vorübergehende Trennung wird in dieser Szene aufgehoben, sie ist zu einer Verbindung auf einer viel höheren Ebene geworden. Dadurch wird die Heilung aller anderen möglich.

Rudolf Steiner zufolge ist Gold eigentlich »verdichtetes Sonnenlicht«[37]. Dieses Gold ist es, was dem alten Riesen als Münze in den Mund gelegt wird, und diese ›Kommunion‹ heilt seine Erstarrung. Später haben sich alle um Sophie, ihre Schale und den erneuerten Altar versammelt. Das Gold schmilzt nun eine Münze und füllt den Schrein des Vaters mit einer funkelnden, flüssigen Masse, und auf diesen goldenen Wellen treibt der Vater. Das verdichtete Sonnenlicht beginnt zu strömen! Bevor Ginnistan das Herz des Vaters berührt, sieht sie darin ihr eigenes Bild.

Ihre verbindenden Fähigkeiten (die Zinkkette) erwecken den Vater, als sie, ihr eigenes goldenes Bild vor Augen, sein Herz berührt. Das Herz hört immer auf das, was sonnenhaft ist, und auf denjenigen, der es zu berühren weiß, indem er sich ihm aus Liebe, aus dem »goldenen Bild« heraus, nähert. Ginnistan ist den Weg gegangen, der vom Vorzeigen eines falschen, blendenden Bildes, das beim Mond verführte, zum Zeigen des goldenen Bildes ihrer selbst führte. Danach verdichtet sich das flüssige Gold zu einem *gewissenhaften, goldenen Bewusstseinsspiegel*. Dieser heilt alle bildbezogenen Abirrungen, wenn man regelmäßig in ihn blickt. Dies rät Sophie dem wiederbelebten Vater und Ginnistan. So kann gewissensvolle Weisheit das wertfreie Wissen ersetzen, das zuvor so gewissenlos im Schreiber wirksam war. Dieser Schreiber ist das Element, das uns in Egoismus und Materialismus hineinzieht, sodass die Mutter der Liebe, jedes Mal aufs Neue, auf dem Scheiterhaufen landet. Und wenn in uns die Qualität getötet wird, die die Liebe gebiert, so verfallen wir Menschen einem inneren Tod, wir verlieren das Leben und das Bewusstsein. Genau dies widerfuhr dem Vater. Kein Wunder, dass das wiedergekehrte Sonnenlicht und die freudige Kraft der Mutter ihn wie Gold und Lebenswasser zum wahren Leben auferstehen lassen. Hier ist er nicht mehr viel zu beschäftigt, um an allem teilzunehmen, was um ihn herum geschieht, wie es zu Beginn der Fall war. Das verdichtete Licht (Gold) und die Bewusstseinsliebe (Spiegel) heilen ihn von seiner Verbindung mit der Finsternis egoistischer Ziele. Darin bestand seine Isolation von Sophie. Der Vater hat nun gelernt, was wirklich von Wert ist.

Die Wirkung des goldenen Bewusstseinsspiegels ist eine dreifältige, sagt Novalis. Er lässt alles in seiner wahren Gestalt erkennen, vernichtet Illusionen und hält das ursprüngliche Bild fest.

Danach empfangen alle die Kommunion Sophies, und die Gegenwart der Mutter durchzieht sie mit Freude und Licht. Ihre Asche heilt und schenkt Leben, denn sie trägt das aufgenommene Licht und die Verbindung mit der Liebe in sich. Der Tod hat sie ihr nicht rauben können. Die Finsternis des Todes und der toten Gedanken konnte sie nicht töten, sondern sie wurde selbst erlöst, sodass alle Beteiligten am Ende in ihrer Lichtgestalt im Reich des Arctur erscheinen.

Das wichtigste Heilmittel für den Menschen wird in uns selbst in Form von *Bildern* zubereitet. Es sind die Engel, die diese Bilder in uns weben, und es ist von allergrößter Wichtigkeit, dass wir uns diese Bilder bewusst machen, so Rudolf Steiner. Wir benötigen dafür einen *goldenen Spiegel*, der das Bildbewusstsein formt und reinigt. Diesen goldenen Spiegel haben wir erst, wenn wir die Fähigkeiten entwickelt haben, die noch in uns schlummern. Es erfordert ständige Übung, wirklich bildhaft zu denken und die Weisheit und das Bewusstsein zu entwickeln, die dafür notwendig sind. Meistens haben die Menschen noch die Vorstellung, ›Bildbewustein‹ bedeute lediglich, dass man Bilder sieht. Doch dabei handelt es sich nur um *bildhaftes Vorstellen*. Das Bildbewusstsein ist nichts anderes als die Fähigkeit, die ganze Welt als ein Ganzes von Bildern zu sehen, das verstanden werden kann und will. Bilder finden ihren Ausdruck in Gedanken und Worten, in Abbildungen und Ereignissen und in allem Sonstigen, was uns umgibt und prägt.

»Alles in dieser Welt ist ein verborgenes Schriftzeichen«, so Rudolf Steiner.[38] Es ist schwierig, sich eine Erkenntnis davon zu verschaffen, dass Gedanken lebendige Wesen sind, die von Engeln zu uns gebracht werden. Es ist ebenfalls schwierig zu verstehen, dass etwas nicht nur das ist, was es vordergründig ist, sondern daneben noch eine Bildbedeutung hat. Diese Schwierigkeit haben die Gegenkräfte ausgenutzt. Sie haben sich durch ihren Missbrauch von Bildern bereits tiefer im Menschen eingenistet als das erneuerte Denken. Der Missbrauch und die Manipulation von Bildern sind bereits überall im Gange, die Fähigkeit dagegen, in einer Weise zu denken, die es ermöglicht, dass die Bilder uns ihr inneres Gold schenken, ist noch eine Ausnahme.

In Bezug auf Bilder ist die Zeit der Sympathie und Antipathie vorbei. Es spielt keine Rolle, ob wir eine Abbildung oder eine Geschichte als schön oder hässlich erleben. Es geht darum, ob wir uns dessen bewusst werden, was sie wirklich zu sagen haben. Jedes Üben im bewussten Umgang mit Bildern hat eine therapeutische und medizinische Wirkung, auch wenn es zunächst noch anfängerhaft geschieht. Es ist dabei wichtig, auf die Vermeidung von Sensationssucht und Illusionen zu achten, jedoch auch von Manipulation und Macht. Diese können auftreten, wenn nicht mit Geduld, Ehrfurcht, Aufmerksamkeit und Liebe gedacht wird. Gedanken sind dann unrichtig, wenn sie Bilder aus den falschen inneren Qualitäten heraus erklären. Dies stellt besondere Anforderungen an den, der denkt. Solche Anforderungen stellt etwa die Mathematik nicht, und das macht die Sache viel einfacher. Auch wenn man egoistisch denkt, kann das Ergebnis einer Rechenaufgabe richtig sein. Wer aber begreifen will, muss sich selbst als ganzen Menschen vervollkommnen. So erwecken sie die Heilung von Egoismus und anderen ›inneren Krankheiten‹. Das Heilmittel liegt also in der Überwindung der Krankheit selbst.

Wer von Egoismus, Ungeduld und Irritationen, Respektlosigkeit und Begierden geheilt werden will, muss diese zu liebevollen Eigenschaften umarbeiten. Dann wird sich zeigen, dass sich – unbeabsichtigt – die Möglichkeit des neuen Bilddenkens entwickelt hat. Dieses neue Denken wiederum führt zu einem Wissen, das Welt und Mensch nicht durch den analysierenden Intellekt zerreißt, sondern durch eine umfassende ›Begriffsintelligenz‹ heilt. Diese Intelligenz führt zu einer Form der Weisheit, die nicht wertfrei ist aber auf Liebefähigkeit beruht.

Aberglaube kann dieses Bildbewusstsein sehr stark trüben. Er ist ein Überbleibsel aus dem Mittelalter. Er deutet Bilder geradewegs aus Gefühlen der Sympathie und der Antipathie heraus, und es fehlt ihm jeder Boden des klaren Denkens. Wenn Freitag, der 13. ein gefährlicher Tag ist und man sich nicht traut, unter einer Leiter hindurchzulaufen, dann ist man nicht mit seinem Bildbewusstsein, sondern mit seinem schlafenden Unterbewusstsein zugange. Wollte man diese Bilder erforschen, so müsste man bewusst und willentlich damit umgehen, sodass man dahinterkommt, warum eigentlich der mittelalterliche Mensch diese Bilderdogmen einst schuf. Dies führt dann unter Umständen zu einem bewussten und tieferen Verständnis des Mittelalters.

Die Schulung des Bild-Bewusstseins steckt noch in den Kinderschuhen. Doch diese wachsen mit demjenigen, der sie tragen will, auf die Zukunft zu. Die tiefsten Wunden und Krankheiten entstehen durch einsame Isolation. Sie können und werden verheilen, wenn wir ein heilendes Bewusstsein entwickeln, das die Isolation der Menschheit wieder zu überbrücken vermag. Das ist dann das ›wahre Gold‹. Es bedarf eines Herz-Denkens, mit dem wir im wahrsten Sinne herz-lich denken und denkend fühlen können. Dann wird alles in seiner wahren Gestalt wahrgenommen. Dann entsteht Heilung, weil alles, sowohl das Werdende (die Entelechie) als auch das Gewordene (die physische Realität), wahrgenommen und verstanden wird.

Jeder Mensch kann sich darin üben, das Leben, das Schicksal und alle

Welterscheinungen auch als Bild aufzufassen. Jeder Mensch kann sich darin üben, Geschichte und Kunst zu ergründen. Was sagen sie uns? Erst wenn wir uns diese Frage stellen, beginnen wir zu unterscheiden, ob eine Geschichte oder ein Kunstwerk ›leer‹ und nur virtuos zusammengezimmert ist, oder ob es voller Bilder ist, die aus der Engelwelt stammen und verstanden werden wollen, um heilend wirken zu können. Wenn wir auf diesen Unterschied achten, werden wir uns immer klarer dessen bewusst, was heilt oder was krank macht. Die Übung, zu einem tieferen Verstehen der Bilder von »Eros und Fabel« zu gelangen, ist eine intensive Anstrengung für das Bewusstsein und die Herzkräfte, um Selbstheilung zu bewirken. Und dieses Märchen ist voller Engelbilder!

Der Arzt der Zukunft wird fähig sein müssen, bildhaft-klarbewusst zu denken und das geschilderte Bildbewusstsein entwickeln müssen, um treffsicher die Bilder von Pflanzen, Metallen und Tieren mit dem Bild eines Menschen und seiner Krankheit abzustimmen. Dieser Arzt hat in seinem Medikamentenschrank zweifellos viele Geschichten – und Novalis' Märchen sollte ganz oben auf dieser Liste stehen. Bildbewusstsein ist also eine Vervollkommnung des Verstandesdenkens. Es macht Wissen zu Weisheit, und diese Weisheit ist eine echte Sophien-Kraft. Durch sie als Grundlage wird unsere in Bezug auf ihr Bilderleben so unendlich kranke Kultur geheilt. Dann können Gedankenlicht und Gedankenkraft als Sonnenwirkung unsere Welt durchstrahlen.

Am Ende des Märchens gibt Gold dem Eros eine Kette, die einerseits bis auf den tiefsten Meeresboden reicht und andererseits um seine Brust gelegt ist. Bemerkenswert ist, dass die feuerrote Sonne als ausgebrannte Schlacke ins Meer gestürzt war. Arctur sagte zu Fabel, dass seine »Feindin versenkt« sei. Diese feuerrote Sonne war also die Feindin Arcturs. In dem Moment, da Gold eine verbindende Kette zwischen dieser Gegenkraft, der Feindin, und der Brust des Eros herstellt, ist das Licht, das sich zum Gold verdichtet hat, gemeinsam mit der ihren Verirrungen entrungenen Liebe in der Lage, diese Gegenkraft wieder zu erlösen. Die Kette verbindet damit sowohl strahlende Sonnenkraft wie auch die widerstrebende, verdunkelte Sonnenkraft mit der Zukunft. Damit ist die Letztere erlöst und bildet ein Ganzes mit der strahlenden Lichtseite, die bereits früher in Arcturs Reich gelangt war. Wir sehen hier die in ein Bild gegossene Erlösung des Luzifer.

Wenn dann die Friedensprinzessin Freya mit der goldenen Kette in Berührung kommt, springt der Funke über. Schwert und Kette strahlen Licht aus – es bricht ein neues Zeitalter an. Diese Heilung des Ganzen, der gesamten menschlichen Kultur, beschreibt Novalis als die Erscheinung eines »unaussprechlich heitreren Tages«, als ein Freudenlicht, das alles erfüllt. Beim Trinken vom göttlichen Trank Sophies, in welchem die Asche der Mutter aufgelöst war, wodurch die Gegenwart der Mutter von jedem innerlich erfahren wurde, trat dieselbe »unsägliche Freude« und innere Licht-Erfahrung bereits auf. Freude ist immer eine Art von Gottesnähe. Schließlich wird es in der Geschichte überall Frühling. In all der hellen Freude krönt der alte König die goldenen Locken des Eros, und Fabel spinnt ihre goldenen, »unzerreißlichen« Fäden aus ihrer Brust.

Nach dem Lesen dieser wunderbaren Zusammenhänge bleibt eine große Frage übrig: Wer oder was ist dieses Gold? Wo war das Sonnenlicht am Anfang? Was ist wirksam in dem Freudenlicht, das aus Sophies Trunk, nach der Auferweckung des Vaters, entsteht? Was ist das freudenspendende Licht, das den neuen Tag und den Frühling bringt? Wann ist die Liebe goldgelockt? Und wann spinnt die ›fabelhafte‹ Entelechie goldene Zukunftsfäden? Wer oder was erlöst alle und alles?

Novalis schweigt darüber. Zwischen allen Worten seiner komplizierten Geschichte und den ausführlichen Darstellungen von Seelenbildern bildet sich eine immense Öffnung. Ein freier Raum, der befragt werden will. Wir stellen die Frage nach dem tiefsten, eigentlichen Heiler der Menschheit und der Kultur. Wer voller Ehrfurcht diesen stillen, ausgesparten Raum denkend betritt, erfüllt von den Qualitäten des Lichtes, des Goldes, der heiteren Freude, des Lebens und des Frühlings, der kann empfinden, wen Novalis da andeutet, indem er schweigt.

In diesem Raum enthüllt Novalis die Wirkung des Christus. Christus ist die heilende Kraft in allem und allen, und Sophie schenkt allen den göttlichen Trank mit seiner Wirkung. So werden das Leben, das Schicksal und alle Entgleisungen letztlich zu einem ›Auftakt‹ für die Liebe.

Der wichtige Ausruf im Tagebuch des Novalis: »Christus und Sophie«[39] lässt sich in der ehrfürchtigen Stille der immensen Räume des Märchens wiederfinden.

Die Mond-Silber-Linie

▬ Ginnistans Fantasie

Wir kehren zu der Situation im Wohnzimmer im Märchen des Novalis zurück. Dort wird geschildert, wie Eros und Fabel als unschuldige Kinder in der Wiege liegen. Eros ist das Kind einer liebevollen Mutter. Die »Mutter« ist diejenige Seelenqualität, die fähig ist, die Liebe zu gebären. Dies kann jede Menschenseele. Diese Mutter teilt die Sorge für ihr Kind mit Ginnistan, der Tochter des Mondes. Ginnistan ist die Amme der Kinder und die Mutter Fabels und stillt beide. Bis dahin befindet sich alles in Harmonie. Doch dann findet der Vater einen eisernen Stab mit magnetischer Wirkung. Der »Vater« ist die Verstandesqualität im Menschen, die sich mit der irdischen Wirklichkeit beschäftigt. Von diesem Vater also wird das Eisen gefunden. Der eiserne Stab wird von Ginnistan beim Spielen zur Form einer Schlange gebogen, einer Schlange, die sich selbst in den Schwanz beißt. In dieser Form entfaltet das Eisen eine magnetische Wirkung auf Eros. Denn als Ginnistan damit die Wiege berührt, erwacht der kleine Eros. Er ergreift die Schlange und wächst in wenigen Augenblicken zu einem bildschönen Jüngling heran. Fabel dagegen nicht, sie wird nur vom plötzlich groß gewordenen Bruder auf den Arm genommen. Durch die Kräfte des Eisens kommt alles in Bewegung. So entstehen die Kraft der Begierde und die Liebe in ihrer Ausprägung als Sexualität, mit ihrer magnetischen Anziehungskraft. Das kreative Element, Fabel, bleibt, wie es ist; Eros, die noch primitive menschliche Liebe, tritt seine gefährliche Reise zusammen mit Ginnistan an.

Die Liebe, die im Menschen erwacht, muss der verführerischen Tochter des Mondes folgen. Das ist eine Reise mit mannigfaltigen Verirrungsmöglichkeiten. Darum gibt Sophie ihnen einen Krug mit Wasser mit, das sie den Unterschied zwischen Trug und Wahrheit, zwischen Illusion und Wirklichkeit, zwischen der Sehnsucht nach existenziellem Frieden und der Sehnsucht nach Befriedigung durch erotische Abenteuer erkennen lässt. Einmal im Banne des Mondes mit seinen fantastischen Bildern und Fantasien, verirren sich Ginnistan und Eros. Eros sollte eigentlich der *Partner Freyas* sein. Diese wartet auf ihn und sehnt sich nach der Liebe. Freya ist selbst der existenzielle Friede, nach dem Eros sich unbewusst sehnt – ein Friede, nach dem wir alle uns in unseren Liebesbeziehungen sehnen. Führt die Liebe in der Sexualität die Regie, so ist mit der Eisenschlange des Lebens alles in Ordnung. Dann bleibt die Sexualität rein, und sie reinigt die Begierde, indem diese in den Dienst der menschlichen Möglichkeit zu lieben gestellt wird. Wenn die Liebe nicht die treibende Kraft in der Sexualität ist, so kann diese gar nicht anders, als anfällig zu werden gegenüber Verführungen und Fantasien, die den Genuss als *Selbstzweck* suchen. Und dann schießt die Sexualität an ihrem eigentlichen Ziel vorbei. Dieses Ziel lautet ganz einfach: Liebe zum Ausdruck zu bringen und Liebe zu empfangen. Liebe in alles Menschliche und Irdische, also auch bis in den Körper selbst, einfließen zu lassen – darum geht es.

In jeder Abweisung von Begierde und Sexualität steckt der Hochmut des Menschen, der Gottes Schöpfung umformen möchte. Der entscheiden will, was in sie hineingehört und was nicht hineingehört, statt alles Gegebene mit Ehrfurcht und Liebe im Sinne des Ziels, das der Schöpfer ihm mitgab, umzuarbeiten. Dieses Ziel lautet im Falle der sexuellen Begierde: der bewussten Liebe zu dienen, die im irdischen Dasein zum Ausdruck gebracht wird.

Eros muss zu den Quellen des Daseins aufsteigen, um Freya zu finden. Doch er und Ginnistan verirren sich. Gebadet in Mondenwasser gerät Eros in einen Rausch und vergisst das Lebenswasser Sophies und Freyas. Diese Erfahrung führt zu unbeschreiblich tiefem Schmerz im menschlichen Leben. Es ist die Erfahrung, dass die Schale Sophies verschwunden ist und die Schale des Mondes unrechtmäßig deren Platz einnimmt. Das Gefühl der verlorenen Unschuld drängt sich auf, wenn in dieser Mondennacht der innere Eros berauscht und verführt wird. Die Weisheit, die als Liebe wirksam werden und Friede zwischen den Menschen stiften kann, wird dann durch ein abgestumpftes Bewusstsein gewissermaßen narkotisiert, das Denken ist getrübt. Chaos entsteht und die Menschen zerfleischen einander in törichtem Kampf und demontieren einander, statt einander ›heil‹ zu machen. Ausgeliefert an die Sinnlichkeit und die blinde Leidenschaft, geht das Band mit dem existenziellen Frieden verloren. Keine Frieden bringende Freya weit und breit, es bleibt nur *Unfriede* mit sich selbst, dem anderen und dem menschlichen Dasein …

Das Märchen erzählt, wie Eros nach seinem Besuch in der Schatzkammer des Mondes gewissermaßen aus der Bahn gerät und überall leidenschaftliche Verwirrungen sät. Und wie Ginnistan, die ihn verführte, ihm sklavisch folgen muss, während er sie verlacht und grausam zum Opfer seiner Begierden macht. Seine dekadente Sexualität hat ihn entmenschlicht, und dieser Schmerz erweckt die Grausamkeit in ihm. Der Mond hat zwar eine Schatzkammer, doch diese ist mit allerlei Vorstellungen gefüllt, die mit der Person zusammenhängen, die den Schlüssel zu ihr umdreht. Dabei wird sichtbar, was in deren Seele lebt. Fantasie und Leidenschaft (Ginnistan und der Knabe Eros) können Liebe in Worte kleiden, wie es ein Dichter in einem Gedicht oder ein Sänger in einem Lied vermag. Doch wenn Fantasie und Leidenschaft vor den Karren der Selbstsucht gespannt werden, verlieren sie die Sprache. Sie werden auf diese Weise missbraucht und zum Opfer blinder Begierden. Ein Beispiel dafür ist die kommerzialisierte Sexualität in der heutigen Kultur. Die Bilder des sensationellen sexuellen Genießens drängen sich uns auf, sie fesseln unsere Aufmerksamkeit, was zu höheren Verkaufs- und Einschaltquoten führt. Es gibt Menschen, die beruflich die Aufgabe haben, sich Verführungsszenen auszudenken, die so aufreizend wie möglich sind. Es ist ihr Beruf, mit Bildern zaubernd ihre Fantasiekraft einzusetzen, um Sensationssucht und Begierden von Zuschauern und Käufern anzukurbeln.

Die wirtschaftliche Ausbeutung der Bilder im Umkreis der Sexualität geschieht mit dem Ziel, Reichtum, Berühmtheit und Macht zu erlangen. Es ist der *Irrweg* der Mondentochter. Das bedeutet, dass die Tatsache, dass Menschen verführbar und manipulierbar sind, missbraucht wird. Es erfordert Wachheit, zu bemerken, dass wir unsere Sexualität dafür haben, um unsere Liebe in intimen Beziehungen auszudrücken; dass wir bestohlen und manipuliert werden, wenn wir von außen her zu Begierden und einer Art von Sexualität angeregt werden, die gar nicht zu uns gehören. Die Befriedigung, die daran erlebt wird, lässt uns letztlich leer und ausgeplündert zurück. Dies erweckt das Bedürfnis nach neuen, sensationellen sexuellen Reizen, die uns dann wieder einen neuen Kick geben, und so droht die reale Gefahr der Sucht.

In der Sexualität als solcher lebt nicht Liebe. Die einzige Chance für die Sexualität mit ihren Begierden und Fantasien besteht darin, dass sie in die Liebe mit aufgenommen werden. Die Liebe erhebt und erlöst alles Menschliche. Liebe bekämpft Sexualität nicht, sie befreit sie.

Die *Fantasie* kann nicht anders, als dienen, ungeachtet dessen, wer sie gebraucht oder missbraucht. In weiten Bereichen der heutigen Reklamewelt, in der Betonung und Verherrlichung des idealen Körpers, muss Ginnistan den verwilderten Leidenschaften dienen. Wie viel Fantasie wird dafür missbraucht, sie zu erzeugen? Sind die Leidenschaften einmal erloschen, so zaubert die falsche Mondenschale Schein-Lösungen herbei. Immer spannendere Reize und Pillen peitschen die verwelkte Leidenschaft auf. Ginnistan dagegen gäbe gern ihren bunten Schal mit den vielen farbigen Bildern dahin, um die Liebe zu umhüllen und zu bereichern. In erster Linie bat Eros sie auch darum. Nachdem er zu dem schönen Jüngling herangewachsen ist, sagt das Märchen Folgendes:

Er herzte Ginnistan und bat sie um das bunte Tuch, das er sich anständig um die Hüften band.

Bevor wir mit Eros auf die Reise zu Freya gehen, brauchen wir Ginnistan. Ohne sie geht es nicht, sie ist die Fantasiekraft in uns, die uns helfen kann, uns die richtige Vorstellung vom anderen, von der Zukunft und der Vergangenheit zu bilden. Diese Vorstellungen sind unentbehrlich. Aber es ist außerordentlich wichtig, darauf zu achten, dass kein Eigeninteresse die Vorstellungen verfärbt und verzeichnet.

Das Vorstellungsvermögen ist sozusagen der Vorläufer dessen, was wir *Einfühlungsvermögen* nennen. Wenn sich das Vorstellungsvermögen, genau wie Ginnistan, zu Ende entwickelt hat, dann hat es sich in Einfühlungsvermögen verwandelt – die Fähigkeit, sich vorstellen zu können, woran dem anderen etwas liegt. Immer wieder muss jegliche Idee und jede Vorstellung an der wahren Weisheit des Quellwassers der Sophie geprüft werden, denn sie unterscheidet Wahrheit von Trug. Dies geschieht mithilfe der kleinen Fabel. Sie ist das Kreative ›in Person‹ und somit immer schaffend. Sie bleibt mit der Welt des Wesentlichen verbunden, und sie bleibt rein. Im Künstlerischen heilt sie die Bruchzonen, die sich zwischen den Menschen und ihren Daseinsquellen aufgetan haben. Darum können weder der Mensch noch die Kultur ohne Kunst existieren. Die Liebe zwischen Menschen sollte ebenfalls ein Kunstwerk sein – und die Sexualität kann und will dienend dazu beitragen. Sie ist gleichsam ein Pinsel, mit dem wir den geliebten Menschen immer wieder neu malen. In unseren Beziehungen und all den Möglichkeiten, die sie bieten (und zu denen auch die Sexualität gehört), können wir *Kunstwerke* schaffen. Jede Geste, jeder Gedanke und jeder Kuss kann ein Kunstwerk sein. Lebenskunst ist zugleich Liebeskunst, und die kleine Fabel geht ihren eigenen Weg in uns, um dies zu erreichen.

In jeder Beziehung ereignet sich, sei es bewusst oder unbewusst, das Märchen von Novalis: Wir trinken allesamt aus der Fantasie-Schale Ginnistans. Wir sehnen uns nach ewiger Liebe, doch nur allzu leicht geben wir sie dahin, um Luftschlössern nachzujagen. Wir können dies ungeschehen machen, wenn wir mit Fabel reisen: Obwohl sie im Märchen mit Eros und Ginnistan nicht mit auf die Reise ging, kann sie in jedem beliebigen Moment einsteigen, in jeden Menschen, der es will. Dann gestalten wir das Leben und die Welt zu einem Kunstwerk aus weiser Liebe und liebevoller Weisheit um. Darin lebt Fabel-Musik, es sind Leben spendende Leierklänge.

Ginnistan ist Fabels Mutter und darf uns ›stillen‹. Das bringt Bewegung in die Sache, macht uns froh und ›nährt‹ unsere Möglichkeiten. Uns wird dadurch warm, wir können einander Blumen schenken und verwöhnen und immer wieder aufs Neue betrachten. Was für eine herrliche ›Muttermilch‹! Doch wenn Ginnistan uns nicht an die (moralische!) Brust legt, sondern uns benebelt und verführt, so entartet diese Wärme zur Hitze, alle verbindenden Fäden schmelzen und die Sicherungen brennen durch.

Laben wir uns an Sophies Wasser, so laben wir uns an reinem Quellwasser. Es entspringt in der Höhe und behütet das Höchste bis tief hinunter zum Niedersten. Auf diese Weise geschützt ist die Sexualität weder etwas Niedriges noch macht sie süchtig oder ist sie langweilig. Dann lebt in ihr ein froher Quell, der dem realen Zusammenleben entspringt. Dann kommt es zu einem Zusammenströmen, mitten im modernen

Leben mit seiner intellektuellen Öde und seinen inneren Wüsten. Liebe ist zum Glück nicht von körperlicher Schönheit abhängig, auch wenn uns die Schönheitsindustrie das weismachen will. »Make me beautiful« ist ein Hilfeschrei nach einem schöneren Körper, der mehr Liebe erwecken soll. Doch der Körper ist *ein Instrument* für die Liebe. Der Durchschnittsmensch, der seinen Mann oder seine Frau liebt, weiß sehr gut, dass ein Körper meistens ganz anders aussieht als in den Fernsehserien oder Sexmagazinen. Aber darum geht es auch gar nicht. Denn auch wenn der Körper alles andere als perfekt ist, kann er dennoch ein sehr gutes Instrument für die Liebe sein. Er vermag die gute, warme Liebe zwischen Menschen hervorragend in der Sexualität auszudrücken und ebenso in jeder Berührung und jeder Vereinigung. Dies ist so, weil der Körper keineswegs die Ursache bzw. die Basis der Liebe ist. Wäre er es, dann hätten wir ein riesengroßes Problem. Denn dann würde niemals Frieden eintreten, weil es immer etwas noch Schöneres gibt. Das Gras beim Nachbarn ist immer grüner als das eigene! Außerdem verliert eine Schönheit, die wir ständig um uns haben, durch Gewöhnung allmählich an Reiz. Nur das, was wir durch und durch lieben, können wir immer wieder neu als wunderschön erfahren. Dasjenige, was wir oberflächlich, nur als körperliche Schönheit lieben, langweilt uns dagegen bald. Attraktive Filmstars werden trotz ihrer Schönheit häufig durch die Beziehungen, die sie führen, nicht glücklich. Woran liegt das? Extreme Schönheit bringt immer die Gefahr mit sich, dass andere auf dieses Äußere fliegen und so an der Wahrnehmung des Inneren vorbeigehen. Die Obsession für die äußere Schönheit macht uns blind für die innere Wahrnehmung. Die Steinreichen und Weltberühmten – wer liebt sie wirklich um ihrer selbst willen?

In gewisser Hinsicht kann man sagen, dass es ein Glück ist, wenn in Beziehungen die Schönheit bei der Begegnung nicht dominiert. Die Chance auf Liebe ist größer, wenn sie in Verständnis und Zusammengehörigkeitsgefühl wurzelt, in geteilten Werten und Erfahrungen. Eine Liebe, die sich einzig und allein an der äußeren Schönheit entzündet, ist wie ein kurzlebiger Rausch. Die einzig zuverlässige Sicherheit in diesem Rausch besteht darin, dass die Heftigkeit, mit dem er entsteht, umgekehrt proportional zum Abklingen ist. Rein körperliche Liebe geht immer ruhmlos unter. Erst danach kann begonnen werden, eine wirkliche Liebesbeziehung aufzubauen. Dies muss dann auf der Basis einer Enttäuschung, von Desillusionierung geschehen. Meistens geht das gründlich schief und die Partner geben sich enttäuscht und ernüchtert auf die Suche nach einer Ersatzbeziehung. Manchmal sehen wir alte Menschen mit einem Körper, der tiefe Spuren des Lebens zeigt, oder wir erblicken Menschen, bei denen wir uns nicht vorstellen können, dass jemand sich ihr Foto jemals auf den Nachttisch stellen würde. Aber dieselben Menschen sehen wir auch häufig in Gesellschaft eines Partners. Und zwischen ihnen ist oft eine selbstverständliche Güte erlebbar. Die Güte eines Miteinanders, das aus dem warmen, liebevollen Gefühl hervorgeht, einfach zusammen zu gehören. Körperliche Schönheit erweckt zwar Feuer und heftige Verliebtheit, doch es handelt sich nur um ein Strohfeuer. Liebe dagegen ist ein ›Kaminfeuer‹, das zwar genährt und gehegt werden muss, aber beständig brennt und den, den es erwärmt, nicht verzehrt.

▬ Die Rückkehr vom Mond

Eros und Ginnistan, die Tochter des Mondes, haben sich nach ihrer Liebesnacht stark verändert. Eros' liebevolles Wesen ist in Grausamkeit umgeschlagen, und Ginnistans sorglose Fröhlichkeit wurde zu trauriger Kümmernis. Ginnistan muss Eros folgen, doch nicht blindlings. Sie sieht die Spur des Leides, das er verursacht, und folgt ihr mit dem Versuch, es zu mildern. Sie tröstet die unglücklichen Opfer, die ihr zu Herzen gehen. Trösten kann sie besser als jeder andere, weil sie weiß, was es bedeutet, wenn Bande zerbrochen werden. Das Leid, das daraus entsteht, erlebt sie ständig selbst, weil sie Eros noch begehrt. Das Verhaftetsein mit dem anderen, das gerade dann besonders stark spürbar wird, wenn die Fäden reißen, verursacht Leid. Ginnistan ist hier sowohl Opfer wie auch Trösterin.

Worin besteht Ginnistans Trost?

Novalis sagt es nicht. Doch Ginnistan besitzt noch immer Sophies Krug. Wenn die Tropfen aus diesem Krug von ihr aufgefangen und verteilt werden, bestehen sie aus zahllosen wunderbaren Bildern. Diese Bilder sind der »Schal Ginnistans«. Sie kann mit diesen Bildern arbeiten, sowohl täuschend wie heilend. Bei Eros missbrauchte sie diesen Bilderreichtum, aber jetzt ist sie weiser. Sie gebraucht ihre Bilder zusammen mit dem Trank Sophies, sodass Wahrheit und Wahn unterschieden werden können. Denn genau darin lag die Kraft des Sophien-Wassers. Wenn Menschen Liebeskummer haben und die Sehnsucht nach dem entschwundenen Geliebten sie quält, so sind sie wie Vater Mond. Auch er suchte voller Sehnsucht nach Ginnistan. Die Kräfte des Mondes sind die Kräfte der Sehnsucht und des Leides. Sie führen durch Gefühle der Einsamkeit, der Isolation und des seelischen Schmerzes. Der Monden-Vater möchte zur Erde kommen, um sich mit seiner Tochter zu verbinden. Auch unser Mond kreist immer um die Erde. Dunkel und kalt ist der Mond, mit einer von Kratern übersäten Oberfläche, die aussieht, als hätte sie viele Wunden.

Man kann dies durchaus so sagen, denn der Mond hat keine Schutzatmosphäre. Die Erde besitzt alles, was dem Mond fehlt: Farbe und Wärme, Leben und Sauerstoff sowie eine eigene Atmosphäre. Hier ist alles vorhanden, was dem Mond versagt ist, und dies beschreibt das Märchen exakt. So ist auch das Leid, das aus einer einseitigen, ungewünschten Beendigung einer Verbindung entsteht.»Im anderen ist alles, was mir fehlt, alles, was ich suche und wonach ich mich sehne« – jedenfalls wird es so erlebt.»Das Leid führt mich dazu, das Gefühl der Sinnhaftigkeit, der Sicherheit und der inneren Harmonie wieder in mir zu begründen.« Solange dieses Gefühl nach außen auf die verlorene Beziehung projiziert wird, wird auch der Quell des Leides weiter strömen. Das Wieder-Zurücknehmen der projizierten Möglichkeiten und Interessen ist die notwendige Vorbedingung, ehe wir weitergehen können. Wo dies nicht geschieht und ein Mensch sich unbewusst in seiner Opferrolle oder seinem Liebeskummer badet, wird der eigene Abgrund im Innern geöffnet. Auch der unfreiwillige Abschied verlangt ein Anerkennen, Trauern, Verarbeiten und schließlich Erneuerung.

Blinde Leidenschaft und Sensationshunger erwecken die Pfeile des Eros. Wenn sie die Menschen treffen, werden die Fäden, die sie miteinander verbinden, grundlos zerschnitten.

Es ist gut, den Affekt der Leidenschaft einmal gründlicher zu betrachten. Der verwilderte Eros weckt blinde Leidenschaft, doch der gesunde

Eros wird wie Amor, der leidenschaftlich liebt. Jede Kunst, jegliche Liebe und jeder Versuch, diese Welt zu verstehen, verlangt nach Leidenschaftlichkeit. Wir brauchen ein entflammtes Herz, um uns intensiv für etwas einzusetzen. Erst wenn die Leidenschaft blind wird, degeneriert sie und wird zur blinden Begierde. Jedes Feuer hat zwei Seiten. Es erwärmt, erleuchtet, reinigt und macht sehr viel sichtbar. Auf der anderen Seite verschlingt und vernichtet es, wenn es erbarmungslos über etwas hinwegzieht. Der Unterschied zwischen einem Herdfeuer und einem Flächenbrand liegt also nicht im Feuer als solchem, sondern in der Frage, ob es sich um einen entwickelten Menschen handelt, der damit umzugehen weiß. Wenn die Sexualität sich dahingehend verselbstständigt, dass es nur noch darum geht, so viele Mädchen wie möglich flachzulegen oder Jungen den Kopf zu verdrehen, so ist das Feuer nicht mehr im Kamin, es wütet jetzt in der wehrlosen Natur – als blindes Feuer.

Kehren wir zurück zu Ginnistan. Sie tröstet mit ihren Sophien-Bildern. Was sind das für Bilder? Wenn wir einen Partner verlieren, dann ist nichts so tröstend wie die Bilder der Momente und Situationen, in denen man einander liebte. Denn diese Stunden bilden unter dem Strich die Summe des Lebens. Ihre Bilder sind unauslöschlich und bleiben im Wasser Sophies erhalten. Sie glänzen wie farbige Bilder auf, wenn Ginnistan sie schenkt. Der Mond sorgt dafür, dass unser Bildgedächtnis stark ist. Manchmal sehen wir bei sehr alten Menschen, die ihren Partner verloren haben, dass sie in der Lage sind, unablässig in ihren Liebesbildern zu leben. Und dann sind sie getröstet. Wenn die Bilder lediglich die Forderung nach der Rückkehr des Geliebten auslösen, machen sie hingegen unglücklich und traurig. Hier handelt es sich also um die heilenden und tröstenden Bilder, die durch die Vereinigung der Kräfte von Sophie, Ginnistan und Mond entstehen. Sophie ist die Weisheit, die das *Wesen*, die Essenz wahrnimmt, und die Essenz des Lebens besteht aus den Stunden, in denen wir wirklich lieben.

Ginnistan ist die Kraft, die dies alles darstellen kann, die es ins Bild bringt. Der Mond ist das Kraftfeld, in dem diese Bilder aufbewahrt werden. Der Mond besitzt eine Schatzkammer, in der all diese Bilder gelagert werden, so berichtet es Novalis. Wir sprechen in unserer Zeit von ungeheuren Speicherkapazitäten und großen Datenmengen. Über so etwas verfügt der Mond schon lange, weil in seiner Kammer alle Bilder unseres Lebens unauslöschlich eingelagert sind. Dadurch geht nichts von dem, was wir gelebt haben, verloren; alles bleibt erhalten, auch wenn alles verschwunden zu sein scheint, wenn ein geliebter Mensch stirbt oder verschwindet.

Das Geschenk Ginnistans kann uns trösten, vor allem, wenn wir ihr im Innern Raum geben, sodass sie unsere Monden-Bilder erblühen lassen kann. Dann erfahren wir lebendig, wie unsere Liebe Ewigkeitswert hat und gegenwärtig ist, auch wenn das Zusammenleben mit dem geliebten Menschen im irdischen Sinne des Wortes zerbrochen ist.

Neben diesen tröstenden, glänzenden Bildern verwahrt der Mond auch andere Bilder, sicher verstaut hinter Schloss und Riegel. Es gibt viele Menschen, die auch diese Bilder aus der *verschlossenen* Monden-Schatzkammer sehen wollen. Dann kommt es zu einem Schauspiel, das lediglich den Egoismus nährt. *Tröstende Bilder malen die Liebe, krankmachende Bilder wiederholen das Eigeninteresse, das wir in der Beziehung mit dem anderen erlebt haben.* Wenn ein Foto oder eine Erinnerung ein uns teures und zugleich wahres Bild ist, so tröstet dies. Bilder, die eine Wirklichkeit wiedergeben, die gut war, machen uns froh, sie trösten, indem wir sie aufs Neue erleben.

Wenn hingegen Bilder dazu führen, dass wir uns nur im eigenen Schmerz wälzen, so handelt es sich nicht um Liebes-Bilder, sondern um Bilder der Selbst-Liebe bzw. des Egoismus. Diese Bilder benachteiligen sowohl denjenigen, der gegangen ist, wie denjenigen, der zurückbleibt. Bilder, die nicht in der realen, frohen Erinnerung, sondern in den eigenen Illusionen und falschen Vorstellungen wurzeln, die wir uns vom anderen und der Beziehung machten, führen dazu, dass wir für etwas Unwirkliches schwärmen.

Ein Beispiel: Eine Frau lebte in einer schrecklichen Ehe mit einem Mann, der trank und dann aggressiv wurde. Er starb viel früher als sie, und danach sprach und weinte sie endlos über ihren verlorenen Geliebten und über die vergangene, so schöne Ehe. Da sie sich in Selbstmitleid erging, fand sie keinen Trost, und die Bilder, die sie in sich hervorrief, hatten mehr mit Wahnvorstellungen als mit den ›blauen Flecken‹, die sie bekommen hatte, zu tun. Nach dem Tod ihres Mannes fantasierte sie über eine Ehe, wie sie sie gern geführt hätte. Damit fing sie ihren verstorbenen Mann und sich selbst in ein Trugbild ein ...

In anderen Fällen können wir beobachten, wie sich schöne und freudige Erinnerungsbilder in schmerzhafte Stellen verwandeln, weil ein Mensch etwas aufs Neue haben und nochmals durchleben möchte, was er bereits zuvor erfahren hat. Das ist eine Form der Untreue gegenüber der Entwicklung des eigenen Lebensweges und dem des anderen. Eine Entwicklung, die seitdem einfach anders weitergegangen ist.

Der tröstende Weg Ginnistans mit ihren Bildern bewirkt eine Begegnung mit der heilenden Kraft Fabels, die die Situation erneuert. Fabel heilt, indem sie Bewegung in festgefahrene Situationen bringt. Es zeigt sich, dass Ginnistan wirklich ihre Mutter ist, denn auch sie verfügt über viele heilsame und dienstbare Kräfte. Sie nährt, pflegt, ist Mutter, Amme, Geliebte und führt den Haushalt. Sie ist Reisegefährtin und sie verwöhnt. Und am Schluss erweist sie sich als Trösterin. Der Trost ist die Vollendung und Kulmination alles Vorangegangenen. Wenn im Märchen danach von Ginnistan die Rede ist, erscheint sie nur noch mit ihrer *Liebesfähigkeit* als Krone ihres Wirkens. So erweckt sie zum Beispiel den Vater auf Anweisung Sophies, wenn am Ende des Märchens fast alle um den Altar Sophies versammelt sind.

Dieses Bild, dass der Trost die fantasiereiche Mutter der heilsamen Fabel ist, ist ungeheuer aussagekräftig. Kein Wunder, dass das Märchen, nachdem Ginnistan und ihre Tochter sich zusammengefunden haben, eine günstige Wendung nimmt.

▬▬ Die Schatzkammer des Mondes

Das Märchen berichtet ausführlich über die angenehme – normalerweise verschlossene – Schatzkammer des Mondes. Diese erweist sich später als Ursache der Irrwege und Verwirrungen des Eros. Erregt durch das Bild seiner künftigen Liebe, lebt er sich an Ginnistan aus. Das Bild der friedvollen Zukunft in Liebe schiebt sich aufgrund der Leidenschaft vor das betörende Bild der schönen Ginnistan.

Offenbar steckt auch viel Verführungskraft in den Bildern der Schatzkammer des Mondes, die nicht ohne Grund normalerweise verschlossen ist. Verführerische Bilder von Sonne, See und Stränden sollen uns in Ferienparadiese locken. Vage, quasi hellsichtige Zukunftsbilder, wie sie in sensiblen Menschen auftreten, die zwar hellsichtig sind, jedoch kein klares Bewusstsein und Denken entwickelt haben – solche Bilder verwirren nur. Je nachdem, wer mit diesen Bildern umgeht: Diese Kammer wird entweder zu einer Schatzkammer oder aber zu einer Schattenkammer.

Novalis beschreibt die Schatzkammer in vier ›Bezirken‹:

Die Bilder des ersten Teils hängen mit der Qualität der dortigen Umgebung zusammen. Danach beschreiben die Bilder im zweiten Teil die Wirkung, die davon ausgeht. Dann lesen wir im dritten Fragment, wie die Bilder persönlich werden und die Färbung der Situation annehmen, in der sich Ginnistan und Eros selbst befinden. Und schließlich gibt es noch eine Bilderreihe, die einen überpersönlichen Charakter hat und die Prüfung der gesamten Menschheit zeigt.

Deren letztes Bild ist eine Zukunftsvision, in der Eros in einer innigen Umarmung mit Freya lebt. Dies ermutigt ihn, aber das Bild hat auch eine Schattenseite: In der Intensität der Gefühle, die durch ein Bild hervorgerufen werden, ist es schwierig, einen klaren Kopf zu bewahren. Bevor man sichs versieht, wird man durch das Erleben des Bildes mitgerissen. Und dann kann das Bild nicht seine Weisheit schenken, die uns den Weg weist. Im Gegenteil, durch die hervorgerufenen Emotionen ist die Chance, sich zu verirren, besonders groß, und genau dies widerfährt Eros. Um diese Gefahr zu bannen, ist es notwendig, dass jeder Mensch *aktiv* mit Bildern umzugehen lernt, und zwar so, dass dabei ein klares, scharfes Bewusstsein entwickelt wird. Ein solches Bilderbewusstsein wirft tatsächlich ein Bild auf die Zukunft; vage Vorgefühle dagegen verdüstern eher den Lebensweg, der vor uns liegt.

Wir nehmen diese Bilder-Schatzkammer auch deswegen so unter die Lupe, weil auch unsere Welt eine große ›Bilder-Kammer‹ ist, von den Pornoseiten im Internet über die Reklametafeln entlang der Autobahn bis hin zu unseren digitalen Kameras ... Von dort aus finden die Bilder ihren Weg in die Vorstellungswelt jedes Zeitgenossen. Wir haben alle den Schlüssel zur Mondenkammer der Bilder, und wir vergnügen uns endlos damit. Wir suchen sie als Trost für unsere Ermüdung, Verflachung, unsere Einsamkeit und Langeweile. Doch dieser Trost ist ein unechter Trost, der nichts heilt. Wir träumen darin weg und leiden nicht mehr an unserem Seelenbrei, jedenfalls nicht solange wir in diese Bilder eintauchen. Sobald wir daraus auftauchen, umgibt uns wieder die alte Misere, es entsteht die Neigung, sich wieder wegzudrehen, hin zum nächsten Bildschirm mit seinen Scheinbildern.

Der Umgang mit Bildern erfordert heutzutage die größtmögliche Wachheit und ein klares Bewusstsein. Dies gilt sowohl für denjenigen, der sie schafft, wie für denjenigen, der sie zu Gesicht bekommt. Wachheit für die Auswirkungen der Bilder und die Gewinnabsicht, die mit ihnen verbunden wird, wie zum Beispiel in der Werbung. Wachheit brauchen wir auch, um uns von den sensationellen Reizen zu lösen, die durch manipulierende Bilder hervorgerufen werden. Moderne Bilder ziehen uns in Wirklichkeit häufig hinunter ins Vergessen. Wer vollbewusst durch Kunst oder Arbeit, durch Worte oder Begegnungen Bilder schafft, dient damit Sophie. Diese Bilder werden nicht weggespült wie die Worte des Schreibers, sondern sie bleiben als Fabel-hafte Realität erhalten. Für denjenigen, der auf diese Weise die Welt als Bild zu verstehen versucht, als eine Hieroglyphe der Weisheit, gilt dasselbe. Hier wird der Unterschied zwischen demjenigen, der die Schöpfung hervorbringt, und demjenigen, der sich die Schöpfung mit liebevoller Aufmerksamkeit zum Bewusstsein bringt, gegenstandslos. Das Verstehen von Bildern ist dann zugleich ein aktives Hervorbringen, genau wie das Schaffen der Bilder.

Wir wollen uns nun wieder den vier Bereichen der Schatzkammer-Bilder zuwenden, die Novalis schildert, auch wenn dafür eine hohe Wachheit aufgebracht werden muss.

Bilder der Qualität einer Umgebung

Diese Bilder drücken Unmögliches aus, denn im Märchen ist die Rede von »ungeheuren Wetterbäumen« und »unzähligen Luftschlössern«. Bäume wurzeln in der Erde und Wettererscheinungen entstehen in der Luft. Ein Wetterbaum ist in diesem Sinn eine ›Un-Wirklichkeit‹. Dasselbe gilt für das Luftschloss. Nicht ohne Grund bezeichnen wir unsere Illusionen häufig als Luftschlösser. Die Luft ist offen, leicht und flüchtig, ein Schloss dagegen massiv, schwer und fest. Daraus lässt sich schließen, dass es sich hier um Illusionen handelt, um Bilder, die sich nicht um die irdische Realität kümmern. Man kann damit alles machen.

Außerdem gibt es herumirrende »Schafe« und »sonderbare Tiere«. Schafe sind dumm und laufen einander einfach hinterher. Sie brauchen einen Hirten, um nicht vom Weg abzukommen und sich zu verirren. Den gibt es nicht. Wer nicht einschlafen kann, zählt häufig Schäfchen, um etwas »dümmer« zu werden. Die »eigenartigen Tiere« repräsentieren gewisse Gefühle, Triebe und Begierden, die ihren Zusammenhang verloren haben und ganz ohne Sinn auftauchen und vergehen. Aus diesem unwirklichen Ganzen formen sich endlos neue Bilder, die unsere Aufmerksamkeit in Anspruch nehmen, weil sie aus etwas aufgebaut sind, das dem Auge schmeichelt und die Seele in Begeisterung versetzt. Der Hirte, der das Ganze in gesunde Bahnen leiten könnte, glänzt hier durch Abwesenheit.

Die modernen Bilder, von den ersten Zeichentrickfilmen für die Kleinen bis hin zu den Soaps und Krimis, sind solche »Wetterbäume« und »Luftschlösser«. Sie machen uns zu zappenden Schafen auf der Couch. In uns können dann sonderbare Tiere (ohne Hirten!) entstehen, denn es werden allerlei Gefühle, Begierden und Ideen erzeugt und erlebt, ohne dass sie einen Sinn oder ein Ziel haben. Die Folge ist häufig die, dass wir auch in unseren Erwartungen hinsichtlich des anderen, in den Bildern, die wir in Bezug auf den anderen, das Leben und uns selbst machen, an Ein-Bildung leiden. Wir denken uns selbst dann so, dass wir in die Scheinbilder hineinpassen, oder wir erwarten, dass der andere ihnen gerecht wird. Doch das sind Illusionen; ein Partner ist nie wie das Fernseh-Ideal. Die Erwartung, dass das Leben so lebendig sei wie in den flotten Filmen, ist ebenfalls eine Verirrung. Das Leben selbst ist genauso spannend wie die Menschen, die es leben. Aus uns selbst kommen der Trott und die Öde oder aber Originalität und Lebendigkeit. Flotte Bilder suggerieren, dass das Leben selbst uns amüsieren und zur Blüte bringen wird. All das sind Luftschlösser, denn unsere Beziehungen und das Leben selbst halten lediglich *Einladungen* bereit, selbst in Bewegung zu kommen. Lebensfaulheit und Trägheit entstehen im Innern eines Menschen, der sich wie ein Schaf mit diesem ersten Typ von Monden-Bildern füllt.

▬▬ Die Wirkung, die von den Bildern ausgeht

In einem zweiten Schritt kommen die Monden-Bilder zum Stillstand, und dadurch entsteht die Möglichkeit der Spiegelung. Alles Bisherige zieht sich zurück, und die Zukunftsbilder von Ginnistan und Eros kommen zum Vorschein und werden wie in einem Spiegel sichtbar. Sie sehen sich selbst in diesem Spiegel und nehmen ihr eigenes Inneres wie ein »romantisches Land« wahr, das auf einer »Anhöhe« liegt. Sie stehen nicht mit den Beinen auf dem Boden! Die Schafe erweisen sich als dominant, das heißt, die Bilder werden nicht verstanden, sondern lediglich als Illusion wahrgenommen. Schlafend – also unbewusst – die eigenen Seelenbilder wahrzunehmen, ist gefährlich, denn nur allzu rasch träumen wir weg und es entsteht eine Verliebtheit in die eigene scheinbare Perfektion. Dann werden aus den Bildern keine Lektionen gelernt, es gibt keinen Wegweiser, der uns enthüllt, in welche Richtung gegangen werden muss.⁴⁰

Bilder werden in unserem ›Nachtleben‹ geboren, während wir tagsüber geistig und seelisch ›schlafen‹. Ein Bild ist erst dann ›sicher‹, wenn wir nirgendwo ein Luftschloss oder einen Wetterbaum anstelle unserer eigenen Persönlichkeit bzw. des Lebens schaffen. Wenn wir keine Schafsköpfe und keine Sonderlinge sind. Erst wenn wir mit vollem Bewusstsein in einen klaren Spiegel blicken, kann die geistige Welt uns durch das Mondenauge in eine sinnvolle Zukunft führen. Der Spiegel wird klar, wenn wir Bilder bewusst wahrnehmen, indem wir sowohl das Gefühlsmäßige erfassen wie auch die klare logische Denkfähigkeit aktivieren.

Alles, was sich auf dem Beziehungsgebiet, dem Gebiet der Sexualität und dem Gebiet der Bilder abspielt, ist eine große Richtschnur für die Zukunft. Doch das Sozialleben der Menschen hängt von dem Maß ab, in dem wir wach werden für die Zukunftsimpulse, die durch die Bilder aufgenommen werden können, die zart und verletzlich in uns gewoben werden. Das sind keine sensationellen, faszinierenden und abhängig oder süchtig machenden Bilder, darum verschlafen wir sie sehr leicht. Wenn wir in Wachheit Beziehungen, Sexualität und unsere bildhaften Fähigkeiten entwickeln und Liebe und Aufmerksamkeit die Hauptrolle spielen, so kann dies unter Umständen unsere Kultur retten. Nicht mehr und nicht weniger.

Sexualaufklärung ist zugleich die Aufklärung über Beziehungen und eine Aufklärung über Bilder. Sie sind untrennbar miteinander verbunden. Wenn wir sehen, dass in einem bestimmten Kulturraum Frauen vom Scheitel bis zur Sohle verschleiert herumlaufen müssen, so handelt es sich dabei um ein Bild, das unendlich viel preisgibt. Denn es verrät, dass die Sexualität versteckt wird und der Mut fehlt, individuelle und persönliche Beziehungen einzugehen, zu gestalten und zu pflegen. Die Verdunklung des Bildes des anderen, der Sexualität und der menschlichen Beziehungen zeigt sich in der vollständigen Verschleierung. Damit kann kein gesundes und sozial verträgliches Fundament für eine Zukunftskultur gelegt werden. Verantwortung für die Zukunft zu übernehmen bedeutet, dass Beziehungen, Bildern und Sex mit offenem Visier entgegengetreten werden muss. Allerdings ohne ins andere Extrem, die profanierende Entblößung, zu verfallen. Denn dann werden Beziehungen nur zu etwas, das man gerne *haben* möchte, Bilder nur Sinnesreize und Sex eine Angelegenheit »sonderbarer Tiere«. Dann gibt es keine Richtschnur und keinen Leitfaden, und wir sind weder aufgeklärt, noch informiert, noch erleuchtet. Sondern wir werden betrogen, und zwar von Kräften, die die menschliche Entwicklung vereiteln wollen. Novalis dagegen erzählt von der menschlichen Entwicklung, wie sie sein kann und soll, wenn man sie aus der Sternenperspektive sieht. Wir wollen seiner Spur weiter folgen.

▬▬ Persönliche Bilder der Situation von Ginnistan und Eros

Die Eskalation im Haus – wo der Schreiber die Macht übernimmt – wird als ein »Schiffbruch im Hintergrunde« in ein Bild gebracht. Im Vordergrund ist ein »ländliches fröhliches Mahl« sichtbar, und genauso genießen auch Eros und Ginnistan ihren ›Mondfilm‹. Doch sie sehen auch den »Ausbruch eines Vulkans« und die »Verwüstungen des Erdbebens« gleichzeitig mit einem »liebenden Paar«, das sich »süßesten Liebkosungen« hingibt. Und genau das werden sie kurz danach ebenfalls tun! Sie werden Verführungen nachgeben, wodurch sie ein zerstörerisches Feuer (Begierden-Vulkan) und eine Zerstörung der Lebenswege (Verwüstungen durch ein Erdbeben) verursachen. Sie nehmen die vielsagenden

Bilder also wahr, aber sie erwachen nicht daran. Schlafend vollzieht sich das, wovor sie gewarnt wurden.

Danach folgen eine »Schlacht« und ein »Theater«, »voll der lächerlichsten Masken«. Das bedeutet, dass niemand sein wahres Gesicht zeigt, es handelt sich um einen versteckten Kampf, den wir nicht sehen können, weil er sich im Innern abspielt. Doch bei diesem Kampf gibt es Opfer und viel Leid. Die meisten Kriege sind unsichtbar. Wir führen sie miteinander und gegeneinander in Friedenszeiten, und sie werden sichtbar in den Kriegsbildern des Märchens. Viele »weinende Eltern«, wie es im Märchen heißt, werden so geboren, weil vieles, was wachsen könnte, stirbt und viel Liebeskraft in der eigenen Seele und der des anderen ungenutzt bleibt. Das Bild der Eltern in unserem Innern ist die Kraft in uns, die das neue Leben zeugen will, und genau diese Eltern meint Novalis. Die Bilder von Ginnistan und Eros leben in jedem von uns, bewusst oder unbewusst.

Das Ganze endet mit einem Madonnen-Bild: »... im Hintergrunde eine liebliche Mutter mit dem Kinde an der Brust und Engel sitzend zu ihren Füßen ...« Hier wird die Hoffnung gespiegelt. Hier sehen Ginnistan und Eros, was aus ihnen geboren werden will. Denn jede Madonna, jede Marien-Abbildung ist eine Wiedergabe der hellen, reinen Seele, die etwas Höheres gebären kann. So will unser Inneres nach jedem Kampf werden. Es ist das größte menschliche Seelen-Ideal. Als ein Bild dessen, was aus der Verirrung entstehen kann, erscheint hier das vertraute Bild der Maria mit den Engeln zu ihren Füßen. Der Mond unter den Füßen Sophies und die Engel unter den Füßen Marias zeigen den Menschen die Zukunft der menschlichen Seele.

Bilder, die die Prüfung der ganzen Menschheit zeigen

Schließlich erhält alles noch eine zusätzliche Dimension. In dem Spiegel wird der Kampf um das Innere der ganzen Menschheit sichtbar. Alle Gegenkräfte führen Angriffe aus auf »das Leben ... das mit seinen jugendlichen Scharen in der hellen Ebene in muntern Festen begriffen war und sich keines Angriffs versah.«

Hier wird das schlafende Dasein des Menschen, der in seinem Innern bequem und genusssüchtig ist, zum Verhängnis, denn durch all diese Oberflächlichkeit wurden die Zeichen der Zeit nicht wahrgenommen. Massenhaft werden Menschen so zu Opfern des Bösen, und daraus entstehen Chaos, Leid und Tod. Hier fallen Nacht, Finsternis und Tod zusammen, und es gibt keinen Ausweg mehr. Nacht wird es auch, wenn wir die Bilder in uns unbewusst belassen, finster wird es, wenn wir unsere Beziehungen entmenschlichen; dann bemächtigt sich tödliche Erstarrung des Sexuallebens und damit auch der Sexualität als solcher.

Erst wenn Hilfe aus der geistigen Welt kommt, kann diese Situation durchbrochen werden. Der »milchblaue Strom«, der jeden Kampf verschlingt, ist der Lichtstrom Freyas, und er stammt aus dem geistigen Reich des Arctur. Nichts kann es mit dem Licht aufnehmen, das aus der gnadenvollen Kraft besteht, die die Welt neu erschafft. Diese Kraft wird mobilisiert durch einen Menschen, der durch Leid erweckt wurde und dadurch die Verbindung mit der geistigen Welt wieder knüpft. Wenn der Mensch diese Brücke zu bauen vermag und sich mit geistigen Wirkungen verbindet, so entsteht eine Einheit von Körper, Seele und Geist. Sie überbrückt den Abstand zwischen Menschen und den Welten des Geistes und der Erde.

Genau wie wir alle müssen Ginnistan und Eros, im Inneren noch unreif, erst durch Leid geläutert werden, bevor alle zerrissenen Verbindungen geheilt werden können. Wir können von ihnen etwas lernen. Die Bilder des Mondes enthüllen, dass jeder in der Seele zu einer Madonna werden kann und dass die Menschheit als Ganze ihre Rettung durch die Wiedervereinigung mit ihren geistigen Quellen finden kann.

Dann kann der Mond sich auf die Reise begeben, dorthin, wohin er sich sehnt und wonach wir alle uns sehnen: der Vereinigung mit unserem Ursprung in Friede und aus Liebe.

Die Venus-Freya-Linie

▬ Der Kreis der Freya

Im Märchen von Novalis wird Venus als die schöne Freya dargestellt. Sie kommt hauptsächlich am Beginn und am Ende der Geschichte vor. Es handelt sich hier um eine Figur, die den Kreis des Märchens schließt. Sie lebt in friedvoller Liebe und wartet zugleich auf die Liebe des Eros. Seine Liebe ist durch die Höhen und Tiefen des Menschlichen gegangen. Obwohl der gesamte Kosmos aus Liebe gewoben ist, wartet sie auf den Menschen, der durch Fehler und Irrwege in irdischen Prüfungen gelernt hat, was Liebe ist.

Freyas Kamerad ist der alte Held mit dem eisernen Schwert. Sie ist wie Venus und er wie Mars. Das Eisen des Mars ermöglicht es, dass Menschen in Entwicklung gelangen und für ihre größte Aufgabe erwachen. Als das Mars-Schwert aus dem Reich des Arctur auf die Erde geworfen wird, weiß Freya, dass nun eine Wirkung einsetzt, die die menschliche Liebe verursachen kann. Diese Wirkung erwartet sie und darauf hofft sie. Mars bringt auf der Erde, im »Haus«, durch das verformte Eisen zunächst alles aus dem Gleichgewicht; der Pfeil des Marssymbols ♂ trifft genau ins Ziel, als das »eiserne Stäbchen« herumgeht. Wir Menschen haben bis zum heutigen Tag schon viel Eisen gefunden und auch viel Liebe damit gekauft, verkauft und zum Besitz gemacht. Der vielversprechende Weg zur Venus dagegen ist noch lang.

Die Sexualität ist ein Gebiet der menschlichen Liebe, das gewissermaßen kupferfarbig werden will, das Venuscharakter annehmen will in Mann und Frau. Durch die Befreiung von Habsucht und Vereinnahmung, Angst und Dogma wird es glänzend und schön werden. Diese glänzende Zukunft hängt mit der Liebe zusammen, wie sie in den nachfolgenden Texten zum Ausdruck kommt:

Mensch, du bist frei, und Mensch, du darfst lieben.
Mensch, erkenn dich zur Freiheit bestimmt,
aus Liebe immer wieder geboren,
als Einer in Aller Gemeinschaft zu wirken.
Das ist dein Auftrag, dir von dir selber verliehen,
Freien und Liebenden recht.[41]

Ich möchte jeden Menschen
Aus des Kosmos' Geist entzünden,
Dass er Flamme werde
Und feurig seines Wesens
Wesen entfalte. –
Die andern, sie möchten
Aus des Kosmos' Wasser nehmen,
Was die Flammen verlöscht
Und wäss'rig alles Wesen
Im Innern lähmt. –
O Freude, wenn die Menschenflamme
Lodert auch da, wo sie ruht!
O Bitternis, wenn das Menschending
gebunden wird da, wo es regsam sein möchte.[42]

Es ist nicht schwer, im vorangehenden Text Rudolf Steiners die Frage
nach der Marswirkung zu erkennen. Die Frage nach dem Feuer des
Geistes ist die Frage nach der Wirkung des kosmischen Eisens.

Freya ist kosmisch-rund und kennt kein Denken in geraden Linien.
Sie ist der Bogen, der immer wirkliche Entwicklung kennzeichnet. Der
bewirkt, dass jeder Anfang von dem weiß, was daraus entstehen will,
und daran festhält. Freya durchlebt jeden Kampf des Eisens und des
Mars, Blei und Saturn und allen anderen Planetenwirkungen innerlich
aktiv mit. Dadurch verhindert sie, dass die Entwicklungsimpulse versan-
den oder verebben. Mit ihrer ständigen Sehnsucht nach Vollendung hält
sie den Bogen gespannt – nur dadurch kann der Marsweg ein gutes Ende
finden. Sie ist die stille Gegenkraft, die gewährleistet, dass sich der Weg
aller anderen Akteure abrunden kann.

▬▬ Der milchblaue Strom der Freya

Freya wartet und sehnt sich nach dem geistigen Reich ihres Vaters
Arctur. In der Schatzkammer des Mondes sehen Ginnistan und Eros,
wie ein Heer von Totengerippen die fröhlichen »jugendlichen Scharen«
zerreißt. Dann »bricht ein milchblauer Strom nach allen Seiten aus«
und spült alles Böse hinweg. Dieser milchblaue Strom lässt sich auf
Freya zurückführen. Ihre besonders friedvolle Form der Liebe und der
Sehnsucht heilt jede Krankheit, vertreibt alles Übel und verbindet alle
Menschen miteinander. Nur wir selbst können Freyas Schönheit ent-
decken und ihr ihren Geliebten, ihren Eros, durch unsere menschliche
Entwicklung zuführen.

   In der Weihnachtszeit des Jahres 2004 ereignete sich ein starkes See-
beben. Eine Flutwelle riss an einigen Küsten Asiens Hunderttausende
von Menschen mitsamt ihren Häusern in den Tod, fegte sie buchstäblich hinweg. Im Fernsehen erschienen kurz danach die endlosen, dra-
matischen Bilder zerbrochener Verbindungen. Jeder hatte jeden und alles verloren. Die Menschen erfuhren das Leben als leer und sinnlos, weil
sie ihre Verbindung mit ihm nicht wieder herstellen konnten. Sie waren
›entkupfert‹, könnte man sagen, und litten an innerer Kälte. Auch sie
brauchen das Kupfer, die verbindende, warme Liebe.

Unsere Zeit ist voll von zerbrochenen Verbindungen. Menschen wählen
häufig Wohnorte, die weit von ihrer Herkunftsfamilie entfernt liegt,
und führen ein eigenes Leben. Sie gehen eine Zeit lang mit einem Partner durchs Leben und finden später einen anderen Menschen, mit dem
sie das Leben teilen und gestalten. Eine Funktion in der Firma wird ge-
strichen, Arbeitsplätze werden ins Ausland verlegt, ein handwerklicher
Beruf wird durch moderne technische Mittel ersetzt oder jemand stirbt
durch ein Unglück oder eine Krankheit. Bei alldem handelt es sich um
zerbrechende Verbindungen, zerrissene Fäden im Leben, die einen
Menschen mit sich selbst verbanden.

   Freya, in Arcturs Reich, leidet ebenfalls an zerrissenen Fäden, doch
in der Art, dass sie sich sehnt und wartet und nach dem Moment fragt,
in dem sie sich wieder bilden können. Sie ist nicht verzweifelt, sondern
voller Hoffnung geblieben. Die geistige Welt kennt Sehnsucht in dem

Sinne, wie Freya sie verkörpert. Das ist das hoffnungsvolle Sehnen nach der Rückkehr des mit Venuskräften ausgestatteten Menschen, eines Menschen ohne ›Kupfermangel‹ also. Das bedeutet, dass wir von dieser *geistigen* Welt unvergessen und geliebt bleiben, auch wenn wir selbst die Verbindung mit ihr verloren haben. Eine Rückkehr wird Wirklichkeit werden, wenn im Menschen liebevolle Weisheit und weisheitsvolle Liebe vereinigt sind. Es wird auf die ausgesandte Liebe gewartet, die durch den Menschen auf Abwege gebracht und sogar vergessen wird. Erst wenn diese Liebe *im* Menschen Wurzeln geschlagen hat, wird sie im gesamten *irdischen* Leben, Denken und Tun mitgetragen. Denn die Liebe, die wir auf unseren Lebensweg mitbekommen haben, muss, nachdem sie durch Dekadenz und Entgleisung gegangen ist, auferstehen und zur freien, vermenschlichten Liebe werden.

Diese Liebe heißt im novalisschen Märchen *Eros*. Eros ist die Antwort auf Freya. Sie ist sein geistiges Pfand, und das bedeutet sie auch für uns. Was wir auch tun und wie sehr wir uns auch verirren – diese Liebe existiert und sehnt sich nach der Menschenliebe. Anders ausgedrückt: Freya wartet auf und sehnt sich nach Eros. Novalis beschreibt, dass Freya schlummert, bis Eros die Flügeltüren öffnet und sie wachküsst, dass sie zart ist und zarte Gliedmaßen hat. Als ihre Dienerinnen diese Gliedmaßen »emsig« reiben, strömt zartes, milchblaues Licht von ihr aus, das Arcturs Palast in einen reinen, milchblauen Glanz hüllt. Dasselbe Milchblau strömt in die nächtlichen Monden-Albtraumbilder, als das Leben grausam verwüstet wird. Aus dem dunklen Aschenhaufen verbrannten Lebens entsteht der milchblaue Strom, der alles Übel verschlingt. Diese Art der Rettung ist charakteristisch für Freya, er enthüllt, wie sie wirkt.

Was ist das für ein rettender Strom? Wer sind Freyas Diener, und warum rufen sie bei ihrer Massage dieses Freya-Licht hervor? Und warum ist dieses Licht milchblau? Reibung erzeugt Wärme. Wer friert und seine Gliedmaßen oder Organe mit Kupfersalbe einreibt, dem wird es wieder warm. Mit welcher Art Kupfersalbe wird Freya warmgerieben und ihr Strom erweckt?

Bei einem Menschen, der vom Geistigen abgeschnürt ist und nicht mehr über die Grenze des eigenen physischen Daseins hinaus denken, fühlen oder wahrnehmen kann, ist der Zusammenhang zerbrochen. Er besteht im Innern gewissermaßen aus losen Stücken, und so lebt er auch getrennt und ›lose‹, selbst wenn er eine Ehe führt, Kinder, Kollegen und Freunde hat. Wer in dieser Weise lebt, hat sich von der Fähigkeit gelöst, ein wirkliches Band mit einem anderen Menschen, mit seiner Arbeit, mit der Natur und mit der geistigen Welt zu knüpfen. Wer sich so gelöst hat, hat sich auch von Gott gelöst. Dann kann nur noch in unzusammenhängenden Wahrnehmungen und fragmentiertem Wissen gedacht werden. Wer innerlich so beschaffen ist, kann nicht mehr in Ganzheiten denken. Dann ist Sex lediglich die Erregung eines Körpers, der sich selbst befriedigen will. Dann ist der Mann oder die Frau neben uns lediglich jemand, der unser Bett füllt, unser Portemonnaie oder unseren Magen, kurzum: es gibt nur noch lose »alte Enden«, wie es im Märchen heißt. Damit ist die Liebe selbst zerstückelt, zusammen mit der Menschenseele.

Häufig begibt sich ein Mensch auf die Suche nach einer Verbindung mit dem Geistigen und versucht sich einen Rückweg freizukämpfen. Der Himmel der Verbundenheit lässt sich jedoch nicht durch stürmische Taten erobern. Äußerst zart ist diese himmlische, sich sehnende ›Geliebte‹. *Ein Mensch findet in sich sowie zwischen sich und dem anderen lediglich so viel wirkliche wahre Liebe, als er geistverbunden ist.* Keine Kirche, keine Moral, kein Dogma kann heute noch geistige Verbindungen zustande bringen, obwohl diese doch die Vorbedingungen sind für ein Leben in Verbundenheit mit allem und allen. Dies kann erst erreicht werden, wenn in jedem Menschenherzen eine »Dienerin« an der Massage der Freya arbeitet. Dies geschieht durch stille Meditation, inniges Gebet und durch eigene geistige Aktivität. Der Sehnsuchtsstrom des Menschen nach Ganzheit, nach der Verbindung des Allerirdischsten mit dem rein Geistigen, verlangt treues Üben, von dem dann Freyas heilendes Licht ausgehen kann.

Dieses heilende Licht ist milchblau, und das hat ebenfalls einen Grund. Milch ist die Nahrung, die jedes Kind, das aus der geistigen Welt kommt, mit der Erde verbindet. Blau ist die Farbe unseres Planeten im Kosmos. Milchblau ist darum die Farbe jeder Seele, die eine reine Verbindung mit der Welt des Geistes gefunden hat. Nicht ohne Grund ist die Kleidung auf alten Marienbildern neben dem Blau-Rot auch häufig

Blau-Weiß. Gebet, Meditation und geistiges Studium sind reale Kräfte. Sie sind real wirksame, strömende und heilende Substanz. In dem Maße, wie der Mensch seine eigene Sehnsucht in ihrer Sehnsucht wiederfindet, in dem Maße wird alles mit Kupfer umgeben und verbunden. Die Geistwelt umarmt dann den Liebesmenschen und Venus empfängt ihr Geschenk von der Erde, worauf sie sehnsüchtig wartet. Wenn dies geschieht, sagt Novalis in seiner romantischen Sprache, so wird sich:

> *... in Freyas Schoß ... die Welt entzünden*
> *und jede Sehnsucht ihre Sehnsucht finden.*

Menschen, die in sich abgekapselt bleiben und dies auch weiterhin so wollen, säen Tod und Verderben. Menschen, die die Sehnsucht nach der geistigen Welt empfinden und dieser Sehnsucht Gestalt verleihen wollen in und durch alle irdischen Verbindungen – solche Menschen wollen ewige Liebe. Die Sexualität und das Sexualleben können dann verbindend, Freude schaffend und fruchtbar werden. Bis die Sehnsucht nach der geistigen Welt im Alltagsleben verwirklicht wird, ist die Sexualität lediglich eine *Einladung* zur menschlichen Liebe. Sexualität kann bis dahin weiterhin süchtig machend und faszinierend sein, weil bis jetzt nur in ihr für einen kurzen Moment lang eine Ganzheit und ein Augenblick der höchsten Verbundenheit im Orgasmus erfahren werden kann. Wer nicht den Mut oder den Willen hat, sich zu verbinden, dennoch aber die sexuelle Befriedigung sucht, der löst im Grunde Verbindungen und verursacht in sich und im andern unfruchtbares Leid.

Viele kirchliche Strömungen, bürgerliche Moralvorstellungen und Konventionen lehnen die Sexualität ab oder vertreten den Anspruch, dass der Geschlechtsverkehr nach ›obrigkeitlichen Regeln‹ zu verlaufen hätte. Diese Unfreiheit hat, unter dem Vorwand, die Menschen zusammenzuhalten, bereits viele Verbindungen zerstört. Sexualität ist heute vom *geführten Menschen* auf den *sich selbst führenden Menschen* übergegangen. Und dieser muss seine Steuerkunst natürlich erst noch lernen! Die Wege, die der Mensch dabei einschlägt, sind genauso heilend oder zerstörerisch, wie er selbst es in seinem Innern ist. Nicht das Auto verursacht Unfälle, sondern derjenige, der es steuert. Das gilt auch für die Sexualität. Der Mensch kann sich für das Suchen und Anstreben von Verbindungen entscheiden und dafür dann auch eine Eigenverantwortung übernehmen. Wer liebt, kann sich mit einem anderen Menschen vereinigen und ihn, in vereinter Verbundenheit, dennoch freilassen. Wer gespalten ist und immer nur mit einem Teil seiner selbst am Leben ›teil-nimmt‹, wird sich mit dem anderen nur in unfreier Weise geschlechtlich vereinigen, ihn zu seinem Besitz erklären und diesen Besitz auch wieder abstoßen. Wir gehen die Wege zu Freya, wenn wir die Liebe ›entwaffnen‹. Und häufig ist die Liebe noch mit Urteilen und Vorurteilen quasi gepanzert. Im novalisschen Märchen lesen wir, dass Eros seine Waffenrüstung ablegen muss, als er sich Freya nähert. Erst danach wartet auf ihn das Hochzeitsbett der zukünftigen, vermenschlichten Liebe. Freya und Eros sind so einen Bund eingegangen, der niemanden ausschließt und der von Sophie besiegelt wird. Sie legt ein kostbares Armband um ihre »verschlungenen« Hände, doch sie sagt zugleich: »Wirf du das Armband eures Bundes in die Luft, dass das Volk und die Welt euch verbunden bleiben.« Damit ist Sophie die führende Kraft, die so weise ist, dass sie jegliche Verbundenheit respektiert, gleichzeitig jedoch jede »Verschlingung« wieder lösen kann, um in Freiheit und im Vertrauen in die Liebe zu leben.

Wenn wir auf dem Gebiet der Liebe von ›Vertrauen‹ sprechen, meinen wir meistens, dass der andere sich an Regeln und Abmachungen halten soll, die die Freiheit des anderen so stark beschränken, dass *wir* keinen Schmerz zu leiden brauchen. Wenn der andere Freunden oder Freundinnen, Eltern oder der Arbeit mehr Zeit und Aufmerksamkeit widmet, so leiden wir darunter. Dann schmerzt uns dies, weil wir die Liebesfähigkeit unseres Partners immer wieder exklusiv in Beschlag nehmen wollen. Immer wieder versucht ein Mensch mittels seines Besitzdranges den Schmerz zu verhindern (bzw. will von ihm befreit werden), der entsteht, weil der Partner oder die Partnerin noch andere Lebensfäden liebt. Die einzige Art, diesen Schmerz und dieses Leid zu erlösen, besteht darin, sich selbst zu einer größeren Liebesfähigkeit hin zu verwandeln; denn echte Liebe lässt frei.

Jede Form von Besitzdrang in der Liebe ist im Grunde das Fehlen von Liebe, denn Besitz und Liebe schließen einander aus. Habsucht gebiert Eifersucht, Angst und Verkrampfung in Beziehungen, und dann kommt es immer zum Kampf. Wenn Eros und Freya zusammentreffen, sagt Novalis:

In Lieb' und Frieden endigt sich der Streit.

Das kostbare Armband, das die Hände von Freya und Eros umschließt, wurde in die Luft geworfen, sodass das Volk und die Welt mit ihnen verbunden bleiben. Liebe, die auf diese Weise befreit wurde, schließt nichts und niemanden aus. Wahrer Reichtum, der verschenkt wird, macht den Schenkenden nicht ärmer, sondern reicher.

Das Märchen von »Eros und Fabel« handelt von der Liebe, die in sieben Farben in Bewegung gebracht wird. Dieser farbenreiche Regenbogen überwölbt das Märchen. In unserer Darstellung der sieben Planeten wurden die Qualitäten der unterschiedlichen Farben sichtbar. Aus dem Kosmos strömt diese siebenfache Liebe; sie kommt in jedem Menschen zum Stillstand und stirbt dort. Doch wir können diese Liebe in allem, was wir sind, sagen und tun, auferstehen und neu aufleben lassen als *vermenschlichte* Liebe, auch in unserem sexuellen Umgang miteinander. Erst wenn diese siebenfache Liebe in ihrer Ganzheit aufersteht, findet Eros Freya wieder.

▬ Schlussbetrachtung

Wenn Novalis' Märchen zu sprechen beginnt, leuchtet ein wunderbarer Regenbogen in sieben strahlenden Farben auf. Sie zeigen die sieben Wege der menschlichen Seele, die die Antwort auf die Fragen von Sonne und Mond, von Jupiter, Merkur, Saturn, Venus und Mars sind. Die sieben Fragen, die zugleich einen Auftrag an die Menschen darstellen, werden im Märchen durch die sieben Hauptfiguren im »Haus« dargestellt. Drei Frauen, drei Männer und ein Kind.

Froh, bescheiden und beweglich wie ein Kind sein – das ist die *Fabelwirkung* in unserer Seele, und an dieser aktiven Haltung entwickeln sich die sechs anderen Facetten. Die drei Männer in unserem ›Wohnzimmer‹

stellen unseren Umgang mit der äußeren Welt und die drei Frauen den mit der inneren Welt dar. Sie möchten miteinander verbunden sein: Ginnistan mit dem Vater, Eros mit der Mutter und der Schreiber mit Sophie.

Nachdem Eros geweckt wurde, wird er von Sophie, der Mutter und Ginnistan umarmt. Die drei Kräfte des Inneren sehnen sich nach Liebe. Weisheit, Opferkraft und Einfühlungsvermögen, alle drei umarmen sie die Liebe, sodass diese auf Reisen gehen kann. Doch die drei Männer bleiben getrennt, der Vater und der Schreiber umarmen Eros keineswegs. Der Vater hat auswärts zu viel zu tun, und im Inneren lebt er in starker Unbewusstheit: Durch den großen Trubel, der im Äußeren herrscht, entgeht unserer Seele, was sich im Inneren abspielt. Der Schreiber hat ebenfalls sehr viel zu tun, doch ist er im Innern des Hauses tätig, und dort beschreibt und berechnet er die Außenwelt.

Wir können in unserem stürmischen Tatendrang ›außer Haus‹ zur Ruhe kommen. Wenn wir dies gelernt haben, kann der ›Vater‹ in uns am Innenleben teilhaben und eine Verbindung mit der Liebe eingehen. Dann können wir mit allen drei Facetten des Inneren verbunden bleiben, sodass für all unser Arbeiten und Leben eine Kommunion möglich wird. Sonst verirrt sich unsere Ginnistan, verbrennt unsere Mutter und verschwindet unsere Sophie. Wird die Verbindung wieder hergestellt, so erwecken diese drei gemeinsam in der Seele das ›goldene Handeln‹, das in der Lage ist, in der Welt die Wahrheit von Wahn und Trug zu unterscheiden. Dies ist eine Aktivität, die Eros im Inneren erkennt und in alles, was gelebt und gearbeitet wird, aufnimmt. So stellt Novalis die spätere ›Wohnzimmer-Situation‹ dar, die die geheilte und geläuterte Menschenseele zeigt. Durch den Trank der Weisheit, in dem die Opferkraft enthalten ist, werden alle, die um den Altar stehen, miteinander verbunden. Das Vorstellungsvermögen unserer Ginnistan kann, wenn es zum Einfühlungsvermögen umgewandelt wurde, dazu dienen, Bewusstsein zu wecken und das Innere lebendig werden zu lassen. Daraus können Selbsterkenntnis und liebevolles Tätigsein für die Welt entstehen.

Der Schreiber in uns empfindet Geschichten als überflüssigen Ballast. Er stellt unseren Zweifel an allem dar, was sich nicht zählen und messen lässt mit menschlichen, materiellen Maßstäben. Er ist unsere Skepsis und unser Misstrauen, die dazu führen, dass wir Argwohn und Eifersucht in Bezug auf alles innerliche und geistige Leben empfinden

– und nur zu häufig auch in Bezug auf die Entwicklung aller anderen Menschen. Der Schreiber in uns bewirkt, dass wir alles lediglich physisch beschreiben und studieren, ohne uns mit ganzer Seele und ganzem Herzen damit zu verbinden. Wir versuchen alles Lebendige unter unsere Kontrolle zu bringen und darüber durch ausgeklügelte Systeme und ein Systemdenken zu herrschen. Die Systeme verhüllen jedoch die Tatsache, dass wir uns gar nicht wirklich damit verbinden. Der Schreiber in uns will alles endlos testen und prüfen, er will das Leben durch Regeln und Protokolle festlegen. Er ist die Ursache des Dranges, das Seelenleben so lange zu sezieren, bis es nichts weiter zu sein scheint als eine Anhäufung biologischer Reaktionen des Gehirns und der Hormone. Dennoch verbindet auch diese im Prinzip intelligente, hart arbeitende Kraft sich wieder mit dem ›neuen Wohnzimmer‹. Dies wird sichtbar in den »edlen, bedeutungsvollen Figuren«, die den Fußboden um den Altar herum zieren. Ein entwickeltes, klares Denken ist demnach die Grundlage jeglicher Selbstentwicklung. Und auf diese Weise verbunden mit Sophie und dem Altar, mit der Weisheit also, schafft der erlöste Schreiber in uns die Möglichkeit, dass die Weisheit in allem Menschlichen ›Fuß fassen kann‹.

Genau wie Eros müssen wir auf die Reise gehen, voller noch unentwickelter, unerzogener Liebeskräfte, müssen mit dem Vater voll betriebsamer Hingabe an Eigeninteressen das Eigentliche verschlafen und mit dem Schreiber alles, was für Seele und Geist einen Wert hat, auseinandernehmen und rational durchanalysieren.

Doch das alles ist lediglich eine *Ausgangssituation.* Wir gehen durch dies alles hindurch; und inmitten aller Täuschung, Ohnmacht, Unbewusstheit und Verkrampfung öffnet sich die Himmelspforte der menschlichen Seele. Die Menschen werden den Weg in die Zukunft und zur Verbindung des inneren und äußeren Lebens finden, aus einer Verbundenheit mit der gesamten Siebenheit der Kräfte, die in uns schlummern. Trotz aller Umwege und Irrtümer sind wir auf dem Weg dorthin, und wir finden den Frieden und die Zukunft – so sagt uns das Märchen von »Eros und Fabel«. Dann erstrahlt der siebenfarbige Regenbogen am Himmel, und dann werden alle sieben Seelenströme einen goldenen Faden von Herz zu Herz spinnen.

Anhang

Novalis
Das Märchen von Eros und Fabel*

Arctur

Die lange Nacht war eben angegangen. Der alte Held schlug an seinen Schild, dass es weit umher in den öden Gassen der Stadt erklang. Er wiederholte das Zeichen dreimal. Da fingen die hohen bunten Fenster des Palastes an von innen heraus helle zu werden und ihre Figuren bewegten sich. Sie bewegten sich lebhafter, je stärker das rötliche Licht ward, das die Gassen zu erleuchten begann. Auch sah man allmählich die gewaltigen Säulen und Mauern selbst sich erhellen; endlich standen sie im reinsten, milchblauen Schimmer und spielten mit den sanftesten Farben.

Die ganze Gegend ward nun sichtbar, und der Widerschein der Figuren, das Getümmel der Spieße, der Schwerter, der Schilder und der Helme, die sich nach hier und da erscheinenden Kronen von allen Seiten neigten und endlich wie diese verschwanden und einem schlichten grünen Kranze Platz machten, um diesen her einen weiten Kreis schlossen: Alles dies spiegelte sich in dem starren Meere, das den Berg umgab, auf dem die Stadt lag, und auch der ferne hohe Berggürtel, der sich rund um das Meer herzog, ward bis in die Mitte mit einem milden Abglanz überzogen.

Man konnte nichts deutlich unterscheiden; doch hörte man ein wunderliches Getöse herüber, wie aus einer fernen ungeheuren Werkstatt. Die Stadt erschien dagegen hell und klar. Ihre glatten, durchsichtigen Mauern warfen die schönen Strahlen zurück, und das vortreffliche Ebenmaß, der edle Stil aller Gebäude und ihre schöne Zusammenordnung kam zum Vorschein. Vor allen Fenstern standen zierliche Gefäße von Ton, voll der mannigfaltigsten Eis- und Schneeblumen, die auf das Anmutigste funkelten.

Am herrlichsten nahm sich auf dem großen Platze vor dem Palaste der Garten aus, der aus Metallbäumen und Kristallpflanzen bestand und mit bunten Edelsteinblüten und Früchten übersät war. Die Mannigfaltigkeit und Zierlichkeit der Gestalten und die Lebhaftigkeit der Lichter und Farben gewährten das herrlichste Schauspiel, dessen Pracht durch einen hohen Springquell in der Mitte des Gartens, der zu Eis erstarrt war, vollendet wurde.

Der alte Held ging vor den Toren des Palastes langsam vorüber. Eine Stimme rief seinen Namen im Innern. Er lehnte sich an das Tor, das mit einem sanften

---

* Gliederung, Zwischentitel und Kommentare von Jeanne Meijs

Klange sich öffnete, und trat in den Saal. Seinen Schild hielt er vor die Augen. »Hast du noch nichts entdeckt?«, sagte die schöne Tochter Arcturs mit klagender Stimme. Sie lag an seidnen Polstern auf einem Throne, der von einem großen Schwefelkristall künstlich erbaut war, und einige Mädchen rieben emsig ihre zarten Glieder, die wie aus Milch und Purpur zusammengeflossen schienen. Nach allen Seiten strömte unter den Händen der Mädchen das reizende Licht von ihr aus, was den Palast so wundersam erleuchtete. Ein duftender Wind wehte im Saale.

Der Held schwieg. »Lass mich deinen Schild berühren«, sagte sie sanft. Er näherte sich dem Throne und betrat den köstlichen Teppich. Sie ergriff seine Hand, drückte sie mit Zärtlichkeit an ihren himmlischen Busen und rührte seinen Schild an. Seine Rüstung klang, und eine durchdringende Kraft beseelte seinen Körper. Seine Augen blitzten und das Herz pochte hörbar an den Panzer. Die schöne Freya schien heiterer, und das Licht ward brennender, das von ihr ausströmte.

»Der König kommt«, rief ein prächtiger Vogel, der im Hintergrunde des Thrones saß.

Die Dienerinnen legten eine himmelblaue Decke über die Prinzessin, die sie bis über den Busen bedeckte. Der Held senkte seinen Schild und sah nach der Kuppel hinauf, zu welcher zwei breite Treppen von beiden Seiten des Saals sich hinaufschlangen. Eine leise Musik ging dem König voran, der bald mit einem zahlreichen Gefolge in der Kuppel erschien und herunter kam. Der schöne Vogel entfaltete seine glänzenden Schwingen, bewegte sie sanft und sang, wie mit tausend Stimmen, dem König entgegen:

Nicht lange wird der schöne Fremde säumen.
Die Wärme naht, die Ewigkeit beginnt.
Die Königin erwacht aus langen Träumen,
Wenn Meer und Land in Liebesglut zerrinnt.
Die kalte Nacht wird diese Stätte räumen,
Wenn Fabel erst das alte Recht gewinnt.
In Freyas Schoß wird sich die Welt entzünden
Und jede Sehnsucht ihre Sehnsucht finden.

Der König umarmte seine Tochter mit Zärtlichkeit. Die Geister der Gestirne stellten sich um den Thron, und der Held nahm in der Reihe seinen Platz ein. Eine unzählige Menge Sterne füllten den Saal in zierlichen Gruppen. Die Dienerinnen brachten einen Tisch und ein Kästchen, worin eine Menge Blätter lagen, auf denen heilige tiefsinnige Zeichen standen, die aus lauter Sternbildern zusammengesetzt waren. Der König küsste ehrfurchtsvoll diese Blätter, mischte sie sorgfältig untereinander, und reichte seiner Tochter einige zu. Die andern behielt er für sich. Die Prinzessin zog sie nach der Reihe heraus und legte sie auf den Tisch, dann betrachtete der König die seinigen genau und wählte mit vielem Nachdenken, ehe er eins dazu hinlegte. Zuweilen schien er gezwungen zu sein, dies oder jenes Blatt zu wählen. Oft aber sah man ihm die Freude an, wenn er durch ein gut getroffenes Blatt eine schöne Harmonie der Zeichen und Figuren legen konnte.

Wie das Spiel anfing, sah man an allen Umstehenden Zeichen der lebhaftesten Teilnahme und die sonderbarsten Mienen und Gebärden, gleichsam als hätte jeder ein unsichtbares Werkzeug in Händen, womit er eifrig arbeite. Zugleich ließ sich eine sanfte, aber tief bewegende Musik in der Luft hören, die von den im Saale sich wunderlich durcheinander schlingenden Sternen und den übrigen sonderbaren Bewegungen zu entstehen schien. Die Sterne schwangen sich, bald langsam bald schnell, in beständig veränderten Linien umher und bildeten, nach dem Gange der Musik, die Figuren der Blätter auf das Kunstreichste nach. Die Musik wechselte, wie die Bilder auf dem Tische, unaufhörlich, und so wunderlich und hart auch die Übergänge nicht selten waren, so schien doch nur Ein einfaches Thema das Ganze zu verbinden. Mit einer unglaublichen Leichtigkeit flogen die Sterne den Bildern nach. Sie waren bald alle in Einer großen Verschlingung, bald wieder in einzelne Haufen schön geordnet, bald zerstäubte der lange Zug, wie ein Strahl, in unzählige Funken, bald kam durch immer wachsende kleinere Kreise und Muster wieder Eine große, überraschende Figur zum Vorschein.

Die bunten Gestalten in den Fenstern blieben während dieser Zeit ruhig stehen. Der Vogel bewegte unaufhörlich die Hülle seiner kostbaren Federn auf die mannigfaltigste Weise. Der alte Held hatte bisher auch sein unsichtbares Geschäft emsig betrieben, als auf einmal der König voll Freuden ausrief: »Es wird alles gut. Eisen, wirf du dein Schwert in die Welt, dass sie erfahren, wo der Friede ruht.« Der Held riss das Schwert von der Hüfte, stellte es mit der Spitze gen Himmel, dann ergriff er es und warf es aus dem geöffneten Fenster über die Stadt und das Eismeer. Wie ein Komet flog es durch die Luft und schien an dem Berggürtel mit hellem Klange zu zersplittern, denn es fiel in lauter Funken herunter.

Im Haus

Zu der Zeit lag der schöne Knabe Eros in seiner Wiege und schlummerte sanft, während Ginnistan, seine Amme, die Wiege schaukelte und seiner Milchschwester Fabel die Brust reichte. Ihr buntes Halstuch hatte sie über die Wiege ausgebreitet, dass die hell brennende Lampe, die der Schreiber vor sich stehen hatte, das Kind mit ihrem Scheine nicht beunruhigen möchte. Der Schreiber schrieb unverdrossen, sah sich nur zuweilen mürrisch nach den Kindern um und schnitt der Amme finstere Gesichter, die ihn gutmütig anlächelte und schwieg.

Der Vater der Kinder ging immer ein und aus, indem er jedes Mal die Kinder betrachtete und Ginnistan freundlich begrüßte. Er hatte unaufhörlich dem Schreiber etwas zu sagen.

Dieser vernahm ihn genau, und wenn er es aufgezeichnet hatte, reichte er die Blätter einer edlen, göttergleichen Frau hin, die sich an einen Altar lehnte, auf welchem eine dunkle Schale mit klarem Wasser stand, in welches sie mit heiterm Lächeln blickte. Sie tauchte die Blätter jedes Mal hinein, und wenn sie beim Herausziehn gewahr wurde, dass einige Schrift stehen geblieben und glänzend geworden war, so gab sie das Blatt dem Schreiber zurück, der es in ein großes Buch heftete und oft verdrießlich zu sein schien, wenn seine Mühe vergeblich gewesen und alles ausgelöscht war.

Die Frau wandte sich zu Zeiten gegen Ginnistan und die Kinder, tauchte den Finger in die Schale und spritzte einige Tropfen auf sie hin, die, sobald sie die Amme, das Kind, oder die Wiege berührten, in einen blauen Dunst zerrannen, der tausend seltsame Bilder zeigte und beständig um sie herzog und sich veränderte. Traf einer davon zufällig auf den Schreiber, so fielen eine Menge Zahlen und geometrische Figuren nieder, die er mit vieler Emsigkeit auf einen Faden zog und sich zum Zierrat um den mageren Hals hing.

Die Mutter des Knaben, die wie die Anmut und Lieblichkeit selbst aussah, kam oft herein. Sie schien beständig beschäftigt und trug immer irgend ein Stück Hausgerät mit sich hinaus. Bemerkte es der argwöhnische und mit spähenden Blicken sie verfolgende Schreiber, so begann er eine lange Strafrede, auf die aber kein Mensch achtete. Alle schienen seiner unnützen Widerreden gewohnt. Die Mutter gab auf einige Augenblicke der kleinen Fabel die Brust; aber bald ward sie wieder abgerufen, und dann nahm Ginnistan das Kind zurück, das an ihr lieber zu trinken schien.

Auf einmal brachte der Vater ein zartes eisernes Stäbchen herein, das er im Hofe gefunden hatte. Der Schreiber besah es und drehte es mit vieler Lebhaftigkeit herum und brachte bald heraus, dass es sich von selbst, in der Mitte an einem Faden aufgehängt, nach Norden drehe.

Ginnistan nahm es auch in die Hand, bog es, drückte es, hauchte es an und hatte ihm bald die Gestalt einer Schlange gegeben, die sich nun plötzlich in den Schwanz biss. Der Schreiber war bald des Betrachtens überdrüssig. Er schrieb alles genau auf und war sehr weitläuftig über den Nutzen, den dieser Fund gewähren könne. Wie ärgerlich war er aber, als sein ganzes Schreibwerk die Probe nicht bestand und das Papier weiß aus der Schale hervorkam.

Die Amme spielte fort. Zuweilen berührte sie die Wiege damit, da fing der Knabe an wach zu werden, schlug die Decke zurück, hielt die eine Hand gegen das Licht und langte mit der andern nach der Schlange. Wie er sie erhielt, sprang er rüstig, dass Ginnistan erschrak und der Schreiber beinah vor Entsetzen vom Stuhle fiel, aus der Wiege, stand, nur von seinen langen goldenen Haaren bedeckt, im Zimmer und betrachtete mit unaussprechlicher Freude das Kleinod, das sich in seinen Händen nach Norden ausstreckte und ihn heftig im Innern zu bewegen schien. Zusehends wuchs er. »Sophie«, sagte er mit rührender Stimme zu der Frau, »lass mich aus der Schale trinken.«

Sie reichte sie ihm ohne Anstand, und er konnte nicht aufhören zu trinken, indem die Schale sich immer voll zu erhalten schien. Endlich gab er sie zurück, indem er die edle Frau innig umarmte. Er herzte Ginnistan und bat sie um das bunte Tuch, das er sich anständig um die Hüften band. Die kleine Fabel nahm er auf den Arm. Sie schien endloses Wohlgefallen an ihm zu haben und fing zu plaudern an.

Ginnistan machte sich viel um ihn zu schaffen. Sie sah äußerst reizend und leichtfertig aus und drückte ihn mit der Innigkeit einer Braut an sich. Sie zog ihn mit heimlichen Worten nach der Kammertür, aber Sophie winkte ernsthaft und deutete nach der Schlange; da kam die Mutter herein, auf die er zugleich zuflog und sie mit heißen Tränen bewillkommte. Der Schreiber war ingrimmig fortgegangen. Der Vater trat herein, und wie er Mutter und Sohn in stiller Umarmung sah, trat er hinter ihren Rücken zur reizenden Ginnistan und liebkoste ihr. Sophie stieg die Treppe hinauf. Die kleine Fabel nahm die Feder des Schreibers und fing zu schreiben an. Mutter und Sohn vertieften sich in ein leises Gespräch, und der Vater schlich sich mit Ginnistan in die Kammer, um sich von den Geschäften des Tages in ihren Armen zu erholen.

Nach geraumer Zeit kam Sophie zurück. Der Schreiber trat herein. Der Vater kam aus der Kammer und ging an seine Geschäfte. Ginnistan kam mit glühenden Wangen zurück. Der Schreiber jagte die kleine Fabel mit vielen Schmähungen von seinem Sitze und hatte einige Zeit nötig, seine Sachen in Ordnung zu bringen. Er reichte Sophien die von Fabel vollgeschriebenen Blätter, um sie rein zurück zu erhalten, geriet aber bald in den äußersten Unwillen, wie Sophie die Schrift völlig glänzend und unversehrt aus der Schale zog und sie ihm hinlegte. Fabel schmiegte sich an ihre Mutter, die sie an die Brust nahm und das Zimmer aufputzte, die Fenster öffnete, frische Luft hereinließ und Zubereitungen zu einem köstlichen Mahle machte.

Man sah durch die Fenster die herrlichsten Aussichten und einen heitern Himmel über die Erde gespannt. Auf dem Hofe war der Vater in voller Tätigkeit. Wenn er müde war, sah er hinauf ans Fenster, wo Ginnistan stand und ihm allerhand Näschereien herunterwarf. Die Mutter und der Sohn gingen hinaus, um überall zu helfen und den gefassten Entschluss vorzubereiten. Der Schreiber rührte die Feder und machte immer eine Fratze, wenn er genötigt war, Ginnistan etwas zu fragen, die ein sehr gutes Gedächtnis hatte und alles behielt, was sich zutrug.

Eros kam bald in schöner Rüstung, um die das bunte Tuch wie eine Schärpe gebunden war, zurück und bat Sophie um Rat, wann und wie er seine Reise antreten solle. Der Schreiber war vorlaut und wollte gleich mit einem ausführlichen Reiseplan dienen, aber seine Vorschläge wurden überhört. »Du kannst sogleich reisen; Ginnistan mag dich begleiten«, sagte Sophie; »sie weiß mit den Wegen Bescheid und ist überall gut bekannt. Sie wird die Gestalt deiner Mutter annehmen, um dich nicht in Versuchung zu führen. Findest du den König, so denke an mich; dann komme ich, um dir zu helfen.«

Ginnistan tauschte ihre Gestalt mit der Mutter, worüber der Vater sehr vergnügt zu sein schien; der Schreiber freute sich, dass die beiden fortgingen; besonders da ihm Ginnistan ihr Taschenbuch zum Abschiede schenkte, worin die Chronik des Hauses umständlich aufgezeichnet war; nur blieb ihm die kleine Fabel ein Dorn im Auge, und er hätte, um seiner Ruhe und Zufriedenheit willen, nichts mehr gewünscht, als dass auch sie unter der Zahl der Abreisenden sein möchte. Sophie segnete die Niederknienden ein und gab ihnen ein Gefäß voll Wasser aus der Schale mit; die Mutter war sehr bekümmert. Die kleine Fabel wäre gern mitgegangen, und der Vater war zu sehr außer dem Hause beschäftigt, als dass er lebhaften Anteil hätte nehmen sollen.

Die Reise Ginnistans und Eros'

Es war Nacht, wie sie abreisten, und der Mond stand hoch am Himmel.

»Lieber Eros«, sagte Ginnistan, »wir müssen eilen, dass wir zu meinem Vater kommen, der mich lange nicht gesehn und sehnsuchtsvoll mich überall auf der Erde gesucht hat. Siehst du wohl sein bleiches abgehärmtes Gesicht? Dein Zeugnis wird mich ihm in der fremden Gestalt kenntlich machen.«

Die Liebe ging auf dunkler Bahn [Eros. JM]
Vom Monde nur erblickt,
Das Schattenreich war aufgetan
Und seltsam aufgeschmückt.

Ein blauer Dunst umschwebte sie [Ginnistan und Eros. JM]
Mit einem goldnen Rand,
Und eilig zog die Fantasie
Sie über Strom und Land.

Es hob sich ihre volle Brust
In wunderbarem Mut;
Ein Vorgefühl der künft'gen Lust
Besprach die wilde Glut.

Die Sehnsucht klagt' und wusst' es nicht, [Freya. JM]
Dass Liebe näher kam,
Und tiefer grub in ihr Gesicht
Sich hoffnungsloser Gram.

Die kleine Schlange blieb getreu:
Sie wies nach Norden hin,
Und beide folgten sorgenfrei
Der schönen Führerin.

Die Liebe ging durch Wüstenein
Und durch der Wolken Land,
Trat in den Hof des Mondes ein
Die Tochter an der Hand.

Er saß auf seinem Silberthron,
Allein mit seinem Harm;
Da hört' er seines Kindes Ton,
Und sank in ihren Arm.

Eros stand gerührt bei den zärtlichen Umarmungen. Endlich sammelte sich der alte erschütterte Mann und bewillkommte seinen Gast. Er ergriff sein gro-ßes Horn und stieß mit voller Macht hinein. Ein gewaltiger Ruf dröhnte durch die uralte Burg. Die spitzen Türme mit ihren glänzenden Knöpfen und die tie-fen schwarzen Dächer schwankten. Die Burg stand still, denn sie war auf das Gebirge jenseits des Meers gekommen. Von allen Seiten strömten seine Diener herzu, deren seltsame Gestalten und Trachten Ginnistan unendlich ergötzten und den tapferen Eros nicht erschreckten.

Erstere grüßte ihre alten Bekannten, und alle erschienen vor ihr mit neuer

Stärke und in der ganzen Herrlichkeit ihrer Naturen. Der ungestüme Geist der Flut folgte der sanften Ebbe. Die alten Orkane legten sich an die klopfende Brust der heißen leidenschaftlichen Erdbeben. Die zärtlichen Regenschauer sahen sich nach dem bunten Bogen um, der von der Sonne, die ihn mehr anzieht, entfernt, bleich da stand. Der raue Donner schalt über die Torheiten der Blitze, hinter den unzähligen Wolken hervor, die mit tausend Reizen dastanden und die feurigen Jünglinge lockten. Die beiden lieblichen Schwestern, Morgen und Abend, freuten sich vorzüglich über die beiden Ankömmlinge. Sie weinten sanfte Tränen in ihren Umarmungen. Unbeschreiblich war der Anblick dieses wunderlichen Hofstaats. Der alte König konnte sich an seiner Tochter nicht satt sehen. Sie fühlte sich zehnfach glücklich in ihrer väterlichen Burg und ward nicht müde die bekannten Wunder und Seltenheiten zu beschauen. Ihre Freude war ganz unbeschreiblich, als ihr der König den Schlüssel zur Schatzkammer und die Erlaubnis gab, ein Schauspiel für Eros darin zu veranstalten, das ihn so lange unterhalten könnte, bis das Zeichen des Aufbruchs gegeben würde.

Die Schatzkammer des Mondes

Die Schatzkammer war ein großer Garten, dessen Mannigfaltigkeit und Reichtum alle Beschreibung übertraf. Zwischen den ungeheuren Wetterbäumen lagen unzählige Luftschlösser von überraschender Bauart, eins immer köstlicher, als das andere. Große Herden von Schäfchen, mit silberweißer, goldner und rosenfarbner Wolle irrten umher, und die sonderbarsten Tiere belebten den Hain. Merkwürdige Bilder standen hie und da, und die festlichen Aufzüge, die seltsamen Wagen, die überall zum Vorschein kamen, beschäftigten die Aufmerksamkeit unaufhörlich. Die Beete standen voll der buntesten Blumen. Die Gebäude waren gehäuft voll von Waffen aller Art, voll der schönsten Teppiche, Tapeten, Vorhänge, Trinkgeschirre und aller Arten von Geräten und Werkzeugen, in unübersehlichen Reihen.

Auf einer Anhöhe erblickten sie ein romantisches Land, das mit Städten und Burgen, mit Tempeln und Begräbnissen übersät war und alle Anmut bewohnter Ebenen mit den furchtbaren Reizen der Einöde und schroffer Felsengegenden vereinigte. Die schönsten Farben waren in den glücklichsten Mischungen. Die Bergspitzen glänzten wie Lustfeuer in ihren Eis- und Schneehüllen. Die Ebene lachte im frischesten Grün. Die Ferne schmückte sich mit allen Veränderungen von Blau, und aus der Dunkelheit des Meeres wehten unzählige bunte Wimpel von zahlreichen Flotten. Hier sah man einen Schiffbruch im Hintergrunde und vorne ein ländliches fröhliches Mahl von Landleuten; dort den schrecklich schönen Ausbruch eines Vulkans, die Verwüstungen des Erdbebens und im Vordergrunde ein liebendes Paar unter schattenden Bäumen in den süßesten Liebkosungen. Abwärts eine fürchterliche Schlacht und unter ihr ein Theater voll der lächerlichsten Masken.

Nach einer anderen Seite im Vordergrunde einen jugendlichen Leichnam auf der Bahre, die ein trostloser Geliebter festhielt, und die weinenden Eltern daneben; im Hintergrunde eine liebliche Mutter mit dem Kinde an der Brust und Engel sitzend zu ihren Füßen und aus den Zweigen über ihrem Haupte herunterblickend.

Die Szenen verwandelten sich unaufhörlich und flossen endlich in eine große geheimnisvolle Vorstellung zusammen. Himmel und Erde waren in vollem Aufruhr. Alle Schrecken waren losgebrochen. Eine gewaltige Stimme rief zu den Waffen. Ein entsetzliches Heer von Totengerippen, mit schwarzen Fahnen, kam wie ein Sturm von dunkeln Bergen herunter und griff das Leben an, das mit seinen jugendlichen Scharen in der hellen Ebene in muntern Festen begriffen war und sich keines Angriffs versah.

Es entstand ein entsetzliches Getümmel, die Erde zitterte; der Sturm brauste, und die Nacht ward von fürchterlichen Meteoren erleuchtet. Mit unerhörten Grausamkeiten zerriss das Heer der Gespenster die zarten Glieder der Lebendigen. Ein Scheiterhaufen türmte sich empor, und unter dem grausenvollsten Geheul wurden die Kinder des Lebens von den Flammen verzehrt.

Plötzlich brach aus dem dunklen Aschenhaufen ein milchblauer Strom nach allen Seiten aus. Die Gespenster wollten die Flucht ergreifen, aber die Flut wuchs zusehends und verschlang die scheußliche Brut. Bald waren alle Schrecken vertilgt. Himmel und Erde flossen in süße Musik zusammen. Eine wunderschöne Blume schwamm glänzend auf den sanften Wogen. Ein glänzender Bogen schloss sich über die Flut auf welchem göttliche Gestalten auf prächtigen Thronen, nach beiden Seiten herunter, saßen. Sophie saß zuoberst, die Schale in der Hand, neben einem herrlichen Manne, mit einem Eichenkranze um die Locken und einer Friedenspalme statt des Szepters in der Rechten. Ein Lilienblatt bog sich über den Kelch der schwimmenden Blume; die kleine Fabel saß auf demselben und sang zur Harfe die süßesten Lieder. In dem Kelche lag Eros selbst, über ein schönes schlummerndes Mädchen hergebeugt, die ihn fest umschlungen hielt. Eine kleinere Blüte schloss sich um beide her, so dass sie von den Hüften an in Eine Blume verwandelt zu sein schienen.

Eros dankte Ginnistan mit tausend Entzücken. Er umarmte sie zärtlich, und sie erwiderte seine Liebkosungen. Ermüdet von der Beschwerde des Weges und den mannigfaltigen Gegenständen, die er gesehen hatte, sehnte er sich nach Bequemlichkeit und Ruhe. Ginnistan, die sich von dem schönen Jüngling lebhaft angezogen fühlte, hütete sich wohl des Trankes zu erwähnen, den

Sophie ihm mitgegeben hatte. Sie führte ihn zu einem abgelegenen Bade, zog ihm die Rüstung aus und zog selbst ein Nachtkleid an, in welchem sie fremd und verführerisch aussah. Eros tauchte sich in die gefährlichen Wellen und stieg berauscht wieder heraus. Ginnistan trocknete ihn und rieb seine starken, von Jugendkraft gespannten Glieder. Er gedachte mit glühender Sehnsucht seiner Geliebten *[in der Blume. JM]* und umfasste in süßem Wahne die reizende Ginnistan. Unbesorgt überließ er sich seiner ungestümen Zärtlichkeit und schlummerte endlich nach den wollüstigsten Genüssen an dem reizenden Busen seiner Begleiterin ein.

Fabel findet das Schattenreich

Unterdessen war zu Hause eine traurige Veränderung vorgegangen. Der Schreiber hatte das Gesinde in eine gefährliche Verschwörung verwickelt. Sein feindseliges Gemüt hatte längst Gelegenheit gesucht, sich des Hausregiments zu bemächtigen und sein Joch abzuschütteln. Er hatte sie gefunden. Zuerst bemächtigte sich sein Anhang der Mutter, die in eiserne Bande gelegt wurde. Der Vater ward bei Wasser und Brot ebenfalls hingesetzt. Die kleine Fabel hörte den Lärm im Zimmer. Sie verkroch sich hinter dem Altare, und wie sie bemerkte, dass eine Tür an seiner Rückseite verborgen war, so öffnete sie dieselbe mit vieler Behändigkeit und fand, dass eine Treppe in ihm hinunterging. Sie zog die Tür nach sich und stieg im Dunkeln die Treppe hinunter. Der Schreiber stürzte sich mit Ungestüm herein, um sich an der kleinen Fabel zu rächen und Sophien gefangen zu nehmen. Beide waren nicht zu finden. Die Schale fehlte auch, und in seinem Grimme zerschlug er den Altar in tausend Stücke, ohne jedoch die heimliche Treppe zu entdecken.

Die kleine Fabel stieg geraume Zeit. Endlich kam sie auf einen freien Platz hinaus, der rund herum mit einer prächtigen Kolonnade geziert und durch ein großes Tor geschlossen war. Alle Figuren waren hier dunkel. Die Luft war wie ein ungeheurer Schatten; am Himmel stand ein schwarzer strahlender Körper. Man konnte alles auf das deutlichste unterscheiden, weil jede Figur einen anderen Anstrich von Schwarz zeigte und einen lichten Schein hinter sich, warf; Licht und Schatten schienen hier ihre Rollen vertauscht zu haben. Fabel freute sich in einer neuen Welt zu sein. Sie besah alles mit kindlicher Neugierde. Endlich kam sie an das Tor, vor welchem auf einem massiven Postument eine schöne Sphinx lag.

»Was suchst du?«, sagte die Sphinx.

»Mein Eigentum«, erwiderte Fabel.

»Wo kommst du her?«

»Aus alten Zeiten.«

»Du bist noch ein Kind.«

»Und werde ewig ein Kind sein.«

»Wer wird dir beistehn?«

»Ich stehe für mich.«

»Wo sind die Schwestern«, fragte Fabel?

»Überall und nirgends«, gab die Sphinx zur Antwort.

»Kennst du mich?«

»Noch nicht.«

»Wo ist die Liebe?«

»In der Einbildung.«

»Und Sophie?«

Die Sphinx murmelte unvernehmlich vor sich hin und rauschte mit den Flügeln.

»Sophie und Liebe!«, rief triumphierend Fabel und ging durch das Tor. Sie trat in die ungeheure Höhle und ging fröhlich auf die alten Schwestern zu, die bei der kärglichen Nacht einer schwarz brennenden Lampe ihr wunderliches Geschäft trieben. Sie taten nicht, als ob sie den kleinen Gast bemerkten, der mit artigen Liebkosungen sich geschäftig um sie erzeigte. Endlich krächzte die eine mit rauen Worten und scheelem Gesicht: »Was willst du hier, Müßiggängerin? Wer hat dich eingelassen? Dein kindisches Hüpfen bewegt die stille Flamme. Das Öl verbrennt unnützer Weise. Kannst du dich nicht hinsetzen und etwas vornehmen?«

»Schöne Base«, sagte Fabel, »am Müßiggehn ist mir nichts gelegen. Ich musste recht über eure Türhüterin lachen. Sie hätte mich gern an die Brust genommen, aber sie musste zu viel gegessen haben, sie konnte nicht aufstehn. Lasst mich vor der Tür sitzen und gebt mir etwas zu spinnen; denn hier kann ich nicht gut sehen, und wenn ich spinne, muss ich singen und plaudern dürfen, und das könnte euch in euren ernsthaften Gedanken stören.«

»Hinaus sollst du nicht, aber in der Nebenkammer bricht ein Strahl der Oberwelt durch die Felsritzen, da magst du spinnen, wenn du so geschickt bist; hier liegen ungeheure Haufen von alten Enden, die drehe zusammen; aber hüte dich: Wenn du saumselig spinnst oder der Faden reißt, so schlingen sich die Fäden um dich her und ersticken dich.« Die Alte lachte hämisch und spann.

Fabel raffte einen Arm voll Fäden zusammen, nahm Wocken und Spindel und hüpfte singend in die Kammer. Sie sah durch die Öffnung hinaus und erblickte das Sternbild des Phönixes. Froh über das glückliche Zeichen fing sie an lustig zu spinnen, ließ die Kammertür ein wenig offen und sang halbleise:

Erwacht in euren Zellen,
Ihr Kinder alter Zeit;
Lasst eure Ruhestellen,
Der Morgen ist nicht weit.

Ich spinne eure Fäden
In Einen Faden ein;
Aus ist die Zeit der Fehden.
Ein Leben sollt' ihr sein.

Ein jeder lebt in Allen,
Und All' in Jedem auch.
Ein Herz wird in euch wallen,
Von Einem Lebenshauch.

Noch seid ihr nichts als Seele,
Nur Traum und Zauberei.
Geht furchtbar in die Höhle
Und neckt die heil'ge Drei.

Die Spindel schwang sich mit unglaublicher Behändigkeit zwischen den kleinen Füßen; während sie mit beiden Händen den zarten Faden drehte. Unter dem Liede wurden unzählige Lichterchen sichtbar, die aus der Türspalte schlüpften und durch die Höhle in scheußlichen Larven sich verbreiteten.

Die Alten hatten während der Zeit immer mürrisch fortgesponnen und auf das Jammergeschrei der kleinen Fabel gewartet, aber wie entsetzten sie sich, als auf einmal eine erschreckliche Nase über ihre Schultern guckte, und wie sie sich umsahen, die ganze Höhle voll der grässlichsten Figuren war, die tausenderlei Unfug trieben. Sie fuhren ineinander, heulten mit fürchterlicher Stimme und wären vor Schrecken zu Stein geworden, wenn nicht in diesem Augenblicke der Schreiber in die Höhle getreten wäre und eine Alraunwurzel *[zum Schutz gegen Zauberei. JM]* bei sich gehabt hätte. Die Lichterchen verkrochen sich in die Felsklüfte und die Höhle wurde ganz hell, weil die schwarze Lampe in der Verwirrung umgefallen und ausgelöscht war.

Die Alten waren froh, wie sie den Schreiber kommen hörten, aber voll Ingrimms gegen die kleine Fabel. Sie riefen sie heraus, schnarchten sie fürchterlich an und verboten ihr fortzuspinnen. Der Schreiber schmunzelte höhnisch, weil er die kleine Fabel nun in seiner Gewalt zu haben glaubte und sagte: »Es ist gut, dass du hier bist und zur Arbeit angehalten werden kannst. Ich hoffe, dass es an Züchtigungen nicht fehlen soll. Dein guter Geist hat dich hergeführt. Ich wünsche dir langes Leben und viel Vergnügen.« – »Ich danke dir für deinen guten Willen, sagte Fabel; man sieht dir jetzt die gute Zeit an; dir fehlt nur noch das Stundenglas und die Hippe *[eine Art Sichel. JM]*, so siehst du ganz wie der Bruder meiner schönen Basen aus. Wenn du Gänsespulen brauchst, so zupfe ihnen nur eine Handvoll zarten Pflaum aus den Wangen.«

Der Schreiber schien Miene zu machen, über sie herzufallen. Sie lächelte und sagte:»Wenn dir dein schöner Haarwuchs und dein geistreiches Auge lieb sind, so nimm dich in Acht; bedenke meine Nägel, du hast nicht viel mehr zu verlieren.« Er wandte sich mit verbissner Wut zu den Alten, die sich die Augen wischten und nach ihren Wocken umhertappten. Sie konnten nichts finden, da die Lampe ausgelöscht war, und ergossen sich in Schimpfreden gegen Fabel. »Lasst sie doch gehen«, sprach er tückisch, »dass sie euch Taranteln fange, zur Bereitung eures Öls. Ich wollte euch zu eurem Troste sagen, dass Eros ohne Rast umherfliegt und eure Schere fleißig beschäftigen wird. Seine Mutter, die euch so oft zwang, die Fäden *[die Lebensfäden. JM]* länger zu spinnen, wird morgen ein Raub der Flammen.« Er kitzelte sich, um zu lachen, wie er sah, dass Fabel einige Tränen bei dieser Nachricht vergoss, gab ein Stück von der Wurzel der Alten und ging naserümpfend von dannen.

Fabels erster Besuch bei Arctur

Die Schwestern hießen der Fabel mit zorniger Stimme Taranteln suchen, ohngeachtet sie noch Öl vorrätig hatten, und Fabel eilte fort. Sie tat, als öffne sie das Tor, warf es ungestüm wieder zu und schlich sich leise nach dem Hintergrunde der Höhle, wo eine Leiter herunterhing. Sie kletterte schnell hinauf und kam bald vor eine Falltür, die sich in Arcturs Gemach öffnete.

Der König saß umringt von seinen Räten, als Fabel erschien. Die nördliche Krone zierte sein Haupt. Die Lilie hielt er mit der Linken, die Waage in der Rechten. Der Adler und Löwe saßen zu seinen Füßen.

»Monarch«, sagte die Fabel, indem sie sich ehrfurchtsvoll vor ihm neigte.

»Heil deinem festgegründeten Throne! Frohe Botschaft deinem verwundeten Herzen! Baldige Rückkehr der Weisheit! Ewiges Erwachen dem Frieden! Ruhe der rastlosen Liebe! Verklärung des Herzens! Leben dem Altertum und Gestalt der Zukunft!«

Der König berührte ihre offene Stirn mit der Lilie: »Was du bittest, sei dir gewährt.« – »Dreimal werde ich bitten, wenn ich zum vierten Male komme, so ist die Liebe vor der Tür. Jetzt gib mir die Leier.«

»Eridanus! bringe sie her«, rief der König. Rauschend strömte Eridanus von der Decke, und Fabel zog die Leier aus seinen blinkenden Fluten.

Fabel tat einige weissagende Griffe; der König ließ ihr den Becher reichen, aus dem sie nippte und mit vielen Danksagungen hinweg eilte.

Sie glitt in reizenden Bogenschwüngen über das Eismeer, indem sie fröhliche Musik aus den Saiten lockte. Das Eis gab unter ihren Tritten die herrlichsten Töne von sich. Der Felsen der Trauer hielt sie für Stimmen seiner suchenden rückkehrenden Kinder, und antwortete in einem tausendfachen Echo.

Fabel begegnet Ginnistan und Eros

Fabel hatte bald das Gestade erreicht. Sie begegnete ihrer Mutter, die abgezehrt und bleich aussah, schlank und ernst geworden war und in edlen Zügen die Spuren eines hoffnungslosen Grams und rührender Treue verriet. »Was ist aus dir geworden, liebe Mutter?«, sagte Fabel, »du scheinst mir gänzlich verändert; ohne inneres Anzeichen hätt' ich dich nicht erkannt. Ich hoffte mich an deiner Brust einmal wieder zu erquicken; ich habe lange nach dir geschmachtet.«

Ginnistan liebkoste sie zärtlich und sah heiter und freundlich aus. »Ich dachte es gleich«, sagte sie, dass dich der Schreiber nicht würde gefangen haben. Dein Anblick erfrischt mich. Es geht mir schlimm und knapp genug, aber ich tröste mich bald. Vielleicht habe ich einen Augenblick Ruhe. Eros ist in der Nähe, und wenn er dich sieht und du ihm vorplauderst, verweilt er vielleicht einige Zeit. Indes kannst du dich an meine Brust legen; ich will dir geben, was ich habe.« Sie nahm die Kleine auf den Schoß, reichte ihr die Brust und fuhr fort, indem sie lächelnd auf die Kleine hinuntersah, die es sich gut schmecken ließ. »Ich bin selbst Ursach, dass Eros so wild und unbeständig geworden ist. Aber mich reut es dennoch nicht, denn jene Stunden, die ich in seinen Armen zubrachte, haben mich zur Unsterblichen gemacht. Ich glaubte unter seinen feurigen Liebkosungen zu zerschmelzen. Wie ein himmlischer Räuber schien er mich grausam vernichten und stolz über sein bebendes Opfer triumphieren zu wollen.

Wir erwachten spät aus dem verbotenen Rausche, in einem sonderbar vertauschten Zustande. Lange silberweiße Flügel bedeckten seine weißen Schultern und die reizende Fülle und Biegung seiner Gestalt. Die Kraft, die ihn so plötzlich aus einem Knaben zum Jünglinge quellend getrieben, schien sich ganz in die glänzenden Schwingen gezogen zu haben, und er war wieder zum Knaben geworden. Die stille Glut seines Gesichts war in das tändelnde Feuer eines Irrlichts, der heilige Ernst in verstellte Schalkheit, die bedeutende Ruhe in kindische Unstetigkeit, der edle Anstand in drollige Beweglichkeit verwandelt.

Ich fühlte mich von einer ernsthaften Leidenschaft unwiderstehlich zu dem mutwilligen Knaben gezogen und empfand schmerzlich seinen lächelnden Hohn und seine Gleichgültigkeit gegen meine rührendsten Bitten. Ich sah meine Gestalt verändert. Meine sorglose Heiterkeit war verschwunden und hatte einer traurigen Bekümmernis, einer zärtlichen Schüchternheit Platz gemacht. Ich hätte mich mit Eros vor allen Augen verbergen mögen. Ich hatte nicht das Herz, in seine beleidigenden Augen zu sehn und fühlte mich entsetzlich beschämt und erniedrigt. Ich hatte keinen andern Gedanken, als ihn und hätte mein Leben hingegeben, um ihn von seinen Unarten zu befreien. Ich musste ihn anbeten, so tief er auch alle meine Empfindungen kränkte.

Seit der Zeit, wo er sich aufmachte und mir entfloh, so rührend ich auch mit den heißesten Tränen ihn beschwor, bei mir zu bleiben, bin ich ihm überall gefolgt. Er scheint es ordentlich darauf anzulegen, mich zu necken. Kaum habe ich ihn erreicht, so fliegt er tückisch weiter. Sein Bogen richtet überall Verwüstungen an. Ich habe nichts zu tun, als die Unglücklichen zu trösten und habe doch selbst Trost nötig.

Ihre Stimmen, die mich rufen, zeigen mir seinen Weg, und ihre wehmütigen Klagen, wenn ich sie wieder verlassen muss, gehen mir tief zu Herzen. Der Schreiber verfolgt uns mit entsetzlicher Wut und rächt sich an den armen Getroffenen. Die Frucht jener geheimnisvollen Nacht waren eine zahlreiche Menge wunderlicher Kinder, die ihrem Großvater [Vater Mond. JM] ähnlich sehn und nach ihm genannt sind. Geflügelt wie ihr Vater begleiten sie ihn beständig und plagen die Armen, die sein Pfeil trifft. Doch da kommt der fröhliche Zug. Ich muss fort; lebe wohl, süßes Kind. Seine Nähe erregt meine Leidenschaft. Sei glücklich in deinem Vorhaben.«

Eros zog weiter, ohne Ginnistan, die auf ihn zueilte, einen zärtlichen Blick zu gönnen. Aber zu Fabel wandte er sich freundlich, und seine kleinen Begleiter tanzten fröhlich um sie her. Fabel freute sich, ihren Milchbruder wieder zu sehn und sang zu ihrer Leier ein munteres Lied. Eros schien sich besinnen zu wollen und ließ den Bogen fallen. Die Kleinen entschliefen auf dem Rasen. Ginnistan konnte ihn fassen, und er litt ihre zärtlichen Liebkosungen.

Endlich fing Eros auch an zu nicken, schmiegte sich an Ginnistans Schoß und schlummerte ein, indem er seine Flügel über sie ausbreitete. Unendlich froh war die müde Ginnistan und verwandte kein Auge von dem holden Schläfer.

Während des Gesanges waren von allen Seiten Taranteln zum Vorschein gekommen, die über die Grashalme ein glänzendes Netz zogen und lebhaft nach dem Takte sich an ihren Fäden bewegten. Fabel tröstete nun ihre Mutter und versprach ihr baldige Hilfe. Vom Felsen tönte der sanfte Widerhall der Musik und wiegte die Schläfer ein. Ginnistan sprengte aus dem wohlverwahrten Gefäß einige Tropfen in die Luft, und die anmutigsten Träume fielen auf sie nieder. Fabel nahm das Gefäß mit und setzte ihre Reise fort. Ihre Saiten ruhten nicht, und die Taranteln folgten auf schnell gesponnenen Fäden den bezaubernden Tönen.

Sie sah bald von weitem die hohe Flamme des Scheiterhaufens, die über den grünen Wald emporstieg. Traurig sah sie gen Himmel und freute sich, wie sie Sophieens blauen Schleier erblickte, der wallend über der Erde schwebte und auf ewig die ungeheure Gruft bedeckte.

Die Sonne stand feuerrot vor Zorn am Himmel, die gewaltige Flamme sog an ihrem geraubten Lichte, und so heftig sie es auch an sich zu halten schien, so ward sie doch immer bleicher und fleckiger. Die Flamme ward weißer und mächtiger, je fahler die Sonne ward. Sie sog das Licht immer stärker in sich, und bald war die Glorie um das Gestirn des Tages verzehrt und nur als eine matte, glänzende Scheibe stand es noch da, indem jede neue Regung des Neides und der Wut den Ausbruch der entfliehenden Lichtwellen vermehrte. Endlich war nichts von der Sonne mehr übrig als eine schwarze ausgebrannte Schlacke, die herunter ins Meer fiel. Die Flamme war über allen Ausdruck glänzend geworden. Der Scheiterhaufen war verzehrt. Sie hob sich langsam in die Höhe und zog nach Norden.

Fabels zweiter Aufenthalt im Schattenreich

Fabel trat in den Hof, der verödet aussah; das Haus war unterdes verfallen. Dornsträuche wuchsen in den Ritzen der Fenstergesimse und Ungeziefer aller Art kribbelte auf den zerbrochenen Stiegen. Sie hörte im Zimmer einen entsetzlichen Lärm; der Schreiber und seine Gesellen hatten sich an dem Flammentode der Mutter geweidet, waren aber gewaltig erschrocken, wie sie den Untergang der Sonne wahrgenommen hatten.

Sie hatten sich vergeblich angestrengt, die Flamme zu löschen, und waren bei dieser Gelegenheit nicht ohne Beschädigungen geblieben. Der Schmerz und die Angst presste ihnen entsetzliche Verwünschungen und Klagen aus. Sie erschraken noch mehr, als Fabel ins Zimmer trat, und stürmten mit wütendem Geschrei auf sie ein, um an ihr den Grimm auszulassen. Fabel schlüpfte hinter die Wiege, und ihre Verfolger traten ungestüm in das Gewebe der Taranteln, die sich durch unzählige Bisse an ihnen rächten. Der ganze Haufen fing nun toll an zu tanzen, wozu Fabel ein lustiges Lied spielte. Mit vielem Lachen über ihre possierlichen Fratzen ging sie auf die Trümmer des Altars zu und räumte sie weg, um die verborgene Treppe zu finden, auf der sie mit ihrem Tarantelgefolge hinunter stieg.

Die Sphinx fragte:

»Was kommt plötzlicher, als der Blitz?«

»Die Rache«, sagte Fabel.

»Was ist am vergänglichsten?«

»Ungerechter Besitz.«

»Wer kennt die Welt?«

»Wer sich selbst kennt.«

»Was ist das ewige Geheimnis?«

»Die Liebe.«

»Bei wem ruht es?«

»Bei Sophieen.«

Die Sphinx krümmte sich kläglich, und Fabel trat in die Höhle.

»Hier bringe ich euch Taranteln«, sagte sie zu den Alten, die ihre Lampe wieder angezündet hatten und sehr emsig arbeiteten. Sie erschraken, und die eine lief mit der Schere auf sie zu, um sie zu erstechen. Unversehens trat sie auf eine Tarantel, und diese stach sie in den Fuß. Sie schrie erbärmlich. Die andern wollten ihr zu Hilfe kommen und wurden ebenfalls von den erzürnten Taranteln gestochen. Sie konnten sich nun nicht an Fabel vergreifen und sprangen wild umher. »Spinn uns gleich«, riefen sie grimmig der Kleinen zu, »leichte Tanzkleider. Wir können uns in den steifen Röcken nicht rühren und vergehn fast vor Hitze, aber mit Spinnensaft musst du den Faden einweichen, dass er nicht reißt, und wirke Blumen hinein, die im Feuer gewachsen sind, sonst bist du des Todes.« – »Recht gern«, sagte Fabel und ging in die Nebenkammer.

»Ich will euch drei tüchtige Fliegen verschaffen«, sagte sie zu den Kreuzspinnen, die ihre luftigen Gewebe rund um an der Decke und den Wänden angeheftet hatten, »aber ihr müsst mir gleich drei hübsche, leichte Kleider spinnen. Die Blumen, die hinein gewirkt werden sollen, will ich auch gleich bringen.« Die Kreuzspinnen waren bereit und fingen rasch zu weben an.

Fabels zweiter Besuch bei Arctur

Fabel schlich sich zur Leiter und begab sich zu Arctur. »Monarch«, sagte sie, »die Bösen tanzen, die Guten ruhn. Ist die Flamme angekommen?« – »Sie ist angekommen«, sagte der König. »Die Nacht ist vorbei und das Eis schmilzt. Meine Gattin zeigt sich von weitem. Meine Feindin ist versenkt [im Meer. JM]. Alles fängt zu leben an. Noch darf ich mich nicht sehn lassen, denn allein bin ich nicht König. Bitte was du willst.«

»Ich brauche«, sagte Fabel, »Blumen, die im Feuer gewachsen sind. Ich weiß, du hast einen geschickten Gärtner, der sie zu ziehen versteht.« – »Zink«, rief der König, »gib uns Blumen.«

Der Blumengärtner trat aus der Reihe, holte einen Topf voll Feuer und säte glänzenden Samenstaub hinein. Es währte nicht lange, so flogen die Blumen empor. Fabel sammelte sie in ihre Schürze und machte sich auf den Rückweg.

Fabels dritter Aufenthalt im Schattenreich

Die Spinnen waren fleißig gewesen, und es fehlte nichts mehr, als das Anheften der Blumen, welches sie sogleich mit vielem Geschmack und Behändigkeit begannen. Fabel hütete sich wohl die Enden abzureißen, die noch an den Weberinnen hingen. Sie trug die Kleider den ermüdeten Tänzerinnen hin, die triefend von Schweiß umgesunken waren und sich einige Augenblicke von der ungewohnten Anstrengung erholten. Mit vieler Geschicklichkeit entkleidete sie die hagern Schönheiten, die es an Schmähungen der kleinen Dienerin nicht fehlen ließen, und zog ihnen die neuen Kleider an, die sehr niedlich gemacht waren und vortrefflich passten. Sie pries während dieses Geschäftes die Reize und den liebenswürdigen Charakter ihrer Gebieterinnen, und die Alten schienen ordentlich erfreut über die Schmeicheleien und die Zierlichkeit des Anzuges. Sie hatten sich unterdes erholt und fingen von neuer Tanzlust beseelt wieder an, sich munter umherzudrehen, indem sie heimtückisch der Kleinen langes Leben und große Belohnungen versprachen.

Fabel ging in die Kammer zurück und sagte zu den Kreuzspinnen: »Ihr könnt nun die Fliegen getrost verzehren, die ich in eure Weben gebracht habe.«

Die Spinnen waren so schon ungeduldig über das Hin- und Herreißen, da die Enden noch in ihnen waren und die Alten so toll umhersprangen. Sie rannten also hinaus und fielen über die Tänzerinnen her; diese wollten sich mit der Schere verteidigen, aber Fabel hatte sie in aller Stille mitgenommen. Sie unterlagen also ihren hungrigen Handwerksgenossen, die lange keine so köstlichen Bissen geschmeckt hatten und sie bis auf das Mark aussaugten.

Fabel sah durch die Felsenkluft hinaus und erblickte den Perseus mit dem großen eisernen Schilde. Die Schere flog von selbst dem Schilde zu, und Fabel bat ihn, Eros' Flügel damit zu verschneiden und dann mit seinem Schilde die Schwestern zu verewigen und das große Werk zu vollenden.

Fabel besucht Arctur zum dritten Mal

Sie verließ nun das unterirdische Reich und stieg fröhlich zu Arcturs Palaste. »Der Flachs ist versponnen. Das Leblose ist wieder entseelt. Das Lebendige wird regieren und das Leblose bilden und gebrauchen. Das Innere wird offenbart und das Äußere verborgen. Der Vorhang wird sich bald heben und das Schauspiel seinen Anfang nehmen. Noch einmal bitte ich, dann spinne ich Tage der Ewigkeit.« – »Glückliches Kind«, sagte der gerührte Monarch, »du bist unsre Befreierin.« – »Ich bin nichts als Sophiens Pate« *[Patenkind. JM]*, sagte die Kleine. »Erlaube, dass Turmalin, der Blumengärtner und Gold mich begleiten. Die

Asche meiner Pflegemutter muss ich sammeln, und der alte Träger muss wieder aufstehn, dass die Erde wieder schwebe und nicht auf dem Chaos liege.« Der König rief allen Dreien und befahl ihnen, die Kleine zu begleiten.

Die Stadt war hell, und auf den Straßen war ein lebhafter Verkehr. Das Meer brach sich brausend an der hohlen Klippe, und Fabel fuhr auf des Königs Wagen mit ihren Begleitern hinüber. Turmalin sammelte sorgfältig die auffliegende Asche. Sie gingen rund um die Erde, bis sie an den alten Riesen kamen, an dessen Schultern sie hinunter klimmten. Er schien vom Schlage gelähmt und konnte kein Glied rühren. Gold legte ihm eine Münze in den Mund, und der Blumengärtner schob eine Schüssel unter seine Lenden. Fabel berührte ihm die Augen und goss das Gefäß auf seiner Stirn aus. So wie das Wasser über das Auge in den Mund und herunter über ihn in die Schüssel floss, zuckte ein Blitz des Lebens ihm in allen Muskeln. Er schlug die Augen auf und hob sich rüstig empor *[mit der Erde auf seinen Schultern. JM]*.

Fabel sprang zu ihren Begleitern auf die steigende Erde und bot ihm freundlich guten Morgen. »Bist du wieder da, liebliches Kind?«, sagte der Alte; »habe ich doch immer von dir geträumt. Ich dachte immer, du würdest erscheinen, ehe mir die Erde und die Augen zu schwer würden. Ich habe wohl lange geschlafen.« – »Die Erde ist wieder leicht, wie sie es immer den Guten war«, sagte Fabel. »Die alten Zeiten kehren zurück. In Kurzem bist du wieder unter alten Bekannten. Ich will dir fröhliche Tage spinnen, und an einem Gehilfen soll es auch nicht fehlen, damit du zuweilen an unsern Freuden Teil nehmen und im Arm einer Freundin Jugend und Stärke einatmen kannst.« – »Wo sind unsere alten Gastfreundinnen, die Hesperiden?« – »An Sophiens Seite. Bald wird ihr Garten wieder blühen und die goldne Frucht duften. Sie gehen umher und sammeln die schmachtenden Pflanzen.«

Sophie

Fabel entfernte sich und eilte dem Hause zu. Es war zu völligen Ruinen geworden. Efeu umzog die Mauern. Hohe Büsche beschatteten den ehemaligen Hof, und weiches Moos polsterte die alten Stiegen. Sie trat ins Zimmer. Sophie stand am Altar, der wieder aufgebaut war. Eros lag zu ihren Füßen in voller Rüstung, ernster und edler als jemals. Ein prächtiger Kronleuchter hing von der Decke. Mit bunten Steinen war der Fußboden ausgelegt und zeigte einen großen Kreis um den Altar her, der aus lauter edlen bedeutungsvollen Figuren bestand.

Ginnistan bog sich über ein Ruhebett, worauf der Vater in tiefem Schlummer zu liegen schien, und weinte. Ihre blühende Anmut war durch einen Zug von

Andacht und Liebe unendlich erhöht. Fabel reichte die Urne, worin die Asche *[der Mutter. JM]* gesammelt war, der heiligen Sophie, die sie zärtlich umarmte.

»Liebliches Kind«, sagte sie, »dein Eifer und deine Treue haben dir einen Platz unter den ewigen Sternen erworben. Du hast das Unsterbliche in dir gewählt. Der Phönix gehört dir. Du wirst die Seele unsers Lebens sein. Jetzt wecke den Bräutigam auf. Der Herold ruft, und Eros soll Freya suchen und aufwecken.«

Fabel freute sich unbeschreiblich bei diesen Worten. Sie rief ihren Begleitern Gold und Zink und nahte sich dem Ruhebette. Ginnistan sah erwartungsvoll ihrem Beginnen zu. Gold schmolz die Münze und füllte das Behältnis, worin der Vater lag, mit einer glänzenden Flut. Zink schlang um Ginnistans Busen eine Kette. Der Körper schwamm auf den zitternden Wellen. »Bücke dich, liebe Mutter«, sagte Fabel, »und lege die Hand auf das Herz des Geliebten.«

Ginnistan bückte sich. Sie sah ihr vielfaches Bild. Die Kette berührte die Flut, ihre Hand sein Herz; er erwachte und zog die entzückte Braut an seine Brust. Das Metall gerann und ward ein heller Spiegel. Der Vater erhob sich, seine Augen blitzten, und so schön und bedeutend auch seine Gestalt war, schien doch sein ganzer Körper eine feine unendlich bewegliche Flüssigkeit zu sein, die jeden Eindruck in den mannigfaltigsten und reizendsten Bewegungen verriet.

Das glückliche Paar näherte sich Sophien, die Worte der Weihe über sie aussprach und sie ermahnte, den Spiegel fleißig zu Rate zu ziehn, der alles in seiner wahren Gestalt zurückwerfe, jedes Blendwerk vernichte und ewig das ursprüngliche Bild festhalte. Sie ergriff nun die Urne und schüttete die Asche in die Schale auf dem Altar. Ein sanftes Brausen verkündigte die Auflösung, und ein leiser Wind wehte in den Gewändern und Locken der Umstehenden.

Sophie reichte die Schale dem Eros und dieser den andern. Alle kosteten den göttlichen Trank und vernahmen die freundliche Begrüßung der Mutter in ihrem Innern, mit unsäglicher Freude. Sie war jedem gegenwärtig, und ihre geheimnisvolle Anwesenheit schien alle zu verklären.

Die Erwartung war erfüllt und übertroffen. Alle merkten, was ihnen gefehlt habe, und das Zimmer war ein Aufenthalt der Seligen geworden. Sophie sagte: »Das große Geheimnis ist allen offenbart und bleibt ewig unergründlich. Aus Schmerzen wird die neue Welt geboren, und in Tränen wird die Asche zum Trank des ewigen Lebens aufgelöst. In jedem wohnt die himmlische Mutter, um jedes Kind *[in jedem. JM]* ewig zu gebären. Fühlt ihr die süße Geburt im Klopfen eurer Brust?«

Sie goss in den Altar den Rest aus der Schale hinunter. Die Erde bebte in ihren Tiefen. Sophie sagte: »Eros, eile mit deiner Schwester zu deiner Geliebten. Bald seht ihr mich wieder.«

Eros

Fabel und Eros gingen mit ihrer Begleitung schnell hinweg. Es war ein mächtiger Frühling über die Erde verbreitet. Alles hob und regte sich. Die Erde schwebte näher unter dem Schleier. Der Mond und die Wolken zogen mit fröhlichem Getümmel nach Norden. Die Königsburg *[des Arctur. JM]* strahlte mit herrlichem Glanze über das Meer, und auf ihren Zinnen stand der König in voller Pracht mit seinem Gefolge. Überall erblickten sie Staubwirbel, in denen sich bekannte Gestalten zu bilden schienen. Sie begegneten zahlreichen Scharen von Jünglingen und Mädchen, die nach der Burg strömten und sie mit Jauchzen bewillkommten. Auf manchen Hügeln saß ein glückliches eben erwachtes Paar in lang entbehrter Umarmung, hielt die neue Welt für einen Traum und konnte nicht aufhören, sich von der schönen Wahrheit zu überzeugen.

Die Blumen und Bäume wuchsen und grünten mit Macht. Alles schien beseelt. Alles sprach und sang. Fabel grüßte überall alte Bekannte. Die Tiere nahten sich mit freundlichen Grüßen den erwachten Menschen. Die Pflanzen bewirteten sie mit Früchten und Düften und schmückten sie auf das Zierlichste. Kein Stein lag mehr auf einer Menschenbrust, und alle Lasten waren in sich selbst zu einem festen Fußboden zusammengesunken.

Sie kamen an das Meer. Ein Fahrzeug von geschliffenem Stahl lag am Ufer festgebunden. Sie traten hinein und lösten das Tau. Die Spitze richtete sich nach Norden, und das Fahrzeug durchschnitt wie im Fluge die buhlenden Wellen. Lispelndes Schilf hielt sein Ungestüm auf und es stieß leise an das Ufer. Sie eilten die breiten Treppen hinan. Die Liebe *[Eros. JM]* wunderte sich über die königliche Stadt und ihre Reichtümer. Im Hofe sprang der lebendig gewordne Quell, der Hain *[aus Metallbäumen und Kristallpflanzen. JM]* bewegte sich mit den süßesten Tönen, und ein wunderbares Leben schien in seinen heißen Stämmen und Blättern, in seinen funkelnden Blumen und Früchten zu quellen und zu treiben.

Der alte Held empfing sie an den Thoren des Palastes. »Ehrwürdiger Alter«, sagte Fabel, Eros bedarf dein Schwert. Gold hat ihm eine Kette gegeben, die mit einem Ende in das Meer hinunter reicht und mit dem andern um seine Brust geschlungen ist. Fasse sie mit mir an und führe uns in den Saal, wo die Prinzessin ruht.« Eros nahm aus der Hand des Alten das Schwert, setzte den Knopf auf seine Brust und neigte die Spitze vorwärts. Die Flügeltüren des Saals flogen auf, und Eros nahte sich entzückt der schlummernden Freya.

Plötzlich geschah ein gewaltiger Schlag. Ein heller Funken fuhr von der Prinzessin nach dem Schwerte; das Schwert und die Kette leuchteten, der Held hielt die kleine Fabel, die beinah umgesunken wäre. Eros' Helmbusch wallte empor. »Wirf das Schwert weg«, rief Fabel, »und erwecke deine Geliebte.« Eros ließ das Schwert fallen, flog auf die Prinzessin zu und küsste feurig ihre süßen Lippen. Sie schlug ihre großen dunkeln Augen auf und erkannte den Geliebten. Ein langer Kuss versiegelte den ewigen Bund.

Die neue Zeit

Von der Kuppel herunter kam der König mit Sophien an der Hand. Die Gestirne und die Geister der Natur folgten in glänzenden Reihen. Ein unaussprechlich heitrer Tag erfüllte den Saal, den Palast, die Stadt und den Himmel. Eine zahllose Menge ergoss sich in den weiten königlichen Saal und sah mit stiller Andacht die Liebenden vor dem König und der Königin knien, die sie feierlich segneten. Der König nahm sein Diadem vom Haupte und band es um Eros' goldene Locken. Der alte Held zog ihm die Rüstung ab, und der König warf seinen Mantel um ihn her. Dann gab er ihm die Lilie in die linke Hand, und Sophie knüpfte ein köstliches Armband um die verschlungenen Hände der Liebenden, indem sie zugleich ihre Krone auf Freyas braune Haare setzte.

»Heil unsern alten Beherrschern«, rief das Volk. »Sie haben immer unter uns gewohnt, und wir haben sie nicht erkannt! Heil uns! Sie werden uns ewig beherrschen! Segnet uns auch!«

Sophie sagte zu der neuen Königin: »Wirf du das Armband eures Bundes in die Luft, dass das Volk und die Welt euch verbunden bleiben.« Das Armband zerfloss in der Luft, und bald sah man lichte Ringe um jedes Haupt, und ein glänzendes Band zog sich über die Stadt und das Meer und die Erde, die ein ewiges Fest des Frühlings feierte.

Perseus trat herein und trug eine Spindel und ein Körbchen. Er brachte dem neuen König das Körbchen. »Hier«, sagte er, »sind die Reste deiner Feinde. Eine steinerne Platte mit schwarzen und weißen Feldern lag darin und daneben eine Menge Figuren von Alabaster und schwarzem Marmor.« – »Es ist ein Schachspiel«, sagte Sophie; »aller Krieg ist auf diese Platte und in diese Figuren gebannt. Es ist ein Denkmal der alten trüben Zeit.«

Perseus wandte sich zu Fabel und gab ihr die Spindel. »In deinen Händen wird diese Spindel uns ewig erfreuen, und aus dir selbst wirst du uns einen goldnen unzerreißlichen Faden spinnen.«

Der Phönix flog mit melodischem Geräusch zu ihren Füßen, spreizte seine Fittiche vor ihr aus, auf die sie sich setzte, und schwebte mit ihr über den Thron, ohne sich wieder niederzulassen. Sie sang ein himmlisches Lied und fing zu spinnen an, indem der Faden aus ihrer Brust sich hervorzuwinden schien. Das Volk geriet in neues Entzücken, und aller Augen hingen an dem lieblichen Kinde.

Ein neues Jauchzen kam von der Tür her. Der alte Mond kam mit seinem wunderlichen Hofstaat herein, und hinter ihm trug das Volk Ginnistan und ihren Bräutigam, wie im Triumph, einher. Sie waren mit Blumenkränzen umwunden; die königliche Familie empfing sie mit der herzlichsten Zärtlichkeit, und das neue Königspaar *[Eros und Freya. JM]* rief sie zu seinen Statthaltern auf Erden aus.

»Gönnet mir«, sagte der Mond, »das Reich der Parzen, dessen seltsame Gebäude eben auf dem Hofe des Palastes aus der Erde gestiegen sind. Ich will euch mit Schauspielen darin ergötzen, wozu die kleine Fabel mir behilflich sein wird.«

Der König willigte in die Bitte, die kleine Fabel nickte freundlich, und das Volk freute sich auf den seltsamen unterhaltenden Zeitvertreib.

Die Hesperiden ließen zur Thronbesteigung Glück wünschen und um Schutz in ihren Gärten bitten. Der König ließ sie bewillkommen, und so folgten sich unzählige fröhliche Botschaften. Unterdessen hatte sich unmerklich der Thron verwandelt und war ein prächtiges Hochzeitbett geworden, über dessen Himmel der Phönix mit der kleinen Fabel schwebte. Drei Karyatiden aus dunkelm Porphyr trugen es hinten, und vorn ruhte dasselbe auf einer Sphinx aus Basalt. Der König umarmte seine errötende Geliebte, und das Volk folgte dem Beispiel des Königs und liebkoste sich unter einander. Man hörte nichts als zärtliche Namen und ein Kussgeflüster.

Endlich sagte Sophie: »Die Mutter ist unter uns, ihre Gegenwart wird uns ewig beglücken. Folgt uns in unsere Wohnung, in dem Tempel dort werden wir ewig wohnen und das Geheimnis der Welt bewahren.«

Die Fabel spann emsig und sang mit lauter Stimme:

Gegründet ist das Reich der Ewigkeit,
In Lieb' und Frieden endigt sich der Streit,
Vorüber ging der lange Traum der Schmerzen,
Sophie ist ewig Priesterin der Herzen.

Anmerkungen

1 Novalis, *Paralipomena zum Heinrich von Ofterdingen*, in: ders., *Schriften*, Band 1, *Das dichterische Werk*, hrsg. von Paul Kluckhohn und Richard Samuel. Stuttgart 31977, Seite 344.

2 Novalis, *Naturwissenschaftliche Studien*, in: ders., *Werke*, hrsg. und kommentiert von Gerhard Schulz. München ²1981, Seite 451.

3 Siehe hierzu Rudolf Steiner, *Das Geheimnis der menschlichen Temperamente*. Dornach 2007; Helmut Eller, *Die vier Temperamente. Anregungen für die Pädagogik*. Stuttgart 2007; Peter Lipps, *Temperamente und Pädagogik. Eine Darstellung für den Unterricht an der Waldorfschule*. Stuttgart 1998.

4 Siehe hierzu Hermann Bauer, *Über die lemniskatischen Planetenbewegungen. Elemente einer Himmelsorganik*. Stuttgart 1988.

5 Siehe hierzu Willem F. Veltman, *Menschentypen. Planetenwirkungen in der menschlichen Seele*. Stuttgart 1997.

6 Siehe hierzu Jeanne Meijs, *Problemkindern helfen durch Spielen, Malen und erzählen. Ein Ratgeber für Eltern und Erzieher*. Stuttgart 1996.

7 Siehe Frits Wilmar, *Vorgeburtliche Menschwerdung. Eine Betrachtung über die menschliche frühembryonale Entwicklung*. Stuttgart ²1991; Nicola Fels, Angelika Knabe, Bartholomeus Maris, *Ins Leben begleiten. Schwangerschaft und erste Lebensjahre*. Stuttgart 2003; Bartholomeus Maris, *Sexualität, Verhütung, Familienplanung. Methoden, Entscheidungshilfen, Vorteile und Nachteile*. Stuttgart 1999.

8 Jeanne Meijs, *Der schmale Weg zur inneren Freiheit. Ein praktischer Leitfaden durch die Zeit der Pubertät*. Stuttgart ⁴2008.

9 Siehe Anm. 8.

10 Rudolf Steiner, *Erziehung und Unterricht aus Menschenerkenntnis* (GA 302a), Vortrag vom 21. Juni 1922 (»Erziehungsfragen im Reifealter. Zur künstlerischen Gestaltung des Unterrichts«). Dornach ⁴1993.

11 Die Fragmente werden immer nach der Ausgabe der Schriften des Novalis von Paul Kluckhohn und Richard H. Samuel zitiert. Die römische Ziffer bezieht sich auf die Bandnummer, die arabische auf die Seitenzahl, die eingeklammerte ist die Nummer des jeweiligen Fragments.

12 In: *Mitteilungen aus der anthroposophischen Arbeit in Deutschland*, 24/1970, Seite 48.

13 Siehe dazu die Ausführungen zu *Eros und Fabel* im dritten Teil.

14 Rudolf Steiner, *Die Evolution vom Gesichtspunkte der Wahrhaftigkeit.* GA 132. Dornach [7]1999.

15 Siehe dazu: Jeanne Meijs, *Der schmale Weg zur inneren Freiheit. Ein praktischer Leitfaden durch die Zeit der Pubertät.* Stuttgart [4]2008.

16 In dem Buch *Space Child. Healing the Wound of Abortion* von Isabella M. Kirton wird ein solcher bewusst vollzogener Prozess der Trauerarbeit beschrieben. Findhorn Press 1997.

17 Das niederländische Wort »enthouden« bedeutet sowohl *sich enthalten* als auch *sich etwas merken.*

18 Zur Vertiefung dieses Themas empfiehlt sich das Buch von Sergej O. Prokofieff, *Die okkulte Bedeutung des Verzeihens.* Stuttgart [3]1996.

19 Dies habe ich ausführlicher beschrieben in meinem Buch *Der schmale Weg zur inneren Freiheit,* a.a.O.

20 Wer mehr darüber erfahren will, dem empfehlen wir die website: *Die Philosophie der Finsternis* – http://www.lichtvervuiling.nl/filosofie

21 So auch beim Verschwinden des Sonnenlichts und seiner Aufnahme durch die Flamme des Scheiterhaufens beim Feuertod der Mutter in Novalis' Märchen von *Eros und Fabel.*

22 Erika Beltle, *Ausgewählte Werke* Bd. 2, Stuttgart 2008

23 Für eine ausführliche Beschreibung dieser Art von Drachen und der so genannten »astronomischen Saros-Periode«, siehe Elisabeth Vreede, *Astronomie und Anthroposophie.* Dornach 1980.

24 Siehe hierzu Jeanne Meijs, *Der schmale Weg zur inneren Freiheit.* »Die Bildersprache der Geburt«, a.a.O.

25 Siehe Jeanne Meijs, *Der schmale Weg zur inneren Freiheit,* a.a.O.

26 Eve Curie, *Madame Curie. Eine Biografie.* Fischer, Frankfurt 2007.

27 *Die Geheimwissenschaft im Umriss.* Dornach [30]1989, S. 200.

28 Rudolf Steiner, *Erdensterben und Weltenleben* (GA 181). Dornach [3]1991, S. 56.

29 Im Niederländischen kommt die Verwandtschaft der beiden Qualitäten darin zum Ausdruck, dass *erleuchtet* und *erleichtert* durch dasselbe Wort (*verlicht*) wiedergegeben werden.

30 Enthalten in: Rudolf Steiner, *Vier Mysteriendramen.* (GA 14) Dornach 1996.

31 Siehe hierzu: Rudolf Steiner, *Der Mensch als Zusammenklang des schaffenden, bildenden und gestaltenden Weltenwortes* (GA 230). Dornach [7]1993.

32 *Die Geheimwissenschaft im Umriss,* a. a. O., S. 329ff.

33 Dies und die folgenden Zitate aus: Rudolf Steiner, *Was tut der Engel in unserem Astralleib?* (enthalten in *Der Tod als Lebenswandlung,* GA 182), Vortrag in Zürich am 9. Oktober 1918. Dornach [4]1996.

34 Die Redaktion der niederländischen Zeitschrift *Trouw* beschreibt diese
Problematik in einem Kommentar in der Nummer vom 31.7.2004
folgendermaßen: *Das beste Sperma.* Der Schriftsteller Oskar Wilde würde
zweifellos zu den ersten Verlierern in den beiden TV-Shows gehören, die
der Unterhaltungskonzern Endemol einführen möchte: das *Sperm Race*
in Deutschland, wo der Mann mit der besten Samenqualität gesucht wird,
und *Make me a Mum* in England und Amerika, wo der Mann mit dem
besten Samen eine Frau schwängern darf.

Dass Oskar Wilde in einem solchen postmodernen Spektakel durchgefallen
wäre, kommt nicht daher, dass etwas mit seinem Sperma nicht in Ordnung
war oder Frauen ihn nicht attraktiv fanden. Im Gegenteil. Viele Frauen
schwärmten für den Schriftsteller. Seine entwaffnende Ehrlichkeit und
schneidende Intelligenz hätten ihn wahrscheinlich zum Verlierer gemacht.
Als ihm eine außerordentlich schöne Frau einmal vorschlug, mit ihr ein
Kind zu zeugen, sagte er resolut: »Das kommt gar nicht infrage. Ich darf
gar nicht daran denken, was geschähe, wenn es mit meinem Äußeren und
Ihrem Verstand begabt wäre.«

In dieser Antwort spiegeln sich zugleich das Prekäre des Themas und
der Hochmut, mit dem die Erfinder dieser TV-Shows die Fortpflanzung
der menschlichen Gattung zum Einsatz in einem Spiel zu machen wagen.
Als ob so etwas wie das »beste Sperma« existierte. Welche Kriterien
liegen zugrunde? Und vor allem: mit welchen Resultaten? Ist Endemol
seiner Sache so sicher, dass es ruhigen Herzens einen dazugehörigen
Garantiebeweis mitliefern würde: Nicht gut? Dann Geld und Baby zurück?
Endemol erklärt brav, dass man diese Shows als »social entertainment«
betrachtet, die überdies wissenschaftliche (!) und emotionale Erkenntnisse
in Bezug auf das zunehmende Problem der Unfruchtbarkeit und des
großen Mangels an männlichen Spendern liefern soll. Die eigentliche
Antwort lautet, dass diese Shows vor allem demonstrieren, wie man es
einfädeln muss, damit die Kassen klingeln. Und damit offenbart sich ein
Zug unserer Zeit, gegen den nur wenige TV-Macher immun sind: nämlich
immer das zu tun, was hohe Einschaltquoten garantiert.

Stellen Sie sich vor: In Kürze werden junge Menschen herumlaufen
(überwacht von der Sensationspresse), die von Millionen Menschen als
»Produkte« des besten Spermas betrachtet werden. Wie würden diese
das empfinden? Als Aufmunterung, in 20 Jahren ebenfalls an der TV-
Show »Der Beste der Besten« teilzunehmen? Um mit Joop van den Ende,
dem Gründer von Endemol, zu sprechen: »Es ist so abscheulich und
geschmacklos, dass mir die Worte fehlen.«

35 Siehe die so genannte »Michaelsimagination« im Vortrag vom 5.10.1923 in: *Das Miterleben des Jahreslaufes in vier kosmischen Imaginationen* (GA 229). Dornach ^{8}1999.

36 Im Kapitel »Zeit und Raum«, S. 240 ff. wurde die Bedeutung eines rechten Umgangs mit Zeit und Raum bereits ausführlich behandelt.

37 *Das christliche Mysterium* (GA 97). Dornach ^{3}1998, S. 298.

38 *Der Mensch als Zusammenklang des schaffenden, bildenden und gestaltenden Weltenwortes* (GA 230). Dornach ^{7}1993, S. 224.

39 16 – 26 Juni 1797: »Xtus und Sophie«

40 Siehe Rudolf Steiner, *Was tut der Engel in unserem Astralleib?* Siehe auch Anmerkung 33 sowie das Kapitel »Drei Entgleisungen in unserer Kultur« bei der Sonnen-Gold-Linie in diesem Buch.

41 Es handelt sich um ein Fragment aus einem Gedicht von Albert Steffen aus der Sammlung *Steig auf den Parnass und schaue*, Dornach ^{2}1984, S. 7.

42 Rudolf Steiner, aus: *Wahrspruchworte* (GA 40), Dornach ^{9}2005, Notizblatt 1925, S. 165.

Die Autorin

Jeanne Meijs, geboren 1951 in Boxtel/Niederlande, arbeitet seit über 20 Jahren als Therapeutin in eigener Praxis mit Kindern, Jugendlichen und Eltern. Sie selbst hat drei Kinder und ein Enkelkind. Sie entwickelte die »aktive Bildtherapie«, die sie auch als Ausbilderin lehrt, ist Mitbegründerin der Berufsvereinigung »Sampo« und eine gefragte Vortragsrednerin. Sie ist Autorin mehrerer populärer Erziehungsratgeber, in welchen die Anwendung seelisch wirksamer Bilder eine besondere Rolle spielt.

Im Verlag Urachhaus ist ihr Buch »Der schmale Weg zur inneren Freiheit. Ein Leitfaden durch die Zeit der Pubertät« erschienen.